Glauben/Brocker   Das Recht der parlamentarischen
                  Untersuchungsausschüsse
                  in Bund und Ländern

Das Recht der parlamentarischen Untersuchungsausschüsse in Bund und Ländern

Ein Handbuch

Von

Dr. Paul J. Glauben
Ministerialdirigent

Dr. Lars Brocker
Landtagsdirektor

2. Auflage

 Carl Heymanns Verlag 2011

Zitiervorschlag: *Bearbeiter*, in: Glauben/Brocker, Hdb. UA, § 1 Rn. 1

Bibliografische Information der Deutschen Nationalbibliothek

Die Deutsche Nationalbibliothek verzeichnet diese Publikation in der Deutschen Nationalbibliografie; detaillierte bibliografische Daten sind im Internet über http://dnb.d-nb.de abrufbar.

ISBN 978-3-452-27421-2

www.wolterskluwer.de
www.heymanns.com

Alle Rechte vorbehalten.
© 2011 Wolters Kluwer Deutschland GmbH, Luxemburger Straße 449, 50939 Köln.
Carl Heymanns – eine Marke von Wolters Kluwer Deutschland GmbH.

Das Werk einschließlich aller seiner Teile ist urheberrechtlich geschützt. Jede Verwertung außerhalb der engen Grenzen des Urheberrechtsgesetzes ist ohne Zustimmung des Verlages unzulässig und strafbar. Das gilt insbesondere für Vervielfältigungen, Übersetzungen, Mikroverfilmungen und die Einspeicherung und Verarbeitung in elektronischen Systemen.

Verlag und Autor übernehmen keine Haftung für inhaltliche oder drucktechnische Fehler.

Umschlagkonzeption: Martina Busch, Grafikdesign, Fürstenfeldbruck
Satz: Reemers Publishing Services GmbH, Krefeld
Druck und Weiterverarbeitung: Wilhelm & Adam OHG, Heusenstamm

Gedruckt auf säurefreiem, alterungsbeständigem und chlorfreiem Papier.

Vorwort zur 2. Auflage

Die Verfasser freuen sich, sechs Jahre nach dem Erscheinen der 1. Auflage dieses Handbuchs die 2. Auflage vorlegen zu können. Die durchweg gute Aufnahme des Werkes in Rechtsprechung, Literatur und Praxis hat gezeigt, dass mit dem Handbuch eine wichtige Lücke geschlossen werden konnte. Neben der juristischen Durchdringung des Themas finden daneben das Verfahren und seine Strukturen bis hin zu den politischen »Tricks und Kniffen« auch wieder verstärkt ein breites Interesse in der Öffentlichkeit (vgl. exemplarisch Süddeutsche Zeitung v. 28.07.2010: »Das stumpfe Schwert der Opposition« v. *Peter Blechschmidt/Marc Widmann*). Das ist gut für das Verständnis eines zentralen parlamentarischen Instruments; der mitunter auch kritische Blick kann durchaus auch die Einsicht dafür schärfen, dass ein starkes Untersuchungsrecht des Parlaments als Strukturelement der parlamentarischen Demokratie im Bund und in den Ländern für das Funktionieren parlamentarischer Kontrolle und Rechenschaftslegung unerlässlich ist.

Die praktische Bedeutung des Rechts der parlamentarischen Untersuchungsausschüsse ist weiterhin ungebrochen. Das Bundesverfassungsgericht hat in seiner neueren Rechtsprechung zentrale Fragen u.a. des Kernbereichs exekutiver Eigenverantwortung, der Reichweite des parlamentarischen Minderheitenrechts und der Beweisaufnahme eines parlamentarischen Untersuchungsausschusses geschärft. Hinzu kommen im Zuge der Rechtswegzuweisung für Streitigkeiten innerhalb des Untersuchungsausschusses nach dem PUAG erste grundlegende Entscheidungen des Bundesgerichtshofs. Nicht zuletzt die Verfassungsgerichte der Länder hatten ferner mehrfach Gelegenheit, Streitigkeiten in Zusammenhang mit parlamentarischen Untersuchungsverfahren zu entscheiden. Diese Entscheidungen sind ebenso wie die zwischenzeitlich erschienene umfangreiche Literatur bis Dezember 2010 berücksichtigt.

Mainz, im Januar 2011

Dr. Lars Brocker   *Dr. Paul J. Glauben*

Vorwort zur 1. Auflage

Das Recht der parlamentarischen Untersuchungsausschüsse steht wie kaum ein anderes Rechtsgebiet im Fokus der politischen und öffentlichen Auseinandersetzung. Der Untersuchungsausschuss kann im besten Fall ein unentbehrliches Instrument parlamentarischer Kontrolle, im schlechtesten Fall ein politisches Tribunal sein. Verfassungs- und einfach gesetzliche Vorschriften sollen gewährleisten, dass ein Untersuchungsausschuss in der Praxis nicht zu Letzterem degeneriert.

Das politische Kampffeld Untersuchungsausschuss ist damit in hohem Maße rechtlich durchwirkt und das verfassungsrechtliche Korsett deutlich enger geschnürt als auf anderen Feldern der politischen Auseinandersetzung. Es geht im Kern darum, in dem »magischen Viereck« zwischen den Interessen der parlamentarischen Mehrheit und der Minderheit sowie zwischen Regierung und den von der parlamentarischen Untersuchung betroffenen Personen – sei es, dass sie den Gegenstand der Untersuchung bilden oder »nur« als Zeugen in Anspruch genommen werden – einen sachgerechten Ausgleich herbeizuführen.

Das vorliegende Handbuch zum Recht der parlamentarischen Untersuchungsausschüsse soll eine Handreichung für all jene sein, die in der Praxis mit einer parlamentarischen Untersuchung befasst sind, vor allem Abgeordnete, Regierungsvertreter, Zeugen und deren Rechtsbeistände. Auch die erfreulichen Versuche, die rudimentäre rechtliche Regelung in der Verfassung durch ein Untersuchungsausschussgesetz auszuformen – im Bund seit 2001 durch das PUAG – führen nicht dazu, dass alle rechtlichen Fragestellungen abschließend beantwortet werden; teilweise werfen die gesetzlichen Normen sogar neue Probleme auf. Anhand des Ablaufs des parlamentarischen Untersuchungsverfahrens werden daher die zentralen rechtlichen Fragen dargestellt und Lösungsvorschläge unterbreitet; dabei wird auch auf landesspezifische Besonderheiten eingegangen. Damit wird zum ersten Mal in Form eines Handbuchs eine zusammenhängende Darstellung des Rechts der parlamentarischen Untersuchungsausschüsse vorgelegt.

Mainz, im August 2004

Dr. Lars Brocker *Dr. Paul J. Glauben*

Inhaltsverzeichnis

Vorwort zur 2. Auflage	V
Vorwort zur 1. Auflage	VII
Allgemeines Abkürzungs- und Literaturverzeichnis	XVII

Teil 1	Grundlagen	1
§ 1	*Stellung und Aufgaben*	1
	I. Einführung	2
	II. Träger des Untersuchungsrechts	9
	1. Bundestag	9
	2. Bundesrat	13
	3. Landesparlamente	14
	4. Kommunale Vertretungen	14
	5. Europäisches Parlament	15
	III. Typologie	17
	1. Mehrheits- und Minderheitsenquete	17
	2. Thematische Unterscheidungen	18
§ 2	*Geschichtliche Entwicklung*	24
	I. Ausländische Vorbilder	24
	1. England	24
	2. USA	26
	3. Frankreich	28
	4. Belgien	29
	II. Entwicklung in Deutschland	29
	1. Zeit des Konstitutionalismus	29
	2. Weimarer Republik	30
	3. Entwicklung nach 1945	32
§ 3	*Rechtliche Grundlagen*	34
	I. Verfassungsbestimmungen	34
	II. Untersuchungsausschussgesetze	35
	1. Gesetzliche Regelungen	35
	2. Grenzen der gesetzlichen Regelung	40
Teil 2	Das Verfahren der Einsetzung	45
§ 4	*Einsetzungsantrag*	45
	I. Einführung	46
	II. Verfahren und inhaltliche Anforderungen	47

§ 5 Untersuchungsgegenstand ... 52
- I. Einführung ... 53
- II. Öffentliches Interesse ... 57
  1. Das öffentliche Interesse als Zulassungskriterium ... 57
  2. Das öffentliche Interesse als normativ geprägtes Kriterium ... 59
  3. Feststellung des öffentlichen Interesses ... 62
  4. Gerichtliche Kontrolle ... 63
- III. Grundsatz der Gewaltenteilung ... 64
  1. Grundlagen, Inhalt und Reichweite ... 64
  2. Gewaltenteilungsgrundsatz und Untersuchungsausschüsse ... 65
  3. Abschluss eines Vorgangs ... 67
  4. Untersuchungsausschuss und Justiz ... 68
- IV. Kernbereich exekutiver Eigenverantwortung ... 70
- V. Bundesstaatsprinzip ... 75
  1. Grundlagen ... 75
  2. Gesetzgebungsenquete ... 77
  3. Kontroll- bzw. Skandalenquete ... 79
- VI. Kommunale Selbstverwaltung ... 84
- VII. Untersuchungsrecht und Rundfunkfreiheit ... 87
- VIII. Untersuchungsrecht und Hochschulfreiheit ... 88
- IX. Untersuchung politischer Parteien ... 90
- X. Untersuchung parlamentarischer Fraktionen ... 93
- XI. Privatgerichtete Untersuchungen ... 99
  1. Problemstellung ... 99
  2. Gesetzgebungsenquete ... 101
  3. Kontrollenquete ... 103
  4. Missstandsenquete ... 104
  5. Grundrechte als Einsetzungsschranke privatgerichteter Untersuchungen ... 107
  6. Eigengesellschaften und gemischt-wirtschaftliche Unternehmen ... 109

§ 6 Beschlussfassung über den Einsetzungsantrag ... 114
- I. Allgemeine Verfahrensgrundsätze ... 115
  1. Erforderlichkeit eines Einsetzungsbeschlusses ... 115
  2. Bestimmtheitsgebot ... 117
  3. Folgen eines fehlerhaften Einsetzungsbeschlusses ... 120
- II. Umfang und Grenzen des Minderheitenrechts ... 121
  1. Ablehnungsbefugnis der Mehrheit ... 121
  2. Modifikationsbefugnis der Mehrheit ... 124

		3. Modifikationsbefugnis der Minderheit bei einem Mehrheitsantrag	126
		4. Ergänzungen oder Beschränkungen des Untersuchungsauftrags nach Einsetzung des Ausschusses	127
§ 7	Zusammensetzung des Untersuchungsausschusses		129
	I.	Der Vorsitzende	129
	II.	Die übrigen Mitglieder	132
§ 8	Rechtsschutz bei Einsetzung des Untersuchungsausschusses		140
	I.	Rechtsschutz der qualifizierten Einsetzungsminderheit	141
	II.	Rechtsschutz privater Personen	146
	III.	Einstweilige Anordnung im Einsetzungsverfahren	151

Teil 3 Allgemeine Grundsätze der Untersuchung 155

§ 9	*Allgemeine Verfahrensgrundsätze und Organisation*		155
	I.	Grundsätze	156
		1. Verfahrenshoheit des Untersuchungsausschusses	156
		2. Untersuchungsgrundsatz	157
		3. Kein »Gebot der Unparteilichkeit«	157
		4. Prinzip der gegenseitigen Rücksichtnahme und Kooperation	159
		5. Parallelität von Untersuchungsausschuss- und Gerichts- bzw. Ermittlungsverfahren	161
		6. Umfang des Untersuchungsauftrags	162
	II.	Organisation und Verfahren	163
		1. Ausstattung/Sekretariat des Ausschusses	163
		2. Fraktionsmitarbeiter	164
		3. Protokolle und Akten des Ausschusses	165
		4. Sitzungsvorbereitung und Einberufung	167
		5. Beschlussfähigkeit	168
		6. Einsetzung von Unterausschüssen	169
		7. Der Ermittlungsbeauftragte	170
§ 10	*Öffentlichkeitsgrundsatz*		172
	I.	Öffentlichkeit der Beweiserhebung	172
		1. Grundsatz	172
		2. Ausschluss der Öffentlichkeit	175
		3. Ausschluss einzelner Personen	178
	II.	Nichtöffentlichkeit der Beratungen	180
§ 11	*Geheimnisschutz*		182
	I.	Einführung	183
	II.	Staatliche Geheimnisse	183
	III.	Schutz privater Geheimnisse	185

Inhaltsverzeichnis

	IV.	Sonderprobleme: Steuergeheimnis und Bankgeheimnis. .	187
		1. Steuergeheimnis	187
		2. Bankgeheimnis	190
	V.	Sicherungsmaßnahmen zum Geheimnisschutz	191

§ 12 *Stellung der Presse* 199
    I.   Zugang der Presse 199
   II.   Bild- und Tonaufnahmen 202
  III.   Information der Presse 207

§ 13 *Stellung des Vorsitzenden im Verfahren* 210
    I.   Grundsatz 210
   II.   Einzelne Verfahrensrechte und Aufgaben 211
        1. Verhandlungsleitung 211
        2. Ordnungsgewalt 213
        3. Das »Vorsitzendenverfahren« 213
  III.   Abwahl des Vorsitzenden 214
        1. Grundsatz 214
        2. Abweichende Regelungen in den Ländern 215

§ 14 *Stellung der Regierung im Verfahren* 217
    I.   Grundsatz 217
   II.   Zutrittsrecht 218
        1. Grundsatz 218
        2. Abweichende Regelungen in den Ländern 221
  III.   Zitierrecht 222

Teil 4   Beweiserhebung 223

§ 15 *Grundlagen* 223
    I.   Rahmen der Beweiserhebung und Beweismittel 223
   II.   Beweiserhebungs- und -verwertungsverbote 226
        1. Allgemeines 226
        2. Brief-, Post- und Fernmeldegeheimnis 226
        3. Weitere Beweisverwertungsverbote 228
  III.   Prüfungsfolge 229
  IV.   Verfahrensgrundsätze 229
   V.   Zwangsmittel 230

§ 16 *Beweisanträge und -beschlüsse* 233
    I.   Beweisanträge 233
   II.   Beweisbeschlüsse 236

§ 17 *Aktenvorlagerecht* 239
    I.   Akten der Regierung 240
   II.   Akten von Behörden der (anderen) Länder 245

	III. Gerichtsakten	248
	IV. Grenzen der Herausgabe amtlicher Schriftstücke	249
	1. Schranke des Staatswohls	250
	2. Individuell schützenswerte Rechte	252
	3. Kernbereich exekutiver Eigenverantwortung	253
	V. Unterlagen Privater	255
	VI. Einführung in das Verfahren	258
§ 18	*Durchsuchung und Beschlagnahme*	260
	I. Verfassungsrechtliche Vorgaben	261
	II. Regelungen in den Untersuchungsausschussgesetzen	267
§ 19	*Zeugenvernehmung*	273
	I. Einführung	273
	II. Stellung des Zeugen	275
	III. Regelungen in den Untersuchungsausschussgesetzen	282
§ 20	*Aussagegenehmigung*	295
	I. Problemstellung	295
	II. Inhalt und Umfang der Amtsverschwiegenheit	296
	III. Aussagen von Amtsträgern	298
	IV. Einfluss des Bundesstaatsprinzips auf die Aussagegenehmigung	305
§ 21	*Auskunfts- und Zeugnisverweigerungsrechte*	307
	I. Zeugnisverweigerungsrechte	307
	II. Auskunftsverweigerungsrechte	310
	III. Regelungen in den Untersuchungsausschussgesetzen	315
§ 22	*Verfahrensrechte der Auskunftspersonen*	320
	I. Grundsatz des fairen Verfahrens	320
	II. Nemo-tenetur-Prinzip	321
	III. Rechtliches Gehör	323
	IV. Zulassung anwaltlichen Beistands	325
	V. Schutz vor bloßstellenden Fragen und Zurückhaltungsgebot	328
§ 23	*Betroffenenstatus*	330
	I. Rechtliche Grundlagen	331
	1. Verfassungsrechtliche Ausgangslage	331
	2. Einfachgesetzliche Festlegung	338
	II. Rechtliche Stellung	341
	1. Verfassungsrechtliche Vorgaben	341
	2. Regelungen in den Untersuchungsausschussgesetzen	347

Inhaltsverzeichnis

§ 24	Vereidigung	352
	I. Vereidigungsrecht der Untersuchungsausschüsse	352
	1. Grundsatz	352
	2. Vereidigungsrecht im Deutschen Bundestag	354
	3. Vereidigungsrecht in den Landesparlamenten	357
	II. Grenzen der Vereidigung	358
§ 25	Strafbarkeit einer Falschaussage	361
	I. Rechtsgut	361
	II. Uneidliche Falschaussage (§ 153 StGB)	361
	III. Meineid (§ 154 StGB)	364
§ 26	Zwangsmittel gegenüber Auskunftspersonen	368
	I. Grundsatz	368
	II. Die einzelnen Zwangsmittel	369
	1. Ordnungsgeld	369
	2. Zwangsweise Vorführung	372
	3. Beugehaft	373
	III. Verhältnismäßigkeitsgrundsatz	374
§ 27	Parlamentarische Minderheitenrechte	376
	I. Verfassungsrechtliche Grundlagen	376
	1. Grundsatz	376
	2. Begrenztes Beweiserzwingungsrecht	380
	3. Begrenztes Beweisdurchsetzungsrecht	383
	II. Gesetzliche Ausgestaltung	388
	1. Bund	388
	2. Länder	389
§ 28	Rechtsschutz im Verfahren	391
	I. Einführung	392
	II. Rechtsschutzmöglichkeiten des Untersuchungsausschusses	393
	1. Verweigerung der Herausgabe von Akten durch die Regierung	393
	2. Weigerung eines Gerichts vom Untersuchungsausschuss beantragte Zwangsmittel zu beschließen	401
	III. Rechtsschutz der qualifizierten Einsetzungsminderheit	402
	IV. Rechtsschutz Privater	406
	1. Rechtsschutz gegen Entscheidungen des Untersuchungsausschusses	407
	2. Rechtsschutz gegen gerichtlich angeordnete Maßnahmen	412

V.	Besonderheiten des Rechtsschutzes im Bund und in den Ländern	412
	1. Bund	412
	2. Länder	416
Teil 5	**Beendigung des Verfahrens**	429
§ 29	*Der Abschlussbericht eines parlamentarischen Untersuchungsausschusses.*	429
	I. Inhalt und Beschlussfassung.	429
	II. Behandlung im Plenum	434
	III. Rechtsschutz.	436
	1. Rechtsschutz der qualifizierten Minderheit	437
	2. Rechtsschutz Privater	438
	IV. Regelungen in den Untersuchungsausschussgesetzen	444
§ 30	*Auflösung des Untersuchungsausschusses.*	451
	I. Rechtliche Grundlagen	451
	II. Regelungen in den Untersuchungsausschussgesetzen	454
Sachregister		459

Allgemeines Abkürzungs- und Literaturverzeichnis

a.A.	anderer Ansicht
aaO	am angegebenen Ort
abgedr.	abgedruckt
Abl.	Amtsblatt
abl.	ablehnend
Abs.	Absatz
Abschn.	Abschnitt
abw.	abweichend
a.E.	am Ende
ähnl.	ähnlich
Änd.	Änderung
Anl.	Anlage
Anlagebd.	Anlageband
a.F.	alte Fassung
AfP	Archiv für Presserecht
AG	Amtsgericht
AK-GG	Kommentar zum Grundgesetz für die Bundesrepublik Deutschland (Reihe Alternativkommentare), Bd. I und II, 3. Aufl., Neuwied 2001 ff. (Losebl.)
allg.	allgemein
allg.M.	allgemeine Meinung
Alt.	Alternative
a.M.	anderer Meinung
amtl.Begr.	amtliche Begründung
and.	anders
ÄndG	Gesetz zur Änderung (von)
Anh.	Anhang
Anl.	Anlage
Anm.	Anmerkung

Allgemeines Abkürzungs- und Literaturverzeichnis

Ans.	Ansicht
a.o.	Außerordentlich
AöR	Archiv des öffentlichen Rechts
ArbR	Arbeitsrecht
arg.	argumentum
Art.	Artikel
AS	Amtliche Sammlung
Aufl.	Auflage
ausf.	ausführlich
Az.	Aktenzeichen
B	Bund(es)
b.	bei
BadWürtt., badwürtt.	Baden-Württemberg, baden-württembergisch
BadWürttStGH	Baden-Württembergischer Staatsgerichtshof
BadWürttVerf.	Verfassung des Landes Baden-Württemberg
BAnz	Bundesanzeiger
Barschel/Gebel	U. Barschel/V. Gebel, Landessatzung für Schleswig-Holstein, 1976
Bay., bay.	Bayern, bayerisch
BayVBl.	Bayerische Verwaltungsblätter
BayVerf.	Verfassung des Freistaates Bayern
BayVerfGH	Bayerischer Verfassungsgerichtshof
BayVGH	Bayerischer Verwaltungsgerichtshof
Bd., Bde.	Band, Bände
Begr., begr.	Begründung, begründet
Beil.	Beilage
Bek.	Bekanntmachung
Bem.	Bemerkung
Ber.	berichtigt
Berl., berl.	Berlin, berlinerisch
BerlVerf.	Verfassung von Berlin

BerlVerfGH	Berliner Verfassungsgerichtshof
bes.	besonders, besondere(r, s)
Beschl.	Beschluss
betr.	Betreffend
BGBl.	Bundesgesetzblatt
BGH	Bundesgerichtshof
BGHSt	Entscheidungen des Bundesgerichtshofs in Strafsachen
bish.	bisher(ige)
BK	Kommentar zum Bonner Grundgesetz (Bonner Kommentar), Hamburg 1950 ff. (Losebl.)
Brandb., brandb.	Brandenburg, brandenburgisch
BrandbVerf.	Verfassung des Landes Brandenburg
BrandbVerfG	Brandenburgisches Verfassungsgericht
Braun	K. Braun, Kommentar zur Verfassung des Landes Baden-Württemberg, Stuttgart u.a. 1984
BR-Drucks.	Bundesrats-Drucksache
Brem., brem.	Bremen, bremisch
BremVerf.	Landesverfassung der Freien und Hansestadt Bremen
Bsp.	Beispiel
BT-Drucks.	Bundestags-Drucksache
BVerfG	Bundesverfassungsgericht
BVerfGE	Entscheidungen des Bundesverfassungsgerichts
BVerfGG	Bundesverfassungsgerichtsgesetz
BVerwG	Bundesverwaltungsgericht
BVerwGE	Entscheidungen des Bundesverwaltungsgerichts
bzgl.	bezüglich
bzw.	beziehungsweise
Caspar/Ewer/Nolte/Waack	J. Caspar/W. Ewer/M. Nolte/H-J. Waak, Verfassung des Landes Schleswig-Holstein, Kiel 2006
d.	des, der
Dästner	C. Dästner, Die Verfassung des Landes Nordrhein-Westfalen, Stuttgart 2002

Allgemeines Abkürzungs- und Literaturverzeichnis

David	K. David, Verfassung der Freien und Hansestadt Hamburg, 2. Aufl., Stuttgart u.a. 2004
Degenhardt/Meissner	Ch. Degenhardt/C. Meissner (Hrsg.), Handbuch der Verfassung des Freistaates Sachsen, Stuttgart u.a. 1997
ders.	derselbe
dgl.	dergleichen
d.h.	das heißt
dies.	dieselben
Diss.	Dissertation
DJT	Deutscher Juristentag
DJZ	Deutsche Juristenzeitung
DÖD	Der Öffentliche Dienst
DÖV	Die Öffentliche Verwaltung
Dreier I–III	H. Dreier (Hrsg.), Grundgesetz, Kommentar, Bd. 1–3, 2. Aufl., Tübingen 2004/2006/2008
Driehaus	H.-J. Driehaus (Hrsg.), Verfassung von Berlin, 3. Aufl., Baden-Baden 2009
DRiZ	Deutsche Richterzeitung
Drucks.	Drucksache
DVBl.	Deutsches Verwaltungsblatt
DVP	Deutsche Verwaltungspraxis
E	Entwurf
ebd.	ebenda
EG	Europäische Gemeinschaft(en)
EGV	Vertrag zur Gründung der Europäischen Gemeinschaft
Einf.	Einführung
Einl.	Einleitung
Entsch.	Entscheidung
entspr.	entsprechend
Entw.	Entwurf
EP	Europaparlament
Epping/Hillgruber	V. Epping/Ch. Hillgruber (Hrsg.), Grundgesetz, Kommentar, München 2009

ErgBd.	Ergänzungsband
Erl.	Erläuterung(en), Erlass
ESVGH	Entscheidungssammlung des Hessischen u. des Württemberg-Badischen Verwaltungsgerichtshofs
EuGRZ	Europäische Grundrechte-Zeitschrift
f., ff.	folgend, folgende
Feuchte	P. Feuchte (Hrsg.), Verfassung des Landes Baden-Württemberg, Stuttgart u.a. 1987
Fg.	Festgabe
FG	Finanzgericht
Fn.	Fußnote
Fs.	Festschrift
GA	Goltdammer's Archiv für Strafrecht
GBl.	Gesetzblatt
geänd.	geändert
gem.	gemäß
GG	Grundgesetz
ggf.	Gegebenenfalls
gl.A.	gleicher Ansicht
GO	Geschäftsordnung
GOBT	Geschäftsordnung des Deutschen Bundestages
GOLT	Geschäftsordnung des Landtages
Grawert	R. Grawert, Verfassung für das Land Nordrhein-Westfalen, Kommentar, 2. Aufl., Wiesbaden 2008
grds.	grundsätzlich
Grimm/Caesar	Ch. Grimm/P. Caesar (Hrsg.), Verfassung für Rheinland-Pfalz, Baden-Baden 2001
Gs.	Gedächtnisschrift
GV	Gemeinsame Verfügung (mehrerer Ministerien)
GVBl.	Gesetz- und Verordnungsblatt
GVG	Gerichtsverfassungsgesetz

h.A.	herrschende Ansicht
Hagebölling	L. Hagebölling, Niedersächsische Verfassung, Wiesbaden 1996
Halbs.	Halbsatz
Hbg., hbg.	Hamburg, hamburgisch
HbgVerf.	Verfassung der Freien und Hansestadt Hamburg
HbgVerfG	Hamburgisches Verfassungsgericht
Hdb.	Handbuch
Hess., hess.	Hessen, hessisch
HessStGH	Hessischer Staatsgerichtshof
HessVerf.	Verfassung des Landes Hessen
HessVGH	Hessischer Verwaltungsgerichtshof
Heusch/ Schönenbroicher	A. Heusch/K. Schönenbroicher, Die Landesverfassung Nordrhein-Westfalen, Kommentar, Siegburg 2010
Hinkel	K. R. Hinkel, Verfassung des Landes Hessen, Wiesbaden 1998
Hinw.	Hinweis
h.L.	herrschende Lehre
h.M.	herrschende Meinung
Hrsg., hrsg.	Herausgeber, herausgegeben
idF	in der Fassung
idR	in der Regel
idS	in diesem Sinne
i.E.	im Einzelnen
i.Erg.	im Ergebnis
ieS	in engerem Sinne
insb.	insbesondere
insg.	insgesamt
InsO	Insolvenzordnung
i.S.(v.)	im Sinne (von)
Isensee/Kirchhof I–VII	J. Isensee/P. Kirchhof (Hrsg.), Handbuch des Staatsrechts der Bundesrepublik Deutschland, Bd. I–VII, Heidelberg 2003/2004/2005/2006/2007/2008/2009

iVm	in Verbindung mit
iwS	in weiterem Sinne
JA	Juristische Arbeitsblätter
Jarass/Pieroth	H. D. Jarass/B. Pieroth, Grundgesetz für die Bundesrepublik Deutschland, 11. Aufl., München 2011
JöR	Jahrbuch des öffentlichen Rechts der Gegenwart
JR	Juristische Rundschau
Jura	Juristische Ausbildung
JuS	Juristische Schulung
JZ	Juristenzeitung
Kap.	Kapitel
Komm.	Kommentar
Korte	H. Korte, Verfassung und Verwaltung des Landes Niedersachsen, Göttingen 1986
krit.	kritisch
KritJ	Kritische Justiz
KritV	Kritische Vierteljahrsschrift für Gesetzgebung und Rechtswissenschaft
Kunzmann/Haas/Baumann-Hasske	B. Kunzmann/M. Haas/H. Baumann-Hasske, Die Verfassung des Freistaates Sachsen, 2. Aufl., Berlin 1997
LG	Landgericht
Lieber/Iwers/Ernst	H. Lieber/St. J. Iwers/M. Ernst, Verfassung des Landes Brandenburg, Kommentar, Loseblattsammlung, Wiesbaden (Stand Feb. 2008)
Linck/Jutzi/Hopfe	J. Linck/S. Jutzi/J. Hopfe, Die Verfassung des Freistaats Thüringen, Stuttgart u.a. 1994
Lindner/Möstl/Wolff	J. F. Lindner/M. Möstl/H. A. Wolff, Verfassung des Freistaats Bayern, Kommentar, München 2009
lit.	Buchstabe
Litten/Wallerath	R. Litten/M. Wallerath (Hrsg.), Verfassung des Landes Mecklenburg-Vorpommern, Baden-Baden 2007
LKRZ	Zeitschrift für Landes- und Kommunalrecht Hessen/Rheinland-Pfalz/Saarland

LKV	Landes- und Kommunalverwaltung
LMG	Landesmediengesetz
Löwer/Tettinger	W. Löwer/P. J. Tettinger, Kommentar zur Verfassung des Landes Nordrhein-Westfalen, Stuttgart u.a. 2002
LRG	Landesrundfunkgesetz
LS	Leitsatz
LT	Landtag
LTG Saarl.	Gesetz Nr. 970 über den Landtag des Saarlandes
lt.	laut
LV	Landesverfassung
m.	mit
Mahnke	H. H. Mahnke, Die Verfassung des Landes Sachsen-Anhalt, Berlin 1993
m.Anm.	mit Anmerkung
v. Mangoldt/Klein/ Starck I–III	H. v. Mangoldt/F. Klein/Ch. Starck, Das Bonner Grundgesetz, 6. Aufl., Bd. I–III, München 2010
Maunz/Schmidt-Bleibtreu/Klein/ Bethge	Th. Maunz/B. Schmidt-Bleibtreu/F. Klein/H. Bethge, Bundesverfassungsgerichtsgesetz, München 1964 ff. (Losebl.)
MD	Th. Maunz/G. Dürig u.a., Grundgesetz, 6. Aufl., München 1983 ff. (Losebl.)
MDR	Monatsschrift für Deutsches Recht
Meder	Th. Meder, Die Verfassung des Freistaates Bayern, 4. Aufl., Stuttgart u.a. 1992
Merten/Papier I-VII/2	D. Merten/H-J. Papier (Hrsg.), Handbuch der Grundrechte I-VII/2, Heidelberg, 2004–2010
m.Hinw.	mit Hinweis(en)
m.krit.Anm.	mit kritischer Anmerkung (von)
v. Münch/Kunig I–III	I. v. Münch/Ph. Kunig (Hrsg.), Grundgesetz-Kommentar, 5. Aufl., Bd. I–III, München 2000/2001/2003
Müller	K. Müller, Verfassung des Freistaats Sachsen, Baden-Baden 1993
v. Mutius/Wuttke/ Hübner	A. v. Mutius/H. Wuttke/P. Hübner, Kommentar zur Landesverfassung Schleswig-Holstein, Kiel 1995

MV, mv.	Mecklenburg-Vorpommern, mecklenburg-vorpommerisch
MVVerf.	Verfassung des Landes Mecklenburg-Vorpommern
m.w.N.	mit weiteren Nachweisen
m.zust.Anm.	mit zustimmender Anmerkung (von)
Nachw.	Nachweis(e)
Nds., nds.	Niedersachsen, niedersächsisch
NdsVBl.	Niedersächsische Verwaltungsblätter
NdsVerf.	Verfassung des Landes Niedersachsen
Neumann	H. Neumann, Die Verfassung der Freien Hansestadt Bremen, Stuttgart u.a. 1996
n.F.	neue Fassung
NJ	Neue Justiz
NJW	Neue Juristische Wochenschrift
Nov.	Novelle
Nr.	Nummer
NRW, nrw.	Nordrhein-Westfalen, nordrhein-westfälisch
NRWVerf.	Verfassung für das Land Nordrhein-Westfalen
NRWVerfGH	Nordrhein-Westfälischer Verfassungsgerichtshof
NStZ	Neue Zeitschrift für Strafrecht
NStZ-RR	NStZ-Rechtsprechungs-Report
n.v.	nicht veröffentlicht
NVwZ	Neue Zeitschrift für Verwaltungsrecht
NVwZ-RR	NVwZ-Rechtsprechungs-Report Verwaltungsrecht
NWVBl.	Nordrhein-Westfälische Verwaltungsblätter
o.	oben
O.	Ordnung
o.a.	oben angegeben
o.ä.	oder ähnlich
o.g.	oben genannt

OLG	Oberlandesgericht
OVG	Oberverwaltungsgericht
PartG	Parteiengesetz
Pfennig/Neumann	G. Pfennig/M. Neumann (Hrsg.), Verfassung von Berlin, 3. Aufl., Berlin 2000
Plen.Prot.	Plenarprotokoll
Prot.	Protokoll
PUAG	Untersuchungsausschussgesetz des Deutschen Bundestages
PVS	Politische Vierteljahresschrift
RAussch.	Rechtsausschuss
RdErl.	Runderlass
Rdschr.	Rundschreiben
Reg.	Regierung
Reich	A. Reich, Verfassung des Landes Sachsen-Anhalt, 2. Aufl., Bad-Honnef 2004
RhPf., rhpf.	Rheinland-Pfalz, rheinland-pfälzisch
RhPfVerf.	Verfassung für Rheinland-Pfalz
RhPfVerfGH	Verfassungsgerichtshof Rheinland-Pfalz
Ri.	Richtlinie
RiA	Recht im Amt
Rn.	Randnummer(-ziffer)
Rspr.	Rechtsprechung
RuP	Recht und Politik
S.	Seite, Satz
s.	siehe
s.a.	siehe auch
Saarl., saarl.	Saarland, saarländisch
SaarlVerf.	Verfassung des Saarlandes
SaarlVerfGH	Saarländischer Verfassungsgerichtshof
Sachs	M. Sachs (Hrsg.), Grundgesetz, 5. Aufl., München 2009
Sachs., sächs.	Sachsen, sächsisch

SachsA, sachsA	Sachsen-Anhalt, sachsen-anhaltinisch
SachsAVerf.	Verfassung des Landes Sachsen-Anhalt
SachsVerf.	Verfassung des Freistaates Sachsen
SchlH, schlh.	Schleswig-Holstein, schleswig-holsteinisch
SchlHVerf.	Verfassung des Landes Schleswig-Holstein
Schmidt-Bleibtreu/ Hofmann/Hopfauf	B. Schmidt-Bleibtreu/H. Hofmann/A. Hopfauf (Hrsg.), Kommentar zum Grundgesetz, 12. Aufl., Köln u.a. 2011
Schneider/Zeh	H.-P. Schneider/W. Zeh (Hrsg.), Parlamentsrecht und Parlamentspraxis in der Bundesrepublik Deutschland, Berlin/New York 1989
Schweiger/Knöpfle	K. Schweiger/F. Knöpfle, Die Verfassung des Freistaates Bayern, 2. Aufl., München 2003
SGG	Sozialgerichtsgesetz
Simon/Franke/Sachs	H. Simon/D. Franke/M. Sachs (Hrsg.), Handbuch der Verfassung des Landes Brandenburg, Stuttgart u.a. 1994
Slg.	Sammlung
s.o.	siehe oben
Sp.	Spalte
st.	ständige
Stern/Becker	K. Stern/F. Becker (Hrsg.), Grundrechte-Kommentar, Köln u. a. 2010
sog.	sogenannt(e)
StGB	Strafgesetzbuch
StGH	Staatsgerichtshof
StPO	Strafprozessordnung
str.	strittig, streitig
StraFo	Strafverteidiger Forum
st.Rspr.	ständige Rechtsprechung
StV	Strafverteidiger
s.u.	siehe unten
teilw.	teilweise
Thiele/Pirsch/ Wedemeyer	B. Thiele/J. Pirsch/K. Wedemeyer, Die Verfassung des Landes Mecklenburg-Vorpommern, Berlin 1995

Allgemeines Abkürzungs- und Literaturverzeichnis

Thieme	W. Thieme, Verfassung der Freien und Hansestadt Hamburg, Stuttgart u.a. 1998
Thür., thür.	Thüringen, thüringisch
ThürVBl.	Thüringer Verwaltungsblätter
ThürVerf.	Verfassung des Freistaats Thüringen
ThürVerfGH	Thüringer Verfassungsgerichtshof
u.	unten
u.ä.	und ähnliche
u.a.	unter anderem, und andere
UAG	Untersuchungsausschussgesetz
Überbl.	Überblick
Umbach/Clemens, GG	D. C. Umbach/Th. Clemens (Hrsg.), Grundgesetz, Bd. I–II, Heidelberg 2002
Umbach/Clemens/ Dollinger, BVerfGG	D. C. Umbach/Th. Clemens/F-W. Dollinger (Hrsg.), Bundesverfassungsgerichtsgesetz, 2. Aufl., Heidelberg 2005
umstr.	umstritten
unstr.	unstrittig
Urt.	Urteil
u.U.	unter Umständen
v.	vom, von
VBlBW	Verwaltungsblätter Baden-Württemberg
VerfGH	Verfassungsgerichtshof
Verh. d. DJT	Verhandlungen des Deutschen Juristentags
VerwArch.	Verwaltungsarchiv
vgl.	Vergleiche
VGH	Verwaltungsgerichtshof
Voraufl.	Vorauflage
Vorbem.	Vorbemerkung
VR	Verwaltungsrundschau
VVDStRL	Veröffentlichungen der Vereinigung der Deutschen Staatsrechtslehrer

VwGO	Verwaltungsgerichtsordnung
VwVfG	Verwaltungsverfahrensgesetz
Wendt/Rixecker	R. Wendt/R. Rixecker, Verfassung des Saarlandes, Kommentar, 2009
w.Nachw.b.	weitere Nachweise bei
WP	Wahlperiode
WRV	Weimarer Reichsverfassung
z.B.	zum Beispiel
ZBR	Zeitschrift für Beamtenrecht
ZfP	Zeitschrift für Politik
ZG	Zeitschrift für Gesetzgebung
Ziff.	Ziffer
zit.	zitiert
ZParl	Zeitschrift für Parlamentsfragen
ZPO	Zivilprozessordnung
ZRP	Zeitschrift für Rechtspolitik
z.T.	zum Teil
zust.	zustimmend
zutr.	zutreffend
z.Z.	zur Zeit

Teil 1 Grundlagen

§ 1 Stellung und Aufgaben

ÜBERSICHT   Rdn.
I. Einführung.   1
II. Träger des Untersuchungsrechts 13
   1. Bundestag. 13
      a) Allgemeines 13
      b) Verteidigungsausschuss 14
   2. Bundesrat. 21
   3. Landesparlamente 23
   4. Kommunale Vertretungen. 24
   5. Europäisches Parlament 26
III. Typologie 29
   1. Mehrheits- und Minderheitsenquete 30
   2. Thematische Unterscheidungen 33
      a) Sachstands- und Gesetzgebungsenquete 34
      b) Kontrollenquete 37

Literatur: *Bräcklein*, Investigativer Parlamentarismus, 2006; *Damkowski* (Hrsg.), Der parlamentarische Untersuchungsausschuss, 1987; *Engels*, Parlamentarische Untersuchungsausschüsse, 2. Aufl., 1991; *Ehmke*, Empfiehlt es sich, Funktionen, Strukturen und Verfahren der parlamentarischen Untersuchungsausschüsse grundlegend zu ändern? Verh. d. 45. DJT (1964), Bd. II, S. E 7; *Geis*, Untersuchungsausschuss, in: Isensee/Kirchhof III, § 55; *Glauben*, Möglichkeiten und Grenzen parlamentarischer Untersuchungsausschüsse, DRiZ 1992, 395; *Hebeler/Schulz*, Prüfungswissen zum Untersuchungsausschussrecht, JuS 2010, 969; *Masing*, Politische Verantwortlichkeit und rechtliche Verantwortlichkeit, ZRP 2001, 36; *Schleich*, Das parlamentarische Untersuchungsrecht des Bundestages, 1985; *H.-P. Schneider*, Spielregeln für den investigativen Parlamentarismus, NJW 2001, 2604; *M. Schröder*, Untersuchungsausschüsse, in: Schneider/Zeh, § 46; *Seiler*, Der Untersuchungsausschuss an der Schnittstelle von Staatsinternum und -externum, AöR 129 (2004) 378; *K. Stein*, Die Verantwortlichkeit politischer Akteure, 2009; *Wiefelspütz*, Das Untersuchungsausschussgesetz, 2003; *Zeh*, Regelungsbedarf und Regelungschancen für das Verfahren parlamentarischer Untersuchungsausschüsse, DÖV 1988, 701.

Teil 1 Grundlagen

I. Einführung

1 Untersuchungsausschüsse sind **Unterorgane des Parlaments** und als solche mit besonderen Befugnissen ausgestattet, die dem Plenum selbst nicht zustehen.[1] Hierzu gehören insbesondere die weitgehenden Beweiserhebungsrechte und die damit verbundenen Zwangsbefugnisse, die in dieser Form keinem anderen Gremium des Parlaments zustehen. Deshalb ist die mitunter verwandte Bezeichnung als Hilfsorgan[2] unpassend.[3] Zwar ist **Träger des Untersuchungsrechts** letztlich **das Plenum** und dieses damit **Herr des Untersuchungsverfahrens**.[4] Ihm allein obliegt die Entscheidung über die Einsetzung, die Umschreibung und damit auch die Begrenzung des Untersuchungsgegenstands sowie über die Auflösung des Ausschusses[5] oder die Anforderung eines Zwischenberichts.[6] Innerhalb dieser durch die Trägerschaft des Plenums gesteckten Grenzen ist ein Untersuchungsausschuss aber weitgehend frei darin, wie er den Untersuchungsauftrag unter Einsatz seiner besonderen und eigenständigen Befugnisse erfüllt. Im Rahmen seines Untersuchungsauftrags erhebt der Untersuchungsausschuss diejenigen Beweise, die *er* für erforderlich hält.[7] Der Untersuchungsausschuss ist damit »**Herr im Verfahren**«[8] und somit auch allein verantwortlich für alle Untersuchungshandlungen im Rahmen des Untersuchungsauftrags.[9] Zur Wahrnehmung dieser besonderen Kompetenzen wird der Untersuchungsausschuss durch den Einsetzungsbeschluss des Plenums legitimiert.[10]

2 Als nichtständige Parlamentsausschüsse, d.h. solche Ausschüsse, die grundsätzlich nicht für die Dauer einer gesamten Wahlperiode eingerichtet werden, haben Untersuchungsausschüsse die **Aufgabe, Sachverhalte zu untersuchen,** deren Aufklärung im öffentlichen Interesse liegt, und hierüber

---

1 BVerfGE 67, 100 (124); BVerwG, DÖV 1999, 1046; *Morlok*, in: Dreier II, Art. 44 Rn. 15 f. m.w.N.
2 So vor allem BVerfGE 77, 1 (41); 105, 197 (220); 124, 78 (114); HessStGH, ESVGH 17, 1 (12); 22, 136 (138 f.); BayVerfGH, BayVBl. 1977, 597 (598); BadWürttStGH, DÖV 2003, 201.
3 *Achterberg/Schulte*, in: v. Mangoldt/Klein/Starck II, Art. 44 Rn. 78.
4 BVerfGE 105, 197 (220); 113, 113 (121 f.); 124, 78 (114); BayVerfGH, BayVBl. 1982, 561; SächsVerfGH, LKV 2008, 507 (508); *Rechenberg*, BK, Art. 44 Rn. 10; *Magiera*, in: Sachs, Art. 44 Rn. 11; *H.-P. Schneider*, AK-GG, Art. 44 Rn. 8; *M. Schröder*, in: Schneider/Zeh, § 46 Rn. 1.
5 *Magiera*, in: Sachs, Art. 44 Rn. 11.
6 BayVerfGH, BayVBl. 1982, 561.
7 BVerfGE 124, 78 (114 f.).
8 BVerfGE 93, 195 (207); 105, 197 (222); 124, 78 (114 f.); *Morlok*, in: Dreier II, Art. 44 Rn. 16; *Scholz*, AöR 105 (1980), 564 (604); *Stern*, AöR 109 (1984), 199 (225 ff.).
9 *Kretschmer*, in: Schmidt-Bleibtreu/Hofmann/Hopfauf, Art. 44 Rn. 3.
10 SächsVerfGH, LKV 2008, 507 (508); *Hebeler/Schulz*, JuS 2010, 969 (971).

dem Plenum zu berichten. Sie dienen damit in erster Linie zur Vorbereitung einer politischen Entscheidung des Parlaments.[11] Es geht um die »Aufklärung eines Sachverhalts zu politischen Zwecken«,[12] aus einer politischen Motivationslage und Präferenz heraus.[13] Das **Untersuchungsrecht (Enqueterecht)** wurzelt dabei wesentlich im parlamentarischen Kontrollrecht; mit der Einsetzung eines Untersuchungsausschusses bedient sich das Parlament mithin eines **spezifischen Instruments parlamentarischer Kontrolle**[14] das sich als »lebendiges Mittel parlamentarischer Kontrolle«[15] zu einem **konstitutiven Element** innerhalb des parlamentarischen Regierungssystems ausgebildet hat.[16]

Das Parlament kann mit Hilfe des Untersuchungsausschusses selbst unmittelbar **inquisitorisch** tätig werden,[17] d.h. es ist nicht allein auf Fremdinformation durch die Regierung angewiesen, sondern ihm steht ein eigenes **Recht auf Selbstinformation** zu, das im Wesentlichen durch Geltendmachung eines Aktenvorlageanspruchs und die Vernehmung von Zeugen wahrgenommen wird. Der parlamentarische Untersuchungsausschuss stellt sich somit als ein spezielles Handlungsinstrument parlamentarischer Informationsbeschaffung dar.[18] Gerade die eigene Beweiserhebung ist »das eigentlich verfassungsrechtlich Wesentliche der Kompetenz eines Untersuchungsausschusses und macht ihn zum schärfsten parlamentarischen Kontrollmittel.«[19] Art. 44 GG begründet insoweit durchaus nicht zuletzt einen Sonderfall der Informationsbeziehungen zwischen Bundestag und Bundesregierung.[20]

Vor diesem Hintergrund wird das parlamentarische Untersuchungsrecht auch heute noch plastisch als das **»schärfste Schwert«** des Parlaments im politischen Kampf bezeichnet.[21] Das Recht auf Selbstinformation ist in diesem Zusammenhang für das Parlament unverzichtbar, weshalb die Ermöglichung der Regierungskontrolle durch parlamentarische Untersuchungsausschüsse zu Recht als Essential des demokratischen Prinzips des Grundgesetzes charakte-

---

11 BVerfGE 49, 70 (85).
12 BVerfGE 124, 78 (116).
13 RhPfVerfGH, AS 38, 322 (342); *Di Fabio*, Der Staat 29 (1990), 599 (611 u. 613 m. Fn. 75).
14 BVerfGE 105, 197 (322); 124, 78 (116); *Morlok*, in: Dreier II, Art. 44 Rn. 9.
15 *M. Schröder*, in: Schneider/Zeh, § 46 Rn. 9.
16 BVerfGE 67, 100 (130); 124, 78 (114).
17 OVG Hamburg, NVwZ 1987, 611.
18 *Seiler*, AöR 129 (2004), 378 (401).
19 VG Saarl., LKRZ 2010, 314 (315).
20 *Kretschmer*, in: Schmidt-Bleibtreu/Hofmann/Hopfauf, Art. 44 Rn. 1.
21 RhPfVerfGH, AS 38, 322 (331); *Vetter*, Die Parlamentsausschüsse im Verfassungssystem der Bundesrepublik Deutschland, 1986, S. 112; *Morlok*, in: Dreier II, Art. 44 Rn. 9.

risiert[22] und den **Staatsfundamentalnormen** des Art. 28 Abs. 1 GG zugerechnet wird.[23]

5   Zu dem durch das parlamentarische Untersuchungsverfahren ausgelösten **Recht der Selbstinformation** greift das Parlament (bzw. i.d.R. die parlamentarische Minderheit) vor allem dann, wenn das Vertrauensverhältnis zur Regierung gestört ist und/oder sich die mittelbare Informationsbeschaffung auf der Grundlage des allgemeinen Interpellationsrechts etwa im Wege der Befragung im Ausschuss oder der Anfrage als unzureichend oder ungeeignet darstellt.[24] Das bedeutet allerdings nicht, dass die Einsetzung eines Untersuchungsausschuss eine **Sperrwirkung** im Hinblick auf den Einsatz anderer Instrumente der parlamentarischen Kontrolle auslösen würde. Namentlich das **parlamentarische Fragerecht** wird durch die Einsetzung eines Untersuchungsausschusses nicht thematisch begrenzt oder gar verdrängt, sondern kann weiterhin in vollem Umfang neben der laufenden parlamentarischen Untersuchung geltend gemacht werden.[25] Umgekehrt verdrängen auch spezielle parlamentarische Kontrollbefugnisse und -einrichtungen wie das **Parlamentarische Kontrollgremium** (Art. 45d GG), das die parlamentarische Kontrolle in einen Bereich, nämlich der nachrichtendienstlichen Tätigkeit, hinein erweitert, der dem Parlament ansonsten weitgehend, wenn auch selbstverständlich nicht vollständig, verschlossen wäre,[26] nicht.[27] Auch **Enquete-Kommissionen** können sich im Übrigen parallel mit dem gleichen Thema befassen. Alle diese Instrumente parlamentarischer Kontrolle beanspruchen **gleichberechtigt Geltung nebeneinander.**

6   Ebenfalls **keine Sperrwirkung** löst eine parlamentarische Untersuchung aus für die Einsetzung eines weiteren Untersuchungsausschusses zu dem gleichen Untersuchungsgegenstand. Es tritt nicht etwa »Verbrauch« der Untersuchungskompetenz ein, sondern es können grundsätzlich **beliebig viele Untersuchungsausschüsse des Deutschen Bundestages paralell** gebilden werden. Das gilt vor allem an, wenn mehrere Anträge mit unterschiedlicher Stoßrichtung gestellt sind, die jeweils für sich das Minderheiten-

---

22 BVerfGE 67, 100 (130); 124, 78 (114 ff.).
23 BVerwGE 79, 339 (344 f.); BremStGH, NVwZ 1989, 955; *Brocker*, BK, Art. 40 Rn. 298; *Gottschalck*, DVBl. 1992, 790 f.; *Hellermann*, in: Epping/Hillgruber, Art. 28 Rn. 7.1; *Kunig/Lampe*, LKV 1994, 131 (134); *Pieroth*, in: Jarass/Pieroth, Art. 28 Rn. 4; a.A. *Menzel*, in: Löwer/Tettinger, Art. 41 Rn. 6.
24 *Bräcklein*, Investigativer Parlamentarismus, 2006, S. 33; *Morlok*, in: Dreier II, Art. 44 Rn. 12.
25 BVerfGE 124, 161 (192); VerfGH NRW, DVBl. 1994, 48 (51 f.); *H.A. Wolf*, JZ 2010, 173 (180).
26 *H.A. Wolf*, JZ 2010, 173 (180); *Mehde*, in: Epping/Hillgruber, Art. 45 d Rn. 22.
27 BVerfGE 124, 161 (191); *H.A. Wolf*, JZ 2010, 173 (180).

recht nach Art. 44 Abs. 1 S. 1 GG auslösen[28] oder wenn die qualifizierte Einsetzungsminderheit Änderungswünschen der Mehrheit eine Absage erteilt.[29] Auch wenn ein derartiges Nebeneinander unzweckmäßig sein mag, gebührt nicht einem Antrag automatisch der Vorrang.[30] Man wird allerdings eine **Obliegenheit zur Einigung** insoweit annehmen können, als ganz weitgehend identische Untersuchungsgegenstände eine unzulässige Obstruktion darstellen können mit dem Ziel, wichtige parlamentarische Funktionen und Befugnisse lahm zu legen. Dem müsste eine parlamentarische Mehrheit zur Sicherung der Funktionsfähigkeit des Parlaments zwingend entgegentreten. In der Praxis kommt es daher auch regelmäßig zu Einigungen auf einen Untersuchungsausschuss zu einem Untersuchungsgegenstand und damit zur Vermeidung von **Doppeluntersuchungen**.[31]

Ein weitgehend identischer Untersuchungsgegenstand kann ferner grundsätzlich auch in **parallelen Verfahren** von einem Untersuchungsausschuss des Deutschen Bundestages und des Europäischen Parlaments sowie in einem oder mehreren Landesparlamenten behandelt werden.[32] Auch einem Austausch von im parlamentarischen Untersuchungsverfahren gewonnenen Erkenntnissen zwischen den Untersuchungsausschüssen der verschiedenen Ebenen ebenso wie zwischen Untersuchungsausschüssen verschiedener Landesparlamenten stehen grundsätzlich keine Bedenken entgegen.[33]

Da die Regierungskontrolle im Mittelpunkt der Untersuchung steht, stellt das Untersuchungsverfahren in der Praxis in erster Linie ein kontrollpolitisches **Instrument der Opposition** dar.[34] Das parlamentarische Untersuchungsausschussverfahren in Deutschland ist daher, um es effektiv zu gestalten, in besonderem Maße von **besonderen Rechten der parlamentarischen Minderheit** geprägt, und zwar sowohl was die Einsetzung eines Untersuchungsausschusses als auch was das Verfahren der Untersuchung selbst, und dabei insbesondere die Beweisaufnahme, anbelangt. Da in diesem Spannungsfeld das Mehrheitsprinzip als der Regel in der parlamentarischen Demokratie auf der einen Seite und der Minderheitenschutz auf der anderen Seite zum Ausgleich zu bringen sind, zieht sich das Bemühen um deren Abstimmung zueinander entlang der politischen Kampflinien wie ein roter Faden von Anfang bis Ende durch das Verfahren.

---

28 *Trossmann*, Parlamentsrecht des Deutschen Bundestages, 1977, § 63 Rn. 11.
29 *H. H. Klein*, MD, Art. 44 Rn. 80.
30 *Trossmann*, Parlamentsrecht des Deutschen Bundestages, 1977, § 63 Rn. 11.
31 *H. H. Klein*, MD, Art. 44 Rn. 80.
32 *Dichgans*, NJW 1964, 957 (958).
33 *Dichgans*, NJW 1964, 957 (958).
34 BVerfGE 105, 197 (222); BadWürttStGH, DÖV 2003, 201.

9 Das Instrument des Untersuchungsausschusses kann aber gleichwohl auch **gegen die Opposition** selbst gewendet werden,[35] nämlich vor allem dann, wenn das Verhalten einer vormals von dieser getragenen (abgewählten) Regierung Gegenstand der Untersuchung ist[36] oder ein Dritter, der in besonderem Maße mit einer Fraktion oder Partei, die im Bundestag vertreten ist, mit der Untersuchung in Zusammenhang steht oder gebracht wird.[37] Die »propagandistische Skandalaufbereitung nach parteipolitischen Präferenzen«[38] ist keineswegs ein exklusives Privileg der Opposition, sondern steht angesichts des innerparlamentarischen Dualismus in der »Frontstellung zwischen Regierungs- und Oppositionsfraktion(en)«[39] auch den Regierungsfraktionen zu. So legitim wie es ist, dass die Opposition danach trachtet, die (behauptete) Regierungsunfähigkeit der aktuellen Regierung darzulegen und sich selbst als die bessere Regierung zu empfehlen,[40] dürfen grundsätzlich auch die Regierungsfraktionen mit den gleichen Mitteln die (behauptete) Regierungsunfähigkeit der Opposition dartun.[41] Der Untersuchungsausschuss bleibt auch in diesen Fällen ein »Instrument zur Fortsetzung des Kampfes, der Auseinandersetzung zwischen Mehrheit und Minderheit ist.«[42] Dabei dürfte die Parlamentsmehrheit naturgemäß im Hinblick auf das Anliegen der Untersuchung politische Unterstützung durch die Regierung erfahren, wenn Vorgänge im Bereich der Opposition untersucht werden sollen,[43] ganz gleich ob das Verhalten **einzelner Abgeordneter**, einer **Fraktion**[44] oder einer **politischen Partei** untersucht werden soll. Die Regierung hat sich allerdings in Fällen, in denen wie bei der Untersuchung des Verhaltens einzelner Abgeordneter, von Vorgängen innerhalb von Parlamentsfraktion oder in der Parlamentsverwaltung der parlamentsinterne Bereich betroffen ist, ein hohes Maß an Zurückhaltung aufzuerlegen, damit es nicht zu Übergriffen in den durch Art. 40 Abs. 1 GG i.V.m. Art. 20 Abs. 2 Satz 2 und Abs. 3 GG geschützten »Kernbereich parlamentarischer Eigengestaltung«[45], konkret in den durch die funktionelle

---

35 BVerfGE 105, 197 (225); RhPfVerfGH, AS 38, 322 (325 ff.); *Plöd*, Die Stellung des Zeugen in einem parlamentarischen Untersuchungsausschuss, 2003, S. 34 f.; *Geis*, in: Isensee/Kirchhof III, § 55 Rn. 7.
36 Vgl. BVerfGE 105, 197 ff.; BT-Drucks. 14/9300; *Morlok*, RuP 2000, 208 (210).
37 Vgl. BVerfGE 77, 1 (Neue Heimat); plastisch *Masing*, Parlamentarische Untersuchung privater Sachverhalte, 1998, S. 283 ff.
38 *Di Fabio*, Der Staat 29 (1990), 599 (612 f. m. Fn. 75).
39 *Stern*, Das Staatsrecht der Bundesrepublik Deutschland, Bd. I, 2. Aufl. (1984), S. 1031 f.
40 BVerfGE 102, 224, 236; *Di Fabio*, Der Staat 29 (1990), 599 (611).
41 *Brocker*, BK, Art. 40 Rn. 201.
42 *F. Vogel*, ZParl 5 (1974), 503.
43 *Geis*, in: Isensee/Kirchhof III, § 55 Rn. 7.
44 S.u. Rdn. 39 ff.
45 *Brocker*, BK, Art. 40 Rn. 50 ff. m.w.N.

Autonomie garantierten Anspruch auf »innere Selbstregierung«[46] des Parlaments, kommt. Auch in dieser Konstellation aber spielt die **Reichweite der parlamentarischen Minderheitsrechte**, wo sie in erster Linie nicht als Angriffs-, sondern als Verteidigungsinstrumente genutzt werden, eine nicht zu unterschätzende Rolle, vielleicht sogar im Einzelfall eine noch stärkere, da sich das Übergewicht der Mehrheit gegenüber der Minderheit dadurch noch erhöht, dass skandalträchtige Vorgänge im Verantwortungsbereich der Minderheit Gegenstand der Untersuchung sind.[47]

Die Charakterisierung des Untersuchungsrechts als spezifisches Instrument parlamentarischer Kontrolle bedeutet im Übrigen keineswegs, dass es sich im Kern – trotz zugegebenermaßen mancher Parallele – um ein gerichtsähnliches Verfahren zur Wahrheitsfindung handeln würde. Der Untersuchungsausschuss ist vielmehr in erster Linie ein **politisches Kampfmittel**, das ein (behauptetes) politisches Fehlverhalten des politischen Gegners aufklären und thematisieren will.[48] Das dabei idR intendierte legitime Ziel ist die Herbeiführung eines öffentlichkeitswirksamen Vertrauens- und Ansehensverlustes des politischen Gegners.[49] Untersuchungsausschüsse wirken als im Ausgangspunkt interne Kontrollgremien naturgemäß idR zugleich im Außenverhältnis.[50] Im Kern geht es dabei um das **Festmachen bzw. die Geltendmachung politischer Verantwortung für bestimmte Missstände**. Politische Verantwortung bedeutet dabei konkret idR die Verantwortung der Regierung bzw. des zuständigen Ministers[51], aber auch anderer politischer Akteure wie z.b. im Rahmen einer Kollegialenquete von Abgeordneten.[52] Auch wenn der Abgeordnete als Mitglied des Untersuchungsausschusses qua objektiven Verfassungsrechts auch als Akteur im Untersuchungsausschuss Sachwalter der Allgemeinheit ist, so verbergen sich doch in der kontroversen Situation gerade des Untersuchungsausschusses faktisch untrennbar hinter der Untersuchungstätigkeit des Abgeordneten stets auch Partei- und damit Partikularinteressen.[53] Die Natur des parlamentarischen Untersuchungsausschusses lässt sich insoweit treffend als »**Aufklärungsinstrument im Rahmen der politischen Kontroverse**«[54] zur

---

46 *Loewenstein*, Verfassungslehre, 1959, S. 178.
47 *Wiefelspütz*, NJ 2002, 398 (399).
48 *Glauben*, DRiZ 1992, 395; *ders.*, DRiZ 2000, 122; *Linck*, ZRP 1987, 11 (19); *Rechenberg*, BK, Art. 44 Rn. 33; *M. Schröder*, in: Schneider/Zeh, § 46 Rn. 8.
49 *Morlok*, in: Dreier II, Art. 44 Rn. 9 u. 11; *K. Stein*, Die Verantwortlichkeit politischer Akteure, 2009, S. 350 ff.
50 *Seiler*, AöR 129 (2004), 378, 382 ff.
51 *Ehmke*, Verh. d. 45. DJT (1964), Bd. II, S. E 43; *Masing*, ZRP 2001, 36 (37 f.).
52 *K. Stein*, Die Verantwortlichkeit politischer Akteure, 2009, S. 399 ff.; s.u. Rdn. 37 ff.
53 *Seiler*, AöR 129 (2004), 378 (387).
54 BVerfGE 105, 197 (225 f.); BGH, DVBl. 2010, 1311 (1312).

»Aufklärung von politischen Verantwortlichkeiten«[55] beschreiben, bei dem es um die Ermittlung und die politische Interpretation von Tatsachen geht.[56] Diese politische Stoßrichtung parlamentarischer Untersuchung ist naturgemäß nicht ohne Auswirkungen auf das Verfahren der Ausschüsse.[57]

11 Dies bedeutet jedoch keinesfalls, dass das parlamentarische Untersuchungsverfahren nicht ein **effektives Instrument** wäre, politische Missstände aufzuklären und zu bewerten. Nicht nur, dass die **präventive Wirkung** allein der Möglichkeit, dass das Parlament einen Untersuchungsunterschuss einsetzt, in praxi nicht unterschätzt werden darf.[58] Das Parlament hat gegenüber den Strafverfolgungsbehörden und Strafgerichten auch deutlich weitergehende Möglichkeiten in den nicht selten Fällen, wo ein strafbares Unrecht nicht ermittelt werden bzw. persönliche Schuld im strafrechtlichen Sinne gerade nicht konstatiert werden kann. Insbesondere die **politischen Konsequenzen**, die von der Mehrheit gezogen werden, sind häufig einschneidend und werden lediglich nicht selten aus politisch nachvollziehbaren Gründen nur nicht öffentlich als Resultat der Untersuchung vermittelt. So wie sich Regierungskontrolle durch die die Regierung tragenden Fraktionen auch außerhalb eines Untersuchungsverfahrens idR wenig öffentlich aber gleichwohl nicht weniger intensiv vollzieht, so gilt dies – mit Einschränkungen – auch für das Untersuchungsverfahren. »Subtilere Formen der Kontrolle«[59] bedeuten nicht zwangsläufig ein Minus an Effizienz. Nicht selten wird sogar das Gegenteil der Fall sein.

12 Allerdings können auch **Private**, wenn auch idR mittelbar, in das Feld des politischen Kampfes geraten. Insbesondere, wenn Dritte in besonderem Maße öffentlich als einer bestimmten politischen Richtung zugehörig positioniert sind, laufen sie Gefahr, selbst »politikpflichtig«[60] zu werden und stellvertretend für den politischen Gegner in die Pflicht genommen zu werden.[61] Ausreichend, um ins Visier der Untersuchung zu geraten, kann dabei schon sein, dass der Einzelne als Teil einer Kette von Betreibern oder Mitwissern, die auf den politisch Verantwortlichen zulaufen könnte, in den Blick genommen wird[62]. Aber auch gegenüber der **Regierung** oder ihren Vertretern besteht zumindest stets die latente Gefahr, dass die Untersuchung und insbesondere

---

55 BVerfGE 124, 78, 116; BrandbVerfG, LKV 2004, 177 (178); RhPfVerfGH, AS 38, 322 (337).
56 *Mager*, Der Staat 41 (2002), 597 (602).
57 *Linck*, ZRP 1987, 11 (19).
58 Vgl. dazu bereits *M. Weber*, Parlament und Regierung im neugeordneten Deutschland (1918), in: ders., Gesellschaftspolitische Schriften, 5. Aufl. (1988), S. 352 f.
59 So *Menzel*, in: Löwer/Tettinger, Art. 41 Rn. 8.
60 *Masing*, Parlamentarische Untersuchung privater Sachverhalte, 1998, S. 285; s.a. *Jekewitz*, Fs. Partsch (1989), S. 403 ff.
61 *Jekewitz*, Fs. Partsch (1989), S. 414: »Stellvertreterkriege«.
62 *Jekewitz*, Fs. Partsch (1989), S. 407.

ihre Instrumente im Einzelfall »über das Ziel hinausschießen«, nämlich dann, wenn nicht die politische Verantwortung thematisiert wird, sondern in den bürgerlichen, privaten Freiheitsstatus des Amtsträgers übergegriffen wird.[63] Verstärkt wird diese nicht selten latente Gefahr des »Übergriffs« dadurch, dass auch in der Öffentlichkeitswirkung nicht zuletzt angesichts einer zunehmenden Personalisierung der Politik tendenziell nicht hinreichend zwischen Amt und Person differenziert wird.[64] So grundlegend das Untersuchungsrecht des Parlaments daher auf der einen Seite ist, so wichtig ist es, seine Grenzen klar zu bestimmen. Ein Untersuchungsausschuss liefe ansonsten Gefahr, qua seiner inquisitorischen Natur zu einem **Tribunal** degenerieren zu können;[65] die Untersuchungen des amerikanischen Senats unter Vorsitz des Senators *McCarthy* von »Unamerican Activities«[66] mögen hier als mahnendes Beispiel dienen. Aber auch unterhalb dieser Schwelle ist es notwendig zu verhindern, dass der politische Kampf auf dem Rücken von Zeugen ausgetragen wird.[67] Belastete Grundrechtsträger können nämlich nicht nur die Kontrollierten selbst sein, sondern auch unbeteiligte Dritte, die als Zeugen oder sonstige »Beweishelfer« in Anspruch genommen werden.[68] Vor allem hier gilt, dass das parlamentarische Untersuchungsrecht zwar effektiv sein muss, nicht jedoch einen »Freibrief für Bloßstellungen«[69] gibt. Dies erfordert im Einzelfall nicht immer einfache Abwägungen zwischen dem parlamentarischen Untersuchungsrecht auf der einen und grundrechtlich geschützten Positionen des Einzelnen auf der anderen Seite. Diese Abwägungsfragen ziehen sich daher naturgemäß wie ein – weiterer[70] – roter Faden durch die einzelnen Fragestellungen, die das parlamentarische Untersuchungsverfahren aufwirft.

II. Träger des Untersuchungsrechts

1. Bundestag

a) Allgemeines

Das Untersuchungsrecht gehört zu den wichtigsten und ältesten Rechten des Parlaments. Dem Deutschen Bundestag steht das Recht, Untersuchungsausschüsse einzusetzen, unmittelbar aus Art. 44 Abs. 1 S. 1 GG zu. **Träger des**

---

63 *Masing*, ZRP 2001, 36 (37 f.); *Seiler*, AöR 129 (2004), 378 (388 f.).
64 *Seiler*, AöR 129 (2004), 378 (389).
65 *Glauben*, DRiZ 1992, 395; *Jung*, Fs. Eser (2005), S. 335.
66 Dazu *Fraenkel*, ZfP 1 (1954), 99 ff.; *Brácklein*, Investigativer Parlamentarismus, 2006, S. 128 ff.
67 *Brocker*, ZParl 30 (1999), 739 (747) m.w.N.
68 *Seiler*, AöR 129 (2004), 378 (385).
69 *Jung*, Fs. Eser (2005), S. 342.
70 S.o. Rdn. 8.

Untersuchungsrechts ist dabei **das Plenum** und dieses damit **Herr des Untersuchungsverfahrens**.[71] Die Untersuchung ist und bleibt dabei eine **Angelegenheit des gesamten Parlaments**, gleichgültig ob es sich um eine Minderheits- oder eine Mehrheitsenquete[72] handelt.[73]

b) Verteidigungsausschuss

14   Eine **exklusive Zuständigkeit** (Enquetemonopol)[74] besteht **auf dem Gebiet der Verteidigung** für den **Verteidigungsausschuss**. Diesem allein ist gem. Art. 45a Abs. 2, 3 GG die Befugnis zugewiesen, auf dem Gebiet der Verteidigung – also im militärischen Bereich[75] – mit dem Instrument des Untersuchungsausschusses tätig zu werden. **Militärische Verteidigung** bedeutet begrifflich im Kern die militärische Verteidigung mit Waffengewalt gegen Angriffe auf das Bundesgebiet,[76] einschließlich aller mit dem Einsatz der Bundeswehr zusammen hängenden Fragestellungen, bis hin zu deren Personal- und Haushaltsangelegenheiten.[77] Der Begriff der militärischen Verteidigung ist mithin in einem umfassenden Sinne zu verstehen.[78] Er umfasst auch die **Auslandseinsätze** der Bundeswehr.[79] Nicht dazu gehören demgegenüber Fragestellungen der zivilen Verteidigung und des Katastrophenschutzes, die in die Zuständigkeit des Bundesministeriums des Innern fallen,[80] sowie das Zivildienstwesen.[81]

15   Art. 45a Abs. 2, 3 GG ist gegenüber Art. 44 GG lex specialis.[82] Durch Art. 45a Abs. 2 S. 1 GG wird ein besonderes, verfassungsunmittelbares Enqueterecht des Verteidigungsausschusses begründet, das in dieser Form keinem anderen Ausschuss des Deutschen Bundestages zusteht.[83] Das bedeutet, dass allein der Verteidigungsausschuss im Einzelfall über seine Einrichtung als Untersuchungsausschuss befindet. Dem Enquetemonopol des Verteidigungsausschusses korrespondiert eine **Untersuchungssperre für**

---

71   S.o. Rdn. 1.
72   S.u. Rdn. 30 f.
73   BVerfGE 67, 100 (125); 77, 1 (40 f.); 83, 175 (180); *Schliesky*, AöR 126 (2001), 244 (248) m.w.N.
74   *Magiera*, in: Sachs, Art. 45a Rn. 8.
75   *Nettesheim/Vetter*, JuS 2004, 219 (221) m.w.N.
76   *Kretschmer*, in: Schmidt-Bleibtreu/Hofmann/Hopfauf, Art. 45a Rn. 14.
77   *Achterberg/Schulte*, in: v. Mangoldt/Klein/Starck II, Art. 45a Rn. 20 f.; *Brocker*, in: Epping/Hillgruber, Art. 45a Rn. 6.
78   *Brocker*, in: Epping/Hillgruber, Art. 45a Rn. 6.
79   *Brocker*, in: Epping/Hillgruber, Art. 45a Rn. 6; *Achterberg/Schulte*, in: v. Mangoldt/Klein/Starck II, Art. 45a Rn. 20; *Kretschmer*, in: Schmidt-Bleibtreu/Hofmann/Hopfauf, Art. 45a Rn. 15 m.w.N.
80   *H. H. Klein*, MD, Art. 45a Rn. 21.
81   *Heun*, in: Dreier II, Art. 45a Rn. 6.
82   *Morlok*, in: Dreier II, Art. 44 Rn. 62.
83   *Brocker*, in: Epping/Hillgruber, Art. 45a Rn. 7.

das **Plenum** in Verteidigungsangelegenheiten. Diese Exklusivität reicht angesichts des lex-specialis-Verhältnisses von Art. 45a Abs. 2, 3 GG gegenüber Art. 44 GG so weit, dass sie auch dann gilt, wenn das Gebiet der Verteidigung durch einen Untersuchungsauftrag auch nur (mit-)betroffen ist.[84] Das Untersuchungsrecht des Verteidigungsausschusses ist damit auch auf Gegenstände erstreckt, die nur teilweise in sein Enquetemonopol fallen.[85] Das schließt es allerdings nicht aus, dass durch eine **Aufspaltung des Themas** Einzelfragen, die einen eigenen Untersuchungskomplex bilden, zu einem separaten Untersuchungsgegenstand zusammengefasst werden, der das Gebiet der Verteidigung nicht betrifft. In einer solchen Konstellation können ausnahmsweise Ausschüsse nach § 45a Abs. 2, 3 GG und nach Art. 44 GG parallel eingesetzt werden und Untersuchungen durchführen sowie wechselseitig auf die gewonnen Ergebnisse zugreifen.[86]

Das Plenum kann als Konsequenz aus dem Enquetemonopol des Verteidigungsausschusses im übrigen **keine bindenden Untersuchungsaufträge** erteilen[87] und auch **keine Berichterstattung** durch den Verteidigungsausschuss verlangen.[88] Daraus, dass der Verteidigungsausschuss als Untersuchungsausschuss gleichwohl regelmäßig Bericht erstattet[89] und nunmehr sogar § 34 Abs. 4 PUAG **einfachgesetzlich eine Berichtspflicht** vorsieht, folgt nichts anderes. Die Bestimmung läuft vielmehr angesichts der verfassungsrechtlichen Situation leer. 16

Erst dann, wenn der Verteidigungsausschuss sich trotz Vorliegens eines zustimmungsfähigen Antrags **missbräuchlich** nicht als Untersuchungsausschuss konstituieren sollte und damit angesichts seines Enquetemonopols die Untersuchung durch das Parlament insgesamt blockiert, wird der Deutsche Bundestag den Verteidigungsausschuss im Wege des Organstreits vor dem Bundesverfassungsgericht zur Durchführung einer konkreten Untersuchung auf dem Gebiet der Verteidigung **zwingen** können.[90] Ein »Selbsteintrittsrecht« des Plenums, das den Weg zur eigenen und unmittelbaren Anwendung des Art. 44 Abs. 1 GG wieder frei machen würde, existiert allerdings auch in 17

---

84 *Berg*, BK, Art. 45a Rn. 212.
85 *Berg*, BK, Art. 45a Rn. 211 ff.; *Heun*, in: Dreier II, Art. 45a Rn. 9.
86 *Berg*, BK, Art. 45a Rn. 212.
87 *Berg*, BK, Art. 45a Rn. 210; *Magiera*, in: Sachs, Art. 45a Rn. 8; *Achterberg/Schulte*, in: v. Mangoldt/Klein/Starck II, Art. 45a Rn. 35; *H. H. Klein*, MD, Art. 45a Rn. 39; a.A. *Pieroth*, in: Jarass/Pieroth, Art. 45a Rn. 2; *Krings*, in: Friauf/Höfling, Art. 45a Rn. 16.
88 *Hernekamp*, in: v. Münch/Kunig II, Art. 45a Rn. 10; *Hahnenfeld*, NJW 1963, 2145; a.A. *Berg*, BK, Art. 45a Rn. 246 ff.; *Achterberg/Schulte*, in: v. Mangoldt/Klein/Starck II, Art. 45a Rn. 42; *H. Klein*, MD, Art. 45a Rn. 39; *Krings*, in: Friauf/Höfling, Art. 45a Rn. 16; *Magiera*, in: Sachs, Art. 45a Rn. 8.
89 Vgl. die Übersicht bei *Berg*, BK, Art. 45a Rn. 250 ff. sowie zuletzt BT-Drucks. 16/10650 (Guantánamo).
90 *H. H. Klein*, MD, Art. 45a Rn. 40.

diesem Fall nicht.[91] Umgekehrt kann sich aber auch der Verteidigungsausschuss im Wege der Organklage der Einsetzung von Untersuchungsausschüssen durch das Plenum des Deutschen Bundestages in seinem sachlichen Zuständigkeitsbereich »konkurrenzloser Exklusivität« erwehren.[92]

18 Was im Übrigen seine Untersuchungskompetenzen im Verfahren anbelangt, kann vollumfänglich auf Art. 44 GG verwiesen werden.[93] Das gilt auch für die Reichweite der parlamentarischen Minderheitenrechte bei der Konstituierung des Ausschusses und im Verfahren der Untersuchung.[94] Gem. § 34 Abs. 4 S. 1 PUAG gelten für das Verfahren außerdem die Vorschriften des PUAG.

19 Auch wenn es sich bei dem Verteidigungsausschuss als ständigem Ausschuss um einen sog. Dauerausschuss des Parlaments handelt, bedarf es im Einzelfall einer **Konstituierung** als Untersuchungsausschuss, um im Hinblick auf einen konkreten Untersuchungsgegenstand die Rechte und das Verfahren aus Art. 44 GG auszulösen.[95] Dies ist auch ausdrücklich einfachgesetzlich so in § 34 Abs. 1 iVm § 1 Abs. 2 PUAG geregelt. Auch der Verteidigungsausschuss als Untersuchungsausschuss ist in dieser Funktion damit ein ad-hoc-Ausschuss, so dass auch unter diesem Gesichtspunkt nicht von einem »ständigen Untersuchungsausschuss« gesprochen werden kann.

20 Durch Art. 45a Abs. 3 GG wird für das Verfahren der Untersuchung das **Prinzip der Öffentlichkeit der Beweiserhebung** parlamentarischer Untersuchungsausschüsse nach Art. 44 Abs. 1 S. 1 GG[96] auf dem Gebiet der Verteidigung **vollumfänglich ausgeschlossen**. Der Verteidigungsausschuss als Untersuchungsausschuss hat daher wegen der schon von Verfassungs wegen anzunehmenden umfassenden besonderen Geheimhaltungsbedürfnisse im militärischen Bereich zum Schutz verteidigungspolitischer Belange[97] zwingend in nicht öffentlicher Sitzung Beweis zu erheben. Da von diesem Anwendungsausschluss im Hinblick auf Art. 44 Abs. 1 S. 1 GG anders als nach Art. 45a Abs. 2 S. 2 GG für die Rechte der Einsetzungsminderheit keine vergleichbare Rückausnahme erfolgt, ist die Geschäftsordnungsautonomie des Deutschen Bundestages aus Art. 40 Abs. 1 S. 2 GG und damit auch die Verfahrensautonomie des Untersuchungsausschusses selbst entsprechend eingeschränkt.[98] Dies

---

91 *Brocker*, in: Epping/Hillgruber, Art. 45a Rn. 11.
92 H. H. *Klein*, MD, Art. 45a Rn. 39 ff.
93 *Achterberg/Schulte*, in: v. Mangoldt/Klein/Starck II, Art. 45a Rn. 29.
94 BGH, DVBl. 2010, 1311 ff. m. zust. Anm. *Gärditz*; H. H. *Klein*, MD, Art. 45a Rn. 38; s.u. § 27 Rn. 1 ff.
95 *Berg*, BK, Art. 45 a Rn. 223 ff.; *Achterberg/Schulte*, in: v. Mangoldt/Klein/Starck II, Art. 45 a Rn. 31; *Magiera*, in: Sachs, Art. 45 a Rn. 7; *Brocker*, in: Epping/Hillgruber, Art. 45a Rn. 8; a.A. *Hahnenfeld*, NJW 1963, 2145 (2146).
96 S.u. § 10 Rdn. 1 ff.
97 *Achterberg/Schulte*, in: v. Mangoldt/Klein/Starck II, Art. 45a Rn. 39.
98 *Achterberg/Schulte*, in: v. Mangoldt/Klein/Starck III, Art. 45 a Rn. 39; *Brocker*, in: Epping/Hillgruber, Art. 45a Rn. 12; H. H. *Klein*, MD, Art. 45a Rn. 45 f. m.w.N.;

gilt – entgegen der mitunter geübten Praxis des Verteidigungsausschusses des Deutschen Bundestages als Untersuchungsausschuss[99] – angesichts der Einheitlichkeit des Lebensvorgangs, der einem Untersuchungsgegenstand zugrunde liegt, auch dann, wenn im konkreten Fall lediglich Teilaspekte des Untersuchungsauftrags betroffen sein sollten, die als solche selbst nicht unmittelbar zum »Gebiet der Verteidigung« zählen.[100]

2. Bundesrat

Was den **Bundesrat** anbelangt, so ist dessen Befugnis, Untersuchungsausschüsse einzusetzen, nicht unumstritten. Eine verfassungsrechtliche Ermächtigungsnorm wie Art. 44 Abs. 1 S. 1 GG existiert für den Bundesrat nicht,[101] so dass vereinzelt angenommen wird, der Bundesrat sei nicht befugt, im Rahmen seiner Kompetenzen im Übrigen Untersuchungsausschüsse einzusetzen.[102] Insbesondere sei nicht einzusehen, warum dem Bundesrat – ungeachtet seiner zwar parlamentsähnlichen Stellung – als Exekutivorgan das Recht zustehen sollte, Sachverhalte im Bereich der Bundesexekutive zu ermitteln.[103] Dem ist jedoch entgegenzuhalten, dass es dem Bundesrat im Rahmen seines verfassungsmäßigen Selbstorganisationsrechts kaum verwehrt sein dürfte, **Sonderausschüsse** einzusetzen, deren Auftrag dem eines Untersuchungsausschusses zumindest nahe kommt.[104] § 11 Abs. 1 S. 2 GOBR sieht die Einrichtung »weiterer Ausschüsse« für »besondere Angelegenheiten« jedenfalls im Ergebnis zu Recht ausdrücklich vor, auch wenn von dieser Möglichkeit bislang, soweit ersichtlich, noch kein Gebrauch gemacht wurde.[105]

21

Ob man diesen »Ausschüssen für besondere Angelegenheiten« des Bundesrates die Bezeichnung als Untersuchungsausschuss zugestehen will,[106] ist demgegenüber eher eine semantische Frage. Unstreitig ist es nämlich so, dass diesen Ausschüssen in Ermangelung einer ausdrücklichen Zuweisung im Grundgesetz

22

---

a.A. *Kretschmer*, in: Schmidt-Bleibtreu/Hofmann/Hopfauf, Art. 45a Rn. 8a; *Berg*, BK, Art. 45a Rn. 238; vgl. auch Wissenschaftliche Dienste des Deutschen Bundestages (*Georgii/Mäde*), Ausarbeitung WD 3-464/09 v. 18.1.2010, S. 12 ff.
99 Vgl. dazu Wissenschaftliche Dienste des Deutschen Bundestages (*Georgii/Mäde*), Ausarbeitung WD 3-464/09 v. 18.1.2010, S. 9 ff.; *Berg*, BK, Art. 45a Rn. 239 ff. sowie BT-Drucks. 16/10650, S. 27 f. (Guantánamo).
100 *Geis*, in: Isensee/Kirchhof III, § 55 Rn. 29 f.
101 *Reuter*, Praxishandbuch Bundesrat, 2. Aufl. (2007), Art. 52 Rn. 55.
102 So *Korioth*, in: v. Mangoldt/Klein/Starck II, Art. 52 Rn. 25; *Pieroth*, in: Jarass/Pieroth, Art. 52 Rn. 5.
103 *Korioth*, in: v. Mangoldt/Klein/Starck II, Art. 52 Rn. 25.
104 *Reuter*, Praxishandbuch Bundesrat, 2. Aufl. (2007), Art. 53 Rn. 45; *Dörr*, in: Epping/Hillgruber, Art. 52 Rn. 29.
105 *H. H. Klein*, MD, Art. 44 Rn. 35.
106 So *Reuter*, Praxishandbuch Bundesrat, 2. Aufl. (2007), Art. 53 Rn. 45; *Robbers*, in: Sachs, Art. 52 Rn. 18.

Teil 1 Grundlagen

und im Umkehrschluss aus Art. 44 Abs. 1 S. 1 GG jedenfalls nicht die besonderen inquisitorischen Befugnisse eines parlamentarischen Untersuchungsausschusses zustehen[107]. Dies ist auch sachgerecht, da der Bundesrat als Exekutivorgan zwar an der Gesetzgebung teilhat, damit jedoch noch lange kein Parlament ist. Es handelt sich bei derartigen Sonderausschüssen des Bundesrates mithin zumindest **nicht um klassische Untersuchungsausschüsse** im tradierten Wort- und Parlamentsverständnis, weshalb in Zusammenhang mit dem Bundesrat schon formal besser von »Sonderausschüssen«, denn von Untersuchungsausschüssen gesprochen werden sollte.

3. Landesparlamente

23 Das Recht der deutschen **Landesparlamente**, Untersuchungsausschüsse einzusetzen, ergibt sich jeweils unmittelbar aus der jeweiligen Landesverfassung.[108] Die **Grundzüge des Verfahrens** sind dabei in allen Ländern mit denjenigen des Bundes wenn nicht sogar **identisch, so doch zumindest ganz weitgehend vergleichbar**.[109] Dies folgt bereits aus der verfassungsrechtlichen Vorgabe des Art. 28 Abs. 1 GG[110] und dem tradierten Verständnis des parlamentarischen Untersuchungsrechts in Deutschland. Träger des Untersuchungsrechts ist damit auch in den Ländern jeweils das **Plenum** und dieses damit »Herr des Verfahrens«. Im Übrigen gibt es einige, vornehmlich verfahrensmäßige Besonderheiten in den Ländern zu beachten. Diese resultieren im Wesentlichen aus unterschiedlichen Ausgestaltungen des Untersuchungsrechts in den Untersuchungsausschussgesetzen der Länder,[111] die aber letztlich bei zwar »durchaus interessanten Unterschieden im Detail«[112] im Grundsätzlichen gleichwohl ganz weitgehend übereinstimmen.

4. Kommunale Vertretungen

24 Den **kommunalen Vertretungen** in Deutschland steht demgegenüber **kein Recht zu, Untersuchungsausschüsse einzusetzen**.[113] Es existiert keine rechtliche Grundlage, die ihnen eine derartige Befugnis einräumen würde, vor allem weil dies der Natur der Gemeinderäte als Teil der Verwaltung und damit angesichts ihrer Zugehörigkeit zur Exekutive wesensfremd wäre.

---

107 *Robbers*, in: Sachs, Art. 52 Rn. 18; *H. H. Klein*, MD, Art. 44 Rn. 35; *Reuter*, Praxishandbuch Bundesrat, 2. Aufl. (2007), Art. 52 Rn. 55; *Dörr*, in: Epping/Hillgruber, Art. 52 Rn. 29.
108 Vgl. die Übersicht u. § 3 Rdn. 1.
109 *H. H. Klein*, MD, Art. 44 Rn. 36.
110 S.o. Rdn. 4.
111 S.u. § 3 Rdn. 6 ff.
112 *H. H. Klein*, MD, Art. 44 Rn. 50.
113 OVG Saarl., NVwZ 1987, 612; *Beckmann/Rühberg*, DVP 2000, 104; *Schröer*, DÖV 1986, 85.

Das bedeutet freilich nicht, dass der Gesetzgeber den kommunalen Vertretungen von Verfassungs wegen keine anderen inquisitorischen Instrumente zur Kontrolle der Angelegenheiten der kommunalen Selbstverwaltung an die Hand geben dürfte. **Kommunale Akteneinsichtsausschüsse** oder zumindest doch das Recht des einzelnen Gemeinderatsmitglieds auf **Akteneinsicht** als Instrument der Verwaltungskontrolle erscheinen vielmehr zumindest rechtspolitisch notwendig, um eine effektive (Selbst-)Kontrolle auf kommunaler Ebene zu ermöglichen.[114] Diese nimmt jedoch weder die Qualität einer parlamentarischen Untersuchung an noch ist sie damit auch nur vergleichbar. Auch eine »Untersuchung« durch den Gemeinderat bleibt materiell Verwaltungstätigkeit, weshalb von einem Untersuchungsausschuss im eigentlichen Wortsinne keine Rede sein kann.[115] 25

5. Europäisches Parlament

Das **Europäische Parlament** kann gem. Art. 151 GOEP iVm Art. 2 Abs. 1 der Anl. VIII »behauptete Verstöße gegen das Gemeinschaftsrecht oder Missstände bei der Anwendung desselben (…), die einem Organ oder einer Institution der EG, einer öffentlichen Verwaltung eines Mitgliedsstaates oder Personen, die durch das Gemeinschaftsrecht mit dessen Anwendung beauftragt wurden, zur Last gelegt werden« untersuchen. Die behaupteten Verstöße gegen das primäre oder sekundäre Unionsrecht oder Missstände bei dessen Ausführung können sowohl im Hinblick auf Unionsorgane, Mitgliedstaaten als auch Einzelpersonen überprüft werden.[116] Das schließt eine parallele Untersuchung im Deutschen Bundestag mit dem Ziel, das Verhalten der Bundesregierung in der **Europapolitik** zu überprüfen,[117] im übrigen nicht aus. 26

Zu diesem Zweck »**kann**« das Europäische Parlament nach Art. 226 AEUV (vormals Art. 193 EGV) auf Antrag eines Viertels seiner Mitglieder **einen Untersuchungsausschuss einsetzen**.[118] Trotz des insoweit mehrdeutigen Wortlauts der Bestimmung wird ganz überwiegend angenommen, dass 27

---

114 Vgl. dazu *Eiermann*, VBlBW 1999, 447 ff.; *ders.*, VBlBW 2007, 15 ff.; *Schröer*, DÖV 1986, 85 ff.
115 OVG Saarl., NVwZ 1987, 612; *Hoppe/Kleindiek*, VR 1992, 82, 87.
116 *Kotzur*, in: Geiger/Khan/Kotzur, EUV/AEUV, 5. Aufl. (2010), Art. 226 AEUV Rn. 3.
117 *Kretschmer*, BK, Art. 45 Rn. 96.
118 Vgl. dazu *Beckedorf*, Das Untersuchungsrecht des Europäischen Parlaments, 1995, S. 337 ff.; *ders.*, EuR 1997, 237 ff.; *Höpfner*, Parlamentarische Kontrolle in Deutschland und in der Europäischen Union: das Recht der parlamentarischen Untersuchungsausschüsse des Deutschen Bundestages und des Europäischen Parlaments, 2004; *Kipke*, ZParl 20 (1989), 488 ff.; *Seibold*, Die Kontrolle der Europäischen Kommission durch das Parlament, 2004.

Art. 226 AEUV ein **Minderheitenrecht** dergestalt statuiert, dass bei Erreichen des notwendigen Antragsquorums die Einsetzung eines Untersuchungsausschuss durch das Plenum zu beschließen ist.[119]

28 **Einzelheiten des Verfahrens** sind hingegen anders als beim Deutschen Bundestag nicht voll umfänglich der autonomen Regelung durch das Parlament selbst überlassen, sondern werden, nachdem sie zunächst auf der Grundlage von Art. 193 EGV durch interinstitutionelle Vereinbarung zwischen Europäischem Parlament, Rat und Kommission geregelt wurden (Anlage VIII der Geschäftsordnung des Europäischen Parlaments)[120], nach Art. 226 AEUV zwar »vom Europäischen Parlament festgelegt, das aus eigener Initiative gemäß einem besonderen Gesetzgebungsverfahren durch Verordnungen«, allerdings erst »nach Zustimmung des Rates und der Kommission beschließt«, und dies obschon die Geschäftsordnungsautonomie des Europäischen Parlaments im übrigen durch Art. 232 AEUV (vormals Art. 199 Abs. 1 EGV) als Erbe europäischer Parlamentstradition umfassend garantiert ist.[121] Im Vergleich zur vormaligen interinstitutionellen Vereinbarung wird die Position des Europäischen Parlaments mit der Festschreibung des Verordnungsweges in Art. 226 AEUV aber zumindest gestärkt,[122] wenn auch noch nicht in einem der Parlamentsautonomie vollumfänglich entsprechenden Maße. In der Praxis des Europäischen Parlaments spielt die parlamentarische Untersuchung allerdings, nicht zuletzt wegen ihrer zahlreichen Einschränkungen und Unklarheiten, namentlich was den Umfang von Zeugenpflichten anbelangt,[123] (zumindest noch) keine maßgebliche Rolle,[124] zumindest keine, die mit der Bedeutung des Untersuchungsrechts der meisten nationalen Parlamente in der EU vergleichbar wäre.[125]

---

119 *Beckedorf*, Das Untersuchungsrecht des Europäischen Parlaments, 1995, S. 337 ff.; *Kipke*, ZParl 20 (1989), 488 (492); *Kluth*, in: Calliess/Ruffert (Hrsg.), EUV/EGV, 2. Aufl. (2002), Art. 193 EGV Rn. 5; a.A. *Schoo*, in: Schwarze (Hrsg.), EU-Kommentar, 2. Aufl. (2009), Art. 193 Rn. 8; *Kotzur*, in: Geiger/Khan/Kotzur, EUV/AEUV, 5. Aufl. (2010), Art. 226 AEUV Rn. 2.
120 *H. H. Klein*, MD, Art. 44 Rn. 54.
121 *Brocker*, BK, Art. 40 Rn. 437 ff.
122 *Kotzur*, in: Geiger/Khan/Kotzur, EUV/AEUV, 5. Aufl. (2010), Art. 226 AEUV Rn. 5.
123 Vgl. im Überbl. *H. H. Klein*, MD, Art. 44 Rn. 55 ff.; *Schoo*, in: Schwarze (Hrsg.), EU-Kommentar, 2. Aufl. (2009), Art. 193 EGV Rn. 13 ff.
124 Zu bisherigen Untersuchungsausschüssen des EP vgl. *Beckedorf*, EuR 1997, 237 ff.
125 Überbl. bei *H. H. Klein*, MD, Art. 44 Rn. 51.

III. Typologie

Was die **Typologie** der parlamentarischen Untersuchungsausschüsse anbelangt, so werden traditionell sowohl in formeller als auch in materieller Hinsicht Unterscheidungen vorgenommen, die von mehr oder minder großer Bedeutung sind. 29

1. Mehrheits- und Minderheitsenquete

In formeller Hinsicht unterscheidet man die Mehrheits- und Minderheitsenquete. Diese Unterscheidung ist in Art. 44 Abs. 1 S. 1 GG angelegt: Wird ein Antrag auf Einsetzung eines Untersuchungsausschusses von dem in der Verfassung verankerten Einsetzungsquorum eingebracht, ist es also im Bundestag von mindestens einem Viertel der Mitglieder des Bundestags (Art. 44 Abs. 1 S. 1 GG) unterzeichnet,[126] nicht aber von der Mehrheit der Mitglieder des Bundestages (sog. qualifizierte Einsetzungsminderheit) spricht man von einer **Minderheitsenquete**. Diese bleibt eine Minderheitsenquete, selbst wenn sie einstimmig oder zumindest doch mit breiter Mehrheit, was idR der Fall ist,[127] vom Plenum beschlossen wird. 30

Wird demgegenüber der Antrag von der Mehrheit der Mitglieder des Bundestages beantragt und durchgesetzt, spricht man von einer **Mehrheitsenquete**.[128] Nicht selten kommt es in der parlamentarischen Praxis vor, dass Anträge einer Minderheit zurückgezogen werden, weil sich die Fraktionen (unter dem Eindruck des Minderheitenantrags) auf einen gemeinsamen Einsetzungsantrag geeinigt haben oder dass der Minderheitenantrag einvernehmlich geändert wird. Beide Formen des Untersuchungsausschusses, Minderheits- und Mehrheitsenquete, folgen im Verfahren aber im Wesentlichen denselben Regeln, da die Reichweite der Aufklärungsmöglichkeiten im Verfahren nicht davon abhängen kann, ob die Mehrheit einem Antrag auf Einsetzung beitritt oder nicht.[129] 31

Wird das qualifizierte Einsetzungsquorum im Antrag demgegenüber unterschritten, enthält er also nicht die für eine Minderheitsenquete notwendige Zahl von Unterschriften, ist das Parlament frei darin, ob es den Ausschuss einsetzt oder nicht.[130] Beschließt das Parlament antragsgemäß die Einsetzung eines Untersuchungsausschusses, handelt es sich allerdings um eine dritte Form neben Minderheits- und Mehrheitsenquete. Eine Begrifflichkeit hat 32

---

126 *Rechenberg*, BK, Art. 44 Rn. 6; *H. H. Klein*, MD, Art. 44 Rn. 75.
127 *Zeh*, DÖV 1988, 701 (709).
128 *H. H. Klein*, MD, Art. 44 Rn. 73; *Wiefelspütz*, NJ 2002, 398 (399); *Zeh*, DÖV 1988, 701 (709).
129 So auch BVerfGE 105, 197 (224 f.); *Wiefelspütz*, NJ 2002, 398 f.; *Zeh*, DÖV 1988, 701 (709); *Kretschmer*, in: Schmidt-Bleibtreu/Hofmann/Hopfauf, Art. 44 Rn. 11.
130 *Geis*, in: Isensee/Kirchhof III, § 55 Rn. 20.

Teil 1 Grundlagen

sich hierfür – offenbar wegen der allenfalls rudimentären Praxisrelevanz dieser Figur – bislang nicht etabliert. In Anlehnung an die o.g. Unterscheidung wird man von einer »**Splitterenquete**« oder »**nicht qualifizierten Minderheitsenquete**« sprechen können. Das Verfahren dieser »Kann-Enqueten« (da das Plenum unter keinem möglichen Gesichtspunkt verpflichtet ist, sie einzusetzen) kann und wird grundsätzlich anderen verfassungsrechtlichen Vorgaben folgen, als das der »Muss-Enqueten«, namentlich was die Reichweite von Minderheitenrechten im Verfahren anbelangt.[131] Im Übrigen aber sind die Regelungen der Untersuchungsausschussgesetze ohne Abstriche auch auf diese Form der Enquete anzuwenden.

2. Thematische Unterscheidungen

33 Die thematischen Unterscheidungen, wonach bestimmte **Grundtypen** von Untersuchungsausschüssen gebildet werden, sind demgegenüber vorwiegend semantischer Natur.[132] Wichtig ist allerdings die Unterscheidung in sog. Sachstands- und Gesetzgebungsenqueten auf der einen und die (eigentlichen) Kontrollenqueten auf der anderen Seite, ohne dass dabei Mischformen ausgeschlossen wären.[133]

a) Sachstands- und Gesetzgebungsenquete

34 **Sachstands- und Gesetzgebungsenqueten** dienen der Informationsbeschaffung des Parlaments für längerfristige Vorhaben, insbesondere auf dem Gebiet der Gesetzgebung.[134] Sie haben sich mittlerweile als **Enquete-Kommissionen** (im Deutschen Bundestag seit 1969)[135] als eigene Kategorie im Gefüge parlamentarischer Instrumentarien etabliert und werden in Bund und Ländern nicht mehr als Untersuchungsausschüsse im eigentlichen Sinne mit den aus Art. 44 GG bzw. den entsprechenden Normen des Landesverfassungsrechts folgenden besonderen Befugnissen eingesetzt.[136] Die Enquete-Kommissionen unterscheiden sich von einem Untersuchungsausschuss vor allem dadurch, dass ihnen keinerlei Selbstinformationsrechte oder gar Zwangsmittel zur Verfügung stehen, weshalb ihnen etwa auch Nichtparlamentarier als Sachverständige angehören können und regelmäßig

---

131 Vgl. § 27 Rdn. 7.
132 *Versteyl*, in: v. Münch/Kunig II, Art. 44 Rn. 3; *M. Schröder*, in: Schneider/Zeh, § 46 Rn. 7.
133 *M. Schröder*, in: Schneider/Zeh, § 46 Rn. 7.
134 *Morlok*, in: Dreier II, Art. 44 Rn. 17; *Kretschmer*, DVBl. 1986, 923 ff.; *Wiefelspütz*, Das Untersuchungsausschussgesetz, 2003, S. 47 ff.
135 Dazu *Kretschmer*, DVBl. 1986, 923 ff.
136 *Achterberg/Schulte*, in: v. Mangoldt/Klein/Starck II, Art. 44 Rn. 10; *Hoffmann-Riem/Ramcke*, in: Schneider/Zeh, § 47 Rn. 1; *Morlok*, in: Dreier II, Art. 44 Rn. 17; *Schneider*, NJW 2001, 2604 (2605).

auch angehören. Dies ist auch sachgerecht, da Enquete-Kommissionen nicht in erster Linie als politische Kampfinstrumente konzipiert sind, sondern als Informations- und Arbeitsinstrumente des Parlaments.[137]

Der als solcher zutreffende Befund, dass Enquete-Kommissionen für ihre Arbeit idR Zwangsmittel nicht bedürfen, darf jedoch nicht dazu verleiten, die Unterscheidung zwischen Gesetzgebungsenquete und Enquete-Kommission für »in der Praxis bedeutungslos« zu erachten[138] oder gar die Einsetzung einer Sachstands- und Gesetzgebungsenquete anstelle einer Enquete-Kommission per se für unzulässig zu erklären.[139] Eine **Exklusivität der Enquete-Kommission** vor dem Instrument des Untersuchungsausschusses auf dem Gebiet der Gesetzesvorbereitung ist vielmehr wohl **kaum begründbar**. Insbesondere die lediglich geschäftsordnungsrechtlich begründete Enquete-Kommission vermag ein verfassungsmäßiges Recht des Parlaments auf Einsetzung eines Untersuchungsausschusses nicht zu derogieren,[140] ganz zu schweigen davon, dass das Parlament mit der geschäftsordnungsmäßigen Verankerung der Enquete-Kommissionen wohl kaum seine sonstigen Rechte als Verfassungsorgan beschneiden wollte[141] oder könnte. Im Übrigen enthalten einzelne Untersuchungsaufträge nicht selten neben Kontroll- auch Gesetzgebungselemente. Elemente von Gesetzgebungs-, Regierungskontroll- und Misstandsenquete können sich so zu einer **Mischform** verbinden.[142] Diese einzelnen Aspekte aufzusplitten wäre weder praktikabel noch überzeugend.[143]

35

Konsequent geht daher auch das Bundesverfassungsgericht davon aus, dass **Untersuchungsausschüsse** zur Vorbereitung rechtsverbindlichen parlamentarischen Handelns im Bereich der Gesetzgebung nach wie vor **zulässig** sind.[144] Die Möglichkeit zur Einsetzung einer Sachstands- oder Gesetzgebungsenquete bleibt mithin als **Reservefunktion** erhalten; sollte es im Einzelfall erforderlich sein, zur Erfüllung der parlamentarischen Aufgaben

36

---

137 *Ehmke*, Verh. d. 45. DJT (1964), S. E 25 f.; *Zeh*, in: Schneider/Zeh, (Hrsg.), Parlamentsrecht und Parlamentspraxis, 1989, § 39 Rn. 19.
138 So aber *Umbach*, in: ders./Clemens, GG, Art. 44 Rn. 17.
139 So *Masing*, Parlamentarische Untersuchung privater Sachverhalte, 1998, S. 350; *Meyer*, in: Schneider/Zeh (Hrsg.), Parlamentsrecht und Parlamentspraxis, 1989, § 4 Rn. 83; *Zeh*, DÖV 1988, 701 (709); *Seiler*, AöR 129 (2004), 378 (402); ähnl. RhPfVerfGH, AS 38, 322 (345 f.).
140 *Steinberger*, BT-Drucks. 11/7800, S. 1195; *Kretschmer*, in: Schmidt-Bleibtreu/Hofmann/Hopfauf, Art. 44 Rn. 34; krit. demgegenüber RhPfVerfGH, AS 38, 322 (345 f.).
141 *M. Schröder*, Fs. Redeker (1993), S. 175.
142 *M. Schröder*, in: Schneider/Zeh, § 46 Rn. 7.
143 *Wiefelspütz*, Das Untersuchungsausschussgesetz, 2003, S. 49; a.A. wohl RhPfVerfGH, AS 38, 322 (345 f.).
144 BVerfGE 77, 1 (44).

auf dem Gebiet der Gesetzgebung ausnahmsweise einen Untersuchungsausschuss einzurichten, ist dies dem Parlament nicht verwehrt.[145] Für die Abgrenzung zwischen Enquete-Kommission und Untersuchungsausschuss ist damit nicht der Gegenstand sondern allein der Umfang der Untersuchungstätigkeit maßgebend.[146] Insoweit ist das Parlament in seiner Entscheidung frei. Es darf im Übrigen auch nicht vergessen werden, dass letztlich nur bei dieser Sichtweise das Minderheitenrecht für diesen Bereich verfassungsfest bleibt.[147]

b) Kontrollenquete

37 Die **Kontrollenqueten** sind demgegenüber der eigentliche Anwendungsfall parlamentarischer Untersuchungsausschüsse. Bei ihnen geht es im Wesentlichen darum, das Handeln von Regierung und Verwaltung zu überprüfen. Sie knüpfen damit als **Regelfall** der parlamentarischen Untersuchung unmittelbar an das Kontrollrecht des Parlaments an.

38 Je nach Untersuchungsgegenstand unterscheidet man dabei zwischen sog. **Missstandsenqueten**, die der Aufklärung im staatlichen Bereich dienen und den sog. **Skandalenqueten**, die sich der Aufklärung von Missständen in nichtstaatlichen Bereichen des öffentlichen Lebens widmen.[148]

39 Eine Sonderstellung nehmen als Kontrollenqueten iwS schließlich die **Kollegialenqueten** ein, die sich mit parlamentsinternen Angelegenheiten befassen[149] und dabei in erster Linie mit der Tätigkeit **parlamentarischer Organe** und dem Verhalten **einzelner Abgeordneter**. Teilweise werden sie auch als **Parlamentsenqueten** bezeichnet;[150] gemeint ist in der Sache das gleiche. Ihre besondere Legitimation beziehen sie – insbesondere im Hinblick auf mögliche Beeinträchtigungen des freien Mandats des Abgeordneten – daraus, dass sie darauf zielen, »das Vertrauen in das Parlament (zu) fördern«[151] und die »Integrität und politische Vertrauenswürdigkeit« des Parlaments zu wahren.[152] Dazu gehört im Bedarfsfalle iwS auch die Kontrolle der Tätigkeit der **Parlamentsverwaltung**.[153] Auch dies gehört zur »Selbstrei-

---

145 *Linck*, ZRP 1987, 11 (12); *Wiefelspütz*, Das Untersuchungsausschussgesetz, 2003, S. 48 f. m.w.N.
146 *Achterberg/Schulte*, in: v. Mangoldt/Klein/Starck II, Art. 44 Rn. 82.
147 Dazu *Brocker*, in: Grimm/Caesar, Art. 91 Rn. 9.
148 *Morlok*, in: Dreier II, Art. 44 Rn. 17; *Magiera*, in: Sachs, Art. 44 Rn. 6; *M. Schröder*, in: Schneider/Zeh, § 46 Rn. 6.
149 RhPfVerfGH, AS 38, 322 (333); *Magiera*, in: Sachs, Art. 44 Rn. 6.
150 RhPfVerfGH, AS 38, 322 (335); *H.-P. Schneider*, Fs. 50 Jahre BVerfG, Bd. II (2002), S. 657.
151 BVerfGE 94, 351 (366 ff.).
152 BVerfGE 99, 19 (32); krit. demgegenüber *Umbach*, in: ders./Clemens, GG, Art. 44 Rn. 18; *Stock*, ZRP 1995, 286 ff.
153 Dazu *Brocker*, in: Grimm/Caesar, Art. 91 Rn. 12.

nigung«[154] des Parlaments. Das Untersuchungsrecht ist nicht ausschließlich ein inter-, sondern auch ein intraorganschaftliches Instrument.[155] Die Selbstkontrolle des Parlaments steht **gleichrangig** neben der Kontrolle der Exekutive.[156] Unbeschadet dessen dürfte es sich in der Praxis allerdings anbieten, parlamentsinterne Angelegenheiten von »möglichst neutralen Parlamentsgremien«, wie etwa dem Ältestenrat, dem Präsidium oder einer internen Kommission aufklären zu lassen.[157] Durch die Befassung mit einer Untersuchung werden diese Gremien allerdings nicht zu Untersuchungsausschüssen i.S. des Art. 44 GG[158] mit den daraus folgenden Kompetenzen und verfahrensrechtlichen Regeln. Untersuchungsausschüsse zu parlamentsinternen Angelegenheiten bilden in der Parlamentspraxis nicht zuletzt auch deshalb insgesamt zu Recht die Ausnahme.[159]

Die **Überprüfung von Abgeordneten** des Deutschen Bundestags nach § 44b AbgG auf ihre Stasi-Vergangenheit hin[160] in der Form einer spezialgesetzlich geregelten »**Personalenquete**«[161] z. B. ist Ausdruck dieser Zurückhaltung im Hinblick auf die Einsetzung einer Kollegialenquete nach Art. 44 GG. Nicht nur, dass der Gefahr einer politischen Instrumentalisierung der Untersuchung durch die Übertragung der Aufgabe auf »möglichst neutrale Parlamentsgremien«[162] effektiv begegnet werden kann; das parlamentsinterne Verfahren beeinträchtigt vor allem das verfassungsmäßig verbürgte Recht des u.U. betroffenen Abgeordneten aus Art. 38 GG Abs. 1 S. 2 GG dadurch, dass es ohne die Anwendung von Zwangsmitteln und – bis auf die Bekanntgabe des Ergebnisses der Überprüfung – nicht öffentlich durchgeführt wird, in maßgeblich geringerem Maße als dies bei der Arbeit eines parlamentarischen Untersuchungsausschusses der Fall wäre.[163] Eine derartiges Gremium ist kein Untersuchungsausschuss i.S. des Art. 44 GG.[164] Das

---

154 BVerfGE 94, 351 (366 f.); *F. Vogel*, ZParl 5 (1974), 503 (504).
155 RhPfVerfGH, AS 38, 322 (332).
156 RhPfVerfGH, AS 38, 322 (333).
157 *Brocker*, in: Grimm/Caesar, Art. 91 Rn. 13; ähnl. BVerfGE 94, 351 (369 f.).
158 *Achterberg/Schulte*, in: v. Mangoldt/Klein/Starck II, Art. 44 Rn. 20 m. Fn. 46.
159 *Achterberg/Schulte*, in: v. Mangoldt/Klein/Starck II, Art. 44 Rn. 21; *Ehmke*, Verh. d. 45. DJT (1964), S. E 19; *Brocker*, in: Grimm/Caesar, Art. 91 Rn. 13; *K. Stein*, Die Verantwortlichkeit politischer Akteuere, 2009, S. 403 f.; vgl. aber auch instruktiv die »Zwischenbilanz nach den Erfahrungen des ›Steiner-Ausschusses‹« in: ZParl 5 (1974), 496 ff.
160 Vgl. dazu BVerfGE 94, 351 (408 ff.; 99, 19 ff.; *Braun/Jantsch/Klante*, AbgG, 2002, § 44 b Rn. 1 ff. m.w.N.
161 So *Kretschmer*, in: Schmidt-Bleibtreu/Hofmann/Hopfauf, Art. 44 Rn. 36.
162 *Ehmke*, Verh. d. 45. DJT (1964), S. E 19.
163 BVerfGE 94, 351 (369 ff.); BVerfGE 99, 19 (35 ff.); *Vetter*, ZParl 24 (1993), 211 (232 f.).
164 *Achterberg/Schulte*, in: v. Mangoldt/Klein/Starck II, Art. 44 Rn. 20 m. Fn. 46.

Teil 1 Grundlagen

bedeutet allerdings keinesfalls, dass dieser »Sonderform einer Kollegialenquete«[165] aus verfassungsrechtlichen Gründen zwingend der Vorzug vor der Einsetzung eines Untersuchungsausschusses zu geben wäre. Abgesehen davon, dass der Verhältnismäßigkeitsgrundsatz im Kontext der Abgrenzung der verfassungsrechtlichen Sphären des einzelnen Abgeordneten gegenüber dem Parlament als Ganzem keine Geltung beanspruchen kann,[166] werden parlamentarische Kontrollinstrumente und ihr Einsatz durch den parallelen Einsatz anderer Instrumente, namentlich auch einer Behandlung des Untersuchungsgegenstands im Ältestenrat, nicht ausgehebelt oder verdrängt.[167] Das Verhalten eines einzelnen Abgeordneten innerhalb oder außerhalb des Parlaments kann daher grundsätzlich Gegenstand eines parlamentarischen Untersuchungsverfahrens in Form der Kollegialenquete sein.[168]

41 Was nach dem Vorgesagten für den einzelnen Abgeordneten und die Parlamentsverwaltung als parlamentarische Hilfseinrichtung[169] gilt, gilt auch für Organe und Gliederungen des Deutschen Bundestages. Namentlich die **Fraktionen** als wesentliche politische Gliederungen des Parlaments[170] sind nicht kontrollfrei gestellt, auch nicht im Hinblick auf das Instrument des parlamentarischen Untersuchungsausschusses. So wie politische Parteien durch eine parlamentarische Untersuchung nicht als privatnützige Verbände, sondern in ihrer Bezogenheit auf politische Ämter und das gemeine Wohl zur Rechenschaft gezogen werden können,[171] so gilt dies erst Recht auch für die Fraktion als »Partei im Parlament«. Eine **fraktionsgerichtete Untersuchung** ist daher grundsätzlich zulässig,[172] ungeachtet der Frage, ob man das Instrument des Untersuchungsausschusses hierzu für verfassungspolitisch opportun hält.

42 Da der verfassungsrechtliche Status der Fraktion aber vor allem aus den abgeleiteten Rechten der einzelnen Abgeordneten aus Art. 38 Abs. 1 Satz 2 GG gespeist ist,[173] muss diese verfassungsrechtliche Position gegenüber dem Untersuchungsrecht des Parlaments *im Verfahren* ausbalanciert werden.[174] Schon für die Einsetzung bedarf es eines tatsachengestützten gewichtigen

---

165 So *K. Stein*, Die Verantwortlichkeit politischer Akteure, 2009, S. 400 f.
166 *Brocker*, BK, Art. 40 Rn. 87 u. 238 m.w.N.
167 BVerfGE 124, 161 (192); s.o. Rn. 5.
168 BVerfGE 77, 1 (44); 94, 351 (367); 99, 19 (29 u. 32); *Hebeler/Schulz*, JuS 2010, 969 (974); *K. Stein*, Die Verantwortlichkeit politischer Akteure, 2009, S. 400 m.w.N.
169 *Zeh*, in: Isensee/Kirchhof III, § 53 Rn. 33.
170 BVerfGE 44, 308 (318); 102, 224 (242) m.w.N.
171 *Masing*, ZRP 2001, 36 (38).
172 RhPfVerfGH, AS 38, 322 (325 ff.); vgl. auch *Achterberg/Schulte*, in: v. Mangoldt/Klein/Starck II, Art. 44 Rn. 21 unter Hinw. auf den Untersuchungsausschuss des Abgeordnetenhauses von Berlin »Kassenmittel FDP/FVP« (1956).
173 *Morlok*, JZ 1989, 1035 (1038); *H.-P. Schneider*, Fs. 50 Jahre BVerfG, Bd. II (2002), S. 648.
174 RhPfVerfGH, AS 38, 322 (330); *Brocker*, BK, Art. 40 Rn. 181 m.w.N.

öffentlichen Interesses an einer Untersuchung.[175] Die den Fraktionen aus Art. 38 Abs. 1 Satz 2 GG zufließende **Fraktionsautonomie**, d.h. die Befugnis zur selbständigen und alleinigen Regelung ihrer inneren Angelegenheiten,[176] kann daher gegenüber dem Parlament und dem Untersuchungsausschuss auch nur im Kontext des Art. 38 Abs. 1 Satz 2 GG und dem dadurch vorgegebenen Umfang reklamiert werden.[177] Die Fraktionen können so zwar einen Raum politischer, also rechtlich ungebundener Entscheidungen für sich reklamieren,[178] nicht jedoch Verantwortungs- und damit Kontrollfreiheit in darüber hinausgehendem Umfang. Dies gilt nicht zuletzt für den Einsatz öffentlicher Finanzmittel; ein Anspruch, staatliche Mittel unbeschränkt und unkontrolliert verwenden zu dürfen, lässt sich aus der Fraktionsautonomie nicht ableiten.[179] Die **Fraktionsfinanzierung** ist Teil der Parlamentsfinanzierung,[180] und die damit zusammenhängenden Offenbarungspflichten können nicht unter Hinweis auf Art. 38 Abs. 1 Satz 2 GG[181] und die Fraktionsautonomie, die nicht weiter geht, unterlaufen werden.[182]

Der Gedanke der **Funktionentrennung**[183] findet im übrigen bei Kollegialenqueten in eigenen Angelegenheiten des Parlaments naturgemäß im Verhältnis von Parlament und Untersuchungsausschuss auf der einen und den von der Untersuchung betroffenen Abgeordneten, der Fraktion oder dem Organ- oder Organteil des Parlaments keine Anwendung.[184] Anders verhält es sich in Bezug auf die Regierung und ihre durch den Grundsatz der Funktionentrennung im Verfahren gegenüber einer regierungsgerichteten Untersuchung z.T. zurückgenommenen Rechtsposition[185]. 43

---

175 RhPfVerfGH, AS 38, 322 (327)
176 *Jekewitz*, in: Schneider/Zeh, § 37 Rn. 55; *Kretschmer*, in: Schmidt-Bleibtreu/Hofmann/Hopfauf, Art. 40 Rn. 57.
177 *Brocker*, BK, Art. 40 Rn. 185.
178 RhPfVerfGH, AS 38, 322 (329); *Hölscheidt*, Das Recht der Parlamentsfraktionen, 2001, S. 643.
179 RhPfVerfGH, AS 38, 322 (330 u. 341); *Hölscheidt*, Das Recht der Parlamentsfraktionen, 2001, S. 631 ff.
180 *Kretschmer*, in: Schmidt-Bleibtreu/Hofmann/Hopfauf, Art. 40 Rn. 57; *Butzer*, in: Epping/Hillgruber, Art. 38 Rn. 141; *Lesch*, ZRP 2002, 159.
181 BVerfGE 118, 277 (352 ff.); *Butzer*, in: Epping/Hillgruber, Art. 38 Rn. 115.
182 *Brocker*, BK, Art. 40 Rn. 186.
183 S.u. § 5 Rdn. 30 ff.
184 *K. Stein*, Die Verantwortlichkeit politischer Akteure, 2009, S. 401.
185 RhPfVerfGH, AS 38, 322 (330).

§ 2 Geschichtliche Entwicklung

ÜBERSICHT   Rdn.
I. Ausländische Vorbilder................................ 1
   1. England....................................... 1
   2. USA.. 6
   3. Frankreich..................................... 10
   4. Belgien.. 12
II. Entwicklung in Deutschland............................ 13
   1. Zeit des Konstitutionalismus....................... 13
   2. Weimarer Republik.............................. 15
   3. Entwicklung nach 1945........................... 19

Literatur: *Bräcklein*, Investigativer Parlamentarismus, 2006; *Fraenkel*, Diktatur des Parlaments?, ZfP 1 (1954), 99; *Gascard*, Das parlamentarische Untersuchungsrecht in rechtsvergleichender Sicht (England, USA, Deutschland) Diss. iur. Kiel 1966; *Redlich*, Recht und Technik des englischen Parlamentarismus, 1905; *S. Schröder*, Das Parlamentarische Untersuchungsrecht der Weimarer Reichsverfassung im Spiegel der zeitgenössischen Staatsrechtslehre und Rechtsprechung, ZParl 30 (1999), 715; *Steffani*, Die Untersuchungsausschüsse des Preußischen Landtages zur Zeit der Weimarer Republik, 1960; *ders.*, Funktion und Kompetenz parlamentarischer Untersuchungsausschüsse, PVS 1 (1960), 153; *Umbach*, Zur Enquete-Praxis im französischen Verfassungsrecht zwischen 1789 und 1828, in: Fs. Hirsch (1981), S. 293; *M. Weber*, Parlament und Regierung im neugeordneten Deutschland (1918), in: ders., Gesellschaftspolitische Schriften, 5. Aufl. (1988), S. 306; *Ziemske*, Das parlamentarische Untersuchungsrecht in England – Vorbild einer deutschen Reform?, 1991.

I. Ausländische Vorbilder

1. England

1 Das Untersuchungsrecht des Parlaments ist fest in der europäischen **Tradition des Parlamentarismus** verankert. Es hat seine geschichtlichen Wurzeln im »Mutterland des Parlamentarismus«, im England des 14. Jahrhunderts. War die Einsetzung besonderer Untersuchungskommissionen zunächst, und zwar seit dem Jahr 1080, der Krone vorbehalten als »**Royal Commissions of Inquiry**«,[1] setzte das **Parlament erstmals im Jahr 1340** ein »**Select Committee of Inquiry**« und damit einen parlamentarischen Untersuchungsausschuss ein.[2] Damit war der bis heute bestehende Dualismus zwischen »Royal

---

1 *Gascard*, Das parlamentarische Untersuchungsrecht in rechtsvergleichender Sicht, 1966, S. 4 m.w.N.
2 *Steffani*, Die Untersuchungsausschüsse des Preußischen Landtages zur Zeit der Weimarer Republik, 1960, S. 19 ff.; *Ziemske*, Das parlamentarische Untersuchungs-

§ 2 Geschichtliche Entwicklung

Commissions«, die heute nicht mehr von der Krone, sondern der Regierung eingesetzt werden, und den »Select Committees« des Parlaments begründet. Das Untersuchungsrecht des Parlaments war zu Beginn jedoch nur rudimentär und wenig konturiert.[3] Die Select Committees of Inquiry verfügten allerdings in jedem Fall bereits über die klassischen Beweiserhebungsrechte »to send for persons, papers and records«.[4] Es ist daher ohne Einschränkung richtig, von England nicht nur als dem »Mutterland des Parlamentarismus« im allgemeinen, sondern auch als dem »**Mutterland des parlamentarischen Untersuchungsrechts**« im besonderen zu sprechen.[5]

Ursprünglich auf die Kontrolle der Finanzpolitik der Krone beschränkt erstritt sich das Parlament in den Verfassungskämpfen Ende des **17. Jahrhunderts** endgültig das **Enqueterecht heutiger Prägung**, das damit zu einem festen Bestandteil der englischen Parlamentspraxis geworden ist.[6] Seit dem ist das Parlament unbestritten berechtigt, ad hoc Ausschüsse einzusetzen und mit umfassenden Untersuchungen zu betrauen. Dies gilt sowohl für das House of Commons (Unterhaus) als auch für das House of Lords (Oberhaus).[7]

Auch wenn ihre **Bedeutung** in der Praxis seit Ende des 19. Jahrhundert **deutlich abgenommen** hat, was nicht zuletzt auf die veränderte Schlachtordnung innerhalb des Parlaments zurückzuführen sein dürfte, das seitdem nicht mehr in seiner Gesamtheit der Krone gegenübersteht, sondern in dem sich die die Regierung tragende Parlamentsmehrheit und die Opposition gegenüberstehen[8] und in dem sich Minderheitenrechte historisch bedingt nicht entwickelt hatten,[9] halten die Houses of Parliament selbstbewusst »de iure an einem unbeschränkten Untersuchungsverfahren als Reserve für außerordentliche Situationen fest«.[10]

2

3

---

recht in England, 1991, S. 31; vgl. auch bereits *Redlich*, Recht und Technik des englischen Parlamentarismus, 1905, S. 469 ff.
3 *Morlok*, in: Dreier II, Art. 44 Rn. 1.
4 *Redlich*, Recht und Technik des englischen Parlamentarismus, 1905, S. 469 ff.; *Bräcklein*, Investigativer Parlamentarismus, 2006, S. 41.
5 *Ziemske*, Das parlamentarische Untersuchungsrecht in England, 1991, S. 13.
6 *Steffani*, Die Untersuchungsausschüsse des Preußischen Landtages zur Zeit der Weimarer Republik, 1960, S. 21 m.w.N.; *Ziemske*, Das parlamentarische Untersuchungsrecht in England, 1991, S. 31 f.; *Bräcklein*, Investigativer Parlamentarismus, 2006, S. 42.
7 *Beckedorf*, Das Untersuchungsrecht des Europäischen Parlaments, 1995, S. 106 f.; *Bräcklein*, Investigativer Parlamentarismus, 2006, S. 42.
8 *Gascard*, Das parlamentarische Untersuchungsrecht in rechtsvergleichender Sicht, 1966, S. 6 ff.; *Steffani*, Die Untersuchungsausschüsse des Preußischen Landtages zur Zeit der Weimarer Republik, 1960, S. 22 f.
9 *Ziemske*, Das parlamentarische Untersuchungsrecht in England, 1991, S. 31 f.
10 *Fraenkel*, ZfP 1 (1954), 99 (126); *H. H. Klein*, MD, Art. 44 Rn. 5.

Teil 1 Grundlagen

4   Konkurrenz haben die klassischen Untersuchungsausschüsse im Jahr **1921** durch die Schaffung von »**Tribunals of Inquiry**« bekommen, die sowohl Elemente eines Parlamentsausschusses als auch eines Gerichts aufweisen.[11] Sie sind mit – zumeist drei[12] – unabhängigen Personen besetzt, was bereits zeigt, dass sie nicht als Parlamentsausschüsse und damit auch nicht als parlamentarische Untersuchungsausschüsse qualifiziert werden können. Ihre Einsetzung ist auch nicht allein Sache des Parlaments. Es bedarf zwar eines Mehrheitsbeschlusses beider Häuser, doch letztlich ist es in das Ermessen der Regierung gestellt, ob sie ein Tribunal of Inquiry einsetzt.[13] Es handelt sich damit um eine Untersuchung, deren Ergebnis das Parlament zwar bewerten kann, die es aber nicht selbst führt, weshalb sich das Parlament auf diesem Wege letztlich in »fremde Hand« begibt.

5   Aus Sicht des Parlaments erfreulich spielen die Tribunals of Inquiry allerdings spätestens seit 1979 mit der Einführung der »**Departmental Select Committees**«, also ständiger parlamentarischer Kontrollausschüsse, keine Rolle mehr, da sie deren Aufgaben im Wesentlichen übernommen haben.[14] Die ständigen Kontrollausschüsse lassen im Übrigen das Recht des Parlaments, ad hoc Untersuchungsausschüsse – also Select Committees – einzusetzen unberührt.[15]

2. USA

6   Geschichtlich weit zurück reichen die Wurzeln des parlamentarischen Untersuchungsrechts auch in den USA. Der **Kongress** als aus Senat und Repräsentantenhaus gebildetes oberstes Gesetzgebungsorgan des Bundes hat von Beginn an das parlamentarische Untersuchungsrecht ausdrücklich für sich in Anspruch genommen.[16] Auch ohne ausdrücklich in der US-Verfassung geregelt zu sein, gilt das selbständige Beweiserhebungsrecht des Kongresses als in den Kompetenzen des Kongresses sachlogisch eingeschlossen, denn nach der »**implied-powers**«-**Theorie** beinhaltet jede Zuweisung einer Pflicht oder Kompetenz auch das Recht auf die notwendigen Mittel zu

---

11 *Ziemske*, Das parlamentarische Untersuchungsrecht in England, 1991, S. 32 f.; *Bräcklein*, Investigativer Parlamentarismus, 2006, S. 44.
12 *Ziemske*, Das parlamentarische Untersuchungsrecht in England, 1991, S. 36.
13 *Ziemske*, Das parlamentarische Untersuchungsrecht in England, 1991, S. 35.
14 *Ziemske*, Das parlamentarische Untersuchungsrecht in England, 1991, S. 47; *H. H. Klein*, MD, Art. 44 Rn. 51; *Bräcklein*, Investigativer Parlamentarismus, 2006, S. 44.
15 *Beckedorf*, Das Untersuchungsrecht des Europäischen Parlaments, 1995, S. 101; *Bräcklein*, Investigativer Parlamentarismus, 2006, S. 44.
16 *Fraenkel*, ZfP 1 (1954), 99 (113 ff.); *Gascard*, Das parlamentarische Untersuchungsrecht in rechtsvergleichender Sicht, 1966, S. 29 ff.

ihrer Ausübung.[17] Folglich ermächtigt jede Kompetenz des Kongresses, ganz gleich ob ausdrücklicher, immanenter oder resultierender Natur, den Kongress zur selbständigen Informationserhebung und Sachverhaltsaufklärung.[18] Seit **1792** setzen beide Häuser des Kongresses parlamentarische Untersuchungsausschüsse zum Zwecke von »legislative investigations« ein. Offiziell bestätigt wurde ihnen das Recht dazu durch eine Entscheidung des Supreme Court allerdings erst im Jahr **1927** mit der Bestätigung der sog. »**implied powers**«-Theorie, wonach jede verfassungsmäßig begründete Befugnis zur Ausübung von Staatsgewalt als Annex die Kompetenz einschließt, die zu ihrem Wirksamwerden erforderlichen Maßnahmen vorzunehmen.[19] Dies schließt ausdrücklich auch die Anwendung von Zwangsmitteln ein.[20]

Das Untersuchungsrecht selbst steht im Übrigen nicht dem Kongress als Plenum zu, sondern den beiden Häusern je für sich.[21] Dabei hat sich in der historischen Entwicklung eine in der Praxis **führende Rolle des Senats** herausgebildet.[22]

Gesetzlich verankert wurde die Untersuchungsbefugnis schließlich durch den »Legislative Reorganisationsact« von **1946**.[23] Damit wurden gleichzeitig ähnlich wie in England die »**Standing Committees**« eingerichtet, d.h. ständige Untersuchungsausschüsse im Gegensatz zu den ad-hoc-Untersuchungsausschüssen. Dies betrifft – entsprechend seiner Bedeutung[24] – alle ständigen Ausschüsse des Senats und einige Ausschüsse des Repräsentantenhauses.[25] Damit ist die Einsetzung von ad-hoc-Untersuchungsausschüssen im Kongress aber keinesfalls ausgeschlossen.[26]

Das Untersuchungsrecht hat sich letztlich als nicht zu unterschätzendes Instrument des Parlaments in der Auseinandersetzung mit dem Präsidenten

---

17 *Bräcklein*, Investigativer Parlamentarismus, 2006, S. 118; *H. H. Klein*, MD, Art. 44 Rn. 6.
18 *Bräcklein*, Investigativer Parlamentarismus, 2006, S. 118.
19 *Fraenkel*, ZfP 1 (1954), 99 (108 u. 126 ff.) m.w.N.; *Gascard*, Das parlamentarische Untersuchungsrecht in rechtsvergleichender Sicht, 1966, S. 52; *Bräcklein*, Investigativer Parlamentarismus, 2006, S. 119.
20 *Bräcklein*, Investigativer Parlamentarismus, 2006, S. 119.
21 *Meyer-Bohl*, Die Grenzen der Pflicht zur Aktenvorlage und Aussage vor parlamentarischen Untersuchungsausschüssen, 1992, S. 22 m.w.N.
22 *Gascard*, Das parlamentarische Untersuchungsrecht in rechtsvergleichender Sicht, 1966, S. 33 f.
23 *Gascard*, Das parlamentarische Untersuchungsrecht in rechtsvergleichender Sicht, 1966, S. 34 f.
24 S.o. Rdn. 7.
25 *Gascard*, Das parlamentarische Untersuchungsrecht in rechtsvergleichender Sicht, 1966, S. 34 f.; *H. H. Klein*, MD, Art. 44 Rn. 6.
26 *Gascard*, Das parlamentarische Untersuchungsrecht in rechtsvergleichender Sicht, 1966, S. 35.

Teil 1 Grundlagen

und seiner Administration entwickelt, dem in der Praxis **kaum Grenzen** gesetzt sind[27]. Dies ist nicht zuletzt der systemisch angelegten ausgeprägten Rivalität zwischen Kongress und Präsidentenamt geschuldet.[28] Das »fast unbegrenzte«[29] Untersuchungsrecht des Kongresses ist damit zwar Sinnbild eines selbstbewussten, starken Parlaments. Es ist aber auch in besonderem Maße anfällig für Exzesse.[30]

3. Frankreich

10   Auch Frankreich kann ähnlich wie England und die USA auf eine **lange Tradition** in der Entwicklung der parlamentarischen Untersuchungsausschüsse zurückblicken. Einhergehend mit der Kompetenzkonzentration auf die Legislative im Gefolge der Revolution von **1789** hat sich ein unbestrittenes, gewohnheitsrechtlich anerkanntes Untersuchungsrecht des Parlaments etabliert,[31] auch wenn es wie in den USA keine ausdrückliche Verankerung in der Verfassung gefunden hat.[32] Seine »Hochzeit« hatte es in der Folge der revolutionären Umwälzungen des Jahres 1789, mit Ausnahme der Zeit des Zweiten Kaiserreichs, bis weit in das 20. Jahrhundert hinein.[33]

11   In seiner **Intensität und Wirkung** bleibt das Untersuchungsrecht des französischen Parlaments allerdings **deutlich hinter der Entwicklung in England und den USA zurück**. Namentlich durch die »Ordonnance no. 58–100« vom 17. November 1958 wurden das Untersuchungsrecht von Nationalversammlung und Senat u. a. dadurch erheblich eingeschränkt, dass das Verfahren der Untersuchung nur noch nichtöffentlich stattzufinden hatte. Diese Reglementierung wurde erst 1991 wieder aufgehoben, ohne dass aber das Untersuchungsrecht bislang in der Praxis seine ehemalige Bedeutung wiedergewonnen hätte.[34] Im Übrigen leidet die Effektivität des Untersuchungsrechts – wie in England und den USA – daran, dass keine **Minderheitenrechte** vorgesehen sind.[35] Diese können vielmehr als eine

---

27 *Fraenkel*, Das amerikanische Regierungssystem, 1962, S. 230; *Bräcklein*, Investigativer Parlamentarismus, 2006, S. 141.
28 *Bräcklein*, Investigativer Parlamentarismus, 2006, S. 141; *H. H. Klein*, MD, Art. 44 Rn. 6.
29 *Fraenkel*, Das amerikanische Regierungssystem, 1962, S. 230.
30 Vgl. *Gascard*, Das parlamentarische Untersuchungsrecht in rechtsvergleichender Sicht, 1966, S. 98 sowie o. § 1 Rn. 8.
31 *Steffani*, PVS 1 (1960), 153 (155); *Umbach*, Fs. Hirsch (1981), S. 293 ff.
32 *H. H. Klein*, MD, Art. 44 Rn. 7.
33 *H. H. Klein*, MD, Art. 44 Rn. 7 m.w.N.
34 *Umbach*, Fs. Hirsch (1981), S. 309.
35 *H. H. Klein*, MD, Art. 44 Rn. 7.

typisch deutsche »Erfindung« bezeichnet werden, die das parlamentarische Untersuchungsrecht in der Entwicklung ganz maßgeblich geprägt hat.[36]

4. *Belgien*

Die Verfassung Belgiens vom 7. Februar 1831 demgegenüber, die maßgeblich von der französischen republikanischen Entwicklung beeinflusst war, auch und nicht zuletzt, was die Rechte des Parlaments anbelangt,[37] hat das Recht der Chambre, parlamentarische Untersuchungsausschüsse einzusetzen, demgegenüber **explizit in Art. 40 festgeschrieben**: »Chaque chambre a le droit d'enquête.«[38] Dieses **verfassungsrechtliche Vorbild** war nicht ohne Einfluss auf die Entwicklung des parlamentarischen Enqueterechts in Deutschland.[39]

12

II. Entwicklung in Deutschland

1. Zeit des Konstitutionalismus

Im durch die Restauration monarchisch geprägten Deutschland des 19. Jahrhunderts machte das parlamentarische Untersuchungsrecht erst spät und auch nur zaghaft von sich reden. Zwar bereits **1816** erstmals verfassungsrechtlich verankert, und zwar in der Verfassung des Großherzogtums Sachsen-Weimar-Eisenach sowie 1831 in der Verfassung für Kurhessen, blieb es letztlich **wirkungslos**, da einzelne Rechte des Parlaments, geschweige denn ein Instrumentarium für die Untersuchung nicht ausgeformt und festgeschrieben waren. Die Parlamente sahen sich im Gegenteil einer grundlegenden Kompetenzvermutung zugunsten der Krone ausgesetzt, gegen die sich ein parlamentarisches Untersuchungsrecht nicht zu behaupten vermochte.[40]

13

Als ausdrückliches Bekenntnis zum Recht des Parlaments auf Einsetzung von Untersuchungsausschüssen fanden die Untersuchungsausschüsse schließlich **1848/49** im Wege der Verbindung französischer Ideen mit englischen Institutionen[41] und auch beeinflusst durch Art. 40 der Verfassung Belgiens vom 7. Februar 1831[42] Eingang in die vorläufige Geschäftsordnung der Frankfurter Nationalversammlung (§ 24) und sodann auch in die von ihr erarbeitete

14

---

36 *Lewald*, AöR 44 (1923), 269 (315 ff.); *Achterberg*, Parlamentsrecht, 1984, S. 301.
37 *Brocker*, BK, Art. 40 Rn. 21 m.w.N.
38 *H. H. Klein*, MD, Art. 44 Rn. 8.
39 *H. H. Klein*, MD, Art. 44 Rn. 8.
40 *H. H. Klein*, MD, Art. 44 Rn. 9 a.E. m.w.N.
41 *Moraw*, in: Schneider/Zeh, § 1 Rn. 147.
42 *H. H. Klein*, MD, Art. 44 Rn. 8.

Paulskirchenverfassung (§ 99).[43] Im Gefolge dieser Entwicklung wurde es zwischen 1848 und 1850 in einigen deutschen Territorialverfassungen[44] und 1850 in der **preußischen Verfassung** verankert, wenn auch lediglich als **allgemeines Recht des Parlaments zur Informationsbeschaffung.** Ohne Recht zu Zwangsmaßnahmen gegenüber Zeugen und, nicht minder wichtig, ohne Möglichkeiten zur Durchsetzung von Vorlageersuchen im Hinblick auf Unterlagen der Regierung blieb dieses Instrument weitgehend wirkungslos.[45] Das Enqueterecht des Parlaments hat in der Folge sodann weder in die Verfassung des **Norddeutschen Bundes von 1867** noch in die **Reichsverfassung von 1871** Eingang gefunden. Initiativen der Sozialdemokraten zur Verankerung des Enqueterechts blieben sowohl bei den Verfassungsberatungen als auch in den Jahren 1891 und 1913 ohne Erfolg.[46] Auch Versuchen von Teilen der Rechtslehre der damaligen Zeit, das parlamentarische Enqueterecht als Korrolar der der Volksvertretung zugewiesenen Tätigkeit und Kompetenzen auf der Ebene des Verfassungsrechts mit dieser sachlogisch zu verknüpfen,[47] war kein Erfolg beschieden.[48] Parlamentarische Untersuchungsausschüsse waren in der Praxis durch Regierungskommissionen ersetzt und das Parlament damit im monarchistischen Staat um das zentrale Instrument des parlamentarischen Untersuchungsausschusses gebracht worden.[49] Hierin spiegelten sich sinnbildlich die antiparlamentaristische Haltung jener Zeit in Deutschland und das Übergewicht des monarchistischen, administrativen Apparats gegenüber dem Parlament wider.[50]

2. Weimarer Republik

15 Die Geschichte der parlamentarischen Untersuchungsausschüsse in Deutschland beginnt daher letztlich erst mit dem Zusammenbruch des Kaiserreichs im Jahr 1918 in der Folge der revolutionären Umwälzungen am 9. November 1918[51] und der Gründung der **Weimarer Republik** im Jahr

---

43 *H. H. Klein*, MD, Art. 44 Rn. 10 m.w.N.; vgl. zu den Territorialverfassungen *Biedermann*, Die Untersuchungsausschüsse im deutschen Staatsrecht, Diss. iur. Magdeburg 1929, S. 25 ff.
44 Vgl. *Morlok*, in: Dreier II, Art. 44 Rn. 2 m.w.N.
45 *Steffani*, Die Untersuchungsausschüsse des Preußischen Landtages zur Zeit der Weimarer Republik, 1960, S. 56 ff.; *Zweig*, ZfP 1913, 265 (268 ff.).
46 *Steffani*, Die Untersuchungsausschüsse des Preußischen Landtages zur Zeit der Weimarer Republik, 1960, S. 61 ff.; *Zweig*, ZfP 1913, 265 (297 f.).
47 *Zweig*, ZfP 1913, 265, 267; *Laband*, DJZ 1913, 604 f.
48 *H. H. Klein*, MD, Art. 44 Rn. 13 m.w.N.
49 *Steffani*, Die Untersuchungsausschüsse des Preußischen Landtages zur Zeit der Weimarer Republik, 1960, S. 66 ff.
50 *H. H. Klein*, MD, Art. 44 Rn. 14 m.w.N.
51 *Karpen*, JZ 2009, 749; *Hillgruber*, Der Staat 49 (2010), 167 (181) m.w.N.

§ 2 Geschichtliche Entwicklung

1919. Aus der Erkenntnis heraus, dass die maßgebliche Rolle des Parlaments nur durch die gesicherte Möglichkeit **effektiver Kontrolle der Exekutive** garantiert werden kann und hierbei dem Enqueterecht eine zentrale Rolle zukommt[52] wurde das Recht des Parlaments, Untersuchungsausschüsse einzusetzen, ausdrücklich in Art. 34 WRV verankert.[53] Art. 34 WRV lautet:

(1) Der Reichstag hat das Recht und auf Antrag von einem Fünftel seiner Mitglieder die Pflicht, Untersuchungsausschüsse einzusetzen. Die Ausschüsse erheben in öffentlicher Verhandlung die Beweise, die sie oder die Antragsteller für erforderlich erachten. Die Öffentlichkeit kann vom Untersuchungsausschuss mit Zweidrittelmehrheit ausgeschlossen werden. Die Geschäftsordnung regelt das Verfahren des Ausschusses und bestimmt die Zahl seiner Mitglieder.

(2) Die Gerichte und Verwaltungsbehörden sind verpflichtet, dem Ersuchen dieser Ausschüsse um Beweiserhebungen Folge zu leisten; die Akten der Behörden sind ihnen auf Verlangen vorzulegen.

(3) Auf die Erhebungen der Ausschüsse und der von ihnen ersuchten Behörden finden die Vorschriften der Strafprozessordnung sinngemäße Anwendung, doch bleibt das Brief-, Post-, Telegrafen- und Fernsprechgeheimnis unberührt.

Zur Steigerung der Effektivität des Instruments des parlamentarischen Untersuchungsausschusses waren damit, was ebenfalls maßgeblich auf den Einfluss *Max Webers* zurückging, zwei bis heute tragende Prinzipien verwirklicht: Der **Grundsatz der Öffentlichkeit** der Untersuchung um der Mehrheit das »Gegengewicht der Publizität« entgegensetzen zu können[54] und das **Minderheitenrecht** im Übrigen.[55] Letzteres wird mit Fug und Recht als der »eigentliche **deutsche Beitrag**« zur Entwicklung des Enqueterechts[56] bezeichnet. 16

Damit war allerdings gleichzeitig maßgeblich das Fundament dafür gelegt, dass sich die Untersuchungsausschüsse in jener Zeit als **politische Kampfmittel** entwickelten, die sich bedingt durch die seinerzeitigen republikfeindlichen Bestrebungen[57] nicht selten gegen die freiheitliche und demokratische Staatsordnung selbst gewandt haben.[58] 17

---

52 Grundlegend *M. Weber*, Parlament und Regierung im neugeordneten Deutschland (1918), in: ders., Gesellschaftspolitische Schriften, 5. Aufl. (1988), S. 351 ff.
53 Zur Entwicklung vgl. *S. Schröder*, ZParl 30 (1999), 715 (716 ff.) m.w.N.
54 *M. Weber*, Parlament und Regierung im neugeordneten Deutschland (1918), in: ders., Gesellschaftspolitische Schriften, 5. Aufl. (1988), S. 351 ff.
55 *M. Weber*, Parlament und Regierung im neugeordneten Deutschland (1918), in: ders., Gesellschaftspolitische Schriften, 5. Aufl. (1988), S. 359.
56 So *Umbach*, Fs. Hirsch (1981), S. 295; *ders.*, in: Umbach/Clemens, GG, Art. 44 Rn. 11; vgl. auch bereits *Lewald*, AöR 44 (1923), 269 (315 ff.).
57 Vgl. dazu allg. *Gusy*, in: ders. (Hrsg.), Demokratisches Denken in der Weimarer Republik, 2000, S. 635 ff.
58 *Gascard*, Das parlamentarische Untersuchungsrecht in rechtsvergleichender Sicht, 1966, S. 72; *H. H. Klein*, MD, Art. 44 Rn. 19.

Teil 1 Grundlagen

18   In der Zeit von **1933 bis 1945** spielte das parlamentarische Untersuchungsrecht schließlich naturgemäß **keine Rolle mehr**,[59] da mit dem spätestens auf das sog. Ermächtigungsgesetz vom 23. März 1933 folgenden beispiellosen Zivilisations- und Systembruch in Deutschland[60] das **Abreißen parlamentarischer Traditionen** einherging. Das parlamentarische System war – wenn nicht schon im wesentlichen bereits seit 1930[61] – vollständig beseitigt und der Reichstag als Verfassungsorgan zur Farce verkommen.[62]

3. Entwicklung nach 1945

19   Mit **Art. 44** knüpft das **Grundgesetz**, wie bereits der Entwurf des Konvents von Herrenchiemsee für den Parlamentarischen Rat (Art. 57) nahtlos an die Regelung in Art. 34 WRV an. Dadurch erfolgte eine Rezeption tradierten Parlamentsrechts in Deutschland über massive Systembrüche hinweg.[63] Angesichts des Missbrauchs, den das Institut des Untersuchungsausschusses in der Weimarer Republik erfahren hatte,[64] waren allerdings verschiedene Einschränkungen des parlamentarischen Untersuchungsrechts diskutiert worden, wie etwa die Beschränkung auf bloße Sachstands- und Gesetzgebungsenqueten.[65] Diese Bestrebungen bleiben jedoch letztlich erfolglos. Erhöht wurde zur Sicherung der Arbeitsfähigkeit von Regierung und Parlament allerdings das Quorum für die Einsetzung einer **Minderheitenenquete**, und zwar von einem Fünftel auf ein Viertel der gesetzlichen Mitgliederzahl des Deutschen Bundestags.[66]

20   Neben dem Einsetzungsquorum sind als weitere wesentliche Unterschiede des Art. 44 GG zu Art. 34 WRV vor allem zu nennen, dass für den Ausschluss der **Öffentlichkeit** nunmehr eine einfache Mehrheit statt einer Zweidrittelmehrheit ausreichend ist und für die **Beweiserhebung** ausdrücklich die Vorschriften über den gesamten Strafprozess in Bezug genommen werden und nicht lediglich diejenigen der Strafprozessordnung.[67] Namentlich in

---

59 *Gascard*, Das parlamentarische Untersuchungsrecht in rechtsvergleichender Sicht, 1966, S. 73.
60 *Zeh*, ZParl 17 (1986), 396 (397).
61 *Stern*, Das Staatsrecht der Bundesrepublik Deutschland, Bd. V, 2000, S. 698 u. S. 718 ff.
62 *Zeh*, ZParl 17 (1986), 396 (399); *Beyme*, in: Schneider/Zeh, § 3 Rn. 30 f.
63 *Zeh*, ZParl 17 (1986), 396 (397).
64 S.o. Rdn. 17.
65 Vgl. dazu *H. H. Klein*, MD, Art. 44 Rn. 22; zur Diskussion insges. *Masing*, Parlamentarische Untersuchung privater Sachverhalte, 1998, S. 63 ff. m.w.N.
66 *v. Doemming/Füßlein/Matz*, JöR N.F. 1 (1951), S. 366 f.; *H. H. Klein*, MD, Art. 44 Rn. 21.
67 Vgl. im Übrigen zusammenfassend *Wiefelspütz*, Das Untersuchungsausschussgesetz, 2003, S. 27.

den **vorkonstitutionellen** Verfassungen der Länder wie etwa in Art. 91 RhPfVerf. findet sich allerdings die Formulierung aus Art. 34 WRV als Erbe deutscher Parlamentstradition noch nahezu unverändert wieder. Durch die konsequente Bezugnahme auf die historischen Vorbilder und Entwicklungslinien des parlamentarischen Untersuchungsrechts erweisen sich auch Rechtsprechung und Literatur zum Untersuchungsausschussrecht regelmäßig als ausgesprochen geschichtsbewusst.[68]

Parlamentarische Untersuchungsausschüsse sind in Bund und Ländern unter der Geltung des Grundgesetzes schnell zu einem **festen Bestandteil der parlamentarischen Praxis** geworden und aus dem Verfassungsleben nicht mehr wegzudenken.[69] Seit Beginn der Arbeit des Deutschen Bundestages setzt dieser parlamentarische Untersuchungsausschüsse ein.[70] Durchschnittlich zwei bis drei Untersuchungsausschüsse werden heute pro Wahlperiode im Deutschen Bundestag und den Parlamenten der Länder eingesetzt, wobei dieser »Turnus« naturgemäß je nach politischer Opportunität und »Gelegenheit« nicht unerheblichen Schwankungen unterliegt. Dass es eine Regierung allerdings ohne Untersuchungsausschuss durch eine komplette Wahlperiode schafft, dürfte die absolute Ausnahme sein. In Bund und Ländern ist also reichlich praktisches Erfahrungswissen mit parlamentarischen Untersuchungen vorhanden und das Instrument so über die Jahre geschärft. 21

Nichtsdestotrotz sind zahlreiche **Einzelfragen** des parlamentarischen Untersuchungsrechts **bis heute umstritten** und einer abschließenden Klärung noch nicht zugeführt. Dies hat sich auch nach dem In-Kraft-Treten des Untersuchungsausschussgesetzes des Bundes im Jahr 2001 nicht grundlegend geändert.[71] 22

---

68 *Cancik*, Der Staat 49 (2010), 251 (255) m.w.N.
69 Vgl. etwa den Abschlussbericht der Kommission der Landtagsdirektoren zum Recht der Untersuchungsausschüsse aus dem Jahr 1991 in: ZParl 22 (1991), 406 ff.
70 *Wiefelspütz*, Das Untersuchungsausschussgesetz, 2003, S. 283.
71 S.u. § 3 Rdn. 4 u. Rdn. 23 ff.

§ 3 Rechtliche Grundlagen

ÜBERSICHT Rdn.
I. Verfassungsbestimmungen 1
II. Untersuchungsausschussgesetze 4
  1. Gesetzliche Regelungen 4
    a) Bund 4
    b) Länder 6
  2. Grenzen der gesetzlichen Regelung 23

Literatur: *Gollwitzer*, Die sinngemäße Anwendung der Strafprozessordnung bei der Beweiserhebung parlamentarischer Untersuchungsausschüsse, in: Fs. Dünnebier (1982), S. 327; *Mager*, Das neue Untersuchungsausschussgesetz des Bundes – Parlamentarische Organisation von Kontrolle durch Publizität, Der Staat 41 (2002), 597; *Rogall*, Das Untersuchungsausschussgesetz des Bundes und seine Bedeutung für das Straf- und Strafverfahrensrecht, in: Gs. Meurer (2002), S. 449; *H.-P. Schneider*, Spielregeln für den investigativen Parlamentarismus, NJW 2001, 2604; *M. Schulte*, Das Recht der Untersuchungsausschüsse, Jura 2003, 505; *Seiler*, Der Untersuchungsausschuss an der Schnittstelle von Staatsinternum und -externum, AöR 129 (2004), 378; *Wiefelspütz*, Das Untersuchungsausschussgesetz, 2003; *ders.*, Das Untersuchungsausschussgesetz des Bundes, ZParl 33 (2002), 551.

I. Verfassungsbestimmungen

1 Grundnorm für die Befugnis eines Parlaments, Untersuchungsausschüsse einzusetzen, ist jeweils deren entsprechende **verfassungsrechtliche Verankerung**. Dies ist in Bund und Ländern durchweg der Fall:
– Bund: Art. 44 GG
– Baden-Württemberg: Art. 35 BadWürttVerf.
– Bayern: Art. 25 BayVerf.
– Berlin: Art. 48 BerlVerf.
– Brandenburg: Art. 72 BrandbVerf.
– Bremen: Art. 105 BremVerf.
– Hamburg: Art. 26 HbgVerf.
– Hessen: Art. 92 HessVerf.
– Mecklenburg-Vorpommern: Art. 34 MVVerf.
– Niedersachsen: Art. 27 NdsVerf.
– Nordrhein-Westfalen: Art. 41 NRWVerf.
– Rheinland-Pfalz: Art. 91 RhPfVerf.
– Saarland: Art. 79 SaarlVerf.
– Sachsen: Art. 54 SächsVerf.
– Sachsen-Anhalt: Art. 54 SachsAVerf.

- Schleswig-Holstein: Art. 18 SchlHVerf.
- Thüringen: Art. 64 ThürVerf.

Alle diese Bestimmungen verweisen für die Beweiserhebungen auf eine **sinngemäße Anwendung** der Vorschriften über den **Strafprozess**. Auch soweit in einzelnen Landesverfassungen statt des Begriffs »Beweiserhebungen« wie in Art. 44 Abs. 2 S. 1 GG der Begriff »Erhebungen« verwandt wird, ist in der Sache nichts anderes gemeint.[1] Diese **dynamische Verweisung**, die das Strafprozessrecht in seiner jeweils geltenden Fassung in Bezug nimmt[2] und die unbestritten durch entsprechende Weiterverweisungen in der **StPO** auch Vorschriften des **GVG** erfasst,[3] wirft zahlreiche Zweifelsfragen auf. Zwar werden grundsätzlich alle befugnisbegründenden und -begrenzenden Vorschriften des Strafprozessrechts durch diese Verweisung erfasst.[4] Es ist aber jeweils im Einzelfall und für jede einzelne Norm genau zu bestimmen, ob und in welchem Umfang ihre Anwendung dem **Sinn und Zweck** eines Verfahrens vor einem parlamentarischen Untersuchungsausschuss entspricht.[5] Nur in diesem Rahmen ist die Anwendung »sinngemäß« und damit zulässig.

2

Die **Verfassungsbestimmungen** umschreiben damit die Rechtsstellung und insbesondere das Verfahren der Untersuchungsausschüsse nur **lückenhaft**, weshalb schon früh der Ruf nach einer **einfach-gesetzlichen Konkretisierung** laut geworden ist,[6] um die verfassungsrechtlich verlangte sinngemäße Anwendung der Vorschriften über den Strafprozess »in eine Form zu bringen«.[7]

3

II. Untersuchungsausschussgesetze

1. Gesetzliche Regelungen

a) Bund

Von 1969 bis 2001 hat sich der Deutsche Bundestag mit der Anwendung der sog. **IPA-Regeln** beholfen,[8] d.h. in seiner Praxis regelmäßig als einer

4

---

1 *Brocker*, ZParl 30 (1999), 739 m.w.N.
2 BVerfGE 60, 135 (155); 76, 363 (385 f.); 77, 1 (47); VG Berl., NVwZ-RR 2003, 708 (709); *Gollwitzer*, Fs. Dünnebier (1982), S. 331; *Rogall*, Gs. Meurer (2002), S. 452 f.; *Kretschmer*, in: Schmidt-Bleibtreu/Hofmann/Hopfauf, Art. 44 Rn. 6.
3 *Rogall*, Gs. Meurer (2002), S. 453.
4 BVerfGE 67, 100 (133); 76, 363 (387).
5 BGHSt 17, 128 (132); *Gollwitzer*, Fs. Dünnebier (1982), S. 332; *Rechenberg*, BK, Art. 44 Rn. 22; *Schleich*, Das parlamentarische Untersuchungsrecht des Bundestages, 1985, S. 20 f.
6 *Umbach*, in: ders./Clemens, GG, Art. 44 Rn. 12; *Wiefelspütz*, Das Untersuchungsausschussgesetz, 2003, S. 174 jew. m.w.N.
7 *Kretschmer*, in: Schmidt-Bleibtreu/Hofmann/Hopfauf, Art. 44 Rn. 1.
8 BT-Drucks. V/4209; vgl. dazu *Wiefelspütz*, Das Untersuchungsausschussgesetz, 2003, S. 94 m.w.N.

Art »Sondergeschäftsordnung« einen von der Interparlamentarischen Arbeitsgemeinschaft (IPA) erarbeiteten Entwurf für ein Untersuchungsausschussgesetz der Arbeit seiner Untersuchungsausschüsse zugrunde gelegt. Deren Anwendung war in mehrfacher Hinsicht problematisch und nicht selten im Streit: Als bloßes **Geschäftsordnungsrecht** waren die IPA-Regeln stets lediglich nachrangig zu beachten und standen unter dem Vorbehalt der Vereinbarkeit mit den in Art. 44 Abs. 2 S. 1 GG in Bezug genommenen Vorschriften über den Strafprozess.[9] Vor allem aber vermochten sie als bloßes Geschäftsordnungsrecht keine Außenwirkung zu entfalten, namentlich im Rahmen der Beweisaufnahme keine Grundrechtseingriffe zu rechtfertigen.[10] Sie hatten damit – bei aller Bedeutung für das interne Verfahren der Untersuchungsausschüsse – letztlich nur einen »behelfsmäßigen und damit geringen Stellenwert«.[11]

5   Seit dem 26. Juli 2001 ist nunmehr das **Gesetz zur Regelung des Rechts der Untersuchungsausschüsse des Deutschen Bundestages** (Untersuchungsausschussgesetz – PUAG) in Kraft[12] und damit die Anwendung der IPA-Regeln sowie die Klärung der damit zusammenhängenden Fragen zumindest für den Bund obsolet. Das PUAG regelt Einsetzung und Verfahren der Untersuchungsausschüsse des Deutschen Bundestages auf der Grundlage von Art. 44 GG, und zwar sowohl typische Fragen der parlamentarischen Binnenorganisation als auch, insbesondere im Hinblick auf Einzelheiten der Beweiserhebung, Fragen mit Außenwirkung gegenüber Dritten, die von einem Untersuchungsausschuss in Anspruch genommen werden.[13] Die Bestimmungen des PUAG sind damit in beide Richtungen **unmittelbar verfassungsrechtlich unterlegt.** Sie können, da sie die jahrzehntelangen Erfahrungen mit dem Institut des Untersuchungsausschusses und die ergangenen Gerichtsentscheidungen, namentliche der Verfassungsgerichte, und die Diskussionen im juristischen Schrifttum aufnehmen ebenso wie auch die Untersuchungsausschussgesetze der Länder zu recht als »zu Verfahrensvorschriften geronnene Parlamentserfahrung«[14] bezeichnet werden. Nach § 54 Abs. 2 GOBT findet daneben die Geschäftsordnung des Bundestags ergänzend Anwendung.[15] Diese Bestimmung läuft jedoch nach dem In-Kraft-

---

9   BVerfGE 76, 363 (386).
10 OVG NRW, NVwZ 1987, 606 (607).
11 *Schröder*, in: Schneider/Zeh (Hrsg.), Parlamentsrecht und Parlamentspraxis, 1989, § 42 Rn. 12.
12 BGBl. I, S. 1142; s. dazu auch die Kommentierung von *Pieper/Viethen*, in: Kölble, Das deutsche Bundesrecht, I A 34, Erläuterungen zum PUAG (2002), S. 13 ff.
13 *Seiler*, AöR 129 (2004), 378 (396 ff.); *Brocker*, LKRZ 2007, 372 (373); *Gärditz*, DVBl. 2010, 1314 (1317).
14 *Hermes*, Fs. Mahrenholz (1994), S. 365.
15 Vgl. dazu auch BT-Drucks. 14/5790, S. 13.

Treten des PUAG als gewissermaßen **Ausführungsgesetz** zu Art. 44 GG[16] ganz weitgehend leer.[17]

b) Länder

Schon lange Zeit vor dem Bund waren in den **Ländern** Untersuchungsausschussgesetze erlassen worden, was maßgeblich auf eine Initiative der Präsidentinnen und Präsidenten der deutschen Landesparlamente zurückzuführen war, die auf ihrer Konferenz am 19. Oktober 1972 in Köln einen entsprechenden **Muster-Gesetzentwurf** beschlossen hatten.[18] Als erste Landesparlamente hatten zuvor schon der Landtag von Bayern und das Abgeordnetenhaus von Berlin bereits im Jahr 1970 Untersuchungsausschussgesetze erlassen.[19] Sie haben die eigentliche Pionierarbeit geleistet.[20] Mittlerweile verfügen nur noch zwei Bundesländer – nämlich Niedersachsen und Hessen – nicht über eigene Untersuchungsausschussgesetze. Die Länder können, was die gesetzliche Konkretisierung des Untersuchungsverfahrens anbelangt, also mit Fug und Recht als **Vorreiter gegenüber dem Bund** bezeichnet werden. Ergänzend zu den gesetzlichen Regelungen finden sich in den **Geschäftsordnungen** der Parlamente weitere Bestimmungen, die sich vornehmlich auf die Ein- und Zusammensetzung der Untersuchungsausschüsse beziehen. Im Einzelnen:[21]   6

Baden-Württemberg: In Baden-Württemberg gilt das **Gesetz über die Einsetzung und das Verfahren parlamentarischer Untersuchungsausschüsse** vom 3. März 1976. Einzelne Verfahrensfragen der Einsetzung (Unterzeichnung des Einsetzungsantrags und Minderheitenrecht) sind darüber hinaus in § 33 GOLT geregelt.   7

Bayern: In Bayern gilt das **Gesetz über die Untersuchungsausschüsse des Bayerischen Landtags** vom 23. März 1970.[22] § 30 S. 1 GOLT enthält eine entsprechende Verweisungsnorm; § 30 S. 2 GOLT verweist im Übrigen auf die Regelungen der GOLT über die Fachausschüsse.   8

---

16 *Hebeler/Schulz*, JuS 2010, 969.
17 *Weisgerber*, Das Beweiserhebungsverfahren parlamentarischer Untersuchungsausschüsse des Deutschen Bundestages, 2003, S. 72.
18 Vgl. dazu *Becker*, ZParl 3 (1972), 425 ff.
19 S.u. Rdn. 8 f.
20 *Brocker*, LKRZ 2007, 414 (419).
21 S.u. Rn. 7 ff.
22 Spezialliteratur (Bay.): *Hunger*, Die Rechtsstellung der parlamentarischen Untersuchungsausschüsse nach der Verfassung des Freistaates Bayern, 1954; *Möstl*, in: Lindner/Möstl/Wolff, Art. 25 Rn. 4 ff.

9 **Berlin:** In Berlin findet das **Gesetz über die Untersuchungsausschüsse des Abgeordnetenhauses von Berlin** vom 22. Juni 1970 Anwendung.[23] § 23 GO Abgh verweist auf dieses Gesetz.

10 **Brandenburg:** In Brandenburg finden sich die einschlägigen Bestimmungen im **Gesetz über die Einsetzung und das Verfahren von Untersuchungsausschüssen** des Landtages Brandenburg vom 17. Mai 1991.[24] § 86 GOLT verweist hierauf.

11 **Bremen:** In Bremen gilt das **Gesetz über Einsetzung und Verfahren von Untersuchungsausschüssen** vom 15. November 1982. § 64 GO Bürgersch. gibt im Wesentlichen den Text von Art. 105 Abs. 5 BremVerf. wieder.

12 **Hamburg:** In Hamburg findet das **Gesetz über die Untersuchungsausschüsse der Hamburgischen Bürgerschaft** vom 27. August 1997 Anwendung.[25] § 62 GO Bürgersch. verweist auf dieses Gesetz und ergänzend auf die Regelungen der GO Bürgersch. über die Fachausschüsse.

13 **Hessen:** Hessen verfügt nicht über ein Untersuchungsausschussgesetz. § 54 GOLT weist zwar auf Untersuchungsausschüsse hin, seine **Verfahrensregeln** beschließt jedoch jeder Untersuchungsausschuss jeweils separat zu Beginn seiner Tätigkeit eigenständig. In der Praxis werden danach idR die sog. IPA-Regeln zugrunde gelegt.[26]

14 **Mecklenburg-Vorpommern:** Mecklenburg-Vorpommern verfügt mit seinem **Gesetz über die Einsetzung und das Verfahren von Untersuchungsausschüssen** vom 9. Juli 2002[27] über das derzeit jüngste Untersuchungsausschussgesetz in Deutschland. § 26 GOLT verweist auf dieses Gesetz und trifft Regelungen über die Unterzeichnung des Einsetzungsantrags. Zuvor galt das »Vorläufige Untersuchungsausschussgesetz« vom 10. Juli 1991.

15 **Niedersachsen:** Niedersachsen verfügt nicht über ein Untersuchungsausschussgesetz. Das Verfahren der Untersuchungsausschüsse wird dort gem. § 18 GOLT jeweils durch eine gesonderte **Geschäftsordnung** geregelt, die das Plenum bei der Einsetzung eines Untersuchungsausschusses, wobei es auch über dessen Stärke befindet, beschließt.[28] Wie in Hessen werden in der

---

23 Spezialliteratur (Berl.): *Härth*, Kommentar zum Gesetz über die Untersuchungsausschüsse des Abgeordnetenhauses von Berlin, 3. Aufl. (1989); ders., ZParl 3 (1972), 463 ff.; *Linck*, ZParl 3 (1972), 470 ff.
24 Spezialliteratur (Brandb.): *Knippel*, in: Macke (Hrsg.), Verfassung und Verfassungsgerichtsbarkeit auf Landesebene, 1998, S. 51 ff.; v. *Mutius/Friedrich*, DVBl. 1992, 73 ff.
25 *David*, Art. 26 Rn. 1 ff.
26 HessStGH, DVBl. 1999, 711 (712); VGH Hess., NVwZ-RR 1996, 683 ff.; s.a. Rdn. 4.
27 Spezialliteratur (MV): *Wiefelspütz*, ZG 2003, 35 ff.; *Wiegand-Hoffmeister*, in: Litten/Wallerath, Art. 34 Rn. 8 ff.
28 Spezialliteratur (Nds.): *Neumann*, ZParl 16 (1985), 513 ff.; *Hilwig*, NdsVBl. 2005, 38 ff.

Praxis idR die sog. IPA-Regeln[29] zugrunde gelegt, allerdings in ständiger Übung in modifizierter Form.[30]

Nordrhein-Westfalen: In Nordrhein-Westfalen gilt das **Gesetz über die Einsetzung und das Verfahren von Untersuchungsausschüssen des Landtags Nordrhein-Westfalen** vom 18. Dezember 1984.[31] § 60 GOLT verweist auf dieses Gesetz. 16

Rheinland-Pfalz: In Rheinland-Pfalz findet das **Landesgesetz über die Einsetzung und das Verfahren von Untersuchungsausschüssen** vom 18. September 1990[32] Anwendung. Weitere Regelungen zu Form und parlamentarischer Behandlung des Einsetzungsantrags sind in § 89 GOLT getroffen. § 73 GOLT enthält darüber hinaus ergänzende Regelungen zu § 5 UAG, was die Bestimmung des Ausschussvorsitzenden und seines Stellvertreters anbelangt. 17

Saarland: Ein gesondertes Untersuchungsausschussgesetz existiert im Saarland zwar nicht; das parlamentarische Untersuchungsverfahren ist aber in §§ 38 bis 59 des **Gesetzes Nr. 970 über den Landtag des Saarlandes (LTG Saar.)** geregelt.[33] 18

Sachsen: In Sachsen gilt das **Gesetz über Einsetzung und das Verfahren von Untersuchungsausschüssen des Sächsischen Landtags** vom 12. Februar 1991. § 26 GOLT verweist auf dieses Gesetz. 19

Sachsen-Anhalt: In Sachsen-Anhalt findet das **Landesgesetz über die Einsetzung und das Verfahren von Untersuchungsausschüssen** vom 29. Oktober 1992 Anwendung. § 16 Abs. 2 GOLT verweist auf dieses Gesetz. 20

Schleswig-Holstein: In Schleswig-Holstein gilt das **Gesetz zur Regelung des Rechts der parlamentarischen Untersuchungsausschüsse** vom 17. April 1993.[34] § 13 Abs. 7 GOLT enthält eine ergänzende Bestimmung über die Benennung der stellvertretenden Mitglieder und über die Wahrnehmung der Vertretung durch diese. 21

Thüringen: In Thüringen findet das **Landesgesetz über die Einsetzung und das Verfahren von Untersuchungsausschüssen** vom 7. Februar 1991 Anwendung. § 83 Abs. 1 GOLT verweist auf dieses Gesetz. Weitere Rege- 22

---

29 S.o. Rdn. 4.
30 *Hilwig*, NdsVBl. 2005, 38 (43); vgl. etwa LT-Drucks. 14/1329 (Anlage).
31 Spezialliteratur (NRW): *C. Günther*, in: Heusch/Schönenbroicher, Art. 41 Rn. 5 ff.; *Gusy*, NWVBl. 1988, 262 ff.; *Hake*, AöR 113 (1988), 424 ff.; *Krieg*, NWVBl. 1989, 429 ff.; *ders./Giesen*, ZParl 16 (1985), 509 ff.; *Menzel*, in: Löwer/Tettinger, Art. 41 Rn. 10 f.; *Wiefelspütz*, NWVBl. 2003, 409 ff.
32 Spezialliteratur (RhPf.): *Brocker*, in: Grimm/Caesar, Art. 91 Rn. 7 ff.; *ders.*, LKRZ 2007, 372 ff. u. 414 ff.
33 Spezialliteratur (Saarl.): *Zeyer/Grethel*, in: Wendt/Rixecker, Art. 79 Rn. 5 ff.
34 Spezialliteratur (SchlH): *Caspar*, in: ders./Ewers/Nolte/Waak, Art. 18 Rn. 60 ff.

lungen zu Form und parlamentarischer Behandlung des Einsetzungsantrags sind in § 83 Abs. 2, 3 GOLT getroffen.

2. Grenzen der gesetzlichen Regelung

23 Die **Regelung** des Verfahrens parlamentarischer Untersuchungsausschüsse **durch Gesetz** ist allerdings, namentlich was das PUAG des Bundes anbelangt, rechtlich nicht unproblematisch. Zwar dürfte es dem Parlament auch im Hinblick auf seine Geschäftsordnungsautonomie **grundsätzlich nicht verwehrt** sein, Stellung und Verfahren seiner Untersuchungsausschüsse durch Gesetz näher zu konkretisieren.[35] Namentlich nach der Rechtsprechung des Bundesverfassungsgerichts gilt dies zumindest so weit, wie ein Gesetz nicht der Zustimmung des Bundesrates bedarf, der Kern der Geschäftsordnungsautonomie des Bundestages nicht berührt wird und überdies gewichtige Gründe dafür sprechen, die Form des Gesetzes zu wählen.[36] Ein derartiger wichtiger Grund kann etwa die Stabilisierung bestimmter Rechtsbeziehungen durch Gesetz sein,[37] namentlich dann, wenn diese auch Außenrechtsbeziehungen betreffen[38] oder wenn die innerparlamentarische Regelungsmaterie in einem engen sachlichen Zusammenhang mit einem Gesetzeszweck steht.[39] Dies ist im Hinblick auf die Regelung von Stellung und Verfahren der Untersuchungsausschüsse der Fall.[40] Der Gesetzgeber ist dabei aber umfänglich **auf die Konkretisierung** der bestehenden Verfassungslage **beschränkt**[41], und darf daher keinesfalls substantiell von ihnen abweichen.[42] Insbesondere eine Einschränkung der in der Verfassung fundierten Rechte ist unzulässig.[43] Diese Grenzen darf er im Einzelfall nicht überschreiten.

---

35 *H. H. Klein*, MD, Art. 44 Rn. 27; *Mager*, Der Staat 41 (2002), 597 (602 f.); *Rogall*, Gs. Meurer (2002), S. 452; *Quaas/Zuck*, NJW 1988, 1873 (1875); *Schulte*, Jura 2003, 505; *Wiefelspütz*, Das Untersuchungsausschussgesetz, 2003, S. 174 ff.; a.A. *Schröder*, Verh. d. 57. DJT (1988), S. E 125.
36 BVerfGE 70, 324 (361); *Brocker*, BK, Art. 40 Rn. 225 m.w.N.
37 *Bücker*, ZParl 17 (1986), 324 (331).
38 *Pietzcker*, in: Schneider/Zeh, § 10 Rn. 17.
39 *M. Schröder*, Jura 1987, 469 (473).
40 *H. H. Klein*, MD, Art. 44 Rn. 27; *Seiler*, AöR 129 (2004), 378 (397); *Wiefelspütz*, Das Untersuchungsausschussgesetz, 2003, S. 177 m.w.N.
41 BayVerfGH, BayVBl. 2007, 171 (172 f.); *Mager*, Der Staat 41 (2002), 597 (602 f.); *Rogall*, Gs. Meurer (2002), S. 452; *Schulte*, Jura 2003, 505 (508); *Pofalla*, DÖV 2004, 335 (338).
42 A.A. *Kretschmer*, in: Schmidt-Bleibtreu/Hofmann/Hopfauf, Art. 44 Rn. 6; *Morlok*, in: Dreier II, Art. 44 Rn. 18.
43 BayVerfGH, BayVBl. 2007, 171 (172); *Achterberg/Schulte*, in: v. Mangoldt/Klein/Starck II, Art. 44 Rn. 79.

Die gesetzliche Regelung des Verfahrens der Untersuchung ist vor diesem 24
Hintergrund damit immer dann problematisch, wenn die verfassungsrechtliche Ausgangsnorm wie Art. 44 GG **keine ausdrückliche Ermächtigung** zum Erlass einer gesetzlichen Regelung enthält. Dieses Problem stellt sich verschärft, wenn sich der Verfassungstext im Übrigen weiterhin auf die allgemeine Formulierung beschränkt, dass die **Vorschriften über den Strafprozess** sinngemäße Anwendung finden (Art. 44 Abs. 2 S. 1 GG).[44] Die gesetzliche Regelung vermag damit nämlich nur dann und nur insoweit Bestand zu haben, wie sie die bisherige Rechtslage im Wesentlichen aufnimmt,[45] da es dem einfachen Gesetzgeber verwehrt ist, das Verfassungsrecht authentisch zu interpretieren.[46]

Das hat zur Folge, dass die Verfahrensvorschriften des PUAG jeweils einer 25
stufenweisen Prüfung zu unterziehen sind: Zunächst ist festzustellen, ob die Grenzen der Verfassungskonkretisierung eingehalten wurden, d.h. ob die Vorschriften über den Strafprozess durch die getroffene Regelung im PUAG noch »sinngemäß Anwendung« finden. Ist dies nicht der Fall, vermag die Vorschrift keinen Bestand zu haben und es greift an ihrer statt unmittelbar die allgemeine Verweisung auf die Vorschriften des Strafprozesses. Sind die Grenzen eingehalten, schließt sich auf der zweiten Stufe die Prüfung an, ob die im PUAG getroffene Regelung abschließenden Charakter hat oder ob und ggf. in welchem Umfang noch Vorschriften über den Strafprozess ergänzend heranzuziehen sind.[47] Die Vorschriften über den **Strafprozess** bleiben nämlich regelmäßig weiterhin **ergänzend sinngemäß anwendbar**, soweit die Untersuchungsausschussgesetze keine abschließende Regelung enthalten.[48] Die Normen des PUAG sind als »verfassungsinterpretatorische« Bestimmungen[49] gegenüber den durch Art. 44 Abs. 2 S. 1 GG in Bezug genommenen Regelungen über das Strafverfahren zwar lex specialis.[50] Ihnen kommt insoweit aber eine **Reservefunktion** zu, die in der Mehrzahl der Untersuchungsausschussgesetze im Übrigen auch ausdrücklich bestimmt ist.[51]

---

44 S.o. Rdn. 2 f.
45 VG Berlin, NVwZ-RR 2003, 708 (711 f.); *H. H. Klein*, MD, Art. 44 Rn. 28; *Rogall*, Gs. Meurer (2002), S. 452.
46 VG Berl., NVwZ-RR 2003, 708 (712); *H. H. Klein*, MD, Art. 44 Rn. 28; *Wiefelspütz*, ZRP 2002, 14 (17).
47 *Rogall*, Gs. Meurer (2002), S. 452.
48 *Brocker*, ZParl 30 (1999), 739 (740); *Rogall*, Gs. Meurer (2002), S. 452; *Mager*, Der Staat 41 (2002), 597 (603); *Schulte*, Jura 2003, 505 (508); vgl. vor allem auch die amtl.Begr., BT-Drucks. 14/5790, S. 13.
49 *Seidel*, BayVBl. 2002, 97 (98).
50 *Brocker*, in: Epping/Hillgruber, Art. 44 Rn. 3; *Kretschmer*, in: Schmidt-Bleibtreu/Hofmann/Hopfauf, Art. 44 Rn. 6.
51 Vgl. etwa § 31 UAG RhPf.

26 Die beschriebene Problematik wird durch das Aufeinandertreffen der dynamischen Verweisung in der Verfassung und der statischen Regelung im Untersuchungsausschussgesetz noch verstärkt. Diesem Konstrukt wohnt die Gefahr eines weiteren »Auseinanderdriftens« inne,[52] weshalb sich die **Anwendungsproblematik** der Normen in gewissen zeitlichen Abständen **immer wieder neu** stellen kann.[53] Der Bundestag und die Landesparlamente mit vergleichbaren Regelungen wären daher gut beraten, in ihre Verfassungsbestimmungen eine entsprechende Vorschrift, wonach das Nähere durch Gesetz geregelt wird, aufzunehmen.[54]

27 Die vorstehend beschriebene Problematik stellt sich allerdings in der überwiegenden Anzahl der **Länder** nicht, da dort die verfassungsrechtlichen Bestimmungen sinnvollerweise eine entsprechende **Ermächtigungsnorm** zur Regelung durch den einfachen Gesetzgeber vorsehen: Art. 35 Abs. 4 S. 1 BadWürttVerf.; Art. 48 Abs. 6 BerlVerf.; Art. 72 Abs. 5 BrandbVerf.; Art. 26 Abs. 3 HbgVerf.; Art. 34 Abs. 7 MVVerf.; Art. 72 Abs. 6 NdsVerf.; Art. 41 Abs. 1 S. 5 NRWVerf.; Art. 54 Abs. 6 SächsVerf.; Art. 54 Abs. 8 SachsAVerf.; Art. 18 Abs. 6 SchlHVerf.; Art. 64 Abs. 7 ThürVerf. Auf Landesebene beschränkt sich die **Problematik** damit im Wesentlichen auf **Bayern, Bremen, Rheinland-Pfalz und das Saarland**. In Hessen stellt sich die Frage so im Übrigen schon deshalb nicht, weil es nicht über ein Untersuchungsausschussgesetz verfügt.

28 Der **»Mix« von Regelungen des Binnenrechts und des Außenrechts** im PUAG hat daneben zur Folge, dass dem unbefangenen Betrachter suggeriert wird, zentrale Fragen der Reichweite und verfahrensmäßigen Berücksichtigung der parlamentarischen Minderheitenrechte und anderer innerparlamentarischer Kampflinien seien damit gelöst und gleichsam »in Stein gemeißelt«. Die gesetzliche Regelung kann allerdings ebenso wenig wie die Geschäftsordnung des Deutschen Bundestages dieses verfassungsrechtliche, innerparlamentarische Spannungsfeld letztverbindlich auflösen. Auch wenn der Gesetzgeber mit dem PUAG zulässigerweise weite Bereiche parlamentarischen Binnenrechts in den Rang von Außenrecht erhoben hat,[55] so bleiben diese Bestimmungen doch letztlich »Binnenrecht des Parlaments« und stehen daher dem **Geschäftsordnungsrecht** »zumindest nahe«.[56] Sie sind damit einer »großzügigeren« Interpretation durch die jeweilige Mehrheit im Untersuchungsausschuss zugänglich, da sie im Kern, solange nicht Dritte betroffen sind, materiell geschäftsordnungsrechtlicher Natur sind und damit als

---

52 *Rogall*, Gs. Meurer (2002), S. 453; *H. H. Klein*, MD, Art. 44 Rn. 29.
53 *H. H. Klein*, MD, Art. 44 Rn. 29.
54 *H. H. Klein*, MD, Art. 44 Rn. 27.
55 *Seiler*, AöR 129 (2004), 378 (397); s.o. Rdn. 23.
56 So treffend BVerfGE 118, 277 (359) für das AbgG; s.a. *Gärditz*, DVBl. 2010, 1314 (1317).

»Gesetzes-Geschäftsordnung«[57] den **spezifischen Auslegungs- und Anwendungsregeln des parlamentarischen Geschäftsordnungsrechts**[58] unterliegen.[59] Namentlich eine bloße Verletzung von durch das PUAG eingeräumten Verfahrens- und Minderheitenrechten im innerstaatlichen Bereich vermag damit nicht zwingend gleichzeitig eine Verletzung von verfassungsmäßigen Rechten zu begründen. Ohne dass gleichzeitig eine Verfassungsverletzung geltend gemacht werden kann, kann im parlamentarischen Binnenverhältnis eine Verletzung von Bestimmungen des PUAG nicht isoliert angegriffen werden.[60] Das gilt für das Verfahren parlamentarischer Untersuchungsausschüsse in besonderem Maße. Es ist keineswegs so, dass sich der Ausschuss »nicht nach eigenem Entschluss über die ihm vom gesamten Bundestag vorgegebenen gesetzlichen Verfahrensvorschriften hinwegsetzen kann.«[61] Im Gegenteil ignoriert diese Sichtweise die durch Art. 44 GG verfassungsrechtlich vorgegebene Rollenverteilung zwischen Plenum und Untersuchungsausschuss. Letzterer hat Rechte, die dem Plenum selbst nicht zustehen und die es ihm daher auch durch einfaches Recht nicht nehmen kann; der Untersuchungsausschuss ist und bleibt »Herr im Verfahren«.[62]

Die materiell geschäftsordnungsrechtliche Natur der parlamentarisch-binnenrechtlichen Bestimmungen des PUAG schirmt diesen Bereich ferner gegenüber **Einflussnahmen und Mitwirkungsbefugnissen der Regierung** ab. Als Regelungen, die der Geschäftsordnungsautonomie des Art. 40 Abs. 1 S. 2 GG unterfallen, sind sie dem exekutiven Zugriff entzogen. Für die Regierung ist damit höchste Zurückhaltung geboten, was die Mitwirkung im Gesetzgebungsverfahren (bei Gesetzesänderungen) und gar eigene Gesetzesinitiativen zum PUAG anbelangt.[63]

29

---

57 Vgl. zum Begriff BrandbVerfG, NVwZ-RR 2003, 798 (800).
58 Vgl. dazu *Brocker*, BK, Art. 40 Rn. 46 ff. m.w.N.
59 *Brocker*, BK, Art. 40 Rn. 92.
60 Vgl. allg. *Brocker*, BK, Art. 40 Rn. 234 m.w.N.
61 So aber *Kretschmer*, in: Schmidt-Bleibtreu/Hofmann/Hopfauf, Art. 44 Rn. 29.
62 S.o. § 1 Rdn. 1.
63 *Brocker*, BK, Art. 40 Rn. 225.

Teil 2 Das Verfahren der Einsetzung

§ 4 Einsetzungsantrag

ÜBERSICHT   Rdn.
I. Einführung... 1
II. Verfahren und inhaltliche Anforderungen....................... 4

Literatur: *Bräcklein,* Investigativer Parlamentarismus, 2006; *Brocker,* Das parlamentarische Untersuchungsrecht in Rheinland-Pfalz, LKRZ 2007, 372; *Caspar,* Zur Einsetzung parlamentarischer Untersuchungsausschüsse: Voraussetzungen, Minderheitsbefugnisse und Folgen rechtswidriger Einsetzungsbeschlüsse, DVBl. 2004, 845; *Heinig,* Skandalenquete und Politikfinanzierung, MIP 1999 (Sonderheft), 40; *Hempfer,* Zur Änderungsbefugnis der Parlamentsmehrheit bei Minderheitsanträgen auf Einsetzung von Untersuchungsausschüssen, ZParl 10 (1979) 295; *Hermes,* Das Minderheitsrecht auf eine parlamentarische Untersuchung, in: Fs. Mahrenholz (1994) S. 349; *Hilf,* Untersuchungsausschüsse vor den Gerichten, NVwZ 1987, 538; *Jagau/Wessels,* Reform des Untersuchungsrechts – Anmerkungen zu einer anhaltenden Debatte, in: Bachmann/Schneider (Hrsg.) Zwischen Aufklärung und politischem Kampf, 1988, S. 43; *Knippel,* Der Minderheitenschutz im Untersuchungsrecht des Landtages Brandenburg, in: Fs. BrandbVerfG. (1998) S. 51; *Laage/Strube,* Untersuchungsrecht als Minderheitsrecht, in: Bachmann/Schneider (Hrsg.), Zwischen Aufklärung und politischem Kampf, 1988, S. 9; *Mager,* Das neue Untersuchungsausschussgesetz des Bundes – parlamentarische Organisation von Kontrolle durch Publizität, Der Staat 41 (2002) 597; *Scholz,* Parlamentarischer Untersuchungsausschuss und Steuergeheimnis, AöR 105 (1980), 564; *Schliesky,* Art. 44 GG – Zulässigkeit der Änderung des Untersuchungsgegenstandes gegen den Willen der Einsetzungsmehrheit, AöR 126 (2001) 244; *H.-P. Schneider,* Das Parlamentsrecht im Spannungsfeld von Mehrheitsentscheidung und Minderheitenschutz, in: Fs. 50 Jahre BVerfG, Bd. II, (2001) S. 627; *Seidel,* Die Opposition im parlamentarischen Untersuchungsverfahren nach Art. 44 GG – materieller und verfassungsprozessualer Minderheitenschutz, BayVBl. 2002, 97.

I. Einführung

1 Aus Art. 44 Abs. 1 GG und den entsprechenden Regelungen in den Landesverfassungen[1] sowie aus den Untersuchungsausschussgesetzen[2] lässt sich entnehmen, dass die **Einsetzung eines Untersuchungsausschusses** regelmäßig einen **Antrag** erfordert. Zwar ist dies zumeist ausdrücklich nur im Bezug auf das Untersuchungsbegehren der Minderheit formuliert. In der Parlamentspraxis, aber auch mit Blick auf die **Bestimmtheit** des Untersuchungsgegenstandes,[3] kann auch bei einem Untersuchungsbegehren der Mehrheit allerdings schwerlich auf einen Antrag verzichtet werden.[4] Vielmehr beginnt das Einsetzungsverfahren mit diesem Antrag. Bringt die Mehrheit den Antrag ein, so spricht man in der parlamentarischen Praxis von einer so genannten **Mehrheitsenquete**, bei einem Antrag der parlamentarischen Minderheit von einer **Minderheitsenquete**.[5] Das Antragsrecht umfasst die **Befugnis** der Antragsteller, den **Gegenstand der Untersuchung** zu bestimmen. Das Antrags- und Einsetzungsrecht würde andernfalls leer laufen.[6] Zugleich erwächst daraus für die Antragsteller die **Pflicht**, den Untersuchungsgegenstand im Antrag selbst zu **konkretisieren**.[7] Eine **Verweisung** auf außerhalb des Antrags liegende und den Mitgliedern des Parlaments möglicherweise nicht bekannte Unterlagen, ist grundsätzlich nicht zulässig.[8] Denn das Parlament muss wissen, worüber es inhaltlich beschließt, da es mit dem Einsetzungsbeschluss den Untersuchungsausschuss **zu seiner Sache** macht.[9] Dies gilt auch im Fall des Antrags einer

---

1 Art. 35 Abs. 1 BadWürttVerf.; Art. 25 Abs. 1 BayVerf.; Art. 48 Abs. 1 BerlVerf.; Art. 72 Abs. 1 BrandbVerf.; Art. 105 Abs. 5 BremVerf.; Art. 26 Abs. 1 HbgVerf.; Art. 92 Abs. 1 HessVerf.; Art. 34 Abs. 1 MVVerf.; Art. 27 Abs. 1 NdsVerf.; Art. 41 Abs. 1 NRWVerf.; Art. 91 Abs. 1 RhPfVerf.; Art. 79 Abs. 1 SaarlVerf.; Art. 54 Abs. 1 SächsVerf.; Art. 54 Abs. 1 SachsAVerf.; Art. 18 Abs. 1 SchlHVerf.; Art. 64 Abs. 1 ThürVerf.
2 § 1 Abs. 1 PUAG; § 2 Abs. 2 UAG BadWürtt.; Art. 1 Abs. 1 UAG Bay.; § 2 Abs. 1 Satz 3 UAG Berl.; § 2 Abs. 2 UAG Brandb.; § 2 Abs. 3 UAG Brem.; § 1 Abs. 2 UAG Hbg.; § 1 Abs. 1 UAG MV; § 2 Abs. 2 UAG NRW; § 2 Abs. 1 UAG RhPf; § 39 Abs. 2 LTG Saarl.; § 2 Abs. 1 UAG Sachs.; § 2 Abs. 3 UAG SachsA; § 2 Abs. 2 UAG SchlH.; § 2 Abs. 1 UAG Thür.; § 1 Abs. 3 IPA-Regeln.
3 S. dazu i.E. u. § 6 Rdn. 8 ff.
4 *Brocker*, LKRZ 2007, 372 (374).
5 Vgl. zu den Einzelheiten o. § 1 Rdn. 30 ff.
6 *Schliesky*, AöR 126 (2001) 244 (247); *Laage/Strube*, in: Bachmann/Schneider (Hrsg.), Zwischen Aufklärung und politischem Kampf, 1988, S. 14.
7 BayVerfGH, BayVBl. 1977, 597 (599); *Lemmer*, in: Pfennig/Neumann, Art. 48 Rn. 4.
8 BayVerfGH, BayVBl. 1977, 597 (599 f.).
9 *H. H. Klein*, MD, Art. 44 Rn. 87; *Wiefelspütz*, Das Untersuchungsausschussgesetz, 2003, S. 180; *Caspar*, DVBl. 2004, 845 (846); *Möstl*, in: Lindner/Möstl/Wolf, Art. 25 Rn. 12.

qualifizierten Einsetzungsminderheit, wenn also das Parlament zur Einsetzung des Untersuchungsausschusses **verpflichtet** ist.

Die Ausgestaltung des Untersuchungsrechts als Minderheitenrecht knüpft an Art. 34 WRV an, mit dem die Geschichte der parlamentarischen Untersuchung in Deutschland begann.[10]

Schon bei der Antragstellung zeigt sich, dass der **Minderheit** im Rahmen der Untersuchungen die **Sachherrschaft** im Untersuchungsausschuss so weit einzuräumen ist, wie es dessen Kontrollfunktion erfordert.[11] Das Minderheitenrecht ist für die Kontrollfunktion der Parlamente in der parlamentarischen Demokratie von durchschlagender Bedeutung. Denn zu den Grundstrukturen des parlamentarischen Regierungssystems zählt, dass Regierung und Parlamentsmehrheit regelmäßig demselben »politischen Lager« angehören. Dies führt zu einer Verflochtenheit, die zur Konsequenz hat, dass sich nicht mehr Regierung und Parlament als unabhängige Gewalten gegenüberstehen.[12] Daher formiert sich die **parlamentarische Minderheit** zur **Gegengewalt der Exekutive** und weniger das Parlament als Ganzes.[13]

II. Verfahren und inhaltliche Anforderungen

Der Untersuchungsausschuss erweist sich so als das wesentliche Kontrollinstrument der Opposition.[14] Als Einsetzungsminderheit ist sie mithin nicht nur berechtigt, das Ob, sondern auch das Wozu, also das **Untersuchungsthema**, zu bestimmen.[15] Folglich ist dem Antrag grundsätzlich in der inhaltlichen Form stattzugeben, in der er gestellt wurde. Unbeschadet dessen ist die **Mehrheit** auch bei einer so genannten Minderheitsenquete **verpflichtet**, an einer ordnungsgemäßen Sachverhaltsaufklärung **mitzuwirken**.[16]

Der Einsetzungsantrag muss sich nicht auf einen Untersuchungsgegenstand beschränken, sondern kann durchaus **mehrere Komplexe** beinhalten,

---

10 *Brocklein*, Investigativer Parlamentarismus, 2006, S. 41 ff.; *Mager*, Der Staat 41 (2002) 597 (598); s. o. § 2 Rdn. 15
11 BVerfGE 49, 70 (78 f.); *Jagau/Wessels*, in: Bachmann/Schneider (Hrsg.), Zwischen Aufklärung und politischem Kampf, 1988, S. 44; krit. insoweit *Schröder*, Verh. d. 57 DJT(1988), S. E 98.
12 *H. H. Klein*, MD, Art. 44 Rn. 3.
13 BVerfGE 49, 70 (85 f.); *Masing*, Parlamentarische Untersuchung privater Sachverhalte, 1998, S. 277 f.; *Achterberg/Schulte*, in: v. Mangoldt/Klein/Starck II, Art. 44 Rn. 1.
14 BayVerfGH, BayVBl. 1977, 597 (598); *Seidel*, BayVBl. 2002, 97, (98).
15 *H. H. Klein*, MD, Art. 44 Rn. 76; *Kretschmer*, in: Schmidt-Bleibtreu/Klein/Hofmann/Hopfauf, Art. 44 Rn. 13.
16 *Brocker*, in: Epping/Hillgruber, Art. 44 Rn. 31 m.w.N.; *Schneider*, Fs. 50 Jahre BVerfG, Bd. II (2001) S. 655.

sofern sie jeweils hinreichend bestimmt sind.[17] Allerdings wird man in jedem Fall einen gewissen **inhaltlichen Zusammenhang** fordern müssen. Ferner ist es verfassungsrechtlich nicht geboten, dass der Untersuchungsgegenstand so gefasst sein muss, dass er innerhalb einer laufenden Legislaturperiode vollständig abgearbeitet werden kann. Vielmehr genügt es, wenn in zeitlicher Hinsicht zumindest noch Teilergebnisse erwartet werden können,[18] da andernfalls der Untersuchungsausschuss mit fortdauernder Wahlperiode immer mehr entwertet würde.[19]

6   Der Einsetzungsantrag der parlamentarischen **Mehrheit** hat bisher zu keinen nennenswerten rechtlichen Kontroversen geführt. Dies hängt damit zusammen, dass unstreitig ist, dass die Mehrheit ihren Antrag jederzeit bis zum Einsetzungsbeschluss ändern kann.[20]

7   Unbeschadet dessen, dass die qualifizierte Einsetzungsminderheit auch das Untersuchungsthema vorgeben kann, bleibt die Grenze des Bestimmungsrechts der Minderheit die Verfassungsgemäßheit des Einsetzungsantrags.[21] Da das Parlament, wie jede Staatsgewalt, als Folge des Rechtsstaatsprinzips an Recht und Gesetz gebunden ist, besteht selbstredend **keine Pflicht**, einen **verfassungswidrigen Einsetzungsbeschluss** zu fassen.[22] Die Parlamentsmehrheit hat daher sogar die Pflicht[23], in jedem Fall aber das Recht, die **Verfassungsgemäßheit** des Minderheitsantrags zu prüfen.[24]

8   Zumindest **missverständlich** sind Auffassungen, die bei einem Minderheitsantrag fordern, dieser müsse schon bei seiner **Einbringung** den verfassungsrechtlichen Anforderungen entsprechen.[25] Dies mag zwar wün-

---

17 So schon RGZ 104, 423 ff.
18 BVerwGE 109, 258 (263); BadWürttStGH, ESVGH 27, 1 (13); SächsVerfGH, SächsVBl. 2009, 8 (15).
19 SächsVerfGH, SächsVBl. 2009, 8 (15).
20 BadWürttStGH, ESVGH 27, 1 (6 f.); *Schliesky*, AöR 126 (2001) 244 (254) m.w.N.; *H. H. Klein*, MD, Art. 44 Rn. 85; *Wiefelspütz*, Das Untersuchungsausschussgesetz, 2003, S. 180; *ders.* DÖV 2002, 803 (804); *Heinig*, MIP 1999, 40; *Knippel*, Fs. BrandbVerfG (1998) S. 54.
21 *Mager*, Der Staat 41 (2002) 597 (604); *Brocker*, in: Epping/Hillgruber, Art. 44 Rn. 28.
22 *Brocker*, in: Epping/Hillgruber, Art. 44 Rn. 29; BadWürttStGH, NVwZ-RR 2008, 4 (8 f.); ähnl. *Möstl*, in: Lindner/Möstl/Wolf, Art. 25 Rn. 6.
23 So zutr. *Wiefelspütz*, Das Untersuchungsausschussgesetz, 2003, S. 180; *Caspar*, DVBl. 2004, 845 (849).
24 HessStGH, ESVGH 17, 1 (4 f.) m.w.N.; StGH, RGZ 104, 423 ff.; *Brocker*, in: Epping/Hillgruber, Art. 44 Rn. 25; *Partsch*, Verh. d. 45. DJT (1964) Bd. I, Teil 3, S. 35, 199; *Caspar*, DVBl. 2004, 845 (849); s. dazu i.E. u. § 6 Rdn. 17 ff.
25 BayVerfGH, BayVBl. 1994, 463 (467); *Schweiger*, in: ders./Knöpfle, Art. 25 Rn. 6a; *Geis*, in: Isensee/Kirchhof III, § 55 Rn. 35; *Umbach* in ders./Clemens, GG, Art. 44 Rn. 23 mit Fn. 31; *Dankowski*, ZRP 1988, 340; David, Art. 25 Rn. 6.

schenswert sein, verfassungsrechtlich zwingend geboten ist dies jedoch nicht. Denn **maßgeblich** ist vielmehr der Zeitpunkt des **Einsetzungsbeschlusses**.[26] Der beschlussreif zur Abstimmung gestellte Antrag muss verfassungsgemäß sein[27], insbesondere hinreichend bestimmt sein, wie sich dies in einigen Ländern aus verfassungs- beziehungsweise einfachgesetzlichen Festlegungen ergibt.[28] Bis zu diesem Zeitpunkt hat die Minderheit – ebenso wie die Mehrheit bei ihrem Antrag – das Recht, den Einsetzungsantrag **nachzubessern**.[29] Eine andere Sichtweise würde praktischen Erfordernissen nicht gerecht, sondern zu einer **reinen Förmelei** führen. Denn die qualifizierte Einsetzungsminderheit könnte jederzeit mit einem nunmehr verfassungsgemäßen Antrag die Einsetzung eines neuen Untersuchungsausschusses erreichen. Soweit mithin in landesrechtlichen Regelungen verlangt wird, dass schon der Einsetzungsantrag hinreichend bestimmt sein muss[30], bedarf dies der **verfassungskonformen Interpretation** im vorgenannten Sinne.

Ebenso wenig überzeugt die Auffassung, wonach die qualifizierte Einsetzungsminderheit **nach dem Einsetzungsbeschluss** des Parlaments ihren Antrag nicht mehr ergänzen oder keine Erweiterung mehr verlangen kann.[31] Zwar trifft es zu, dass das Parlament mit dem Einsetzungsbeschluss als Ganzes die Sachherrschaft übernommen hat und eine Änderung nur auf Grund eines ergänzenden Plenarbeschlusses möglich ist. Ein entsprechendes Antragsrecht auszuschließen hieße aber unter Umständen die Einsetzung eines **weiteren Untersuchungsausschusses** geradezu herauszufordern. Denn der qualifizierten Einsetzungsminderheit wäre diese Möglichkeit unbenommen. Daher empfiehlt sich schon aus Gründen der **Verfahrensökonomie**, auch nachträgliche Änderungen im Wege eines ergänzenden Parlamentsbeschlusses zuzulassen.[32]

---

26 A.A. BadWürttStGH, NVwZ-RR 2008, 4 (5).
27 BadWürttStGH, ESVGH 27, 1 (6 f.); *H. H. Klein*, MD, Art. 44 Rn. 85; *Schulte*, Jura 2003, 505 (507); a.A. *Feuchte*, Art. 35 Rn. 12.
28 S. etwa Art. 35 Abs. 1 Satz 2 BadWürttVerf.; § 3 Abs. 1 UAG BadWürtt.; Art. 2 Abs. 2 Satz 1 UAG Bay.; Art. 72 Abs. 1 Satz 2 BrandbVerf., § 3 Abs. 1 Satz 1 UAG Brandb.; § 1 Abs. 2 UAG MV; § 39 Abs. 4 Satz 1 LTG Saarl.; Art. 54 Abs. 1 Satz 2 SächsVerf., § 3 Abs. 1 UAG Sachs.; § 3 Abs. 1 UAG SachsA.; § 3 Abs. 1 UAG SchlH; § 2 Abs. 4 IPA-Regeln.
29 BayVerfGH,BayVBl. 1977, 597 (598); *Bachmann* in: ders./Schneider, S. 34 f.; *Hempfer*, ZParl 10 (1979) 304; *Schweiger*, in: ders./Knöpfle, Art. 25 Rn. 6a; *Möstl*, in: Lindner/Möstl/Wolf, Art. 25 Rn. 6.
30 § 2 Abs. 3 Satz 1 UAG Brem., § 3 Abs. 1 UAG Hbg., § 3 Abs. 1 UAG NRW; § 3 Abs. 1 UAG RhPf.; § 3 Abs. 1 UAG Thür.
31 So *Wiefelspütz*, Das Untersuchungsausschussgesetz, 2003, S. 186.; *ders.*, DÖV 2002, 807 f.
32 *Hermes*, Fs. Mahrenholz (1994) S. 364; *Magiera*, in: Sachs, Art. 44 Rn. 15; *Schneider*, Verh. d. 57. DJT (1988), S. M 74; *Schliesky*, AöR 126 (2001) 244 (250); *Seidel*, BayVBl. 2002, 97 (104 f.).

10   Ein von der Minderheit eingebrachter Einsetzungsantrag bleibt dies auch dann, wenn er von der Mehrheit verändert worden ist.[33] Denn dadurch wird er nicht etwa zu einem Mehrheitsantrag und der eingesetzte Untersuchungsausschuss folglich auch nicht zu einer Mehrheitsenquete.[34] Eine Grenze dürfte allerdings bei **strukturellen Veränderungen** liegen, wenn diese im Einverständnis mit der Mehrheit erfolgen, wobei in der Praxis in der Regel dann ein **gemeinsamer Antrag** von Mehrheits- und Minderheitsfraktion gestellt werden dürfte.

11   Der Antrag kann von dem jeweiligen Quorum in der Form unterzeichnet sein, dass die einzelnen Abgeordneten **personell identifizierbar** sind. Verfassungsrechtlich **geboten** ist das jedenfalls dann nicht, wenn die antragstellende Fraktion über ein entsprechendes Quorum oder sogar mehr Mitglieder verfügt. In diesem Fall reicht die Unterschrift des Fraktionsvorsitzenden aus.[35] Allerdings verlangen einige Länder in ihren **Untersuchungsausschussgesetzen**[36] oder in den **Geschäftsordnungen**[37] ausdrücklich die **Unterzeichnung** durch die **einzelnen Abgeordneten** der parlamentarischen Einsetzungsminderheit.

12   Hält die Parlamentsmehrheit den Einsetzungsantrag für ganz oder teilweise **verfassungswidrig**, kann sie den Antrag **ablehnen**. Allerdings muss sie die Ablehnung **begründen**. Dies gebieten der Minderheitenschutz und der Grundsatz des fairen parlamentarischen Verfahrens.[38] Im Fall eines Antrags unterhalb des jeweils verfassungsgesetzlich vorgegebenen Quorums ist das Parlament frei, ob es den Ausschuss einsetzt oder nicht. Es bestimmt dann auch den Untersuchungsgegenstand.[39]

---

33 Zur Zulässigkeit und Grenzen möglicher Veränderung s. u. § 6 Rdn. 26 ff.
34 *Brocker*, in: Epping/Hillgruber, Art. 44 Rn. 19; *Seidel*, BayVBl. 2002, 97 (102).
35 BVerfGE 67, 100 (107); *Seidel*, BayVBl. 2002, 97 (101), a.A. *H. H. Klein*, MD, Art. 44 Rn. 75; *Rechenberg*, BK Art. 44 Rn. 6 m.w.N.; *Reich*, Art. 54 Rn. 15.
36 § 2 Abs. 3 UAG BadWürtt. (alternativ genügt die Unterzeichnung durch zwei Fraktionen); Art. 1 Abs. 1 S. 2 UAG Bay.; § 2 Abs. 2 S. 2 UAG Brandb.; § 2 Abs. 1 S. 3 UAG MV.; § 2 Abs. 1 S. 2 UAG Sachs.; § 2 Abs. 3 S. 2 UAG SachsA; § 2 Abs. 3 S. 1 UAG SchlH.
37 S. etwa § 89 Abs. 2 GOLT RhPf.; § 83 Abs. 2 GOLT Thür; s. dazu auch *Linck*, in: ders./Jutzi/Hopfe, Art. 64 Rn. 12.
38 *Pieroth*, in: Jarass/Pieroth, Art. 44 Rn. 5; *Wiefelspütz*, Das Untersuchungsausschussgesetz, 2003, S. 181; *Hilf*, NVwZ 1987, 538; *Magiera*, in: Sachs, Art. 44 Rn. 14; *Morlok*, in: Dreier II, Art. 44 Rn. 35; *Schröder*, Verh. d. 57. DJT (1988), S. E 5, 104; *Caspar*, DVBl. 2004, 845 (850); einschränkend BayVerfGH, BayVerfGHE N.F. 38, 165 (183 f.), der insoweit lediglich von einer Obliegenheit, nicht aber von einer verfassungsrechtlichen Pflicht ausgeht.
39 *Kretschmer*, in: Schmidt-Bleibtreu/Klein/Hofmann/Hopfauf, Art. 44 Rn. 13.

Zugunsten des Einsetzungsantrags greift **keine Zulässigkeitsvermutung** mangels offensichtlicher verfassungsrechtlicher Zulässigkeitsbedenken.[40] Die rechtsstaatliche Bindung des Parlaments an die verfassungsmäßige Ordnung sowie an Recht und Gesetz lassen für eine Zulässigkeitsvermutung keinen Raum. Vielmehr ist das Parlament zum Schutz der anderen Staatsgewalten, der Rechte anderer Länder oder des Bundes und von Privatpersonen verpflichtet, diese Prüfung **konkret und genau** vorzunehmen.[41]

Zu diesem Zweck ist auch eine **Verweisung** des Einsetzungsantrags an einen **Ausschuss** zur verfassungsrechtlichen Prüfung zulässig.[42] Zwar hat die Einsetzung des Untersuchungsausschusses insbesondere bei einem Minderheitenantrag **unverzüglich** zu erfolgen,[43] eine nähere verfassungsrechtliche Prüfung ist damit jedoch nicht ausgeschlossen, wenn es nicht zu unzumutbaren zeitlichen Verzögerungen hinsichtlich der Einsetzung kommt oder wenn die Minderheit zustimmt.[44] Denn der Begriff »unverzüglich« ist hier im üblichen Rechtssinne als »**ohne schuldhaftes Zögern**« zu verstehen. Eine Grenze liegt selbstverständlich dort, wo verfassungsrechtliche Bedenken nur vorgeschoben werden, um Zeit zu gewinnen.

Die ganze oder teilweise **Rücknahme** des Einsetzungsantrags durch die Antragsteller ist nur bis zum **Einsetzungsbeschluss** zulässig. Danach bedarf es eines gesonderten **Plenarbeschlusses**.[45] Denn mit dem Einsetzungsbeschluss macht das Parlament die Untersuchung zu »seiner Sache«,[46] so dass den Antragstellern ab diesem Zeitpunkt die **Sachherrschaft** über die Untersuchung entzogen ist.

13

14

15

---

40 So aber *Achterberg/Schulte*, in: v. Mangoldt/Klein/Starck II, Art. 44 Rn. 88; *Morlok*, in: Dreier II, Art. 44 Rn. 35; *Scholz*, AöR 105 (1980) 564 (599); wie hier: *Brocker*, in: Epping/Hillgruber, Art. 44 Rn. 28.1.
41 *Wiefelspütz*, Das Untersuchungsausschussgesetz, 2003, S. 181; *Schröder*, Verh. d. 57. DJT (1988), S. E 104; *Brocker*, in: Grimm/Caesar, Art. 91 Rn. 29.
42 BadWürttStGH, ESVGH 27, 1 (3); BayVerfGH, BayVBl. 1977, 597 (599); s.a. § 1 Abs. 3 UAG BaWürtt.; § 2 Abs. 4 Satz. 2 UAG Hbg.; § 2 Abs. 3 UAG RhPf.; § 1 Abs. 3 UAG Sachs.; § 2 Abs. 3 UAG Thür; § 1 Abs. 3 S. 1 IPA-Regeln.
43 Vgl. § 2 Abs. 1 PUAG; § 2 Abs. 4 S. 1 UAG Hbg.; § 2 Abs. 1 S. 1 UAG MV; § 2 Abs. 3 UAG Sachs.; § 2 Abs. 4 UAG SachsA.; § 2 Abs. 5 UAG SchlH.; § 1 Abs. 3 S. 2 IPA-Regln; s.a. *Brocker*, LKRZ 2007, 372 (374); ders., in: Epping/Hillgruber, Art. 44 Rn. 32.1.
44 *Wiefelspütz*, Das Untersuchungsausschussgesetz, 2003, S. 182; *Plöd*, Die Stellung des Zeugen in einem parlamentarischen Untersuchungsausschuss des Deutschen Bundestages, 2003, S. 71; *Wuttke*, in: v. Mutius/Wuttke/Hübner, Art. 18 Rn. 7.
45 *Braun*, Art. 35 Rn. 29.
46 BVerfGE 83, 175 (179 f.); *Brocker*, in: Epping/Hillgruber, Art. 44 Rn. 31.

§ 5 Untersuchungsgegenstand

ÜBERSICHT

	Rdn.
I. Einführung	1
II. Öffentliches Interesse	11
1. Das öffentliche Interesse als Zulassungskriterium	11
2. Das öffentliche Interesse als normativ geprägtes Kriterium	18
3. Feststellung des öffentlichen Interesses	25
4. Gerichtliche Kontrolle	28
III. Grundsatz der Gewaltenteilung	30
1. Grundlagen, Inhalt und Reichweite	30
2. Gewaltenteilungsgrundsatz und Untersuchungsausschüsse	33
3. Abschluss eines Vorgangs	39
4. Untersuchungsausschuss und Justiz	42
a) Gegenstand der Untersuchung	42
b) Parallele Untersuchungen	45
IV. Kernbereich exekutiver Eigenverantwortung	48
V. Bundesstaatsprinzip	60
1. Grundlagen	60
2. Gesetzgebungsenquete	64
3. Kontroll- bzw. Skandalenquete	70
a) Unmittelbare Untersuchungskompetenz des Bundestages	70
b) Mittelbare Untersuchung von Landesbehörden	77
VI. Kommunale Selbstverwaltung	90
VII. Untersuchungsrecht und Rundfunkfreiheit	100
VIII. Untersuchungsrecht und Hochschulfreiheit	105
IX. Untersuchung politischer Parteien	109
X. Untersuchung parlamentarischer Fraktionen	115
XI. Privatgerichtete Untersuchungen	129
1. Problemstellung	129
2. Gesetzgebungsenquete	134
3. Kontrollenquete	141
4. Missstandsenquete	146
5. Grundrechte als Einsetzungsschranke privatgerichteter Untersuchungen	154
6. Eigengesellschaften und gemischt-wirtschaftliche Unternehmen	160

Literatur: *Arloth*, Grundlagen und Grenzen des Untersuchungsrechts parlamentarischer Untersuchungsausschüsse, NJW 1987, 808; *Badura*, Das Recht der Minderheit auf Einsetzung eines parlamentarischen Untersuchungsausschusses, in: Fs. Helmrich (1994) S. 191; *Baer*, Vermutungen zu Kernbereichen der Regierung und Befugnissen des Parlaments, Der Staat 40 (2001) 525; *Blümel/Ronellenfitsch*, Parlamentarische Untersuchungsausschüsse und kommunale Selbstverwaltung, 1978; *Böckenförde*, Parlamentarische Untersuchungsausschüsse und kommunale Selbstverwaltung, AöR 103 (1978) 1; *Bräcklein*, Investigativer

Parlamentarismus, 2006; *Busse,* Der Kernbereich exekutiver Eigenverantwortung im Spannungsfeld der staatlichen Gewalten, DÖV 1989, 45; *Depenheuer/Winands,* Der parlamentarische Untersuchungsauftrag: inhaltliche Bestimmtheit und thematische Reichweite, ZRP 1988, 258; *Di Fabio,* Rechtsschutz im parlamentarischen Untersuchungsverfahren, 1988; *Engels,* Parlamentarische Untersuchungsausschüsse, 2. Aufl., 1991; *Friedrich,* Der parlamentarische Untersuchungsausschuss – Entwicklung, Stellung, Kompetenzen, 1990; *Glauben,* Möglichkeiten und Grenzen parlamentarischer Untersuchungsausschüsse, DRiZ 1992, 395; *ders.* Parlamentarische Untersuchungsausschüsse – Ein Spagat zwischen Recht und Politik, DRiZ 2000, 122; *Heinig,* Skandalenquete und Politikfinanzierung, MIP 1999 (Sonderheft), 40; *Kirschniok-Schmitt,* Das Informationsrecht des Abgeordneten nach der brandenburgischen Landesverfassung, 2009; *Köhler,* Die Grenzen des Rechts der parlamentarischen Untersuchung im Privatbereich, NVwZ 1995, 664; *Köhler,* Umfang und Grenzen des parlamentarischen Untersuchungsrechts gegenüber Privaten im nichtöffentlichen Bereich, 1996; *Kölble,* Parlamentarisches Untersuchungsrecht und Bundesstaatsprinzip, DVBl. 1964, 701; *Kohl,* Die Rechtsstellung des Betroffenen nach Art. 44 Abs. 2, S. 1 GG und den entsprechenden Regelungen in den Länderverfassungen, 2001; *Lässig,* Beschränkung des Beweiserhebungsrechts parlamentarischer Untersuchungsausschüsse – insbesondere auf Grund des Bundesstaatsprinzips, DÖV 1976, 727; *Linck,* Untersuchungsausschüsse und Privatsphäre, ZRP 1987, 11; *Mager,* Das neue Untersuchungsausschussgesetz des Bundes – parlamentarische Organisation von Kontrolle durch Publizität, Der Staat 41 (2002) 597; *Masing,* Parlamentarische Untersuchungen gegenüber Privaten?, Der Staat 27 (1988) 273; *ders.,* Parlamentarische Untersuchung privater Sachverhalte, 1998; *ders.,* Politische Verantwortlichkeit und rechtliche Verantwortlichkeit, ZRP 2001, 36; *Meyer-Bohl,* Die Grenzen der Pflicht zur Aktenvorlage und Aussage vor parlamentarischen Untersuchungsausschüssen, 1992; *Platter,* Das parlamentarische Untersuchungsverfahren vor dem Verfassungsgericht, 2004; *W. Richter,* Privatpersonen im parlamentarischen Untersuchungsausschuss, 1991; *Schenke,* Empfiehlt sich eine gesetzliche Neuordnung der Rechte und Pflichten parlamentarischer Untersuchungsausschüsse? JZ 1988, 805; *Schmidt,* Die demokratische Legitimationsfunktion der parlamentarischen Kontrolle, 2007; *Scholz,* Parlamentarischer Untersuchungsausschuss und Steuergeheimnis, AöR 105 (1980) 564; *M. Schröder,* Altes und Neues zum Recht Parlamentarischer Untersuchungsausschüsse aus Anlass der CDU-Parteispendenaffäre, NJW 2000, 1455; *M. Schulte,* Das Recht der Untersuchungsausschüsse, Jura 2003, 505; *Simons,* Das parlamentarische Untersuchungsrecht im Bundesstaat, 1991; *Studenroth,* Die parlamentarische Untersuchung privater Bereiche, 1992; *Teubner,* Untersuchungs- und Eingriffsrechte privatgerichteter Untersuchungsausschüsse, 2009; *Vetter,* Verfassungsrechtliche Grenzen der Beweiserhebung parlamentarischer Untersuchungsausschüsse, DÖV 1987, 426; *Wiefelspütz,* Untersuchungsausschuss und öffentliches Interesse, NVwZ 2002, 10; *ders.,* Parlamentarisches Untersuchungsrecht, ZG 2003, 35; *Wolf,* Parlamentarischer Untersuchungsausschuss und Strafjustiz, 2005; *Zeh,* Regelungsbedarf und Regelungschancen für das Verfahren parlamentarischer Untersuchungsausschüsse, DÖV 1988, 701.

I. Einführung

Art. 44 Abs. 1 GG enthält ebenso wenig wie die einschlägigen Bestimmungen 1 in den Verfassungen der Länder eine Regelung darüber, innerhalb welchen **Kompetenzbereichs** und innerhalb welcher **verfassungsrechtlichen** Grenzen Untersuchungsausschüsse tätig werden dürfen.[1] Zwar formuliert das Untersuchungsausschussgesetz des Bundestages, ein Untersuchungsverfahren sei zulässig im Rahmen der **verfassungsmäßigen Zuständigkeit** des Bundestages[2] und findet sich auch in den Untersuchungsausschussgesetzen der meisten Länder[3] eine entsprechende Regelung. Darüber hinaus wird die Reichweite der Kompetenz aber nicht näher präzisiert. In Rechtsprechung[4] und Rechtslehre[5] besteht allerdings Übereinstimmung, dass **Untersuchungs- und Befassungskompetenz** des Parlaments weitgehend **deckungsgleich** sind. Die **Grenzen** des parlamentarischen Untersuchungsrechts ergeben sich damit ausschließlich aus der **Bundesverfassung** und den **Länderverfassungen**. Dabei handelt es sich um kompetenzielle, zeitliche und inhaltliche Schranken.[6] Dagegen besteht keine **Exklusivität des parlamentarischen Untersuchungsrechts** mit der Folge, dass andere Kontrollinstrumente, wie etwa das Fragerecht der Abgeordneten, verdrängt wären.[7]

2   Die vorherrschende Auffassung lehnt sich im Wesentlichen an die von *Egon Zweig* entwickelte so genannte **Korollartheorie** an.[8] Das Parlament kann danach dem Untersuchungsausschuss keine Rechte übertragen, die es selbst nicht besitzt, da der Ausschuss nur das Untersuchungsrecht des Parlaments ausübt. Das Untersuchungsrecht erweist sich insoweit als Korollar der parlamentarischen Kompetenzen.[9]

---

1 *Weisgerber*, Das Beweiserhebungsverfahren parlamentarischer Untersuchungsausschüsse des Deutschen Bundestages, 2003, S. 81.
2 § 1 Abs. 3 PUAG; § 1 Abs. 2 IPA-Regeln.
3 § 1 Abs. 2 UAG BadWürtt.; Art. 1 Abs. 3 UAG Bay.; § 3 Abs. 1 Satz 2 UAG Brandb.; § 1 Abs. 2 UAG Brem.; § 1 Abs. 2 UAG Hbg.; § 1 Abs. 2 UAG MV; § 3 Abs. 1 Satz 2 UAG NRW; § 1 Abs. 2 UAG RhPf.; § 1 Abs. 2 UAG Sachs.; § 1 Abs. 2 UAG SachsA; § 1 Abs. 2 UAG SchlH.; § 1 Abs. 2 UAG Thür.
4 BVerfGE 77, 1 (44); BadWürttStGH, ESVGH 27, 1 (6); HessStGH, ESVGH 17, 1 (12); 22, 136 (138 f.); BayVerfGH, BayVerfGHE N.F. 30, 48 (59); 38, 165 (175).
5 *Achterberg/Schulte*, in: v. Mangoldt/Klein/Starck II, Art. 44 Rn. 4 ff.; *Morlok*, in: Dreier II, Art. 44 Rn. 19 ff.; *Magiera*, in Sachs, Art. 44 Rn. 7 ff.; *Brocker*, in: Epping/Hillgruber, Art. 44 Rn. 5; *Schleich*, Das parlamentarische Untersuchungsrecht des Bundestages, 1985, S. 17 ff.; *Schröder*, Verh. d. 57. DJT (1988), S. E 11, 20.
6 *H.-P. Schneider*, AK-GG, Art. 44 Rn. 6.
7 BVerfGE 124, 161 (192); s.a. NRWVerfGH; DVBl. 1994, 48 (51 f.); *Kirschniok-Schmitt*, Das Informationsrecht des Abgeordneten nach der brandenburgischen Landesverfassung, 2009, S. 86 ff. zu möglichen Unterschieden der Kontrollinstrumente.
8 *Brocker*, in: Epping/Hillgruber, Art. 44 Rn. 5; krit. Wiegand-Hoffmeister, in: Litten/Wallerath, Art. 34 Rn. 4.
9 HessStGH, ESVGH 22, 136; BayVerfGH, BayVerfGHE N.F. 30, 48 (59); 38, 165, (175); *Studenroth*, Die parlamentarische Untersuchung privater Bereiche, 1992, S. 44 f.; *Achterberg/Schulte*, in: v. Mangoldt/Klein/Starck II, Art. 44 Rn. 2; *Weisgerber*, Das Beweiserhebungsverfahren parlamentarischer Untersuchungsausschüsse des Deutschen Bundestages, 2003, S. 83.

§ 5 Untersuchungsgegenstand

Trotz vereinzelter Kritik an der Korollartheorie[10] hat diese inhaltlich als Begrenzungsmerkmal **Eingang in die Untersuchungsausschussgesetze** des Bundes und der Länder gefunden[11].

Allerdings wurde die Korollartheorie zumindest in der älteren Rechtslehre, teilweise aber auch von der Rechtsprechung, in verfassungsrechtlicher Sicht zu eng gesehen, wenn gefordert wurde, das Parlament dürfe nur für Sachbereiche einen Untersuchungsausschuss einsetzen, für den es befugt sei, einen **verbindlichen Hoheitsakt** zu dem jeweiligen Gegenstand zu erlassen[12]. Dieser Auffassung liegen Vorstellungen zu Grunde, »wie sie im Verfassungssystem der konstitutionellen Monarchie gegeben waren oder in einer Verfassungsordnung strikter Gewaltentrennung gegeben sein können«.[13]

Wenn Untersuchungsausschüsse auch regelmäßig **weniger der Politikformulierung** als vielmehr der **Kontrolle** dienen,[14] so ist das Parlament gleichwohl befugt, auch zur Vorbereitung **reiner politischer Beschlüsse**, denen keine Rechtswirkung zukommt, einen Untersuchungsausschuss einzusetzen.[15] Denn nur so kann der Funktion des Deutschen Bundestages und der Landesparlamente, die diese in der repräsentativ-parlamentarischen Demokratie einnehmen, Rechnung getragen werden. Das Untersuchungsrecht verfolgt den Zweck, dem Parlament eine **originäre, regierungsunabhängige** Möglichkeit der Aufklärung von Sachverhalten mit dem Ziel einer politischen Bewertung zu geben. Insoweit sind Untersuchungsausschüsse – zumindest auch – **Instrumente der Selbstinformation** des Parlaments[16]. Es besteht daher keine Veranlassung, die Zulässigkeit einer parlamentarischen Untersuchung davon abhängig zu machen, dass sie der unmittelbaren Vorbereitung parlamentarischer Beschlüsse und Entscheidungen dient[17].

3

4

5

---

10 S. etwa *Masing*, Parlamentarische Untersuchung privater Sachverhalte, 1998, S. 167 ff.
11 S.o. § 3 Rdn. 7 ff.
12 S. die Nachw. bei *Wiefelspütz*, Das Untersuchungsausschussgesetz, 2003, S. 34 m. Fn. 87.
13 So zutr. *Böckenförde*, AöR 103 (1978) 1 (6).
14 *Depenheuer/Winands*, ZRP 1988, 258 (262).
15 *Badura*, Fs. Helmrich (1994) S. 195; *Steinberger*, Gutachten, BT-Drucks 11/7800, Anl. 7, S. 1181, 1191 ff.
16 *Schneider*, Verh. d. 57. DJT (1988), S. M 54, 80; *Partsch*, Verh. d. 45 DJT (1964) Bd. I/3, S. 12; zurückhaltend RhPfVerfGH, AS 38, 322 (345 f.).
17 So aber offenbar HessStGH, ESVGH 17, 1 (14); großzügiger allerdings HessStGH, ESVGH 22, 130 (138); wie hier dagegen BayVerfGH, BayVerfGHE N.F. 38, 165 (174); *Wiefelspütz*, Das Untersuchungsausschussgesetz, 2003, S. 35; *Morlok*, in: Dreier II, Art. 44 Rn. 20, *Simons*, Das parlamentarische Untersuchungsrecht im Bundesstaat, 1991, S. 97 f.; *Achterberg/Schulte*, in: v. Mangoldt/Klein/Starck II, Art. 44 Rn. 6; *Steinberger*, Gutachten, BT-Drucks. 11/7800, Anl. 7 S. 1192.

6 Dabei ist zu beachten, dass es hier nicht – jedenfalls nicht in erster Linie – um eine **rechtliche** Verantwortung der Exekutive geht, sondern um deren **politische** Verantwortung. Während rechtliche Verantwortung die **gesetzlich bemessene** Verantwortung ist, deren Prinzipien Äußerlichkeit, Formalität und Begrenztheit sind, greift politische Verantwortung weiter. Sie ist die **Kehrseite des politischen Vertrauens**. Ihr Bezugspunkt ist gerade nicht ein rechtsstaatlich definierter Rechtssatz, sondern die unbestimmte Pflicht »im Sinne des Ganzen gut und richtig zu handeln.«[18]

7 Gleichwohl muss politische Verantwortung **rechtlich kanalisiert** werden, wie dies unter anderem in den verfassungs- und einfachgesetzlichen Regelungen zum parlamentarischen Untersuchungsausschussrecht, aber auch etwa zu den Regelungen eines Misstrauensvotums erfolgt ist.[19]

8 In diese Richtung weist auch die »Neue Heimat« – Entscheidung des Bundesverfassungsgerichts. Danach ist die Einsetzung eines Untersuchungsausschusses nicht nur zur Vorbereitung rechtsverbindlichen parlamentarischen Handelns im Bereich der Gesetzgebung und der Kontrolle von Regierung und Verwaltung sowie der Wahrung des Ansehens des Parlaments selbst zulässig, sondern kann durchaus auch **privatgerichtete Bezüge** aufweisen.[20]

9 Schließlich ist das Parlament gegenüber der Exekutive auch zu einer **Gesetzmäßigkeitskontrolle** befugt. Eine allein auf die **gerichtliche Kontrolle** beschränkte Gesetzmäßigkeitsprüfung griffe zu kurz und wäre **lückenhaft**. Denn eine sich auf den **subjektiven** Rechtsschutz beschränkende Kontrolle griffe nur, wenn sich auch bei jeder Rechtsverletzung natürliche oder juristische Personen fänden, die in subjektiven Rechten verletzt und auch bereit sind, gegen die Rechtsverletzung gerichtlich vorzugehen. Dies dürfte kaum der Fall sein.[21]

10 **Verfassungsrechtliche Grenzen** hinsichtlich des Gegenstandes parlamentarischer Untersuchungen ergeben sich mithin nicht aus der Kompetenz des Parlaments zur Fassung rechtsverbindlicher Beschlüsse und Entscheidungen, sondern im Wesentlichen aus den nachfolgend aufgeführten **Vorgaben und Grundsätzen**: Öffentliches Interesse (II.), Gewaltenteilungsgrundsatz (III.), Kernbereich exekutiver Eigenverantwortung (IV.), Bundesstaatsprinzip (V.), kommunale Selbstverwaltung (VI.), Rundfunkfreiheit (VII.), Hochschulfreiheit (VIII.), Untersuchung politischer Parteien (IX.), Untersuchung parlamentarischer Fraktionen (X.) und privatgerichtete Untersuchungen (XI.).

---

18 *Masing*, ZRP 2001, 36 (37).
19 *Masing*, ZRP 2001, 36 (37 f.).
20 BVerfGE 77, 1 (44 f.); zur Kernfrage der Entscheidung bzgl. der Zulässigkeit privatgerichteter Untersuchungsausschüsse s. u. Rdn. 129 ff.
21 *Masing*, Parlamentarische Untersuchungen privater Sachverhalte, 1998, S. 234.

II. Öffentliches Interesse

1. Das öffentliche Interesse als Zulassungskriterium

Für das Tätigwerden des Parlaments im Rahmen seiner Kontrollfunktion und damit auch bei der Einsetzung eines Untersuchungsausschusses gilt weder das staatsanwaltschaftliche Legalitätsprinzip noch das polizeirechtliche Opportunitätsprinzip.[22] Gleichwohl unterliegt auch das Einschreiten des Parlaments im Rahmen seines mit Zwangsbefugnissen ausgestatteten Untersuchungsrechts nicht dem völlig **freien politischen Ermessen**,[23] sondern es bestehen – wenn auch sehr weit gezogene – verfassungsrechtlich angelegte und unter Umständen einfachgesetzlich präzisierte Grenzen. Da der Untersuchungsausschuss zu den **nichtständigen Ausschüssen** zählt, bedarf seine Einsetzung prinzipiell eines **konkreten** Anlasses,[24] namentlich eines öffentlichen Interesses von hinreichendem Gewicht.[25]

In den **verfassungsgesetzlichen** Bestimmungen des Bundes und der Länder zur Einsetzung eines Untersuchungsausschusses findet sich **keine** Formulierung, die zur Voraussetzung einer zulässigen parlamentarischen Untersuchung das Vorliegen eines **öffentlichen Interesses** verlangt. Demgegenüber formulieren die meisten **Untersuchungsausschussgesetze** der Länder,[26] sowie die niedersächsische Verfassung[27] dass die Untersuchung im öffentlichen Interesse liegen muss. Der Deutsche Bundestag hat im Wortlaut des PUAG dagegen auf dieses Zulässigkeitskriterium **verzichtet**, woraus bereits der Schluss gezogen worden ist, dass zumindest bei der Einsetzung von Untersuchungsausschüssen des Bundestages dieses Kriterium keine Rolle mehr spiele.[28]

Dieser Rückschluss lässt sich allerdings nicht ohne weiteres ziehen. Denn in der **Beschlussempfehlung** des Ausschusses für Wahlprüfung, Immunität und Geschäftsordnung heißt es in der Begründung zu § 1 PUAG ausdrück-

---

22 SaarlVerfGH, NVwZ-RR 2003, 393 (396); *Masing*, Parlamentarische Untersuchungen privater Sachverhalte, 1998, S. 238.
23 *Brocker*, in: Epping/Hillgruber, Art. 44 Rn. 6 f.
24 *Depenheuer/Windands*, ZRP 1988, 258 (262); *Brocker*, in: Epping/Hillgruber, Art. 44 Rn. 6.
25 *Kerbein*, Individuelle Selbstbelastungsfreiheit versus parlamentarisches Aufklärungsinteresse, 2004, S. 21 ff.
26 Vgl. § 1 Abs. 1 UAG BadWürtt.; Art. 2 Abs. 1 UAG Bay.; § 1 Abs. 1 UAG Brem.; § 1 Abs. 1 UAG Hbg.; § 1 Abs. 1 UAG MV; § 1 Abs. 1 UAG NRW; § 1 Abs. 1 UAG RhPf.; § 38 LTG Saarl.; § 1 Abs. 1 UAG SchlH.; 1 Abs. 1 UAG Thür.; § 1 Abs. 1 IPA-Regeln.
27 Art. 27 Abs. 1 Satz 1 NdsVerf.
28 *Schneider*, NJW 2001, 2604 (2605).

Teil 2 Das Verfahren der Einsetzung

lich: »Schließlich muss die Untersuchung im öffentlichen Interesse liegen ...«[29] Dies wird von *Schneider*[30] offenbar übersehen.[31]

14 Das öffentliche Interesse an der Untersuchung als Zulässigkeitskriterium hat in der Gesetzgebungsgeschichte im Bund und in den Ländern eine **lange Tradition**. Bereits in den »Empfehlungen der Konferenz der Präsidenten der deutschen Länderparlamente zur Regelung des Verfahrens parlamentarischer Untersuchungsausschüsse vom 4. Mai 1961«[32] wird formuliert, Aufgabe eines parlamentarischen Untersuchungsausschusses sei die Untersuchung von Tatbeständen, deren Aufklärung im öffentlichen Interesse liege. Die Formulierung wurde sodann auch in den Muster-Gesetzentwurf, den die Konferenz der Landtagspräsidenten am 19. Oktober 1972 vorlegte, aufgenommen.[33]

15 Ferner fand sich dieses Zulässigkeitskriterium in den **verschiedenen Gesetzentwürfen** zur Regelung der parlamentarischen Untersuchung, die in den vergangenen Jahren im Deutschen Bundestag eingebracht worden waren.[34] Lediglich die Fraktion *BÜNDNIS 90/DIE GRÜNEN* verzichteten in ihrem Gesetzentwurf vom 25. Juni 1998 zumindest im Wortlaut auf dieses Zulässigkeitskriterium.[35]

16 Das Vorliegen eines öffentlichen Interesses an der Untersuchung als Zulässigkeitskriterium entspricht schließlich auch einer rechtlichen Anforderung, die bereits mit der Entstehungsgeschichte und Auslegung des **Art. 34 WRV** eng verbunden war.[36]

17 Mit Blick auf das **Rechtsstaatsprinzip** kann auf dieses Zulässigkeitskriterium auch **nicht verzichtet** werden.[37] Denn sowohl als subjektives Recht des gesetzesunterworfenen Bürgers als auch als objektives Prinzip jeglichen

---

29 BT-Drucks. 14/5790, S. 11; s.a. *Mager*, Der Staat 41 (2002) 597 (606).
30 *Schneider*, NJW 2001, 2604 (2605).
31 *Wiefelspütz*, NVwZ 2002, 10 (12); *Plöd*, Die Stellung des Zeugen in einem parlamentarischen Untersuchungsausschuss des Deutschen Bundestages, 2003, S. 76.
32 Abgedr. ZParl 3 (1972) 427 ff.
33 Ebenfalls abgedruckt in ZParl 3 (1972) 427 ff.
34 S. BT-Drucks. 10/6587, § 1 Abs. 1 (Schulte-Entwurf); BT-Drucks. 11/8085, § 1 Abs. 1 (Porzner-Entwurf); BT-Drucks. V/4209, § 1 Abs. 1 (seit der 6. Wahlperiode identisch mit den IPA-Regeln) und BT-Drucks. 11/2025 sowie 12/1436 (SPD-Fraktion).
35 BT-Drucks. 13/11227.
36 S. dazu i.E. *Wiefelspütz*, Das Untersuchungsausschussgesetz, 2003, S. 51 f. m.w.N.; *Masing*, Parlamentarische Untersuchungen privater Sachverhalte, 1998, S. 190 m. Fn. 108.
37 BverfGE 77, 1 (44 f., 53); BayVerfGH, BayVBl. 1977, 597 (600); BayVerfGH, BayVGHE N.F. 38, 165 (176); *Weisgerber*, Das Beweiserhebungsverfahren parlamentarischer Untersuchungsausschüsse des Deutschen Bundestages, 2003, S. 116 f. m.w.N. in Fn. 572 f.; *Badura*, Fs. Helmrich (1994) S. 196 f.; *Platter*, Das parlamentarische Untersuchungsverfahren vor dem Verfassungsgericht, 2004, S. 38 f.

staatlichen Handelns ist dem Rechtsstaatsprinzip das **Willkürverbot** immanent.[38] Dies hat zwangsläufig auch Auswirkungen auf die Zulässigkeit parlamentarischer Untersuchungen. Diese sind nicht voraussetzungs- und schrankenlos zulässig, sondern haben sich als **gemeinwohlorientiertes** Handeln und damit durch ein »öffentliches Interesse« zu rechtfertigen.[39]

2. *Das öffentliche Interesse als normativ geprägtes Kriterium*

Damit ist allerdings noch nicht die Frage nach den **inhaltlichen Anforderungen** an das Kriterium des öffentlichen Interesses beantwortet. So wird zum Teil die Auffassung vertreten, ein bloß **faktisches** öffentliches Interesse sei ausreichend, d.h., es soll genügen, wenn Vorgänge tatsächlich das Interesse der Mehrheit oder zumindest einer begrenzten Allgemeinheit gefunden haben.[40]

18

Diese Auffassung **überzeugt nicht**. Denn sie liefe im Ergebnis auf eine **Kompetenz-Kompetenz** des Parlaments beziehungsweise der Antragsteller hinaus,[41] da erfahrungsgemäß schon der Antrag auf Einsetzung eines Untersuchungsausschusses auf ein öffentliches Medieninteresse stößt.[42] Die Folge wäre eine **Gleichsetzung** des gemeinwohlorientierten, öffentlichen Interesses mit Angelegenheiten, die ein öffentliches oder mediales Aufsehen erregen.[43] Umgekehrt dürfte sich das Parlament dann nicht mit einer Sache befassen, wenn das Untersuchungsinteresse nicht mit einer faktisch interessierten Öffentlichkeit korrespondiert.[44] Als **Begrenzungskriterium** ist ein faktisches öffentliches Interesse mithin **ungeeignet**.[45]

19

---

38 *Jarass*, in: ders./Pieroth, Art. 20 Rn. 31c; *David*, Art. 25 Rn. 39.
39 *Böckenförde*, AöR 103 (1978) 1 (14); *Vetter*, DÖV 1987, 426 (430); *Masing*, Parlamentarische Untersuchung privater Sachverhalte, 1998, S. 199 f.; *Caspar*, in: ders./Ewer/Nolte/Waack, Art. 18 Rn. 19 f.
40 So etwa BayVerfGH, NVwZ 1986, 823 (824); *Böckenförde*, AöR 103 (1978) 1 (15); *Vetter*, DÖV 1988, 426 (430); *Di Fabio*, Rechtsschutz im parlamentarischen Untersuchungsverfahren, 1988, S. 42 f.; *Meyer-Bohl*, Die Grenzen der Pflicht zur Aktenvorlage und Aussage vor parlamentarischen Untersuchungsausschüssen, 1992, S. 86.
41 *Weisgerber*, Das Beweiserhebungsverfahren parlamentarischer Untersuchungsausschüsse des Deutschen Bundestages, 2003, S. 118 f.; *Mager*, Der Staat 41 (2002) 597 (607 f.).
42 So zutr. *Masing*, Der Staat 27(1988) 273 (278).
43 FG München, NVwZ 1994, 100 (102); *Masing*, Parlamentarische Untersuchungen privater Sachverhalte, 1998, S. 192; *Mengel*, EuGRZ 1984, 97 (99); *Achterberg/Schulte*, in: v. Mangoldt/Klein/Starck II, Art. 44 Rn. 28.
44 So zutr. *Masing*, Parlamentarische Untersuchungen privater Sachverhalte, 1998, S. 192 f.
45 *Morlok*, in: Dreier II, Art. 44 Rn. 30; *Lucke*, Strafprozessuale Schutzrechte und parlamentarische Aufklärung in Untersuchungsausschüssen mit strafrechtlich relevantem Verfahrensgegenstand, 2009, S. 106; *Plöd*, Die Stellung des Zeugen in

20 Der Begriff des öffentlichen Interesses ist daher von einem **normativen Inhalt** geprägt. Es handelt sich um einen konkretisierungsbedürftigen **unbestimmten Rechtsbegriff**.[46] Die Konkretisierung kann daher auch nicht abstrakt, sondern nur an Hand objektiver Kriterien, bezogen auf den jeweiligen Untersuchungsgegenstand, erfolgen.[47] Maßgebliches Kriterium ist mithin nicht die öffentliche oder veröffentlichte Meinung, sondern ein **objektivierbarer Bezug** zum Gemeinwohl.[48] Unerheblich ist in diesem Zusammenhang, dass der **Gegenstand** von einem wie auch immer geprägten öffentlichen Interesse ist. Maßgeblich ist vielmehr allein das öffentliche Interesse an der **Aufklärung**.[49]

21 Soweit sich ein Untersuchungsausschuss mit Vorgängen befasst, die im Verantwortungsbereich der öffentlichen Hand, insbesondere der Regierung, liegen, dürfte das öffentliche Interesse regelmäßig bei so genannten **Missstands- oder Skandalenqueten**[50] gegeben sein. Denn hier dürfte es sich regelmäßig um »politisch relevante Vorgänge des öffentlichen Lebens« handeln.[51] Gleiches gilt für eine **Kollegialenquete**.[52] Doch auch wenn die Untersuchung weniger spektakulär ist, weil sie etwa der Vorbereitung einer gesetzlichen Regelung dient,[53] dürfte ein gemeinwohlbezogenes öffentliches Interesse regelmäßig **anzunehmen sein**, denn nicht selten dürfte Auslöser der Untersuchungsenquete ein – auch in der Öffentlichkeit so empfundenes – **Regelungsdefizit** oder ein entsprechender **Regelungsbedarf** sein. Vor diesem Hintergrund wird das Parlament bei seiner Entscheidung über einen Minderheitenantrag zu berücksichtigen haben, dass allein schon der Antrag ein gewisses öffentliches Interesse **indiziert**.[54]

einem parlamentarischen Untersuchungsausschuss des Deutschen Bundestages, 2003, S. 40 f.; *Masing*, Der Staat 27 (1988) 273 (278); *Wiefelspütz*, NVwZ 2002, 10 (13); *Schulte*, Jura 2003, 505 (506).

46 *Weisgerber*, Das Beweiserhebungsverfahren parlamentarischer Untersuchungsausschüsse des Deutschen Bundestages, 2003, S. 120; *Wiefelspütz*, ZG 2003, 35 (38 f.); *Achterberg/Schulte* in: v. Mangoldt/Klein/Starck II, Art. 44 Rn. 26; *Brocker*, in: Epping/Hillgruber, Art. 44 Rn. 7.

47 *Wiefelspütz*, Das Untersuchungsausschussgesetz, 2003, S. 59 m.w.N.; krit. zur rechtlichen Erfassbarkeit *Wolf*, Parlamentarischer Untersuchungsausschuss und Strafjustiz, 2005, S. 65 f.

48 BayVerfGH, NVwZ 1995, 681 (684); *Masing*, Parlamentarische Untersuchungen privater Sachverhalte, 1998, S. 209; *Steinberger*, Gutachten, BT-Drucks. 11/7800, Anl. 7, S. 1195 f.; *Umbach* in: ders./Clemens, GG, Art. 44 Rn. 43.

49 *Menzel*, in: Löwer/Tettinger, Art. 41 Rn. 19.

50 Zu den verschieden Enquete-Arten s.o. § 1 Rdn. 30 ff.

51 S. zu diesem Kriterium OVG Saarl., NVwZ 1986, 612.

52 RhPfVerfGH, AS 38, 322 (327 f.) sowie Rdn. 115 ff.

53 Mag dies auch heute die Ausnahme sein, so besteht doch kein Vorrang einer Enquete-Kommission, s. dazu o. § 1 Rdn. 35 f.; a.A. offenbar RhPfVerfGH, AS 38, 322 (345 f.)

54 BayVerfGH, BayVerfGHE N.F. 30, 48 (64).

Dies heißt aber nicht, dass bei einer **staatsgerichteten Enquete** das öffentliche Interesse **zwangsläufig** gegeben wäre. So kann es z. B. fehlen, wenn sich der Untersuchungsgegenstand auf einen Sachverhalt bezieht, der **längst aufgeklärt** oder **offenkundig** ist[55] oder wenn es sich um die Untersuchung **alltäglicher Routinevorgänge** handelt.[56] Vom Parlament kann allerdings nicht ohne weiteres verlangt werden, dass es sich zunächst auf andere Weise, etwa durch parlamentarische Anfragen, die notwendige Sachkenntnis verschaffen müsste.[57] Beschränkungen können sich aus dem Grundsatz der **Verhältnismäßigkeit** allenfalls bezüglich des Einsatzes von **Zwangsmitteln** ergeben.[58]

22

Soweit darüber hinaus das öffentliche Interesse auch bei lange **zurückliegenden** Vorgängen **verneint** wird,[59] ist Zurückhaltung geboten. Auch ein lange zurückliegender Vorgang kann zumindest dann weiterhin von öffentlichem Interesse sein, wenn er gerade der Öffentlichkeit **erst bekannt geworden** ist und die damals handelnden Personen noch in der politischen Verantwortung stehen oder eine gewisse **Wiederholungsgefahr** besteht. Ferner kann eine nähere Untersuchung geboten sein, um auf diese Weise gegebenenfalls den **Bedarf gesetzlicher Regelungen** oder anderer politischer Maßnahmen zu ermitteln. Insoweit dürfte dann an der Aufklärung durchaus ein **aktuelles** Interesse bestehen.[60]

23

Dagegen dürfte das öffentliche Interesse an **privatgerichteten** Untersuchungen nicht ohne weiteres gegeben sein.[61] Vielmehr kommt diesem Zulässigkeitskriterium hier eine besondere, die Organkompetenz des Parlaments **begrenzende Wirkung** zu.[62] Da diese Frage allerdings eng damit zusammenhängt, ob privatgerichtete Untersuchungen überhaupt zulässig

24

---

55 *Wiefelspütz*, Das Untersuchungsausschussgesetz, 2003, S. 59 14 ff.; RhPfVerfGH AS 38, 322 (329).
56 BayVerfGH, BayVerfGHE N.F. 38, 165 (176).
57 *Masing*, Parlamentarische Untersuchungen privater Sachverhalte, 1998, S. 208 f.
58 S. dazu u. § 26 Rdn. 16 ff.
59 So etwa BayVerfGH, BayVBl. 1977, 597 (600); *Badura*, Fs. Helmrich (1994) S. 198; *Di Fabio*, Rechtsschutz im parlamentarischen Untersuchungsverfahren, 1988, S. 44; *Menzel*, in: Löwer/Tettinger, Art. 41 Rn. 19.
60 S. dazu BayVerfGH, BayVBl. 1994, 463 (467); *Memminger*, DÖV 1986, 15 (23); *Weisgerber*, Das Beweiserhebungsverfahren parlamentarischer Untersuchungsausschüsse des Deutschen Bundestages, 2003, S. 118.
61 In diesem Sinne auch *Weisgerber*, Das Beweiserhebungsverfahren parlamentarischer Untersuchungsausschüsse des Deutschen Bundestages, 2003, S. 120; *Linck*, ZRP 1987, 11 (14); *ders.*, in: ders./Justzi/Hopfe, Art. 64 Rn. 8; *Umbach*, in: ders./Clemens, GG, Art. 44 Rn. 42; Wiegand-Hoffmeister, in: Litten/Wallerath, Art. 34 Rn. 6.
62 *Mager*, Der Staat 41 (2002) 597 (606).

sind, soll diese Frage unten näher behandelt werden.[63] In jedem Fall aber dürfte die Ermittlung **rein privater** Sachverhalte nicht zulässig sein.[64]

3. Feststellung des öffentlichen Interesses

25 Da das **Parlament** mit der Einsetzung des Untersuchungsausschusses die Untersuchung zu seiner Sache macht[65], hat es zunächst auch die Kompetenz, das **öffentliche Interesse festzustellen.** Der Begriff des öffentlichen Interesses bedarf allerdings angesichts seiner Weite der politisch verantworteten Konkretisierung. Das ist in erster Linie Sache des demokratisch legitimierten Gesetzgebers.[66] Den **Antragstellern** ist insoweit **keine Einschätzungsprärogative** und **kein Beurteilungsspielraum** zuzubilligen,[67] auch nicht der qualifizierten Einsetzungsminderheit.[68]

26 Zwar mag schon durch den Einsetzungsantrag – auch der qualifizierten Einsetzungsminderheit – das Vorliegen des öffentlichen Interesses **indiziert** sein,[69] so ist gleichwohl die Prüfung durch das Parlament als Ganzes beziehungsweise durch seine Mehrheit, dass dieses Zulässigkeitskriterium tatsächlich erfüllt ist, nicht ersetzbar. Vielmehr hat das Parlament alle Zulässigkeitskriterien zu prüfen.[70] Denn bei der Beschlussfassung über die Einsetzung eines Untersuchungsausschusses ist das Parlament rechtsstaatlichen Prinzipien, namentlich der **Verfassungs- und Gesetzesbindung** nach Art. 20 Abs. 3 GG unterworfen. Daher verbietet es sich, das Parlament von der Prüfung des Zulässigkeitskriteriums des öffentlichen Interesses zu entbinden,[71] zumal diesem bezüglich der übrigen Staatsgewalten und betroffener privater Personen durchaus eine gewisse **Schutzfunktion** zukommt.[72]

---

63 S. dazu u. Rdn. 129 ff.
64 Bräcklein, Investigativer Parlamentarismus, 2006, S. 75 f.
65 S. u. § 6 Rdn. 3.
66 *Masing*, Parlamentarische Untersuchungen privater Sachverhalte, 1998, S. 205 m.w.N.
67 So aber *H.-P. Schneider*, AK-GG, Art. 44 Rn. 11; *Morlok*, in: Dreier II, Art. 44 Rn. 29; *Linck*, ZRP 1987, 11 (14).
68 So jedoch *Köhler*, NVwZ 1995, 664 (665); wie hier: *Wiefelspütz*, NVwZ 2002, 10 (13).
69 BayVerfGH, BayVerfGHE N.F. 30, 48 (64); BayVerfGH, BayVBl. 1994, 463 (466); *Scholz*, AöR 105 (1980) 564 (595).
70 HessStGH, DÖV 1967, 51 (53); BayVerfGH, BayVerfGHE N.F. 30, 48 (62); BayVerfGH, BayVBl. 1994, 463 (466). BayVerfGH, NVwZ 1995, 681 (682); NRWVerfGH, DÖV 2001, 207; *Achterberg/Schulte*, in: v. Mangoldt/Klein/Starck II, Art. 44 Rn. 88; *Rechenberg*, BK, Art. 44 Rn. 6; *Morlok* in: Dreier II, Art. 44 Rn. 35.
71 *Schröder*, Verh. d. 57. DJT (1988), S. E 104.
72 *Wiefelspütz*, Das Untersuchungsausschussgesetz, 2003, S. 61.

Maßgeblicher Zeitpunkt für die Beurteilung, ob für einen bestimmten 27
Untersuchungsgegenstand ein öffentliches Interesse vorliegt, ist der Zeitpunkt des **Beschlusses** über den Einsetzungsantrag.[73]

4. Gerichtliche Kontrolle

Mit der Prüfungspflicht des Parlaments zwangsläufig eng verbunden ist die 28
Frage der **gerichtlichen Kontrolle** des Prüfungsergebnisses. Dabei überzeugt es nicht, dem Parlament ein gerichtlich nicht kontrollierbares politisches Einschätzungsermessen einzuräumen, das letztlich jede gerichtliche Kontrolle ausschließt.[74] Ebenso wenig ist es angezeigt, die gerichtliche Kontrolle auf eine bloße Willkürprüfung[75] oder auf offenkundige Verletzungen des parlamentarischen Beurteilungsspielraums zu beschränken.[76]

Das öffentliche Interesse stellt als Zulässigkeitsvoraussetzung parlamenta- 29
rischer Untersuchungen ein **normatives Kriterium** dar.[77] Eine gerichtliche Überprüfung ist daher geboten. Die Tatsache, dass dem **Parlament** bei der Prüfung dieses Kriteriums ein **Beurteilungsspielraum** zukommt, vermag daran nichts zu ändern. Vielmehr ist es Sache der Verfassungsgerichte im Bund und in den Ländern diesen – durchaus **weiten**[78] – Beurteilungsspielraum zu achten,[79] die Prüfungskompetenz geht gleichwohl über die **Willkür- und Offenkundigkeitskontrolle** hinaus.

---

73 BayVerfGH, BayVBl. 1994, 463 (467).
74 So aber *Köhler*, NVwZ 1995, 664 (665); *ders.*, Umfang und Grenzen des parlamentarischen Untersuchungsrechts gegenüber Privaten im nichtöffentlichen Bereich, S. 83 f.; *Schneider*, AK-GG, Art. 44 Rn. 11; zurückhaltender dagegen *Masing*, Der Staat 27 (1988) 273 (278 f.).
75 *Schröder*, Verh. d. 57. DJT (1988), S. E 22; *Di Fabio*, Rechtsschutz im parlamentarischen Untersuchungsverfahren, 1988, S. 137; *W. Richter*, Privatpersonen im parlamentarischen Untersuchungsausschuss, 1991, S. 45.
76 *Steinberger*, Gutachten, BT-Drucks. 11/7800, Anl. 7 S. 1196.
77 BayVerfGH, BayVerfGHE N.F. 30, 48 (64); *Böckenförde*, AöR 103 (1978) 1 (16); s.o. Rdn. 18 ff.
78 BayVerfGH, BayVBl. 1994, 463 (465); BayVerfGH, BayVerfGHE N.F. 30, 48 (64); *Weisgerber*, Das Beweiserhebungsverfahren parlamentarischer Untersuchungsausschüsse des Deutschen Bundestages, 2003, S. 120.
79 BayVerfGH, BayVBl. 1994, 463 (466); *Schenke*, JZ 1988, 805 (810); *Friedrich*, Der parlamentarische Untersuchungsausschuss – Entwicklung, Stellung, Kompetenzen, 1990, S. 109; *Wiefelspütz*, NVwZ 2002, 10 (15); referierend *Caspar*, in: ders./Ewer/Nolte/Waack, Art. 18 Rn. 19.

III. Grundsatz der Gewaltenteilung

1. Grundlagen, Inhalt und Reichweite

30 Der Grundsatz der **Gewaltenteilung** findet seine verfassungsrechtliche Grundlage in Art. 20 Abs. 2 Satz 2 GG[80] und ist ein tragendes Organisationsprinzip des Grundgesetzes.[81] Er gilt über Art. 28 Abs. 1 GG auch in den Ländern.

31 Im Kern wird durch den Gewaltenteilungsgrundsatz die Ausübung der Staatsgewalt auf drei **voneinander unabhängige Gewalten** – die Legislative, die Exekutive und die Judikative – verteilt.[82] Die Bedeutung des Grundsatzes liegt in einer Gewaltenverschränkung und der daraus resultierenden **Gewaltenhemmung** und weniger in einer scharfen Trennung der drei Staatsgewalten. Daher ist auch allgemein anerkannt, dass der Grundsatz der Gewaltenteilung **punktuelle Durchbrechungen** zulässt, solange eine der Gewalten nicht typische Aufgaben preisgibt, die ihr verfassungskräftig zugewiesen sind.[83] Daher wird eine »mitwirkende Kontrolle« nicht zwangsläufig als mit dem Gewaltenteilungsgrundsatz als unvereinbar angesehen.[84]

32 Das Gewaltenteilungsprinzip legt den drei Staatsgewalten eine **Verfassungsorgantreuepflicht** auf.[85] Der wesentliche Inhalt dieser Treuepflicht besteht darin, die eigenen Befugnisse so auszuüben, dass die übrigen beiden Staatsgewalten in ihren Kompetenzen nicht **unangemessen eingeschränkt** werden. Dies macht zugleich deutlich, dass es sich um einen **interpretationsfähigen** Grundsatz handelt.[86] Denn in welcher Weise das Grundgesetz und die Landesverfassungen die staatlichen Funktionen auf die Staatsorgane verteilen, lässt sich nur aus den einzelnen funktions- und organbezogenen Regelungen der Verfassungen entnehmen. Der Grundsatz besitzt daher

---

80 *Sommermann*, in: v. Mangoldt/Klein/Starck II, Art. 20 Rn. 187.
81 *Pieroth*, in: Jarass/Pieroth, Art. 20 Rn. 23.
82 *Sachs*, in: ders., Art. 20 Rn. 79; *Sommermann*, in: v. Mangoldt/Klein/Starck II, Art. 20 Rn. 198.
83 BVerfGE 9, 268 (279 f.); 34, 52 (59); BVerwG, DVBl. 2000, 487 (488); BremStGH, NVwZ 1989, 953 (955); *Sommermann*, in: v. Mangoldt/Klein/Starck II, Art. 20 Rn. 214; *Schulze-Fielitz*, in: Dreier II, Art. 20 (Rechtsstaat) Rn. 71, 75; *Maurer*, VVDStRL 43 (1984) 135 (147).
84 *Schmidt*, Die demokratische Legitimationsfunktion der parlamentarischen Kontrolle, 2007, S. 111.; ähnl. *H. H. Klein*, MD, Art. 44 Rn. 149.
85 BVerfGE 29, 221 (233); 45, 1 (39); *Sommermann*, in: v. Mangoldt/Klein/Starck II, Art. 20 Rn. 225; *Achterberg/Schulte*, in: v. Mangoldt/Klein/Starck II, Art. 44 Rn. 55 f.
86 *Achterberg/Schulte*, in: v. Mangoldt/Klein/Starck II, Art. 44 Rn. 56; *Weisgerber*, Das Beweiserhebungsverfahren parlamentarischer Untersuchungsausschüsse des Deutschen Bundestages, 2003, S. 86.

geringe dogmatische Aussagekraft und kann in erster Linie als Hilfe bei der Interpreation anderer Normen herangezogen werden.[87]

2. *Gewaltenteilungsgrundsatz und Untersuchungsausschüsse*

Das aus dem Grundsatz der Gewaltenteilung abgeleitete Prinzip der Verfassungsorgantreue gilt **auch für Untersuchungsausschüsse** als (Unter-) Organe des Parlaments.[88] Das hat sowohl Einfluss auf den Untersuchungsgegenstand als auch auf den Ablauf des Untersuchungsverfahrens.[89] 33

Mit dem Grundsatz der Gewaltenteilung **unvereinbar** sind so genannte **ständige** Untersuchungsausschüsse. Vielmehr ist das Parlament auf eine **nachträgliche** Kontrolle bereits **abgeschlossener** Vorgänge beschränkt.[90] Das mit Zwangsbefugnissen verbundene Untersuchungsausschussrecht erfährt mit Blick auf das Verhältnismäßigkeitsprinzip, das als objektives Verfassungsgebot jegliches staatliche Handeln beeinflusst,[91] eine Einschränkung. Wegen der Zwangsbefugnisse einschließlich der Aktenherausgabepflicht der Exekutive und der Justizbehörden, ist es nicht in das »**freie**« **Ermessen** des Parlaments gestellt, ob es sich an Stelle der für die laufende Kontrolle prinzipiell berufenen Fachausschüsse für die Einsetzung eines Untersuchungsausschusses entscheidet.[92] Allerdings folgt aus dem Gewaltenteilungsgrundsatz **nicht ein Verbot**, Untersuchungsausschüsse einzusetzen, deren Gegenstand sich auf Sachverhalte bezieht, die durch Gerichte und Verwaltung **vollständig aufgeklärt und sanktioniert** werden können.[93] 34

Unbeschadet dessen ist aus dem Grundsatz der Verfassungsorgantreue eine Beschränkung auf die **Ex-post-Kontrolle** bereits abgeschlossener Vorgänge prinzipiell geradezu geboten.[94] Ebenso muss sich die Untersuchung auf **konkrete Vorgänge** beziehen[95] und wäre eine allgemeine Ausforschung unzulässig.[96] Allerdings muss sich die Untersuchung nicht auf bereits be- 35

---

87 Zutr. *Huster/Rux*, in: Epping/Hillgruber, Art. 20 Rn. 146.
88 *Arloth*, NJW 1987, 808 (811).
89 Erstmals wurde der Grundsatz in diesem Zusammenhang wohl vom HbgVerfG, DÖV 1973, 745 (746) erwähnt; s.a. *Busse*, DÖV 1989, 45 (46).
90 BayVerfGH, BayVerfGHE N.F. 38, 165 (177); SächsVerfGH, LKV 2008, 507 (510); *Kretschmer*, in: Schmidt-Bleibtreu/Klein/Hofmann/Hopfauf, Art. 44 Rn. 25a.
91 Vgl. dazu *Jarass*, in: ders./Pieroth, Art. 20 Rn. 81 f. m.w.N.
92 *Busse*, DÖV 1989, 45 (50), *Weisgerber*, Das Beweiserhebungsverfahren parlamentarischer Untersuchungsausschüsse des Deutschen Bundestages, 2003, S. 92.
93 So aber *Mager*, Der Staat 41 (2002) 597 (607); s.a. RhPfVerfGH AS 38, 322 (329).
94 *Böckenförde*, AöR 103 (1978) 1 (7); *Achterberg/Schulte*, in: v. Mangoldt/Klein/Starck II Art. 44 Rn. 61; *Busse*, DÖV 1989, 45 (50 f.); *Badura*, Fs. Helmrich (1994) S. 199; *Rechenberg*, BK, Art. 44 Rn. 10; *H. H. Klein*, MD, Art. 44 Rn. 152; *Brocker*, in: Epping/Hillgruber, Art. 44 Rn. 11.
95 BayVerfGH, BayVBl. 1977, 597 (599); *Kunig/v. Lampe*, LKV 1994, 131 (134).
96 *Badura*, Fs. Helmrich (1994) S. 202.

kannte Vorgänge beschränken, denn Zweck eines Untersuchungsausschusses ist es nicht selten bisher **unbekannte Umstände** aufzudecken.[97]

36 Bei der Einrichtung ständiger Untersuchungsausschüsse würde das Kriterium der **anlassbezogenen** Einsetzung aufgegeben und stattdessen die **permanente** Untersuchung mit der Folge zugelassen, dass es letztlich zu einer permanenten **Teilhabe** des Parlaments an der **Staatsleitung** kommt.[98] Unbeschadet dessen, ob eine Teilhabe des Parlaments an der Staatsleitung angenommen wird,[99] kann dies jedenfalls nicht zu permanenten Zwangsbefugnissen gegenüber den anderen Staatsorganen führen, wie sie nach der Verfassung des Bundes und der Länder für einen Untersuchungsausschuss vorgesehen sind. **Ständige Untersuchungsausschüsse** sind daher **unzulässig**.[100]

37 Nicht überzeugend ist in diesem Zusammenhang der Hinweis, etwa das Grundgesetz selbst lasse für den Bund mit dem **Verteidigungsausschuss** einen ständigen Untersuchungsausschuss zu.[101] Denn der Verteidigungsausschuss ist gerade **kein ständiger** Untersuchungsausschuss. Vielmehr hat er **bei Bedarf** das Recht und wie sich aus dem Wortlaut des Art. 45 a Abs. 2 Satz 2 GG ergibt, bei Antrag einer qualifizierten Minderheit die Pflicht, sich **als Untersuchungsausschuss** einzusetzen.[102]

38 Erst Recht verbietet sich vor diesem Hintergrund eine **ex ante**-Kontrollbefugnis parlamentarischer Untersuchungsausschüsse, einer Kontrolle also, die sich auch auf **künftige Vorgänge** erstreckt.[103]

---

97 *Badura*, Fs. Helmrich (1994) S. 202; s.a. BVerfGE 124, 78 (116).
98 *Weisgerber*, Das Beweiserhebungsverfahren parlamentarischer Untersuchungsausschüsse des Deutschen Bundestages, 2003, S. 92; *Schleich*, Das parlamentarische Untersuchungsrecht des Bundestages, 1985, S. 52; *Friedrich*, Der parlamentarische Untersuchungsausschuss – Entwicklung, Stellung, Kompetenzen, 1990, S. 85; *Busse*, DÖV 1989, 45 (51).
99 S. dazu etwa *Magiera*, Parlament und Staatsleitung in der Verfassungsordnung des Grundgesetzes, 1979, S. 240 ff.
100 *Plöd*, Die Stellung des Zeugen in einem parlamentarischen Untersuchungsausschuss des Deutschen Bundestages, S. 73; *Achterberg/Schulte*, in: v. Mangoldt/Klein/Starck II, Art. 44 Rn. 60 ff. m.w.N.
101 S. dazu die Nachw. bei *Schleich*, Das parlamentarische Untersuchungsrecht des Bundestages, 1985, S. 58; *Meyer-Bohl*, Die Grenzen der Pflicht zur Aktenvorlage und Aussage vor parlamentarischen Untersuchungsausschüssen, 1992, S. 106.
102 *Pieroth*, in: Jarass/Pieroth, Art. 45 a Rn. 2; *Heun*, in: Dreier II, Art. 45 a Rn. 8 f.; *Achterberg/Schulte*, in: v. Mangoldt/Klein/Starck II, Art. 45 a, Rn. 30 f.; *Schleich*, Das parlamentarische Untersuchungsrecht des Bundestages, 1985, S. 58; *Weisgerber*, Das Beweiserhebungsverfahren parlamentarischer Untersuchungsausschüsse des Deutschen Bundestages, 2003, S. 88 f.; 91; s.o. § 1 Rdn. 14 ff.
103 So aber *H. Thieme*, Das Verhältnis der parlamentarischen Untersuchungsausschüsse zur Exekutive, 1983, S. 91 f.; 118.

3. Abschluss eines Vorgangs

Die Beschränkung des Untersuchungsrechts auf eine Ex-post-Kontrolle erfordert zwangsläufig die Festlegung, **wann** ein Vorgang abgeschlossen und damit untersuchungsreif ist. Die Auffassung des Bayerischen Verfassungsgerichtshofes, bei einem **langfristigen** und **mehrstufigen** Planungsvorhaben sei ein Verwaltungsvorgang grundsätzlich erst mit Erlass des **abschließenden Verwaltungsaktes** untersuchungsfähig,[104] greift zu kurz. Der förmliche Abschluss durch einen Verwaltungsakt ist zwar prinzipiell zur Bestimmung des maßgeblichen Zeitpunktes geeignet, allerdings nur dann, wenn das Verfahren auch einen solchen Abschluss findet. Das ist jedoch nicht zwangsläufig der Fall[105]. 39

Der Zeitpunkt, wann ein Vorgang abgeschlossen ist, lässt sich daher jedenfalls **außerhalb** von (förmlichen) **Verwaltungsverfahren** nicht abstrakt, sondern nur an Hand der Umstände des jeweiligen Einzelfalles **konkret** bestimmen.[106] So kann neben dem Abschluss durch einen förmlichen Akt ein Vorgang auch dann i.S. einer Untersuchungsfähigkeit abgeschlossen sein, wenn die Entscheidungsfindung der Exekutive **Verantwortungsreife** erlangt hat[107] oder beispielsweise ein Konzept der Öffentlichkeit vorgestellt wird. Ob dies der Fall ist kann selbstredend nur an Hand der Umstände des konkreten **Einzelfalles** beurteilt werden.[108] Daneben ist nicht von vornherein ausgeschlossen, dass auch ein **abgrenzbarer** Teilbereich nach seinem Abschluss schon zum zulässigen Gegenstand einer parlamentarischen Untersuchung wird.[109] Dies gilt namentlich, wenn **mehrere Behörden** beteiligt sind und einzelne bereits **abschließend** gegenüber der nach außen entscheidenden Behörde Stellung genommen haben. Dass sie diese Entscheidung eventuell auch wieder revidieren können, ist in dem hier in Rede stehenden Zusammenhang ohne Belang. 40

---

104 BayVerfGHE N.F. 38, 165 (177 f.).
105 Krit. auch *Friedrich,* Der parlamentarische Untersuchungsausschuss – Entwicklung, Stellung, Kompetenzen, 1990, S. 86 f.
106 Ähnl. *Kunig/v. Lampe,* LKV 1994, 131 (134); s.a. BremStGH, NVwZ 1989, 953 (956).
107 *H. H. Klein,* MD, Art. 44 Rn. 153; *Kretschmer,* in: Schmidt-Bleibtreu/Klein/Hofmann/Hopfauf, Art. 44 Rn. 25a; *Masing,* Parlamentarische Untersuchung privater Sachverhalte, 1998, S. 312 f.; *Thieme,* Das Verhältnis der parlamentarischen Untersuchungsausschüsse zur Exekutive, 1983, S. 115; *Brocker,* in: Grimm/Caesar, Art. 91 Rn. 18; krit. *Weisgerber,* Das Beweiserhebungsverfahren parlamentarischer Untersuchungsausschüsse des Deutschen Bundestages, 2003, S. 93 f.; *Busse,* DÖV 1989, 45 (90).
108 *H. H. Klein,* MD, Art. 44 Rn. 153; *Lennartz/Kiefer,* DÖV 2006, 185 (191); krit. BadWürttStGH, NVwZ-RR 2008, 4 (5).
109 *Friedrich,* Der parlamentarische Untersuchungsausschuss – Entwicklung, Stellung, Kompetenzen, 1990, S. 86 f.; *Schröder,* Verh. d. 57. DJT (1988), S. E 11 f.; *Schenke,* JZ 1988, 805 (809 f.); *Busse,* DÖV 1989, 45 (50 f.).

41 **Meinungsverschiedenheiten** zwischen Parlament und Regierung oder zwischen qualifizierter Einsetzungsminderheit und Parlamentsmehrheit werden sich daher nicht immer vermeiden lassen. Sie sind letztlich im Wege des **Organstreitverfahrens** verfassungsgerichtlich zu klären.[110]

4. Untersuchungsausschuss und Justiz

a) Gegenstand der Untersuchung

42 Wie bereits dargelegt, knüpft die parlamentarische Kontrolle gegenüber der Exekutive an der politischen Verantwortung und nicht ausschließlich an der rechtlichen Verantwortung an.[111] **Kontrollenqueten** sind mithin keinesfalls auf eine Gesetzmäßigkeitskontrolle beschränkt, sondern erfassen auch »**politische Fehler**«.[112] Sie können daher auch zur Aufklärung **organisatorischer Missstände** sowie zur Aufklärung **schlechter Entscheidungen** jeder Art eingesetzt werden.[113]

43 Hinsichtlich solcher Vorgänge, für die die Exekutive weder eine rechtliche noch eine politische Verantwortung trifft, bleibt auch **kein Raum** für eine parlamentarische Untersuchung. Im Hinblick auf die Arbeit der Gerichte folgt daraus, dass **Gegenstand** eines Untersuchungsverfahrens **nicht** die **Entscheidung eines unabhängigen Gerichts als solche** sein kann.[114] Untersucht werden können allenfalls die – möglicherweise von der Exekutive zu verantwortenden – **Umstände**, die zu der gerichtlichen Entscheidung geführt haben. Eine Verantwortung wie etwa bei Entscheidungen der Verwaltungsbehörden trifft die Regierung nicht. Bei der Regelung der Geschäftsverteilung handelt es sich um eine Tätigkeit im Rahmen der Selbstverwaltung der Richter, die der Garantie der richterlichen Unabhängigkeit unterfällt.[115]

44 Ebenso wenig ist einem Untersuchungsausschuss erlaubt, in den **Ablauf** eines gerichtlichen Verfahrens unmittelbar **einzugreifen**.[116] Zwar hat er das Recht, eine Entscheidung **im Ergebnis** zu **kritisieren**. Aber es ist ihm verfassungs-

---

110 Zum Rechtsschutz im Einsetzungsverfahren s.u. § 8.
111 S. dazu i.E. *Masing*, Parlamentarische Untersuchungen privater Sachverhalte, 1998, S. 234 ff.
112 *Masing*, Parlamentarische Untersuchungen privater Sachverhalte, 1998, S. 234.
113 *Masing*, Parlamentarische Untersuchungen privater Sachverhalte, 1998, S. 234; *Ehmke*, Verh. d. 45 DJT (1964), Bd. 2; S. E 8, 39 f.; *Di Fabio*, Rechtsschutz im parlamentarischen Untersuchungsverfahren, 1988, S. 36 ff.; zurückhaltender *H. H. Klein*, MD, Art. 44 Rn. 166.
114 *David*, Art. 25 Rn. 14.
115 BVerwGE 50, 11 (16); BGHZ 46, 147 (149); SächsVerfGH, SächsVBl. 2009, 8 (16).
116 *Masing*, Parlamentarische Untersuchungen privater Sachverhalte, 1998, S. 112 f.; *Achterberg/Schulte*, in: v. Mangoldt/Klein/Starck II, Art. 44 Rn. 13; *Scholz*, AöR 105 (1980) 564 (597).

rechtlich untersagt, einen laufenden Prozess als solchen und die damit im Zusammenhang stehende **konkrete Arbeitsweise** des Gerichts zum Gegenstand etwa einer Resolution oder gar einer parlamentarischen Untersuchung zu machen.[117] Ebenso ist es nicht zulässig sein, dass Strafrichter und Staatsanwälte über ihre **Prozesstaktiken** in einem **laufenden Verfahren** befragt werden.[118]

b) Parallele Untersuchungen

Dagegen ist **parallel** zu einem Strafverfahren, einem verwaltungs- oder zivilgerichtlichen Verfahren durchaus auch eine parlamentarische Untersuchung zu demselben Sachverhalt **zulässig**.[119] Denn in diesem Fall ist nicht das gerichtliche Verfahren als solches, sondern der dem Prozess zu Grunde liegende Lebenssachverhalt Gegenstand der Untersuchung. Die in diesem Zusammenhang in der Rechtslehre häufig anzutreffende Zuspitzung der Frage mit Blick auf das Strafverfahren ist zu eng, denn Überschneidungen sind auch im Zusammenhang mit anderen gerichtlichen Verfahren denkbar.[120]   45

Auf der Ebene des Verfassungsrechts haben das parlamentarische Untersuchungsverfahren und gerichtliche Verfahren den **gleichen Rang**. Der Aufklärung eines Sachverhalts durch Untersuchungsausschüsse kommt keine geringere Bedeutung zu als der Tatsachenermittlung in einem Prozess.[121] Die Ablehnung paralleler Ermittlungen, wie sie etwa noch beim 34. Deutschen Juristentag mit Blick auf das Strafverfahren zu finden war,[122]   46

---

117 *Masing*, Parlamentarische Untersuchungen privater Sachverhalte, 1998, S. 113; *Schulte*, Jura 2003, 505 (506); *Menzel*, in: Löwer/Tettinger, Art. 41 Rn. 24.
118 *Wolf*, Parlamentarischer Untersuchungsausschuss und Strafjustiz, 2005, S. 56.
119 SächsVerfGH, SächsVBl. 2009, 8 (16); *H. H. Klein*, MD, Art. 44 Rn. 155; *Umbach*, in: ders./Clemens, GG, Art. 44 Rn. 40; *Brocker*, in: Epping/Hillgruber, Art. 44 Rn. 13 f.; *Kretschmer*, in: Schmidt-Bleibtreu/Klein/Hofmann/Hopfauf, Art. 44 Rn. 31; *Lucke*, Strafprozessuale Schutzrechte und parlamentarische Aufklärung in Untersuchungsausschüssen mit strafrechtlich relevantem Verfahrensgegenstand, 2009, S. 140 ff.; *Schulte*, Jura 2003, 505 (506); *Schweiger*, in: ders./Knöpfle, Art. 25 Rn. 3.
120 *Günther*, in: Heusch/Schönenbroicher, Art. 41 Rn. 14; S. etwa Untersuchungsausschuss »Rotlicht« des LT RhPf., wo parallel zum Untersuchungsverfahren ein betroffener Beamter verwaltungsgerichtlichen Schutz gegen eine Maßnahme seines Dienstherrn in Anspruch genommen hatte (Abschlussbericht, LT-Drucks. 13/6843, S. 8); zu möglichen Konfliktlagen s. *Wolf*, Parlamentarischer Untersuchungsausschuss und Strafjustiz, 2005, S. 78 ff.
121 BVerfGE 67, 100, 146; Bräcklein, Investigativer Parlamentarismus, 2006, S. 110 f.; *Lucke*, Strafprozessuale Schutzrechte und parlamentarische Aufklärung in Untersuchungsausschüssen mit strafrechtlich relevantem Verfahrensgegenstand, 2009, S. 62.
122 *Rosenberg*, Verh. d. 34. DJT (1926), S. 3 ff.; *Dichgans*, Die Zusammenarbeit parlamentarischer Untersuchungsausschüsse, NJW 1964, 957 (958); s.a. die Übersicht

ist verfassungsrechtlich weder geboten noch zu rechtfertigen. Parlament und Gerichte einschließlich der Strafverfolgungsbehörden handeln jeweils aus **eigenem verfassungsrechtlich verbürgten Auftrag**.[123] Vor den Gerichten wird rechtliche, vor den Parlamenten politische Verantwortung eingefordert.[124] Daher sind beide Aufgaben, die parlamentarische Untersuchungsarbeit und das strafrechtliche Ermittlungsverfahren, sowohl **gleichberechtigt** als auch **gleichrangig**.[125] Dies gilt ebenso für die verwaltungs-, sozial-, finanz- und zivilgerichtlichen einschließlich der arbeitsgerichtlichen Verfahren. Derselbe Sachverhalt kann daher entweder gleichzeitig oder später auch von einem Gericht untersucht werden und umgekehrt.[126]

47 Unbeschadet dessen kann aufgrund des **Gebots der Rücksichtnahme**, das nicht nur für Behörden und Gerichte, sondern auch für die Parlamente gilt, eine sorgfältige Abwägung in Frage kommen, ob eines der kollidierenden Verfahren vorerst **ausgesetzt** wird.[127] Eine verfassungsrechtliche **Pflicht** dazu besteht indes grundsätzlich nicht.[128]

IV. Kernbereich exekutiver Eigenverantwortung

48 Die Schranke des **Kernbereichs exekutiver Eigenverantwortung** und die so genannte **Kernbereichslehre** sind nicht identisch. Letztere räumt allen drei Staatsgewalten einen **Funktionsbereich** ein, der gegen Übergriffe von

---

bei *St. Schröder*, ZParl (30) 1999, 715 (727 ff.) sowie bei *Achterberg/Schulte*, in: v. Mangoldt/Klein/Starck II, Art. 44 Rn. 14 ff.

123 *Schröder*, Verh. d. 57. DJT (1988), S. E 12; *ders.*, in: Schneider/Zeh, § 46 Rn. 34; *Morlok*, in: Dreier II, Art. 44 Rn. 61; *Magiera*, in: Sachs Art. 44 Rn. 29; *Achterberg/Schulte*, in: v. Mangoldt/Klein/Starck II, Art. 44 Rn. 17, *Heinig*, MIP 1999, Sonderheft, S. 36 (42); *Steinberger*, Gutachten, BT-Drucks. 11/7800, Anl. 7, S. 1195; *Rechenberg*, BK, Art. 44 Rn. 32; *Scholz*, AöR 105 (1980) 564 (567).

124 BVerfGE 124, 78 (116); BrandbVerfG, LKV 2004, 177 (178); *H. H. Klein*, MD, Art. 44 Rn. 155; Lieber/Iwers/Ernst, Art. 72 Anm. 1.

125 *Achterberg/Schulte*, in: v. Mangoldt/Klein/Starck II Art. 44 Rn. 17 f.; *Schleich*, Das parlamentarische Untersuchungsrecht des Bundestages, 1985, S. 65.

126 *Meder*, Art. 25 Rn. 3; *David*, Art. 25 Rn. 14; *Linck*, in: ders./Jutzi/Hopfe, Art. 64 Rn. 32; zurückhaltend für den Fall eines abgeschlossenen Strafverfahrens RhPfVerfGH, AS 38, 322 (344 f.)

127 *Brocker*, in: Epping/Hillgruber, Art. 44 Rn. 13.1.; *Bräcklein*, Investigativer Parlamentarismus, 2006, S. 111; *Wolf*, Parlamentarischer Untersuchungsausschuss und Strafjustiz, 2005, S. 197 ff.

128 *H. H. Klein*, MD, Art. 44 Rn. 155; *Lucke*, Strafprozessuale Schutzrechte und parlamentarische Aufklärung in Untersuchungsausschüssen mit strafrechtlich relevantem Verfahrensgegenstand, 2009, S. 128 ff.

außen einen **absoluten** Schutz genießt.[129] Das Gebot der Organtreue verpflichtet zur gegenseitigen Rücksichtnahme und verschafft daher, gerade im Gegenteil keinem Verfassungsorgan das Recht, unter Berufung auf die Treuepflicht in den Kernreich der Kompetenzen eines anderen Verfassungsorgans einzudringen.[130] Dagegen behandelt der Kernbereich exekutiver Eigenverantwortung einen namentlich gegenüber dem **Kontrollrecht** des Parlaments **verschlossenen** Innenbereich der Regierung (Arkanbereich).[131]

Den Kernbereich exekutiver Eigenverantwortung hat das Bundesverfassungsgericht erstmals in der sog. **Flick-Entscheidung** formuliert.[132] Danach schließt dieser Kernbereich auch einen von parlamentarischen Untersuchungsausschüssen grundsätzlich **nicht ausforschbaren** Initiativ-, Beratungs- und Handlungsbereich der Regierung ein.[133] **Beispielhaft** nennt das Bundesverfassungsgericht »die Willensbildung der Regierung selbst, sowohl hinsichtlich der Erörterungen im Kabinett als auch bei der Vorbereitung von Kabinetts- und Ressortentscheidungen, die sich vornehmlich in **ressortübergreifenden und -internen Abstimmungsprozessen** vollzieht.«[134] Dazu dürften, wenn auch unter strengeren Voraussetzungen,[135] ferner **Kabinettsausschüsse** sowie Minister- und vorbereitende Beamtengespräche zählen.[136]

49

---

129 BadWürttStGH, NVwZ-RR 2008, 4 (5); RhVerfGH, AS 38 322 (329 f.) zur entsprechenden Schutzbedürftigkeit von Parlamentsfraktionen *Brocker*, in: Epping/Hillgruber, Art. 44 Rn. 12; krit. *Maurer*, VVDStRL 43 (1984) 135 (148 f.); s.a. BerlVerfGH, DVBl. 2010, 966 (967 ff.), wonach zwischen Regierungs- und Verwaltungstätigkeit zu differenzieren ist und nur erstere überhaupt von diesem Schutzbereich erfasst wird.
130 ThürVerfGH, DVBl. 2009, 245 (247); SächsVerfGH, Urt. Vo 29. 2. 2008 – Vf.87-I-06, juris Rn. 97.
131 *Meyer-Bohl*, Die Grenzen zur Pflicht zur Aktenvorlage und Aussage vor parlamentarischen Untersuchungsausschüssen, 1992, S. 98; *Weisgerber*, Das Beweiserhebungsverfahren parlamentarischer Untersuchungsausschüsse des Deutschen Bundestages, 2003, S. 95; krit. *Morlok*, in: Dreier II, Art. 44 Rn. 27; *Wiegand-Hoffmeister*, in: Litten/Wallerath, Art. 34 Rn. 5 sowie *Bräcklein*, Investigativer Parlamentarismus, 2006, S. 79; einschränkend zu den Folgen bei einer Verletzung des Kernbereichs, SächsVerfGH, SächsVBl. 2009, 8 (13 ff.); ebenso *Jutzi*, NJ 2008, 508.
132 *Huster/Rux*, in: Epping/Hillgruber, Art. 20 Rn. 146.1.
133 BVerfGE 67, 100 (139); NRWVerfGH NVwZ-RR 2009, 41 (43); krit. *Baer*, Der Staat 40 (2001) 525 (541).
134 BVerfGE 124, 78 (120); BVerfGE 67, 100 (139); s.a. BadWürttStGH, NVwZ 2008, 4 (5); BayVerfGH, BayVerfGHE N.F. 38, 165 (176), HbgVerfG, DÖV 1973, 745 (746); zur sachlichen Reichweite *Busse*, DÖV 1989, 45 (51 f.); *Arloth*, NJW 1987, 808 (811 f.).
135 BVerfGE 124, 78 (137 ff.).
136 *Busse*, DÖV 1989, 45 (51 f.).

Ebenso können auch **nachgeordnete** Stellen in diesen Kernbereich einbezogen sein.¹³⁷

50 Das Bundesverfassungsgericht knüpft sodann an diese Aussage unmittelbar die Feststellung, die Kontrollkompetenz erstrecke sich grundsätzlich nur auf bereits **abgeschlossene Vorgänge** und enthalte nicht die Befugnis, in laufende Verhandlungen und Vorbereitungen einzugreifen. Die Grundsätze der Flick-Entscheidung, die das Bundesverfassungsgericht in der so genannten **BND-Entscheidung** bekräftigt und präzisiert hat,¹³⁸ wurden, soweit es sich um nicht abgeschlossene Vorgänge handelt, von den Landesverfassungsgerichten vollständig übernommen.¹³⁹ Aber auch bei abgeschlossenen Vorgängen sind Fälle denkbar, in denen die Regierung **nicht verpflichtet** ist, geheimzuhaltende Tatsachen aus dem Kernbereich exekutiver Eigenverantwortung **mitzuteilen**.¹⁴⁰

51 Soweit aus diesen Formulierungen geschlossen wird, der Bereich der **Willensbildung im Kabinett** werde unabhängig von der Frage der Abgeschlossenheit eines Vorgangs ausnahmslos von der parlamentarischen Kontrolle nicht erfasst,¹⁴¹ geht dies **zu weit**.¹⁴² Ebenso wenig trägt die Begründung, wichtige Diskussionsbeiträge würden unterbleiben, wenn zu erwarten wäre, dass Außenstehende davon Kenntnis erhielten,¹⁴³ diese Schlussfolgerung.¹⁴⁴

52 Die Frage, ob die Vorlage von Akten, die Aufschluss über die **Willensbildung einzelner Regierungsmitglieder** bei der Vorbereitung inzwischen abgeschlossener Regierungsentscheidungen geben können, die Funktionsfähigkeit und Eigenverantwortung der Regierung beeinträchtigen, kann

---

137 HbgVerfG, DVBl. 1973, 885 (886); DÖV 1973, 745 (746); s. auch *David*, Art. 25 Rn. 29.
138 BVerfGE 124, 78 (114 ff.).
139 Vgl. z. B. SächsVerfGH, LKV 2008, 507 (510 f.); BayVerfGH, BayVerfGHE N.F. 38, 165 (176); BremStGH, NVwZ 1989, 953 (955) f.); HbgVerfG, NVwZ 1998, 209, 211; s.a. *Löwer*, NVwBl. 2009, 125 (126); *Algermissen*, ZParl 35 (2004), 487 (491).
140 BVerfGE 124, 78 (121); BVerfGE 67, 100 (139); s.a. BadWürttStGH, NVwZ-RR 2008, 4 (5); SächsVerfGH, LKV 2008, 507 (510); BrandbVerfGH, DÖV 1998, 200 (202); NdsStGH, NVwZ 1996, 1208.
141 So *Busse*, DÖV 1989, 45 (49); HbgVerfG, DÖV 1973, 745 (746); ähnlich bzgl. des parlamentarischen Fragerechts SächsVerfGH, NVwZ 2000, 671 (672).
142 BVerfGE 124, 78 (121 f.); *Brocker*, in: Grimm/Caesar, Art. 91 Rn. 19; *Kunzmann/Haas/Baumann-Hasske*, Art. 54 Rn. 11
143 *Busse*, DÖV 1989, 45 (49, 51); NdsStGH, NVwZ 1996, 1208.
144 BremStGH, NVwZ 1989, 953 (956); ähnl. Wissenschaftliche Dienste des Deutschen Bundestages, BT-Drucks. 13/10900, Dokument 28, S. 419.

weder pauschal verneint noch pauschal bejaht werden.[145] Vielmehr sind alle Umstände des Einzelfalles in den Blick zu nehmen.[146]

Als funktionaler Belang, der durch eine Vorlagepflicht beeinträchtigt werden kann, fällt bei abgeschlossenen Vorgängen nicht mehr die Entscheidungsautonomie der Regierung ins Gewicht, sondern vor allem die **Freiheit und Offenheit der Willensbildung** innerhalb der Regierung. Daher sind Unterlagen aus dem Bereich der Vorbereitung von Regierungsentscheidungen, die Aufschluss über den **Prozess der Willensbildung** geben, umso schutzwürdiger, je näher sie der gubernativen Entscheidung stehen. So kommt etwa den Erörterungen im Kabinett **besonders hohe Schutzwürdigkeit** zu.[147] Je weiter ein parlamentarisches Informationsbegehren in diesen innersten Bereich eindringt, desto gewichtiger muss daher das parlamentarische Informationsinteresse sein, um sich gegen ein von der Regierung geltend gemachtes Interesse an Vertraulichkeit durchsetzen zu können.[148] Besonderes Gewicht kommt dem parlamentarischen Informationsinteresse jedenfalls dann zu, wenn es um die Aufdeckung möglicher Rechtsverstöße und vergleichbarer **Missstände** innerhalb der Regierung geht.[149] Im Übrigen gilt indes, dass eine **grenzenlose Offenlegung** des gesamten zuvor abgeschirmten Initiativ-, Beratungs- und Handlungsbereichs der Regierung eine »einengende Vorwirkung« zur Folge haben könnte[150] und damit die Regierung in der selbstständigen Funktion beeinträchtigen, die ihr das Gewaltenteilungsprinzip zuweist.[151] Nur insoweit kann einem parlamentarischen Untersuchungsausschuss entgegengehalten werden, seine Arbeitsweise gefährde die **Arbeits- und Funktionsfähigkeit der Regierung**. Dagegen kann einem parlamentarischen Untersuchungsausschuss, anders als bei bestimmten Formen parlamentarischer Anfragen,[152] nicht entgegengehalten werden, die parlamentarischen Untersuchungen führten für öffentliche Stellen einen unzumutbaren Arbeitsaufwand.

53

Der besondere Schutz kommt jedoch nicht jeder ministeriellen oder fachlichen Beratungsrunde zu. **Vorgelagerte Beratungs- und Entschei-**

54

---

145 BVerfG, Beschl. v. 30. März 2004, 2 BvK 1/01, Entscheidungsumdruck S. 27 f. (n.v.): BVerfGE 110, 199 (218).
146 BVerfGE 110, 199 (219).
147 BVerfGE 124, 78 (122 f.); BVerfGE 110, 199 (221); ThürVerfGH, DVBl. 2009, 245 (248).
148 BVerfG, Beschl. v. 30. März 2004, 2 BvK 1/01, Entscheidungsumdruck S. 31 (n.v.).; BVerfGE 110, 199 (221).
149 BVerfGE 124, 78 (123); BVerfGE 110, 199 (221 f.); 67, 100 (130).
150 BVerfGE 124, 78 (121); BVerfGE 110, 199 (215 f); *Hecker*, DVBl. 2009, 1239 (1241).
151 BVerfGE 124, 78 (121); BVerfGE 110, 199 (125 f.).
152 S. dazu *Kirschniok-Schmidt*, Das Informationsrecht des Abgeordneten nach der brandenburgischen Landesverfassung, 2009, S. 125 ff.

dungsabläufe genießen einen umso geringeren Schutz, je ferner sie der eigentlichen Regierungsentscheidung stehen.[153] Dies gilt ebenso für Unterlagen, die der Vor- und Nachbereitung auf Sitzungen parlamentarischer Gremien dienen. Daher bedarf es auch hier der **fallbezogenen** Abwägung der konkreten Umstände. Denn weder den internen Beratungsgesprächen noch den entsprechenden Unterlagen kommt nach Abschluss des Vorgangs per se der Schutz des Kernbereichs exekutiver Eigenverantwortung zu.[154]

55 Unbeschadet dessen kommt es für die Fälle der **abgeschlossenen Vorgänge** zu einer **Umkehr der Darlegungslast**. Während bei nicht abgeschlossenen Vorgängen der bloße Hinweis auf den Vorbehalt des Kernbereichs exekutiver Eigenverantwortung grundsätzlich genügt,[155] trifft die Regierung im Falle abgeschlossener Vorgänge von Verfassungs wegen eine **besondere Begründungs- und Darlegungspflicht**. Namentlich ein pauschaler Hinweis, der interne Bereich der Willensbildung sei betroffen, genügt nicht.[156] Besonders hohes Gewicht kommt dem parlamentarischen Informationsinteresse dabei zu, wenn es um die Aufdeckung **möglicher Rechtsverstöße** und vergleichbare **Missstände** innerhalb der Regierung geht.[157] Insoweit gibt es daher auch keine per se »**abwägungsresistente Sphäre**« gegenüber dem Untersuchungsausschuss.[158]

56 So weit es um **geheimhaltungsbedürftige** Tatsachen oder Äußerungen geht, kann der Geheimnisschutz grundsätzlich **nicht gegen**, sondern **nur mit** dem Parlament erreicht werden. Notfalls hat das Parlament die **Sicherungsvorkehrungen** zu treffen, die erforderlich sind, damit **Außenstehende** von dem Inhalt der Beratungen einschließlich der Äußerungen einzelner Teilnehmer **keine Kenntnis** erlangen.[159] Die Geschäftsordnungen der meisten Landesparlamente haben hinsichtlich ihrer vertraulichen Beratungen entsprechende Regelungen getroffen.[160]

57 Es ist daher nicht zulässig, das Parlament als »Außenstehenden« anzusehen, dem Äußerungen ohne weiteres vorenthalten werden können. Diese Sicht verkennt die Stellung des Parlaments innerhalb der parlamentarischen Demokratie. Wenn das Parlament die **erforderlichen Sicherungsvorkehrungen** zum Geheimnisschutz trifft, steht zumindest parlamentarischen

---

153 BVerfGE 124, 78 (137 f.).
154 BVerfGE 124, 78 (138).
155 BVerfGE 124, 78 (120 f.).
156 BVerfGE 124, 78 (122); ThürVerfGH, DVBl. 2009, 245 (247).
157 BVerfGE 124,78 (123); BVerfGE 110, 199 (221 f.); BVerfGE 67, 100 (130); s. auch *Masing*, Parlamentarische Untersuchung privater Sachverhalte, 1998, S. 185 f.; *Wiefelspütz*, ZG 2003, 35 (41); *Edinger*, ZParl 35 (2004), 305 (308).
158 A.A. *Hecker*, DVBl. 2009, 1239 (1241).
159 BVerfGE 124, 78 (123 ff.).
160 S. zum Geheimnisschutz bei parlamentarischen Untersuchungen i.E. u. § 11.

Untersuchungsausschüssen nach Abschluss des Vorgangs ein **Informationsanspruch** zu.

Das parlamentarische **Untersuchungsrecht** hat somit prinzipiell **Vorrang** vor dem **Geheimhaltungsinteresse** der Exekutive und nicht umgekehrt.[161] Die Geheimhaltung im Zusammenhang mit kollegialen Entscheidungen würde andernfalls dem »Prinzip der Verantwortungslosigkeit« Vorschub leisten. Aufgabe insbesondere einer Kontrollenquete ist es jedoch, gerade auch die **Einzelverantwortung** eines Regierungsmitglieds zu identifizieren.[162]

58

Ebenso wenig ist ersichtlich, wieso die Regierung, obwohl dem Parlament verantwortlich und rechenschaftspflichtig, einen **absoluten Schutz** erhalten soll, **Privatpersonen**, die prinzipiell keiner parlamentarischen Verantwortung unterliegen,[163] dagegen nur **relativ** geschützt werden. Denn sie haben die grundsätzliche Pflicht zur Herausgabe privater Unterlagen, die mit dem Untersuchungsgegenstand im Zusammenhang stehen,[164] jedenfalls, wenn sichergestellt ist, dass die erforderlichen **Geheimschutzmaßnahmen** getroffen wurden[165] und müssen bei einer Weigerung mit der Beschlagnahme der Unterlagen rechnen.[166]

59

V. Bundesstaatsprinzip

1. Grundlagen

Im **föderalen** Staat ist die Ausübung **staatlicher Gewalt** nicht nur horizontal zwischen den drei Staatsgewalten Legislative, Exekutive und Judikative, sondern auch in **vertikaler** Hinsicht zwischen Bund und Ländern **aufgeteilt**. Da für Untersuchungsausschüsse des Bundestages und der Landtage jeweils dieselben Kompetenzgrenzen gelten wie für das Parlament als solches,[167] wird die Tätigkeit eines Untersuchungsausschusses hinsichtlich des Unter-

60

---

161 BremStGH, DVBl. 1989, 453 ff.; zurückhaltend auch *Achterberg/Schulte*, in: v. Mangoldt/Klein/Starck II, Art. 44 Rn. 72 ff.
162 BremStGH, DVBl. 1989, 453 (457); ähnl. *Meyer-Bohl*, Die Grenzen zur Pflicht zur Aktenvorlage und Aussage vor parlamentarischen Untersuchungsausschüssen, 1992, S. 102; *Achterberg/Schulte*, in: v. Mangoldt/Klein/Starck II, Art. 44 Rn. 73; *Badura*, DÖV 1984, 760 (762 f.).
163 S. dazu i.E. u. Rdn. 129 ff.
164 S. dazu u. § 17 Rdn. 34 ff.
165 BVerfGE 77, 1 (53 ff.).
166 So zutreffend *Meyer-Bohl*, Die Grenzen zur Pflicht zur Aktenvorlage und Aussage vor parlamentarischen Untersuchungsausschüssen, 1992, S. 103 f.; *Weisgerber*, Das Beweiserhebungsverfahren parlamentarischer Untersuchungsausschüsse des Deutschen Bundestages, 2003, S. 98 f.; zu den Voraussetzungen der Beschlagnahme von Unterlagen s.u. § 18.
167 S. dazu o. Rdn. 1.

suchungsgegenstandes auch durch das Prinzip der **Bundestreue** begrenzt.[168]

61 Das **Bundesstaatsprinzip** ist über Art. 79 Abs. 3 GG verfassungsänderungsfest geschützt. In seinem Kerngehalt garantiert es, dass die Kompetenzen des Bundes und der Länder diesen nicht lediglich im Sinne »örtlicher Zuständigkeiten« zugewiesen sind, sondern dass **beide staatliche Ebenen** insoweit zumindest teilweise **Eigenständigkeit und Unabhängigkeit** besitzen.[169] Dies folgt aus der **Staatsqualität** von Bund und Ländern, denn zu den unverzichtbaren Elementen der Staatlichkeit zählt die Inhaberschaft originärer, von keiner anderen Stelle abgeleiteter Hoheitsgewalt.[170] Den Ländern steht somit eine nicht vom Bund abgeleitete Staatsqualität mit entsprechender **Verfassungsautonomie** zu, die allerdings vom Grundgesetz begrenzt wird.[171]

62 Daraus folgt, dass der Bund in den **Wirkungskreis** der Länder und umgekehrt die Länder in den autonomen Bereich des Bundes nur insoweit eingreifen dürfen, wie dies ausdrücklich durch eine **verfassungsgesetzliche Ermächtigung** vorgesehen ist.[172] Untersuchungsausschüsse des Bundes dürfen sich mithin grundsätzlich nicht mit Gegenständen aus dem landeseigenen Wirkungskreis befassen und die Länder nicht mit denjenigen, für die der Bund die Verantwortung trägt.[173]

63 Allerdings ist es sachgerecht, hinsichtlich der Untersuchungskompetenz nach den verschiedenen **Enquetearten zu differenzieren**, denn der zulässige

---

168 *Achterberg/Schulte*, in: v. Mangoldt/Klein/Starck II, Art. 44 Rn. 34 ff.; *Schleich*, Das parlamentarische Untersuchungsrecht des Bundestages, 1985, S. 75 ff.; *Meyer-Bohl*, Die Grenzen zur Pflicht zur Aktenvorlage und Aussage vor parlamentarischen Untersuchungsausschüssen, 1992, S. 139 ff.; *Weisgerber*, Das Beweiserhebungsverfahren parlamentarischer Untersuchungsausschüsse des Deutschen Bundestages, 2003, S. 100.
169 *Simons*, Das parlamentarische Untersuchungsrecht im Bundesstaat, 1991, S. 112 ff.; *Weisgerber*, Das Beweiserhebungsverfahren parlamentarischer Untersuchungsausschüsse des Deutschen Bundestages, 2003, S. 101; *Kerbein*, Individuelle Selbstbelastungsfreiheit versus parlamentarisches Aufklärungsinteresse, 2004, S. 17 f.
170 BVerfGE 64, 301 (317); 72, 330 (388); *Huster/Rux*, in: Epping/Hillgruber, Art. 20 Rn. 7 ff.; *Pieroth*, in: Jarass/Pieroth, Art. 20 Rn. 17.
171 *Pieroth*, in: Jarass/Pieroth, Art. 20 Rn. 17.
172 Exemplarisch sind dafür etwa die Befugnisse der Bundesregierung in Art. 84 Abs. 3 und Art. 85 Abs. 3 GG.
173 BVerwGE 109, 258 (266); *Wiegand-Hoffmeister*, in: Litten/Wallerath, Art. 34 Rn. 8; *Friedrich*, Der parlamentarische Untersuchungsausschuss – Entwicklung, Stellung, Kompetenzen, 1990, S. 91 f.; *Achterberg/Schulte*, in: v. Mangoldt/Klein/Starck II, Art. 44 Rn. 35 ff.; *Schleich*, Das parlamentarische Untersuchungsrecht des Bundestages, 1985, S. 75; *Arloth*, NJW 1987, 808 (809); *Meyer-Bohl*, Die Grenzen zur Pflicht zur Aktenvorlage und Aussage vor parlamentarischen Untersuchungsausschüssen, 1992, S. 142; *Weisgerber*, Das Beweiserhebungsverfahren parlamentarischer Untersuchungsausschüsse des Deutschen Bundestages, 2003, S. 101.

Untersuchungsbereich dürfte insoweit nicht einheitlich festzulegen sein.[174] Jedenfalls dürften **Bundesangelegenheiten in den Ländern** beispielsweise dann einbezogen werden, wenn sie als Beweismittel für das landesrelevante Untersuchungsergebnis **ohne Bewertung bundesbehördlichen Handelns** von Bedeutung sind.[175]

2. *Gesetzgebungsenquete*

Hinsichtlich der **Gesetzgebungsenquete** steht dem Bundestag das Recht zur Einsetzung eines Untersuchungsausschusses bezüglich der Gegenstände zu, für die er die **ausschließliche und konkurrierende Gesetzgebungszuständigkeit** besitzt. Dabei kann es für die konkurrierende Gesetzgebung nicht darauf ankommen, ob der Bund schon von seiner Zuständigkeit Gebrauch gemacht hat,[176] sondern der Bundestag kann auch einen Untersuchungsausschuss einsetzen, um zu prüfen, ob er eine bestimmte Materie aus dem Katalog des Art. 74 Abs. 1 GG, die bisher ganz oder teilweise in der Zuständigkeit der Länder lagen, selbst **aufgreifen** und gesetzlich regeln will. 64

(entfällt) 65

Ferner steht der Untersuchungskompetenz des Bundes nicht ohne weiteres entgegen, dass eine Materie in die **ausschließliche Kompetenz der Länder** fällt, wie etwa der Bereich des Kommunal-, Schul- oder Polizeirechts. Denn der Bundestag kann diese Materien durchaus unter dem Gesichtspunkt untersuchen, ob nicht eine **Überführung in die Bundeskompetenz** angezeigt ist.[177] Dass er dazu im Wege der Verfassungsänderung nach Art. 79 Abs. 2 GG auf die Zustimmung des Bundesrates angewiesen ist, hindert selbstverständlich eine entsprechende Untersuchung nicht.[178] Denn wenn auch die Gliederung des Bundes in Länder und die Mitwirkung der Länder an der Gesetzgebung auf Dauer garantiert ist, so hindert dies nicht, die konkret bestehenden Kompetenzen anders und auch grundlegend neu zu verteilen[179] oder in Ausnahmefällen die Mitwirkung ganz auszuschließen.[180] 66

---

174 IdS auch *Weisgerber*, Das Beweiserhebungsverfahren parlamentarischer Untersuchungsausschüsse des Deutschen Bundestages, 2003, S. 102 f.; *Menzel*, Landesverfassungsrecht, 2002, S. 174 f.
175 *Korbmacher*, in: Driehaus, Art. 48 Rn. 2
176 So aber offenbar *Weisgerber*, Das Beweiserhebungsverfahren parlamentarischer Untersuchungsausschüsse des Deutschen Bundestages, 2003, S. 102.
177 Zu apodiktisch daher *Masing*, Parlamentarische Untersuchung privater Sachverhalte, 1998, S. 118: Fragen wie Samstagsunterricht oder Ausrüstung der Polizei gehen den Bund nichts an.
178 *Masing*, Parlamentarische Untersuchung privater Sachverhalte, 1998, S. 96 f.
179 *Masing*, Parlamentarische Untersuchung privater Sachverhalte, 1998, S. 97; *Stern*, Staatsrecht der Bundesrepublik Deutschland, Bd. 1, 1984, S. 169 ff.
180 *Sachs*, in: ders. Art. 79 Rn. 47.

Teil 2 Das Verfahren der Einsetzung

Mithin kann im Rahmen einer Gesetzgebungsenquete – bis zur **Grenze des Missbrauchs** – grundsätzlich jeder Sachverhalt auf Landesebene zur entscheidungserheblichen Grundlage für eine **Verfassungsänderung** und damit zum **tauglichen** Untersuchungsgegenstand erklärt werden.

67 Doch auch umgekehrt dürften Materien zumindest der konkurrierenden Gesetzgebung, die sich konkret ganz oder teilweise in der Regelungszuständigkeit des Bundes befinden, für eine parlamentarische Untersuchung im Rahmen einer Gesetzgebungsenquete auf Landesebene nicht verschlossen sein. Denn umgekehrt sind auch die Länder nicht an einer Untersuchung gehindert, ob sie einen Regelungsbereich des Bundes **in ihre Zuständigkeit überführen** und entsprechend im **Bundesrat initiativ** werden wollen[181], weil sie für eine bundeseinheitliche Regelung keinen Bedarf (mehr) sehen. Für dieses Untersuchungsrecht spricht sowohl die **Freigabebefugnis** des Bundes nach Art. 72 Abs. 4 GG als auch die **Klagemöglichkeit** vor dem Bundesverfassungsgericht, die den Ländern gemäß Art. 93 Abs. 1 Nr. 2a iVm Art. 72 Abs. 2 GG eingeräumt worden ist sowie die Regelung in Art. 125a GG zur **Fortgeltung** des früheren Bundesrechts. Denn mit diesen Regelungen sollte die Stellung der **Länder** hinsichtlich ihrer Gesetzgebungskompetenzen **gestärkt** werden.[182]

68 Eine **Grenze** dürfte allerdings dort liegen, wo die Gesetzgebungsenquete nur **vorgeschoben** wird, um dem parlamentarischen Untersuchungsausschuss des Bundes oder eines Landes die Untersuchungskompetenz zu verschaffen. Dies ist zum Beispiel denkbar, wenn es um **ausschließliche** Bundeskompetenzen geht, die offensichtlich zu keiner Zeit in die Landeszuständigkeit überführt werden, wie etwa Auswärtige Angelegenheiten, Angelegenheiten der Landesverteidigung oder die Staatsangehörigkeit im Bunde. Eine solche »Motivlüge« wäre eine **Verletzung** des Bundesstaatsprinzips.[183]

69 Die Gesetzgebungsenquete wird daher regelmäßig nicht zu einer Kollision mit dem Bundesstaatsprinzip führen. Die zulässigen Untersuchungsgegenstände sind in diesem Zusammenhang eher großzügig zu betrachten und verfassungsrechtlich nicht ohne weiteres eingrenzbar.

---

181 Zu eng insoweit Brandb.VerfGH DVBl. 2001, 1146 f. m. abl. Anm. *Brink*.
182 S. speziell zur Freigabe *Seiler*, in: Epping/Hillgruber, Art. 72 Rn. 17 ff.; s. auch BVerfG, Urt. vom 9. Juni 2004, 1 BvR 636/02, Entscheidungsumdruck S. 26 ff, n.v.
183 *Friedrich*, Der parlamentarische Untersuchungsausschuss – Entwicklung, Stellung, Kompetenzen, 1990, S. 92; *Weisgerber*, Das Beweiserhebungsverfahren parlamentarischer Untersuchungsausschüsse des Deutschen Bundestages, 2003, S. 102 f.

3. Kontroll- bzw. Skandalenquete

a) Unmittelbare Untersuchungskompetenz des Bundestages

Dem Bund steht auf Grund der »Einstandspflicht« aus Art. 28 Abs. 3 GG gegenüber den Ländern **keine unmittelbare Untersuchungskompetenz** zu.[184] Zwar verpflichtet Art. 28 Abs. 3 GG den Bund zur **Gewährleistung**, dass die verfassungsmäßige Ordnung der Länder den Grundrechten und Anforderungen des Homogenitätsprinzips sowie der Sicherung der kommunalen Selbstverwaltung Rechnung trägt. Da Art. 28 Abs. 3 GG diese Aufgabe aber **keinem bestimmten Bundesorgan**, insbesondere nicht ausschließlich der Exekutive zuweist, ist prinzipiell auch der Bundestag als oberstes Bundesorgan Adressat der Regelung.[185]

70

Daraus lässt sich aber **nicht der Rückschluss ziehen**, der Bundestag sei auch berechtigt, durch die Einsetzung eines mit Zwangsbefugnissen ausgestatteten Untersuchungsausschusses seiner Gewährleistungspflicht nachzukommen. Dies würde der Stellung der Länder **nicht gerecht**. Denn abgesehen davon, dass die Maßnahmen zur Durchsetzung der Gewährleistungspflicht[186] schon umstritten sind,[187] ist auch die Reichweite der Grundsätze, die der Bund zu gewährleisten hat, viel **zu unbestimmt**, um zur Vorbereitung ihrer Durchsetzung einen Untersuchungsausschuss einzusetzen. Dies wäre mit der **Eigenstaatlichkeit der Länder**, die eben nicht Uniformität, sondern nur Konformität schulden,[188] **nicht vereinbar**.[189]

71

Ebenso wenig lässt sich aus dem Grundsatz der **Bundestreue** oder des **bundesfreundlichen Verhaltens** eine gegen die Länder gerichtete Untersuchungskompetenz des Bundestages ableiten. Auch dieser Begriff ist viel zu unbestimmt und unkonkret, um daraus Kontrollrechte unmittelbarer Art zu

72

---

184 So schon BVerfGE 6, 309 (329); 8, 122 (131); s.a. *Achterberg/Schulte*, in: v. Manoldt/Klein/Starck II, Art. 44 Rn. 41; *Morlok*, in: Dreier II, Art. 44 Rn. 25; a.A. offenbar *Kölble*, DVBl. 1964, 701 (702).
185 *Weisgerber*, Das Beweiserhebungsverfahren parlamentarischer Untersuchungsausschüsse des Deutschen Bundestages, 2003, S. 103; *Schleich*, Das parlamentarische Untersuchungsrecht des Bundestages, 1985, S. 76.
186 In Betracht kämen etwa Verfahren vor dem Bundesverfassungsgericht nach Art. 93 Abs. 1 Nr. 2, 3 und 4 GG; Verfahren der Bundesaufsicht nach Art. 84 Abs. 3 und 4 GG sowie der Bundeszwang nach Art. 37 GG.
187 Vgl. die Nachw. bei *Pieroth*, in: Jarass/Pieroth, Art. 28 Rn. 32 f.
188 BVerfGE 9, 268 (279); 41, 88 (119); 90, 60 (84 f.).
189 *Stern*, BK, Art. 28 Rn. 200 ff.; *Weisgerber*, Das Beweiserhebungsverfahren parlamentarischer Untersuchungsausschüsse des Deutschen Bundestages, 2003, S. 104; *Friedrich*, Der parlamentarische Untersuchungsausschuss – Entwicklung, Stellung, Kompetenzen, 1990, S. 95.

begründen.¹⁹⁰ Als ein an die »Dynamik des Föderalismus« gekoppeltes, **entwicklungsoffenes Strukturprinzip** muss der Grundsatz **ständig konkretisiert** werden und ist daher kaum einer **eindeutigen Definition** zugänglich.¹⁹¹

73   Hinzu kommt ein weiterer Gesichtspunkt: Da dieser Grundsatz auch zu Gunsten der Länder gilt, **schafft er nicht neue Kompetenzen**, sondern begründet zur Wahrung der gesamtstaatlichen Ordnung Rechte und Pflichten von Bund und Ländern über das geschriebene Recht hinaus und zwar der Länder gegenüber dem Bund, des Bundes gegenüber den Ländern und der Länder untereinander.¹⁹² Der Grundsatz des bundesfreundlichen Verhaltens dient mithin der **Kompetenzbegrenzung** von Bund und Ländern¹⁹³ und **nicht** etwa der **Kompetenzerweiterung** – auch nicht im Sinne einer Untersuchungskompetenz.

74   Ferner ist der Bundestag auch nicht als »**Forum der Nation**« zur unmittelbaren Untersuchung von Ländermaterien befugt.¹⁹⁴ Dies gilt jedenfalls, soweit eine Materie eindeutig dem Länderbereich zuzuordnen ist.¹⁹⁵

75   Schließlich vermag auch der **Amtshilfegrundsatz** keine unmittelbare Kontrollkompetenzen des Bundestages bezüglich der Länderexekutive zu begründen. Denn dieser Grundsatz **begründet** keine Kompetenzen, sondern **setzt diese voraus**.¹⁹⁶

76   Allerdings ist allein der Hinweis auf eine **Doppelzuständigkeit** von Bund und Ländern nicht ohne weiteres geeignet, die Unzulässigkeit eines Untersuchungsausschusses anzunehmen. Solche **Überschneidungen** sind nicht von vornherein auszuschließen, wenn sie auch für die von der Untersuchung Betroffenen oder die Zeugen misslich sein können.¹⁹⁷ Sie sind jedenfalls zulässig, wenn ein **konkreter Anknüpfungspunkt** sowohl an eine Bundes- als auch an eine Landeszuständigkeit besteht.

---

190 *Weisgerber*, Das Beweiserhebungsverfahren parlamentarischer Untersuchungsausschüsse des Deutschen Bundestages, 2003, S. 105; *Friedrich*, Der parlamentarische Untersuchungsausschuss – Entwicklung, Stellung, Kompetenzen, 1990, S. 95 f.; *Hilf*, NVwZ 1987, 537 (542); zurückhaltender *Zeh*, DÖV 1988, 701 (708).
191 So *Sommermann*, in: v. Mangoldt/Klein/Starck II, Art. 20 Rn. 37 m.w.N.
192 *Pieroth*, in: Jarass/Pieroth, Art. 20 Rn. 20 f.
193 *Sommermann*, in: v. Mangoldt/Klein/Starck II, Art. 20 Rn. 37; s.a. BVerfGE 81, 310 (337).
194 So allerdings *Kölble*, DVBl. 1964, 701 (702 f.).
195 *Weisgerber*, Das Beweiserhebungsverfahren parlamentarischer Untersuchungsausschüsse des Deutschen Bundestages, 2003, S. 106.
196 *Weisgerber*, Das Beweiserhebungsverfahren parlamentarischer Untersuchungsausschüsse des Deutschen Bundestages, 2003, S. 111; *Zeh*, DÖV 1988, 701 (707).
197 *Weisgerber*, Das Beweiserhebungsverfahren parlamentarischer Untersuchungsausschüsse des Deutschen Bundestages, 2003, S. 106; *Achterberg/Schulte*, in: v. Mangoldt/Klein/Starck II, Art. 44 Rn. 43 ff.

b) Mittelbare Untersuchung von Landesbehörden

77 Einer differenzierenden Beurteilung bedarf die Prüfung, inwieweit dem Bund im Rahmen der **Ausführung von Bundesgesetzen** durch die Länder nach Art. 83 ff. GG ein – mittelbares – Kontrollrecht und damit auch ein parlamentarisches Untersuchungsrecht bezüglich der Länderexekutiven zusteht. Dabei ist allerdings von vornherein zu unterscheiden, ob die Bundesgesetze nach Art. 84 GG von den Ländern als **eigene Angelegenheiten** oder gemäß Art. 85 GG als **Auftragsangelegenheiten** ausgeführt werden.[198]

78 Führen die Länder die Bundesgesetze als eigene Angelegenheit aus, so ist es nach Art. 84 Abs. 1 GG grundsätzlich **ihre Sache**, die Einrichtung der Behörden und das Verwaltungsverfahren zu regeln. Allerdings übt die Bundesregierung gemäß Art. 84 Abs. 3 GG die **Aufsicht** darüber aus, dass die Länder die Bundesgesetze unter Beachtung des geltenden Rechtes ausführen. Der Bundesregierung steht mithin insoweit eine **Rechtmäßigkeitskontrolle** zu. Darüber hinaus kann die Bundesregierung nach Art. 84 Abs. 5 GG durch Bundesgesetz, das der Zustimmung des Bundesrates bedarf, ermächtigt werden, zur Ausführung von Bundesgesetzen für besondere Fälle **Einzelweisungen** zu erteilen. Ferner sieht Art. 84 Abs. 3 S. 2 GG die Möglichkeit vor, dass die Bundesregierung im Rahmen ihrer Rechtmäßigkeitskontrolle **Beauftragte** zu den obersten Landesbehörden und unter bestimmten Voraussetzungen auch zu den nachgeordneten Behörden entsenden kann.

79 Die vorstehend beschriebenen Aufsichtsbefugnisse haben auch Einfluss auf das Untersuchungsrecht des Bundestages bezüglich der Länderbehörden. Sie machen zum einen deutlich, dass eine Kontrolle auch durch parlamentarische Untersuchungsausschüsse des Bundestages verfassungsrechtlich **nicht von vornherein ausgeschlossen** ist, begrenzen zum anderen aber zugleich diese Befugnis sowohl hinsichtlich der Adressaten der Untersuchung als auch hinsichtlich des Untersuchungsgegenstandes.

80 Untersuchungsobjekt und Untersuchungsziel parlamentarischer Untersuchungsausschüsse des Bundestages können **nur die Bundesregierung** unmittelbar und deren Handlungen sein. Mit dem im Bundesstaatsprinzip verankerten Grundsatz der Eigenstaatlichkeit der Länder wäre es nicht vereinbar, wenn die Untersuchungsausschüsse des Bundestages unmittelbare Kontrollbefugnisse gegenüber **der Landesexekutive** hätten. Gegenstand der

---

198 Hinsichtlich der Ausführung von Landesgesetzen durch Landesbehörden hat der Bundestag selbstverständlich keine Untersuchungskompetenz; s. dazu *Achterberg/Schulte*, in: v. Mangoldt/Klein/Starck II, Art. 44 Rn. 36 f.; *Schleich*, Das parlamentarische Untersuchungsrecht des Bundestages, 1985, S. 75 f.

Untersuchung ist das Verhalten der Bundesregierung anlässlich der **Ausübung oder Nichtausübung ihrer Aufsichtsbefugnisse**.[199]

81 Die Überprüfung der Länderexekutive erfolgt lediglich mittelbar im Sinne eines **Reflexes**.[200] So wird einem parlamentarischen Untersuchungsausschuss des Bundestages nicht die Prüfung verwehrt sein, ob etwa die Bundesregierung zu Recht von ihren Aufsichtsbefugnissen **Gebrauch gemacht** oder – umgekehrt – davon **keinen Gebrauch gemacht** hat. Ebenso unterliegt der parlamentarischen Untersuchungskompetenz, ob der Bund mit Aufsichtsmaßnahmen **über das Ziel hinausgeschossen ist**, also etwa statt einer bloßen Rechtmäßigkeitskontrolle, auch eine Zweckmäßigkeitskontrolle vorgenommen hat. Ferner darf untersucht werden, ob die Bundesregierung nicht eine **Einzelweisung** hätte erteilen müssen oder, ob die **Entsendung eines Beauftragten** angebracht war oder aus welchen Gründen darauf verzichtet wurde. Ebenso kann schließlich die **Arbeitsweise** des Beauftragten parlamentarisch untersucht werden. In diesem Zusammenhang lässt es sich dann nicht vermeiden, dass auch das Verhalten der betroffenen **Landesexekutive** zum Kontrollgegenstand wird.[201] Denn die Prüfung des Handelns oder Untätigbleibens der Bundesregierung kann sachgerecht nicht losgelöst von der eigentlichen Ursache, dem Handeln der Landesbehörden, erfolgen.

82 Allerdings kann das Untersuchungsrecht des Bundestages nicht **weiter** gehen als das Aufsichtsrecht der Bundesregierung.[202] So kann im Rahmen des Art. 84 GG Untersuchungsgegenstand **nur eine Rechtmäßigkeitskontrolle** sein und dürfen Zweckmäßigkeitsüberlegungen keine Rolle spielen.

83 Das **mittelbare** Prüfungsrecht des Bundestages hat dann auch Auswirkungen auf die **Mitwirkungspflicht** der Landesbehörden. Soweit diese der

---

199 *Blümel/Ronellenfitsch*, Parlamentarische Untersuchungsausschüsse und kommunale Selbstverwaltung, 1978, S. 82; *Achterberg/Schulte*, in: v. Mangoldt/Klein/Starck II, Art. 44 Rn. 47; *Morlok*, in: Dreier II, Art. 44 Rn. 23; *Cordes*, Das Recht der Untersuchungsausschüsse des Bundestages – Art. 44 GG, 1958, S. 39; *Wiefelspütz*, Das Untersuchungsausschussgesetz, 2003, S. 80.
200 So zutr. *Simons*, Das parlamentarische Untersuchungsrecht im Bundesstaat, 1991, S. 70 ff.; *Weisgerber*, Das Beweiserhebungsverfahren parlamentarischer Untersuchungsausschüsse des Deutschen Bundestages, 2003, S. 107; *Achterberg/Schulte*, in: v. Mangoldt/Klein/Starck II, Art. 44 Rn. 47; *Schleich*, Das parlamentarische Untersuchungsrecht des Bundestages, 1985, S. 77 f.; krit. *Kölble*, DVBl. 1964, 701 (704).
201 *Achterberg/Schulte*, in: v. Mangoldt/Klein/Starck II, Art. 44 Rn. 47.
202 *Lässig*, DÖV 1976, 727 (732); *Simons*, Das parlamentarische Untersuchungsrecht im Bundesstaat, 1991, S. 113 ff., 155 ff.; *Weisgerber*, Das Beweiserhebungsverfahren parlamentarischer Untersuchungsausschüsse des Deutschen Bundestages, 2003, S. 110.

Bundesregierung gegenüber zur Mitwirkung verpflichtet sind, gilt dies **auch gegenüber einem Untersuchungsausschuss** des Bundestages.[203]

Die vorstehenden Grundsätze gelten entsprechend bei der **Bundesauftragsverwaltung** nach Art. 85 GG. Auch hier ist Ansatzpunkt des parlamentarischen Untersuchungsrechts des Bundestages das Verhalten der Bundesexekutive. Denn diese ist unmittelbare Inhaberin der Aufsichtsbefugnisse.[204]

Anders allerdings als bei der Ausführung von Bundesgesetzen als eigene Angelegenheit der Länder erstreckt sich die **Bundesaufsicht** bei der Auftragsverwaltung gemäß Art. 85 Abs. 4 GG neben der Gesetzmäßigkeit auch auf die **Zweckmäßigkeit** der Ausführung und kann die Bundesregierung nach Art. 85 Abs. 4 S. 2 GG die **Vorlage von Berichten und Akten** verlangen. Außerdem unterstehen die Landesbehörden nach Art. 85 Abs. 3 S. 1 GG den Weisungen der zuständigen obersten Bundesbehörden.

Für die Untersuchungsausschüsse des Bundestages folgt daraus, dass sie überprüfen können, ob die obersten Bundesbehörden **Weisungen** erteilt haben, aus welchen Motiven dies erfolgte oder aus welchen Gründen davon **abgesehen** wurde. Ferner kann auch hier die Tatsache, dass ein Beauftragter entsandt oder davon abgesehen wurde sowie dessen Arbeitsweise Gegenstand der Untersuchung sein. Für die **Untersuchungsausschüsse der Länder** besteht insoweit **keine Prüfungskompetenz**, weder gegenüber den Bundesbehörden noch gegenüber den auf Weisung tätig gewordenen Landesbehörden.[205]

Korrespondierend mit dem Aktenvorlagerecht der Bundesregierung dürfte dem Untersuchungsausschuss insoweit auch ein **Vorlageanspruch** zustehen. Insbesondere wird das Bundesstaatsprinzip durch die Aktenanforderung jedenfalls dann nicht verletzt, wenn die Heranziehung solcher Informationen nicht zum Zwecke der Kontrolle der Landesbehörden und -organe erfolgt, sondern der Überprüfung des Verhaltens der Bundesexekutive bei der **Ausübung ihrer Aufsichtsbefugnisse** dient.[206]

Das insoweit **gegenständlich beschränkte** Prüfungsrecht des Bundestages hat jedoch nicht zur Folge, dass **keine Rückschlüsse** auf das Verhalten von Landesbehörden möglich wären. Zwar hat der Untersuchungsausschuss in

---

203 Zur Frage der Aktenvorlagepflicht s. u. § 17 Rdn. 11 ff.
204 *Achterberg/Schulte*, in: v. Mangoldt/Klein/Starck II, Art. 44 Rn. 46 f.; *H. H. Klein*, MD, Art. 44 Rn. 140.
205 BayVerfGH, BayVerfGHE N.F. 38, 165 (177).
206 *Engels*, Parlamentarische Untersuchungsausschüsse, 1991, S. 122 f.; *Weisgerber*, Das Beweiserhebungsverfahren parlamentarischer Untersuchungsausschüsse des Deutschen Bundestages, 2003, S. 112.

seinem Abschlussbericht[207] nicht das Verhalten der Landesexekutive zu bewerten,[208] mittelbar wird dies jedoch der Fall sein. Denn die Feststellung etwa, die Bundesregierung hätte einschreiten müssen, enthält **indirekt** auch die Aussage, eine Landesbehörde sei rechts- oder zweckwidrig verfahren.

89   Soweit Vertreter einer Landesregierung Organen oder Gremien einer Bundeseinrichtung angehören, führt auch dies nicht zu einer unmittelbaren Kontrolle dieser Einrichtung durch Untersuchungsausschüsse der Länderparlamente. Denn die landesparlamentarische Kontrollbefugnis umfasst nur das **Innenverhältnis** zwischen der Landesregierung und dem Vertreter des Landes. Daher kann auch nicht das Verhalten des Vertreters **als solches** innerhalb der Einrichtung, sondern können nur die ihm **hierfür erteilten Weisungen**, aber auch das **Unterlassen** solcher Weisungen Gegenstand eines Untersuchungsausschusses auf Landesebene sein.[209]

VI. Kommunale Selbstverwaltung

90   Die Kommunen sind im föderalen Aufbau der Bundesrepublik **keine dritte Ebene**, sondern **integraler Bestandteil** der Länder. Sie gehören zu deren Verfassungsbereich.[210] Gemeinden und Gemeindeverbände sind zugleich Träger öffentlicher Gewalt und Teil der vollziehenden Gewalt iSd Art. 1 Abs. 3 und 20 Abs. 3 GG, mithin ein Stück Staat[211] und in den staatlichen (Länder-) Aufbau integriert.[212] Dies gilt auch hinsichtlich ihrer Rechtsetzungstätigkeit. Auch insoweit sind sie **Exekutive** und nicht Legislative.[213]

91   Als Teil der Exekutive unterliegen die Kommunen daher auch prinzipiell dem parlamentarischen Kontrollrecht. Da es jedoch **keine Bundeskommunalaufsicht** gibt,[214] ist die Kontrolle weder Sache der Bundesbehörden noch des Bundestages. Seit der **Föderalismusreform I** finden sich Art. 28 Abs. 2 Satz1 GG ergänzende grundgesetzliche Sicherungen der kommunalen Selbstverwaltung in Art. 84 Abs. 1 Satz 7, 85 Abs. 1 Satz 2 GG, die den so

---

207 Zur Bewertung des Verhaltens von Landesbehörden im Abschlussbericht s. i.E. u. § 29 Rdn. 11.
208 S. 1. UA/13. Wahlperiode, Abschlussbericht BT-Drucks. 13/10800, S. 48 sowie *Platter*, Das parlamentarische Untersuchungsverfahren vor dem Verfassungsgericht, 2004, S. 43.
209 So auch anschaulich für die Treuhandanstalt: *Kunig/v.Lampe*, LKV 1994, 131 (135).
210 BVerfGE 86, 148 (215); 100, 56 (58); *Hellermann*, in: Epping/Hillgruber, Art. 28 Rn. 21.
211 BVerfGE 73, 118 (191).
212 BVerfGE 83, 37 (54); *Böckenförde*, AöR 103 (1978) 1 (25).
213 BVerfGE 65, 283, 289; *Pieroth*, in: Jarass/Pieroth, Art. 28 Rn. 10 m.w.N.; *Hellermann*, in: Epping/Hillgruber, Art. 28 Rn. 21 f.
214 BVerfGE 8, 122 (137); *Pieroth*, in: Jarass/Pieroth, Art. 30 Rn. 6.

genannten **Durchgriff des Bundesgesetzgebers** auf die Kommunen unterbinden.[215] Daher können Untersuchungsausschüsse des Bundestages **kommunales Verhalten** grundsätzlich[216] nicht zum Gegenstand **bundes-parlamentarischer** Untersuchungen machen.[217]

Dagegen kann der Bereich kommunaler Selbstverwaltung durchaus Gegenstand parlamentarischer Untersuchungsausschüsse der **Landesparlamente** sein.[218] Einer näheren **Differenzierung** bedürfen jedoch die Grenzen dieser Untersuchungskompetenz. 92

Den Kommunen ist nach Art. 28 Abs. 2 S. 1 GG bundesverfassungsrechtlich das Recht der **Selbstverwaltung** garantiert. Dies kann nicht ohne Einfluss auf die parlamentarischen Kontrollkompetenzen bleiben. Die aus dem Bundesstaatsprinzip folgende Begrenzung hinsichtlich des Kompetenzbereichs von Bund und Ländern[219] passt hier allerdings nicht. Denn einen Bereich **ausschließlicher Zuständigkeit**, wie es ihn im Verhältnis zwischen Bund und Ländern als Konsequenz aus der Staatlichkeit beider Seiten gibt, können die Gemeinden als Teil der Länder **nicht** für sich **beanspruchen**.[220] Außerdem gehört die öffentlich-rechtlich organisierte Selbstverwaltung zur Staatsgewalt, sind ihre Träger dem Staat als verlängerter Arm zugeordnet.[221] 93

Gleichwohl lassen sich Kriterien, wie sie in der Abgrenzung der Untersuchungskompetenz von Bundestag und Landesparlamenten eine Rolle spielen, **entsprechend** auch hier heranziehen. Dies gilt zunächst hinsichtlich der Verwaltungskontrolle für **mittelbare** Untersuchungen der kommunalen Ebene, indem Untersuchungsgegenstand und -objekt nicht die Gemeinden und deren Organe oder Behörden unmittelbar sind, sondern die **staatlichen Aufsichtsbehörden**. Ob und wie die staatlichen Aufsichtsbehörden ihre Befugnisse wahrnehmen, kann selbstverständlich Gegenstand parlamentarischer Untersuchungen seitens des jeweiligen Landesparlaments sein. Untersuchungsziel und Untersuchungsgegenstand sind dann nur das Verhalten der Aufsichtsbehörden selbst. Deren Verhalten ist parlamentarisch überprüfbar, zumal eine Verletzung von Aufsichtspflichten sogar **Amtshaftungsansprüche** gegen das Land auslösen kann.[222] 94

---

215 *Hellermann*, in: Epping/Hillgruber, Art. 28 Rn. 28
216 Vgl. zu einem eventuellen Ausnahmefall das Bsp. bei *Achterberg/Schulte*, in: v. Mangoldt/Klein/Starck II, Art. 44 Rn. 50.
217 *Achterberg/Schulte*, in: v. Mangoldt/Klein/Starck II, Art. 44 Rn. 50; *Schleich*, Das parlamentarische Untersuchungsrecht des Bundestages, 1985, S. 78.
218 *Masing*, Parlamentarische Untersuchungen privater Sachverhalte, 1998, S. 325; OVG Saarl., NVwZ 1987, 612.
219 S. dazu o. Rdn. 60.
220 *Böckenförde*, AöR 103 (1978) 1 (24 f.).
221 *Schmidt*, Die demokratische Legitimationsfunktion der parlamentarischen Kontrolle, 2007, S. 167 m.w.N.; *Hellermann*, in: Epping/Hillgruber, Art. 28 Rn. 22.
222 BGH, JZ 2003, 958 ff. mit zust. Anm. *Teichmann*.

95 Zwar sind die Kommunen in diesen Fällen dann mittelbar auch Gegenstand der Untersuchung. Eine Rechtsposition, auf Grund der die Kommunen dies **verhindern** könnten, ist jedoch **nicht ersichtlich**.[223] Die Vorgänge im kommunalen Bereich sind dann insoweit allerdings lediglich **Beweismaterial** und daher der **unmittelbaren Bewertung** durch den Untersuchungsausschuss **entzogen**.[224]

96 Daneben steht den Landesparlamenten auch ein **unmittelbares** Kontrollrecht hinsichtlich des gemeindlichen Verhaltens zu. Da der Gemeindevertretung und deren Ausschüssen keine entsprechende Kompetenz zukommt, entstünde andernfalls eine »Leerstelle«.[225]

97 Unbeschadet dessen hat das unmittelbare Kontrollrecht des Parlaments die **Grenzen** zu beachten, die auch den staatlichen Aufsichtsbehörden gezogen sind.[226] Dies bedeutet, dass Vorgänge auf kommunaler Ebene, die im Zusammenhang mit der Erledigung von **Auftragsangelegenheiten** stehen, sowohl einer **Rechtmäßigkeits-** als auch einer **Zweckmäßigkeitskontrolle** unterliegen. Soweit es um den Bereich der kommunalen Selbstverwaltung geht, erschöpft sich die parlamentarische Kontrollkompetenz in einer Rechtmäßigkeitskontrolle.[227] Die Selbstverwaltungsgarantie gibt den Kommunen insoweit ein **spezifisches Abwehrrecht** auch gegenüber parlamentarischen Untersuchungen.[228]

98 Neben der Verwaltungskontrolle können in der Praxis auch so genannte **Missstandsuntersuchungen** eine Rolle spielen. Eine Grenzziehung erweist sich dabei oft als schwierig, denn mögliche Missstandsfälle dürfen einerseits nicht zum Einfallstor für eine **grenzenlose** staatliche Kontrolle werden, andererseits befinden sich die Kommunen auch nicht im **rechtsfreien** Raum, sondern sind der Staatsgewalt ein- und untergeordnet.[229]

99 Missstandsuntersuchungen sind daher auch im kommunalen Bereich zulässig,[230] haben indes die **Grenzen staatlicher Aufsicht** zu beachten. Dies bedeutet, dass auch unter dem Aspekt einer Missstandsuntersuchung für den Bereich der kommunalen Selbstverwaltung keine Zweckmäßigkeitsuntersuchung und keine Zweckmäßigkeitskontrolle erfolgen darf. Da die staatli-

---

223 *Blümel/Ronellenfitsch*, Parlamentarische Untersuchungsausschüsse und kommunale Selbstverwaltung, 1978, S. 81 f.; *Böckenförde*, AöR 103 (1978) 1 (27).
224 *Böckenförde*, AöR 103 (1978) 1 (27).
225 *Böckenförde*, AöR 103 (1978) 1 (28).
226 OVG Saarl. NVwZ 1987, 612 (613).
227 Zur Rechtslage in Berlin bezgl. der Kontrolle der Bezirke in Selbstverwaltungsangelegenheiten s. *Korbmacher*, in: Driehaus, Art. 48 Rn. 2; s.a. *Kirschniok-Schmidt*, Das Informationsrecht des Abgeordneten nach der brandenburgischen Landesverfassung, 2009, S. 121 f.
228 *Böckenförde*, AöR 103 (1978) 1 (27).
229 *Böckenförde*, AöR 103 (1978) 1 (33).
230 So a. HessStGH, ESVGH 22, 137 (138 ff.); BayVerfGH, NVwZ 1996, 1206 (1207).

che Kontrollbefugnis in diesem Bereich auf die Rechtmäßigkeitsprüfung beschränkt ist, liegt bei bloß **zweckwidrigem** Handeln **kein** im Sinne des Untersuchungsrechts **aufgreifbarer Gegenstand** vor. Die unzweckmäßige Handhabung beziehungsweise Entscheidung stellt im Bereich der kommunalen Selbstverwaltung grundsätzlich keinen Missstand dar.[231]

VII. Untersuchungsrecht und Rundfunkfreiheit

Die Rundfunkfreiheit umfasst alle mit der Veranstaltung von Rundfunk[232] zusammenhängenden Tätigkeiten. Sie reicht von der Beschaffung von Informationen und der Produktion der Sendungen bis hin zu deren Verbreitung.[233] Mithin werden alle Voraussetzungen und Hilfstätigkeiten erfasst, ohne die der Rundfunk seine Funktion nicht in angemessener Weise erfüllen kann.[234] Dabei ist insbesondere die Staatsfreiheit ein wesentliches Element der **Rundfunkfreiheit**.[235] 100

Die **Staatsfreiheit** des Rundfunks wird durch jede Einflussnahme des Staates auf die Programmgestaltung beeinträchtigt und nicht erst durch eine **staatliche Dominanz** bei der **Programmgestaltung**.[236] Einbezogen ist dabei auch die mittelbare Programmbeeinflussung, wie sie etwa durch die Festlegung von Rundfunkgebühren oder mit der Zuteilung von Übertragungskapazitäten verbunden ist.[237] 101

Der **objektive** Gehalt der Rundfunkfreiheit verpflichtet den Staat allerdings zur **Ausgestaltung** der Freiheit.[238] Der Auftrag zur Ausgestaltung erfasst jedoch nicht nur den öffentlich-rechtlichen, sondern auch den privaten Rundfunk.[239] Insbesondere sind nach Auffassung des Bundesverfassungsgerichts »materielle, organisatorische und Verfahrensregelungen erforderlich, die an der Aufgabe der Rundfunkfreiheit orientiert und deshalb geeignet sind, zu bewirken, was Art. 5 Abs. 1 GG gewährleisten will.«[240] Ferner kann der Gesetzgeber soweit und solange dies durch die Ausgestal- 102

---

231 *Böckenförde*, AöR 103 (1978) 1 (34).
232 S. zum verfassungsrechtlichen Rundfunkbegriff, *Fechner*, in: Stern/Becker, Art. 5 Rn. 128.
233 BVerfGE 103, 44 (59); 77, 65 (74); 91, 125 (135); BGHZ 110, 371 (375).
234 BVerfGE 107, 299 (329 f.); *Schemmer*, in: Epping/Hillgruber, Art. 5 Rn. 73.
235 BVerfGE 83, 238 (322); *Fechner*, in: Stern/Becker, Art. 5 Rn. 151; s.a. *Schmidt*, Die demokratische Legitimationsfunktion der parlamentarischen Kontrolle, 2007, S. 160 ff.
236 BVerfGE 90, 60 (88).
237 S. i.E. *Schemmer*, in: Eping/Hillgruber, Art. 5 Rn. 70 ff. m.w.N.
238 *Schemmer*, in: Epping/Hillgruber, Art. 5 Rn. 76; *Hoffman-Riem*, AK-GG, Art. 5 Rn. 115 ff.; *Jarass*, Verh. d. 56. DJT (1986), S. C 24 ff.
239 BVerfG, NVwZ 2008, 658 (658).
240 BVerfGE 73, 118 (153); 83, 238 (296).

tung geboten ist, auch **organisatorische Vorgaben** treffen.[241] Daneben ist der Staat verpflichtet, ausreichende Maßnahmen gegen **Informationsmonopole** zu treffen.[242] Kartellrechtliche Regelungen können daher durchaus auch der Rundfunkfreiheit dienen.[243]

103 Die zuvor beschriebene Stellung des Rundfunks und die Aufgaben des Staates haben auch Einfluss auf die Zulässigkeit parlamentarischer Untersuchungsgegenstände. So kann der Bundestag oder das jeweilige Landesparlament für seinen Zuständigkeitsbereich eine **Gesetzgebungsenquete** einzusetzen, um sich Erkenntnisse darüber zu verschaffen, ob (weitere) gesetzliche Regelungen in diesem Bereich angezeigt sind. Inwieweit die Untersuchungen unter Einsatz von **Zwangsmitteln** erfolgen dürfen, ist eine Frage des **Einzelfalles**, die die grundsätzliche Zulässigkeit einer Gesetzgebungsenquete nicht beeinträchtigt. Mangels entsprechender **rundfunkrechtlicher Gesetzgebungskompetenzen** kann es für den Bundestag allerdings nur um die **Übertragung** von Kompetenzen im Rahmen einer Verfassungsänderung gehen.

104 Hinsichtlich der Einsetzung einer **Kontroll- oder Missstandsenquete** ergeben sich dagegen **engere** Grenzen. Auch hinsichtlich der öffentlich-rechtlichen Rundfunkanstalten folgt aus der Rundfunkfreiheit, dass sich die staatliche Aufsicht auf eine **Rechtsaufsicht** beschränkt.[244] Auch die Untersuchungskompetenz des Parlaments unterliegt daher dieser Schranke. Es dürfen nur **Rechtsverstöße** der Rundfunkanstalten zum Gegenstand parlamentarischer Untersuchung werden. Gleiches gilt für die **Landesmedienanstalten**. Obwohl sie zum Staat zählen,[245] haben sie das Recht zur Selbstverwaltung[246] und unterliegen daher nur einer Rechtsaufsicht.[247] Diese **Schranken** hat auch die **parlamentarische Untersuchung** zu beachten. Auch die **Vertreter der Exekutive** in den Gremien der Rundfunk- und Landesmedienanstalten unterliegen wegen ihres Verhaltens nur der parlamentarischen Rechtmäßigkeitskontrolle.

VIII. Untersuchungsrecht und Hochschulfreiheit

105 Die in Art. 5 Abs. 3 GG verankerte Wissenschaftsfreiheit gewährleistet ein Recht auf **Abwehr jeder staatlichen Einwirkung** auf den Prozess der

---

241 *Schemmer*, in: Epping/Hillgruber, Art. 5 Rn. 78.
242 BVerfGE 97, 228 (258); *Schemmer*, in: Epping/Hillgruber, Art. 5 Rn. 79 f.
243 BGHZ 110, 371 (396 f.).
244 BVerfGE 12, 205 (261); BVerwGE 54, 29 (36); s.a. *Schemmer*, in: Epping/Hillgruber, Art. 5 Rn. 85.1.
245 BVerfGE 97, 298 (314); s.a. *Jarass*, in: ders./Pieroth, Art. 5 Rn. 34.
246 S. § 38 Abs. 1 LMG RhPf.
247 S. § 50 LMG RhPf.

Gewinnung und Vermittlung **wissenschaftlicher** Erkenntnisse.[248] Der staatliche Eingriff kann dabei sowohl in einer Einflussnahme auf **einzelne Wissenschaftler** als auch in einer Beeinflussung der **wissenschaftlichen Einrichtungen** und Institutionen liegen. Vornehmlich schützt das Grundrecht dabei vor Eingriffen in die **Hochschulautonomie**, insbesondere in die akademische Selbstverwaltung.[249] Die Hochschulfreiheit umfasst insbesondere die Forschungs- und Lehrplanung, die Initiierung und Koordinierung von Forschungs- und Lehrprojekten.[250] Grundrechtlich verbürgt ist namentlich eine **personelle und sächliche Grundausstattung**, die notwendig ist, um wissenschaftliche Forschung und Lehre betreiben zu können.[251] Daneben ist auch die staatliche Einflussnahme auf die einzelnen Hochschullehrer beschränkt. Die Wissenschaftsfreiheit verleiht **Hochschullehrern** über die allgemeine beamtenrechtliche Stellung hinaus eine **weit gehende Unabhängigkeit** bei der Ausübung ihres Berufes.[252] So muss der einzelne Hochschullehrer selbst über Inhalt und Ablauf von Lehrveranstaltungen bestimmen können.[253] Ein Fachbereich darf zur Qualität der wissenschaftlichen Tätigkeit des einzelnen Hochschullehrers keine **amtliche Stellungnahme** abgeben.[254]

Unbeschadet der aufgezeigten Grenzen trifft den Staat auch hinsichtlich des Hochschulbereichs eine **Ausgestaltungspflicht**.[255] Er hat durch geeignete organisatorische Maßnahmen die freie wissenschaftliche Betätigung zu sichern,[256] wobei dem Gesetzgeber dabei ein **erheblicher Gestaltungsspielraum** zukommt.[257] Außerdem ergeben sich Beschränkungen der Lehre aus praktischen Erfordernissen, wie der sinnvollen Organisation des Lehrbetriebs.[258]

Für parlamentarische Untersuchungsausschüsse folgt daraus: Gegen den Einsatz einer **Gesetzgebungsenquete** zur Informationsbeschaffung bestehen grundsätzlich **keine** verfassungsrechtlichen Bedenken. Dagegen ist bei einer **Kontroll- und Missstandsenquete** die Hochschulautonomie in beson-

---

248 BVerfGE 47, 327 (367).
249 *Schemmer*, in: Epping/Hillgruber, Art. 5 Rn. 192; krit. *Mager*, in: Isensee/Kirchhof VII, § 166 Rn. 27 f.
250 *Jarass*, in: ders./Pieroth, Art. 5 Rn. 134 m.w.N.; *Fechner*, in: Stern/Becker, Art. 5 Rn. 186.
251 BVerfG, NVwZ-RR 1998, 175 (175); *Schemmer*, in: Epping/Hillgruber, Art. 5 Rn. 194.
252 BVerfGE 61, 200 (206); *Jarass*, in: ders./Pieroth, Art. 5 Rn. 136 m.w.N.
253 BVerfGE 55, 37 (68); *Fechner*, in: Stern/Becker, Art. 5 Rn. 186.
254 BVerfGE 102, 304 (312); s.a. *Brocker*, RiA 1993, 271 (274).
255 *Mager*, in: Issensee/Kirchhof VII, Art. 166 Rn. 23.
256 BVerfGE 67, 202 (207 f.); *Fechner*, in: Stern/Becker, Art. 5 Rn. 250.
257 BVerfGE 66, 155 (177); BVerwGE 45, 39 (44); *Jarass*, in: ders./Pieroth, Art. 5 Rn. 129; *Fechner*, in: Stern/Becker, Art. 5 Rn. 251.
258 *Fechner*, in: Stern/Becker, Art. 5 Rn. 321.

derem Maße betroffen. In diesen Bereich darf das Parlament mit seinen Untersuchungen nicht ohne weiteres eindringen. So dürfen die **Qualität** wissenschaftlicher Forschungs- und Lehrtätigkeit einzelner Hochschullehrer zumindest nicht unmittelbar zum Gegenstand parlamentarischer Untersuchungen werden. Ebenso scheidet eine Untersuchung **konkreter Forschungs- und Lehrprojekte** aus, soweit es um deren Sinnhaftigkeit und Zweckmäßigkeit geht.

108 **Zulässig** sind dagegen Untersuchungen, die Rechtsverstößen nachgehen. Denn die Tätigkeit der Hochschulen unterliegt der staatlichen **Rechtmäßigkeitskontrolle** und schließt damit insoweit auch das parlamentarische Kontrollrecht mit ein. Dies gilt auch, soweit ihnen das Recht der Selbstverwaltung eingeräumt ist.[259] Soweit ihnen dagegen die Erfüllung staatlicher Aufgaben als **Auftragsangelegenheiten** übertragen ist,[260] unterliegen sie darüber hinaus auch einer **Zweckmäßigkeitskontrolle**. Die Zweckmäßigkeit des Handelns kann dann auch Gegenstand einer parlamentarischen Untersuchung sein.

IX. Untersuchung politischer Parteien

109 Gegen **politische Parteien** gerichtete Untersuchungen werfen verschiedene Fragen auf und zwar unabhängig davon, ob es sich um eine Gesetzgebungsenquete oder etwa um eine Skandalenquete handelt. Dies hängt mit der besonderen Situation zusammen, dass sich die parlamentarische Untersuchung als politisches Instrument[261] in diesem Fall für einen Teil der Ausschussmitglieder gegen den **politischen Gegner** richtet. Dabei bietet sich auch die Chance zu dessen **Ausforschung**.[262] Außerdem garantiert Art. 21 GG den Parteien grundsätzlich ihre Staatsfreiheit[263] und sind sie dem gesellschaftlichen Bereich zuzuordnen.[264]

110 Gleichwohl können politische Parteien prinzipiell **zulässiger Gegenstand** parlamentarischer Untersuchungen sein. Sie dürfen dabei allerdings nicht als **privatnützige** Verbände, also wegen jeder Art von Gesetzesverstoß, sondern nur in ihrer **Bezogenheit auf politische Ämter** und das gemeine Wohl zur

---

259 S. etwa § 6 Abs. 2 S. 1, 2, Halbs. 1 HochSchG RhPf.
260 S. etwa § 6 Abs. 2 S. 1, 2, Halbs. 2 HochSchG RhPf.
261 S. dazu o. § 1 Rdn. 10; *Glauben*, DRiZ 1992, 395; *ders.*, DRiZ 2000, 122.
262 BVerfGE 105, 197 (229); *Söllner*, Gutachten, Anlagenbd. I zu BT-Drucks. 14/9300, Dok. 11, S. 4; OLG Frankfurt, NJW 2001, 2340 (2341); *Schröder*, NJW 2000, 1455 (1457).
263 *Geis*, in: Isensee/Kirchhof III, § 55 Rn. 42 m.w.N.; *Kunig*, in: Isensee/Kirchhof III, § 40 Rn. 23 ff.; zu der Parteifreiheit i.E. vgl. *Kluth*, in: Epping/Hillgruber, Art. 21 Rn. 100 ff.
264 BVerfGE 121, 30(53 f.).

Rechenschaft gezogen werden.[265] Von praktischer Relevanz ist in diesem Zusammenhang insbesondere das **Finanzgebaren** der politischen Parteien, das in Anlehnung an die in Art. 21 Abs. 1 S. 4 GG verfassungskräftig festgelegte und im Parteiengesetz konkretisierte **Rechenschaftspflicht** hinsichtlich ihrer Finanzmittel[266] prinzipiell zulässiger Gegenstand einer parlamentarischen Untersuchung sein kann.[267]

Mit Blick auf die ebenfalls verfassungsrechtlich garantierte **Staatsfreiheit** der politischen Parteien[268] ist dennoch **Zurückhaltung** geboten. Denn aus der Staatsfreiheit folgt zwingend, dass die Parteien für ihr Tun und Lassen dem Parlament gegenüber grundsätzlich nicht verantwortlich sind.[269] Daher ist auch den Parteien ein **Arkanbereich** einzuräumen, in den ein Untersuchungsausschuss nicht eindringen darf.[270] Zu diesem Bereich zählen etwa die **innere Willensbildung** der Partei, die Art und Weise der **Mitgliedergewinnung**, die Strategie und Durchführung von **Wahlkämpfen** oder die eigene **Personalpolitik** und das **Personalwesen**.[271] Diese Rechte sind auch einem parlamentarischen Untersuchungsausschuss gegenüber schützenswert und daher von einer aktenverwahrenden Behörde zu berücksichtigen.[272] Der Untersuchungsausschuss kann daher im Sinne der **praktischen Konkordanz** verpflichtet sein, zumindest auf das so genannte **modifizierte Vorsitzendenverfahren** zurückzugreifen.[273] 111

Hinsichtlich des **Finanzgebarens** einer Partei lassen sich die **Grenzen** der Untersuchung auch aus dem Parteiengesetz bestimmen. Eine **allgemeine Kontrolle** der Parteifinanzen ist kein zulässiger Gegenstand einer parlamentarischen Untersuchung. Vielmehr müssen Anhaltspunkte für konkrete Verstöße gegen parteirechtliche Vorschriften bestehen.[274] Das gilt auch für die wirt- 112

---

265 *H. H. Klein*, MD, Art. 44 Rn. 127; *Masing*, ZRP 2001, 36 (38); *Schröder*, NJW 2000, 1455 (1456).
266 S. dazu §§ 18 ff. ParteiG; zur Bedeutung der Rechenschaftspflicht s. *Kunig*, in: Isensee/Kirchhof III, § 40 Rn. 38 ff.; *Koch*, in: Ipsen (Hrsg.), ParteienG, Kommentar, 2008, vor § 18 ff.
267 *H. H. Klein*, MD, Art. 44 Rn. 127 m.w.N.; *Heinig*, MIP Sonderheft, 1999, 37 (39 f.); *Masing*, ZRP 2001, 36 (38); OLG Frankfurt, NJW 2001, 2340 (2341).
268 S. dazu *H. H. Klein*, MD, Art. 21 Rn. 255 ff.
269 *H. H. Klein*, MD, Art. 44 Rn. 128.
270 *Söllner*, Gutachten, Anlagenbd. I zu BT-Drucks. 14/9300, Dok. 11, S. 10; *Quass/Zuck*, NJW 1988, 1875.
271 S. dazu i.E. *Söllner*, Gutachten, Anlagenbd. I zu BT-Drucks. 14/9300, Dok. 11, S. 12 f.
272 OLG Frankfurt, NJW 2001, 2340 (2341).
273 So jedenfalls OLG Frankfurt, NJW 2001, 2340 (2342 f.); s. dazu a. u. § 17 Rdn. 39 sowie § 11 Rdn. 35.
274 *Schröder*, NJW 2000, 1455 (1457); *Umbach*, in: ders./Clemens, GG, Art. 44 Rn. 44.

schaftliche Betätigung einer Partei.[275] Was eine Partei nach dem Parteiengesetz nicht offen legen muss, ist auch dem »Zugriff« des Untersuchungsausschusses entzogen.[276] Außerdem kann zulässiger Untersuchungsgegenstand prinzipiell nur die **Mittelbeschaffung**, nicht aber die **Mittelverwendung** sein. Letzteres wäre ein Eingriff in den **Arkanbereich** einer Partei.[277]

113 Obwohl die innere Ordnung einer **Partei** demokratischen Grundsätzen entsprechen muss,[278] kann sie dennoch **nicht Gegenstand** einer parlamentarischen Untersuchung sein. Denn in diesem Fall würde die Partei gezwungen, dem Untersuchungsausschuss ihre **Struktur** und damit auch den **Inhalt ihrer Entscheidungsprozesse** offen zu legen. Der Ausschuss könnte – notfalls mit Zwangsmitteln – Parteiinterna aufklären. Die **Chancengleichheit** der betroffenen Partei im politischen Wettbewerb wäre erheblich beeinträchtigt.[279] Der verfassungsrechtlich vorgegebene Weg ist in diesem Fall wegen des so genannten **Parteienprivilegs** nach Art. 21 Abs. 2 S. 2 GG das **Parteiverbotsverfahren** vor dem Bundesverfassungsgericht. Dass zum Beispiel der Bundestag hier antragsberechtigt ist, gibt ihm aber noch nicht die Befugnis, in einem justizförmig ausgestalteten Verfahren sich die Informationen zu besorgen, die er zur Begründung seines Antrags braucht.[280]

114 Soweit die Parteien dagegen als **Wahlvorbereitungsorgane** tätig werden, insbesondere bei der **Kandidatenaufstellung**, können sie wiederum, über ihr Finanzgebaren hinaus, zum zulässigen Gegenstand parlamentarischer Untersuchungen werden.[281] Dem dürfte auch nicht das parlamentarische **Wahlprüfungsrecht** nach Art. 41 GG und den entsprechenden Bestimmungen der Landesverfassungen als Kompetenzschranke entgegenstehen.[282] Die Wahlprüfung ist eine an rechtliche Kriterien gebundene **Ex-post-Kontrolle** konkreter staatlicher Wahlvorgänge, die alle Abschnitte des Wahlverfahrens vom Beginn bis zur Feststellung des Ergebnisses und zur endgültigen Verteilung der Sitze erfasst.[283] Insoweit kann sie zwar durchaus eine Kompetenzschranke für die parlamentarische Untersuchung etwa durch eine Missstandsenquete sein. Einer Gesetzgebungsenquete dagegen, die etwa das

---

275 *H. H. Klein*, MD, Art. 44 Rn. 130.
276 *Söllner*, Gutachten, Anlagenbd. I zu BT-Drucks. 14/9300, Dok. 11, S. 11.
277 *Söllner*, Gutachten, Anlagenbd. I zu BT-Drucks. 14/9300, Dok. 11, S. 17; krit. *Morlok*, in: Dreier II, Art. 44 Rn. 21.
278 S. dazu i.E. *Kunig*, in: Isensee/Kirchhof III, § 40 Rn. 31 ff.; *Kluth*, in: Epping/Hillgruber, Art. 21 Rn. 144 ff.
279 *H. H. Klein*, MD, Art. 44 Rn. 129; s.a. *Kunig*, in: Isensee/Kirchhof III, § 40 Rn. 93 ff.; RhPfVerfGH, AS 38, 322 (326) hinsichtlich der Fraktionen.
280 So zutr. *H. H. Klein*, MD, Art. 44 Rn. 129 m. Fn. 6.
281 *H. H. Klein*, MD, Art. 44 Rn. 133; *Geis*, in: Isensee/Kirchhof III, Art. 55 Rn. 42.
282 So aber wohl *H. H. Klein*, MD, Art. 44 Rn. 133; *Geis*, in: Isensee/Kirchhof III, Art. 55 Rn. 42.
283 *Glauben*, BK, Art. 44 Rn. 25 m.w.N.

Ziel hat, das parteiinterne Aufstellungsverfahren der Kandidaten neu oder in bestimmten Bereichen erstmals zu regeln, steht die Wahlprüfung wegen der **unterschiedlichen Zielrichtung** nicht entgegen. Ohnehin ist eine Gesetzgebungsenquete mit Blick auf den verfassungsgesetzlichen **Ausgestaltungsauftrag in Art. 21 Abs. 3 GG**[284] unter Beachtung der vorbeschriebenen Schranken selbstredend zulässig.

X. Untersuchung parlamentarischer Fraktionen

Die bei den Untersuchungen von politischen Parteien aufgetretenen Fragen stellen sich zumindest partiell ebenso bei parlamentarischen Untersuchungen gegen eine **Parlamentsfraktion**. Auch hier besteht prinzipiell die Gefahr, dass Untersuchungen **parteitaktisch** dazu genutzt werden, um den politischen Gegner auszuspähen.[285] Allerdings handelt es sich hierbei von vornherein, anders als bei politischen Parteien, nicht um Untersuchungen, die sich gegen Private richten. Unabhängig von der im einzelnen umstrittenen Rechtsnatur der Fraktionen,[286] lassen sie sich jedenfalls nicht in den Bereich des Privatrechts verweisen.[287] Vielmehr dürfte ihnen eine **rechtliche Doppelnatur** zukommen: Einerseits ständige Gliederungen des Parlaments,[288] andererseits aber rechtlich verselbstständigte Vereinigungen.[289] Auch wenn sie **keine öffentliche Gewalt** ausüben,[290] und weder Organe noch Unterorgane des Parlaments sind,[291] so handelt es sich bei ihnen doch um notwendige Einrichtungen des **Verfassungslebens**,[292] denn sie formen die parlamentarische Willensbildung und bündeln unterschiedliche politische Positionen

115

---

284 S. dazu *Kluth*, in: Epping/Hillgruber, Art. 21 Rn. 174 f.
285 *Geis*, in: Isensee/Kirchhof III, § 55 Rn. 8.
286 Vgl. die Nachweise bei *Hölscheidt*, Das Recht der Parlamentsfraktionen, 2001, S. 283 ff.; zum Meinungstand: *Pfeil*, Der Abgeordnete und die Fraktion – verfassungsrechtliche Vorgaben und gesetzliche sowie binnenrechtliche Ausgestaltung, 2008, S. 65 ff.
287 Die instanzgerichtliche Rechtsprechung versucht indes, Parlamentsfraktionen anhand zivilrechtlicher Organisationsformen zu kategorisieren wie etwa OLG Schleswig, NwZ-RR 1996, 103 (103); OLG Suttgart, AfP 2003, 365 (365).
288 So das BVerfG in st. Rspr.: BVerfGE 1, 208 (223); 2, 143 (160), 4 (14); 20, 56 (104); 80, 188 (213); 102, 224 (242).
289 *J. Ipsen*, Staatsrecht I – Staatsorganisationsrecht, 21. Aufl., 2009, Rn. 270; *Stevens*, Die Rechtsstellung de Bundestagsfraktionen, 2000, S. 78.
290 S. dazu beispielsweise § 46 AbgG, § 1 Abs. 1 Satz 1 FraktG RhPf.; *Zeh*, in: Isensee/Kirchhof III, § 52 Rn. 7.
291 *Zeh*, in: Isensee/Kirchhof III, § 52 Rn. 5.
292 BVerfGE 20, 56 (104); 70, 324 (350); *Zeh*, in: Isensee/Kirchhof III, § 52 Rn. 6.

zu handlungs- und verständigungsfähigen Einheiten.²⁹³ Die Fraktionen beruhen auf der **freien Ausübung des Mandats** ihrer Mitglieder. Ihre Rechtsstellung leitet sich damit, wie der Status der Bundestagsabgeordneten, aus Art 38 Abs. 1 Satz 2 GG²⁹⁴ sowie für Landtagsabgeordneten aus den entsprechenden landesverfassungsgesetzlichen Normen ab. Damit fügen sie sich als solche in die **organisatorische Staatlichkeit** ein.²⁹⁵ Daher stellt sich hier die Frage nach der Zulässigkeit und Reichweite so genannten Gesellschaftsenqueten nicht.²⁹⁶

116 Aufgeworfen ist indes die Frage nach der Zulässigkeit einer so genannten **Kollegialenquete**.²⁹⁷ Grundsätzlich sind Untersuchungsausschüsse auch zur Aufklärung **innerparlamentarischer** Vorgänge zulässig.²⁹⁸ Zwar liegt der Schwerpunkt parlamentarischer Untersuchungen in der Kontrolle der Regierung und Verwaltung²⁹⁹ und bezieht sich die verfassungsgerichtliche Rechtsprechung bisher weitgehend auf die Kontrolle des Verhaltens **einzelner Abgeordneter**.³⁰⁰ Allerdings ist die Funktion parlamentarischer Untersuchungen damit nicht zwangsläufig darauf begrenzt.³⁰¹ Vielmehr erfasst das parlamentarische Untersuchungsrecht den **gesamten Kompetenzbereich** des Parlaments und wird zugleich durch ihn begrenzt. Funktional ist das Parlament aber nicht nur Kontrollorgan, sondern das **zentrale Staatsorgan**, das in den Grenzen bundesstaatlicher Kompetenzverteilung umfassend zur politischen Willensbildung und Beschlussfassung zuständig ist.³⁰² Mithin darf das Parlament unter Berufung auf seine Repräsentationsfunktion in der

---

293 *H. H. Klein*, in: Isensee/Kirchhof III, § 51 Rn. 6; *Zeh*, in: Isensee/Kirchhof III, § 52 Rn. 6.
294 BVerfGE 70, 324 (363); 80, 188 (220); 84, 304 (322); 93, 195 (203 f.); 96, 264 (278); RhPfVerfGH, AS 38, 322 (325 f.); *Zeh*, in: Isensee/Kirchhof III, § 52 Rn. 6.
295 BVerfGE 10, 4 (14); 80, 188 (231); *Zeh*, in: Isensee/Kirchhof III, § 52 Rn. 11.
296 S. dazu u. Rdn. 129 ff.
297 Zum Begriff, *Morlok*, in: Dreier II, Art. 44 Rn. 17, 33 sowie BVerfGE 94, 351 (367 f).
298 RhPfVerfGH, AS 38, 322 (325); *Achterberg/Schulte*, in: v. Mangoldt/Klein/Starck II, Art. 44 Rn. 20 f.; *Wiefelspütz*, Das Untersuchungsausschussgesetz, 2003, S. 50.
299 BVerfGE 105, 197 (222) s.a. *Kretschmer*, in: Schmidt-Bleibtreu/Hofmann/Hopfauf, Art. 44 Rn. 34.
300 Zur Abgeordnetenüberprüfung: BVerfGE 94, 351 (366 ff.); BVerfGE 99, 19 (33 ff.); ThürVerfGH, LKV 2009, 374; s.a. HbgVerfG, NVwZ-RR 2007, 289: *Kretschmer*, in: Schmidt-Bleibtreu/Klein/Hofmann/Hopfauf, Art. 44 Rn. 36.
301 S. *Geis*, in: Isensee/Kirchhof III, § 55 Rn. 6 zur »Selbstreinigung des Parlaments« in Anknüpfung an BVerfGE 94, 351 (364).
302 *Morlok*, in: Dreier II, Art. 44 Rn. 20; H. H. *Klein*, MD, Art. 44 Rn. 104.

Öffentlichkeit diskutierte Themen aufgreifen, politisch zuspitzen und wertend zu ihnen Stellung nehmen.[303]

Daher sind gegenständliche Begrenzungen des parlamentarischen Untersuchungsrechts auf die Kontrolle von Regierung und Verwaltung soweit ersichtlich **ernsthaft** noch nicht erwogen worden.[304] Ein im Konvent von Herrenchiemsee unternommener Versuch, in Anknüpfung an die Vorarbeiten zur Weimarer Reichsverfassung die Einsetzung von Untersuchungsausschüssen nur »zur Sammlung und Prüfung von Materialien und zur Kontrolle der Gesetzmäßigkeit und Lauterbarkeit von Verwaltungsmaßnahmen von Bundesbehörden« zuzulassen, **scheiterte** letztlich.[305]

117

Gegen die Zulässigkeit **fraktionsgerichteter Kollegialenqueten** oder **Parlamentsenquete** lassen sich auch keine wesens- oder funktionsimmanenten Schranken des parlamentarischen Untersuchungsrechts anführen. Die Wirkungsbedingungen parlamentarischer Untersuchungsausschüsse sind in der Verfassungswirklichkeit vornehmlich von der divergierenden Interessenlage zwischen der die Regierung stützenden parlamentarischen Mehrheit und der opponierenden Minderheit geprägt. Es steht daher weniger das Ziel einer gesamtparlamentarischen Regierungskontrolle im Vordergrund als vielmehr die **Kontroverse zwischen Mehrheit und Minderheit**.[306] Denn im Parlament verläuft die eigentliche Frontstellung zwischen Regierungs- und Oppositionsfraktionen.

118

In diesem sich verschiebenden **Dualismus von Regierungs- und Oppositionsfraktionen**, sind die Präferenzen, nach denen das Parlament seine Kontrollthemen selektiert, notwendig kontradiktorisch und vor allem **parteipolitisch** motiviert.[307] So steht im Vordergrund der Oppositionsanstrengung die Absicht, Fehler und Schwachstellen der Regierungsarbeit publik zu machen, um sich als Alternative für eine bessere Regierung zu empfehlen. Auf dieses **klassische Kontrollverhältnis** ist das parlamentarische Untersuchungsrecht funktional jedoch nicht begrenzt. Der Rolle der die Regierung tragenden Parlamentsmehrheit entspricht es ebenso, **Defizite der Opposition** auszumachen, um sie als regierungsunfähig erscheinen zu lassen.[308] Es gibt selbstredend **keinen exklusiven Anspruch** der Opposition, das Instrument des parlamentarischen Untersuchungsausschusses einzuset-

119

---

303 BVerfGE 77, 1 (44 f.); *Magiera*, Parlament und Staatsleitung in der Verfassungsordnung des Grundgesetzes, 1979, S. 232 ff.; *Wiefelspütz*, Das Untersuchungsausschussgesetz, 2003, S. 34 ff.
304 *H. H. Klein*, MD, Art. 44 Rn. 22.
305 BVerfGE 77, 1 (45); *H. H. Klein*, MD, Art. 44 Rn. 22.
306 Zutr. *H. H. Klein*, MD, Art. 44 Rn. 3.
307 *Di Fabio*, Der Staat 29 (1990) 599 (610).
308 *Di Fabio*, Der Staat 29 (1990) 599 (610).

zen.³⁰⁹ Namentlich kann ein solcher Untersuchungsausschuss auch gegen die Opposition gewendet werden.³¹⁰

120 Hielte man eine gegen die Minderheit gerichtete parlamentarische Untersuchung für schlechthin ausgeschlossen, würde nicht nur ein **Vakuum an politischer Selbstkontrollmöglichkeit** entstehen. Vielmehr wäre im Hinblick auf die mit dem Instrument parlamentarischer Untersuchung sanktionsfähige Überprüfung von Regierung und Verwaltung die Minderheit gegenüber der Mehrheit gleichsam **privilegiert**, weil die Mehrheit über das Untersuchungsverfahren gerade **keine politische Verantwortlichkeit** gegenüber der **opponierenden Minderheit** einfordern könnte.³¹¹ Die Skandalaufbereitung nach parteipolitischer Opportunität ist dem Untersuchungsrecht insoweit inhärent,³¹² ohne dass es darauf ankäme, ob das verfolgte Ziel im Machterwerb oder Machterhalt liegt.

121 Nach diesen Maßstäben entzieht sich auch die Kontrolle der Fraktionen nicht vornherein der parlamentarischen Untersuchungskompetenz. Zwar sind Untersuchungen »ins Blaue hinein«, also ohne konkreten Anlass, nicht zulässig und bedarf es eines Bezugs zur staatlichen Sphäre.³¹³ Dies ist indes beispielsweise hinsichtlich des **Finanzgebarens** der Fraktionen, ebenso wie bei den Parteien, der Fall und kann daher parlamentarisch untersucht werden. Die Finanzierung mit staatlichen Zuschüssen soll eine sachgerechte, effektive Fraktionsarbeit im Rahmen der Aufgaben des Parlaments ermöglichen und gewährleisten.³¹⁴ Vor allem wegen der Finanzierung aus staatlichen Mitteln und der besonderen **Zweckbindung** dieser Mittel bedarf es wirkungsvoller Mechanismen und Vorkehrungen, um einer missbräuchlichen Verwendung zu begegnen.³¹⁵ Das Gebot der **Öffentlichkeit und Transparenz** der Fraktionsfinanzen verdeutlicht die Verantwortung der Fraktionen für den Umgang mit staatlichen Mitteln und ermöglicht dadurch eine politisch wirksame Kontrolle ihres Finanzgebarens.³¹⁶ Die staatliche Fraktionsfinanzierung gehört daher nicht zu den inneren Angelegenheiten **fraktionsautonomer Entscheidung**, sondern notwendig zum Öffentlichkeitsstatus der Fraktionen. Auch für fraktionsbezogene Untersuchungen gilt, dass sie nur bei Vorliegen eines **öffentlichen Interesses** zulässig sind.³¹⁷

309 *Wiefelspütz*, NJ 2002, 398 (398 f.).
310 BVerfGE 105, 197 (225); RhPfVerfGH, AS 38, 322 (325).
311 *Di Fabio*, Der Staat 29 (1990) 599 (611).
312 *Di Fabio*, Der Staat 29 (1990) 599 (613 mit Fn. 75).
313 RhPfVerfGH, AS 38, 322 (327 f.); BayVerfGH, NVwZ 1995, 681; BayVerfGH, NVwZ 1996, 1206; *Brocker*, in: Epping/Hillgruber, Art. 44 Rn. 6.
314 BVerfGE 80, 188 (213 f.).
315 BVerfGE 80, 188 (214); *Papier*, BayVBl. 1998, 512 (521).
316 *Krumbholz*, Finanzierung und Rechnungslegung der politischen Parteien und deren Umfeld, 2010, S. 308.
317 S. dazu oben Rdn. 11 ff. sowie RhPfVerfGH, AS 38, 322 (328 f.).

Zu den gebotenen und zulässigen Kontrollmaßnahmen zählt zwar auch **122** und vielleicht sogar in erster Linie die Kontrolle durch den **Rechnungshof**[318] ebenso wie die **fraktionsinterne Kontrolle** durch gewählte Rechungsprüfer, möglicherweise unter Beteiligung externer Wirtschaftsprüfer. Dies vermag indes an der Zulässigkeit parlamentarischer Kontrolle nichts zu ändern, denn die vorbeschriebenen Mechanismen und die parlamentarische Kontrolle verfolgen **unterschiedliche Zielrichtungen.** Während beispielsweise die Kontrolle durch den Rechnungshof sich auf die Prüfung der **Rechtmäßigkeit und Wirtschaftlichkeit** der Mittelverwendung beschränkt,[319] geht es bei der Kontrollbefugnis des Parlaments um Aufklärung auch unter politischen Gesichtspunkten[320] und der Zuordnung der **politischen Verantwortung.** Politische Kontrolle realisiert sich aber zuvörderst im Parlament als dem obersten Repräsentationsorgan des Volkswillens. Namentlich die Publizität der Fraktionsfinanzen bildet, wie bei den Parteifinanzen,[321] insoweit das funktional notwendige Pendant zur grundsätzlichen Freiheit der Fraktionen in ihrem Finanzgebaren.[322]

Allerdings gilt auch hier, wie bei den politischen Parteien, dass besondere **123** Anforderungen Fraktionen davor schützen müssen, mögliche Ausforschung von **Fraktionsinterna** durch den politischen Gegner zu verhindern. Dazu zählt zunächst, dass der Verdacht rechtswidrigen Verhaltens einer Fraktion durch **tatsächliche Anhaltspunkte** begründet sein muss. Dies ist auch im Hinblick auf die Bestimmtheit[323] des Untersuchungsauftrags zwingend geboten. Ferner ergeben sich Verfahrensschranken aus dem verfassungsorgansationsrechtlichen Status der Fraktionen, namentlich aus dem Grundsatz der **Fraktionsautonomie.**[324] Denn eine unbegrenzte Ausübung der notfalls mit Zwang durchsetzbaren parlamentarischen Informationsbefugnisse könnte unzulässig in die den Fraktionen bei der Bewältigung ihrer parlamentarischen Arbeit zustehenden Autonomie eingreifen.[325] Insoweit ist auch den Fraktionen ein **unausforschbarer Arkanbereich** zuzubilligen. Denn für ihre Aufgabenwahrnehmung steht den Parlamentsfraktionen ein aus ihrer Autonomie abzuleitender **politischer Ermessensspielraum** zur Verfügung, der auch die parlamentarische Untersuchungskompetenz begrenzt. So darf bei-

---

318 Vgl. dazu RhPfVerfGH, AS 29, 362 (371 f.); *Heun*, in: Dreier III, Art. 114 Rn. 23; *Zeh*, in: Isensee/Kirchhof III, § 52 Rn. 12.
319 BVerfGE 80, 188 (214); RhPfVerfGH, AS 38, 322 (336).
320 BVerfGE 105, 197 (225 f.); *Wiefelspütz*, Das Untersuchungsausschussgesetz, 2003, S. 29 f.; *H. H. Klein*, MD, Art. 44 Rn. 155.
321 S. hierzu *Heinig*, JZ 2010, 485 (488); *Badura*; Staatsrecht; 4. Aufl., 2010, S. 346.
322 RhPfVerfGH, AS 38, 322 (333).
323 S. dazu u. § 6 Rdn. 8.
324 S. dazu RhPfVerfGH, AS 38, 322 (338); 29, 362 (370); s.a. *H. H. Klein*, MD, Art. 44 Rn. 129 zur Untersuchung politischer Parteien.
325 Vgl. RhPfVerfGH, AS 29, 362 (370).

spielsweise eine Kontrolle der »**politischen Zweckmäßigkeit**« der Mittelverwendung nicht stattfinden.[326]

124 Gleichwohl wird bereits für die vom Rechnungshof wahrzunehmende Kontrolle streitig diskutiert, ob auch die »**politische Erforderlichkeit**« zumindest bestimmter Fraktionsentscheidungen von seinem Prüfungsrecht umfasst ist.[327] Dem liegt die Annahme zugrunde, dass selbst im Arkanbereich verortete politische Konzepte jedenfalls nicht generell eine Untersuchungsfreiheit für sich beanspruchen können. So könnte sich eine Kontrollberechtigung des Rechnungshofs beispielsweise aus der Frage ableiten, ob in der politischen Entscheidung möglicherweise eine als Öffentlichkeitsarbeit der Fraktion verschleierte Parteienfinanzierung liegt.[328]

125 Der dadurch zwangsläufig zu Tage tretende Konflikt zwischen dem Untersuchungs- und Aufklärungsinteresse des Parlaments einerseits und der Fraktionsautonome andererseits, wird nur in Form der **praktischen Konkordanz** in jedem Einzelfall gelöst werden können.[329] Dies berührt allerdings nicht die Zulässigkeit fraktionsbezogener Untersuchungen generell, sondern die Durchführung des Untersuchungsauftrags im Rahmen konkreter Beweisaufnamen. Wenn auch der **fraktionsrechtliche Arkanbereich** dogmatisch nicht aus dem Gewaltenteilungsgrundsatz abzuleiten ist,[330] so ist doch auch hier zwischen noch **nicht abgeschlossenen** fraktionsinternen Vorgängen und **abgeschlossenen** Vorgängen zu differenzieren. In Anlehnung an die Rechtsprechung des Bundesverfassungsgerichts dürften nicht abgeschlossene Vorgänge, namentlich wenn sie der **Planung der politischen Strategie** gelten, regelmäßig schutzwürdig sein und genügt im Übrigen nicht die **pauschale Berufung** auf diesen Kernbereich, sondern bedarf es einer differenzierten Begründung.[331]

126 Der verfassungsrechtliche Status der Parlamentsfraktionen verlangt neben materiellen allerdings auch wirksame **verfahrensrechtliche Vorkehrungen** zum Schutz dieses Status. Bedenken an einer unzulässigen Fraktionsausforschung sind auch und gerade im Verfahren auszuräumen. Insoweit dürften die Regelungen in den Untersuchungsausschussgesetzen dem nicht in jeder Hinsicht gerecht werden. Dies gilt insbesondere für solche Vorschriften, die ersichtlich das Bild einer **Exekutivenquete** vor Augen haben. Zwar sind der Verfahrenshoheit und der Verfahrensautonomie der Untersuchungsausschüsse durch die Verfahrensgestaltung in den Untersuchungsausschuss-

---

326 *Hölscheidt*, Das Recht der Parlamentsfraktionen, 2001, S. 642 f.
327 S. dazu *Becker*, ZG 1996, 261 (264 ff.).
328 *Hölscheidt*, Das Recht der Parlamentsfraktionen, 2001, S. 642.
329 RhPfVerfGH, AS 38, 322 (327); für den Bereich der Regierung s. BVerfE 124, 78 (122 f.); BVerfGE 67, 100 (144).
330 S. dazu i.E. o. Rdn. 30 ff.
331 RhPfVerfGH, AS 38, 322 (329 f.); für den Bereich der Regierung BVerfGE 124, 78 (120 ff.).

gesetzen Grenzen gesetzt. Dennoch werden sie nicht auf »Null reduziert«. Vorhandene Regelungslücken und -widersprüche zu einer regierungsgerichteten Enquete können und müssen sogar **verfahrensautonom** durch den jeweiligen Untersuchungsausschuss geschlossen werden.[332] Das ist verfahrenstechnisch umso leichter möglich, soweit **keine drittgerichteten** Bestimmungen der Untersuchungsausschussgesetze betroffen sind und es sich daher um **reines Binnenrecht** handelt, das **geschäftsordnungsrechtlicher Natur** ist.[333] Dadurch ist die Möglichkeit einer den politischen Erfordernissen angepassten flexiblen Handhabung eröffnet.[334] Geschäftsordnungsrecht bindet daher auch nur die Mitglieder des Parlaments selbst.[335]

Inhaltlich hat das Bundesverfassungsgericht in seiner Entscheidung vom 21. Mai 1996 betreffend die Zulässigkeit der Kollegialenquete nach § 44 b Abs. 2 a. F. des Abgeordnetengesetzes Möglichkeiten für in Betracht kommende Verfahrensvorschriften aufgezeigt.[336] Dazu zählen beispielsweise die **partielle Nichtöffentlichkeit** der Beweisaufnahme, die Beschränkung der **Beteiligungsrechte der Regierung**, namentlich deren Akteneinsichts- oder Beweisantragsrecht sowie das Befragungsrecht von Zeugen. 127

Die Einsetzung einer Kollegialenquete, namentlich bei fraktionsgerichteten Untersuchungen, ist grundsätzlich geeignet, die betroffenen Abgeordneten und die Fraktion in ihrer Arbeitsweise zu beeinträchtigen. Ihnen steht daher im Wege des Organstreitverfahrens der Rechtsweg zu den Verfassungsgerichten zu.[337] Antragsgegner ist in diesem Fall das den Untersuchungsausschuss einsetzende Parlament, vertreten durch dessen Präsidenten. 128

XI. Privatgerichtete Untersuchungen

1. Problemstellung

Privatgerichtete Untersuchungen betreffen in der Regel eine besonders sensible Materie. Denn vom Ausgangspunkt her steht außer Zweifel, dass **Privatpersonen** dem Parlament gegenüber nicht **politisch verantwortlich** sind. Hinzukommt, dass die verfassungsrechtlichen Bestimmungen im Bund und in den Ländern die Zulässigkeit privatgerichteter Untersuchungsausschüsse nicht ausdrücklich vorsehen. Daraus den Schluss zu ziehen, sie seien 129

---

332 RhPfVerfGH, AS 38, 322 (330); zur Verfahrensautonomie des Untersuchungsausschusses s. *Brocker*, LKRZ 2007, 372 (414); s.a. *Kretschmer*, in: Schmidt-Bleibtreu/Klein/Hofmann/Hopfauf, Art. 44 Rn. 36.
333 S. dazu *Brocker*, LKR 2007, 372 (373).
334 BVerfGE 102, 224 (240); *Brocker*, in: Epping/Hillgruber, Art. 40 Rn. 29.
335 So schon BVerfGE 1, 144 (148); *Brocker*, in: Epping/Hillgruber, Art. 40 Rn. 29; *Magiera*, in: Sachs, Art. 40 Rn. 22; a.A. *Morlok*, in: Dreier II, Art. 40 Rn. 13 f.
336 S. dazu BVerfGE 94, 351 (370 f.).
337 RhPfVerfGH, AS 38, 322 ff.

unzulässig, dürfte aber auch vorschnell sein. Denn die Organkompetenz des Parlaments ist nicht nur auf den staatlichen Bereich beschränkt. Vielmehr kann – mit Einschränkungen – auch der private Bereich erfasst sein.[338]

130 Die **Beratungen** zu Art 44 GG befassten sich **nicht** mit dieser Problematik.[339] Ebenso wenig belegt die Entstehungsgeschichte von Art. 34 WRV die These von der **Reduktion** des parlamentarischen Untersuchungsrechts auf die Kontrolle der Exekutive.[340] Allerdings heißt es in der Begründung zu § 1 PUAG, dass ein Untersuchungsausschuss nicht mit dem Ziel eingesetzt werden könne, »rein private und wegen der Grundrechte staatlichem Einblick verschlossene Sachverhalte auszuforschen«.[341]

131 Vor diesem Hintergrund und unter Berücksichtigung der Parlamentspraxis in Bund und Ländern, in der es durchaus auch schon zur Einsetzung privatgerichteter Untersuchungsausschüsse gekommen ist,[342] wird man privatgerichtete Untersuchungen **nicht von vornherein** als verfassungswidrig ansehen können. Denn die Organkompetenz des Parlaments ist nicht auf den staatlichen Bereich beschränkt.[343] Vielmehr ist der Umfang des **parlamentarischen Beobachtungsspektrums** eher weit gezogen. Auch nichtstaatliche Sachverhalte können ihm mit Blick etwa auf das Sozialstaatsprinzip unterfallen. Ein legitimes Interesse des Parlaments dürfte daher erst dort seine **Grenze** finden, wo Gegenstände betroffen sind, die auch **potenziell** einer staatlichen Regelung nicht unterliegen.[344]

132 Dies schließt eine **differenzierte Betrachtung** allerdings nicht aus, sondern im Gegenteil, sie ist verfassungsrechtlich vielmehr **geboten**. Dabei wird insbesondere zwischen den verschiedenen Enquetearten – Gesetzesvorbereitung (2), Kontrollenquete (3) und Missstandsenquete (4) – zu differenzieren sein.[345] Vor diesem Hintergrund ist die typologische Unterscheidung zwischen den verschiedenen Enquetearten verfassungsrechtlich nicht völlig

---

338 *Wiefelspütz*, NVwZ 2002, 14; *Kretschmer*, in: Schmidt-Bleibtreu/Klein/Hofmann/Hopfauf, Art. 44 Rn. 10; *Brocker*, in: Epping/Hillgruber, Art. 44 Rn. 6.
339 *Masing*, Parlamentarische Untersuchungen privater Sachverhalte, 1998, S. 64.
340 BVerfGE 77, 1 (45); *Meyer-Bohl*, Die Grenzen zur Pflicht zur Aktenvorlage und Aussage vor parlamentarischen Untersuchungsausschüssen, 1992, S. 57 ff.
341 BT-Drucks. 14/5790 zu § 1 PUAG S. 16.
342 S. dazu die Übersicht bei *Köhler*, Umfang und Grenzen des parlamentarischen Untersuchungsrechts gegenüber Privaten im nichtöffentlichen Bereich, 1996, S. 58 ff.
343 BVerfGE 77, 1 (43 f.); *Steinberger*, Gutachten, BT-Drucks. 11/7800, Anl. 7, S. 1195.
344 *Masing*, Der Staat 27 (1988) 273 (276); ähnl. *Schweiger*, in: ders./Knöpfle, Art. 25 Rn. 3a.
345 So auch Enquete-Kommission Verfassungsreform des Deutschen Bundestages, Abschlussbericht, BT-Drucks. 7/5924, S. 50; Verh. d. 57. DJT (1988) Bd. 2, S. M 245 (Vorbemerkungen zu den Beschlüssen).

irrelevant.³⁴⁶ Außerdem ist die Grundrechtsbindung des Untersuchungsausschusses näher in die Prüfung einzubeziehen (5) und bedarf die Untersuchung von Eigengesellschaften sowie gemischt-wirtschaftlicher Unternehmen einer besonderen Betrachtung (6).

Zur Klarstellung ist allerdings hervorzuheben, dass so genannte **Beliehene**, also private Unternehmen, die mit einzelnen staatlichen Funktionen betraut und insoweit Teil der Exekutive sind, mithin funktional der **uneingeschränkten parlamentarischen Kontrolle** einschließlich der Untersuchungskompetenz unterliegen. Denn sie treten dem Parlament nicht als Private, sondern als **Träger öffentlicher Gewalt** gegenüber. Für eine nur eingeschränkte parlamentarische Kontrolle besteht daher kein Grund.³⁴⁷ 133

2. Gesetzgebungsenquete

Aus der Gesetzgebungskompetenz des Parlaments folgt grundsätzlich dessen Befugnis, sich mit jedem **beliebigen** Sachverhalt zu befassen. Dem **legislativen Zugriffsrecht** der Gesetzgeber im Bund und in den Ländern ist damit innerhalb ihres bundesstaatlichen Kompetenzbereichs **kein Lebensbereich** der näheren Untersuchung und Betrachtung **entzogen**.³⁴⁸ Selbst intimste Lebensbereiche sind damit nicht von vornherein ausgeklammert.³⁴⁹ 134

So ist es dem Gesetzgeber unbenommen, Überlegungen anzustellen, ob und welche Konsequenzen er aus dem Verhalten privater Personen ziehen möchte. Dies kann Fragen der Familienplanung, der Vereinbarkeit von Familie und Beruf ebenso betreffen wie Fragen des sexuellen Verhaltens. Diese **Informationsgewinnung** umfasst zwangsläufig den privaten Bereich und ist nicht auf den öffentlichen Bereich beschränkt.³⁵⁰ Eine Grenze wird daher allenfalls dort gezogen werden können, wo der Untersuchungsgegenstand auch **potenziell nicht** der Regelungskompetenz des jeweiligen Parlaments unterliegt.³⁵¹ 135

Keine verfassungsrechtlich überzeugende Begrenzung lässt sich dagegen aus einem angeblichen **Rangverhältnis** zwischen **einfacher Enquetekommission** und gesetzesvorbereitenden **Untersuchungsausschüssen** gewin- 136

---

346 So aber *Depenheuer/Winands*, ZRP 1988, 258 (262); s.a. § 1 Rdn. 30 ff.
347 *Schmidt*, Die demokratische Legitimationsfunktion der parlamentarischen Kontrolle, 2007, S. 437 f.; s.a. *H. H. Klein*, MD, Art. 44 Rn. 133 sowie BremStGH, NVwZ 2003, 81 (84).
348 *Masing*, Parlamentarische Untersuchungen privater Sachverhalte, 1998, S. 89; *Studenroth*, Die parlamentarische Untersuchung privater Bereiche, 1992, S. 48; *Linck*, ZRP 1987, 11 (12).
349 *Masing*, Parlamentarische Untersuchungen privater Sachverhalte, 1998, S. 92 mit den Beispielen Aids, Kindesmisshandlung oder Schwangerschaftsabbruch.
350 *Linck*, ZRP 1987, 11 (12 f.).
351 *Studenroth*, Die parlamentarische Untersuchung privater Bereiche, 1992, S. 49.

nen.³⁵² Zuzugeben ist dem allenfalls, dass sich in der **parlamentarischen Praxis** das Parlament seine Informationen, die es für grundlegende gesetzliche Regelungen braucht, zumeist über **Enquetekommissionen**, die neben Abgeordneten auch mit externen Sachverständigen besetzt sind, besorgt.³⁵³ Nur lässt sich aus diesem praktischen Vorrang nicht auf ein verfassungsrechtlich **vorgegebenes Rangverhältnis** schließen. Im Gegenteil, nicht das Recht zur Einsetzung einer einfachen Enquetekommission, sondern die Befugnis zur Einsetzung eines gegenständlich nicht begrenzten Untersuchungsausschusses ist in Art. 44 Abs. 1 S. 1 GG und in den entsprechenden Bestimmungen der Landesverfassungen auf Verfassungsebene verankert.³⁵⁴ Dagegen ist der Vorschlag der Enquete-Kommission »Verfassungsreform« des Deutschen Bundestages, die Gesetzgebungsenquete in einem besonderen Art. 44 a GG zu regeln,³⁵⁵ vom verfassungsändernden Gesetzgeber nicht aufgegriffen worden. Ein **Vorrang der Gesetzgebungsenquete** lässt sich auch deshalb verfassungsrechtlichen Normen nicht entnehmen.³⁵⁶

137 Auch der Grundsatz der **Verhältnismäßigkeit** hilft insoweit zur Kompetenzabgrenzung nicht weiter. Dies gilt auch, soweit – einschränkend – der Standpunkt vertreten wird, parlamentarische Untersuchungen seien auch zur Gesetzesvorbereitung zulässig, aber angezweifelt wird, ob das Zwangsinstrumentarium der Strafprozessordnung, auf das Art. 44 Abs. 2 GG sowie die entsprechenden Bestimmungen der Landesverfassungen den Zugriff eröffneten, uneingeschränkt Anwendung finden könne.³⁵⁷

138 Diese Einschränkung lässt sich aus Art. 44 GG und den landesverfassungsrechtlichen Regelungen nicht ableiten. Der Grundsatz der Verhältnismäßigkeit kann zur **Begrenzung von Einzelmaßnahmen** zum Beispiel im Rahmen der Beweisaufnahme von Bedeutung sein, aber nicht eine **Verfassungsnorm** im Sinne einer Kompetenzbegrenzung bereichsweise ganz außer Kraft setzen.³⁵⁸

139 Ebenso wenig überzeugt die Auffassung, das Untersuchungsrecht sei von den Verfassungsgebern im Bund und in den Ländern nicht auch für eine

---

352 So aber *Studenroth,* Die parlamentarische Untersuchung privater Bereiche, 1992, S. 90 ff.; *Zeh,* DÖV 1988, 701 (709 f.).
353 Zur Stufung der Informationsmöglichkeiten des Parlaments vgl. *Depenheuer/Winands,* ZRP 1988, 258 (261).
354 Wie hier: *H. H. Klein,* MD, Art. 44 Rn. 136; a.A. offenbar RhPfVerfGH, AS 38, 322 (345 f.).
355 S. dazu *Masing,* Parlamentarische Untersuchungen privater Sachverhalte, 1998, S. 67 m. Fn. 131.
356 *Masing,* Parlamentarische Untersuchungen privater Sachverhalte, 1998, S. 222 f.
357 So etwa *Steinberger,* Gutachten, BT-Drucks. 11/7800, Anl. 7, S. 1211 ff.; *Köhler,* Umfang und Grenzen des parlamentarischen Untersuchungsrechts gegenüber Privaten im nichtöffentlichen Bereich, 1996, S. 194 ff.
358 Ebenso *Masing,* Parlamentarische Untersuchungen privater Sachverhalte, 1998, S. 226.

Gesetzgebungszwecke **gedacht**, wie der Verweis auf die **Zwangsmittel der Strafprozessordnung** belege. Denn diese Zwangsmittel seien für eine generelle Erkenntnisgewinnung, auf die es bei einer Gesetzesenquete ankomme, nicht gedacht.[359] Dagegen spricht insbesondere, dass einzelne Untersuchungsaufträge nicht selten neben Kontroll- oder Missstands- auch Gesetzgebungselemente beinhalten. Diese Aspekte aufzuspalten wäre weder praktikabel noch überzeugend.[360]

Daher bleibt festzuhalten, dass **privatgerichtete Untersuchungen** zur **Gesetzesvorbereitung** prinzipiell **zulässig** sind. Eine Grenze ist allerdings dort zu ziehen, wo gesetzliche Initiativen nur **vorgeschoben** werden, um andere Zwecke und Ziele zu verfolgen oder der konkrete Sachverhalt **völlig ungeeignet** ist, das erforderliche Material für eine sachgerechte parlamentarische Behandlung zu liefern.[361] Letztlich muss dies das Parlament in jedem **Einzelfall** entscheiden. Dabei steht ihm, aber auch der qualifizierten Einsetzungsminderheit, ein **weiter Beurteilungsspielraum** zu.[362]

140

3. Kontrollenquete

Eine privatgerichtete Kontrollenquete führt zwangsläufig zu einem **Spannungsverhältnis** zwischen verwaltungsrechtlicher und gerichtlicher Kontrolle auf der einen und der parlamentarischen Untersuchung auf der anderen Seite. Dies gilt insbesondere hinsichtlich der auf das private Verhalten ausgerichteten Gesetzmäßigkeitskontrolle.

141

Nach dem Grundsatz der **Gewaltenteilung** ist die Kontrolle gesetzmäßigen Verhaltens der Bürger einschließlich der gegebenenfalls erforderlichen Sanktionen Sache der dazu berufenen **Verwaltungsbehörden und Gerichte**. Ein **Selbsteintrittsrecht** des Parlaments gibt es insoweit nicht.[363]

142

Daher sind **rein** privatgerichtete Kontrollenqueten **unzulässig**.[364] Der in jedem Fall für eine parlamentarische Untersuchung erforderliche **öffentliche Bezug** des privaten Verhaltens wird nicht schon dadurch hergestellt, dass der Private eine staatlich vorgegebene (Rechts-)Regel verletzt hat. Privatpersonen sind dem Parlament gegenüber weder rechtlich noch politisch verantwortlich. Die parlamentarische Kontrolle knüpft aber an diese Verantwortung an.

143

---

359 So aber *Masing*, Parlamentarische Untersuchungen privater Sachverhalte, 1998, S. 267.
360 S. dazu a.o. § 1 Rdn. 35.
361 *Studenroth*, Die parlamentarische Untersuchung privater Bereiche, 1992, S. 79.
362 *Studenroth*, Die parlamentarische Untersuchung privater Bereiche, 1992, S. 79.
363 *H. H. Klein*, MD, Art. 44 Rn. 121; *Studenroth*, Die parlamentarische Untersuchung privater Bereiche, 1992, S. 125; *Masing*, Parlamentarische Untersuchungen privater Sachverhalte, 1998, S. 231 f.
364 *Bräcklein*, Investigativer Parlamentarismus, 2006, S. 75 f.

144 Die Unzulässigkeit einer rein privatgerichteten Kontrollenquete gilt auch hinsichtlich **juristischer Personen des Privatrechts**. Allerdings ist dabei zu bedenken, dass Bund, Länder und Gemeinden zunehmend die Erledigung öffentlicher Aufgaben auf juristische Personen des Privatrechts übertragen, ohne die Form der Beleihung zu wählen.[365] Um ihren Einfluss zu sichern, halten sie entweder – wie bei den so genannten **Eigengesellschaften** – sämtliche Anteile in der Hand oder sie bilden diese Gesellschaften gemeinsam mit privaten Anteilseigner. Es handelt sich dann um so genannte **gemischt-wirtschaftliche Gesellschaften**.[366]

145 Für die parlamentarische Untersuchungskompetenz folgt daraus: Hinsichtlich der so genannten Eigengesellschaften besteht eine **unbeschränkte parlamentarische Kontrolle** einschließlich der Untersuchungskompetenz.[367] Bei den gemischt-wirtschaftlichen Gesellschaften unterliegt jedenfalls das Handeln des **staatlichen Anteilseigners** uneingeschränkt dem parlamentarischen Untersuchungsrecht.[368] Doch auch das Unternehmen selbst und dessen **private Anteilseigner** sind dem parlamentarischen Kontrollrecht nicht völlig entzogen.[369] Denn durch die Beteiligung der öffentlichen Hand steht das Unternehmen in einem besonderen Verhältnis zum Staat, so dass insoweit eine privatgerichtete Untersuchung zulässig ist.[370]

4. Missstandsenquete

146 Im Zusammenhang mit einer so genannten Missstands- oder Skandalenquete sind privatgerichtete Untersuchungen nicht von vornherein unzulässig. Seit der »**Neue Heimat**«**-Entscheidung** des Bundesverfassungsgerichts[371] dürfte zumindest grundsätzlich geklärt sein, dass solche Untersuchungen ein-

---

365 S. zu diesen Unterscheidungen i.E. *Glauben*, Privatisierung als Preisgabe parlamentarischer Hausgüter, ZParl 29 (1998) 496 (497) m.w.N.
366 Vgl. zu diesen Unterscheidungen i.E. *Schoch*, Privatisierung von Verwaltungsaufgaben, DVBl. 1994, 962 f.; *Ehlers*, Interkommunale Zusammenarbeit in Gesellschaftsform, DVBl. 1997, 137; *Glauben*, Privatisierung als Preisgabe parlamentarischer Hausgüter, ZParl 29 (1998) 496.
367 *Masing*, Parlamentarische Untersuchungen privater Sachverhalte, 1998, S. 326 f.; *Glauben*, Privatisierung als Preisgabe parlamentarischer Hausgüter, ZParl 29 (1998) 496 (505); *H. H. Klein*, MD, Art. 44 Rn. 125; *David*, Art. 25 Rn. 13; *Brocker*, in: Grimm/Caesar, Art. 91 Rn. 20.
368 So weit es um gemischt-wirtschaftliche kommunale Gesellschaften geht sind die Schranken des Selbstverwaltungsrechts zu beachten; s. dazu o. Rdn. 90 ff.
369 S. dazu i.E. u. Rdn. 160 ff.
370 *Glauben*, Privatisierung als Preisgabe parlamentarischer Hausgüter, ZParl 29 (1998) 496 (505); ähnlich *Masing*, Parlamentarische Untersuchungen privater Sachverhalte, 1998, S. 327 f.; zum Kriterium des besonderen Verhältnisses s. BVerfGE 77, 1 (39); s. i.E. u. Rdn. 160 ff.
371 BVerfGE 77, 1 ff.

schließlich des Einsatzes von **Zwangsmitteln** den Parlamenten nicht verwehrt sind. Allerdings sind die Voraussetzungen im Einzelnen bisher weiterhin ungeklärt.

Dies betrifft schon die Frage nach einem so genannten **Anfangsverdacht** 147 oder **tatsächlichen Anhaltspunkten,** die für ein privatgerichtetes Tätigwerden des Parlaments gefordert werden. Während dies – auch unter dem Gesichtspunkt des öffentlichen Interesses an der Untersuchung – gefordert wird[372], kritisieren andere, der Untersuchungsausschuss werde somit zu sehr in die Nähe eines **strafrechtlichen** Verfahrens gerückt.[373]

Ein Anfangsverdacht im **strafrechtlichen Sinne** wird man nicht fordern 148 können, aber privatgerichtete Untersuchungen auch **nicht voraussetzungslos** zulassen dürfen. Denn auch **Missstandsuntersuchungen** sind dann **unzulässig,** wenn sie rein privatgerichtet sind, weil das Verhalten **keinerlei öffentlichen Bezug** aufweist[374] oder wenn für einen Missstand im privaten Bereich lediglich **vage Vermutungen** bestehen, die Untersuchung also nicht der Aufklärung, sondern allein der **Ausforschung** dient.[375]

Für privatgerichtete Untersuchungen sind mithin zwei Voraussetzungen 149 erforderlich: Der fragliche Sachverhalt muss so beschaffen sein, dass seine Untersuchung im **öffentlichen Interesse** liegt[376] und es müssen **tatsächliche Anhaltspunkte** dafür vorliegen, wobei die Anforderungen **nicht** im Sinne eines strafrechtlich relevanten Anfangsverdachts zu verstehen sind.[377]

Ob diese tatsächlichen Anhaltspunkte vorliegen, unterliegt der **gericht-** 150 **lichen Kontrolle.** Ein **Beurteilungsspielraum** oder eine **Einschätzungs-**

---

372 BayVerfGH, BayVBl. 1994, 463 = NVwZ 1995, 681: tatsachengestützte Anhaltspunkte; *Brocker,* in: Epping/Hillgruber, Art. 44 Rn. 6; *Meyer-Bohl,* Die Grenzen zur Pflicht zur Aktenvorlage und Aussage vor parlamentarischen Untersuchungsausschüssen, 1992, S. 90 ff.; *Schröder,* Verh. d. 57. DJT (1988), S. E 5 (24 ff.); *Depenheuer/Winands,* ZRP 1988, 258 (262 f.).
373 *Wiefelspütz,* NVwZ 2002, 14 f.
374 BayVerfGH, BayVBl. 1994, 463 (466); *Morlok,* in: Dreier II, Art. 44 Rn. 21; *Scholz,* AöR 105 (1980) 564 (594), *Studenroth,* Die parlamentarische Untersuchung privater Bereiche, 1992, S. 132, 140 f.; H. H. *Klein,* MD, Art. 44 Rn. 122.
375 Zum Meinungsstand s. *Wiefelspütz,* NVwZ 2002, 10 (14).
376 BVerfGE 77, 1 (44); BayVerfGHE 30, 48 (59 ff.); 38, 165 (175); HessStGH, ESVHG 22, 136 (138 f.); *Achterberg/Schulte,* in: v. Mangoldt/Klein/Starck II, Art. 44 Rn. 24 ff.; *Di Fabio,* Rechtsschutz im parlamentarischen Untersuchungsverfahren, 1988, S. 41 ff.; *Masing,* Parlamentarische Untersuchungen privater Sachverhalte, 1998, S. 190 m.w.N.; *Kohl,* Die Rechtsstellung des Betroffenen nach Art. 44 Abs. 2, S 1 GG und den entsprechenden Regelungen in den Länderverfassungen, 2001, S. 64 f.
377 Ähnl. BayVerfGH, BayVBl. 1994, 463 (466); BadWürtt.StGH, NVwZ-RR 1992, 593 (596); *Depenheuer/Winands,* ZRP 1988, 258 (262 f.); *Steinberger,* Gutachten, BT-Drucks. 11/7800, Anl. 7, S. 1201 f.; a.A. *Köhler,* NVwZ 1995, 664 ohne allerdings zwischen den verschiedenen Enquetearten zu differenzieren.

prärogative kann es in diesem Zusammenhang – anders als beim öffentlichen Interesse an staatsgerichteten Untersuchungen[378] – **nicht** geben. Denn hier verharrt die Einsetzungsentscheidung nicht im politischen Raum, sondern hat Auswirkungen auf den Rechtskreis nichtstaatlicher Dritter. Daher entscheiden die Gerichte auch nicht über eine politische Frage, die originär Sache des Parlaments wäre, sondern über die richtige Auslegung und Anwendung eines **unbestimmten Rechtsbegriffs**.[379]

151 So hat das Bundesverfassungsgericht bezüglich des öffentlichen Interesses einer privatgerichteten Untersuchung einen **besonderen staatlichen Bezug** gefordert. Das Gericht sah diesen Bezug zum einen in der **staatlichen finanziellen Förderung**[380] und zum anderen mit dem Einfluss des betroffenen Unternehmens auf den Wohnungs- und Arbeitsmarkt im gesamten Bundesgebiet sowie im Hinblick auf die Relevanz der möglichen Missstände der Subventionspraxis für die Volkswirtschaft und die öffentlichen Haushalte gegeben.[381]

152 Wenn dabei auch offen blieb, ob der aus konkretem Anlass hergestellte staatliche Bezug des Untersuchungsgegenstandes generell für die Einbeziehung privater Personen verlangt werden kann,[382] so wird doch deutlich, dass jede **privatgerichtete** parlamentarische Untersuchung **anlass- und staatsbezogen** sein muss.[383] Denn andernfalls wären bloßen **Willküruntersuchungen** Tür und Tor geöffnet.

153 Dabei ist der Begriff des Staatsbezugs durchaus **weit** im Sinne eines **Gesellschaftsbezugs** zu verstehen, soweit das Zusammenleben der Menschen dadurch nachhaltig tangiert wird. Schon aus dem **Sozialstaatsprinzip** folgt, dass der Staat sich in diesen Fällen nicht auf eine **reine Beobachterrolle** zurückziehen kann.[384]

---

378 S.o. Rdn. 29.
379 BayVerfGH, BayVBl. 1994, 463 (466).
380 BVerfGE 77, 1 (45).
381 BVerfGE 77, 1 (58).
382 Krit. *W. Richter,* Privatpersonen im parlamentarischen Untersuchungsausschuss, 1991, S. 39.
383 S.a. *H. H. Klein,* MD, Art. 44 Rn. 126; *Steinberger,* Gutachten, BT-Drucks. 11/7800, Anl. 7, S. 1196 f.; *Morlok,* in: Dreier II, Art. 44 Rn. 31; *Brocker,* in: Epping/Hillgruber, Art. 44 Rn. 6.
384 Vgl. als Anhaltpunkt die Zusammenstellung privatgerichteter Untersuchungen bei *Köhler,* Umfang und Grenzen des parlamentarischen Untersuchungsrechts gegenüber Privaten im nichtöffentlichen Bereich, 1996, S. 58 ff. und bei *Thaysen/Schüttmeyer,* Bedarf das Recht der parlamentarischen Untersuchungsausschüsse einer Reform? 1988, S. 279 ff.

5. Grundrechte als Einsetzungsschranke privatgerichteter Untersuchungen

Untersuchungsausschüsse üben **öffentliche** Gewalt aus und sind daher nach Art. 1 Abs. 3 GG an die **Grundrechte** gebunden.[385] Dies gilt sowohl bei der Einsetzung eines Untersuchungsausschusses als auch im Verlauf des Verfahrens[386] und beim Abschluss der Untersuchungen. Bei der Einsetzung können sich die Grundrechte dann auch als **Kompetenzschranken** erweisen.[387] 154

Der Anwendbarkeit der Grundrechte wird entgegengehalten, es handele sich beim Einsetzungsbeschluss um ein **Parlamentsinternum**, das keine Außenwirkung entfalte und daher auch nicht unmittelbar in Grundrechte eingreifen könne.[388] Diese Annahme trifft aber in dieser **Allgemeinheit** nicht zu. Sowohl die Einsetzung als solche, als insbesondere im Zusammenhang mit **Zwangsmaßnahmen** oder **persönlichen Daten** können durchaus Grundrechte betroffen sein.[389] Dies gilt auch für Unternehmen, die sich namentlich auf den Schutz der **Geschäfts- und Betriebsgeheimnisse** berufen können.[390] 155

Für das allgemeine Persönlichkeitsrecht gilt, dass es sich nicht im Recht der **informationellen Selbstbestimmung erschöpft**, sondern es schützt auch das **Ansehen der Person**. Dieses Ansehen kann aber schon allein durch die Einsetzung des Untersuchungsausschusses betroffen sein,[391] und das nicht nur, wenn der Untersuchungsausschuss mit dem **Namen einer Einzelperson** bezeichnet wird.[392] In diesen Fällen besteht für die Betroffenen **Grund-** 156

---

385 H.M.; s. nur BVerfGE 124, 78 (125 f.); 67, 100 (142); 77, 1 (46); SaarlVerfGH, NVwZ-RR 2003, 393; BayVerfGH, BayVBl. 1994, 463 (465); *Badura*, Fs. Helmrich (1994) S. 205; *Schneider*, Fs. 50 Jahre BVerfG, Bd. II, (2001), S. 655; *Achterberg/Schulte*, in: v. Mangoldt/Klein/Starck II, Art. 44 Rn. 72; *Morlok*, in: Dreier II, Art. 44 Rn. 29; *H. H. Klein*, MD, Art. 44 Rn. 102; *Masing*, Parlamentarische Untersuchungen privater Sachverhalte, 1998, S. 210.
386 S. dazu *Kerbein*, Individuelle Selbstbelastungsfreiheit versus parlamentarisches Aufklärungsinteresse, 2004, S. 27 f.; *Bräcklein*, Investigativer Parlamentarismus, 2006, S. 76 f.
387 *Brocker*, in: Epping/Hillgruber, Art. 44 Rn. 14.1; krit. zu dieser Wirkung *H. H. Klein*, MD, Art. 44 Rn. 115; s.a. *Möstl*, in: Lindner/Möstl/Wolf, Art. 25 Rn. 11.
388 So etwa HessStGH, ESVGH 22, 136 (138); s.a. u. § 8 Rdn. 18 ff.
389 In Frage kommen etwa das Recht der informationellen Selbstbestimmung, der Schutz von Betriebs- und Geschäftsgeheimnissen, die Freiheit der Person, die Unverletzlichkeit der Wohnung oder die allgemeine Handlungsfreiheit; s. die Zusammenstellung bei *W. Richter*, Privatpersonen im parlamentarischen Untersuchungsausschuss, 1991, S. 56 ff.; *Scholz*, AöR 105 (1980) 564 (604 ff.); BerlVerGH, DVBl. 2010, 966 (969 f.).
390 BVerfGE 15, 205 (229 ff.); BerlVerfGH, DVBl. 2010, 966 (969 f.).
391 S. BayVerfGH, BayVerfGHE N.F. 48, 34 (38 f.).
392 S. dazu SaarlVerfGH, NVwZ-RR 2003, 394.

rechtsschutz und folgt aus Art. 19 Abs. 4 GG, dass sie notfalls auch die Gerichte in Anspruch nehmen können.[393]

157 Das Enqueterecht hat insoweit allerdings den Rang einer **immanenten Grundrechtsschranke**.[394] Das betroffene Grundrecht und das Untersuchungsrecht des Parlaments sind daher einander so zuzuordnen, dass beide im Sinne einer **praktischen Konkordanz** so weit wie möglich ihre Wirkungen entfalten.[395] Der Grundrechtsschutz verbietet beispielsweise die unbefugte Weitergabe persönlicher Daten oder von Unternehmensdaten, die nicht offenkundig sind und an deren Nichtverbreitung der Rechtsträger ein berechtigtes Interesse hat.[396]

158 Zu berücksichtigen ist, dass die **Abwägung** des Grundrechtsschutzes mit dem parlamentarischen Untersuchungsrecht bisher vom Bundesverfassungsgericht ausschließlich im Zusammenhang mit der **Beweisaufnahme** und damit bezüglich **konkreter Einzelmaßnahmen** erfolgte.[397] Bei der **Einsetzung** des Untersuchungsausschusses geht es aber nicht um konkrete Einzelmaßnahmen, sondern **abzuwägen** sind das vom Parlament oder der qualifizierten Einsetzungsminderheit behauptete **öffentliche Interesse** an der Untersuchung mit den **Grundrechten** der von der Untersuchung betroffenen **Privatpersonen**.[398] Die Annahme, es fehle insoweit für die Gewichtung an **verlässlichen** Kriterien,[399] kann, selbst wenn sie zutrifft, nicht dazu führen, **Grundrechtsschutz** von vornherein zu **verweigern** oder bei der Einsetzung des Untersuchungsausschusses das Parlament von seiner verfassungskräftigen Grundrechtsbindung zu lösen.

159 Träger von Grundrechten und damit grundrechtsfähig sind in erster Linie natürliche Personen. Auf **juristische Personen und Personenvereinigungen** finden Grundrechte nur nach Maßgabe des Art. 19 Abs. 3 GG Anwendung. Danach gelten die Grundrechte auch für inländische juristische Personen, soweit sie ihrem Wesen nach auf diese anwendbar sind. Erfasst werden nicht nur Personenvereinigungen mit **körperschaftlicher Struktur**, wie nach deutschem Recht insbesondere der rechtsfähige Verein, die AG, die KGaG, die GmbH, die eingetragene Genossenschaft und der Versicherungs-

---

393 A.A. *Di Fabio*, Rechtsschutz im parlamentarischen Untersuchungsverfahren, 1988, S. 96; zum Rechtsschutz bei der Einsetzung des Untersuchungsausschusses i.E. s. u. § 8 Rdn. 18 ff.
394 *H. H. Klein*, MD, Art. 44 Rn. 115.
395 NRWVerfGH, NVwZ-RR 2009, 41 (43); BayVerfGH, NVwZ 2007, 204 (207).
396 BVerfGE 115, 205 (230 f.); NRWVerfGH, NVwZ-RR 2009, 41 (43).
397 So etwa in BVerfGE 124, 78 (125 f.); 67, 100 (143 f.); 77, 1 (47).
398 BayVerfGH, BayVerfGHE N.F. 48, 34 (38); *Brocker*, in: Epping/Hillgruber, Art. 44 Rn. 15.
399 *H. H. Klein*, MD, Art. 44 Rn. 115; *Masing*, Parlamentarische Untersuchungen privater Sachverhalte, 1998, S. 214 ff.; *Studenroth*, Die parlamentarische Untersuchung privater Bereiche, 1992, S. 90.

verein auf Gegenseitigkeit,[400] sondern nach der Rechtsprechung des Bundesverfassungsgerichts auch **teilrechtsfähige Organisationseinheiten**, wie etwa der nichtrechtsfähige Verein, die OHG, die KG und die GbR.[401] Für die »wesensmäßige Anwendbarkeit« eines Grundrechts auf juristische Personen im vorbeschriebenen Sinne kommt es nicht auf den Wortlaut des Grundrechts, sondern auf den **Schutzzweck** an. Sofern eine juristische Person im Hinblick auf diesen Schutzzweck ebenso schutzwürdig ist wie eine natürliche Person, ist das Grundrecht seinem Wesen nach auf sie anwendbar.[402] Dies gilt namentlich auch für die über Art. 12 und 14 GG geschützten Geschäfts- und Betriebsgeheimnisse.[403] In der Sache kommt die Berufung auf diesen Schutz nur in Frage, wenn die Offenlegung der Informationen geeignet ist, exklusives technisches oder kaufmännisches Wissen den Konkurrenten zugänglich zu machen und so die Wettbewerbsposition des Unternehmens nachteilig zu beeinflussen.[404]

6. Eigengesellschaften und gemischt-wirtschaftliche Unternehmen

Nach der gefestigten Rechtsprechung des Bundesverfassungsgerichts sind vom Staat und den Kommunen geschaffene juristische Personen des Privatrechts, die Aufgaben und Funktionen der öffentlichen Verwaltung erfüllen, **nicht grundrechtsfähig**.[405] Ferner unterliegen sie der parlamentarischen Kontrolle[406]. Denn die Zuordnung der privatrechtsförmigen Verwaltung zur Staatsgewalt **indiziert** bereits die Geltung demokratischer Anforderungen einschließlich demokratisch-legitimierter Kontrolle.[407] Diese Auffassung wird von der ganz herrschenden Meinung im rechtswissenschaftlichen Schrifttum

160

---

400 *Brüning*, in: Stern/Becker, Art. 19 Rn. 49 f.
401 Vgl. Zum Ganzen *Remmert*, MD III, Art. 19 Abs. 3 Rn. 37 ff.; *Sachs*, in: ders., Art. 19 Rn. 57 ff.; *Hofmann*, in: Schmidt-Bleibtreu/Hofmann/Hopfauf, Art. 19 Rn. 19 f.; 27 f. m. w. N.; *Brüning*, in: Stern/Becker, Art. 19 Rn. 51.
402 Vgl. dazu *Sachs*, in: ders., Art. 19 Rn. 67 ff.; *Hofmann*, in: Schmidt-Bleibtreu/Hofmann/Hopfauf, Art. 19 Rn. 21 ff. m. w. N.
403 BVerfGE 115, 205 (227 f.); NRWVerfGH, Urt. v. 19. 8. 2008 – VerfGH 7/07, Rn. 260; OVG Schleswig, NVwZ 2007, 1448 (1449); *Schenke*, NVwZ 2008, 938 (939).
404 BVerfGE 115, 205 (230 f.); BVerwG; NVwZ 2009, 114 (116); *Polenz*, DÖV 2010, 350 (350); *Kirschniok-Schmitt*, Das Informationsrecht des Abgeordneten nach der brandenburgischen Landesverfassung, 2009, S. 388 ff.
405 BVerfGE 45, 63, (78 ff.); BVerfG, NJW 1980, 1093; *Brüning*, in: Stern/Becker, Art. 19 Rn. 73 f.
406 BayVerfGH, NVwZ 2007, 204 (206); *Glauben*, ZParl 1998, 496 (498).
407 *Schmidt*, Die demokratische Legitimationsfunktion der parlamentarischen Kontrolle, 2007, S. 387 f.; *Kirschniok-Schmitt*, Das Informationsrecht des Abgeordneten nach der brandenburgischen Landesverfassung, 2009, S. 122 f.

im Ergebnis geteilt.⁴⁰⁸ Ebenso hat der Bundesgerichtshof die Auffassung des Bundesverfassungsgerichts zur Grundlage der zivilrechtlichen Rechtsprechung gemacht.⁴⁰⁹

161 Umstritten ist dagegen zwischen Rechtsprechung und einem großen Teil des rechtswissenschaftlichen Schrifttums die Grundrechtsfähigkeit **gemischt-wirtschaftlicher** Unternehmen, an denen neben der öffentlichen Hand auch private Anteilseigner beteiligt sind.⁴¹⁰ Das Überhaupt oder der Umfang des Grundrechtsschutzes hat selbstredend Einfluss auf die Intensität der parlamentarischen Kontrolle einschließlich des Untersuchungsrechts. Unbeschadet dessen unterliegen die **Einwirkungsrechte und Einwirkungsmöglichkeiten**, die sich für die öffentlich Hand als (Mit-)Träger des Unternehmens ergeben,⁴¹¹ weiterhin unbeschränkt der parlamentarischen Kontrolle und damit des parlamentarischen Untersuchungsrechts. Denn die **Verantwortlichkeit** der Regierung kann im Einzelfall in Betracht kommen, wenn der Staat nicht lediglich privates Engagement nutzt und fördert, sondern mit einem privaten Unternehmen im eigenen Interesse **funktional verzahnt** ist und einen dementsprechenden Einfluss ausübt.⁴¹² Allerdings sind die praktischen,⁴¹³ wie auch rechtlichen Möglichkeiten der Einwirkungspflicht naturgemäß beschränkt.⁴¹⁴

162 Hinsichtlich der Grundrechtsberechtigung gemischt-wirtschaftlicher Unternehmen lassen sich im Schrifttum **drei Ansätze** unterscheiden: Mit Blick auf die privaten Anteilseigner seien gemischt-wirtschaftliche Unternehmen **prinzipiell grundrechtsfähig**. Andere stellen auf das Kriterium der **Beherrschung** durch die öffentliche Hand ab und verneinen für diesen Fall die Grundrechtsfähigkeit. Ein dritter Ansatz differenziert zwischen der **Erfüllung öffentlicher Aufgaben**, dann kein Grundrechtsschutz⁴¹⁵ oder **privater Aufgaben**.

---

408 Vgl. nur *Remmert*, MD III, Art. 19 Abs. 3 Rn. 57 ff; *Sachs*, in: ders., Art. 19 Rn. 110 f.; *Höfling*, in: Sachs, Art. 1 Rn. 102, *Huber*, in: v. Mangoldt/Klein/Starck, I, Art. 19 Abs. 3 Rn. 280 ff.; *Dreier*, in: ders. I, 19 Abs. 3 Rn. 70; *Krebs*, in: v. Münch/Kunig, I., Art. 19 Rn. 48; *Vitzthum*, in: Merten/Papier II, § 48 Rn. 54; *Kerstel/Meinl*, JZ 2007, 1127 ff.
409 BGHZ 29, 76, (80); 36, 91, (96); 52, 325, (328); 91, 84, (97).
410 Vgl. *Remmert*, MD III, Art. 19 Abs. 3 Rn. 65 ff.; *Dreier*, in: ders. I, Art. 19 Abs. 3 Rn. 72 ff.; *Huber*, in v. Mangoldt/Klein/Starck I, Art. 19 Abs. 3 Rn. 284 ff.
411 S. dazu *Schmidt*, Die demokratische Legitimationsfunktion der parlamentarischen Kontrolle, 2007, S. 389 f.
412 NRWVerfGH, NVwZ-RR 2009, 41 (43); *Kirschniok-Schmidt*, Das Informationsrecht des Abgeordneten nach der brandenburgischen Landesverfassung, 2009, S. 123.
413 *Glauben*, ZParl 1998, 496 (504).
414 *Schmidt*, Die demokratische Legitimationsfunktion der parlamentarischen Kontrolle, 2007, S. 411 f.
415 *Polenz*, DÖV 2010, 350 (353 f.).

Das Bundesverfassungsgericht **vereinigt** die beiden zuletzt genannten 163
Ansätze. Die Einbeziehung juristischer Personen in den Grundrechtsschutz
sei nur gerechtfertigt, wenn es der »Durchgriff« auf die hinter ihnen stehenden Menschen es als sinnvoll und erforderlich erscheinen lasse. Außerdem
hänge die Grundrechtsfähigkeit der juristischen Person des Privatrechts von
der **Funktion** ab, in der sie von dem beanstandeten Akt der öffentlichen
Gewalt betroffen sei. Bei der Zuordnung zum öffentlichen Aufgabenbereich
scheide eine Grundrechtsfähigkeit aus.[416] Die parlamentarische Kontrollbefugnis besteht jedoch unbeschadet dessen jedenfalls dann **uneingeschränkt**, wenn sie von der öffentlichen Hand beherrscht werden.[417]

In der Rechtsprechung des Bundesverfassungsgerichts ist bisher offen 164
geblieben, inwieweit zwar von der öffentlichen Hand beherrschte juristische
Personen des Privatrechts, die indes **keine öffentlichen Aufgaben** wahrnehmen, sondern erwerbswirtschaftlich tätig sind, Grundrechtsfähigkeit
besitzen. Ein Teil des Schrifttums hält die **erwerbswirtschaftliche** Betätigung staatlich oder kommunal beherrschter Unternehmen für **grundrechtlich** abgesichert. Denn schließlich verlasse die öffentliche Hand in diesem
Fall die hoheitliche Sphäre und trete dem Bürger ohne Grundrechtsbindung
gegenüber.[418] Diese Auffassung überzeugt nicht. Vielmehr ist mit der herrschenden Meinung in der Rechtslehre[419] auf den hinter der juristischen
Person stehenden **Rechtsträger** abzustellen. Eine juristische Person des
öffentlichen Rechts, die ihrerseits nicht grundrechtsfähig ist, kann einer von
ihr gehaltenen und beherrschten juristischen Person des Privatrechts **keine
Grundrechtsfähigkeit vermitteln**.[420] Allerdings verbietet sich bei der Frage
des beherrschenden Einflusses eine rein schematische, an den Mehrheits-

---

416 BVerfG JZ 1990, 335; BVerfG JZ 2009, 1069 (1070) m. Anm. *Kühne*, JZ 2009, 1071 ff.
417 BayVerfGH, NVwZ 2007, 204 (206); NRWVerfGH, Urt. v. 19. 8. 2008 – VerfGH 7/07, Rn. 258; *Masing*, Parlamentarische Untersuchungen privater Sachverhalte, 1998, S. 326 ff.; *Lennartz/Kiefer*, DÖV 2006, 185 (188); *Poppenhäger*, ThürVBl. 2000, 152 (155).
418 *Enders* in: Epping/Hillgruber, Art. 19 Rn. 48 f.; *Fehling*, AöR 121 (1996) 29 (91); *Kämmerer*, Privatisierung, 2001, S. 464 ff., 472 f.; *Möstl*, Grundrechtsbindung öffentlicher Wirtschaftstätigkeit, 1999, S. 144 ff; 211.
419 *Huber*, in: v.Mangoldt/Klein/Starck I, Art. 19 Abs. 3 Rn. 281 ff.; *Remmert*, MD III, Art. 19 Abs. 3 Rn. 57 ff.; *Sachs*, in: ders., Art. 19 Rn. 112a; *Krebs*, in: v. Münch/Kunig I, Art. 19 Rn. 48; *Vitzthum*, in: Merten/Papier, § 48 Rn. 53; *Roellecke*, in: Umbach/Clemens, GG, Art. 19 Abs. 1–3, Rn. 132; *Schoch*, Jura 2001, 201 (206); *Gersdorf*, Öffentliche Unternehmen im Spannungsfeld zwischen Demokratie- und Wirtschaftlichkeitsprinzip, 2000, S. 134 ff.; *Storr*, Der Staat als Unternehmer, 2001, S. 237 f.
420 So auch BerlVerfGH, DÖV 2005, 515 (516); *Polenz*, DÖV 2010, 350 (352 f.).

verhältnissen orientierte Betrachtungsweise. Der »Blick hinter die Kulissen« muss die **internen Beteiligungs- und Herrschaftsstrukturen** des Unternehmens erfassen.[421] Zu kurz gegriffen erscheint dagegen der **rein funktionale Ansatz**, den das Bundesverwaltungsgericht gewählt hat, indem es die Grundrechtsfähigkeit gemischt-wirtschaftlicher Unternehmen bei einer ausschließlich privatwirtschaftlichen Tätigkeit und Aufgabenstellung annimmt.[422]

165 Namentlich im Bereich der parlamentarischen Kontrolle auf der Ebene der Länder, mithin für Untersuchungsausschüsse der Landesparlamente, stellt sich die Frage, ob einfach-gesetzliche Bestimmungen des bundesgesetzlich geregelten **Gesellschaftsrechts** dem parlamentarischen Untersuchungsrecht Grenzen setzen. Unter Verweis auf **Art. 31 GG**, wonach Bundesrecht Landesrecht bricht, wird im gesellschaftsrechtlichen Schrifttum[423], in der zivilgerichtlichen Rechtsprechung[424] und in der öffentlich-rechtlichen Literatur[425] die Auffassung vertreten, das Privat- und Gesellschaftsrechts gehe den landesrechtlichen Bestimmungen einschließlich der verfassungsrechtlich verankerten Kontrollinstrumente der Volksvertretungen gegenüber den Landesregierungen vor.[426] Diese Auffassung überzeugt indes nicht. Sie verkennt insbesondere, dass Art. 31 GG allein eine **Kompetenznorm** für den Fall darstellt, dass Bundes- und Landesrecht jeweils **denselben Sachverhalt** regeln.[427] Das ist beim parlamentarischen Untersuchungsrecht nicht der Fall. Das Gesellschaftsrecht trifft zu den Anforderungen an die Legitimation und Kontrolle der Ausübung von Staatsgewalt keine Aussage. Parlamentarische Kontrolle erstreckt sich indes auf jegliche Staatstätigkeit, auch soweit sie sich privater Unternehmensformen bedient.[428] Die Sicherstellung der parlamentarischen Kontrolle als Bestandteil des Demokratieprinzips ist für die Länder gemäß **Art. 28 Abs. 1 Satz 1 GG** zwingende verfassungsrechtliche Vorgabe.[429] Daher ist in jedem Einzelfall ein **Ausgleich** zwischen den Regelun-

---

421 BVerfGE 115, 205 (227 f.) zur (bejahten) Grundrechtsfähigkeit der Deutschen Telekom AG.
422 BVerwGE 114, 160 (189) ebenfalls zur Grundrechtsfähigkeit der Deutschen Telekom AG.
423 *Lutter/Grunewald*, WM 1984, 385 (394 ff.); *Schmidt-Aßmann/Ulmer*, BB-Beilage 13/1988, 15.
424 BGHZ 36, 296 (305 ff.); 69, 334 (340 f.).
425 *Püttner*, DVBl. 1986, 748(751); *Spannowsky*, DVBl. 1992, 1072 (1074)
426 Vgl. weitere Nachweise bei Wahl, in: Schmidt-Aßmann/Hoffmann-Riem, Verwaltungsorganisation als Steuerungsressource, 1997, S. 301, 328 f.; *v. Dannwitz*, AöR 120 (1995) 565 (610 f.); *Hüffer*, AktG, Kommentar, 8. Aufl., 2008, § 394 Rn. 2a.
427 BVerfGE 26, 116 (135); 36, 342 (363); 96, 345 (364); 98, 145 (159).
428 NRWVerfGH, NVwZ-RR 2009, 41 (43); BayVerfGH, NVwZ 2007, 204 (206).
429 *Glauben*, ZParl 29 (1998), 496 (500).

gen des Gesellschaftsrechts und den verfassungsrechtlich verankerten Kontrollrechten des Parlaments zu suchen.[430] Mit Blick auf das parlamentarische Untersuchungsverfahren ist daher eine Abwägung vorzunehmen zwischen dem Interesse der betroffenen Gesellschaft an Geheimhaltung, wie es in den gesellschaftsrechtlichen Normen seinen Ausdruck gefunden hat und dem Interesse des Untersuchungsausschusses an einer öffentlichen Aufklärung.[431] Dabei kommt dem Interesse an öffentlicher Aufklärung, insbesondere bei **Missstandsenqueten** ein besonderer Stellenwert zu.[432]

---

430 *Glauben*, ZParl 29 (1998), 496 (501); *v. Danwitz*, AöR 120 (1995) 595 (617); *Poppenhäger*, ThürBl. 2000, 152 (154 f.)
431 *Brocker*, in: Grimm/Caesar, Art. 91 Rn. 26.
432 BVerfGE 124, 78 (123); *Brocker*, in: Grimm/Casar, Art. 91 Rn. 37.

§ 6 Beschlussfassung über den Einsetzungsantrag

ÜBERSICHT

Rdn.

I. Allgemeine Verfahrensgrundsätze.............................. 1
   1. Erforderlichkeit eines Einsetzungsbeschlusses.................. 1
   2. Bestimmtheitsgebot 8
   3. Folgen eines fehlerhaften Einsetzungsbeschlusses 15
II. Umfang und Grenzen des Minderheitenrechts 17
   1. Ablehnungsbefugnis der Mehrheit........................... 17
   2. Modifikationsbefugnis der Mehrheit 26
   3. Modifikationsbefugnis der Minderheit bei einem Mehrheitsantrag 32
   4. Ergänzungen oder Beschränkungen des Untersuchungsauftrags nach
       Einsetzung des Ausschusses................................ 34

Literatur: *Arloth*, Grundlagen und Grenzen des Untersuchungsrechts parlamentarischer Untersuchungsausschüsse, NJW 1987, 808; *Bachmann*, Befugnis der (Einsetzungs-)Minderheit zur nachträglichen Änderung des Untersuchungsgegenstandes bei Minderheitsenquete, in: ders./Schneider (Hrsg.), Zwischen Aufklärung und politischem Kampf, 1988, S. 31; *Badura*, Das Recht der Minderheit auf Einsetzung eines parlamentarischen Untersuchungsausschusses, in: Fs. Helmrich (1994) S. 191; *Cancik*, Vom Charme formaler Anknüpfungen im Parlamentsrecht, Der Staat 2010, 251; *Caspar*, Zur Einsetzung parlamentarischer Untersuchungsausschüsse: Voraussetzungen, Minderheitsbefugnisse und Folgen rechtswidriger Einsetzungsbeschlüsse, DVBl. 2004, 845; *Damkowski* (Hrsg.), Der parlamentarische Untersuchungsausschuss, 1987; *ders.*, Für eine gesetzliche Neuordnung der Rechte und Pflichten Parlamentarischer Untersuchungsausschüsse, ZRP 1988, 340; *Depenheuer/Winands*, Der parlamentarische Untersuchungsauftrag: inhaltliche Bestimmtheit und thematische Reichweite, ZRP 1988, 258; *Friedrich*, Der parlamentarische Untersuchungsausschuss – Entwicklung, Stellung, Kompetenzen, 1990; *Hempfer*, Zur Änderungsbefugnis der Parlamentsmehrheit bei Minderheitsanträgen auf Einsetzung von Untersuchungsausschüssen, ZParl 10 (1979) 295; *Hermes*, Das Minderheitsrecht auf eine parlamentarische Untersuchung, in: Fs. Mahrenholz (1994) S. 349; *Hilf*, Untersuchungsausschüsse vor den Gerichten, NVwZ 1987, 537; *Knippel*, Der Minderheitenschutz im Untersuchungsrecht des Landtages Brandenburg, in: Fs. BrandbVerfG (1998) S. 51; *Laage/Strube*, Das Untersuchungsrecht als Minderheitsrecht, in: Bachmann/Schneider (Hrsg.), Zwischen Aufklärung und politischem Kampf, 1988, S. 9; *Meyer-Bohl*, Die Vorlagepflicht von Untersuchungsaufträgen im Wege des konkreten Normenkontrollverfahrens nach Art. 100 Abs. 1 GG, DVBl. 1990, 511; *Platter*, Das parlamentarische Untersuchungsverfahren vor dem Verfassungsgericht, 2004; *Plöd*, Die Stellung des Zeugen in einem parlamentarischen Untersuchungsausschuss des Deutschen Bundestages, 2003; *Pofalla*, Das Bepackungsverbot gemäß § 2 Abs. 2 PUAG am Beispiel des »Lügenuntersuchungsausschusses«, DÖV 2004, 335; *Schleich*, Das parlamentarische Untersuchungsrecht des Bundestages, 1985; *Schliesky*, Art. 44 GG – Zulässigkeit der Änderung des Untersuchungsgegenstandes gegen den Willen der Einsetzungsmehrheit, AöR 126 (2001) 244; *M. Schröder*, Altes und Neues zum Recht Parlamentarischer Untersuchungsausschüsse aus Anlass der

CDU-Parteispendenaffäre, NJW 2000, 1455; *H.-P. Schneider*, Das Parlamentsrecht im Spannungsfeld von Mehrheitsentscheidung und Minderheitenschutz, in: Fs. 50 Jahre BVerfG., Bd II, 2001, S. 627; *Seidel*, Die Opposition im parlamentarischen Untersuchungsverfahren nach Art. 44 GG – materieller und verfassungsprozessualer Minderheitenschutz, BayVBl. 2002, 97; *Weisgerber*, Das Beweiserhebungsverfahren parlamentarischer Untersuchungsausschüsse des Deutschen Bundestages, 2003; *Wiefelspütz*, Die Änderung des Untersuchungsauftrags von Untersuchungsausschüssen, DÖV 2002, 803; *ders.*, Parlamentarisches Untersuchungsrecht, ZG 2003, 35.

I. Allgemeine Verfahrensgrundsätze

1. Erforderlichkeit eines Einsetzungsbeschlusses

Art. 44 Abs. 1 GG sowie die entsprechenden Regelungen in den Landesverfassungen berechtigen den Bundestag und die Landesparlamente zwar zur **Einsetzung** von Untersuchungsausschüssen, schweigen aber zumeist zu der Form, in der dies erfolgen soll. Insbesondere wird verfassungsgesetzlich überwiegend nicht vorgegeben, ob überhaupt ein **förmlicher Einsetzungsbeschluss** erforderlich ist. Eine Ausnahme gilt allerdings in den Ländern Baden-Württemberg,[1] Brandenburg und Sachsen.[2]

Argumentiert wird in diesem Zusammenhang, da schon beim **Antrag** einer qualifizierten **Einsetzungsminderheit** das Parlament zur Einsetzung des Untersuchungsausschusses **verpflichtet** sei, komme dem entsprechenden Beschluss allenfalls **deklaratorische Wirkung** zu. Daher könne auch auf ihn **verzichtet** werden. Denkbar wäre allenfalls ein so genanntes **vereinfachtes Verfahren**, in dem deklaratorisch vom amtierenden Parlamentspräsidenten festgestellt wird, dass der Untersuchungsausschuss eingesetzt sei.[3]

Unbeschadet dessen muss auch bei einer Minderheitenquete der Untersuchungsauftrag **klar gefasst und hinreichend bestimmt** sein,[4] so dass sich aus praktischen Gründen anbietet, auch ohne verfassungsgesetzliche Vorgabe auf einen **förmlichen Beschluss** nicht zu verzichten.[5] Vor diesem Hintergrund vertritt, unabhängig von einer positiv-rechtlichen Festlegung,

1

2

3

---

1 S. dazu *Feuchte*, Art. 35 Rn. 11; *Braun*, Art. 35 Rn. 30.
2 Art. 35 Abs. 1 S. 1 BadWürttVerf.; Art. 72 Abs. 1 S. 2 BrandbVerf.; Art. 54 Abs. 1 S. 2 SächsVerf.
3 S. zu dieser Diskussion HessStGH, ESVGH 17, 1 (6 ff.); *Wiefelspütz*, Das Untersuchungsausschussgesetz, 2003, S. 191 ff.; *Rechenberg*, BK, Art. 44 Rn. 6; *Partsch*, Verh. d. 45 DJT. (1964), S. 17 ff. *H. H. Klein*, MD, Art. 44 Rn. 86 ff.; *Wedemeyer* in: Thiele/Pirsch/Wedemeyer, Art. 34 Rn. 3; Korbmacher, in: Driehaus, Art. 48 Rn. 4.
4 *Steinberger*, Gutachten, BT-Drucks. 11/7800, Anl. 7, S. 1184; *Wedemeyer*, in: Thiele/Pirsch/Wedemeyer, Art. 34 Rn. 4; *Wuttke*, in: v. Mutius/Wuttke/Hübner, Art. 18 Rn. 9; *Caspar*, in: ders./Ewer/Nolte/Waack, Art. 18 Rn. 20 f.
5 *Caspar*, in: ders./Ewer/Nolte/Waack, Art. 18 Rn. 10; Lieber/Iwers/Ernst, Art. 72 Anm. 2; *Günther*, in: Heusch/Schönenbroicher, Art. 41 Rn. 3.

die heute wohl herrschende Meinung die Auffassung, das Parlament dürfe nicht auf einen förmlichen Einsetzungsbeschluss verzichten.[6] Denn mit der Einsetzung des Untersuchungsausschusses mache das Parlament die Untersuchung zu **seiner Sache**, übernehme es die politische Verantwortung. Dies müsse sich in einem entsprechenden Beschluss niederschlagen, der zugleich auch die **konkrete Organisationsentscheidung** des Parlaments darstelle.[7] Das Parlament alleine bestimme mit dem Einsetzungsbeschluss die Grenzen und das **Untersuchungsthema**.[8]

4   Darüber hinaus dürfte ein **ausdrücklicher Beschluss** des Parlaments in jedem Fall erforderlich sein, wenn die Mehrheit verfassungsrechtliche oder sonstige **Bedenken** gegen den Einsetzungsantrag geltend macht.[9]

5   Für den Deutschen Bundestag ist in **§ 1 Abs. 2 PUAG** die Frage nunmehr in dem Sinne entschieden, dass die Einsetzung eines Untersuchungsausschusses in jedem Fall durch einen **Beschluss** des Parlaments erfolgen muss. Gleiches gilt gemäß § 3 S. 2 Halbs. 1 PUAG für **Änderungen** des Untersuchungsauftrages.[10]

6   Den Regelungen im PUAG entsprechende Bestimmungen finden sich nunmehr mit Ausnahme des Saarlandes[11] sowie der Länder Hessen und Niedersachsen, die kein Untersuchungsausschussgesetz haben, die aber zumeist auf die sogenannten IPA-Regeln abstellen, auch in den Untersuchungsausschussgesetzen der übrigen Länder.[12]

---

6 *Brocker*, in: Epping/Hillgruber, Art. 44 Rn. 26; *Kretschmer*, in: Schmidt-Bleibtreu/Klein/Hofmann/Hopfauf, Art. 44 Rn. 14; *Wiegand-Hoffmeister*, in: Litten/Wallerath, Art. 34 Rn. 3; *Korbmacher*, in: Driehaus, Art. 48 Rn. 4; *Schliesky*, AöR 126 (2001) 244 (246); *Seidel*, BayVBl. 2002, 97 (103); *H.-P. Schneider*, Fs. 50 Jahre BVerfG, Bd. II (2001) S. 655; *Wiefelspütz*, ZG 2003, 35 (41 f.); *H. H. Klein*, MD, Art. 44 Rn. 87; zurückhaltender *Versteyl*, in: v. Münch/Kunig II, Art. 44 Rn. 15; *Umbach*, in: ders/Clemens, GG, Art. 44 Rn. 24.

7 HessStGH, ESVGH 17, 1 (3 ff.); *Brocker*, in: Epping/Hillgruber, Art. 44 Rn. 31; *Damkowski*, ZRP 1988, 341; *ders.*; Der parlamentarische Untersuchungsausschuss, S. 151; *Wiefelspütz*, NVwZ 2002, 13 m.w.N. in Fn. 60; *ders.*, ZG 2003, 41; *Seidel*, BayVBl. 2002, 103; *Badura*, Fs. Helmrich (1994) S. 193; *Hermes*, Fs. Mahrenholz (1994) S. 356 f.; *H. H. Klein*, MD, Art. 44 Rn. 87; *Schneider*, Verh. d. 57. DJT (1988), S. M 70; s.a. Beschluss der Konferenz der Landtagspräsidenten, abgedr. bei *Becker*, DÖV 1964, 509 f.

8 BadWürttStGH, ESVGH 27, 1 (6); *Platter*, Das parlamentarische Untersuchungsverfahren vor dem Verfassungsgericht, 2004, S. 55; *Caspar*, DVBl. 2004, 845; *Möstl*, in: Lindner/Möstl/Wolf, Art. 25 Rn. 7.

9 HessStGH, ESVGH 17, 1 (4, 9 f.).

10 S. hierzu auch BVerfGE 83, 175 (180).

11 § 39 Abs. 5 LTG Saarl. stellt zwar klar, dass die Erweiterung nur durch den Landtag erfolgen darf, die Beschlussform wird aber nicht vorgegeben.

12 § 2 Abs. 2 UAG BadWürtt.; § 2 Abs. 1 Satz 1 UAG Berl.; § 2 Abs. 1, § 3 Abs. 3 UAG Brandb; § 2 Abs. 3 UAG Brem.; § 2 Abs. 1 § 3 Abs. 3 UAG Hbg.; § 1 Abs. 2

Die **personelle Stärke** des Untersuchungsausschusses ist in jedem Fall 7 dann **abstimmungsbedürftig**, wenn sich weder das verfassungsgesetzliche Einsetzungsgebot noch eine einfachgesetzliche oder geschäftsordnungsrechtliche Regelung dazu **abschließend** verhält. Denn dann legt das Plenum des Parlaments im Rahmen seines **Organisationsermessens** auch die **personelle Stärke** des Untersuchungsausschusses fest.[13] Daher kann in der Abstimmung über die Größe eines Untersuchungsausschusses auch eine **konkludente Zustimmung** zu dessen Einsetzung gesehen werden.[14]

2. Bestimmtheitsgebot

Der Einsetzungsbeschluss des Parlaments muss **hinreichend bestimmt** sein. 8 Während der Bund dies im Untersuchungsausschussgesetz des Bundestages nicht ausdrücklich geregelt hat, sehen die landesrechtlichen Regelungen dies zumeist vor.[15] Unbeschadet dessen wird das Gebot der Bestimmtheit allgemein als **zwingende Vorgabe** für die verfassungsgemäße Einsetzung eines Untersuchungsausschusses anerkannt.[16] Denn diese Anforderung an den Beschluss folgt zum einen zwingend aus dem Gebot der **Rechtsstaatlichkeit**.[17] Zum anderen folgt dies aus der **Rollenverteilung** zwischen Unter-

---

S. 1, § 3 S. 2 UAG MV; § 2 Abs. 1, § 3 Abs. 2 UAG NRW; § 2 Abs. 1, § 3 Abs. 4 UAG RhPf.; § 3 UAG Sachs.; § 2 Abs. 2, § 3 Abs. 3 S. 2 UAG SachsA; § 2 Abs. 2, § 3 Abs. 3 S. 2 UAG SchlH; § 2 Abs. 1, § 3 Abs. 4 UAG Thür; § 2 Abs. 2 IPA-Regeln.
13 *Brocker*, in: Epping/Hillgruber, Art. 44 Rn. 32.
14 *Wiefelspütz*, Das Untersuchungsausschussgesetz, 2003, S. 193 f.
15 Art. 35 Abs. 1 S. 2 BadWürttVerf., § 3 Abs. 1 UAG BadWürtt; Art. 1 Abs. 2 UAG Bay.; § 2 Abs. 1 S. 1 UAG Berl.; Art. 72 Abs. 1 S. 2 BrandbVerf. § 2 Abs. 1 UAG Brandb.; § 2 Abs. 1 UAG Brem.; § 2 Abs. 1 UAG Hbg.; § 1 Abs. 2 S. 2 UAG MV; § 2 Abs. 1 UAG NRW.; § 3 Abs. 1 UAG RhPf.; § 39 Abs. 1 LTG Saarl.; Art. 54 Abs. 1 S. 2 SächsVerf., § 2 Abs. 2 UAG Sachs.; § 3 Abs. 1 UAG SachsA; § 3 Abs. 1 UAG SchlH; § 3 Abs. 1 UAG Thür.; § 2 Abs. 1 IPA-Regeln.
16 *Achterberg/Schulte*, in: v. Mangoldt/Klein/Starck II, Art. 44 Rn. 30; *Weisgerber*, Das Beweiserhebungsverfahren parlamentarischer Untersuchungsausschüsse des Deutschen Bundestages, 2003, S. 115; *Wiefelspütz*, ZG 2003, 35 (38); *Plöd*, Die Stellung des Zeugen in einem parlamentarischen Untersuchungsausschuss des Deutschen Bundestages, 2003, S. 74; *Hilf*, NVwZ 1987, 537, (539); *Meyer-Bohl*, Die Grenzen der Pflicht zur Aktenvorlage und Aussage vor parlamentarischen Untersuchungsausschüssen, 1992, S. 119 ff.; *Caspar*, DVBl. 2004, 845 (847).
17 BadWürttStGH, NVwZ-RR 1992, 593 (596); BayVerfGH, BayVBl. 1994, 463 (467); *Geis*, in: Isensee/Kirchhof III, § 55 Rn. 33; *H. H. Klein*, MD, Art. 44 Rn. 84; *Weisgerber*, Das Beweiserhebungsverfahren parlamentarischer Untersuchungsausschüsse des Deutschen Bundestages, 2003, S. 115; *Platter*, Das parlamentarische Untersuchungsverfahren vor dem Verfassungsgericht, 2004, S. 39 f.; *Caspar*, in: ders./Ewer/Nolte/Waack, Art. 18 Rn. 21; *Günther*, in: Heusch/Schönenbroicher, Art. 41 Rn 9.

suchungsausschuss und Parlament.[18] Soweit es heißt, dass schon der Antrag hinreichend bestimmt sein müsse, ist dies verfassungskonform in dem Sinne auszulegen, dass dies für den zur Abstimmung gestellten Antrag gilt.[19] Allerdings ist zu bedenken, dass zum Zeitpunkt der Einsetzung des Ausschusses das Tatsachenmaterial, um dessen Ermittlung es gerade gehen soll, häufig noch sehr lückenhaft sein wird. Deshalb muss es dem Parlament unbenommen bleiben, den Untersuchungsgegenstand umfassender zu formulieren.[20] Ebenso wenig muss der Untersuchungsgegenstand ausschließlich mit Rechtsbegriffen umschrieben sein.[21]

9 Unter rechtsstaatlichen Aspekten ist zu bedenken, dass der **Beschluss** letztlich **Grundlage** für das Verfahren der **Beweisaufnahme** einschließlich eventueller **Zwangsmittel** ist. Der Zeuge ebenso wie der Adressat eines Aktenherausgabebegehrens oder eines Rechtshilfeersuchens muss die Rechtslage erkennen und das eigene Verhalten danach ausrichten können.[22] Denn das Bestimmtheitsgebot dient sowohl dem **Schutz betroffener Personen** als auch dem **Schutz anderer (staatlicher) Rechtsträger** vor beliebigen Eingriffen in ihre Rechtssphäre.[23] Bei **politischen Parteien** ist es zugleich Hilfe zur Prüfung, ob der Grundsatz der **Chancengleichheit**[24] nicht tangiert wird.[25] In der Praxis dürfte es daher angezeigt sein, dem Beweisbeschluss, dem Aktenherausgabeverlangen und dem Ersuchen auf Rechtshilfe den **Einsetzungsbeschluss beizufügen**. In jedem Fall darf das angerufene Gericht bei Zwangsmitteln, die im Zusammenhang mit der Beweisaufnahme vom Untersuchungsausschuss für erforderlich gehalten werden, auch die ordnungsgemäße Einsetzung prüfen.[26] Allerdings fehlt es im Bund und in einigen Ländern inzwischen an einer **Verwerfungskompetenz des Instanz-**

---

18 *H. H. Klein*, MD, Art. 44 Rn. 83; *Depenheuer/Winands*, ZRP 1988, 258 (259); *Arloth*, NJW 1987, 808 f.; *Steinberger*, Gutachten, BT-Drucks. 11/7800, Anl. 7, S. 1199 f.; krit. *Möstl*, in: Lindner/Möstl/Wolf, Art. 25 Rn. 8 bzgl. einer pauschalen Ausfüllung des Begriffs der Bestimmtheit.
19 S. dazu o. § 4 Rdn. 8; a.A. BadWürttStGH, NVwZ-RR 2008, 4 (5).
20 SächsVefGH, SächsVBl. 2009, 8 (14) m.w.N.
21 SächsVerfG, SächsVBl. 2009, 8 (14); s.a. auch *Axer*, DVBl. 2007, 1152, (1154 f.).
22 BVerfGE 77, 1 (50); BayVerfGH, BayVBl. 1994, 463 (468); *Weisgerber*, Das Beweiserhebungsverfahren parlamentarischer Untersuchungsausschüsse des Deutschen Bundestages, 2003, S. 116; *Köhler*, Umfang und Grenzen des parlamentarischen Untersuchungsrecht gegenüber Privaten im nichtöffentlichen Bereich, 1996, S. 206 f.
23 BayVerfGH, BayVBl. 1994, 463 (467); *Plöd*, Die Stellung des Zeugen in einem parlamentarischen Untersuchungsausschuss des Deutschen Bundestages, 2003, S. 75; *Schröder*, NJW 2000, 1455 (1457).
24 S. dazu i.E. o. § 5 Rdn. 113.
25 *Schröder*, NJW 2000, 1455 (1457).
26 BVerfGE 77, 1 (39); s. a. AG Bonn, NJW 1989, 1101.

gerichtes und wird vorgegeben, dass bei Zweifeln die Frage des zulässigen Untersuchungsauftrags an das Bundes- oder Landesverfassungsgericht heranzutragen ist.[27]

Im Hinblick auf die Rollenverteilung zwischen Parlament und Untersuchungsausschuss ist zu beachten, dass das Parlament **Herr des Verfahrens** ist.[28] Es hat den Untersuchungsgegenstand festzulegen sowie den Umfang der Ermittlungen und der Feststellungen zu bestimmen.[29] Daher sind auch **Ergänzungen** nicht etwa Sache des Untersuchungsausschusses, sondern **allein Sache des Parlaments**.[30] Dies ist im Untersuchungsausschussgesetz des Bundestages nunmehr ausdrücklich geregelt[31] und ergibt sich in den meisten Ländern entweder aus dem Sinngehalt der entsprechenden Regelungen[32] oder auch durch die Aufnahme eines ausdrücklichen Änderungsvorbehalts.[33]

10

Unbeschadet dessen muss der Untersuchungsauftrag grundsätzlich so präzise sein, dass der Untersuchungsausschuss bezüglich des **Inhalts der Untersuchung keinen Ermessensspielraum** hat.[34] Dem Untersuchungsausschuss steht **keine Einschätzungsprärogative** zu, wo die Grenzen des Untersuchungsauftrags im Einzelnen zu ziehen sind.[35] Denn nur in diesem Fall ist nachprüfbar, ob sich das Untersuchungsthema im Kompetenzrahmen des jeweiligen Parlaments bewegt.[36] Der Untersuchungsausschuss darf nur

11

---

27 S. i.E. u. § 8.
28 BVerfGE 67, 100 (127); BayVerfGH, BayVBl. 1994, 463 (467); *Plöd*, Die Stellung des Zeugen in einem parlamentarischen Untersuchungsausschuss des Deutschen Bundestages, 2003, S. 75; *Hermes*, Fs. Mahrenholz (1994) S. 358; *H. H. Klein*, MD, Art. 44 Rn. 83; *Brocker*, in: Epping/Hillgruber, Art. 44 Rn. 1.
29 HessStGH, ESVGH 17, 1 (17); BayVerfGH, BayVBl. 1994, 463 (465); *Steinberger*, Gutachten, BT-Drucks. 11/7800, Anl. 7, S. 1200 f.; *Geis*, in: Isensee/Kirchof III, § 55 Rn. 34.
30 HessStGH, ESVGH 17, 1 (18); *Arloth*, NJW 1987, 808 f.
31 § 3 PUAG.
32 § 3 Abs. 3 UAG BadWürtt; § 3 Abs. 3 UAG Sachs.
33 Art. 2 Abs. 2 S. 2 UAG Bay.; § 2 Abs. 3 UAG Berl.; § 3 Abs. 2 UAG Brandb.; § 2 Abs. 4 UAG Brem.; § 3 Abs. 3 UAG Hbg.; § 3 UAG MV.; § 3 Abs. 2 und 3 UAG NRW; § 3 Abs. 3 und 4 UAG RhPf.; § 39 Abs. 5 LTG Saarl.; § 3 Abs. 3 UAG SachsA; § 3 Abs. 3 UAG SchlH; § 3 Abs. 3 und 4 UAG Thür.; § 2 Abs. 5 IPA-Regeln.
34 SächsVerfGH, SächsVBl. 2009, 8 (14); *Günther*, in: Heusch/Schönenbroicher, Art. 41 Rn. 10.
35 BVerfGE 124, 78 (119); a.A. offenbar OVG NRW, NJW 1989 1103 (1104).
36 *Weisgerber*, Das Beweiserhebungsverfahren parlamentarischer Untersuchungsausschüsse des Deutschen Bundestages, 2003, S. 115; *Friedrich*, Der parlamentarische Untersuchungsausschuss – Entwicklung, Stellung und Kompetenzen, 1990, S. 79.

Teil 2 Das Verfahren der Einsetzung

über die **Art der Beweiserhebung**, nicht jedoch über die **beweiserheblichen Tatsachen** bestimmen.[37]

12   Der Einsetzungsbeschluss darf ferner **nicht wertend** sein, da er in diesem Fall das vorwegnimmt, was durch die Untersuchung erst aufgedeckt werden soll.[38] Ferner darf er keine Fragen enthalten, die durch eine unzutreffende tatsächliche Annahme geprägt sind, so dass die Fragen nicht beantwortet werden können und damit gegenstandslos sind.[39]

13   Prinzipiell sind bei einer Minderheitenenquete auch die Abgeordneten zur Zustimmung verpflichtet, die die angestrebten Untersuchungen missbilligen. Daraus kann aber nicht gefolgert werden, dass eine **Stimmenthaltung** unzulässig wäre. Ebenso ist der Auszug aus dem Plenum möglich, solange nicht die **Beschlussfähigkeit** gefährdet ist.[40]

14   Schließlich sollten mit dem Einsetzungsbeschluss die **anzuwendenden Verfahrensvorschriften** festgelegt werden, da dies Sache des Parlaments an sich ist.[41] Da im Bund und in den Ländern mit Ausnahme von **Hessen** und **Niedersachsen**[42] inzwischen Untersuchungsausschussgesetze bestehen, spielt dies nur noch für Hessen und Niedersachsen eine Rolle. Allerdings kann eine Festlegung von Verfahrensregeln unabhängig von den Regelungen eines Untersuchungsausschussgesetzes geboten sein, wenn die gesetzlichen Bestimmungen allein auf die Exekutivkontrolle ausgerichtet sind.[43]

3. Folgen eines fehlerhaften Einsetzungsbeschlusses

15   Erweist sich der **Einsetzungsbeschluss** nach den vorstehend beschriebenen Kriterien als **rechtswidrig**, so handelt es sich – obwohl der Beschluss letztlich ein **innerorganschaftlicher Parlamentsakt** ist –[44] nicht bloß um einen verfahrensmäßigen Verstoß, sondern wegen des Verfassungsbezugs der rechtlichen Beurteilungskriterien um einen **Verfassungsverstoß**.[45] Damit

---

37 *Weisgerber*, Das Beweiserhebungsverfahren parlamentarischer Untersuchungsausschüsse des Deutschen Bundestages, 2003, S. 115.
38 SächsVerfGH, SächsVBl. 2009, 8 (16); *Brocker*, in: Epping/Hillgruber, Art. 44 Rn. 30; s.a. BVerfGE 49, 70 (87 f.).
39 BadWürttStGH, NVwZ-RR 2008, 4 (5).
40 *Braun*, Art. 35 Rn. 32; *Dästner*, Art. 41 Rn. 4; *Partsch*, Verh. d. 45. DJT (1964), S. 34 f.
41 *Hermes*, Fs. Mahrenholz (1994) S. 359.
42 S.o. § 3 Rdn. 13, 15; ferner Art. 92 Abs. 1 S. 4 HessVerf.: die Geschäftsordnung regelt das Verfahren der Untersuchungsausschüsse sowie Art. 27 Abs. 6 S. 1 NdsVerf., wonach der Landtag das Verfahren durch Gesetz oder Geschäftsordnung näher regeln kann.
43 S. dazu o. § 5 Rdn. 126 sowie RhPfVerfGH, AS 38, 322 (330).
44 *Meyer-Bohl*, DVBl. 1990, 511 (512).
45 HessStGH, ESVGH 17, 1 (16).

wird nicht nur die **Einsetzung** des Untersuchungsausschusses **unwirksam**,[46] sondern auch alle darauf **fußenden Entscheidungen** des Ausschusses.[47]

Allerdings steht es dem Untersuchungsausschuss selbst nicht zu, eine vom Parlament zugelassene Untersuchung in ihrer verfassungsrechtlichen Zulässigkeit **anzuzweifeln**. Sollten sich gleichwohl im Verlauf der Untersuchung Bedenken einstellen, so könnte der Untersuchungsausschuss allenfalls den **Auftrag an das Plenum zurückgeben**, müsste aber auf dessen **Anweisung** hin die Untersuchung **fortführen**.[48]

16

II. Umfang und Grenzen des Minderheitenrechts

1. Ablehnungsbefugnis der Mehrheit

Das Parlament übernimmt mit der Einsetzung eines Untersuchungsausschusses **als Ganzes** die Verantwortung für die Untersuchung. Mit dieser Verantwortung korrespondiert, dass die Minderheit zwar ein Einsetzungsrecht hat, gleichwohl die Entscheidungsbefugnis beim gesamten Parlament bleibt.[49] Das zeigt sich auch in dem oben beschriebenen Erfordernis eines förmlichen Einsetzungsbeschlusses.[50] Diesem Beschluss hat allerdings auch bei einem Minderheitenantrag zwingend eine **verfassungsrechtliche Prüfung der Mehrheit** voranzugehen.[51] Denn selbstverständlich ist das Parlament bei der Einsetzung eines Untersuchungsausschusses gemäß Art. 1 Abs. 3 GG an die Grundrechte und gemäß Art. 20 Abs. 3 GG an die verfassungsmäßige Ordnung sowie an Recht und Gesetz gebunden. Daher ist das Parlament berechtigt und verpflichtet, die Verfassungsgemäßheit des Minderheitenantrags vor dem Einsetzungsbeschluss zu prüfen.[52]

17

---

46 HessStGH, ESVGH 17, 1, (16 f.); zurückhaltender *Kunig/v. Lampe*, LKV 1994, 131 (134).
47 HessStGH, ESVGH 17, 1 (17); *Meyer-Bohl*, DVBl. 1990, 511 (512); einschränkend *H. H. Klein*, MD, Art. 44 Rn. 84: der unbestimmte Einsetzungsbeschluss muss allerdings nicht insgesamt unzulässig sein, er taugt dann jedenfalls nicht als Grundlage für Zwangsmaßnahmen; *Geis*, in: Isensee/Kirchof III, § 55 Rn. 33.
48 HessStGH, ESVGH 17, 1 (18); *Hermes*, Fs. Mahrenholz (1994) S. 360; *H. H. Klein*, MD, Art. 44 Rn. 70.
49 *Wiefelspütz*, DÖV 2002, 803 (804).
50 S.o. Rdn. 3.
51 *Wiefelspütz*, DÖV 2002, 803 (805); *Achtberg/Schulte*, in: v. Mangoldt/Klein/Starck II, Art. 44 Rn. 87; *Schleich*, Das parlamentarische Untersuchungsrecht des Deutschen Bundestages, 1985, S. 84; *Bickel*, Verh. d. 57. DJT (1988), S. M. 24; *Neumann*, Art. 105 Rn. 20.
52 NRWVerfGH, NVwZ 2002, 75 f.; BayVerfGH, BayVBl. 1994, 463 (464); HessStGH, ESVGH 17, 1 (4 f.); StGH, RGZ 104, 423 ff.; *Partsch*, Verh. d. 45.

18 Darüber hinaus darf die Parlamentsmehrheit auch dann Bedenken erheben, wenn sich diese erst **nach Einsetzung** des Untersuchungsausschusses einstellen. Denn das Parlament trägt **während der gesamten Untersuchung** die Verantwortung für deren Verfassungsgemäßheit.[53]

19 Diese Prüfungspflicht macht allerdings nur Sinn, wenn die Mehrheit auch berechtigt ist, den Minderheitenantrag abzulehnen. Art. 44 Abs. 1 GG sowie die entsprechenden landesverfassungsrechtlichen Bestimmungen verlangen mithin nicht die Einsetzung eines Untersuchungsausschusses auf Grund des Antrags einer qualifizierten Minderheit »**um jeden Preis**«. Ebenso wenig kann die Mehrheit zur Einsetzung verpflichtet sein, um dann auf dem Umweg über eine **Organklage** den Ausschuss wieder zu Fall zu bringen.

20 Die **Grenze des Minderheitenrechts** ist daher die Verfassungsgemäßheit des Einsetzungsantrags.[54] Das Parlament und dessen Mehrheit sind nicht gezwungen, einem verfassungswidrigen Einsetzungsantrag entsprechen zu müssen. Vielmehr steht ihnen die Befugnis zur **Ablehnung** zu.[55] Nicht überzeugend ist, der Mehrheit diese Befugnis nur bei **offensichtlicher Verfassungswidrigkeit** zuzubilligen.[56] Denn die Frage der Offensichtlichkeit wird im Zweifel politisch ebenfalls so umstritten sein, wie die Verfassungswidrigkeit des Untersuchungsgegenstandes überhaupt. Es ist das **rechtlich-politische Risiko der Mehrheit**, wenn sie die Einsetzung eines Untersuchungsausschusses ganz oder teilweise ablehnt und eventuell vom Verfassungsgericht insoweit korrigiert wird. Jedenfalls verpflichtet die Verfassungsbindung nach Art. 20 Abs. 3 GG nicht erst bei Fällen offensichtlicher Verfassungswidrigkeit zum Einschreiten.

21 Die Mehrheit ist allerdings nicht befugt, **wesentliche Teile einfach zu streichen**, sondern es kommt allenfalls eine **Teileinsetzung** in Frage,[57] wie es § 2 Abs. 3 PUAG nunmehr für den Bundestag ausdrücklich vorsieht. Erforderlich ist allerdings in jedem Fall, dass der Minderheit bei einer teil-

---

DJT (1964), Bd. I, Teil 3, S. 35 (199); *Badura*, Fs. Helmrich (1994) S. 200; *Caspar*, DVBl. 2004, 845 (849).

53 BVerfGE 83, 175 (180); *Wiefelspütz*, DÖV 2002, 803 (808).
54 *Mager*, Der Staat 41 (2002) 597 (604); *Caspar*, DVBl. 2004, 845 (849).
55 BayVerfGH, BayVerfGHE N.F. 30, 63; *Brocker*, in: Epping/Hillgruber, Art. 44 Rn. 29; *Umbach*, in: ders./Clemens, GG, Art. 44 Rn. 27; *Schröder*, Verh. d. 57. DJT (1988), S. E 100 f.; *Schneider*, Verh. d. 57. DJT (1988), S. M 73 f.; *Badura*, Fs. Helmrich (1994) S. 200; s.a. § 3 Abs. 2 UAG BadWürtt.
56 So aber *Scholz*, AöR 105 (1980) 564 (565); *Schleich*, Das parlamentarische Untersuchungsrecht des Bundestages, 1985, S. 82; *Knippel*, Fs. BrandbVerfG (1998) S. 53 f.; s.a. *Laage/Strube*, in: Bachmann/Schneider (Hrsg.), Zwischen Aufklärung und politischem Kampf, 1988, S. 14 f.: Verfassungswidrigkeit muss evident sein.
57 SächsVerfGH, SächsVBl. 2009, 8 (18); NRWVerfGH, NVwZ 2002, 75 f.; BadWürttStGH, NVwZ-RR 2008, 4 (8 f.); *Menzel*, in: Löwer/Tettinger, Art. 41 Rn. 32; krit. *Kühne*, Fs. 50 Jahre NRWVerfGH (2002) S. 368.

weisen oder völligen Ablehnung eine **Begründung** gegeben wird, die diese in die Lage versetzt, eventuelle verfassungsgerichtliche Schritte zu prüfen.[58]

Für den **Deutschen Bundestag** ergibt sich die **Prüfungs- und Ableh- 22 nungsbefugnis** nunmehr aus § 2 Abs. 3 S. 1 PUAG. Zwar regelt die Bestimmung ausdrücklich nur den Fall, dass der Bundestag den Einsetzungsantrag teilweise für verfassungswidrig hält. In diesem Fall verpflichtet das Gesetz den Bundestag, die Einsetzung des Untersuchungsausschusses auf die für unbedenklich erachteten Teile des Untersuchungsgegenstandes zu beschränken.[59] Daraus folgt jedoch, dass er dann auch zur **Ablehnung insgesamt** berechtigt sein muss, wenn er **alle Teile** des Untersuchungsgegenstandes für verfassungswidrig hält.

In den **Ländern** ist die gesetzliche Ausgestaltung insoweit **unterschiedlich**. 23 So sehen nur die Länder Bayern, Brandenburg, Mecklenburg-Vorpommern und Nordrhein-Westfalen die Möglichkeit vor, dass die Mehrheit den Antrag der Minderheit bei verfassungsrechtlichen Bedenken ablehnen darf,[60] während die übrigen Länder auf diese Problematik überhaupt nicht eingehen.[61]

Der parlamentarischen Mehrheit ist in jedem Fall unabhängig von einer 24 positiv-rechtlichen Regelung das **Recht** auf eine Teileinsetzung zuzubilligen, wenn sie gegen den Untersuchungsgegenstand in Teilen verfassungsrechtliche Bedenken hat.[62] Bloße **politische Bedenken oder Zweckmäßigkeitsüberlegungen** genügen allerdings nicht. Durch die Teileinsetzung kann die parlamentarische Mehrheit eine Lösung im Sinne praktischer Konkordanz finden. Voraussetzung für eine Teileinsetzung ist allerdings, dass der abgetrennte Untersuchungsteil noch einen **Sinn** ergibt.

Dagegen ist die Mehrheit ohne positiv-rechtliche Regelung[63] nicht zur 25 **Abtrennung oder Korrektur** eines (partiell) verfassungswidrigen Einset-

---

58 BayVerfGH, BayVerfGHE N.F. 38, 165 (183); *Seidel*, BayVBl. 2002, 101 (104); *Laage/Strube*, in: Bachmann/Schneider (Hrsg.), Zwischen Aufklärung und politischem Kampf, 1988, S. 17 f.; *Schröder*, Verh. d. 57. DJT (1988), S. E 104; *Kunzmann/Haas/Baumann-Hasske*, Art. 54 Rn. 3.
59 *Pofalla*, DÖV 2004, 335 (338).
60 Art. 25 Abs. 4 S. 2 BayVerf.; § 2 Abs. 3 UAG Brandb.; § 2 Abs. 3 UAG MV; § 3 Abs. 4 UAG NRW.
61 Dies sind Baden-Württemberg, Berlin, Bremen, Hamburg, Rheinland-Pfalz, Saarland, Sachsen, Sachsen-Anhalt, Schleswig-Holstein und Thüringen, wo allerdings die parlamentarische Einsetzungsminderheit nach Art. 64 Abs. 1 S. 2 ThürVerf. bzw. § 3 a UAG Thür. den Verfassungsgerichtshof bei Zweifeln an der Zulässigkeit der Untersuchung anrufen kann.
62 BayVerfGH, BayVBl. 1977, 598 (600); BadWürttStGH, NVwZ-RR 2008, 4 (8 f.); BadWürttStGH, ESVGH 27, 1 (14); *Badura*, Fs. Helmrich (1994) S. 204; *Korbmacher*, in: Driehaus, Art. 48 Rn. 4; *Neumann*, Art. 105 Rn. 21; ders., Art. 27 Rn. 10; a.A. NRWVerfGH, NVwZ 2002, 75 f.; krit. dazu *Dästner*, Art. 41 Rn. 4.
63 § 2 Abs. 3 UAG MV.

zungsantrags **verpflichtet**.⁶⁴ Sie hat dann vielmehr das Recht, den Einsetzungsantrag **insgesamt** abzulehnen.⁶⁵ Dem steht nicht entgegen, dass die Einsetzungsminderheit sofort einen neuen Einsetzungsantrag – beschränkt auf den verfassungsrechtlich unbedenklichen Teil – stellen könnte.⁶⁶ Dies ist ihre Entscheidung; allein daraus Pflichten für die parlamentarische Mehrheit ableiten zu wollen, überzeugt nicht. Eine Ausnahme im Sinne einer Korrekturpflicht oder Teileinsetzung kann allenfalls bei einer bloß **untergeordneten Bedeutung** des rechtswidrigen Teils gelten, da andernfalls der Tatbestand des **Rechtsmissbrauchs** erfüllt sein könnte.⁶⁷

2. Modifikationsbefugnis der Mehrheit

26 Die parlamentarische Mehrheit ist auch nicht verpflichtet, den **insgesamt** unzulässigen Einsetzungsantrag durch entsprechende **Nachbesserung** verfassungsrechtlich zulässig zu machen.⁶⁸ Für den Deutschen Bundestag ergibt sich dies aus § 2 Abs. 3 PUAG, der lediglich die **Pflicht zur Teileinsetzung**, nicht aber zur Nachbesserung vorschreibt. Gleiches gilt für Mecklenburg-Vorpommern,⁶⁹ während sich in den übrigen Ländern dazu **keine ausdrückliche** Regelung findet.

27 Diese Pflicht lässt sich auch nicht aus allgemeinen verfassungs- und parlamentsrechtlichen Grundsätzen ableiten.⁷⁰ Vielmehr **widerspräche** eine solche Pflicht den **Grundsätzen** der parlamentarischen Demokratie. Denn sie würde von der Mehrheit verlangen, dass diese sich letztlich gegen die von **ihr getragene Regierung** stellt, indem sie selbst die verfassungsrechtlich korrekte Basis für die parlamentarische Untersuchung schafft. Außerdem ist zu bedenken, da die Mehrheit verpflichtet ist, ihre ablehnende Haltung zu begründen,⁷¹ ist es allein Sache der Minderheit, ob sie sich überzeugen lässt

---

64 BayVerfGH, BayVerfGHE N.F. 38, 165 (182 f. m.w.N.); BadWürttStGH, NVwZ-RR 2008, 4 (8); BadWürttStGH, ESVGH 27, 1 (6 ff.); NRWVerfGH, NVwZ 2002, 76; *Morlok*, in: Dreier II, Art. 44 Rn. 35; *Brocker*, in: Epping/Hillgruber, Art. 44 Rn. 29; *Damkowski*, ZRP 1988, 340; *Grawert*, Art. 41 Rn. 101; a.A. *David*, Art. 25 Rn. 42
65 BadWürttStGH, ESVGH 27, 1 (8); *Brocker*, in: Epping/Hillgruber, Art. 44 Rn. 29; *Hempfer*, ZParl 10 (1979) 295 (303).
66 BayVerfGH, BayVerfGHE N.F. 38, 165 (183); krit. *Achterberg/Schulte*, in: v. Mangoldt/Klein/Starck II, Art. 44 Rn. 89.
67 IdS BayVerfGH, BayVerfGHE N.F. 38, 165 (183); BadWürttStGH, ESVGH 27, 1 (14); *Seidel*, BayVBl. 2002, 97 (103); krit. gegen jede Form der Abänderung *Kretschmer*, in: Schmidt-Bleibtreu/Klein/Hofmann/Hopfauf, Art. 44 Rn. 15 f.
68 BadWürttStGH, NVwZ-RR 2008, 4 (8); BadWürttStGH, ESVGH 27, 1 (8); *Brocker*, in: Epping/Hillgruber, Art. 44 Rn. 29; *Grawert*, Art. 41, S. 101.
69 § 2 Abs. 3 UAG MV.
70 BayVerfGH, BayVBl. 1977, 597 (599).
71 S.o. Rdn. 21.

und den Einsetzungsantrag nachbessert[72] oder bei bereits erfolgter Ablehnung einen neuen, nunmehr verfassungsrechtlich unbedenklichen Antrag stellt. Ist sie dagegen der Meinung, die Bedenken der Mehrheit **seien nicht gerechtfertigt**, wird sie eine Nachbesserung der Mehrheit ohnehin nicht akzeptieren, sondern im Wege der **Organklage** die verfassungsgerichtliche Klärung erreichen wollen. Für eine Pflicht der Mehrheit zur Korrektur des Minderheitenantrags besteht daher **kein Bedürfnis**.

Allerdings gilt für die Behandlung von Minderheitenanträgen in gewisser Weise ein **Beschleunigungsgebot**. Über sie ist prinzipiell **unverzüglich** zu entscheiden.[73] Das heißt allerdings nicht, dass eine verfassungsrechtliche Prüfung in diesen Fällen ausgeschlossen wäre, wenn zu deren Klärung die Überweisung an einen Ausschuss erfolgt. Denn den verfassungsrechtlichen Bedenken muss nachgegangen werden; die entsprechende **Prüfung durch den Ausschuss** hat allerdings unverzüglich zu erfolgen und darf nicht zur **Verfahrensverzögerung missbraucht** werden.[74] 28

Ergänzungen oder Veränderungen durch die parlamentarische Mehrheit sind nach § 2 Abs. 2 PUAG **ohne Zustimmung der Minderheit** ausgeschlossen, so dass sich für den Bund die Streitfrage der Nachbesserung erledigt hat. § 2 Abs. 2 PUAG enthält insoweit ein Bepackungsverbot.[75] 29

In den **Ländern** ist die Rechtslage wiederum **unterschiedlich**. So sehen einige eine Modifikationsbefugnis auch gegen den Willen der Minderheit ausdrücklich vor, wenn der Kern der Untersuchung erhalten bleibt und keine erheblichen Verzögerungen eintreten.[76] Dagegen sehen andere Länder entsprechend der bundesgesetzlichen Regelung eine Modifikation nur mit Zustimmung der Minderheit vor.[77] Insoweit lässt sich zwischen Kernregelungen und Zustimmungsregelungen differenzieren.[78] 30

---

72 Zur Zulässigkeit dieser Verfahrensweise s. o. § 4 Rdn. 8.
73 *Schröder*, Verh. d. 57. DJT (1988), S. E 103; Brocker, in: Epping/Hillgruber, Art. 44 Rn. 32.1; s.a. o. § 4 Rdn. 14.
74 *Schröder*, Verh. d. 57. DJT (1988), S. E 104; krit. wg. der Mehrheitsverhältnisse, *Damkowski*, ZRP 1988, 340, der allerdings übersieht, dass das Recht der Einsetzungsminderheit auf verfassungsgerichtliche Kontrolle unberührt bleibt; s.a. o. § 4 Rdn. 14.
75 *Brocker*, in: Epping/Hillgruber, Art. 44 Rn. 30; *Kretschmer*, in: Schmidt-Bleibtreu/Klein/Hofmann/Hopfauf, Art. 44 Rn. 15; *Mager*, Der Staat 41 (2002) 597 (603 f.); *Pofalla*, DÖV 2004, 335 (339); *Günther*, in: Heusch/Schönenbroicher, Art. 41 Rn. 6.
76 Art. 2 Abs. 2 UAG Bay.; § 2 Abs. 2 UAG Berl.; § 3 Abs. 3 UAG Brandb.; § 2 Abs. 3 S. 2 UAG Brem.; § 3 Abs. 2 UAG Hbg.; Art. 27 Abs. 1 S. 2 NdsVerf.; § 3 Abs. 2 UAG RhPf.; § 39 Abs. 4 S. 2 LTG Saarl.; § 3 Abs. 2 UAG SachsA; § 3 Abs. 2 UAG SchlH; § 3 Abs. 2 UAG Thür.; § 2 Abs. 4 S. 2 IPA-Regeln.
77 § 3 Abs. 2 UAG BadWürtt; § 2 Abs. 2 UAG MV.; § 3 Abs. 3 UAG NRW.; s. dazu *Günther*, in: Heusch/Schönenbroicher, Art. 41 Rn. 5; § 3 Abs. 2 UAG Sachs.
78 So *Cancik*, Der Staat 49 (2010) 251 (252 f.).

31 Entgegen der vorstehend erwähnten positiv-rechtlichen Festlegungen hält das Bundesverfassungsgericht **Ergänzungen nicht generell für unzulässig**.[79] Vielmehr sieht das Gericht sie dann als unbedenklich an, wenn auf diese Weise ein **umfassenderes, wahrheitsgetreueres Bild** gewonnen werden kann[80] und es nicht zu zeitlichen Verzögerungen kommt;[81] außerdem darf die Mehrheit nicht zum **»Gegenangriff«** übergehen[82] und muss der **Kern des Minderheitenantrags** erhalten bleiben.[83] nicht überzeugend und wohl auch kaum praktikabel dürfte es sein, in diesem Zusammenhang eine »Kernspaltung« zuzulassen.[84] Ebenso wenig legitimieren bloße **Praktikabilitäts- oder Zweckmäßigkeitserwägungen**, die keinem verfassungsrechtlichen Gebot entsprechen, eine Änderung des Einsetzungsantrags gegen den Willen der Minderheit.[85] Kritisch wird in diesem Zusammenhang gesehen, dass nach dem Konzept der Kernregelungen Entscheidungen der Mehrheit gleichsam die Vermutung der Rechtmäßigkeit mit sich tragen und daher die Minderheit bei Zweifeln vor Gericht ziehen muss.[86]

3. Modifikationsbefugnis der Minderheit bei einem Mehrheitsantrag

32 In der parlamentarischen Praxis ist es ferner möglich, dass die **qualifizierte Einsetzungsminderheit** eine Änderung oder Ergänzung des Einsetzungsantrags der Mehrheit anstrebt. Für den Deutschen Bundestag und die Länder Baden-Württemberg, Mecklenburg-Vorpommern, Nordrhein-Westfalen und Sachsen dürfte diese Frage mit der gesetzlichen Regelung, dass der

---

79 BVerfGE 49, 70 ff.; s. dazu auch Pofalla, DÖV 2004, 335 (339 f.); Brocker, in: Epping/Hillgruber, Art. 44 Rn. 30; *Günther*, in: Heusch/Schönenbroicher, Art. 41 Rn. 6.
80 Krit. zu diesem Kriterium HbgVerfG, NVwZ-RR 2007, 289 (290).
81 BVerfGE 49, 70 (86 ff.); ebenso BayVerfGH, BayVBl. 1994, 463 (468); BayVerfGH, BayVerfGHE N.F. 38, 165 (182 f.); BadWürttStGH, ESVGH 27, 1 (7); *Hermes*, Fs. Mahrenholz (1994) S. 359; *Lemmer*, in: Pfennig/Neumann, Art. 48 Rn. 5; krit. *Hempfer*, ZParl 10 (1979) 295 (299 f.); *Knippel*, Fs. BrandbVerfG (1998) S. 54 f.
82 So ausdr. BadWürttStGH, ESVGH 27, 1 (8); s.a. RGZ 116 Anh. S. 52 (54 ff.); *Damkowski*, ZRP 1988, 341; krit. *Seidel*, BayVBl. 2002, 101 (104).
83 HbVerfG, NVwZ-RR 2007, 289 (290); *Badura*, Fs. Helmrich (1994) S. 202 f.; *Bickel*, Verh. d. 57. DJT (1988), S. M 24; *Schliesky*, AöR 126 (2001) 244 (252 f.); s.a. *Cancik*, Der Staat 49 (2010) 251 (252 f.).
84 So aber HbgVerfG, NVwZ-RR 2007, 289 (290 f.); abw. Meinung allerdings der Richter *Wirth-Vombrunn* und *Paczensky*, ebenda, S. 292 f. sowie krit. *Cancik*, Der Staat 49 (2010) 251 (254 f.).
85 BayVerfGH BayVBl. 1994; 463 (468 f.); *Günther*, in: Heusch/Schönenbroicher, Art. 41 Rn. 4.
86 *Cancik*, Der Staat 49 (2010) 251 (268).

Untersuchungsgegenstand nur **mit Zustimmung der Antragsteller** geändert werden darf,[87] entschieden sein.[88]

Dagegen wird in den **übrigen Ländern** nach den vorstehend beschriebenen Kriterien des Bundesverfassungsgerichts zu verfahren sein. Wenn diese Voraussetzungen, die im Wesentlichen den einfachgesetzlichen Vorgaben entsprechen, nicht erfüllt sind, hat die qualifizierte Einsetzungsminderheit **keinen Anspruch** auf Ergänzung des Untersuchungsgegenstandes. Denn ihr kann schließlich nicht mehr zustehen als der Mehrheit bei einem Minderheitsantrag. In der Praxis dürfte jedoch regelmäßig wegen der Möglichkeit der Minderheit, die Einsetzung eines **weiteren Untersuchungsausschusses** zu beantragen, mit einer **Kompromisslösung** zu rechnen sein. 33

4. Ergänzungen oder Beschränkungen des Untersuchungsauftrags nach Einsetzung des Ausschusses

Nach § 3 S. 2 PUAG ist für den Deutschen Bundestag nunmehr klargestellt, dass eine **nachträgliche Änderung** des Untersuchungsauftrags zwar zulässig ist, aber einen entsprechenden **Beschluss des Bundestages** voraussetzt. Die Ergänzung liegt also nicht in der Befugnis des Untersuchungsausschusses selbst. Außerdem setzt die Änderung die Zustimmung der Antragsteller voraus. 34

Eine **entsprechende** Regelung findet sich ferner ausdrücklich in den Untersuchungsausschussgesetzen der **meisten Länder**.[89] Vor dem Hintergrund, dass allein das Parlament den Gegenstand der Untersuchung bestimmt,[90] gilt dies aber auch in allen anderen Ländern. 35

Daneben stellt sich die Frage, ob dem Antrag einer qualifizierten Einsetzungsminderheit auf nachträgliche Änderung ihres Antrages entsprochen werden muss oder insoweit ein »**Verbrauch**« eingetreten ist.[91] Die Annahme eines Verbrauchs **überzeugt nicht** und erweckt den Eindruck **bloßer Förmelei**. Zwar mag es der ständigen Praxis des Bundestages entsprechen, dass eine Ergänzung des Untersuchungsauftrages einer Minderheitenquete eines Mehrheitsvotums des Plenums bedarf.[92] Das sagt aber nichts über die Vo- 36

---

87 § 3 Abs. 2 UAG BadWürtt.; § 2 Abs. 2 UAG MV.; § 3 Abs. 3 UAG NRW.; § 3 Abs. 2 UAG Sachs.
88 *Wiefelspütz*, DÖV 2002, 803, (808 f.); a.A. *Schliesky*, AöR 126 (2001) 244 (254 f.).
89 § 2 Abs. 3 UAG Berl.; § 3 Abs. 3 UAG Brandb.; § 2 Abs. 4 UAG Brem.; § 3 Abs. 3 UAG Hbg.; § 3 S. 2 UAG MV.; § 3 Abs. 3 UAG NRW.; § 3 Abs. 4 UAG RhPf.; § 39 Abs. 5 LTG Saarl.; § 3 Abs. 3 S. 2 UAG SachsA; § 3 Abs. 3 S. 2 UAG SchlH; § 3 Abs. 4 UAG Thür.; § 2 Abs. 5 IPA-Regeln.
90 S.o. Rdn. 1 ff.
91 IdS etwa *Wiefelspütz*, DÖV 2002, 803 (807); Wissenschaftliche Dienste des Deutschen Bundestages, WFX – 9/88, S. 1 f.; a.A. BadWürttStGH, ESVGH 27, 1 (8); *Schliesky*, AöR 126 (2001) 244 (250); *H. H. Klein*, MD, Art. 44 Rn. 71a.
92 So *Wiefelspütz*, DÖV 2002, 803 (807).

raussetzungen der Zustimmungspflicht aus. Da die Einsetzungsminderheit in jedem Fall nicht gehindert ist, einen **weiteren Untersuchungsausschuss** einzusetzen, erscheint es **sachgerechter**, der Minderheit auch das **Abänderungsrecht zuzubilligen**.[93]

37 Gegen die Annahme, die Antragsbefugnis sei verbraucht, spricht ferner, dass jedenfalls hinsichtlich verfassungsrechtlicher Bedenken, die erst im Verlauf des Untersuchungsverfahrens deutlich werden, das Bundesverfassungsgericht eine Pflicht der Mehrheit, einem **Änderungsantrag** der Minderheit zustimmen zu müssen, für denkbar hält.[94] Bei einem Verbrauch der Antragsbefugnis wäre aber auch in diesem Fall eine Änderung nicht möglich.

---

93 Wie hier *Hermes*, Fs. Mahrenholz (1994) S. 353 f.; *Seidel*, BayVBl. 2002, 97 (104).
94 BVerfGE 83, 175 (180); s.a. *Wiefelspütz*, ZG 2003, 35 (43) der hier von einem »Sonderfall« spricht.

§ 7 Zusammensetzung des Untersuchungsausschusses

ÜBERSICHT Rdn.
I. Der Vorsitzende 1
II. Die übrigen Mitglieder 10

Literatur: *Brocker*, Das parlamentarische Untersuchungsrecht in Rheinland-Pfalz, LKRZ 2007, 372; *ders.*, Parlamentarisches Zurückhaltungsgebot und Untersuchungsverfahren, ZParl 30 (1999) 739; *Damkowski*, Für eine gesetzliche Neuordnung der Rechte und Pflichten Parlamentarischer Untersuchungsausschüsse, ZRP 1988, 341; *Glauben*, Möglichkeiten und Grenzen parlamentarischer Untersuchungsausschüsse, DRiZ 1992, 395; *Hermes*, Das Minderheitsrecht auf eine parlamentarische Untersuchung, in: Fs. Mahrenholz (1994) S. 349; *Jagau/H. Wessels*, Reform des Untersuchungsrechts – Anmerkungen zu einer anhaltenden Debatte, in: Bachmann/Schneider (Hrsg.), Zwischen Aufklärung und politischem Kampf, 1988, S. 43; *H. H. Klein*, Status des Abgeordneten, in: Isensee/Kirchhof II, 1987, § 41; *Krieg*, Ist die Abwahl des Vorsitzenden eines Untersuchungsausschusses nach nordrhein-westfälischem Recht zulässig? NWVBl. 1989, 429; *Lucke*, Strafprozessuale Schutzrechte und parlamentarische Aufklärung in Untersuchungsausschüssen mit strafrechtlich relevantem Verfahrengegenstand, 2009; *Platter*, Das parlamentarische Untersuchungsverfahren vor dem Verfassungsgericht, 2004; *Plöd*, Die Stellung des Zeugen in einem parlamentarischen Untersuchungsausschuss des Deutschen Bundestages, 2003; *Rühl*, Das »freie Mandat«: Elemente einer Interpretations- und Problemgeschichte, Der Staat 39 (2000) 23; *H.-P. Schneider*, Das Parlamentsrecht im Spannungsfeld von Mehrheitsentscheidung und Minderheitenschutz, in: Fs. 50 Jahre BVerfG, Bd. II (2001) S. 627; *Streit*, Entscheidung in eigener Sache; 2006; *Studenroth*, Die parlamentarische Untersuchung privater Bereiche, 1992; *Wiefelspütz*, Das Untersuchungsausschussgesetz, 2003.

I. Der Vorsitzende

Der **Vorsitzende** des Untersuchungsausschusses kommt im Bund und in den 1
Ländern in unterschiedlicher Form in sein Amt. Während in den meisten
Ländern sowohl die **Wahl** beziehungsweise die **Bestimmung** des Vorsitzenden als auch dessen Stellvertreters durch das **Plenum** vorgesehen ist,[1] erfolgt in
anderen Ländern die Wahl durch den **Untersuchungsausschuss**.[2] Dagegen
wird im **Bundestag** das Mitglied, das den Vorsitz führt, und der stellvertretende Vorsitzende vom Untersuchungsausschuss **aus seiner Mitte** nach den

---

[1] § 6 Abs. 1 UAG BadWürtt., Art. 3 Abs. 1 S. 1 UAG Bay., § 3 Abs. 1 UAG Berl., § 4 Abs. 2 S. 1 UAG Brandb.; § 3 Abs. 1 UAG Brem.; § 4 Abs. 2 S. 1 UAG NRW; § 5 Abs. 1 UAG RhPf.; § 40 Satz 1 LTG Saarl.; § 6 Abs. 1 UAG Sachs.; § 5 Abs. 1 Satz 1 UAG SachsA.; § 5 Abs. 1 UAG Thür.
[2] § 9 Abs. 1 S. 1 UAG Hbg.; § 6 Abs. 1 UAG SchlH.

Teil 2 Das Verfahren der Einsetzung

Vereinbarungen im **Ältestenrat** bestimmt.³ In den Ländern Bayern,⁴ Brandenburg,⁵ Mecklenburg-Vorpommern⁶ sowie in Schleswig-Holstein⁷ ist **verfassungsgesetzlich** bestimmt, dass bei der Einsetzung eines neuen Untersuchungsausschusses der Vorsitz in **der Reihenfolge der Stärke der Fraktionen wechselt.** Verfassungsrechtlich unbedenklich ist es, wenn etwa die Geschäftsordnung des Parlaments die Vergabe dieser Ämter auf Vertreter der Fraktionen beschränkt und **Gruppen ausnimmt.**⁸ Sowohl im Bund als auch in allen Ländern ist die Regelung zu finden, dass der Vorsitzende und der Stellvertreter jeweils einer **anderen Fraktion** angehören müssen.

2   Ebenso ist im Bund und in allen Ländern Voraussetzung, dass der Vorsitzende und dessen Stellvertreter **Mitglied des Landtags** sein müssen. Vorschläge, das Amt des Vorsitzenden an einen **Außenstehenden** zu vergeben, wie etwa an einen Richter, sind damit **nicht aufgegriffen** worden.⁹

3   Ebenso ist der Vorschlag der Enquete-Kommission Verfassungsreform des Deutschen Bundestages,¹⁰ dem Vorsitzenden **kein Stimmrecht** zu geben, um ihn auf diese Weise aus der unmittelbaren Frontstellung herauszunehmen,¹¹ nur vereinzelt umgesetzt worden. Denn bisher haben lediglich **Brandenburg**¹² und **Nordrhein-Westfalen**¹³ festgelegt, dass der Vorsitzende im Untersuchungsausschuss kein Stimmrecht hat.¹⁴

4   Fraglich ist allerdings, ob diese Regelungen tatsächlich weiterhelfen oder nicht eher der **falsche Eindruck** erweckt wird, der parlamentarische Untersuchungsausschuss sei doch mehr ein gerichtsähnliches als ein politisches

---

3 § 6 Abs. 1 S. 2, § 7 Abs. 1 PUAG; zur rechtspolit. Diskussion *Plöd*, Die Stellung des Zeugen in einem parlamentarischen Untersuchungsausschuss des Deutschen Bundestages, 2003, S. 80 ff.
4 Art. 25 Abs. 2 BayVerf.; *Möstl*, in: Lindner/Möstl/Wolf, Art. 25 Rn. 14.
5 Art. 72 Abs. 2 BrandbVerf.; Lieber/Iwers/Ernst, Art. 72 Anm. 3;
6 Art. 34 Abs. 2 Satz 3 MVVerf.; § 6 S. 1 UAG MV; *Wedemeyer*, in: Thiele/Pirsch/Wedemeyer, Art. 34 Rn. 8; *Wiegand-Hoffmeister*, in: Litten/Wallerath, Art. 34 Rn. 13.
7 Art. 18 Abs. 2 Satz 3 SchlH.Verf; *Caspar*, in: ders./Ewer/Nolte/Waack, Art. 18 Rn. 34.
8 BVerfGE 84, 304 (328).
9 S. dazu *Glauben*, DRiZ 1992, 395 (397); *Jagau/Wessels*, S. 62 f.; *Bickel*, Verh. d. 57. DJT (1988) S. M 22, *Wiefelspütz*, Das Untersuchungsausschussgesetz, 2003, S. 199 m.w.N.; *Plöd*, Die Stellung des Zeugen in einem parlamentarischen Untersuchungsausschuss des Deutschen Bundestages, 2003, S. 79 f.
10 Enquete-Kommission Verfassungsreform, BT-Drucks. 7/5924, S. 50.
11 *Glauben*, DRiZ 1992, 395 (397); *Wiefelspütz*, Das Untersuchungsausschussgesetz, 2003, S. 199.
12 Art. 72 Abs. 2 S. 2 BrandbVerf. § 5 Abs. 1 S. 2 UAG Brandb.
13 § 4 a Abs. 1 Satz 2 UAG NRW.
14 S. auch *Wedemeyer*, in: Thiele/Pirsch/Wedemeyer, Art. 34 Rn. 8.

§ 7 *Zusammensetzung des Untersuchungsausschusses*

Gremium. Ein außenstehender Vorsitzender ist **ohne die Einbindung** in die politischen Abläufe wohl eher in seiner Position **geschwächt** als gestärkt. Denn auch ein »neutraler« Vorsitzender könnte sich aus der zwangsläufig folgenden politischen Auseinandersetzung im Untersuchungsausschuss nicht heraushalten.[15]

In den Ländern Bayern,[16] Rheinland-Pfalz[17] und Saarland[18] sollen der Vorsitzende und sein Stellvertreter allerdings die **Befähigung zum Richteramt** haben; die IPA-Regeln legen dies nahe, wenn es der Untersuchungsgegenstand erfordere.[19] Damit soll erreicht werden, dass er in der Behandlung eines justizförmigen Ablaufs zumindest hinsichtlich des **juristischen Verständnisses** nicht völlig ungeschult ist. Der **Bund und die Mehrzahl der Länder** haben auf diese Voraussetzung allerdings **verzichtet**.[20]

Eine **Abwahl** des Vorsitzenden oder seines Stellvertreters ist problemlos in den Ländern zulässig, die dies **ausdrücklich geregelt** haben, wie Brandenburg, Nordrhein-Westfalen, Rheinland-Pfalz, Schleswig-Holstein und Thüringen.[21] Zugleich wird in diesen Ländern der Vorsitzende und der stellvertretende Vorsitzende auch tatsächlich gewählt. Schleswig-Holstein sieht allerdings nicht die Abwahl durch den Landtag, sondern durch den Untersuchungsausschuss vor.[22] Das ist konsequent, weil dort auch der Untersuchungsausschuss den Vorsitzenden und den Stellvertreter wählt. In Niedersachsen soll nach Maßgabe der Geschäftsordnung die Abwahl nur mit einer Mehrheit von **zwei Dritteln der Mitglieder des Ausschusses** zulässig sein.[23]

Fehlt es dagegen an einer ausdrücklichen Regelung oder erfolgt insbesondere keine Wahl des Vorsitzenden oder seines Stellvertreters, so stellt sich die Frage, ob es sich um ein »beredtes Schweigen« des Gesetzgebers handelt. Im ersten Fall ist zu bedenken, dass dem Vorsitzenden des Ausschusses durchaus ein gewisser **politischer Spielraum** zukommt, den er für eine faire Verhandlungsleitung nutzen kann. Dies legt es nahe, fehlende Abwahlregelungen in dem Sinne zu verstehen, dass der Vorsitzende vom Damoklesschwert und dem **Druck drohender Abwahl** bewahrt werden

---

15 S.a. die Begr. des Gesetzentwurfs der FDP-Fraktion, BT-Drucks. 14/2363, S. 10 f.
16 Art. 3 Abs. 1 S. 2 UAG Bay.; *Schweiger*, in: ders./Knöpfle, Art. 25 Rn. 5; *Möstl*, in: Lindner/Möstl/Wolf, Art. 25 Rn. 14.
17 § 5 Abs. 1 Halbs. 2 UAG RhPf.
18 § 40 S. 2 LTG Saarl. s.a. *Zeyer/Grethel*, in: Wendt/Rixecker, Art. 79 Rn. 6.
19 § 3 IPA-Regeln.
20 Zur Stellung des Vorsitzenden im Verfahren s. i.E. u. § 13.
21 § 4 Abs. 3 S. 1 UAG Brandb.; § 4 Abs. 3 S. 1 UAG NRW; § 5 Abs. 1 S. 1 Halbs. 1 UAG RhPf.; § 6 Abs. 4 S. 1 UAG SchlH., § 5 Abs. 3 S. 1 Halbs. 1 UAG Thür.; s.a. u. § 13 Rdn. 12 ff.
22 § 6 Abs. 4 S. 1 UAG SchlH.
23 § 11 Abs. 4 S. 1 und 2 GOLT; *Neumann*, Art. 27 Rn. 13.

soll.[24] Im zweiten Fall spricht für die fehlende Abwahlmöglichkeit die **rechtliche Konstruktion**. Denn wenn es nicht zur **Wahl** kommt, kann es auch den actus contrarius der **Abwahl** nicht geben.[25]

8   Soweit eine Abwahl zulässig ist, bleibt jedoch das Recht der betroffenen Fraktion, **erneut** den Vorsitzenden oder den stellvertretenden Vorsitzenden zu stellen, unberührt.[26] Dies wird in den Untersuchungsausschussgesetzen der vorgenannten Länder auch ausdrücklich klargestellt.[27] Außerdem verlangen diese Länder eine **qualifizierte Mehrheit** von zwei Drittel entweder der anwesenden[28] oder der gesetzlichen[29] Mitglieder des Landtags beziehungsweise in Schleswig-Holstein der Ausschussmitglieder.[30]

9   Eine **Begründung** für die Abwahl darf **nicht verlangt** werden, da es sich um eine **politische Entscheidung** handelt und auch die entsprechenden Untersuchungsausschussgesetze **keine inhaltlichen Kriterien** für eine Abwahl vorgeben.[31]

II. Die übrigen Mitglieder

10   Sofern dies nicht verfassungs- oder einfachgesetzlich festgeschrieben ist, dürfte fraglich sein, dass einem Untersuchungsausschuss per se **nur Parlamentarier** angehören dürfen.[32]

11   Mit der Einsetzung des Untersuchungsausschusses wird in der Praxis zugleich die **Anzahl der Ausschussmitglieder** festgesetzt, soweit dies nicht bereits im Untersuchungsausschussgesetz geschehen ist. Das ist allerdings nur in Baden-Württemberg[33] und Berlin[34] der Fall. Bayern sieht eine Min-

---

24 A.A. *Krieg*, NWVBl. 1989, 429 (430).
25 Wie hier *H. H. Klein*, MD, Art. 44 Rn. 94; auf den Akt der Wahl stellen auch *Achterberg/Schulte*, in: v. Mangoldt/Klein/Starck II, Art. 44 Rn. 95; a.A. *Morlok*, in: Dreier II, Art. 44 Rn. 39; s.a. u. § 13 Rdn. 11 f.
26 *Damkowski*, ZRP 1988, 343 f.
27 § 4 Abs. 4 UAG Brandb.; § 4 Abs. 4 UAG NRW; § 5 Abs. 3 S. 5 UAG RhPf.; § 6 Abs. 4 S. 4 UAG SchlH.; § 5 Abs. 3 S. 5 UAG Thür.
28 § 4 Abs. 3 S. 5 UAG NRW.
29 § 5 Abs. 3 S. 3 UAG RhPf.; § 5 Abs. 3 S. 3 UAG Thür.
30 § 6 Abs. 4 S. 1 Halbs. 2 UAG SchlH.
31 *Krieg*, NWVBl. 1989, 430.
32 So aber *Hinkel*, Art. 92 S. 182; zurückhaltender *Menzel*, in: Löwer/Tettinger, Art. 41 Rn. 34; für den Deutschen Bundestag s. *Kretschmer*, in: Schmidt-Bleibtreu/Klein/Hofmann/Hopfauf, Art. 44 Rn. 18.
33 § 4 Abs. 1 UAG BadWürtt.: höchstens zehn Mitglieder, wobei allerdings eine Erhöhung zur Beteiligung aller Fraktionen zulässig ist.
34 § 3 Abs. 2 UAG Berl. höchstens zehn Mitglieder, wobei allerdings gem. Abs. 3 S. 3 eine Erhöhung zur Beteiligung aller Fraktionen zulässig ist; s. dazu *Lemmer*, in: Pfennig/Neumann, Art. 48 Rn. 6.

destzahl,³⁵ das Saarland³⁶ und die IPA-Regeln³⁷ sehen dagegen eine Höchstzahl von sieben Ausschussmitgliedern vor. Rheinland-Pfalz schreibt eine Obergrenze von in der Regel neun Mitgliedern,³⁸ Sachsen-Anhalt von höchstens dreizehn stimmberechtigten Mitgliedern³⁹ und Thüringen von in der Regel zehn Mitgliedern⁴⁰ vor. Ein Überschreiten dieser Höchstzahl ist aber zumindest verfassungsrechtlich nicht zu beanstanden.⁴¹

Im Übrigen liegt die Festlegung im **Organisationsermessen** des Parlaments,⁴² das allerdings verfassungsrechtlich insoweit eingeschränkt ist, dass der Untersuchungsausschuss die **Mehrheitsverhältnisse im Plenum widerspiegeln** muss.⁴³ Dies gilt auch bei einer Änderung des Stärkeverhältnisses der Fraktionen im Plenum.⁴⁴ Abweichungen sind nur dann zulässig, wenn »nur dadurch« Sachentscheidungen der politischen Regierungsmehrheit ermöglicht werden.⁴⁵ Der **Grundsatz der Spiegelbildlichkeit** ist auch dann tangiert, wenn eine Fraktion im Plenum des Parlaments weniger als die Hälfte der Sitze innehat, in vielen Ausschüssen aber aufgrund des Zählsystems über genau die Hälfte der Sitze verfügt.⁴⁶ Nicht überzeugend ist dagegen die Annahme, Beschlüsse eines nicht spiegelbildlich zusammengesetzten Ausschusses seien verfassungsrechtlich nicht zu beanstanden, da über das Stärkeverhältnis der einzelnen Fraktionen hinaus auch die konkreten Mehrheitsverhältnisse im Plenum zu berücksichtigen seien.⁴⁷ Um sicherzustellen, dass sich im Untersuchungsausschuss die Mehrheitsverhältnisse widerspiegeln, ist notfalls auch ein Wechsel im Zählsystem zulässig.⁴⁸ Dabei

12

---

35 Art. 4 Abs. 1 S. 1 UAG Bay.
36 § 41 Abs. 2 LTG Saarl.
37 § 4 Abs. 2 IPA-Regeln.
38 § 4 Abs. 1 UAG RhPf.
39 § 4 Abs. 1 S. 1 UAG SachsA.
40 § 4 Abs. 1 UAG Thür.
41 *Brocker*, in: Grimm/Caesar, Art. 91 Rn. 31.
42 *Brocker*, in: Epping/Hillgruber, Art. 44 Rn. 32.
43 BVerfGE 112, 118 (138, 146); BVerfGE 80, 188 (222); 84, 304 (323 f); SächsVerfGH, SächsVBl. 1995, 227 (228); *Kretschmer*, in: Schmidt-Bleibtreu/Klein/Hofmann/Hopfauf, Art. 44 Rn. 18; *Caspar*, in: ders./Ewer/Nolte/Waack, Art. 18 Rn. 33; *Günther*, in: Heusch/Schönenbroicher, Art. 41 Rn. 16; *Hermes*, in: Fs. Mahrenholz (1994) S. 359; *H.-P. Schneider*, Fs. 50 Jahre BVerfG, Bd. II, (2001) S. 652; *Platter*, Das parlamentarische Untersuchungsverfahren vor dem Verfassungsgericht, 2004, S. 59.
44 SächsVerfGH, LKV 2007, 171 (171 f.); *Brocker*, in: Epping/Hillgruber, Art. 44 Rn. 32.
45 BVerfG, BayVBl. 2005, 175.
46 BayVerfGH, NVwZ-RR 2010, 209 (211).
47 So aber BayVerfGH, NVwZ-RR 2010, 209 (211 f.).
48 BVerfGE 96, 264 (283).

darf das Parlament einerseits den Gesichtspunkt der **Arbeitsfähigkeit des Ausschusses** beachten,[49] darf aber andererseits einzelne Abgeordnete auch nicht ohne gewichtige Gründe von der Mitarbeit ausschließen.[50] Falls die entsendende Fraktion eines Abgeordneten ihren **Rechtsstatus verliert**, kann das Parlament ihre Vertretung im Ausschuss beenden.[51]

13 Die vorbezeichneten Grundsätze haben in den Untersuchungsausschussgesetzen des Bundes[52] und der Länder[53] weit gehend ihren Niederschlag gefunden. Daneben sehen der Bund[54] und alle Länder,[55] außer dem Saarland, ein **Grundmandat** für jede Fraktion vor. Im Saarland hat eine Fraktion, die nicht durch ein ordentliches Mitglied vertreten ist, das Recht, ein ständig beratendes Mitglied in den Ausschuss zu entsenden.[56]

14 Daneben sind auch **Gruppen fraktionsloser Abgeordneter**, die sich wegen gleicher Parteizugehörigkeit oder auf Grund eines Wahlbündnisses zusammengeschlossen haben, bei der Bildung eines Untersuchungsausschusses jedenfalls dann **zu berücksichtigen,** wenn auf sie wegen der Größe des Ausschusses **ein Sitz entfiele**. Ein Anspruch auf ein Grundmandat folgt daraus jedoch nicht.[57] Der Bund hat allerdings geregelt, dass die Berücksichtigung von Gruppen sich nach **den allgemeinen Beschlüssen** des Bundestages richtet.[58] So hatte der Bundestag zum Beispiel für die 12. Wahlperiode beschlossen, dass die anerkannten Gruppen durch jeweils ein Mitglied an der Arbeit von Untersuchungsausschüssen mitwirken sollten.[59]

---

49 BVerfGE 96, 264 (278); 84, 304 (321 f.); 80, 188 (218 f.); *H. H. Klein*, MD, Art. 44 Rn. 90; *Wiegand-Hoffmeister*, in: Litten/Wallerath, Art. 34 Rn. 13.
50 BVerfGE 80, 188 (222).
51 *Kretschmer*, in: Schmidt-Bleibtreu/Klein/Hofmann/Hopfauf, Art. 44 Rn. 18; s.a. sächs. LT-Drucks. 4/5717 und LT-PlPr 4/56.
52 § 4 PUAG; s. dazu i.E. *Platter*, Das parlamentarische Untersuchungsverfahren vor dem Verfassungsgericht, 2004, S. 57 ff.
53 § 4 Abs. 2 UAG BadWürtt.; Art. 4 Abs. 1 S. 2 und 3 UAG Bay.; § 3 Abs. 3 S. 2 UAG Berl.; § 4 Abs. 1 S. 5 UAG Brandb.; § 5 Abs. 2 S. 2 UAG Hbg.; § 4 UAG MV; § 4 Abs. 1 S. 5 UAG NRW; § 4 Abs. 2 S. 2 UAG RhPf.; § 37 S. 2 LTG Saarl.; § 4 Abs. 2 S. 2 UAG Sachs., § 4 Abs. 2 UAG SachsA.; § 4 Abs. 1 S. 2 UAG SchlH.; § 4 Abs. 2 S. 2 UAG Thür.
54 § 4 S. 3 PUAG.
55 § 4 Abs. 2 S. 2 UAG BadWürtt.; Art. 4 Abs. 2 UAG Bay.; § 3 Abs. 3 S. 2 UAG Berl.; § 4 Abs. 1 S. 4 UAG Brandb.; § 4 Abs. 3 S. 1 UAG Brem.; § 5 Abs. 2 S. 2 UAG Hbg.; § 4 S. 3 UAG MV; § 4 Abs. 1 S. 4 UAG NRW; § 4 Abs. 2 S. 2 Halbs. 2 UAG RhPf.; § 4 Abs. 2 S. 2 UAG Sachs.; § 4 Abs. 2 UAG SachsA.; § 4 Abs. 1 S. 1 UAG SchlH.; § 4 Abs. 2 S. 1 UAG Thür.
56 § 41 Abs. 2 LTG Saarl.
57 BVerfGE 84, 304 (332); 96, 264 (280 f.); *H. H. Klein*, MD, Art. 44 Rn. 90; krit. *Morlok*, in: Dreier II, Art. 44 Rn. 38.
58 § 4 S. 4 PUAG.
59 S. BT-Drucks. 12/149 und 12/150.

Dagegen sieht Hamburg[60] für Gruppen und sehen die Länder Brandenburg[61] und Schleswig-Holstein[62] ein **Grundmandat für die Antragstellenden** ausdrücklich vor. Eine Fraktion oder Gruppe hat indes **keinen** verfassungsrechtlich verbürgten Anspruch darauf, dass die Mitgliederzahl in einem Untersuchungsausschuss so **erhöht** wird, dass sie vertreten ist.[63]

Keine verfassungsrechtlichen Bedenken bestehen dagegen, dass nach der bundesgesetzlichen Regelung[64] und nach einigen landesrechtlichen Bestimmungen[65] die Ausschussmitglieder **nicht** vom Parlament gewählt oder zumindest bestätigt,[66] sondern von den Fraktionen **benannt** werden.[67] Darin liegt insbesondere kein Verstoß gegen das Gebot ausreichender demokratischer Legitimation. Denn den Mitgliedern des Parlaments ist diese Legitimation zur Ausübung öffentlicher Gewalt unmittelbar durch die Wahl vom Volk vermittelt worden. Diese Legitimation bezieht sich auf **alle parlamentarischen Tätigkeiten** und Aufgaben der Abgeordneten. Welche Abgeordneten dem Untersuchungsausschuss angehören, ist daher keine Frage der demokratischen Legitimation, sondern eine solche der **organinternen Zuständigkeit**.[68]

15

In verfahrensrechtlicher Hinsicht ist zu bedenken, dass der Untersuchungsausschuss erst dann **ordnungsgemäß gebildet** ist, wenn **alle Mitglieder** benannt beziehungsweise gewählt sind. Da die Besetzung des Untersuchungsausschusses nach den Stärkeverhältnissen der Fraktionen vorzunehmen ist, darf der Landtag benannte Abgeordnete auch **nicht ohne weiteres ablehnen**.[69] Als Folge der nicht ordnungsgemäßen Besetzung sind die Entscheidungen und Beschlüsse des Untersuchungsausschusses **rechtswidrig und anfechtbar**.

16

---

60 § 5 Abs. 2 S. 2 UAG Hbg.
61 § 4 Abs. 1 S. 4 UAG Brandb.
62 § 4 Abs. 1 S. 1 UAG SchlH.
63 BVerfGE 96, 264 (281).
64 § 5 PUAG.
65 Bremen: Umkehrschluss aus § 3 UAG Brem., da Bürgerschaft nur den Vorsitzenden und dessen Stellvertreter bestimmt; Hamburg: § 5 Abs. 3 UAG Hbg.; Mecklenburg-Vorpommern.: § 5 Abs. 1 S. 1 UAG MV; Rheinland-Pfalz: § 6 Abs. 1 UAG RhPf.; Saarland: Umkehrschluss aus § 40 S. 1 LTG Saarl., wonach der Landtag nur den Vorsitzenden und dessen Stellvertreter bestimmt; Schleswig-Holstein: § 4 Abs. 4 UAG SchlH.; Thüringen: § 6 Abs. 1 UAG Thür.
66 S. etwa § 5 Abs. 1 S. 1 UAG SachsA.
67 BVerfGE 80, 188 (223).
68 BVerfGE 77, 1 (39 ff.); *H. H. Klein*, MD, Art. 44 Rn. 92; s. a. *Achterberg/Schulte*, in: v. Mangoldt/Klein/Starck II, Art. 44 Rn. 97 f.; *Umbach* in: ders/Clemens, GG, Art. 44 Rn. 48; *Damkowski*, ZRP 1988, 340 (343).
69 SächsVerfGH, SächsVBl. 1996, 90 (92).

17 Während sich in den Untersuchungsausschussgesetzen der Länder[70] ausdrücklich Regelungen zur Mitgliedschaft bei möglichen **Interessenkollisionen** finden[71] und auch die IPA-Regeln eine entsprechende **Unvereinbarkeitsregelung** enthalten,[72] fehlt im Untersuchungsausschussgesetz des Bundestages eine entsprechende Regelung. Auch aus der Begründung zur Beschlussempfehlung lassen sich keine Rückschlüsse ziehen, warum auf eine Regelung zur Interessenkollision verzichtet wurde.

18 Vor diesem Hintergrund fällt es schwer, eine **verfassungsrechtliche oder einfach-gesetzlich** begründete Pflicht zum Ausscheiden oder zur Abberufung eines Abgeordneten bei möglichen Interessenkollisionen zu begründen. Jedenfalls finden die Vorschriften der Strafprozessordnung über die Ablehnung und Ausschließung von Richtern (§ 22 StPO) im Untersuchungsausschussverfahren **keine Anwendung**.[73] Da den Abgeordneten als Mitglieder eines Untersuchungsausschusses die für das Richteramt erforderliche Neutralität und Distanz zum Untersuchungsgegenstand fehlt,[74] haben sie keine einem Richter vergleichbare Stellung.[75] Einige Länder haben dies in ihren Untersuchungsausschussgesetzen ausdrücklich klargestellt.[76]

19 Gleichwohl begegnet die **Mitwirkung von Abgeordneten** in einem Untersuchungsausschuss, der Gegenstände behandelt, die sie **selbst betreffen**, naturgemäß **Bedenken**.[77] Allerdings dürfte – anders als etwa bei Beamten

---

70 § 5 UAG BadWürtt.; Art. 5 Abs. 1 UAG Bay.; § 4 UAG Berl.; § 8 UAG Brandb.; § 5 UAG Brem.; § 7 Abs. 1 UAG Hbg.; § 9 UAG MV; § 6 UAG NRW; § 7 Abs. 1 UAG RhPf.; § 42 LTG Saarl.; § 5 UAG Sachs.; § 7 UAG SachsA.; § 7 Abs. 1 UAG SchlH.; § 7 Abs. 1 UAG Thür.

71 Zu den unterschiedlichen Befangenheitsbegriffen im Prozess- und Verwaltungsrecht s. *Streit*, Entscheidung in eigener Sache, 2006, S. 35 ff.

72 § 5 IPA-Regeln; ns. zu sonstigen Befangenheitsregelungen im Parlamentsrecht *Streit*, Entscheidung in eigener Sache, 2006, S. 47.

73 *Brocker*, ZParl 30 (1999) 739 (746); *H. H. Klein*, MD, Art. 44 Rn. 93; *Umbach*, in: ders/Clemens, GG, Art. 44 Rn. 50; *Plöd*, Die Stellung des Zeugen in einem parlamentarischen Untersuchungsausschuss des Deutschen Bundestages, 2003, S. 56 f.

74 Zutr. *Lucke*, Strafprozessuale Schutzrechte und parlamentarische Aufklärung in Untersuchungsausschüssen mit strafrechtlich relevantem Verfahrensgegenstand, 2009, S. 71.

75 BVerfGE 77, 1 (51 f.); SächsVerfGH, SächsVBl. 2007, 40 (41 f.); *Kretschmer*, in: Schmidt-Bleibtreu/Klein/Hofmann/Hopfauf, Art. 44 Rn. 18; s.a. für das Wahlprüfungsverfahren *Glauben*, BK, Art. 41 Rn. 29.

76 S. Art. 5 Abs. 2 UAG Bay.; § 4 Abs. 3 UAG Berl.; § 5 Abs. 3 UAG Brem.; § 42 Abs. 3 LTG Saarl.; § 5 Abs. 3 IPA-Regeln.

77 *H. H. Klein*, MD, Art. 44 Rn. 93; *Bickel*, Verh. d. 57. DJT (1988), S. M 28 f.; *Rechenberg*, BK, Art. 44 Rn. 19; *Partsch*, Verh. d. 45. DJT (1964), S. 54; *Achterberg/Schulte*, in: v. Mangoldt/Klein/Starck II, Art. 44 Rn. 98; *Umbach*, in: ders/Clemens, GG, Art. 44 Rn. 50; *Streit*, Entscheidung in eigener Sache, 2006, S. 81 ff. m.w.N.

oder Richtern – weder die **bloße Gefahr** der Interessenkollision ausreichen, noch kommt ein Ausschluss oder eine Ablehnung von Ausschussmitgliedern wegen **Befangenheit** in Frage.[78] Man wird es allerdings mangels **ausdrücklicher Unvereinbarkeitsregelungen** im Bund und in den entsprechenden Ländern dem »Fingerspitzengefühl« der Fraktionen überlassen müssen, dass sie einen »befangenen« Abgeordneten zurückrufen.[79]

Dagegen ist die **Vernehmung** eines Abgeordneten als Zeuge für seine Mitgliedschaft als solche folgenlos.[80] Allerdings dürfte für die Zeit seiner Vernehmung sein **Mandat im Ausschuss ruhen**, wie es auch in den Untersuchungsausschussgesetzen der Länder Hamburg,[81] Mecklenburg-Vorpommern,[82] Rheinland-Pfalz,[83] Schleswig-Holstein[84] und Thüringen[85] ausdrücklich geregelt ist. Dagegen sehen Bremen[86] und das Saarland[87] weiter gehend das **Ausscheiden** eines Ausschussmitglieds schon dann vor, wenn es zwar nur als Zeuge vernommen wurde, seine Aussage aber für die Untersuchung von **wesentlicher Bedeutung** ist. Eine entsprechende Regelung findet sich auch in den (noch) in Hessen und Niedersachsen grundsätzlich Anwendung findenden IPA-Regeln.[88]

20

Eine **Fraktion** kann ein Mitglied aus dem Untersuchungsausschuss **zurückrufen** beziehungsweise dieses **scheidet aus**, wenn es der Fraktion, die es benannt hat, **nicht mehr angehört**.[89] In den Untersuchungsausschussgesetzen der Länder Brandenburg,[90] Hamburg,[91] Mecklenburg-Vorpommern,[92]

21

---

78 *Brocker*, in: Grimm/Caesar, Art. 91 Rn. 35; *Wuttke*, in: v. Mutius/Wuttke/Hübner, Art. 18 Rn. 23; s.a. § 22 Rn. 18 f.
79 So zutr. *H. H. Klein*, MD, Art. 44 Rn. 93; ähnl. Lieber/Iwers/Ernst, Art. 72 Anm. 7; s. a *Streit*, Entscheidung in eigener Sache, 2006, S. 167, der eher auf eine »interorganische Kontrolle« durch die Gerichte abstellt, ohne auf die verfahrensrechtlichen Voraussetzungen im Einzelnen einzugehen.
80 *H. H. Klein*, MD, Art. 44 Rn. 93; *Rechenberg*, BK, Art. 44 Rn. 19; *Partsch*, Verh. d. 45. DJT (1964), S. 54 f.
81 § 7 Abs. 6 UAG Hbg.
82 § 9 Abs. 1 S. 2 UAG MV, wobei die Aussage allerdings von Bedeutung sein muss.
83 § 7 Abs. 5 UAG RhPf.
84 § 7 Abs. 5 UAG SchlH.
85 § 7 Abs. 5 UAG Thür.
86 § 5 Abs. 1 S. 3 UAG Brem.
87 § 42 Abs. 1 S. 3 LTG Saarl.
88 § 5 Abs. 1 IPA-Regeln.
89 BVerfGE 80, 188 (233 f.).
90 § 4 Abs. 5 S. 1 UAG Brandb.
91 § 7 Abs. 4 UAG Hbg.
92 § 5 Abs. 3 UAG MV.

Teil 2 Das Verfahren der Einsetzung

22 Nordrhein-Westfalen,[93] Rheinland-Pfalz,[94] Schleswig-Holstein[95] und Thüringen[96] ist dieser Fall ausdrücklich geregelt.
Verfassungsrechtlich nicht geklärt ist dagegen die Frage, ob eine Fraktion ein von ihr benanntes Mitglied im Untersuchungsausschuss auch dann zurückrufen darf, wenn sie mit dessen Arbeitsweise **politisch nicht einverstanden** ist. Für den Deutschen Bundestag heißt es dazu in § 5 PUAG nur lapidar, die ordentlichen und stellvertretenden Mitglieder werden von den Fraktionen benannt und abberufen; **inhaltliche Kriterien** nennt die Bestimmung nicht. In den Ländern Hamburg[97] und Mecklenburg-Vorpommern[98] findet sich ebenfalls die Möglichkeit für die Fraktionen, Mitglieder unabhängig von ihrem Ausscheiden aus der Fraktion abzuberufen.

23 Diese Regelungen sind mit Blick auf das grundsätzliche **freie Mandat** des Abgeordneten verfassungsrechtlich durchaus problematisch. Denn der Abgeordnete ist in seinen Entscheidungen nur seinem Gewissen unterworfen und rechtlich nicht an die Beschlüsse einer Partei oder Fraktion gebunden.[99] Deren Beschlüsse haben daher grundsätzlich nur den Charakter **unverbindlicher Empfehlungen**.[100] Daher hat in einem Konfliktfall das **freie Mandat** und damit die Entscheidungsfreiheit des Abgeordneten **Vorrang** vor dem Fraktionsbegehren.[101]

24 Andererseits sind die **Grenzen des freien Mandats** durch das Ineinandergreifen von Plenum, Fraktionen und Ausschüssen gekennzeichnet.[102] Denn die politische Einbindung der Abgeordneten in ihre Parteien und Fraktionen ist verfassungsrechtlich erlaubt und gewollt.[103] Abgeordnete sind auf diese Weise in die Parlamentsarbeit eingebunden. Verfassungsrechtlich zulässig sind vor diesem Hintergrund gleichwohl nur solche Beschränkungen, die **zur Sicherung des Ablaufs der Parlamentsarbeit geboten** sind und die

---

93 § 4 Abs. 5 UAG NRW.
94 § 7 Abs. 3 UAG RhPf.
95 § 7 Abs. 3 UAG SchlH.
96 § 7 Abs. 3 UAG Thür.
97 § 7 Abs. 4 UAG Hbg.
98 § 5 Abs. 1 S. 1 UAG MV.
99 MVVerfGH, DÖV 2003, 765 (768).
100 BVerfGE 47, 308 (318); BVerwGE 90, 104 (106); *Achterberg/Schulte*, in: v. Mangoldt/Klein/Starck II, Art. 38 Rn. 44, 47; *Magiera*, in: Sachs, Art. 38 Rn. 47.
101 BVerfGE 11, 266 (273); *Magiera*, in: Sachs, Art. 38 Rn. 50; *Butzer*, in: Epping/Hillgruber, Art. 38 Rn. 90.
102 *Rühl*, Der Staat 39 (2000) 23 (44 ff.).
103 BVerfGE 118, 277 (329); 112, 118 (135); *Butzer*, in: Epping/Hillgruber, Art. 38 Rn. 90.

notwendige Entscheidungsfreiheit und Selbstverantwortlichkeit des einzelnen Abgeordneten wahren.[104]

Dies bedeutet, dass der Abgeordnete selbstverständlich im Ausschuss nicht zu einem **bestimmten Verhalten** rechtlich »gezwungen« werden kann. Da die Ausschüsse aber in ihrer Zusammensetzung das **Stärkeverhältnis im Parlament** widerspiegeln sollen,[105] dies aber nicht mehr gewährleistet ist, wenn ein Abgeordneter in wesentlichen Punkten der Fraktionslinie in der Arbeit des Untersuchungsausschusses nicht mehr folgt, dürfte der Fraktion in diesem Fall ein Rückrufrecht zustehen.[106] Allerdings ist § 5 PUAG und sind die Regelungen in Hamburg und Mecklenburg-Vorpommern verfassungskonform so auszulegen, dass **nicht schon ein einzelnes oder unbedeutendes Abweichen** von der Fraktionsmeinung den **Rückruf** rechtfertigt.[107]

25

---

104 BVerfGE 10, 1 (14); *Magiera*, in: Sachs, Art. 38 Rn. 49; *Butzer*, in: Epping/Hillgruber, Art. 38 Rn. 92.
105 S.o. Rdn. 12.
106 *Butzer*, in: Epping/Hillgruber, Art. 38 Rn. 93: Nur bei erheblichen Verstößen gegen die Fraktionsdisziplin.
107 S.a. *H. H. Klein*, in: Isensee/Kirchhof II, § 41 Rn. 17 sowie *Achterberg/Schulte*, in: v. Mangoldt/Klein/Starck II, Art. 38 Rn. 44, 47; *Butzer*, in: Epping/Hillgruber, Art. 38 Rn. 93.2.

§ 8 Rechtsschutz bei Einsetzung des Untersuchungsausschusses

ÜBERSICHT

Rdn.
I. Rechtsschutz der qualifizierten Einsetzungsminderheit. 1
II. Rechtsschutz privater Personen 18
III. Einstweilige Anordnung im Einsetzungsverfahren. 29

Literatur: *Caspar,* Zur Einsetzung parlamentarischer Untersuchungsausschüsse: Voraussetzungen, Minderheitsbefugnisse und Folgen rechtswidriger Einsetzungsbeschlüsse, DVBl. 2004, 845; *Glauben,* Rechtsschutz Privater im parlamentarischen Untersuchungsverfahren, DVBl. 2006, 1263; *Grote,* Der Verfassungsorganstreit, 2010; *Hermes,* Das Minderheitsrecht auf eine parlamentarische Untersuchung, in: Fs. Mahrenholz (1994) S. 349; *Hilf,* Untersuchungsausschüsse vor den Gerichten, NVwZ 1987, 537; *Jutzi,* Anmerkung zu: BVerwG, B. v. 13.8.1999 – 2 VR 1.99 – (Parlamentarische Untersuchungsausschüsse der Länder; Beweiserhebungsbefugnis), NJ 2000, 103; *Kästner,* Parlamentarisches Untersuchungsrecht und richterliche Kontrolle, NJW 1990, 2649; *Köhler,* Die Grenzen des Rechts der parlamentarischen Untersuchung im Privatbereich, NVwZ 1995, 664; *Knippel,* Der Minderheitenschutz im Untersuchungsrecht des Landtages Brandenburg, in: Fs. BrandbVerfassungG (1998) S. 51; *Linck,* Untersuchungsausschüsse und Privatsphäre, ZRP 1987, 11; *Meyer-Bohl,* Die Vorlagepflicht von Untersuchungsaufträgen im Wege des konkreten Normenkontrollverfahrens nach Art. 100 Abs. 1 GG, DVBl. 1990, 511; *Mosler,* Die auswärtige Gewalt im Verfassungssystem der Bundesrepublik Deutschland, in: Fs. Bilfinger (1954) S. 243; *Ossenbühl,* Rechtsschutz im parlamentarischen Untersuchungsverfahren, in: Gs. Martens (1987) S. 177; *Pieroth,* Organstreitverfahren vor dem Verfassungsgerichtshof, in: Verfassungsgerichtsbarkeit in Nordrhein-Westfalen, in: Fs. zum 50-jährigen Bestehen des Verfassungsgerichtshofs für das Land Nordrhein-Westfalen (2002) S. 103; *Pietzcker,* Organstreit, in: Fs. 50 Jahre Bundesverfassungsgericht, Bd. I (2001) S. 587; *Platter,* Das parlamentarische Untersuchungsverfahren vor dem Verfassungsgericht, 2004; *Schmidt-Hartmann,* Schutz der Minderheit im parlamentarischen Untersuchungsverfahren, 1994; *H.-P. Schneider,* Das Parlamentsrecht im Spannungsfeld von Mehrheitsentscheidung und Minderheitenschutz, in: Fs. 50 Jahre Bundesverfassungsgericht, Bd. II (2001) S. 627; *M. Schröder,* Minderheitenschutz im parlamentarischen Untersuchungsverfahren: Neue Gerichtsentscheidungen, ZParl 17 (1986) 367; *Seidel,* Die Opposition im parlamentarischen Untersuchungsverfahren nach Art. 44 GG – materieller und verfassungsprozessualer Minderheitenschutz, BayVBl. 2002, 97.

I. Rechtsschutz der qualifizierten Einsetzungsminderheit

Bei einer ganz oder teilweisen **Ablehnung** eines Minderheitenantrags oder – was in den Länder zum Teil noch möglich ist[1] – bei einer **inhaltlichen Abänderung** des Minderheitenantrags durch die Parlamentsmehrheit ist die Einsetzungsminderheit weder im Bund noch in den Ländern rechtsschutzlos. Vielmehr steht der Einsetzungsminderheit im Bundestag die Möglichkeit des **Organstreitverfahrens** nach Art. 93 Abs. 1 Nr. 1 GG und in den Ländern nach Maßgabe der Landesverfassungen[2] beziehungsweise nach Art. 93 Abs. 1 Nr. 4 GG zu.

Die Länder Brandenburg,[3] Mecklenburg-Vorpommern,[4] Sachsen-Anhalt[5] und Thüringen[6] haben in ihren Untersuchungsausschussgesetzen die Zulässigkeit des **Verfassungsrechtsweges** ausdrücklich vorgesehen, falls die Mehrheit im Landtag den Einsetzungsantrag der Minderheit zurückweist.[7]

Für ein Organstreitverfahren ist typisch, dass dem Bundesverfassungsgericht und den Landesverfassungsgerichten **Verfassungsfragen in »hochpolitischem Zusammenhang«** vorgelegt und zur Entscheidung gestellt werden.[8] In der Sache geht es dabei nicht wirklich um subjektive Rechte, sondern um **Kompetenzen und Zuständigkeiten**.[9] Der Schutz eines **Kernbereichs**

---

1 S.o. § 6 Rdn. 23.
2 Art. 68 Abs. 1 Nr. 1 BadWürttVerf.; Art. 64 BayVerf.; Art. 84 Abs. 2 Nr. 1 BerlVerf.; Art. 113 Nr. 1 BrandbVerf.; Art. 140 Abs. 1 BremVerf.; Art. 65 Abs. 3 Nr. 2 HbgVerf.; Art. 131 Abs. 1 HessVerf.; Art. 54 Abs. 1 Nr. 1 NdsVerf.; Art. 53 Nr. 1 MVVerf.; Art. 75 Abs. 1 Nr. 2 NRWVerf. sowie NRWVerfGH, NWVBl. 1995, 248 (250); Art. 130 Abs. 1 RhPfVerf.; Art. 97 Abs. 1 Nr. 1 SaarlVerf.; Art. 81 Abs. 1 Nr. 1 SächsVerf.; Art. 75 Nr. 1 SchsAVerf.; Art. 44 Abs. 2 Nr. 1 SchlHVerf.; Art. 80 Abs. 1 Nr. 3 ThürVerf.; zum Organstreitverfahren im Landesverfassungsrecht s. *Grote*, Der Verfassungsorganstreit, 2010, S. 145 ff.
3 Art. 113 Nr. 5 BrandbVerf. iVm § 2 Abs. 3 S. 2 UAG Brandb.
4 Art. 53 Nr. 9 MVVerf. iVm § 2 Abs. 3 S. 2 UAG MV: s.a. *Wiegand-Hoffmeister*, in: Litten/Wallerath, Art. 34 Rn. 3.
5 Art. 75 Nr. 8 SachsAVerf. iVm § 32 Abs. 1 UAG SachsA.
6 Art. 64 Abs. 1 S. 2 ThürVerf. iVm § 3a UAG Thür. und § 11 Nr. 7, § 50 VerfGHG Thür.; s. dazu auch *Platter*, Das parlamentarische Untersuchungsverfahren vor dem Verfassungsgericht, 2004, S. 191 ff.
7 S.a. *Menzel*, Landesverfassungsrecht, 2002, S. 524 f. sowie *Platter*, Das parlamentarische Untersuchungsverfahren vor dem Verfassungsgericht, 2004, S. 195 wo die Frage aufgeworfen wird, ob daneben auch das Organstreitverfahren zulässig ist.
8 *Pietzcker*, Fs. 50 Jahre BVerfG, Bd. I (2001) S. 588; *H.-P. Schneider*, Fs. 50 Jahre BVerfG, Bd. II (2001) S. 660; zur geschichtlichen Entwicklung, *Grote*, Der Verfassungsorganstreit, 2010, S. 7 ff.
9 *Benda/Klein*, Verfassungsprozessrecht, 2. Aufl. (2001), Rn. 983; zur praktischen Bedeutung des Organstreitverfahrens s. *Grote*, Der Verfassungsorganstreit, 2010, S. 151 ff.

politischer **Kommunikation** ist Hauptgegenstand des Verfassungsorganstreits.[10] Gleichwohl ist hier nicht der **politische Konflikt** zu entscheiden, sondern eine **verfassungsrechtliche Frage** zu beantworten.[11] Der Organstreit ist daher aus rechtsstaatlicher Sicht wünschenswert, weil er **das Letztentscheidungsrecht** der Verfassungsgerichte sicherstellt, so weit sich mit dem politischen Streit auch Rechtsfragen verbinden.[12] Unbeschadet dessen ist diese Verfahrensform aber **nicht zwingend** i.S. der Rechtsschutzgarantie des Art. 19 Abs. 4 GG.[13]

4   Ebenso wenig erweist sich das Organstreitverfahren gegenüber **politischen** Maßnahmen der Antragsteller als **subsidiär**. Diese sind daher – auch nicht unter dem Aspekt des **Rechtsschutzbedürfnisses**[14] – nicht zunächst zu (politisch erfolglosen) Gegenreaktionen verpflichtet, bevor sie verfassungsgerichtlichen Schutz in Anspruch nehmen können,[15] es sei denn dies ist, wie etwa in Bayern bezüglich der Ablehnung eines Beweisantrages der Minderheit,[16] **verfassungsgesetzlich** ausdrücklich vorgeschrieben.

5   Die Einsetzungsminderheit im Bundestag und in den Landesparlamenten kann daher im Zusammenhang mit der Einsetzung eines Untersuchungsausschusses ohne weiteres ein Organstreitverfahren einleiten.[17] Denn der – insbesondere von einem Organteil geführte – Organstreit dient regelmäßig dem **Minderheitenschutz**.[18] Das gilt uneingeschränkt auch für die Einsetzungsminderheit im Deutschen Bundestag. Denn § 17 Abs. 4 PUAG, wonach der **Ermittlungsrichter des Bundesgerichtshofs** beim Streit um die Erhebung von Beweisen oder über die Anordnung eines Zwangsmittels entscheidet, betrifft das Verfahren als solches. Außerdem hat der Bundesgesetzgeber in § 36 Abs. 1 PUAG klargestellt, dass die gerichtlichen Zustän-

---

10 Zutr. *Grote*, Der Verfassungsorganstreit, 2010, S. 157.
11 *Pietzcker*, Fs. 50 Jahre BVerfG, Bd. I (2001) S. 588.
12 Zur Bedeutung des Organstreitverfahrens i.E. s. u. § 28 Rdn. 6 ff.
13 *Pietzcker*, Fs. 50 Jahre BVerfG, Bd. I (2001) S. 589.
14 S. zum Rechtsschutzbedürfnis im Organstreitverfahren *Grote*, Der Verfassungsorganstreit, 2010, S. 436 ff.
15 BVerfGE 124, 78 (113 f.); 90, 286 (339 f.).
16 Art. 25 Abs. 4 S. 2 BayVerf.
17 NRWVerfGH, NVwZ 2002, 75; BayVerfGH, BayVBl. 1994, 463 (464); *Seidel*, BayVBl. 2002, 97 (98); *Schröder*, Verh. d. 57. DJT (1988), S. E 115; *Bickel*, Verh. d. 57. DJT (1988), S. M 47; *Schneider*, Verh. d. 57. DJT (1988), S. M 87; *Benda/Klein*, Verfassungsprozessrecht, 2. Aufl. (2001), Rn. 1003.
18 BVerfGE 104, 151 (197); 68, 1 (77); Umbach, in: Umbach/Clemens/Dollinger, BVerfGG, §§ 63, 64 Rn. 5; *Benda/Klein*, Verfassungsprozessrecht, 2. Aufl. (2001), Rn. 983; *Pietzcker*, Fs. 50 Jahre BVerfG, Bd. I S. 589; *Bethge*, in: Maunz/Schmidt-Bleibtreu/Klein/Bethge, § 64 Rn. 77.

digkeitsregelungen im PUAG selbstverständlich die **verfassungskräftig garantierten Verfahrensarten** nicht beseitigen sollten.[19]

In einigen Ländern tritt die (**Verfassungs-)Norminterpretation** in den Vordergrund, so dass der »Streit« als eigentlicher Verfahrensgegenstand des Organstreitverfahrens in den Hintergrund tritt. Deutlich ist dies etwa bei der **generalklauselartigen** Zuständigkeit des Bremer Staatsgerichtshofs,[20] wo die Organstreitigkeit in einem Verfahren objektiver Verfassungsinterpretation aufgeht. Ähnlich verhält es sich in Rheinland-Pfalz,[21] wo ebenfalls die abstrakte Normenkontrolle und die Organstreitigkeit in einem Verfahren zusammengefasst sind.[22] In Hamburg spricht man insoweit nicht von einem Organstreitverfahren, sondern von einer »**Auslegungsstreitigkeit**«.[23]

Voraussetzung der **Beteiligtenfähigkeit** am Organstreitverfahren ergibt sich weit gehend schon aus den vorgenannten **verfassungsgesetzlichen** Bestimmungen. Doch sowohl im Bund[24] als auch in einigen Ländern[25] ist noch einmal **einfachgesetzlich** festgelegt, dass es sich bei den Antragstellern um ein mit eigenen Rechten ausgestattetes Verfassungsorgan oder Organteil handeln muss.[26] Das ist bei der Einsetzungsminderheit der Fall.[27] Die Beteiligtenfähigkeit eines solchen Gremiums wird **mit der Stellung des Einsetzungsantrags »geboren«**.[28] Es ist daher unerheblich, dass der Einsetzungsminderheit unter Umständen **jede organisatorische Verfestigung** fehlen

---

19 BVerfGE 113, 113 (122 f.); *Seidel*, BayVBl. 2002, 97 (98); *Platter*, Das parlamentarische Untersuchungsverfahren vor dem Verfassungsgericht, 2004, S. 155.
20 Art. 140 BremVerf.
21 Art. 130 RhPfVerf.
22 *Menzel*, Landesverfassungsrecht, 2002, S. 524 m.w.N.; a.A. *Bier*, in: Grimm/Caesar, Art. 130 Rn. 27, 29.
23 Art. 65 Abs. 3 Nr. 2 HbgVerf.; s.a. *David*, Art. 25 Rn. 45.
24 § 63 BVerfGG; s. dazu *Platter*, Das parlamentarische Untersuchungsverfahren vor dem Verfassungsgericht, 2004, S. 86 ff.
25 § 44 StGHG BadWürtt.; Art. 49 Abs. 2 VerfGHG Bay.; § 14 Nr. 1, § 36 VerfGHG Berl.; § 12 Nr. 1, § 35 VerfGG Brandb.; § 25 Abs. 1 StGHG Brem.; § 39a VerfGG Hbg.; § 42 Abs. 1 StGHG Hess.; § 11 Abs. 1 Nr. 1, § 36 LVerfGG MV; § 43 VGHG NRW; § 9 Nr. 5, § 39 VerfGHG Saarl.; § 17 VerfGHG Sachs.; § 2 Nr. 2, § 35 LVerfGG SachsA; § 3 Nr. 1, § 35 LVerfGG SchlH.; § 11 Nr. 3, § 38 VerfGHG Thür.
26 BVerfGE 67, 100 (124); *Pietzcker*, Fs. 50 Jahre BVerfG, Bd. I (2001) S. 596.
27 BVerfGE 49, 70 ff.; *Grote*, Der Verfassungsorganstreit, 2010, S. 220 f.; *Seidel*, BayVBl. 2002, 97 (98 f.); *Hermes*, Fs. Mahrenholz (1994) S. 360; *Knippel*, Fs. BrandbVerfG, (1998) S. 60; *Schmidt-Hartmann*, Schutz der Minderheit im parlamentarischen Untersuchungsverfahren, 1994, S. 145 m.w.N. in Fn. 570; *Bethge*, in: Maunz/Schmidt-Bleibtreu/Klein/Bethge, § 64 Rn. 88.
28 *Seidel*, BayVBl. 2002, 97, (98 f); *Achterberg/Schulte*, in: v. Mangoldt/Klein/Starck II, Art. 44 Rn. 93.

kann.²⁹ Das bedeutet zugleich, dass der Streit gegebenenfalls von den **einzelnen Abgeordneten** als Einsetzungsminderheit und nicht von der Fraktion geführt werden muss, falls diese als solche nicht die Einsetzung des Untersuchungsausschusses beantragt hat.³⁰

8 Die **Beendigung des Mandats** der Antragsteller oder der **Ablauf der Wahlperiode** führt nicht zur Unzulässigkeit des Verfahrens. Maßgebend ist vielmehr allein der **Zeitpunkt der Antragstellung**. Allein zu diesem Zeitpunkt müssen die Antragsteller Mandatsträger gewesen sein und muss die Wahlperiode noch angedauert haben.³¹

9 Das **Unterlassen** einer Maßnahme, wie etwa die Nichteinsetzung eines Untersuchungsausschusses, ist in einem Organstreit nur dann erheblich, wenn das Bestehen einer **verfassungsrechtlichen Verpflichtung** zur Vornahme der Maßnahme nicht **ausgeschlossen** werden kann.³²

10 Der Organstreit dient mithin der Wahrnehmung der Befugnisse des Organs oder der Organteile. Nach den einfachgesetzlichen Bestimmungen im Bund³³ und in den meisten Ländern³⁴ ist er nur zulässig, wenn **der Antragsteller** geltend machen kann, in den ihm durch das Grundgesetz oder die jeweilige Landesverfassung zugewiesenen **Rechten und Befugnissen** verletzt zu sein.³⁵

11 Von den Antragstellern muss ferner die **Antragsfrist** nach § 64 Abs. 3 BVerfGG beziehungsweise nach den entsprechenden landesgesetzlichen Bestimmungen³⁶ beachtet werden. Dabei handelt es sich um eine **gesetzliche Ausschlussfrist**, nach deren Ablauf Rechtsverletzungen nicht mehr geltend

---

29 *Pietzcker*, Fs. 50 Jahre BVerfG, Bd. I (2001) S. 596; s.a. die ausf. Positiv- und Negativliste bei *Arndt*, AöR 87 (1962) 197 (230 ff.).
30 BayVerfGH, BayVerfGHE N.F. 38, 165 (174).
31 BVerfGE 41, 291 (303); 49, 70 (77); NRWVerfGH, NVwZ 2002, 75; *Pietzcker*, Fs. 50 Jahre BVerfG, Bd. 1, (2001) S. 597; *Bethge*, in: Maunz/Schmidt-Bleibtreu/Klein/Bethge, § 63 Rn. 83.
32 BVerfGE 96, 264 (277); 103, 81 (86); *Bethge*, in: Maunz/Schmidt-Bleibtreu/Klein/Bethge, § 64 Rn. 18.
33 § 64 Abs. 1 BVerfGG.
34 § 45 Abs. 1 StGHG BadWürtt.; § 37 Abs. 1 VerfGHG Berl.; § 36 Abs. 1 VerfGG Brandb.; § 25 Abs. 2 StGHG Brem.; § 39 b VerfGG Hbg.; § 42 Abs. 3 StGHG Hess.; § 37 LVerfGG MV; § 30 StGHG Nds. iVm § 64 Abs. 1 BVerfGG; § 44 VGHG NRW; § 40 VerfGHG Saarl.; § 18 Abs. 1 VerfGG Sachs.; § 36 LVerfGG SachsA; § 36 Abs. 1 LVerfGG SchlH.; § 39 VerfGHG Thür.
35 *Platter*, Das parlamentarische Untersuchungsverfahren vor dem Verfassungsgericht, 2004, S. 91 f.; *Bethge*, in: Maunz/Schmidt-Bleibtreu/Klein/Bethge, § 64 Rn. 52; *Pietzcker*, Fs. 50 Jahre BVerfG, Bd. I. (2001) S. 598; *Pieroth*, in: Fs. 50 Jahre NRWVerfGH (2002) S. 111; s.a. *Franke*, Art. 18 Rn. 17.
36 § 45 Abs. 3 StGHG BadWürtt.; § 37 Abs. 3 VerfGHG Berl.; § 36 Abs. 3 VerfGG Brandb.; § 25 Abs. 3 StGHG Brem.; § 39 b Abs. 3 VerfGG Hbg.; § 37 Abs. 3 LVerfGG MV; § 30 StGHG Nds. iVm § 64 Abs. 3 BVerfGG; § 44 Abs. 3 VGHG NRW; § 40 Abs. 3 VerfGHG Saarl.; § 18 Abs. 3 VerfGHG Sachs.; § 36 Abs. 3

gemacht werden können.³⁷ Auch die **Begründung** hat innerhalb dieser Frist zu erfolgen.³⁸ Eine **Wiedereinsetzung in den vorigen Stand** ist nicht möglich.³⁹

Der **Lauf der Frist** beginnt mit dem Zeitpunkt, in dem die Antragsteller 12 von der möglichen Verletzung ihrer Rechte **erfahren**.⁴⁰ Das ist bei Einsetzung des Untersuchungsausschusses der Zeitpunkt, zu dem die Mehrheit den Einsetzungsantrag entweder ganz oder teilweise abgelehnt oder ihn, soweit dies in einzelnen Ländern vorgesehen ist,⁴¹ mit inhaltlichen Veränderungen angenommen hat.

Antragsgegner ist im Zusammenhang mit der Einsetzung eines Unter- 13 suchungsausschusses das **Parlament** als solches.⁴²

Das Bundesverfassungsgericht ist nach Art. 93 Abs. 1 Nr. 4 3. Alt. GG iVm 14 § 71 Abs. 1 Nr. 3 BVerfGG auch für Organstreitigkeiten innerhalb eines Landes zuständig, wenn **kein anderer Rechtsweg** gegeben ist.⁴³ Dem Bundesverfassungsgericht kommt insoweit eine **Reservezuständigkeit** zu.⁴⁴ Dabei ist das Bundesverfassungsgericht als **subsidiäres Landesverfassungsgericht** tätig und damit im **Prüfungsumfang** auf die Verfassung des jeweiligen Landes beschränkt.⁴⁵

Das bedeutet, auch wenn in einem Land ein Organstreitverfahren vor dem 15 Landesverfassungsgericht prinzipiell möglich, den Antragstellern aber etwa auf Grund eines Quorums, das sie nicht erreichen, der Weg zum Landesverfassungsgericht verstellt ist, sind sie befugt, das Bundesverfassungsgericht

LVerfGG SachsA; § 36 Abs. 3 LVerfGG SchlH.; § 39 Abs. 3 Satz 1 bzw. § 50 Abs. 2 VerfGHG Thür.
37 BVerfGE 71, 299 (303) *Bethge*, in: Maunz/Schmidt-Bleitreu/Klein/Bethge, § 64 Rn. 18.
38 BVerfGE 24, 252 (258); *Bethge*, in: Maunz/Schmidt-Bleitreu/Klein/Bethge, § 64 Rn. 128.
39 BVerfGE 92, 80 (87); *Bethge*, in: Maunz/Schmidt-Bleitreu/Klein/Bethge, § 64 Rn. 136; *Benda/Klein*, Verfassungsprozessrecht, 2. Aufl. (2001), Rn. 1038.
40 BVerfGE 71, 299 (303); NRWVerfGH, OVGE 44, 289 (292); *Bethge*, in: Maunz/Schmidt-Bleitreu/Klein/Bethge, § 64 Rn. 130; *Pieroth*, Fs. 50 Jahre NRWVerfGH (2002) S. 114.
41 S. dazu o. § 6 Rdn. 23 ff.
42 BayVerfGHE 34, 119 (121) m.w.N.; 38, 165 (174); *Platter*, Das parlamentarische Untersuchungsverfahren vor dem Verfassungsgericht, 2004, S. 93; *Seidel*, BayVBl. 2002, 97 (99); *Hermes*, Fs. Mahrenholz (1994) S. 360; *Knippel*, Fs. BrandbVerfG (1998) S. 60.
43 Von der Möglichkeit nach Art. 99 GG hatte bis 2006 nur Schleswig-Holstein Gebrauch gemacht, inzwischen aber gemäß Art. 44 SchlHVerf. ein Landesverfassungsgericht errichtet.
44 *Bethge*, in: Maunz/Schmidt-Bleitreu/Klein/Bethge, § 71 Rn. 37, 130; *Umbach*, in: ders/Clemens/Dollinger, BVerfGG, § 71 Rn. 40 f.
45 BVerfGE 102, 224 (230 f.); *Umbach*, in: ders/Clemens/Dollinger, BVerfGG, § 71 Rn. 41.

anzurufen.⁴⁶ Wird der **Rechtsweg nachträglich**, etwa durch eine Änderung der landesrechtlichen Regelungen zum Landesverfassungsgericht **eröffnet**, so wird der Antrag **unzulässig**.⁴⁷

16 Das Bundesverfassungsgericht kann dagegen nicht angerufen werden, nachdem das **Landesverfassungsgericht** in der Sache **entschieden** hat. Denn dann würde das Landesverfassungsgericht als oberstes Verfassungsorgan des Landes praktisch selbst zum Beteiligten. Es **widerspricht** jedoch zum einen dem **Status eines unabhängigen Gerichts**, dass es sich als Partei mit den Beteiligten eines von ihm entschiedenen Rechtsstreits vor einem anderen Gericht auf gleicher Ebene über die Richtigkeit seiner Entscheidung auseinander setzen muss. Außerdem würde die Subsidiaritätsklausel des Art. 93 Abs. 1 Nr. 4 GG **umgangen**, die gerade den Respekt vor der **Alleinzuständigkeit** des Landesverfassungsgerichts zum Ausdruck bringt.⁴⁸

17 Schließlich steht auch zu Fragen der **Besetzung eines Untersuchungsausschusses** grundsätzlich das **Organstreitverfahren** zur Verfügung. Die Antragsbefugnis ergibt sich aus dem allen Abgeordneten gleichermaßen zustehenden Recht auf Teilnahme am Prozess der parlamentarischen Willensbildung.⁴⁹ Allerdings ist mit Blick auf die gesetzliche Ausschlussfrist in § 64 Abs. 3 BVerfGG sowie die entsprechenden landesgesetzlichen Regelungen⁵⁰ zu bedenken, dass Angriffe gegen das **gesetzlich vorgegebene System der Sitzverteilung** nicht mehr Gegenstand eines Organstreitverfahrens sein können. Denn maßgeblich ist nicht die Einsetzung des jeweiligen Untersuchungsausschusses, sondern der Zeitpunkt des **Inkrafttretens** des Gesetzes.⁵¹

II. Rechtsschutz privater Personen

18 Bei der **Einsetzung** eines Untersuchungsausschusses handelt es sich grundsätzlich um eine **parlamentsinterne** Maßnahme. Das hat zur Konsequenz, dass mit der Einsetzung prinzipiell die **Rechte privater Personen nicht tangiert** werden und diesen daher auch **kein gerichtlicher Rechtsschutz** zusteht.⁵²

---

46 BVerfGE 60, 319 (323 f.).
47 BVerfGE 102, 245 (249 ff.).
48 So auch *Bethge*, in: Maunz/Schmidt-Bleitreu/Klein/Bethge, § 71 Rn. 167 f.
49 BVerfGE 96, 264 (278).
50 S. dazu o. Rdn. 11.
51 *Platter*, Das parlamentarische Untersuchungsverfahren vor dem Verfassungsgericht, 2004, S. 98.
52 SaarlVerfGH, NVwZ-RR 2003, 393; HessStGH, ESVGH 22, 136 (137); HessStGH, DÖV 1972, 568 (569); BayVerfGH, BayVBl. 1994, 463 (465); BayVerfGH, BayVBl. 1984, 334 (335); *Platter*, Das parlamentarische Untersuchungsverfahren vor dem Verfassungsgericht, 2004, S. 133 f.; *Köhler*, NVwZ 1995, 665; *Meder*, Art. 25 Rn. 12.

§ 8 Rechtsschutz bei Einsetzung des Untersuchungsausschusses

Das dürfte allerdings **nicht ausnahmslos** gelten.[53] Denn die Einsetzung eines Untersuchungsausschusses ist in ihrer **faktischen Außenwirkung** nicht zu unterschätzen. Insbesondere wenn Private damit unmittelbar in Verbindung gebracht werden, kann es durchaus zu einer **faktischen Grundrechtsbeeinträchtigung** kommen[54] und daher eine **wirksame Grundrechtskontrolle** erforderlich machen.[55] Die Auffassung, es sei jedermann zumutbar, ein gesetzlich geregeltes Verfahren über sich ergehen zu lassen oder hinzunehmen, mit der Folge, dass gegen den Einsetzungsbeschluss kein Rechtschutz gewährt wird,[56] überzeugt nicht. Eine solche Verkürzung des Rechtsschutzes stünde vielmehr im **Widerspruch** zu dem in Art. 19 Abs. 4 GG und im **Rechtsstaatsprinzip** gleichermaßen verankerten Gebot **effektiven Rechtsschutzes**. Daher hat eine eventuell bereits von der Einsetzung betroffene natürliche oder juristische Person des Privatrechts den Anspruch auf gerichtlichen Schutz.[57]

19

Für diese **Rechtsschutzmöglichkeit** spricht auch, dass in dem vergleichbaren Fall des Abschlussberichtes, der an sich nach Art. 44 Abs. 4 GG und den entsprechenden Bestimmungen in den Landesverfassungen der gerichtlichen Überprüfung entzogen ist,[58] gerichtlicher Schutz gewährt worden ist, soweit Grundrechte privater Personen betroffen sind.[59] Außerdem ist zu beachten, dass auf Grund des Bestimmtheitsgebots[60] bereits die Einsetzungsbeschlüsse immer **detailliertere Fragestellungen** enthalten. Dieser Gesichts-

20

---

53 So auch HessStGH, DÖV 1972, 568 (569): Grundrechtsklage nicht schlechthin ausgeschlossen; BayVerfGH, NVwZ 1996, 1206; *Glauben*, DVBl. 2006, 1263 (1264); *Caspar*, DVBl. 2004, 845 (848); *Brocker*, in: Epping/Hillgruber, Art. 44 Rn. 14.1.; a.A. *Kretschmer*, in: Schmidt-Bleibtreu/Klein/Hofmann/Hopfauf, Art. 44 Rn. 14, der allenfalls die auf dem Einsetzungsbeschluss basierenden Maßnahmen für gerichtlich angreifbar hält.
54 HessStGH, ESVGH 22. 136 (138); BayVerfGH, BayVBl. 1994, 463 (465); BayVBl. 1995, 463 (464); *Achterberg/Schulte*, in: v. Mangoldt/Klein/Starck II, Art. 44 Rn. 71 ff.; *Morlok*, in: Dreier II, Art. 44 Rn. 14; *Studenroth*, Die parlamentarische Untersuchung privater Bereiche, 1992, S. 29 ff.; *Schröder*, Verh. d. 57. DJT (1988), S. E 34; *Di Fabio*, Rechtsschutz im parlamentarischen Untersuchungsverfahren, 1988, S. 86 ff.; *Linck*, ZRP 1987, 11 (15).
55 *Lucke*, Strafprozessuale Schutzrechte und parlamentarische Aufklärung in Untersuchungsausschüssen mit strafrechtlich relevantem Verfahrensgegenstand, 2009, S. 98 f.
56 So offenbar HessStGH, ESVGH 22, 136 (140).
57 SaarlVerfGH, NVwZ-RR 2003, 393; BayVerfGH, NVwZ 1996, 1206 m.w.N.; *Kästner*, NJW 1990, 2649 (2651 f.); *Schröder*, Verh. d. 57. DJT (1988), S. E 34; *Studenroth*, Die parlamentarische Untersuchung privater Bereiche, 1992, S. 30 f.
58 S. dazu i.E. u. § 29 Rdn. 19 ff.
59 OVG Hamburg, NVwZ 1987, 787; zurückh. SaarlVerfGH, NVwZ-RR 2003, 393 (393); *Zeyer/Grethel*, in: Wendt/Rixecker, Art. 79 Rn. 7.
60 S. dazu o. § 6 Rdn. 8 ff.

punkt in Verbindung gesehen mit der **Publizitätswirkung** des Einsetzungsbeschlusses spricht dafür, eine **Grundrechtskontrolle** auch schon bezüglich der **Einsetzungsebene** vorzunehmen.[61] Das ist aber nicht allein Sache des Parlaments, sondern auch wegen Art. 19 Abs. 4 GG der (Verwaltungs-)Gerichte.

21   In Rechtsprechung und Rechtslehre ist es vorherrschende Meinung, dass eine **verfassungsgerichtliche** Streitigkeit i.S. des § 40 VwGO nur vorliegt, wenn eine **doppelte Verfassungsummittelbarkeit** gegeben ist. Das bedeutet, dass die Grundlagen des Rechtsstreits Normen des Verfassungsrechts sein und die am Rechtsstreit Beteiligten die Stellung von Verfassungsorganen oder Organteilen haben müssen.[62]

22   Letzteres ist bei einem Streit um die Rechtmäßigkeit der Einsetzung eines Untersuchungsausschusses, an dem Private beteiligt sind, **nicht** der Fall. Daher handelt es sich um eine **nichtverfassungsrechtliche Streitigkeit**, so dass nur der Weg über die **Verwaltungsgerichte** bleibt, wie es auch sonst bei Maßnahmen seitens des Untersuchungsausschusses von der Rechtsprechung gehandhabt wurde[63], sofern keine spezialgesetzliche Zuweisung erfolgt ist, wie jetzt etwa in § 17 Abs. 4 PUAG oder wie in § 36 Abs. 1 PUAG mit der generellen Verweisung an den Bundesgerichtshof. Daraus folgt für den Bund, dass auch die **Zulässigkeit des Einsetzungsantrags** zunächst vom **Bundesgerichtshof** überprüft wird,[64] und falls dieser Bedenken hat, das Verfahren gemäß § 36 Abs. 2 PUAG auszusetzen ist, um die Entscheidung des Bundesverfassungsgerichts einzuholen.[65] Bleibt die Privatperson mit ihrem Begehren vor dem Bundesgerichtshof ohne Erfolg, steht ihr sodann die Möglichkeit der Verfassungsbeschwerde offen.

23   In den nachfolgenden Ländern sind ebenfalls von § 40 Abs. 1 VwGO **abweichende Rechtswegregelungen** getroffen worden. So bleibt es in **Niedersachsen** in dem hier interessierenden Zusammenhang zwar bei der prinzipiellen Zuständigkeit der Verwaltungsgerichte. Hält ein Gericht jedoch die dem Ausschuss aufgegebene Untersuchung für verfassungswidrig, so hat es zwar eine

---

61 BayVerfGH, BayVBl. 1994, 463 (465).
62 *Redeker/v. Oertzen*, VwGO, 14. Aufl. (2004), § 40 Rn. 3 m.w.N.; ähnl. *Rennert*, in: Eyermann (Hrsg.), VwGO, 13. Aufl. (2010), § 40 Rn. 21; Sodan, in: ders./Ziekow (Hrsg.); Verwaltungsgerichtsordnung, Kommentar, 3. Aufl. (2010), § 450 Rn. 189 f.; differenzierend Reimer, in: Posser/Wolff (Hrsg.), VwGO, Kommentar, 2008, § 40 Rn. 91 ff.
63 BVerwG, BayVBl. 1981, 214, OVG Berlin, OVGE 10, 163; OVG RhPf., DVBl. 1986, 480; BVerwGE 79, 339; OVG NRW, DVBl. 1986, 100; OVG NRW, NVwZ 1990, 1083; *Schröder*, Verh. d. 57. DJT (1988), S. E 35; a.A. *Ossenbühl*, Gs. Martens (1987) S. 192; *Kästner*, NJW 1990, 2649.
64 *H. H. Klein*, MD, Art. 44 Rn. 237, 244; *Brocker*, in: Epping/Hillgruber, Art. 44 Rn. 14.2; *Glauben*, DVBl. 2006, 1263 (1264).
65 *H. H. Klein*, MD, Art. 44 Rn. 250.

Prüfungs-, aber keine Verwerfungskompetenz. Das Gericht muss vielmehr das Verfahren aussetzen und die Entscheidung des Staatsgerichtshofs einholen.[66] Ebenso dürfte auch die Regelung in **Sachsen-Anhalt** zu verstehen sein, wonach ausschließlich das Landesverfassungsgericht entscheidet, wenn die Verfassungswidrigkeit des Untersuchungsauftrags geltend gemacht wird. Allerdings kann sich bis zu der Entscheidung des Verfassungsgerichts niemand auf die Verfassungswidrigkeit des Untersuchungsauftrages berufen oder hieraus tatsächliche oder rechtliche Folgen ableiten.[67] In **Nordrhein-Westfalen** trifft gerichtliche Entscheidungen nach dem Untersuchungsausschussgesetz zunächst der Ermittlungsrichter beim Oberlandesgericht am Sitz des Landtags.[68] Gegen dessen Entscheidung können sowohl der Untersuchungsausschuss als auch betroffene Personen Beschwerde zum Oberlandesgericht erheben.[69]

Soweit die Länder **keine ausdrückliche Regelung** getroffen haben, bleibt 24 es hinsichtlich des Rechtsschutzes gegen die Einsetzung bei der **verwaltungsgerichtlichen** Zuständigkeit.[70] Denn die Auffassung, danach zu **differenzieren**, ob der Untersuchungsausschuss als solches in seiner Funktion angegriffen wird und dies dann als **verfassungsrechtliche Streitigkeit sui generis** anzusehen[71], überzeugt nicht. Denn sie stellt gegenüber der bisherigen Rechtswegaufteilung einen **Systembruch** dar, die **ohne gesetzliche Grundlage** wie in § 36 Abs. 1 PUAG oder § 26 Abs. 2 UAG NRW nicht vertretbar erscheint.

Der verwaltungsgerichtlichen Zuständigkeit steht nicht entgegen, dass die 25 Verwaltungsgerichte – im Eilverfahren als »Landesgerichte« sogar **abschließend** – über die Rechtmäßigkeit von Maßnahmen der **Verfassungsorgane** einschließlich eines Bundesverfassungsorgans entscheiden. Ebenso wenig folgt dies aus der beklagten **Asymmetrie des Rechtsschutzes**, da nur der Private gegen verwaltungsgerichtliche Entscheidungen Verfassungsbeschwerde einlegen kann, dem Parlament dies aber nicht möglich ist.[72] Beide Feststellungen treffen zwar zu, vermögen aber nicht eine **de lege lata** vorgegebene Rechtslage

---

66 Art. 27 Abs. 7 NdsVerf.
67 § 32 Abs. 1 UAG SachsA.
68 § 26 Abs. 1 UAG NRW.
69 § 26 Abs. 2 UAG NRW.
70 *Brocker*, in: Epping/Hillgruber, Art. 44 Rn. 14.2; *Glauben*, DVBl. 2006, 1263 (1264 f.); a.A. OVG Saarl., AS 30, 99 (100 ff.); ebenso VG Saarlouis Az.: 11 F 12/02 n. v.; offen gelassen vom SaarlVerfGH, NVwZ-RR 2003, 393.
71 So *Di Fabio*, Rechtsschutz im parlamentarischen Untersuchungsverfahren, 1988, S. 113 ff.;so auch offenbar VG Saarlouis, LKRZ 2010, 314 (315), wonach eine verfassungsrechtliche Streitigkeit dann gegeben ist, wenn im konkreten Streitfall der Untersuchungsauschuss – auch durch den Bürger – spezifisch in seiner sich aus der Verfassung ergebenden Funktion in Anspruch genommen wird; a.A. allerdings OVG Saarl., Beschl. v. 3. 8. 2010 – Az. 3 B 205/10 n.v.
72 *Schröder*, Verh. d. 57. DJT (1988), S. E 35; *Bickel*, ebd., S. M 45 f.

Teil 2 Das Verfahren der Einsetzung

zu verändern. Dies ist vielmehr **Sache des Gesetzgebers**, wie es etwa für die Vereinheitlichung des Rechtsweges der Bundesgesetzgeber für Untersuchungsausschüsse des Bundestages in § 17 Abs. 4 und § 36 PUAG oder der Landesgesetzgeber in Nordrhein-Westfalen inzwischen getan haben.[73]

26 Soweit in den Ländern **Rheinland-Pfalz**[74] und **Thüringen**[75] gegen Entscheidungen der **ordentlichen** Gerichte die Beteiligten des gerichtlichen Verfahrens **Beschwerde beim Verfassungsgerichtshof** des Landes einlegen können, beseitigt dies allerdings die Asymmetrie im Zusammenhang mit dem **verwaltungsgerichtlichen** Schutz nicht.[76]

27 Dem Einsetzungsbeschluss kommt auch nicht die Qualität eines Gesetzes zu, so dass eine Analogie zur **Vorlagepflicht nach Art. 100 GG** bzw. nach den entsprechenden landesverfassungsrechtlichen Regelungen[77] **nicht in Frage kommt.**[78] Vielmehr bedürfte es auch dafür einer **ausdrücklichen gesetzlichen Regelung**, wie sie der **Bundesgesetzgeber** für Untersuchungsausschüsse des Bundestages in § 36 Abs. 2 PUAG getroffen hat. Eine solche Regelung findet sich ferner, wie dargelegt, in **Niedersachsen** und **Sachsen-Anhalt**.[79]

28 Die **Anfechtungsklage** scheidet in diesem Fall als statthafte Klageart aus. Denn der Einsetzungsbeschluss erweist sich gegenüber Privatpersonen **nicht als Verwaltungsakt**, da das **Parlament keine Behörde** und der Einsetzungsbeschluss auch keine Maßnahme im Sinne des Verwaltungsverfahrensrechts ist.[80] Daher bleibt allein die Möglichkeit der **Leistungsklage** im Sinne der Unterlassungsklage oder **Feststellungsklage**.[81] Gegen die instanzgericht-

---

73 Zutr. *Schröder*, Verh. d. 57. DJT (1988), S. E 35, der eine Änderung de lege ferenda vorschlägt.
74 § 30 Abs. 2 UAG RhPf.
75 § 30 Abs. 2 UAG Thür.
76 A.A. offenbar *Platter*, Das parlamentarische Untersuchungsverfahren vor dem Verfassungsgericht, 2004, S. 211 f., die hinsichtlich der Beschränkung auf die ordentlichen Gerichte von einem redaktionellen Versehen ausgeht.
77 Art. 68 Abs. 1 S. 2 Nr. 3 BadWürttVerf.; Art. 64, 92 BayVerf.; Art. 84 Abs. 2 Nr. 4 BerlVerf.; Art. 113 Nr. 3 BrandbVerf.; Art. 142 BremVerf.; Art. 64 Abs. 2, 65 Abs. 3 Nr. 4 HbgVerf.; Art. 133 HessVerf.; Art. 53 Abs. 1 Nr. 5 MVVerf.; Art. 54 Nr. 4 NdsVerf.; Art. 75 Nr. 4 NRWVerf.; Art. 130 Abs. 3, 135 Abs. 1 Nr. 1 RhPfVerf.; Art. 97 Nr. 3 SaarlVerf.; Art. 81 Abs. 1 Nr. 3 SächsVerf.; Art. 75 Nr. 5 SachsaVerf.; Art. 44 Abs. 2 Nr. 3 SchlHVerf.; Art. 80 Abs. 1 Nr. 5 ThürVerf.
78 So aber *Meyer-Bohl*, DVBl. 1990, 511 ff.; krit. dazu *Platter*, Das parlamentarische Untersuchungsverfahren vor dem Verfassungsgericht, 2004, S. 144 f.
79 Art. 27 Abs. 7 NdsVerf.; § 32 Abs. 2 UAG SachsA.
80 Dies ist hinsichtlich von Maßnahmen des Untersuchungsausschusses im Rahmen der Beweisaufnahme allerdings differenzierter zu betrachten; s. dazu u. § 28 Rdn. 45 ff.
81 Für die Feststellungsklage, aber ohne nähere Begr., *Schröder*, Verh. d. 57. DJT (1988), S. E 35.

lichen Entscheidungen besteht für die betroffenen Privatpersonen auch hier die Möglichkeit der **Verfassungsbeschwerde.**

III. Einstweilige Anordnung im Einsetzungsverfahren

Im Zusammenhang mit der Einsetzung eines Untersuchungsausschusses 29 kann das Instrument der **einstweiligen Anordnung** in zweierlei Hinsicht eine Rolle spielen: Die Einsetzungsminderheit kann nach § 32 BVerfGG vor dem **Bundesverfassungsgericht** sowie nach den entsprechenden landesrechtlichen Bestimmungen[82] den Erlass einer einstweiligen Anordnung beim **Landesverfassungsgericht** beantragen und – als zweite Möglichkeit – ist es auch vorstellbar, dass ein **betroffener Privater** vor dem **Verwaltungsgericht** den Erlass einer einstweiligen Anordnung nach § 123 VwGO beantragt, mit der beispielsweise die Einsetzung des Untersuchungsausschusses vorläufig untersagt werden soll.

Da im **verfassungsgerichtlichen** Streit in der Hauptsache nur die Feststel- 30 lung getroffen werden kann, dass die Ablehnung des Einsetzungsantrags insgesamt oder teilweise verfassungswidrig war, aber die Einsetzung nicht gerichtlich aufgehoben werden kann, bestehen **Zweifel**, ob die einstweilige Anordnung in diesem Zusammenhang **zulässig** ist, da sie über das **hinausgeht,** was an Rechtsschutz im **Hauptsacheverfahren** erreichbar ist.[83] Die gleiche Bedenken gelten auch bezüglich des **verwaltungsgerichtlichen** Rechtsschutzes, falls allein die Feststellungsklage als statthafte Klageart angenommen wird.[84]

Diese Bedenken **überzeugen jedoch nicht.** Vielmehr bestehen keine 31 durchgreifenden rechtlichen Bedenken an der Zulässigkeit der **einstweiligen Anordnung** nach § 32 BVerfGG beziehungsweise nach den entsprechenden landesgesetzlichen[85] Bestimmungen.[86] Denn § 32 BVerfGG findet als allge-

---

82 § 25 StGHG BadWürtt.; § 26 VerfGHG Bay.; § 31 VerfGHG Berl.; § 30 VerfGG Brandb.; § 18 StGHG Brem.; § 35 VerfGG Hbg.; § 26 StGHG Hess.; § 30 LVerfGG MV; § 20 StGHG Nds.; § 27 VerfGHG NRW; § 19a VerfGH RhPf.; § 23 VerfGHG Saarl.; § 15 VerfGG Sachs.; § 31 LVerfGG SachsA; § 30 LVerfGG SchlH.; § 26 VerfGHG Thür.
83 S. zu diesen Bedenken *Schmidt-Hartmann*, Schutz der Minderheit im parlamentarischen Untersuchungsverfahren, 1994, S. 156 ff.; *Grote*, Der Verfassungsorganstreit, 2010, S. 438 ff.
84 S.o. Rdn. 28.
85 S. dazu i.E. *Starck*, in: Isenee/Kirchof VI, § 130 Rn. 77 ff.
86 § 25 StGHG BadWürtt.; § 26 VerfGHG Bay.; § 31 berl. VerfGHG; § 30 VerfGG Brandb.; § 18 StGHG Brem.; § 35 VerfGG Hbg.; § 26 StGHG Hess.; § 30 LVerfGG MV; § 20 StGHG Nds.; § 27 VerfGHG NRW; § 19a VerfGHG RhPf.; § 23 VerfGHG Saarl.; § 15 VerfGHG Sachs.; § 31 LVerfGG SachsA.; § 30 LVerfGG SchlH.; § 26 VerfGHG Thür. s. dazu *Schmidt-Hartmann*, Schutz der Minderheit im parlamentarischen Untersuchungsverfahren, 1994, S. 157 ff.

meine Verfahrensnorm auf **alle** im Bundesverfassungsgerichtsgesetz vorgesehenen Verfahrensarten Anwendung.[87]

32 Daher besteht die Möglichkeit, einen Zustand durch einstweilige Anordnung **vorläufig** zu regeln, nicht nur, wenn in der Hauptsache ein Gestaltungs- oder Leistungsausspruch ergehen kann. Vielmehr sind auch Streitigkeiten wie bei dem hier in Rede stehenden Organstreitverfahren, in denen lediglich ein **Feststellungstenor** ergehen kann, einer **vorläufigen Regelung** zugänglich.[88] Eben so wenig muss zum Zeitpunkt der Antragstellung bereits ein **Antrag zur Hauptsache** gestellt sein.[89]

33 Allerdings ist in einem Organstreitverfahren, in dem es um einen verfassungsgerichtlichen Eingriff in die Autonomie eines anderen Verfassungsorgans geht, nach einem **besonders strengen Maßstab** zu entscheiden, ob die Voraussetzungen für den Erlass einer einstweiligen Anordnung vorliegen.[90] Eine **Vorwegnahme der Hauptsache** führt dann nicht zur Unzulässigkeit des Antrags, wenn eine Entscheidung in der Hauptsache **zu spät** kommen würde und dem Antragsteller in anderer Weise ausreichender Rechtsschutz nicht mehr gewährt werden kann.[91]

34 Problematisch erweist sich dies im Bezug auf die erstrebte Einsetzung eines parlamentarischen Untersuchungsausschusses. Denn im Wege der einstweiligen Anordnung könnte das Verfassungsgericht das Parlament **vorläufig zur Einsetzung** des Untersuchungsausschusses entsprechend dem Minderheitenantrag verpflichten. Dies **ginge deutlich** über die im Hauptsacheverfahren allein mögliche **bloße Feststellung hinaus**.

35 Gleichwohl kann daraus nicht der Schluss gezogen werden, der Erlass einer einstweiligen Anordnung scheide im Organstreitverfahren von vornherein aus. Dem Bundesverfassungsgericht steht eine umfassende materiell-rechtliche Interventionsbefugnis zu, wie der umfassende Zuständigkeitskatalog des Art. 93 Abs. 1 GG verdeutlicht. Entsprechendes gilt für die Landesverfassungsgerichte und Staatsgerichtshöfe. Zu dieser **umfassenden Interventionsbefugnis** gehört auch das prozessuale Instrument der einstweiligen Anordnung für alle Verfahrensarten.[92]

---

87 BVerfGE 1, 74 (75 f.); 1, 85 (86); 82,353 (363); *Grote*, Der Verfassungsorganstreit, 2010, S.440 f.
88 SaarlVerfGH, LKRZ 2009, 391; *Löwer*, in: Isensee/Kirchhof III, § 70 Rn. 212.
89 BVerfGE 113, 113 (119 f.).
90 BVerfGE 113, 113 (124); BVerfG, NVwZ 2007, 687 (688) m.w.N.; SaarlVerfGH, Beschl. v. 4. September 2007, Entscheidungsumdruck S. 3 n.v.; *Grote*, Der Verfassungsorganstreit, 2010, S. 441 f.
91 BVerfGE 113, 113 (122); 67, 149 (151); 34, 160 (162 f.); *Grote*, Der Verfassungsorganstreit, 2010, S. 442.
92 *Schmidt-Hartmann*, Schutz der Minderheit im parlamentarischen Untersuchungsverfahren, 1994, S. 162.

Schließlich ergibt sich die Anwendbarkeit dieses prozessualen Instruments auch aus seinem **Sinn und Zweck**. Gerade im Bereich des parlamentarischen Untersuchungsrechts kann die Mehrheit aus politischen Gründen versucht sein, eine parlamentarische Untersuchung wenn nicht ganz zu verhindern, so doch zumindest zu **verzögern**. In diesem Bereich von vornherein die Möglichkeit vorläufigen Rechtsschutzes auszuklammern, würde diese Tendenz unterstützen.[93] Daher ist es sachgerecht, die Möglichkeit der **einstweiligen Anordnung** zuzulassen.

Ein **praktisches Korrektiv** kann darin bestehen, dass die einstweilige Anordnung mit Blick auf die Folgen nur dann ergeht, wenn etwa der **Missbrauch des Mehrheitsrechts offensichtlich** ist oder das Bundes- oder Landesverfassungsgericht aus rechtlichen Gründen der Auffassung ist, dass der Einsetzungsantrag der Minderheit **offensichtlich** in vollem Umfang zulässig ist. Diese Entscheidung in die Hand der Verfassungsgerichte zu geben, entspricht jedenfalls eher dem Regelungszustand de lege lata, als an Wortlaut, Sinn und Zweck sowie systematischer Stellung des § 32 BVerfGG und der entsprechenden landesgesetzlichen Regelungen vorbei, die Statthaftigkeit des einstweiligen Anordnung im Rahmen des Organstreitverfahrens abzulehnen.[94]

Soweit dem Betroffenen über die **Unterlassungsklage** die Möglichkeit zugebilligt wird, die **Einsetzung** eines Untersuchungsausschusses ganz oder bezüglich eines bestimmten Teils des Untersuchungsgegenstandes zu verhindern, stellt sich das Problem der **Vorwegnahme der Hauptsache** dagegen nicht. Vielmehr kann das Verwaltungsgericht durch den Erlass einer einstweiligen Anordnung nach § 123 VwGO die Einsetzung des Untersuchungsausschusses oder die Behandlung eines bestimmten Untersuchungsgegenstandes **vorläufig untersagen**. Eine endgültige Entscheidung und damit eine Vorwegnahme der Hauptsache ist damit nicht verbunden.

Dagegen geht auch hier das Verwaltungsgericht, sofern die **Feststellungsklage** als statthafte Klageart angesehen wird, im Vergleich zum Hauptsacheverfahren über deren Rechtsschutzziel hinaus. Gleichwohl dürfte diese Verfahrensweise **zulässig** sein, wenn das Gericht einen entsprechend **strengen Maßstab** für den Erlass der einstweiligen Anordnung anlegt. Denn auch hier gilt, dass es nicht sachgerecht ist, diese Form des Rechtsschutzes von vornherein auszuschließen. Vielmehr dürfte es sachgerechter sein, entsprechend den **Umständen des Einzelfalles** diese Entscheidung in die Hand der Gerichte zu legen.

---

93 So auch BVerwG, DVBl. 2000, 487 (488) mit Blick auf das bevorstehende Ende der WP.; ebenso *Schmidt-Hartmann*, Schutz der Minderheit im parlamentarischen Untersuchungsverfahren, 1994, S. 162 f.; *Jutzi*, NJ 2000, 103 (104).
94 So aber *Mosler*, Fs. Carl Bilfinger (1954) S. 275.

Teil 3 Allgemeine Grundsätze der Untersuchung

§ 9 Allgemeine Verfahrensgrundsätze und Organisation

ÜBERSICHT   Rdn.
- I. Grundsätze 1
  1. Verfahrenshoheit des Untersuchungsausschusses 1
  2. Untersuchungsgrundsatz 4
  3. Kein »Gebot der Unparteilichkeit«........................ 5
  4. Prinzip der gegenseitigen Rücksichtnahme und Kooperation 9
  5. Parallelität von Untersuchungsausschuss- und Gerichts- bzw. Ermittlungsverfahren.................................. 13
  6. Umfang des Untersuchungsauftrags 15
- II. Organisation und Verfahren 18
  1. Ausstattung/Sekretariat des Ausschusses..................... 18
  2. Fraktionsmitarbeiter 20
  3. Protokolle und Akten des Ausschusses...................... 22
  4. Sitzungsvorbereitung und Einberufung...................... 26
  5. Beschlussfähigkeit 28
  6. Einsetzung von Unterausschüssen 30
  7. Der Ermittlungsbeauftragte............................... 34

Literatur: *Bräcklein*, Investigativer Parlamentarismus, 2006; *R. Groß*, Zum Verfahren parlamentarischer Untersuchungsausschüsse, DVBl. 1971, 638; *Hoppe*, Ein Fall für zwei: Untersuchungsausschuss und Ermittlungsbeauftragter, ZParl 39 (2008), 477; *Meyer-Bohl*, Die Grenzen der Pflicht zur Aktenvorlage und Aussage vor parlamentarischen Untersuchungsausschüssen, 1992; *Lucke*, Strafprozessuale Schutzrechte und parlamentarische Aufklärung in Untersuchungsausschüssen mit strafrechtlich relevantem Verfahrensgegenstand, 2009; *Rathje*, Der Ermittlungsbeauftragte des parlamentarischen Untersuchungsausschusses, 2004; *H.-P. Schneider*, Spielregeln für den investigativen Parlamentarismus, NJW 2001, 2604; *Schleich*, Das parlamentarische Untersuchungsrecht des Bundestages, 1985; *M. Schulte*, Das Recht der Untersuchungsausschüsse, Jura 2003, 505; *Weisgerber*, Das Beweiserhebungsverfahren parlamentarischer Untersuchungsausschüsse des Deutschen Bundestages, 2003; *Wiefelspütz*, Das Untersuchungsausschussgesetz, 2003; *G.A. Wolf*, Parlamentarische Untersuchung und Strafjustiz, 2005.

I. Grundsätze

1. Verfahrenshoheit des Untersuchungsausschusses

1 Das Verfahren der Untersuchung ist in der Verfassung und in speziellen gesetzlichen Vorschriften (PUAG bzw. Untersuchungsausschussgesetze der Länder sowie ergänzend in den Geschäftsordnungen der Parlamente) geregelt.[1] Innerhalb des dadurch gesteckten Rahmens und innerhalb des durch den Einsetzungsbeschluss des Plenums vorgegebenen Untersuchungsauftrags sind die Untersuchungsausschüsse **frei in der Gestaltung ihres Verfahrens**. Das heißt, es obliegt ihnen, wie sie den Untersuchungsauftrag unter Einsatz ihrer besonderen Befugnisse erfüllen. Im Rahmen seines Untersuchungsauftrags erhebt der Untersuchungsausschuss diejenigen Beweise, die er für erforderlich hält.[2] Der Untersuchungsausschuss ist damit »**Herr im Verfahren**«[3] und damit auch allein verantwortlich für alle Untersuchungshandlungen im Rahmen des Untersuchungsauftrags.[4]

2 Daraus folgt gleichzeitig, dass die Mehrheit im Ausschuss grundsätzlich das Verfahren bestimmt.[5] Das in der parlamentarischen Demokratie geltende **Mehrheitsprinzip** stellt im Verfahren **die gesetzliche Regel** dar. Ein allgemeines Prinzip, dass der Minderheit auch im Verfahren eines Untersuchungsausschusses »die maßgebliche Gestaltungsmacht zuzuerkennen« wäre,[6] gibt es nämlich nicht.[7] Minderheitenrechte kommen daher auch im parlamentarischen Untersuchungsverfahren nur dann und nur insoweit zur Anwendung, wie sich dies zwingend aus der Verfassung oder den konkretisierenden einfachgesetzlichen Regelungen ergibt.[8] Der Ausschuss legt mithin **grundsätzlich mit Mehrheit** fest, in welcher Reihenfolge die einzelnen Untersuchungskomplexe angegangen und welche Beweise wann erhoben werden.[9]

---

1 S.o. § 3 Rdn. 1 ff.
2 BVerfGE 124, 78 (114 f.).
3 BVerfGE 93, 195 (207); 105, 197 (222); 124, 78 (114 f.); *Morlok*, in: Dreier II, Art. 44 Rn. 16; *Scholz*, AöR 105 (1980), 564 (604); *Stern*, AöR 109 (1984), 199 (225 ff.).
4 *Kretschmer*, in: Schmidt-Bleibtreu/Hofmann/Hopfauf, Art. 44 Rn. 3.
5 BGH, DVBl. 2010, 1311 (1313); *Badura*, Fs. Helmrich (1994), S. 205; *Brocker*, BayVBl. 2007, 173 (174); *Hermes*, Fs. Mahrenholz (1994), S. 362 ff.; *Hilf*, NVwZ 1987, 537 (540); *Klein*, MD, Art. 44 Rn. 203; *Schulte*, Jura 2003, 505.
6 So aber *Morlok*, in: Dreier II, Art. 44 Rn. 1.
7 BGH, DVBl. 2010, 1311 (1313); *Brocker*, BayVBl. 2007, 173 (174).
8 *Ehmke*, Verh. d. 45. DJT (1964), S. E 45; *Scholz*, Das parlamentarische Untersuchungsrecht des Bundestages, 1985, S. 84 f.; *Scholz*, AöR 105 (1980), 564 (603 f.); s. i.E. § 27 Rdn. 1 ff.
9 *H. H. Klein*, MD, Art. 44 Rn. 170; *Schulte*, Jura 2003, 505 (509).

Insgesamt ist das Verfahren der Untersuchung dadurch bestimmt, einen 3
sachgerechten Ausgleich im »**magischen Viereck**«[10] zwischen Mehrheit,
Minderheit, Regierung und betroffenen Personen zu finden.

2. Untersuchungsgrundsatz

Das Verfahren selbst ist geprägt vom **Untersuchungsgrundsatz** (Inquisi- 4
tionsmaxime), d.h. die erforderlichen Beweismittel werden vom Untersuchungsausschuss auf der Grundlage seiner Beweisbeschlüsse selbst beschafft (§ 17 Abs. 1 PUAG).[11] In der Praxis fasst der Ausschuss daher in seiner konstituierenden Sitzung regelmäßig zunächst einen **umfassenden Aktenbeiziehungsbeschluss** im Hinblick auf die Unterlagen der Regierung und erarbeitet einen **Arbeitsplan**, der das Untersuchungsthema thematisch und zeitlich ordnet.[12] Auch im Übrigen gilt: Nur was ausdrücklich angefordert und in das Verfahren eingeführt wird, ist **Gegenstand der Untersuchung**.

3. Kein »Gebot der Unparteilichkeit«

Das allgemeine rechtsstaatliche **Gebot der Unparteilichkeit** einer staatlichen 5
Untersuchung kann im parlamentarischen Untersuchungsverfahren **keine Anwendung** finden.[13] Bereits die Tatsachenfeststellung ist von der Natur parlamentarischer Untersuchungsausschüsse her maßgeblich von der politischen Auseinandersetzung geprägt.[14] Von den Mitgliedern eines Untersuchungsausschusses eine neutrale Haltung verlangen zu wollen,[15] hieße den politischen Charakter des parlamentarischen Untersuchungsverfahrens grundlegend zu verkennen. Ein Untersuchungsausschuss ist naturgemäß »immer befangen im Sinne der parteipolitischen Interessenbindung«.[16] Es ist insoweit treffend, von einer »strukturellen Befangenheit«[17] im parlamentarischen Untersuchungsverfahren zu sprechen, darüber hinaus verbunden mit dem Einsatz »publizistischer Reizmethoden«[18], um bei der Öffentlich-

---

10 *H.-P. Schneider*, NJW 2001, 2604 (2607).
11 *H. H. Klein*, MD, Art. 44 Rn. 170; *H.-P. Schneider*, AK-GG, Art. 44 Rn. 14; *Hermanns/Hülsmann*, JA 2003, 573 (576); s.a. § 15 Rdn. 11 ff.
12 *H.-P. Schneider*, AK-GG, Art. 44 Rn. 14.
13 *Brocker*, ZParl 30 (1999), 739 (742 f.); *W. Wagner*, NJW 1960, 1936 (1937).
14 *Stern*, AöR 109 (1984), 199 (237 f.); s.a. o. § 1 Rdn. 10.
15 So aber *Schaefer*, NJW 1998, 434 (435).
16 EK Verfassungsreform d. BT, Zur Sache 3/76, S. 132; s.a. *Lucke*, Strafprozessuale Schutzrechte und parlamentarische Aufklärung in Untersuchungsausschüssen mit strafrechtlich relevantem Verfahrensgegenstand, 2009, S. 71 f. m.w.N.
17 *Wiefelspütz*, Das Untersuchungsausschussgesetz, 2003, S. 197; *ders.*, NWVBl. 2003, 409 (412).
18 *Vetter*, ZParl 24 (1993), 211 (227).

keit ein aus politischer Sicht notwendiges Interesse für das Untersuchungsverfahren zu wecken und aufrecht zu erhalten.[19]

6 Dem entspricht auch die gängige **Rollenverteilung** im Untersuchungsverfahren: Während die Mitglieder der die Regierung tragenden Fraktionen regelmäßig naturgemäß als »**Schutztruppe der Regierung**«[20] agieren, gerieren sich die Mitglieder der Oppositionsfraktionen nicht selten als »**Chefankläger**«.[21] Es mag dabei zwar verfassungspolitisch ganz interessant sein, dass die Mitglieder der regierungstragenden Fraktionen durch die parlamentarische Untersuchung im Grundsatz »in die alte parlamentarische Kontrollfunktion zurückgezwungen« werden;[22] ihre Zuordnung und (öffentliche) Rolle bleibt aber letztlich auch im Verfahren der Untersuchung klar.

7 Es nimmt daher auch nicht Wunder, dass die enge Zusammenarbeit zwischen den die Regierung tragenden Mitgliedern des Ausschusses und der Regierung selbst während der Untersuchung nicht selten offenbar wird und Grund zu (politischen) Angriffen oder doch zumindest Diskussionen bietet. Wer »in einem Boot« mit der Regierung bzw. mit denjenigen, gegen die sich die Untersuchung richtet, sitzt und daher die »Verteidigung« zu organisieren hat, wird ebenso die Abstimmung suchen wie derjenige, der sich in der Anklägerrolle befindet. Da kommt es schon mal zu **informatorischen Treffen mit Zeugen** oder sonstigen »**Strategietreffen**«.[23] Mitunter werden gar regelrechte »**Drehbücher**« für Zeugenbefragungen und »**Strategiepapiere**« (auch von Mitarbeitern der Regierung) verfasst.[24] Man mag diese Mechanismen bemängeln; bei realistischer Betrachtung sind sie dem parlamentarischen Untersuchungsverfahren aber immanent und bis zu einem gewissen Grad daher auch hinzunehmen und rechtlich nicht zu beanstanden.[25]

8 Auch der **Vorsitzende** des Untersuchungsausschusses schließlich ist nicht ein neutraler Dritter, sondern einem der beiden o.g. Lager zugeordnet, da auch er – ungeachtet seiner hervorgehobenen Stellung und besonderer Pflichten, die

---

19 *Lucke*, Strafprozessuale Schutzrechte und parlamentarische Aufklärung in Untersuchungsausschüssen mit strafrechtlich relevantem Verfahrensgegenstand, 2009, S. 71.
20 *Linck*, ZParl 3 (1972), 470 (472).
21 S.a. pointiert *Jekewitz*, RuP 2000, 215 (216): »(...) deswegen sehen sich Untersuchungsausschussmitglieder (...) gerne in der Rolle des Großinquisitors« bzw. sie agierten als »eine Vielzahl von kleinen Inquisitoren«.
22 *Menzel*, in: Löwer/Tettinger, Art. 41 Rn. 8.
23 Vgl. dazu *Bachmaier*, RuP 2000, 197 (199); *Seidel*, BayVBl. 2002, 97 (105); *Wiefelspütz*, Das Untersuchungsausschussgesetz, 2003, S. 198; *Weisgerber*, Das Beweiserhebungsverfahren parlamentarischer Untersuchungsausschüsse des Deutschen Bundestages, 2003, S. 378 f.
24 Vgl. exemplarisch LT-Drucks. NRW 11/7205, S. 150 ff., 206 ff. u. 211 ff.
25 A.A. *Seidel*, BayVBl. 2002, 97 (105); *Wiefelspütz*, Das Untersuchungsausschussgesetz, 2003, S. 198.

ihm zum Schutze eines Zeugen auferlegt sind –[26] in die politischen Strukturen des Verfahrens eingebunden ist.[27] Es ist daher durchaus zutreffend, dass letztlich »Richter und Schiedsrichter (...) nur die Öffentlichkeit«[28] ist.

4. Prinzip der gegenseitigen Rücksichtnahme und Kooperation

Das **Verhältnis zwischen Untersuchungsausschuss und Regierung** ist wie schon das Verhältnis zwischen Parlament in toto und Regierung durch das **Prinzip der gegenseitigen Rücksichtnahme und Kooperation** bei der Erfüllung der verfassungsmäßigen Aufgaben bestimmt.[29] Für Parlament und Regierung folgt aus diesem Grundsatz die verfassungsmäßige Verpflichtung, bei Meinungsverschiedenheiten im Einzelfall zu versuchen, eine **Einigung** herbeizuführen.[30]

Dies betrifft insbesondere die im **Gewaltenteilungsgrundsatz** selbst angelegten Konflikte zwischen **effektiver parlamentarischer Kontrolle** auf der einen und dem **Grundsatz der Funktionentrennung** auf der anderen Seite. Beide Prinzipien wurzeln gleichermaßen im Gewaltenteilungsgrundsatz, wobei ersterer gleichsam die Kehrseite des Letzteren darstellt.[31] Im Verfahren sind dabei wie schon bei der Einsetzung des Untersuchungsausschusses die grundsätzliche Begrenzung der Untersuchung auf bereits abgeschlossene, »**verantwortungsreife**« Vorgänge[32] sowie der »**Kernbereich exekutiver Eigenverantwortung**« (Arkanbereich)[33] zu beachten. Parlamentarische Untersuchungsausschüsse dürfen nicht zu einer entscheidungsbegleitenden Kontrolle der Exekutive führen, da dies als »Mitregieren«[34] oder zumindest doch »Hineinregieren«[35] einen unzulässigen **Kompetenzübergriff** in den inneren Bereich eines anderen Verfassungsorgans bedeuten würde.[36] Damit begrenzt die Kernbereichslehre zwar einerseits die parlamentarische Kontrolle, ermöglicht sie aber andererseits auch erst: Weil die Regierung nur für »ihre« Ent-

---

26 S.u. § 13 Rdn. 6.
27 *Jekewitz*, RuP 2000, 215 (216); *Richter*, Fs. Lüderssen (2002), S. 741 ff.; *Wiefelspütz*, Das Untersuchungsausschussgesetz, 2003, S. 199; *Lucke*, Strafprozessuale Schutzrechte und parlamentarische Aufklärung in Untersuchungsausschüssen mit strafrechtlich relevantem Verfahrensgegenstand, 2009, S. 71 f.; s.a. u. § 13 Rdn. 1 ff.
28 *Linck*, in: ders./Jutzi/Hopfe, Art. 64 Rn. 2.
29 HbgVerfG, NVwZ 1996, 1201 (1205); *Achterberg/Schulte*, in: v. Mangoldt/Klein/ Starck II, Art. 44 Rn. 54.
30 HbgVerfG, NVwZ 1996, 1201 (1205).
31 *Partsch*, AöR 83 (1958), 459 (461).
32 S.o. § 5 Rdn. 34 ff. sowie u. Rdn. 16 f.
33 S.o. § 5 Rdn. 48 ff.
34 BVerfGE 124, 78 (120); BadWürttStGH, NVwZ-RR 2008, 4 (7).
35 VerfGH Sachs., LKV 2008, 507 (510).
36 BVerfGE 67, 100 (130); BadWürttStGH, NVwZ-RR 2008, 4 (5); *Brocker*, in: Epping/Hillgruber, Art. 44 Rn. 11.

scheidungen verantwortlich gemacht werden kann, muss ihr auch ein Bereich selbständiger Entscheidungsgewalt zustehen.[37] Das Prinzip der gegenseitigen Rücksichtnahme und Kooperation kommt aber vor allem auch dann zum Tragen, wenn es um das »**Ob**« und »**Wie**« bzw. das »**Wieviel« der Aktenvorlage oder einer Aussagegenehmigung** geht.[38] Dabei ist allerdings der Untersuchungsausschuss grundsätzlich nicht verpflichtet, bereits von Anfang an eine Beschränkung auf bestimmte Aktenteile vorzunehmen oder sich gar zunächst anderer Beweismittel zu bedienen,[39] in jedem Fall muss eine entsprechende **Abwägung im Einzelfall** vorgenommen und versucht werden, eine **Einigung** herbeizuführen.

11 Dabei trifft die Regierung für den Fall, dass sie einem Aktenanforderungs- oder Antrag auf Erteilung einer Aussagegenehmigung des Untersuchungsausschusses (teilweise) nicht nachkommen will, eine besondere **Begründungs- und Darlegungspflicht** für ihre Verweigerung.[40] Reicht bei nicht abgeschlossenen Vorgängen der bloße Hinweis auf den Vorbehalt des Kernbereichs exekutiver Eigenverantwortung noch regelmäßig aus,[41] so genügt im Falle abgeschlossener Vorgänge der pauschale Hinweis, der interne Bereich der Willensbildung sei betroffen, nicht mehr.[42] Es sind vielmehr die konkreten Umstände darzulegen, um zwischen den gegenläufigen Belangen abwägen zu können, wobei der Arkanbereich umso eher geschützt ist, je näher er der gubernativen Entscheidung steht, während umgekehrt dem parlamentarischen Informationsinteresse ein besonders hohes Gewicht zukommt, wenn es um die Aufdeckung möglicher Rechtsverstöße und vergleichbarer Missstände innerhalb der Regierung geht.[43] Dadurch werden die materiellen Kriterien zur Ermittlung der Reichweite der parlamentarischen Informationsrechte **verfahrensmäßig abgesichert**.[44] Es gibt insoweit **keine »abwägungsresistente Sphäre«** gegenüber einem parlamentarischen Untersuchungsausschuss.[45]

12 Nicht anders verhält es sich im Falle der Verweigerung oder Beschränkung einer Aussagegenehmigung, etwa unter Hinweis auf das **Staatswohl** oder **zum Schutz der Grundrechte Dritter**; hier trifft die Regierung die gleiche

37 BadWürttStGH, NVwZ-RR 2008, 4 (5).
38 HbgVerfG, NVwZ 1996, 1201 (1205).
39 BVerfGE 67, 100 (128 ff.); BVerwG, DÖV 1999, 1045 (1047); OVG RhPf., AS 20, 228 (236 f.) = NVwZ 1986, 575 (576).
40 BVerfGE 124, 78 (120 ff.); *Brocker*, in: Epping/Hillgruber (BeckOK-GG, Edition 8 [Stand: 1.10.2010]), Art. 44 Rn. 12 u. 12.1; *Kazele*,VerwArch. 101 (2010), 469 (470 ff.).
41 BVerfGE 124, 78 (120 f.).
42 BVerfGE 124, 78 (120 ff.).
43 BVerfGE 124, 78 (123); s.a. SächsVerfGH, LKV 2008, 507.
44 *Kazele*, VerwArch. 101 (2010), 469 (475).
45 A.A. *Hecker*, DVBl. 2009, 1239 (1241).

besondere **Begründungs- und Darlegungspflicht** für eine Verweigerung.[46] Ohne diese Pflicht zur substantiierten Begründung für eine (teilweise) ablehnende Entscheidung der Regierung, die für die (verfassungs)gerichtliche Kontrollmöglichkeit unentbehrlich ist, stünde der Umfang der parlamentarischen Kontrolle systemwidrig weitgehend zur Disposition der Exekutive.[47] Das gilt ausdrücklich auch für den Fall, dass das Untersuchungsrecht und damit die parlamentarische Kontrolle dadurch verkürzt werden, dass die Regierung die Vorgabe macht, dass eine Aussage **nur in nicht öffentlicher oder vertraulicher Sitzung** gemacht werden dürfe oder übermittelte **Akten als »vertraulich« deklariert** und gekennzeichnet werden,[48] denn der in Art. 44 Abs. 1 S. 1 GG verankerte Öffentlichkeitsgrundsatz ist gerade für das parlamentarische Untersuchungsverfahren von zentraler Bedeutung.[49] Auch hier gilt das **Gebot zur Abwägung und des Versuchs der Einigung**. Bis zur – im Zweifel (verfassungs)gerichtlichen – Klärung der Frage allerdings, ob die begehrten Informationen durch die Regierung (uneingeschränkt) freizugeben sind, hat der Untersuchungsausschuss die Entscheidung und die Vorgaben der Regierung zur Geheimhaltung zu beachten und darf sich über diese nicht einseitig hinwegsetzen.[50]

5. Parallelität von Untersuchungsausschuss- und Gerichts- bzw. Ermittlungsverfahren

Eine besondere **Einigungs- bzw. Abstimmungsverpflichtung** besteht auch 13 zwischen Untersuchungsausschuss und **Gerichten bzw. Staatsanwaltschaften**. Eine parlamentarische Untersuchung wird nämlich nicht etwa dadurch ausgeschlossen, dass der Untersuchungsgegenstand parallel in einem gerichtlichen oder in einem staatsanwaltschaftlichen Ermittlungsverfahren behandelt wird. Bei der parlamentarischen Untersuchung und dem Gerichts- bzw. Ermittlungsverfahren handelt es sich um zwei wesensmäßig verschiedene staatliche Funktionen, von denen nicht eine per se den Vorrang gegenüber der anderen beanspruchen kann,[51] weshalb der **Grundsatz der Parallelität von Untersuchungsausschuss- und Gerichts- bzw. Ermittlungsverfahren** gilt.[52]

---

46 BVerfGE 124, 78 (122 ff.).
47 BVerfGE 124, 78 (129).
48 BVerfGE 124, 78 (124 f.).
49 S.u. § 10 Rdn. 1 ff.
50 *Hecker*, DVBl. 2009, 1239 (1240).
51 OLG Köln, NJW 1985, 336 f.; OLG Stuttgart, NJW 1996, 1908 f.; *Achterberg/Schulte*, in: v. Mangoldt/Klein/Starck II, Art. 44 Rn. 17 ff.; *Schleich*, Das parlamentarische Untersuchungsrecht des Bundestages, 1985, S. 65.
52 OLG Köln, NJW 1985, 336 f.; *Achterberg/Schulte*, in: v. Mangoldt/Klein/Starck II, Art. 44 Rn. 17 ff.; *Groß*, DVBl. 1971, 638 (641); *Lucke*, Strafprozessuale Schutz-

14 Als Ausfluss der besonderen Einigungs- und Abstimmungspflicht hat der Untersuchungsausschuss allerdings dafür Sorge zu tragen, dass die Tätigkeit der Rechtspflegeorgane nicht über Gebühr beeinträchtigt wird. Insbesondere **Beeinträchtigungen und Störungen** eines Strafverfahrens sind **auf das nicht vermeidbare Maß zu reduzieren**.[53] Dieses **Rücksichtnahmegebot** ist eine Rechtspflicht, nicht eine bloße, als solche nicht justiziable Selbstbeschränkung des Parlaments.[54] Es kann im Einzelfall dazu führen, dass angesichts einer möglichen Gefährdung des Ermittlungsverfahrens Verzögerungen oder Einschränkungen bei der Hinzuziehung von **Ermittlungsakten** in laufenden Verfahren seitens des Untersuchungsausschusses in Kauf genommen werden müssen, wenn nur so der Ermittlungszweck gesichert werden kann.[55] Notfalls (als ultima ratio) ist ein laufendes Untersuchungsverfahren durch Beschluss des Plenums und auf Anregung des Untersuchungsausschusses sogar auszusetzen.[56] Ob notfalls das Untersuchungsverfahren oder das Gerichtsverfahren im Kollisionsfalle auszusetzen ist, ist durch sorgfältige Abwägung zu ermitteln.[57] Eine generelle Vermutung für den Vorrang eines der beiden »Parallelverfahren« gibt es jedenfalls nicht.

6. Umfang des Untersuchungsauftrags

15 Da der Ausschuss nicht originär selbst, sondern das Plenum der Träger des Untersuchungsrechts ist,[58] muss die verfahrensmäßige **Ausübung der Befugnisse** durch den Untersuchungsausschuss **stets in sachlichem Zusammenhang mit dem Kontrollauftrag**, wie er im Einsetzungsbeschluss formuliert ist, stehen und darf dessen Grenzen nicht überschreiten.[59] Der Einsetzungsbeschluss bildet den Rahmen, innerhalb dessen der Untersuchungsausschuss eigenverantwortlich[60] agiert.[61]

rechte und parlamentarische Aufklärung in Untersuchungsausschüssen mit strafrechtlich relevantem Verfahrensgegenstand, 2009, S. 126 ff.
53 OLG Köln, NJW 1985, 336 f.; OLG Stuttgart, NJW 1996, 1908; *Achterberg/Schulte*, in: v. Mangoldt/Klein/Starck II, Art. 44 Rn. 19; *Vetter*, ZParl 20 (1989), 345 (350).
54 A.A. *Groß*, DVBl. 1971, 638 (641).
55 *G.A. Wolf*, Parlamentarischer Untersuchungsausschuss und Strafjustiz, 2005, S. 82 ff. m.w.N.
56 Vgl. etwa § 27 Abs. 1 UAG RhPf.
57 *H.-P. Schneider*, AK-GG, Art. 44 Rn. 10; *Lucke*, Strafprozessuale Schutzrechte und parlamentarische Aufklärung in Untersuchungsausschüssen mit strafrechtlich relevantem Verfahrensgegenstand, 2009, S. 142 f. m.w.N.
58 S.o. § 1 Rdn. 1.
59 BVerfGE 124, 78 (119); OVG RhPf., AS 20, 228 (236); VerfGH Sachs., LKV 2008, 507 (508).
60 *Kretschmer*, in: Schmidt-Bleibtreu/Hofmann/Hopfauf, Art. 44 Rn. 3.
61 *Brocker*, in: Epping/Hillgruber, Art. 44 Rn. 27.

Ein solcher sachlicher Zusammenhang kann auch dann vorliegen, wenn die 16
Untersuchung nicht ausnahmslos mit Ex-post-Betrachtung durchgeführt
wird. Solange nicht die Grenze erreicht ist, dass man bereits von einer
unzulässigen entscheidungsbegleitenden Kontrolle der Exekutive sprechen
müsste,[62] ist es nicht erforderlich, im Verfahren als **zeitliche Zäsur** zwingend
auf den Tag des letzten vom Plenum beschlossenen Einsetzungsantrags
abzustellen.[63] In der Regel werden nämlich solche Sachverhalte, die in einem
inneren sachlogischen Zusammenhang mit dem Untersuchungsgegenstand stehen, durch den Untersuchungsauftrag zumindest stillschweigend
vorausgesetzt und sind daher auch vom ihm umfasst.[64] Die Befugnisse des
Untersuchungsausschusses können sich daher grundsätzlich auch auf **Vorgänge** erstrecken, die **zeitlich nach dem Einsetzungsbeschluss** des Plenums
liegen sowie auch auf **Unterlagen, die erst später entstanden** sind.[65]

Aber auch darüber hinaus wird dem Untersuchungsausschuss in gewissem 17
Umfang eine **Annexkompetenz** im Verfahren zuzusprechen sein, was die
unmittelbaren äußeren Umstände seines eigenen Verfahrens anbelangt.
Dies gilt namentlich etwa hinsichtlich der Frage, ob der Ausschuss bei der
Ausübung seiner Befugnisse behindert und dadurch das Ergebnis der Untersuchung ggf. beeinflusst wurde oder wird, soweit hierfür hinreichende
Anhaltspunkte vorliegen.[66]

II. Organisation und Verfahren

1. Ausstattung/Sekretariat des Ausschusses

Der Untersuchungsausschuss wird, wie die Fachausschüsse des Parlaments 18
auch, durch ein eigenes **Sekretariat** unterstützt.[67] Diesem obliegt es vor
allem, für den reibungslosen Ablauf der Sitzungen zu sorgen.[68] Das Sekretariat wird selbst nicht investigativ oder gar politisch tätig, sondern gewährleistet allein die technisch-organisatorischen Voraussetzungen des Untersuchungsverfahrens.[69] Während das Sekretariat im Deutschen Bundestag
aus einem Beamten des höheren Dienstes als Leiter und weiteren wissen-

---

62 S.o. Rdn. 10 ff.
63 A.A. *Meyer-Bohl*, Die Grenzen der Pflicht zur Aktenvorlage und Aussage vor
   parlamentarischen Untersuchungsausschüssen, 1992, S. 130 f.
64 WD, BT-Drucks. 11/7800, S. 1373.
65 *Brocker*, in: Grimm/Caesar, Art. 91 Rn. 22.
66 *Brocker*, in: Grimm/Caesar, Art. 91 Rn. 23; s.a. LT-Drucks. RhPf. 13/3555, S. 8 u.
   9 ff.; LT-Drucks. NRW 11/7205, S. 150 ff., S. 206 ff.
67 Vgl. dazu grundsätzlich *Brocker*, Die Verwaltung 35 (2002), 131 (136); *Kremer*,
   Die Verwaltung 27 (1994), 495 (500) jew. m.w.N.
68 *Brocker*, Die Verwaltung 35 (2002), 131 (136).
69 *Bräcklein*, Investigativer Parlamentarismus, 2006, S. 100.

schaftlichen Mitarbeitern sowie Sachbearbeitern und Kanzleikräften besteht, begnügen sich die Landesparlamente nicht selten mit einem Beamten des höheren Dienstes und einem Sachbearbeiter sowie einer Kanzleikraft, die daneben nicht selten noch weitere Ausschüsse betreuen. Qualität und Einsatzmöglichkeiten dieses Arbeitsstabs sind nicht ohne Bedeutung für den Erfolg einer parlamentarischen Untersuchung.[70] Auch die Rolle des Sekretariats bei der Vor- und Nachbereitung der Sitzungen und bei der Abfassung des Berichtsentwurfs und der damit verbundenen politischen Implikationen darf nicht unterschätzt werden.[71] Gerade deshalb sollte man sich nicht täuschen; auch die Art und der Umfang der Ausstattung des Sekretariats durch den Parlamentspräsidenten und seine Verwaltung kann durchaus zum Politikum werden.[72] Es müssen ferner ausreichende sächliche Mittel sowie idR auch geeignete Räumlichkeiten für die Aufbewahrung der Akten und die Einsichtnahme in diese bereitgestellt werden.

19   Als Einrichtung des gesamten Ausschusses arbeitet das Ausschusssekretariat allerdings letztlich in erster Linie dem **Vorsitzenden des Ausschusses** zu. Es berät ihn vor allem in juristischen und verfahrenstechnischen Fragen.[73] Soweit der Ausschuss als Ganzer keine Vorgaben gemacht hat, erhält das Sekretariat seine Vorgaben in praxi ganz weitgehend vom Ausschussvorsitzenden. Diese Gemengelage stellt hohe Anforderungen an die Person des **Ausschusssekretärs**, der seine Aufgabe unparteilich und im Interesse des gesamten Parlaments zu erfüllen hat.[74]

2. Fraktionsmitarbeiter

20   Der Erfolg einer parlamentarischen Untersuchung hängt aber in mindestens gleichem Maße von der Qualität und der Ausstattung der **Mitarbeiterstäbe der Fraktionen** ab. Die parlamentarische Untersuchung ist eine originär politische Aufgabe und diese zu erfüllen ist Sache der Abgeordneten und der Fraktionen, nicht der Parlamentsverwaltung (Sekretariat). Die Fraktionen benennen daher **Fraktionsmitarbeiter**, die für die Unterstützung der Mitglieder der Fraktion im Untersuchungsausschuss zuständig sind. Das Recht der Fraktionen zur Beschäftigung eigenen, politischen Fraktionspersonals ist wie das Recht der Fraktionen zur Einrichtung einer eigenen Geschäftsstelle Ausdruck des Rechts der Fraktionen als institutionalisierter Abgeordnetenbündnisse auf Selbstorganisation, das ihnen als »gebündelte Rechte« aus Art. 38

---

70 *Damkowski*, ZRP 1988, 340 (344).
71 *Bräcklein*, Investigativer Parlamentarismus, 2006, S. 100.
72 Vgl. LT-Drucks. NRW 10/5291, S. 20 u. S. 290 f.
73 *Bräcklein*, Investigativer Parlamentarismus, 2006, S. 100.
74 BadWürttStGH, DÖV 2003, 201 (204); *Brocker*, Die Verwaltung 35 (2002), 131 (133 ff.).

Abs. 1 S. 2 GG erwächst.[75] In diesem Recht hat auch die **Einrichtung spezieller Mitarbeiterstäbe** innerhalb der Fraktionen für die organisatorische, fachliche und politische Unterstützung »ihrer« Abgeordneten im Untersuchungsausschuss,[76] vor allem aber des Obmanns, seine Wurzeln.

Ihrer Bedeutung bei der Unterstützung der Mitglieder des Untersuchungsausschusses entsprechend statuieren die Untersuchungsausschussgesetze einiger Länder **spezielle Rechte** der Fraktionsmitarbeiter, etwa was die **Anwesenheit bei nicht öffentlichen Sitzungen** der Untersuchungsausschüsse anbelangt.[77] Dies ist sinnvoll und von nicht zu unterschätzender Bedeutung für die praktische Arbeit. Aber auch ohne spezielle gesetzliche Regelungen nehmen die Fraktionsmitarbeiter idR vor allem das Recht für die Ausschussmitglieder wahr, **Einsichtnahme** in die Akten des Untersuchungsausschusses zu nehmen, von diesen **Kopien** fertigen zu lassen und auf dieser Grundlage die Untersuchung, insbesondere die **Beweiserhebungen, vorzubereiten** und zu begleiten. Auch ihre Rolle bei der Abfassung des **Abschlussberichts** des Untersuchungsausschusses, bei dem ihnen regelmäßig die Fertigung des Entwurfs für den wertenden Teil obliegt,[78] darf nicht unterschätzt werden. Das schließt es allerdings nicht aus, dass zur Sicherung des Untersuchungszwecks notfalls Fraktionsmitarbeiter (teilweise) von den Sitzungen ausgeschlossen werden können, etwa weil sie selbst noch als Zeugen vernommen werden sollen.[79]

21

3. Protokolle und Akten des Ausschusses

Über die Sitzungen der Untersuchungsausschüsse wird ein **Protokoll** gefertigt (§ 11 Abs. 1 PUAG); **Beweiserhebungen** werden **wörtlich protokolliert** (§ 11 Abs. 2 S. 1 PUAG).[80] Die Protokolle sind von elementarer Wichtigkeit für die Arbeit des Ausschusses,[81] und sie werden konsequent gegen unbefugten Gebrauch abgeschirmt, um die Effektivität der Untersuchung nicht zu beeinträchtigen.

22

Es existiert daher in Bund und Ländern ein – mehr oder weniger – restriktives Verfahren der **Verteilung** und **Einsichtnahme** in die Protokolle. Die Einsichtnahme durch Dritte richtet sich **im Bund** mangels einer Spezialregelung im PUAG nach **§ 73 Abs. 2 u. 3 GO BT**. Zahlreiche **Länder** haben – davon z. T. abweichende – Spezialregelungen getroffen. Während in Rhein-

23

---

75 *Brocker*, BK, Art. 40 Rn. 191 m.w.N.
76 *Bräcklein*, Investigativer Parlamentarismus, 2006, S. 100 f.
77 S.u. § 10 Rdn. 15 f.
78 *Bräcklein*, Investigativer Parlamentarismus, 2006, S. 100.
79 BVerfGE 93, 195 (205 ff.).
80 Vgl. zur Praxis anschaulich *Augustin*, Neue Stenografische Praxis 2008, 97 ff. sowie speziell zu den Landesparlamenten A. *Vogel*, Neue Stenografische Praxis 2008, 104 ff.
81 *Gollwitzer*, Fs. Dünnebier (1982), S. 334.

land-Pfalz etwa sogar einem Zeugen gem. § 12 Abs. 4 iVm § 24 Abs. 2 UAG RhPf. nur auf Antrag und lediglich in den Räumen des Landtags Einsicht in die Niederschrift seiner Vernehmung gewährt wird, wird im Bund dem einzelnen Zeugen gem. § 26 Abs. 1 PUAG das Protokoll über seine Vernehmung automatisch zugestellt. Letzteres ist gewiss, insbesondere im Hinblick auf die Belange der in Anspruch genommenen Auskunftsperson, die sinnvollere Lösung, aber der Phantasie des Gesetzgebers und auch dem Variantenreichtum der Praxis sind kaum Grenzen gesetzt. Zum Teil wird sogar das Einsichtsrecht der Regierung und nachgeordneter Stellen, insbesondere der Staatsanwaltschaften, reglementiert,[82] obschon einer Übermittlung von Protokollen oder Aktenteilen an die Ermittlungsbehörden, auch wenn die darin enthaltenen Informationen der strafgerichtlichen Verurteilung eines Betroffenen zugrunde gelegt werden sollen, grundsätzlich keine rechtlichen Hindernisse entgegenstehen.[83] Im Ergebnis sind deshalb insoweit die Regelungen des jeweiligen Parlaments und die jeweilige Praxis differenziert zu betrachten:

- Baden-Württemberg: § 12 Abs. 3 UAG BadWürtt.
- Bayern: Art. 10 UAG Bay.
- Berlin: § 9 Abs. 2 UAG Berl.
- Brandenburg: § 14 Abs. 3 UAG Brandb.
- Bremen: § 8 Abs. 3 UAG Brem.
- Hamburg: § 13 iVm § 30 Abs. 3 UAG Hbg.
- Hessen: § 10 Abs. 3 IPA-Regeln
- Mecklenburg-Vorpommern: § 14 iVm § 30 Abs. 1 UAG MV
- Niedersachsen: § 10 Abs. 3 IPA-Regeln
- Nordrhein-Westfalen: § 12 Abs. 3 UAG NRW
- Rheinland-Pfalz: § 12 Abs. 4 iVm § 24 Abs. 2, 4 UAG RhPf.
- Saarland: § 46 Abs. 3 LTG Saarl.
- Sachsen: § 12 Abs. 3 UAG Sachs.
- Sachsen-Anhalt: § 14 Abs. 4 iVm § 21 Abs. 1 UAG SachsA
- Schleswig-Holstein: § 22 Abs. 4 iVm § 26 Abs. 2, 3 UAG SchlH
- Thüringen: § 12 Abs. 4 iVm § 24 Abs. 2, 4 UAG Thür.

24 Entsprechendes gilt grundsätzlich auch für die **Akten** eines Untersuchungsausschusses, insbesondere für die von diesem beigezogenen Akten der Regierung oder Dritter. Auch über diese erlangt der Untersuchungsausschuss Herrschaftsgewalt, und er ist für den Umgang mit diesen Akten verantwortlich. Insoweit kann auf das oben Gesagte verwiesen werden.

---

82 Vgl. z. B. für RhPf. *Brocker*, in: Grimm/Caesar, Art. 91 Rn. 57; *ders.*, LKRZ 2007, 414 (416).

83 *Lucke*, Strafprozessuale Schutzrechte und parlamentarische Aufklärung in Untersuchungsausschüssen mit strafrechtlich relevantem Verfahrensgegenstand, 2009, S. 148 ff. m.w.N.

Wenn und soweit ein Anspruch auf Protokoll- bzw. Akteneinsicht allerdings **nicht spezialgesetzlich begründet** ist, **scheidet ein entsprechender Anspruch** im parlamentarischen Untersuchungsverfahren **aus**; namentlich kommt auch nicht etwa hilfsweise § 29 VwVfG als Anspruchsgrundlage in Betracht, da es sich beim parlamentarischen Untersuchungsverfahren in toto (anders als ggf. bei einzelnen Verfahrenshandlungen) nicht um ein Verwaltungsverfahren handelt.[84] 25

4. Sitzungsvorbereitung und Einberufung

Die **Vorbereitung** der Sitzungen und deren **Einberufung** obliegt dem Vorsitzenden. Er wird dabei durch das Sekretariat des Ausschusses unterstützt.[85] Dabei ist der Vorsitzende ganz weitgehend an die Vorgaben des Untersuchungsausschusses, insbesondere an den vom diesem beschlossen Zeitplan, gebunden (§ 8 PUAG). Je genauer der Ausschuss mithin Zeitplan und Beratungsgegenstände bestimmt, umso weniger »Leine« hat der Vorsitzende. Dies entspricht im Übrigen allgemeinen parlamentarischen Grundsätzen.[86] 26

Allerdings ist es auch insoweit nicht allein die Ausschussmehrheit und erst recht nicht der Vorsitzende, die das Verfahren bestimmen. Die Untersuchungsausschussgesetze des Bundes und der Länder sehen vielmehr teilweise spezielle Regelungen dafür vor, dass und unter welchen Voraussetzungen eine qualifizierte Zahl von Ausschussmitglieder (im Bund: ein Viertel) die Einberufung einer **Sondersitzung** außerhalb des Zeitplans des Ausschusses unter Angabe der Tagesordnung verlangen kann (**Sitzungserzwingungsrecht**). Im Einzelnen: 27
- Bund: § 8 Abs. 2, 3 PUAG
- Baden-Württemberg: § 6a UAG BadWürtt.
- Brandenburg: § 9 Abs. 1 UAG Brandb.
- Hamburg: § 10 Abs. 1 UAG Hbg.
- Mecklenburg-Vorpommern: § 10 Abs. 2 UAG MV
- Nordrhein-Westfalen: § 7 Abs. 1 UAG NRW
- Sachsen: § 6a UAG Sachs.
- Sachsen-Anhalt: § 8 UAG SachsA
- Schleswig-Holstein: § 8 Abs. 1 UAG SchlH

Aus Ermangelung einer spezialgesetzlichen Regelung dürfte in den anderen Ländern auf die entsprechenden Regelungen über die Fachausschüsse in der Geschäftsordnung zurückzugreifen sein.

---

[84] OVG NRW, DVBl. 1998, 1357; s.a. zur Hoheit des Parlaments über seine Akten allg. *Brocker*, in: Grimm/Caesar, Art. 90 a Rn. 21 m.w.N.
[85] S.o. Rdn. 18 f.
[86] *Graf v. Westphalen*, Parlamentslehre, 1993, S. 230.

Hieraus folgt jedoch keinesfalls gleichzeitig das Recht, dass in dieser Sitzung auch diejenigen Beweise erhoben, insbesondere diejenigen Zeugen vernommen werden, die die Minderheit für diese Sitzung für geboten erachtet.[87] Das aus § 8 PUAG resultierende Minderheitsrecht umfasst nur die Einberufung zu einer Sitzung, beinhaltet aber nicht die Verpflichtung des Ausschusses, diese Sitzung auf der Grundlage der von den Antragstellern benannten Tagesordnungspunkte durchzuführen, vor allem nicht die für diesen Termin beantragten Beweise zu erheben.[88] Das Sitzungserzwingungsrecht hebelt die Verfahrensherrschaft der Mehrheit gerade **nicht substantiell** aus. Für die »**Findung**« **des Termins** gelten im übrigen auch im parlamentarischen Untersuchungsverfahren die allgemeinen parlamentarischen Regeln. Danach sind bei der Entscheidung insbesondere, neben anderen Aspekten wie etwa ablehnenden Stellungnahmen mehrerer oder großer Fraktionen und Fragen der praktischen Durchführbarkeit, die terminlichen Ziele zur Erledigung des Untersuchungsauftrags und die Natur des Minderheitenrechts, die Stellungnahmen der anderen Fraktionen und die Gegebenheiten des Einzelfalls, z.B. der Verlauf der Untersuchung und der noch vorhandene Zeitrahmen, relevant.[89]

5. Beschlussfähigkeit

28 Der Ausschuss ist beschlussfähig, wenn **mehr als die Hälfte seiner Mitglieder** anwesend ist. Diese Regelung besteht so sowohl im Bund (§ 9 Abs. 1 S. 1 PUAG) als auch in den Ländern. Allerdings gilt der Ausschuss im **Bund** und in der überwiegenden Zahl der Landesparlamente so lange als beschlussfähig, wie nicht auf Antrag die Beschlussunfähigkeit festgestellt wird (§ 9 Abs. 1 S. 2 PUAG). Ist die Beschlussunfähigkeit jedoch festgestellt, so wird die Sitzung sofort auf bestimmte Zeit unterbrochen; ist der Ausschuss nach Ablauf dieser Frist immer noch nicht beschlussfähig, so ist unverzüglich eine neue Sitzung anzuberaumen. In dieser ist der Ausschuss auch dann beschlussfähig, wenn nicht die Mehrheit seiner Mitglieder anwesend ist, worauf in der Einladung ausdrücklich hinzuweisen ist (§ 9 Abs. 2 PUAG).

29 Das Verfahren in den **Ländern** ist hiervon nur in wenigen Fällen bzw. allenfalls in Nuancen abweichend geregelt. Im Einzelnen:
 – Baden-Württemberg: § 7 UAG BadWürtt.
 – Bayern: Art. 6 UAG Bay.
 – Berlin: § 5 UAG Berl.
 – Brandenburg: § 9 UAG Brandb.
 – Bremen: § 6 UAG Brem.

---

87 Vgl. BT-Drucks. 16/14000, S. 30 ff.; s.u. § 27 Rdn. 26.
88 BT-Drucks. 16/14000, S. 32.
89 BT-Drucks. 16/14000, S. 33.

- Hamburg: § 10 Abs. 2 UAG Hbg.
- Hessen: § 6 IPA-Regeln
- Mecklenburg-Vorpommern: § 11 UAG MV
- Niedersachsen: § 6 IPA-Regeln
- Nordrhein-Westfalen: § 7 UAG NRW
- Rheinland-Pfalz: § 8 UAG RhPf.
- Saarland: § 43 LTG Saarl.
- Sachsen: § 7 UAG Sachs.
- Sachsen-Anhalt: § 8 UAG SachsA
- Schleswig-Holstein: § 8 UAG SchlH
- Thüringen: § 8 UAG Thür.

6. *Einsetzung von Unterausschüssen*

Zur Durchführung einer **vorbereitenden oder unterstützenden Untersuchung** kann der Untersuchungsausschuss einen **Unterausschuss** einrichten. Man unterscheidet danach zwischen Unterausschüssen, deren Aufgabe es ist, den Untersuchungsstoff zu gliedern und das erforderliche Beweismaterial zu beschaffen sowie ggf. Zeugen informatorisch zu hören (vorbereitende Unterausschüsse)[90], und solchen, die mit der Erhebung einzelner Beweise beauftragt werden (Unterausschuss zur Beweisaufnahme).[91]

Voraussetzung für die Einsetzung eines Unterausschusses ist allerdings stets, dass die **spezialgesetzlichen Regelungen** dies so vorsehen, da der Untersuchungsausschuss auf diesem Wege zumindest einen Teil seiner originären Befugnisse delegiert. Im **Deutschen Bundestag** etwa dürfte diese Möglichkeit daher dadurch **entfallen** sein, dass mit der Einführung der Institution des **Ermittlungsbeauftragten** in § 10 PUAG[92] die vorbereitende Untersuchung durch einen Unterausschuss, wie sie noch § 7 IPA-Regeln vorsah, ersetzt wurde.[93]

Die Einrichtung von vorbereitenden **Unterausschüssen in den Landesparlamenten**, teilweise auch solchen zur Beweisaufnahme, sehen vor:
- Baden-Württemberg: § 13 Abs. 4 UAG BadWürtt.
- Bayern: Art. 7 f. UAG Bay.
- Berlin: § 6 UAG Berl.
- Brandenburg: § 10 UAG Brandb.
- Bremen: *entfällt*

---

90 *Achterberg/Schulte*, in: v. Mangoldt/Klein/Starck II, Art. 44 Rn. 105; *Damkowski*, in: ders., Der parlamentarische Untersuchungsausschuss, 1987, S. 54.
91 Krit. hierzu *Partsch*, Verh. d. 45. DJT (1964), S. 73.
92 S.u. Rdn. 34 f.
93 *Kretschmer*, in: Schmidt-Bleibtreu/Hofmann/Hopfauf, Art. 44 Rn. 20; *Brocker*, in: Epping/Hillgruber, Art. 44 Rn. 38.1; a.A. *Umbach*, in: ders./Clemens, GG, Art. 44 Rn. 89 unter Hinw. auf die Parlamentsautonomie.

- Hamburg: § 14 UAG Hbg.
- Hessen: § 7 IPA-Regeln
- Mecklenburg-Vorpommern: § 12 f. UAG MV
- Niedersachsen: § 7 IPA-Regeln
- Nordrhein-Westfalen: § 8 UAG NRW
- Rheinland-Pfalz: § 9 UAG RhPf.
- Saarland: § 44 LTG Saarl.
- Sachsen: § 13 Abs. 4 UAG Sachs.
- Sachsen-Anhalt: § 10 UAG SachsA
- Schleswig-Holstein: § 9 UAG SchlH
- Thüringen: § 9 UAG Thür.

33 Die Möglichkeit zur Einrichtung eines Unterausschusses ist damit neben dem Deutschen Bundestag[94] lediglich **in Bremen nicht gegeben**. Den meisten der genannten Regelungen ist demgegenüber gemeinsam, dass die Einrichtung eines Unterausschusses durch **einfachen Mehrheitsbeschluss** möglich ist. Eines einstimmigen Beschlusses des Untersuchungsausschusses bedarf es lediglich in Mecklenburg-Vorpommern, Nordrhein-Westfalen, Rheinland-Pfalz und Thüringen; in Schleswig-Holstein ist eine 2/3-Mehrheit erforderlich. Der Vorsitzende des Untersuchungsausschusses führt in Mecklenburg-Vorpommern, Rheinland-Pfalz, Schleswig-Holstein und Thüringen qua Gesetzes automatisch auch im Unterausschuss den **Vorsitz**.

7. Der Ermittlungsbeauftragte

34 Was vorbereitende bzw. auch unterstützende Untersuchungen anbelangt, geht der **Deutsche Bundestag** nunmehr einen anderen Weg: Mit § 10 PUAG hat die Figur des **Ermittlungsbeauftragten** Eingang in das verfahrensmäßige Instrumentarium der Untersuchungsausschüsse des Deutschen Bundestags gefunden.[95] Dieser soll die Untersuchung unterstützen, ja sogar Zeugen – zumindest informatorisch – vernehmen können. Verbunden damit ist die Hoffnung, auf diesem Wege dem Untersuchungsausschuss zu ermöglichen, sich auf die eigentlichen Kernfragen zu konzentrieren und eine sachorientierte Aufklärungsarbeit zu befördern.[96]

35 Eine vergleichbare Regelung existiert **in keinem Bundesland**. Die praktischen Erfahrungen mit diesem Institut sind darüber hinaus bislang auch im Bund eher dürftig,[97] und das komplizierte Verfahren der Bestimmung der

---

94 S.o. Rdn. 31.
95 Vgl. dazu grundlegend *Rathje*, Der Ermittlungsbeauftragte des parlamentarischen Untersuchungsausschusses, 2004, S. 123 ff.; *Hoppe*, ZParl 39 (2008), 477 ff.
96 BT-Drucks. 14/5790, S. 15; *Bachmaier*, NJW 2002, 348 f.; *Rogall*, Gs. Meurer (2002), S. 458; s.a. *Morlok*, RuP 2000, 208 (212) sowie zum österreichischen Recht *Edtstadler*, in: Bußjäger (Hrsg.), Beiträge zum Länderparlamentarismus, 2007, S. 87.
97 Vgl. allerdings den Bericht von *Hoppe*, ZParl 39 (2008), 477 ff.

Person eines Ermittlungsbeauftragten, wie es in § 10 Abs. 2 PUAG festgeschrieben ist, ist auch nicht dazu angetan, daran etwas zu ändern.[98] Die Regelung begegnet darüber hinaus auch **verfassungsrechtlichen Bedenken**, dies im Hinblick auf eine Verletzung des Demokratieprinzips[99] zumindest dann, wenn das Amt nicht einem Abgeordneten, sondern einem außenstehenden Dritten übertragen wird, da bei der Übertragung auf einen Dritten und damit auf eine »parlamentsfremde Person«[100] sich die Mitglieder des Untersuchungsausschusses in bedenklichem Umfang ureigenster parlamentarischer Befugnisse begeben.[101]

---

98 *Wiefelspütz*, Das Untersuchungsausschussgesetz, 2003, S. 202 f.; krit. auch *Richter*, Fs. Lüderssen (2002), S. 740 f.; *H.-P. Schneider*, NJW 2001, 2604 (2608); *ders.*, NJW 2002, 1328.
99 *Achterberg/Schulte*, in: v. Mangoldt/Klein/Starck II, Art. 44 Rn. 99.
100 So bereits *Baum*, ZParl 5 (1974), 530.
101 *Wiefelspütz*, Das Untersuchungsausschussgesetz, 2003, S. 203; *H.-P. Schneider*, NJW 2001, 2604 (2608); *Kretschmer*, in: Schmidt-Bleibtreu/Hofmann/Hopfauf, Art. 44 Rn. 20; *Achterberg/Schulte*, in: v. Mangoldt/Klein/Starck II, Art. 44 Rn. 99; *Brocker*, in: Epping/Hillgruber, Art. 44 Rn. 38.1; krit. auch *G.A. Wolf*, Parlamentarischer Untersuchungsausschuss und Strafjustiz, 2005, S. 91 ff.; a.A. *H. H. Klein*, MD, Art. 44 Rn. 195; *Rogall*, Gs. Meurer (2002), S. 460; *Hoppe*, ZParl 39 (2008), 477 ff.

§ 10 Öffentlichkeitsgrundsatz

ÜBERSICHT

Rdn.
I. Öffentlichkeit der Beweiserhebung 1
 1. Grundsatz 1
 2. Ausschluss der Öffentlichkeit 9
 3. Ausschluss einzelner Personen 17
II. Nichtöffentlichkeit der Beratungen 21

Literatur: *Binder*, Die »Öffentlichkeit« nach Art. 42 Abs. 1 S. 1, 44 Abs. 1 S. 1 GG und das Recht der Massenmedien zur Berichterstattung, DVBl. 1985, 1112; *Bräcklein*, Öffentlichkeit im parlamentarischen Untersuchungsverfahren, ZRP 2003, 348; *dies.*, Investigativer Parlamentarismus, 2006; *Linck*, Die Öffentlichkeit der Parlamentsausschüsse aus verfassungsrechtlicher und rechtspolitischer Sicht, DÖV 1973, 513; *ders.*, Untersuchungsausschüsse und Privatsphäre, ZRP 1987, 11.

I. Öffentlichkeit der Beweiserhebung

1. Grundsatz

1 Der **Grundsatz der Öffentlichkeit** ist für die politische Wirksamkeit parlamentarischer Kontrolle von **zentraler Bedeutung**.[1] Art. 44 Abs. 1 S. 1 GG und die entsprechenden Bestimmungen in den Verfassungen der Länder[2] bestimmen daher, dass die **Beweiserhebung** in öffentlicher Verhandlung erfolgt und erstrecken damit den Grundsatz der Öffentlichkeit über den in Art. 42 Abs. 1 S. 1 GG gesteckten Rahmen der Plenaröffentlichkeit[3] hinaus ausdrücklich auch auf die Beweiserhebung eines Untersuchungsausschusses.[4] Art. 44 Abs. 1 S. 1 GG ist dabei gegenüber Art. 42 Abs. 1 S. 1 GG nicht lex specialis,[5] sondern er betrifft einen anderen Bereich, nämlich den eines Ausschusses, nicht den des Plenums.

2 Der Bedeutung des Öffentlichkeitsprinzips im modernen Parlamentarismus[6] als notwendige Funktionsvoraussetzung für eine **repräsentative De-**

---

1 BVerfGE 77, 1 (48); 124, 78 (125 f.); OVG Berlin, NJW 2002, 313 (315); *Binder*, DVBl. 1985, 1115 (1117); *Bräcklein*, ZRP 2003, 348 (349); *Quaas/Zuck*, NJW 1988, 1873 (1876); *Achterberg/Schulte*, in: v. Mangoldt/Klein/Starck II, Art. 44 Rn. 106.
2 Vgl. § 3 Rdn. 1.
3 BVerfGE 1, 144 (152); *Brocker*, in: Epping/Hillgruber, Art. 42 Rn. 2.
4 *Bräcklein*, ZRP 2003, 348 (349 f.); *H. H. Klein*, MD, Art. 44 Rn. 173.
5 A.A. *Morlok*, in: Dreier II, Art. 44 Rn. 62.
6 BVerfGE 40, 237 (249); 70, 324 (355); 84, 304 (329); 112, 118 (134).

mokratie, die erst die Kontrollrechte des Volkes als Souverän sowohl im Hinblick auf die Regierung als auch auf die Abgeordneten selbst gewährleistet,[7] kommt, wie Art. 44 Abs. 1 S. 1 GG zum Ausdruck bringt, gerade für das parlamentarische Untersuchungsverfahren, insbesondere bei Missstandsenqueten, ein besonderer Stellenwert zu.[8] Durch die Öffentlichkeit der Untersuchung wird »ein Stück Volkssouveränität« hergestellt.[9]

Durch die Öffentlichkeit der Beweiserhebung wird der Mehrheit gleichzeitig das »**Gegengewicht der Publizität**« entgegengesetzt.[10] Erst durch die Veröffentlichung der Vorgänge gewinnt das parlamentarische Untersuchungsrecht seine **Effizienz**.[11] Die Öffentlichkeit der Beweiserhebung dient damit wesentlich der Information der Allgemeinheit.[12] Damit soll nicht zuletzt auch ermöglicht werden, dass die Bevölkerung Vertrauen in die Politik behält oder neu bildet, da (mögliches) Fehlverhalten und (etwaige) Missstände nicht etwa verschleiert, sondern öffentlich und nicht »hinter verschlossenen Türen« aufgeklärt und kritisch gewürdigt werden.[13]

Gleichzeitig wirkt die Öffentlichkeit der Beweiserhebung nicht nur als Transparenz herstellend[14] nach außen, sondern auch in das Verfahren der Untersuchung selbst hinein. Es kann die Belastung eines Untersuchungspflichtigen einerseits zwar durchaus negativ verstärken.[15] Andererseits wird das naturgemäße Bemühen der regierungstragenden Fraktionen, die Regierung im Untersuchungsverfahren in Schutz zu nehmen, im Hinblick auf die Öffentlichkeit der Beweiserhebung und -würdigung aber auch unter einen externen Rechtfertigungsdruck gesetzt, ebenso wie auf der anderen Seite

---

7 *Kissler*, in: Schneider/Zeh, § 36 Rn. 19.
8 BVerfGE 124, 78 (125 f.); *Lucke*, Strafprozessuale Schutzrechte und parlamentarische Aufklärung in Untersuchungsausschüssen mit strafrechtlich relevantem Verfahrensgegenstand, 2009, S. 77.
9 *Morlok*, in: Dreier II, Art. 44 Rn. 13.
10 So bereits *M. Weber*, Parlament und Regierung im neugeordneten Deutschland (1918), in: ders., Gesellschaftspolitische Schriften, 5. Aufl. (1988), S. 351 ff.; s.o. § 2 Rdn. 16.
11 *Binder*, DVBl. 1985, 1112 (1117); *Morlok*, in: Dreier II, Art. 44 Rn. 13; *Bräcklein*, Investigativer Parlamentarismus, 2006, S. 329.
12 *Lucke*, Strafprozessuale Schutzrechte und parlamentarische Aufklärung in Untersuchungsausschüssen mit strafrechtlich relevantem Verfahrensgegenstand, 2009, S. 76 m.w.N.
13 *Lucke*, Strafprozessuale Schutzrechte und parlamentarische Aufklärung in Untersuchungsausschüssen mit strafrechtlich relevantem Verfahrensgegenstand, 2009, S. 76 f; vgl. auch RhPfVerfGH, AS 38, 322 (340 f.).
14 *Lucke*, Strafprozessuale Schutzrechte und parlamentarische Aufklärung in Untersuchungsausschüssen mit strafrechtlich relevantem Verfahrensgegenstand, 2009, S. 76.
15 S.o. § 1 Rdn. 12.

Eifer und Form der Untersuchung von denjenigen Fraktionen, die sie betreiben, öffentlich vertreten und gerechtfertigt werden müssen.[16] Der Öffentlichkeitsgrundsatz entfaltet so zumindest in Teilen auch eine **korrektive Funktion** im Verfahren der parlamentarischen Untersuchung.

5   Öffentlichkeit der Beweiserhebung bedeutet, dass **alle Maßnahmen der Sachverhaltsaufklärung anhand von Beweismitteln** öffentlich zugänglich sein müssen.[17] **Nicht** erfasst sind damit die Beratungssitzungen des Untersuchungsausschusses, also insbesondere nicht die Beratung über die zu fassenden Beweisbeschlüsse, diese selbst, die Aus- und Bewertung der erhobenen Beweise sowie die Beratung über den Abschlussbericht einschließlich der Beschlussfassung über diesen.[18]

6   Öffentlich zugänglich bedeutet, dass grundsätzlich jedermann – einschließlich Presse, Rundfunk und Fernsehen –[19] **Zutritt im Rahmen der Raumverhältnisse** gestattet wird.[20] Da die Öffentlichkeit ganz weitgehend über Rundfunk und Presse hergestellt wird, stellt eine ungehinderte Berichterstattung ein wesentliches Element des Öffentlichkeitsgrundsatzes auch des Art. 44 Abs. 1 S. 1 GG dar.[21] Die Sitzungen sind daher, im Rahmen der gegebenen Kapazitäten, in geeigneten Räumen durchzuführen, die über genügend Platz für Publikum und Presse verfügen[22]. Von Verfassungs wegen ist damit im Rahmen der staatlichen Verpflichtung, die »öffentliche Zugänglichkeit« der Untersuchungshandlungen und der so gewonnen Informationen zu garantieren,[23] eine »**Saalöffentlichkeit**«[24] zu gewährleisten.[25]

7   Konsequent werden diese verfassungsrechtlichen Vorgaben für den **Deutschen Bundestag** in §§ 12, 13 PUAG umgesetzt. Für die **Landesparlamente** gibt es entsprechende Regelungen:
– Baden-Württemberg: § 8 Abs. 1 UAG BadWürtt.
– Bayern: Art. 9 Abs. 1 S. 1 UAG Bay.
– Berlin: § 7 Abs. 1 UAG Berl.

16 *Morlok*, in: Dreier II, Art. 44 Rn. 13.
17 BVerfGE 67, 100 (133).
18 *H. H. Klein*, MD, Art. 44 Rn. 172; *Rogall*, Gs. Meurer (2002), S. 453; s.a. u. Rdn. 21 ff.
19 Vgl. § 12 Rdn. 1 ff.
20 *Linck*, DÖV 1973, 513 (514); *Quaas/Zuck*, NJW 1988, 1873 (1876); *H. H. Klein*, MD, Art. 44 Rn. 174; *Rechenberg*, BK, Art. 44 Rn. 21.
21 *Kretschmer*, in: Schmidt-Bleibtreu/Hofmann/Hopfauf, Art. 44 Rn. 21; *Bräcklein*, Investigativer Parlamentarismus, 2006, S. 328.
22 *H. H. Klein*, MD, Art. 44 Rn. 174.
23 *Bräcklein*, Investigativer Parlamentarismus, 2006, S. 331.
24 *Rogall*, Gs. Meurer (2002), S. 453.
25 Weitergehend allerdings *Bräcklein*, Investigativer Parlamentarismus, 2006, S. 327 ff.: zutr. demgegenüber *Kretschmer*, in: Schmidt-Bleibtreu/Hofmann/Hopfauf, Art. 44 Rn. 21.

- Brandenburg: § 11 Abs. 1 UAG Brandb.
- Bremen: § 7 Abs. 1 UAG Brem.
- Hamburg: § 11 Abs. 1 UAG Hbg.
- Hessen: § 8 Abs. 1 IPA-Regeln
- Mecklenburg-Vorpommern: § 16 UAG MV
- Niedersachsen: § 8 Abs. 1 IPA-Regeln
- Nordrhein-Westfalen: § 9 Abs. 1 UAG NRW[26]
- Rheinland-Pfalz: § 10 Abs. 3 UAG RhPf.
- Saarland: § 45 Abs. 2 LTG Saarl.
- Sachsen: § 8 Abs. 1 UAG Sachs.
- Sachsen-Anhalt: § 11 Abs. 1 UAG SachsA
- Schleswig-Holstein: § 10 Abs. 1 UAG SchlH
- Thüringen: § 10 Abs. 3 UAG Thür.

Publikum und Presse sind dabei der **Ordnungsgewalt** des Vorsitzenden unterworfen.[27] § 13 Abs. 2 PUAG verweist insofern für die sog. **Sitzungspolizei** ausdrücklich auf §§ 176 bis 179 GVG. Auch wenn ein Untersuchungsausschussgesetz nicht auf diese Vorschriften verweist, ist ihre Anwendung von Verfassungs wegen nicht gehindert.[28]

2. Ausschluss der Öffentlichkeit

Der Öffentlichkeitsgrundsatz ist allerdings nicht grenzenlos gewährleistet. Der **Ausschluss der Öffentlichkeit** kann insbesondere sogar verfassungsrechtlich geboten sein, wenn dies zum Schutz der Grundrechte oder anderer Güter von Verfassungsrang erforderlich ist.[29]

Vom bloßen Wortlaut des Art. 44 Abs. 1 S. 2 GG und der entsprechenden Verfassungsbestimmungen in den meisten Ländern her, kann die Öffentlichkeit sogar ohne dass besondere Voraussetzungen vorliegen müssten ausgeschlossen werden.[30] Die besondere verfassungsrechtliche Bedeutung des Öffentlichkeitsgrundsatzes gebietet es aber, dass der **Ausschluss der Öffentlichkeit nicht willkürlich sein darf**; der Ausschuss ist insoweit in seinem Ermessen gebunden.[31] Daraus dürfte konsequent auch eine **Begründungspflicht** für den Ausschluss der Öffentlichkeit resultieren.[32] Dies ist namentlich auch im Hinblick auf die Rechtsstellung der parlamentarischen Min-

8

9

10

---

26 S.a. u. Rdn. 13.
27 S.a. § 13 Rdn. 9.
28 BVerfGE 67, 100 (134); *H. H. Klein*, MD, Art. 44 Rn. 174; *Rogall*, Gs. Meurer (2002), S. 454 f.; a.A. *Linck*, ZRP 1987, 11 (15 f.).
29 Vgl. i.E. § 11 Rdn. 1 ff.
30 So ausdrücklich auch BVerfGE 77, 1 (47).
31 *Linck*, ZRP 1987, 11 (15); *Quaas/Zuck*, NJW 1988, 1873 (1876); *Umbach*, in: ders./Clemens, GG, Art. 44 Rn. 57; a.A. *Rogall*, Gs. Meurer (2002), S. 454 f.
32 *Umbach*, in: ders./Clemens, GG, Art. 44 Rn. 57.

Teil 3 Allgemeine Grundsätze der Untersuchung

derheit von Bedeutung, deren zumindest teilweise fehlenden Beteiligungsrechte durch die Publizität der Untersuchung kompensiert werden können und sollen.[33] Eine Einschränkung oder Verkürzung von Öffentlichkeit ist daher **rechtfertigungsbedüftig**.[34]

11   Die **Entscheidung über den Ausschluss der Öffentlichkeit obliegt** als Verfahrensmaßnahme **allein dem Ausschuss**.[35] Auch die Regierung kann den Ausschluss der Öffentlichkeit zwar selbst beantragen (§ 14 Abs. 3 Nr. 2 PUAG), doch nicht erzwingen.[36] Das hindert die Regierung zwar grds. nicht, Aussagegenehmigungen nur unter dem entsprechenden Vorbehalt der Beweisaufnahme in nicht öffentlicher oder vertraulicher Sitzung zu erteilen oder Aktenteile als »vertraulich« zu deklarieren; der Ausschuss kann sich gegen diese »Klassifizierung« allerdings – ebenso wie die qualifizierte Minderheit im Wege der Prozessstandschaft – im Hinblick auf die damit verbundene Verkürzung seines Untersuchungsrechts zur Wehr setzen.[37]

12   Der Ausschluss der Öffentlichkeit setzt einen entsprechenden **Antrag** voraus. Vor einem Untersuchungsausschuss des Deutschen Bundestages sind **die anwesenden Mitglieder des Untersuchungsausschusses, Mitglieder des Bundesrates, der Bundesregierung und ihre Beauftragten sowie Zeugen, Sachverständige und sonstige Auskunftspersonen berechtigt,** einen solchen Antrag auf Ausschluss oder Beschränkung der Öffentlichkeit zu stellen (§ 14 Abs. 3 PUAG). Dritten, insbesondere der Regierung insoweit förmlich ein echtes Antragsrecht einzuräumen, ist im Hinblick auf die Parlamentsautonomie verfassungsrechtlich hoch bedenklich.[38] § 14 Abs. 3 Nr. 2 PUAG ist entsprechend verfassungskonform zu reduzieren, dass über die **Anregung** hinaus kein Anspruch auf förmliche Abstimmung im Ausschuss besteht, es sei denn, Ausschussmitglieder machen sich den »Antrag« zu eigen. Seine Entscheidung trifft der Untersuchungsausschuss in nicht öffentlicher Sitzung durch **Beschluss** (§ 14 Abs. 4 S. 1 PUAG), der vom Vorsitzenden des Ausschusses – allerdings nur, wenn der Ausschuss auch dieses ausdrücklich beschließt – in öffentlicher Sitzung zu **begründen** ist (§ 14 Abs. 4 S. 2 PUAG). Dabei steht dem Vorsitzenden im Hinblick auf die Begründung des Beschlusses kein Ermessen zu.[39] Für den Fall, dass der Antrag einer Auskunftsperson abgelehnt wird, dürfte sich das politische Gebot einer Begründung allerdings auch darüber hinaus zu einer Rechtspflicht verdichten; sie dürfte sich insoweit

---

33 *Quaas/Zuck*, NJW 1988, 1873 (1876).
34 BVerfGE 124, 78 (125 f.).
35 BVerfGE 67, 100 (137); *Morlok*, in: Dreier II, Art. 44 Rn. 41.
36 *Kretschmer*, in: Schmidt-Bleibtreu/Hofmann/Hopfauf, Art. 44 Rn. 21a.
37 BVerfGE 124, 78 (125 f.); s.o. § 9 Rdn. 12.
38 Vgl. dazu *Brocker*, BK, Art. 40 Rn. 213 u. 225.
39 *Rogall*, Gs. Meurer (2002), S. 453.

aus §§ 37, 39 VwVfG analog ergeben; dabei ist eine kurze mündliche Begründung jedoch in jedem Fall ausreichend.

Abweichend von dem vorgenannten Verfahren ist in **Nordrhein-Westfalen** und **Brandenburg** das Recht zum Ausschluss der Öffentlichkeit und auch einzelner Personen gleichsam als Recht des ersten Zugriffs dem **Ausschussvorsitzenden** zugewiesen (§ 9 Abs. 2 UAG NRW). Das ist sinnvoll, da so der Ausschuss nicht ständig zwischen öffentlichen und nichtöffentlichen Sitzungen hin und her springen muss, was nicht selten zu Recht als lästig und störend empfunden wird. Erst wenn ein Ausschussmitglied der Entscheidung des Vorsitzenden widerspricht, kommt wie im Bund und in den anderen Ländern die letztverbindliche **Entscheidungsgewalt des Ausschusses** in toto zum Tragen: Dieser entscheidet sodann – in NRW mit 2/3-Mehrheit – über den Ausschluss. Auch § 9 Abs. 2 UAG NRW steht aber einem Antrag aus dem Ausschuss trotz seines Wortlauts, soweit er die »Initiative« zunächst allein dem Ausschussvorsitzenden zuweist, vor dem Hintergrund der allgemeinen Verfahrensherrschaft des Ausschusses letztlich nicht entgegen.[40]

Was das **Quorum** anbelangt, das im Ausschuss für einen Ausschluss der Öffentlichkeit erforderlich ist, gibt es in Bund und Ländern unterschiedliche Regelungen. Während im Bund, in Bremen und in Hamburg die einfache Mehrheit ausreichend ist,[41] bedarf es in den übrigen Ländern – zumeist schon von Verfassungs wegen[42] – einer qualifizierten Mehrheit von zwei Dritteln.

Auch im Falle des Ausschlusses der Öffentlichkeit kann es allerdings geboten sein, **einzelnen Personen gleichwohl den Zutritt zur Sitzung zu gestatten**. Von Verfassungs wegen ist insbesondere einem Zeugen die Hinzuziehung eines **Rechtsbeistands** bei seiner Vernehmung zu erlauben.[43] Dies gilt auch für seine nicht öffentliche Vernehmung. § 14 Abs. 2 PUAG trägt dem Rechnung, indem der Untersuchungsausschuss – durch Beschluss – einzelnen Personen den Zutritt zu nicht öffentlichen Beweisaufnahmen gestatten kann. Von Verfassungs wegen ist auch die Gewährung des Zutritts für Mitglieder der **Regierung** (im Bund: auch des Bundesrates) und ihrer Beauftragten zu gestatten.[44] Die Zulassung der **Fraktionsmitarbeiter**[45] ist

---

40 *Menzel*, in: Löwer/Tettinger, Art. 41 Rn. 38.
41 § 14 PUAG; § 7 Abs. 2 iVm § 6 Abs. 4 UAG Brem.
42 Vgl. Art. 25 Abs. 5 S. 1 BayVerf.; Art. 92 Abs. 1 S. 3 HessVerf.; Art. 34 Abs. 1 S. 5 MVVerf.; Art. 27 Abs. 3 S. 3 NdsVerf.; Art. 41 Abs. 1 S. 3 NRWVerf., Art. 91 Abs. 3 S. 1 RhPfVerf.; Art. 79 Abs. 2 S. 2 SaarVerf.; Art. 54 Abs. 2 S. 2 SächsVerf.; Art. 18 Abs. 1 S. 4 SchlHVerf.; Art. 64 Abs. 3 S. 3 ThürVerf.
43 SaarVerfGH, DVBl. 2003, 664 ff. m. Anm. *Brocker*; OVG Berlin, NJW 2002, 313 (315); s. i.E. § 22 Rdn. 10 ff.
44 Vgl. i.E. § 14 Rdn. 4 ff.
45 Vgl. zu deren Status *Hölscheidt*, Das Recht der Parlamentsfraktionen, 2001, S. 271; *Jekewitz*, ZParl 26 (1995), 395 (415).

demgegenüber von Verfassungs wegen nicht zwingend geboten,[46] wenngleich gewiss sinnvoll für die parlamentarische Arbeit. Sollen allerdings nur einzelne Mitarbeiter zugelassen, andere aber ausgeschlossen werden, bedarf es hierfür im Hinblick auf den Grundsatz der Fraktionsgleichheit eines verfassungsrechtlich tragfähigen Grundes.[47]

16 Nicht vom allgemeinen Beschluss über den Ausschluss der Öffentlichkeit erfasst sind schließlich die **Mitarbeiter des Ausschusssekretariats**, die **Stenographen**, die das Protokoll fertigen (§ 11 PUAG) sowie – zumindest im Deutschen Bundestag – die **Fraktionsmitarbeiter**, denen Zutritt bereits zu den Beratungssitzungen gewährt wurde (§ 12 Abs. 2 iVm § 14 Abs. 2 Halbs. 2 PUAG).[48] Aber auch diese Personen können im Einzelfall ausgeschlossen werden, falls dies im Einzelfall etwa zum Schutz besonderer Geheimnisse oder aus anderen Gründen geboten sein sollte. Dies gilt auch für solche **Abgeordnete**, die dem Untersuchungsausschuss nicht angehören und die – im Bundestag gem. § 69 Abs. 2 S. 1 GOBT[49] – grundsätzlich das Recht haben, auch an nichtöffentlichen Ausschusssitzungen teilzunehmen. Ebenfalls nicht erfasst sind idR die Mitglieder der **Regierung** (im Bund: und des Bundesrates) und ihre Beauftragten.[50]

3. Ausschluss einzelner Personen

17 So wie der Ausschuss trotz Ausschluss der Öffentlichkeit gleichwohl einzelnen Personen den Zutritt zur Sitzung gestatten kann, so kann er umgekehrt auch jenseits sitzungspolizeilicher Maßnahmen[51] lediglich **einzelne Personen** von der Teilnahme an der Beweiserhebung **ausschließen**. Diese Maßnahme ist gegenüber dem Ausschluss der gesamten Öffentlichkeit weniger einschneidend, was den Verfassungsgrundsatz der öffentlichen Beweiserhebung anbelangt. Einer speziellen – ausdrücklichen – Ermächtigungsgrundlage bedarf es daher nicht, da die Maßnahme ein wesensgleiches Minus zum Ausschluss der gesamten Öffentlichkeit darstellt. Sie ist damit gestützt auf die gleiche Bestimmung und grundsätzlich auch aus den gleichen Gründen möglich.

18 Ein Ausschluss einzelner Personen kommt aber noch aus weiteren Gründen in Betracht. Zu nennen ist insbesondere der **Ausschluss (potenzieller)**

---

46 BVerfGE 93, 195 (206).
47 BVerfGE 93, 195 (205); s.a. u. Rdn. 19 f.
48 *H. H. Klein*, MD, Art. 44 Rn. 187; ebenso in Hbg. (§ 15 Abs. 2 UAG Hbg.), RhPf. (§ 10 Abs. 6 S. 2 UAG RhPf.) und Thür. (§ 10 Abs. 6 UAG Thür.).
49 Die Einschränkung von deren Zutrittsrecht kann der Deutsche Bundestag allerdings auch bereits bei der Einsetzung des Untersuchungsausschusses beschließen (§ 69 Abs. 1 S. 2 GOBT); vgl. auch BVerfGE 74, 7 (8).
50 Vgl. i.E. § 14 Rdn. 4 ff.
51 S.u. § 13 Rdn. 9.

Zeugen. Nach § 24 Abs. 1 PUAG[52] sind Zeugen einzeln und in Abwesenheit der später zu hörenden Zeugen zu vernehmen. Diese Bestimmung ist § 58 Abs. 1 StPO nachgebildet[53] und als solche Ausdruck des allgemeinen Grundsatzes, dass eine Zeugenaussage möglichst unbeeinflusst erfolgen soll, um ihren Wert für die Wahrheitsfindung nicht zu schmälern.[54] Eine Beeinflussung ist daher – übrigens auch außerhalb des Sitzungssaals –[55] soweit wie möglich zu verhindern.[56] § 58 Abs. 1 StPO ist deshalb im Untersuchungsausschussverfahren – wenn und soweit eine spezialgesetzliche Regelung fehlt – zumindest sinngemäß anwendbar.[57]

Dies gilt ausdrücklich auch für **Fraktionsmitarbeiter**, die als Zeugen in Betracht kommen.[58] Auch für den **Rechtsbeistand** eines Zeugen gelten insoweit keine Sonderrechte, wenn er selbst als Zeuge in Betracht kommt;[59] es ist allerdings für einen Ausschluss allein nicht ausreichend, wenn der Rechtsbeistand lediglich angekündigt hat, für noch zu vernehmende Zeugen auftreten zu wollen, nicht aber selbst als Zeuge in Betracht kommt.[60] Andernfalls würde der Rechtsbeistand als Organ der Rechtspflege unzulässigerweise dem pauschalen Vorwurf ausgesetzt, er werde über die selbstverständliche Wahrnehmung der Interessen seines Mandanten hinaus dessen künftiges Aussageverhalten oder gar den sachlichen Inhalt seiner Aussage in rechtswidriger Weise beeinflussen. Einen Sonderstatus genießen schließlich die Mitglieder der **Regierung** (im Bund: auch des Bundesrates) und ihre Beauftragten[61] sowie selbstverständlich auch die **Mitglieder des Ausschusses** selbst. Hat der Ausschuss die Vernehmung eines seiner Mitglieder beschlossen, so ist diese unverzüglich durchzuführen, da das Mitglied in der Zwischenzeit grds. nicht an den Sitzungen teilnehmen kann; konsequent haben mehrere Untersuchungsausschussgesetze eine Regelung dahin gehend ge-

---

52 Die Untersuchungsausschussgesetze der Länder verfügen größtenteils über vergleichbare Bestimmungen: § 15 Abs. 1 UAG Berl.; § 21 Abs. 1 UAG Brandb.; § 14 Abs. 1 UAG Brem.; § 15 Abs. 3 S. 1 UAG Hbg.; § 16 Abs. 1 IPA-Regeln (Hess. Und Nds.); § 28 Abs. 1 UAG MV; § 19 Abs. 1 UAG NRW; § 19 Abs. 1 S. 1 UAG RhPf.; § 52 Abs. 1 LTG Saarl.; § 20 Abs. 1 UAG SachsA.; § 17 Abs. 1 S. 1 UAG SchlH; § 19 Abs. 1 S. 1 UAG Thür.
53 Vgl. entspr. *Brocker*, in: Grimm/Caesar, Art. 91 Rn. 38.
54 BGH, NJW 1962, 261.
55 *Kühne*, AK-StPO, Bd. 1, 1988, § 58 Rn. 1.
56 *M. Schröder*, BK, Art. 43 Rn. 62.
57 BVerfGE 93, 195 (205).
58 BVerfGE 93, 195 (206 f.).
59 *Brocker*, DVBl. 2003, 667 (668).
60 OVG Berl., NJW 2002, 313 (315); a.A. OVG Hbg., DÖV 2010, 822.
61 Vgl. i.E. § 14 Rdn. 4 ff.

troffen, dass die Mitgliedschaft des betroffenen Ausschussmitglieds bis zum Abschluss der unverzüglich durchzuführenden Vernehmung ruht.[62]

20 Dabei ist es unerheblich, ob sich der (potenzielle) Zeuge bereits im Vorfeld auf ein **Aussageverweigerungsrecht** beruft oder ob ggf. gar bereits feststeht, dass er nicht wird aussagen müssen. Dies entbindet ihn nämlich nicht von der Verpflichtung, im Falle seiner Ladung vor dem Ausschuss zu erscheinen,[63] und es ist nach den allgemeinen strafprozessualen Regeln idR geboten, auch einen Zeugen, der sich auf ein Auskunftsverweigerungsrecht beruft, zu laden, um ihm das Beweisthema vorzulegen und ihn zu befragen, ob er zu allen oder auch nur zu einzelnen Fragen die Auskunft verweigern will.[64] Es ist nicht gesagt, dass der Zeuge unter diesem Eindruck in jedem Fall die Aussage verweigern wird. Sein Ausschluss ist daher sinnvoll, um die Unbefangenheit und damit den Wahrheitsgehalt seiner (potenziellen) Aussage zu gewährleisten.

II. Nichtöffentlichkeit der Beratungen

21 Im Gegensatz zu den Beweiserhebungen sind die **Beratungen** der Untersuchungsausschüsse stets **nicht öffentlich**. Dies ist zwar nicht verfassungsrechtlich geboten, insbesondere nicht zwingend im Umkehrschluss aus Art. 44 Abs. 1 S. 1 GG zu entnehmen. Diese Differenzierung zwischen grundsätzlich öffentlichen Beweiserhebungen und nicht öffentlichen Beratungssitzungen entspricht aber der systematischen Vorgabe, die Art. 44 Abs. 1 S. 1 GG und die entsprechenden Bestimmungen der Landesverfassungen machen, indem sie den Öffentlichkeitsgrundsatz schon vom Wortlaut her auf die Beweiserhebungen beschränken.[65] Die Untersuchungsausschussgesetze des Bundes (§ 12 Abs. 1 PUAG) und der Länder sehen die Nichtöffentlichkeit der Beratungssitzungen vor diesem Hintergrund auch jeweils ausdrücklich vor.[66]

22 Angesichts dieser klaren Regelungen dürfte es einem Untersuchungsausschuss in der Praxis **verwehrt** sein, im Einzelfall, aus welchen Gründen auch immer, **die Öffentlichkeit seiner Beratungen zu beschließen**.[67]

---

62 § 7 Abs. 6 UAG Hbg.; § 9 Abs. 1 UAG MV; § 7 Abs. 5 S. 1 UAG RhPf.; § 24 UAG SachsA; § 7 Abs. 5 UAG SchlH; § 7 Abs. 5 UAG Thür.
63 Vgl. i.E. § 19 Rdn. 3.
64 BGH, NStZ 1986, 181; a.A. *Plöd*, Die Stellung des Zeugen in einem parlamentarischen Untersuchungsausschuss des Deutschen Bundestages, 2003, S. 177 f.
65 *Rogall*, Gs. Meurer (2002), S. 453.
66 S.o. Rdn. 7.
67 *Brocker*, in: Grimm/Caesar, Art. 91 Rn. 39; *ders.*, LKRZ 2007, 414 (417); *H. H. Klein*, MD, Art. 44 Rn. 187; a.A. *Linck*, in: ders./Jutzi/Hopfe, Art. 64 Rn. 21.

Etwas anderes gilt nur dann, wenn das Untersuchungsausschussgesetz ein 23
Zutrittsrecht für bestimmte Personen auch für die Beratungssitzungen ausdrücklich normiert bzw. zulässt, dass der Ausschuss den von den Fraktionen benannten Mitarbeitern durch Beschluss den Zutritt gestattet. Dies ist im Bund und einigen Ländern etwa für **Fraktionsmitarbeiter** der Fall (§ 12 Abs. 2 PUAG).[68] Ferner ist selbstverständlich auch im Hinblick auf die Beratungssitzungen das verfassungsfeste Zutrittsrecht der **Regierung** zu beachten.[69]

---

68 S.o. Rdn. 19.
69 S.u. §14 Rdn. 4 ff.

§ 11 Geheimnisschutz

ÜBERSICHT   Rdn.

I. Einführung 1
II. Staatliche Geheimnisse 3
III. Schutz privater Geheimnisse 7
IV. Sonderprobleme: Steuergeheimnis und Bankgeheimnis 14
   1. Steuergeheimnis 14
   2. Bankgeheimnis 21
V. Sicherungsmaßnahmen zum Geheimnisschutz 23

Literatur: *Arloth*, Grundlagen und Grenzen des Untersuchungsrechts parlamentarischer Untersuchungsausschüsse, NJW 1978, 808; *Baier*, Die parlamentarische Kontrolle der Nachrichtendienste und deren Reform, 2009; *Busse*, Der Kernbereich exekutiver Eigenverantwortung im Spannungsfeld der staatlichen Gewalten, DÖV 1989, 45; *Dreier*, Regelungsform und Regelungsinhalt des autonomen Parlamentsrechts, JZ 1990, 310; *Glauben*, Stasi-Abhörprotokolle als willkommene »Früchte des verbotenen Baumes«? DRiZ 2000, 165; *ders.* Der Schutz staatlicher und privater Geheimnisse im Spannungsfeld parlamentarischer Untersuchungen, DÖV 2007, 149; *Jahn/Engels*, Geheimschutzordnung des Bundestages, in: Schneider/Zeh (Hrsg.), Parlamentsrecht und Parlamentspraxis, 1989, § 20 (S. 619); *Jekewitz*, Der Schutz Dritter im parlamentarischen Untersuchungsverfahren, in: Fs. Partsch (1989) S. 403; *Jestaedt*, Das Geheimnis im Staat der Öffentlichkeit, AöR 126 (2001) 204; *Klenke*, Zum Konflikt zwischen parlamentarischem Enqueterecht und dem Recht auf informationelle Selbstbestimmung des Betroffenen, NVwZ 1995, 644; *Kirschniok-Schmitt*, Das Informationsrecht des Abgeordneten nach der brandenburgischen Landesverfassung, 2009; *Kohl*, Die Rechtsstellung des Betroffenen nach Art. 44 Abs. 2, S. 1 GG und den entsprechenden Regelungen in den Länderverfassungen, 2001; *Linck*, Untersuchungsausschüsse und Privatsphäre, ZRP 1987, 11; *Löwer*, Untersuchungsausschuss und Steuergeheimnis, DVBl. 1984, 757; *Lucke*, Strafprozessuale Schutzrechte und parlamentarische Aufklärung in Untersuchungsausschüssen mit strafrechtlich relevantem Verfahrensgegenstand, 2009; *Mengel*, Die Auskunftsverweigerung der Exekutive gegenüber parlamentarischen Untersuchungsausschüssen, EuGRZ 1984, 97; *Plöd*, Die Stellung des Zeugen in einem parlamentarischen Untersuchungsausschuss des Deutschen Bundestages, 2003; *M. Schröder*, Aktuelle Fragen des Geheimnisschutzes bei der Heranziehung von Akten im parlamentarischen Untersuchungsverfahren, in: Fg. zum 10jährigen Jubiläum der Gesellschaft für Rechtspolitik, 1984, S. 401; *Scholz*, Parlamentarischer Untersuchungsausschuss und Steuergeheimnis, AöR 105 (1980) 564; *Seibert*, Parlamentarischer Untersuchungsausschuss und Steuergeheimnis, NJW 1984, 1001; *Stern*, Die Kompetenz der Untersuchungsausschüsse nach Art. 44 Grundgesetz im Verhältnis zur Exekutive unter besonderer Berücksichtigung des Steuergeheimnisses, AöR 109 (1984) 199; *Teubner*, Untersuchungs- und Eingriffsrechte privatgerichteter Untersuchungsausschüsse, 2009; *Vetter*, Zur Frage der Vorlagepflicht der Exekutive gegenüber Parlamentsausschüssen, DÖV 1986, 590; *Wiefelspütz*, Das Untersuchungsausschussgesetz, 2003; *ders.*, Parlamentarisches Untersuchungsrecht, ZG 2003, 35; *Wolf*, Der nachrichtendienstliche Geheimnisschutz und die parlamentarische Kontrolle, JZ 2010, 173.

I. Einführung

In einem demokratischen Rechtsstaat folgt aus der Funktion des Volkes als 1
Souverän und Träger der Staatsgewalt, dass parlamentarische Kontrolle **offen
und transparent** erfolgen muss.[1] Gleichwohl hat der **Öffentlichkeitsgrundsatz** Grenzen. Der Staat darf nicht alles offen legen, was er weiß und an Informationen besitzt.[2] Daher sehen alle Verfahrensregelungen, also sowohl die für Verwaltung[3] und Gerichte[4] verbindlichen Gesetze als auch parlamentsrechtliche Regelungen[5] Bestimmungen zum **Geheimnisschutz** vor.[6]

Vor diesem Hintergrund ist es unbestritten, dass auch ein parlamentarischer 2
Untersuchungsausschuss notfalls **Vorkehrungen** zum Schutz staatlicher, aber auch privater Geheimnisse treffen muss.[7] Parlamentarische Kontrolle muss mithin vor dem Geheimnisschutz nicht Halt machen, sondern die **berechtigten Interessen** staatlicher Stellen und privater natürlicher sowie juristischer Personen an der Geheimheit[8] bestimmter Unterlagen, Informationen und Beweismittel erfordern im Wege der **praktischen Konkordanz** einen Ausgleich der widerstreitenden Interessen. Denn Geheimnisse sind in den seltensten Fällen absolut, sondern zumeist relativ. Das Interesse des Verfügungsberechtigten an der Geheimhaltung ist regelmäßig nicht unüberwindbar.[9]

II. Staatliche Geheimnisse

Die **Vorlage behördlicher und gerichtlicher Akten** an parlamentarische 3
Untersuchungsausschüsse erfolgt bezüglich der Bundesbehörden gegenüber dem Bundestag und den Länderbehörden gegenüber den Untersuchungsausschüssen »ihrer« Parlamente nicht im Wege der Amtshilfe, sondern ist **unmittelbarer Bestandteil** des in den Verfassungen von Bund und Ländern verbürgten **parlamentarischen Untersuchungsrechts**.[10] Lediglich im Verhältnis zwischen Bundestag und Länderbehörden sowie umgekehrt zwi-

---

1 *Wolf*, JZ 2010, 173 (175).
2 *Jestaedt*, AöR 126 (2001) 204 (205).
3 So etwa § 29 Abs. 2, § 30 VwVfG.
4 S. §§ 171 b, 172 GVG, § 96 StPO, § 99 Abs. 1 VwGO.
5 Vgl. z. B. § 2 Abs. 1 GSO-BT.
6 S. dazu *Glauben*, DÖV 2007, 149 (149 f.).
7 So ausdr. BVerfGE 67, 100 (143); 77, 1 (47, 56); BerlVerfGH, DVBl. 2010, 966; s.a. Seibert, NJW 1984, 1001 (1005); *Glauben/Edinger*, DÖV 1995, 941 (945 f.); *Edinger*, ZParl 35 (2004), 305 (306 f.); *Zeyer/Grethel*, in: Wendt/Rixecker, Art. 79 Rn. 13.
8 Zum Begriff der Geheimnisse s. *Wolf*, JZ 2010, 173 (175).
9 BayVerfGH, NVwZ 2007, 204(207); *Baier*, Die parlamentarische Kontrolle der Nachrichtendienste und deren Reform, 2009, S. 49 ff.; *Wolf*, JZ 2010, 173 (175).
10 BVerfGE 124, 78 (116); BVerfGE 67, 100 (128 ff.).

Teil 3 Allgemeine Grundsätze der Untersuchung

schen Bundesbehörden und Länderparlamenten und zwischen den Ländern untereinander greift diese Kontrollkompetenz nicht, sondern dürften Rechtsgrundlage die Grundsätze der **Rechts- und Amtshilfe** sein.[11]

4   Selbstredend enthalten die behördlichen und gerichtlichen Akten Daten und Informationen, die nicht für die Öffentlichkeit gedacht sind, deren Bekanntwerden staatlichem Interesse sogar **zuwiderlaufen** kann. Der in diesem Zusammenhang Bedeutung erlangende Begriff »**Staatswohl**« ist grundsätzlich ein legitimer Zweck, um den Geheimnisschutz verfassungsrechtlich zu rechtfertigen.[12] Er weist begrifflich **zwei Seiten** auf: Er erfasst zum einen die verfassungsmäßig **legitimen Aufgaben**, der die Geheimhaltung bedürfen, und zum zweiten die **Pflicht des Staates**, menschliches Leben und menschliche Freiheit **umfassend zu schützen**.[13] Dabei ist es Sache der Stellen, die sich auf die Geheimhaltung berufen, die Gründe **plausibel** darzulegen.[14]

5   Die Konsequenz einer möglichen Gefährdung kann weder die uneingeschränkte Verweigerung der Akten sein, noch kann es im Belieben der anfordernden Stelle stehen, ob sie Maßnahmen des Geheimnisschutzes ergreift. Vielmehr muss in diesen Fällen die **Herausgabe nur erfolgen**, wenn die anfordernde Stelle den **gleichen Schutz** gewährleistet wie die **aktenführende Stelle**.[15] Da die Regierung eine eigenständige Verantwortung für Dienstgeheimnisse hat, darf sie **Schutzvorkehrungen verlangen**.[16] Der Untersuchungsausschuss kann dann verpflichtet sein, die Öffentlichkeit auszuschließen.[17]

6   Seit dem **Flick-Urteil** des Bundesverfassungsgerichts ist geklärt und durch die so genannte **BND-Entscheidung** des Bundesverfassungsgerichts bestätigt, dass die Exekutive nicht ohne weiteres unter **Berufung auf das Staatswohl** einem parlamentarischen Untersuchungsausschuss Akten **vorenthalten** darf. Denn das Wohl des Staates ist Regierung und Parlament **gleichermaßen** anvertraut.[18] Außerdem darf sich die Regierung nicht nur pauschal auf Staatswohlbelange berufen, sondern muss dies hinreichend substantiiert begründen.[19] Das Angebot, die Unterlagen im so genannten Vorsitzendenverfahren[20]

---

11 *Glauben*, DÖV 2007, 149 (150); S. dazu i.E. u. § 17; in BVerfGE 67, 100 (129) wird dies nur angedeutet.
12 BVerfGE 101, 106 (127 f.).
13 BVerfGE 57, 250 (284); BGHSt 32, 32 (35); 31, 290 (294 f.).
14 BVerfGE 124, 78 (124 f.); 124, 161 (193); 67, 100 (138).
15 HbgVerfG, NVwZ 1996, 1201 (1204).
16 BVerfGE 67, 100 (137); 70, 324 (359); *Kretschmer*, in: Schmidt-Bleibtreu/Klein/Hofmann/Hopfauf, Art. 44 Rn. 25 b sowie als Beispiel BT-Drucks. 16/14000, S. 37 ff.
17 *Scholz*, AöR 105 (1980) 564 (620); s. i.E. u. Rdn. 23 ff.
18 BVerfGE 67, 100 (123 f.); BVerfGE 67, 100 (136).
19 BVerfGE 124, 78 (124 f.); BVerfGE 124, 161 (193) zur Begründung für die Verweigerung der Beantwortung parlamentarischer Anfragen; *Wolff*, JZ 2010, 173 (177 f.).
20 S. dazu u. Rdn. 35 ff. sowie *Caspar*, in: ders./Ewer/Nolte/Waack, Art. 18 Rn. 54

dem Untersuchungsausschuss zugänglich zu machen, ersetzt die gebotene substantiierte Begründung nicht.[21] Zwar hat das Bundesverfassungsgericht dies ausdrücklich nur für das Verhältnis zwischen Bundesregierung und Bundestag festgestellt. Dies gilt innerhalb der Länder aber ebenso wie zwischen den Ländern sowie im Verhältnis zwischen Bund und Ländern. Trifft ein Untersuchungsausschuss des Bundestages oder eines Landesparlaments die **erforderlichen Schutzvorkehrungen**, so scheidet eine Berufung der Exekutive auf den Geheimnisschutz regelmäßig aus.[22]

III. Schutz privater Geheimnisse

Parlamentarische Untersuchungen dürfen sich, wenn auch nur unter engen 7
Voraussetzungen, unmittelbar gegen Private richten.[23] Daher ist es nicht auszuschließen, dass auch **private Daten**[24] in den Besitz des Untersuchungsausschusses gelangen können. Dies kann ferner der Fall sein, wenn das Parlament die ordnungsgemäße Arbeitsweise staatlicher Stellen kontrolliert. Private Daten können mithin in beiden Fällen durchaus beweisrelevant sein. Wenn auch **Betriebs- und Geschäftsgeheimnisse**[25] ebenso wenig wie **andere personenbezogene Daten** weder den Verzicht auf jegliche Untersuchung noch ein Zeugnisverweigerungsrecht zur Konsequenz haben können, so kann das Parlament dennoch nicht ohne weiteres auf den **erforderlichen Geheimnisschutz** verzichten.[26] Denn namentlich im Bereich des Persönlichkeits- und Privatsphärenschutzes fordert das Bundesverfassungsgericht eine strikte Wahrung des Verhältnismäßigkeitsgebots, namentlich überwiegende öffentliche Interessen, die einen Eingriff in den Schutzbereich rechtfertigen.[27] Daneben kann zu den geschützten Belangen einer Privatperson und damit zur Begründung der Geheimhaltungsbedürftigkeit auch das Grundrecht auf **Leben und körperliche Unversehrtheit** zählen.[28]

Hinzu kommt, dass Untersuchungsausschüsse als **politisches Kampffeld** 8
durchaus auf Grundrechtspositionen Privater **nicht hinreichend Rücksicht**

---

21 BVerfGE 124, 78 (139).
22 BVerfGE 76, 363 (389).
23 S. dazu i.E. o. § 5 Rdn. 129 ff.
24 S. die beispielhafte Aufzählung bei *Horn*, in: Stern/Becker, Art. 2 Rn. 50.
25 S. zu den Anforderungen BVerfGE 115, 205 (229 ff.).
26 *Lucke*, Strafprozessuale Schutzrechte und parlamentarische Aufklärung in Untersuchungsausschüssen mit strafrechtlich relevantem Verfahrensgegenstand, 2009, S. 235 ff.; *Glauben*, DÖV 2007, 149 (150 f.); *Klenke*, NVwZ 1995, 644 (645 f.); *Lemmer*, in: Pfennig/Neumann, Art. 48 Rn. 9.
27 *Horn*, in: Stern/Becker, Art. 2 Rn. 101 m.w.N.
28 *Kretschmer*, in: Schmidt-Bleibtreu/Klein/Hofmann/Hopfauf, Art. 44 Rn. 25c.

nehmen.[29] Sie sind daher geneigt, Private als Auskunftspersonen nicht nur dann zu hören, wenn sie einen **brauchbaren Beitrag** zur Aufklärung erwarten, sondern auch, weil der Betroffene **politisch interessant** ist.[30] Da es aber prinzipiell allein der **Einschätzung des Untersuchungsausschusses** unterliegt, ob er von einer Auskunftsperson die Mitteilung für den Untersuchungsauftrag relevanter Tatsachen erwartet,[31] kann sich der Einzelne kaum seiner Vorladung entziehen. Denn auch gerichtlich dürfte die Einschätzung des Untersuchungsausschusses allenfalls in Fällen **offensichtlicher Willkür** korrigierbar sein.

9 Die vorstehenden Überlegungen zeigen, dass nicht nur zum Schutz öffentlicher, sondern auch privater Geheimnisse Schutzvorkehrungen geboten sind.[32] Denn fehlen die erforderlichen Sicherungsvorkehrungen, so wird das **Recht der informationellen Selbstbestimmung** »labil«, ist es gefährdet.[33] Gleiches gilt für die über Art. 19 Abs. 3 iVm Art. 12 Abs. 1, 14 Abs. 1 oder die **allgemeine Handlungsfreiheit** nach Art. 2 Abs. 1 GG geschützten **Betriebs- und Geschäftsgeheimnisse** sowie sonstige Daten juristischer Personen.[34]

10 Dabei stehen sich das **Beweiserhebungsrecht** des parlamentarischen Untersuchungsausschusses und der grundrechtliche **Datenschutz** auf der **Ebene des Verfassungsrechts** gegenüber. Sie müssen daher im konkreten Fall einander so zugeordnet werden, dass beide so weit wie möglich ihre Wirkung entfalten.[35] Unbeschadet dessen ist von dem Grundsatz auszugehen, dass die Stelle, an die Akten weitergegeben werden, grundsätzlich den gleichen Schutz vor Indiskretion vermitteln muss, wie die Behörde, bei der die Akten geführt werden. Dies gilt auch im Verhältnis zwischen Regierung und Parlament.[36] Dies erhellt zugleich, dass der **Schutz staatlicher und privater Geheimnisse** grundsätzlich **kein ausreichender Grund** ist, einem Untersuchungsausschuss **Unterlagen vorzuenthalten**. Denn Geheimnisschutz ist nicht gegen, sondern mit dem Parlament zu realisieren.[37] Allerdings dürfte auch hier der unantastbare **Kernbereich der informationellen Selbstbestimmung** zu achten sein. Denn selbst überwiegende Interessen der

---

29 *Jekewitz*, Fs. Partsch (1989) S. 404; Linck, ZRP 1987, 11 (19).
30 *Jekewitz*, Fs. Partsch (1989) S. 413.
31 *Scholz*, AöR 105 (1980) 564 (610).
32 *Jestaedt*, AöR 126 (2001) 204 (241); FG Hamburg, NVwZ 1986, 598 (599 f.).
33 HbgVerfG, NVwZ 1996, 1201 (1204).
34 S. dazu i.E. o. § 5 Rdn. 159
35 BVerfGE 67, 100 (143); *H. H. Klein*, MD, Art. 44 Rn. 216; *Achterberg/Schulte*, in: v. Mangoldt/Klein/Starck II, Art. 44 Rn. 178.
36 HbgVerfG, NVwZ 1989, 1201 (1203).
37 *Morlok*, in: Dreier II, Art. 44 Rn. 42; *Linck*, ZRP 1987, 11 (16 ff.); *Dreier*, JZ 1990, 310 (319 f.).

Allgemeinheit können einen Eingriff in diesen absolut geschützten Kernbereich privater Lebensgestaltung nicht rechtfertigen.[38]

Wahrt der Untersuchungsausschuss das **Geheimhaltungsinteresse**, so verstößt die entsprechende Beweisaufnahme regelmäßig nicht gegen den Grundsatz der Verhältnismäßigkeit.[39] Das gilt insbesondere, soweit es um die so genannte **Sozialsphäre** des Betroffenen geht.[40]

Unbeschadet dessen kann der Untersuchungsausschuss aus dem Grundsatz der **Verhältnismäßigkeit** dazu verpflichtet sein, zunächst auf **Beweismittel zurückzugreifen**, die das private Geheimhaltungsinteresse **nicht berühren**.[41] So dürfte der Untersuchungsausschuss auf personenbezogene Daten nur dann zurückgreifen, wenn ihm Daten in anonymisierter Form für die Wahrnehmung des Untersuchungsauftrags nicht ausreichen.[42] Ebenso dürfen nur soviel schützenswerte **personenbezogene** Informationen **öffentlich behandelt** werden, wie dies für den Untersuchungszweck **erforderlich ist**.[43]

Eine **absolute Grenze** ist dagegen dort zu ziehen, wo es um **höchstpersönliche, intime** Daten geht, deren Weitergabe dem Betroffenen auch unter Einhaltung des Geheimnisschutzes **nicht zumutbar** ist. Selbst überwiegende Interessen der Allgemeinheit können einen Eingriff in den absolut geschützten Kernbereich privater Lebensgestaltung nicht rechtfertigen.[44] Solche Informationen gehen auch einen parlamentarischen Untersuchungsausschuss grundsätzlich nichts an.[45]

IV. Sonderprobleme: Steuergeheimnis und Bankgeheimnis

1. Steuergeheimnis

Das **Steuergeheimnis** hat als solches **keinen Verfassungsrang**,[46] beruht aber gleichwohl auf grundrechtlich geschützten Positionen,[47] so dass **einzelne Elemente**, etwa über das Betriebs- und Geschäftsgeheimnis, durchaus ver-

---

38 BVerfGE 109, 279 (313); *Lang*, in: Epping/Hillgruber, Art. 2 Rn. 39; *Horn*, in: Stern/Becker, Art. 2 Rn. 110 f.
39 *Schulte*, Jura 2003, 505 (509); s.a. OVG Saarl., Beschl. vom 3. 8. 2010 – 3 B 205/10 n.v.
40 *Scholz*, AöR 105 (1980) 564 (606); *Glauben*, DÖV 2007, 149 (151); zur Abgrenzung s. *Lang* in: Epping/Hillgruber, Art. 2 Rn. 34 ff.
41 *Scholz*, AöR 105 (1980) 564 (620).
42 FG Hamburg, NVwZ 1986, 598 (600).
43 HbgVerfG, NVwZ 1996, 1201 (1204).
44 BVerfGE 109, 279 (313); *Lang* in: Epping/Hillgruber, Art. 2 Rn. 39.
45 BVerfGE 67, 100 (144); 65, 1 (46); *Scholz*, AöR 105 (1980) 564 (605).
46 BVerfGE 67, 100 (142).
47 *Schröder*, Fg. Gesellschaft für Rechtspolitik, 1984, S. 406; *Scholz*, AöR 105 (1980) 564 (575 f.); *Stern*, AöR 109 (1984) 199, (254).

Teil 3 Allgemeine Grundsätze der Untersuchung

fassungsrechtlichen **Schutz** genießen können.[48] Es ist das Gegenstück zu den weitgehenden Offenbarungspflichten des Steuerrechts.[49]

15 Das Steuergeheimnis hat seinen **einfachgesetzlichen** Niederschlag in § 30 **AO** gefunden. Diese Norm ist strukturell so aufgebaut, dass sie nicht ein Öffentlichkeitsprinzip mit Geheimhaltungsvorbehalt, sondern umgekehrt ein **Geheimhaltungsprinzip mit Offenbarungsvorbehalt** einfachgesetzlich festschreibt.[50] Das Steuergeheimnis mag zwar »**amtshilfefest**« sein,[51] es ist jedoch nicht »**untersuchungsausschussfest**«, sondern hat dann zurückzutreten, wenn der Untersuchungsausschuss **ausreichende Sicherungsvorkehrungen** gegen das Bekanntwerden der steuerrelevanten Daten getroffen hat.[52]

16 Im Einzelnen ist § 30 AO daher hinsichtlich parlamentarischer Untersuchungsausschüsse wie folgt zu behandeln: Von vornherein scheiden die Fälle des § 30 Abs. 4 Nr. 1 und 4 AO aus, weil ein Verfahren vor einem parlamentarischen Untersuchungsausschuss weder ein Verwaltungsverfahren noch ein gerichtliches Verfahren in Steuersachen oder ein Strafverfahren ist.[53] § 30 Abs. 4 Nr. 2 AO dürfte für eine Offenlegung der Daten ebenfalls **nicht einschlägig** sein, weil weder Art. 44 Abs 1 GG noch die entsprechenden Bestimmungen in den Landesverfassungen sowie die einfachgesetzlichen Regelungen zum Untersuchungsausschussrecht »**ausdrücklich**« die **Durchbrechung** des Steuergeheimnisses **zulassen**.[54]

17 Dagegen dürfte eine Offenlegung – abgesehen vom Fall der Zustimmung des oder der Betroffenen nach § 30 Abs. 4 Nr. 3 AO – grundsätzlich nach § 30 **Abs. 4 Nr. 5 AO** zulässig sein. Denn diese Bestimmung ist **verfassungskonform** ausgelegt so zu lesen, dass die parlamentarische Untersuchungskompetenz grundsätzlich ein »**zwingendes öffentliches Interesse**« im Sinne dieser Norm darstellt,[55] zumal die Aufzählung nicht abschließend ist, sondern nur

---

48 *Scholz*, AöR 105 (1980) 564 (576 f.).
49 *Kirschniok-Schmitt*, Das Informationsrecht des Abgeordneten nach der brandenburgischen Landesverfassung, 2009, S. 376 m.w.N.; *Glauben*, DÖV 2007, 149 (151).
50 *Stern*, AöR 109 (1984) 199 (262 f.).
51 So *Stern*, AöR 109 (1984) 199 (251); *Scholz*, AöR 105 (1980) 564 (573).
52 BVerfGE 67, 100 (134 f.); OVG Saarl., Beschl. vom 3. 8. 2010 – 3 B 205/10 n.v.; *Wiegand-Hoffmeister*, in: Litten/Wallerath, Art. 34 Rn. 17; *Teubner*, Untersuchungs- und Eingriffsrechte privatgerichteter Untersuchungsausschüsse, 2009, S. 47.
53 *Stern*, AöR 109 (1984) 199 (258).
54 OVG RhPf., DVBl. 1986, 480; *Stern*, AöR 109 (1984) 199 (258 f.).; s.a. *Kirschniok-Schmitt*, Das Informationsrecht des Abgeordneten nach der brandenburgischen Landesverfassung, 2009, S. 377.
55 OVG RhPf., DVBl. 1986, 480; *Schulte*, Jura 2003, 505 (509); *Scholz*, AöR 105 (1980) 564 (617); *Kirschniok-Schmitt*, Das Informationsrecht des Abgeordneten nach der brandenburgischen Landesverfassung, 2009 S. 377 f.

Regelbeispiele enthält.[56] Das Steuergeheimnis wird mithin **nicht absolut geschützt**, sondern der Untersuchungsausschuss ist grundsätzlich berechtigt, auch von den Finanzbehörden »**volle Aufklärung**« zu verlangen.[57] Denn im Interesse der **Steuergerechtigkeit** muss die steuerliche Gleichheit neben der Rechnungshofkontrolle auch durch die parlamentarische Kontrolle geschützt werden können.[58] Zwar handelt es sich bei der Aufzählung in § 30 Abs. 4 Nr. 5 AO um »hochwertige Rechtsgüter« und mag man fordern, dass sich die Offenbarung des Steuergeheimnisses »unabweisbar aufdrängt«;[59] dem parlamentarischen Untersuchungsrecht kommt gleichwohl prinzipiell **keine geringere Bedeutung** zu als dem Steuergeheimnis.[60]

Hinzu kommt ein weiterer Gesichtspunkt: Die Daten befinden sich bereits in der **staatlichen Sphäre**. Es geht mithin nicht um die **erstmalige Erhebung** gegenüber Privaten, sondern um die **Datenweitergabe**.[61] Diese Weitergabe ist dann zulässig, wenn der Untersuchungsausschuss die erforderlichen **Schutzvorkehrungen** getroffen hat. Diese stehen allerdings nicht in seinem Belieben, sondern sind vielmehr **verfassungsrechtlich geboten**, da die Steuerehrlichkeit in der Selbstveranlagung die Einhaltung der staatlich zugesicherten Datendiskretion bedingt.[62] Die Regierung überschreitet ihre Kompetenzen, wenn sie sich zum **alleinigen Sachwalter** des Steuergeheimnisses macht.[63] Allerdings kann es durchaus angezeigt sein, dass der unbestimmte Rechtsbegriff des zwingenden öffentlichen Interesses innerhalb der Exekutive von einer **besonders herausgehobenen Stelle** konkretisiert wird.[64]

Dagegen **überzeugt die Auffassung nicht**, das Informationsinteresse des Untersuchungsausschusses sei nur dann höherwertig, wenn wegen des Auskunftsanspruchs der **Rechnungshöfe** nach den Haushaltsordnungen des Bundes[65] und der Länder[66] durch die Rechnungsprüfung die parlamentarischen Kontrollbefugnisse im konkreten Fall **nicht hinreichend** berücksich-

18

19

---

56 *Stern*, AöR 109 (1984) 199 (263).
57 *Scholz*, AöR 105 (1980) 564 (617 f.); *Mengel*, EuGRZ 1984, 97 (100).
58 *Löwer*, DVBl. 1984, 757.
59 So jedenfalls *Stern*, AöR 109 (1984) 199 (263 f.).
60 BVerfGE 67, 100 (141); *Glauben*, DÖV 2007, 149 (151 f.).
61 *Seibert*, NJW 1984, 1001 (1007 f.).
62 So jedenfalls BVerfGE 67, 100 (140); Löwer, DVBl. 1984, 757 (766); *Achterberg/ Schulte*, in: v. Mangoldt/Klein/Starck II, Art. 44 Rn. 176.
63 *Seibert*, NJW 1984, 1001 (1008).
64 So *Stern*, AöR 109 (1984) 199 (266).
65 § 95 BHO.
66 § 95 LHO BadWürtt.; § 95 LHO Bay.; § 95 LHO Berl.; § 95 LHO Brandb.; § 95 LHO Brem.; § 95 LHO Hbg.; § 95 LHO Hess.; § 95 LHO MV; § 95 LHO Nds.; § 95 LHO NRW; § 95 LHO RhPf.; § 95 LHO Saarl.; § 95 LHO Sachs.; § 95 LHO SachsA; § 95 LHO SchlH; § 95 LHO Thür.

tigt würden.⁶⁷ Denn diese Sicht verkennt, dass der Rechnungshof gegenüber dem Parlament lediglich eine **Hilfsfunktion** bei der Rechnungsprüfung hat und dieser zudem in seinen Möglichkeiten **eingeschränkter** ist als ein parlamentarischer Untersuchungsausschuss.⁶⁸ Außerdem handelt es sich bei einem Rechnungshof **nicht** um ein **Verfassungsorgan**.⁶⁹ Unabhängig davon, ob man den Rechnungshof als Hilfsorgan für die parlamentarische Kontrolle ansieht oder ihm eine Sonderstellung zwischen Parlament und Regierung zubilligt,⁷⁰ ist es nicht sachgerecht, eine **Subsidiarität** der Befugnisse eines parlamentarischen Untersuchungsausschusses im Vergleich zu den Kompetenzen eines Rechnungshofes anzunehmen.⁷¹

20 Sind das Steuergeheimnis und das parlamentarische Untersuchungsrecht mithin im Sinne der praktischen Konkordanz zu einem **sachgerechten Ausgleich** zu bringen, so erhellt dies, dass gegenüber den Untersuchungsausschüssen der Landesparlamente der Konflikt nicht über **Art. 31 GG** zu lösen ist. Es fehlt an einer **Kollisionslage**. Das einfachgesetzlich bekräftigte Steuergeheimnis vermag das **Staatsorganisationsrecht** der Länder nicht einzuschränken. Das widerspräche der **Eigenstaatlichkeit** der Länder, da es zur Konsequenz hätte, dass § 30 AO zwar nicht für die Arbeit der Untersuchungsausschüsse des Bundestages, wohl aber für die der Länder eine **unüberwindbare** Hürde wäre. Der Untersuchungskompetenz des Bundestages kommt jedoch **kein höherer verfassungsrechtlicher Rang** zu als den Untersuchungsausschüssen der Länder für ihren staatlichen Bereich.⁷²

2. Bankgeheimnis

21 Das Bankgeheimnis gilt als das **Berufs- und Geschäftsgeheimnis** im Kreditgewerbe.⁷³ Dem Bankgeheimnis unterliegen grundsätzlich alle **kundenbezogenen** Tatsachen und Wertungen, von denen die Bank Kenntnis erlangt hat.⁷⁴ Dennoch sind die maßgeblichen Rechtsgrundlagen für das Bankgeheimnis weder in einfachen Gesetzen zu finden und hat es erst recht keine verfassungsrechtliche Grundlage. Vielmehr handelt es sich ausschließlich um eine sich aus dem **Bankvertrag** ergebende Pflicht der Kreditinstitute, die

---

67 So aber *Stern*, AöR 109 (1984) 199 (267).
68 S. dazu RhPfVerfGH, AS 38, 322 (336 ff.).
69 *Butzer*, in: Epping/Hillgruber, Art. 114 Rn. 12.
70 *Butzer*, in: Epping/Hillgruber, Art. 114 Rn. 13; *Löwer*, NVWBl. 2009, 125 (128).
71 Wie hier: *Scholz*, AöR 105 (1980) 564 (590 f.).
72 *Glauben*, DÖV 2007, 149 (152); s. zu dieser Problematik auch *Jutzi*, in: Grimm/Caesar, Einl. C, Rn. 11 f.; *Glauben*, ZParl. 29 (1998) 496 (503 f.); *Poppenhäger*, ThürVBl. 2000, 152 (155).
73 *Beckhusen*, in: Derleder/Knops/Bamberger, § 6 Rn. 3.
74 *Beckhusen*, in: Derleder/Knops/Bamberger, § 6 Rn. 12; *Teubner*, Untersuchungs- und Eingriffsrechte privatgerichteter Untersuchungsausschüsse, 2009, S. 46 f.

Vermögensverhältnisse ihrer Kunden geheim zu halten.[75] Davon zeugt auch die Regelung in **§ 30a der Abgabenordnung**, wonach die Finanzbehörden verpflichtet sind, bei der Ermittlung des Sachverhalts auf das Vertrauensverhältnis zwischen den Kreditinstituten und deren Kunden besonders Rücksicht zu nehmen. Das Recht auf Geheimhaltung steht mithin dem **Kunden** als Inhaber der sich aus dem Bankvertrag ergebenden Rechte und Pflichten gegenüber der Bank zu und steht damit auch zu seiner **Disposition**. Keinesfalls ist es ein Recht der Bank selbst, das sie auch **gegen den Willen** des Kunden oder hinsichtlich der unmittelbaren Rechtsbeziehungen zu ihm geltend machen könnte. Vielmehr ist das **Kreditinstitut Schuldner** des Bankgeheimnisses und der **Kunde Gläubiger**. Die Pflicht zur Wahrung des Bankgeheimnisses trifft mithin zunächst das Kreditinstitut und dessen Bankangestellte.[76] Daher greift das Bankgeheimnis nicht (mehr), wenn der Kunde in die Offenlegung der entsprechenden Daten **eingewilligt** hat und kann der Kunde auch nicht geltend machen, er sei der Bank gegenüber zur Einhaltung des Bankgeheimnisses verpflichtet.

Unbeschadet dessen können sich aus **spezialgesetzlichen Bestimmungen** weitere Einschränkungen des Bankgeheimnisses ergeben. So ist anerkannt, dass das Bankgeheimnis im **Strafprozess** durchbrochen werden kann. Denn ein Zeugnisverweigerungsrecht besteht nur für Berufsgeheimnisse gemäß §§ 53 bis 55 StPO, zu denen das Bankgeheimnis nicht gehört.[77] Ferner dürfen Geschäftsunterlagen der Kreditinstitute gemäß § 94 Abs. 2, § 98 StPO beschlagnahmt werden, sofern sie als Beweismittel von Bedeutung sind.[78] Über die Verweisung auf die Vorschriften der Strafprozessordnung für die Beweisaufnahme im Untersuchungsausschuss in Art. 44 Abs. 2 Satz 1 GG und den entsprechenden landesverfassungsgesetzlichen Regelungen gilt dies auch für das Verfahren vor einem **Untersuchungsausschuss**. 22

V. Sicherungsmaßnahmen zum Geheimnisschutz

Art. 44 Abs. 1 S. 2 GG wie auch die entsprechenden Bestimmungen in den Landesverfassungen geben dem Untersuchungsausschuss die Möglichkeit, zur Beweisaufnahme die **Öffentlichkeit auszuschließen**. Im PUAG[79] ist diese Befugnis insoweit einfachgesetzlich präzisiert worden, dass bei Erfüllung der aufgeführten Tatbestände die Öffentlichkeit **zwingend** auszuschließen ist. Dies ist unter anderem der Fall, wenn besondere Gründe des Wohls des Bundes oder eines Landes der öffentlichen Behandlung entgegenstehen, 23

---

75 *Glauben*, DRiZ 2002, 104 (104).
76 *Beckhusen*, in: Derleder/Knops/Bamberger, § 6 Rn. 22.
77 *Beckhusen*, in: Derleder/Knops/Bamberger, § 6 Rn. 31.
78 *Beckhusen*, in: Derleder/Knops/Bamberger, § 6 Rn. 35.
79 § 14 Abs. 1 PUAG.

insbesondere wenn Nachteile für die Bundesrepublik Deutschland oder ihre Beziehungen zu anderen Staaten zu besorgen sind. Darüber hinaus können aber **auch private Interessen** zum Ausschluss der Öffentlichkeit verpflichten.[80]

24 In den **Ländern** ist die Regelung **unterschiedlich**. Einzig **Mecklenburg-Vorpommern** erklärt in der **Verfassung** Beweiserhebungen, die staatliche oder private Geheimhaltungsinteressen verletzen, für **unzulässig**.[81] Dies wird allerdings schon nach der **allgemeinen Grundrechtsdogmatik** so zu verstehen sein, dass eine Verletzung erst dann vorliegt, wenn der Eingriff in die staatlichen und privaten Interessen verfassungsrechtlich **nicht gerechtfertigt ist**. Ferner enthält die verfassungsgesetzliche Regelung in **Sachsen-Anhalt** Ausschlusskriterien.[82] Im Übrigen ergibt sich aus den **Landesverfassungen** nur die, eventuell an ein **bestimmtes Quorum** gebundene, **Möglichkeit** des Ausschlusses der Öffentlichkeit.[83] Dagegen enthalten die **Untersuchungsausschussgesetze** zumeist präzisere Regelungen.

25 So sehen **Rheinland-Pfalz** und **Thüringen** den Ausschluss der Öffentlichkeit **zwingend** vor, wenn **staatliche oder private** Geheimhaltungsinteressen dies nahe legen,[84] binden diese Entscheidung aber, wie **Bayern**, zusätzlich an ein **bestimmtes Quorum**.[85] Die **übrigen Länder** stellen unbeschadet des erforderlichen Quorums die Entscheidung in das **Ermessen** des Untersuchungsausschusses.[86] Gleichwohl ist auch dann der Ausschluss der Öffentlichkeit **nicht beliebig** möglich.[87]

---

80 § 14 Abs. 1 Nr. 1 bis 3 PUAG; § 8 Abs. 2 u. 3 IPA-Regeln; *Glauben*, DÖV 2007, 149 (152).
81 Art. 34 Abs. 1 S. 3 MVVerf.; s.a. Wiegand-Hoffmeister, in: Litten/Wallerath, Art. 34 Rn. 17.
82 Art. 54 Abs. 3 S. 2 SachsAVerf.
83 Art. 35 Abs. 2 S. 3 BadWürttVerf.; Art. 25 Abs. 5 BayVerf.; Art. 26 Abs. 1 S. 2 HbgVerf.; Art. 92 Abs. 1 S. 3 HessVerf.; Art. 34 Abs. 1 S. 4 MVVerf.; Art. 27 Abs. 3 S. 3 NdsVerf.; Art. 41 Abs. 1 S. 3 NRWVerf; Art. 91 Abs. 3 S. 1 RhPfVerf.; Art. 79 Abs. 2 S. 2 SaarlVerf.; Art. 54 Abs. 2 S. 2 SächsVerf.; Art. 18 Abs. 1 S. 4 SchlHVerf.; Art. 64 Abs. 3 S. 3 ThürVerf.
84 § 10 Abs. 4; § 22 Abs. 1 Halbs. 2 UAG RhPf., § 10 Abs. 4, § 22 Abs. 1 Halbs. 2 UAG Thür.
85 Art. 9 Abs. 1 Satz 2 UAG Bay.
86 § 8 Abs. 2, § 21 Abs. 2 UAG BadWürtt.; § 7 Abs. 2, § 11 Abs. 1 S. 2 UAG Berl.; § 11 Abs. 2; § 25 Abs. 3 UAG Brandb.; § 7 Abs. 2, § 9 Abs. 2 UAG Brem.; § 11 Abs. 2, § 28 Abs. 2 S. 2 UAG Hbg.; § 17 Abs. 1, § 18 Abs. 1, § 35 Abs. 3 UAG MV; § 9 Abs. 2, § 22 Abs. 3 UAG NRW; § 45 Abs. 3, § 50 Abs. 3 LTG Saarl.; § 8 Abs. 2, § 21 Abs. 2 UAG Sachs.; § 11 Abs. 2, § 27 Abs. 3 UAG SachsA; § 10 Abs. 2, § 20 Abs. 1 Halbs. 2 UAG SchlH.
87 *Thieme*, Art. 25 Rn. 7 f.; *Glauben*, DÖV 2007, 149 (152).

26 In jedem Fall besteht die Möglichkeit, die Öffentlichkeit auszuschließen, unbeschadet ausdrücklicher landesgesetzlicher Regelungen, soweit in einem Land verfassungs- oder einfachgesetzlich auf die **Vorschriften über den Strafprozess** verwiesen wird, denn davon werden auch die §§ 171b, 172 GVG erfasst.[88] Allerdings ist die **Bedeutung des Öffentlichkeitsprinzips** im demokratischen Parlamentarismus zu berücksichtigen.[89]

27 **Nichtöffentlichkeit** hat allerdings nur eine **relative Abgeschlossenheit** des Verfahrens zur Folge. Zwar hat regelmäßig nur ein **begrenzter Personenkreis** Zutritt, doch zumindest auch die **Ergebnisse** nichtöffentlicher Beweisaufnahmen sind in dem als Drucksache zu veröffentlichenden Abschlussbericht **nachzulesen**.[90] Die Nichtöffentlichkeit von Sitzungen eines Untersuchungsausschusses stellt daher mit Blick auf die Wahrung öffentlicher und privater Geheimnisse nur einen **sehr eingeschränkten**, möglicherweise sogar nur **temporären Schutz** dar.[91] Ferner ist zu bedenken, dass sich die Arbeit eines Untersuchungsausschusses im parlamentarischen Spannungsfeld abspielt. Die Erörterung in einem mehrköpfigen Gremium kann es daher erschweren, den Urheber einer etwa der Presse zugespielten Information namhaft zu machen.[92]

28 Daher können gegenüber den nichtöffentlichen Beratungen **weitergehende Schutzmaßnahmen** durchaus angezeigt sein.[93] So kennt die parlamentarische Praxis auch so genannte **vertrauliche** Sitzungen. Sie sind nach den Geschäftsordnungen der Parlamente zum Beispiel zum Schutz von Grundrechten vorgesehen.[94] Ebenso haben einige Untersuchungsausschussgesetze diese **Differenzierung aufgegriffen**.[95] Vertrauliche Beratungen sind bezüglich des Personenkreises, der an ihnen teilnehmen darf und hinsichtlich der Mitteilung von Ergebnissen strenger als dies bei bloßer Nichtöffentlichkeit der Fall ist. So dürfen **weder Inhalt noch Ergebnis der Beratungen** mitgeteilt werden und müssen Erklärungen gegenüber der Öffentlichkeit, insbesondere gegenüber den Medien, vom **jeweiligen Aus-**

---

[88] BVerfGE 67, 100 (138); 77, 1 (47 f.); a.A. *Linck*, ZRP 1987, 11 (15 f.); *H. H. Klein*, MD, Art. 44 Rn. 176.
[89] BVerfGE 77, 1 (48); *H. H. Klein*, MD, Art. 44 Rn. 178; *Glauben*, DÖV 2007, 149 (152).
[90] So zutr. *Stern*, AöR 109 (1984) 199 (292 f.); Wissenschaftliche Dienste Deutscher Bundestag, Az.: WF III – 268/96, S. 6.
[91] *Linck*, ZRP 1987, 11 (17).
[92] *Klenke*, NVwZ 1995, 644 (647).
[93] BVerfGE 77, 1 (54); s.a. *Schröder*, Fg. Gesellschaft für Rechtspolitik (1984) S. 407.
[94] S. etwa § 100 GOLT RhPf.
[95] § 7 Abs. 5 UAG Brem.; § 9 Abs. 5 UAG NRW; § 10 Abs. 2 S. 2 UAG RhPf.; § 45 Abs. 5 LTG Saarl.; § 11 Abs. 5 UAG SachsA; § 10 Abs. 4 UAG Thür.; § 8 Abs. 5 IPA-Regeln.

Teil 3 Allgemeine Grundsätze der Untersuchung

schuss beschlossen werden.[96] Die entsprechenden Ergebnisse sind daher nach den Untersuchungsausschussgesetzen einiger Länder auch in einem **gesonderten Teil** des Abschlussberichtes festzuhalten.[97]

29 **Vertrauliche** Beratungen sind insoweit durchaus **hinreichende** Schutzvorkehrungen gegen das Bekanntwerden staatlicher oder privater Geheimnisse. Allerdings kommt ihnen nicht der Schutz des § 353b Abs. 2 Nr. 1 StGB zu, da die **strafrechtliche** Sanktion erst für »**geheime**« Beratungen greift.[98]

30 Die Möglichkeit, Beratungen als »**GEHEIM**« und höher einzustufen besteht für die Parlamente nach der so genannten **Geheimschutzordnung**.[99] Das Untersuchungsausschussgesetz des **Bundestages** greift dies auf, indem der Untersuchungsausschuss ausdrücklich befugt wird, Beweismittel, Beweiserhebungen und Beratungen mit einem **Geheimhaltungsgrad** zu versehen.[100] Außerdem kann der Vorsitzende, etwa in der sitzungsfreien Zeit,[101] eine **vorläufige Einstufung** vornehmen.[102] Die Entscheidung über die Einstufung richtet sich wiederum nach der Geheimschutzordnung des Bundestages.[103] Voraussetzung ist allerdings, dass sich die Verpflichtung zur Geheimhaltung auf **bestimmte** Gegenstände oder Unterlagen sowie Nachrichten beschränkt. Diese müssen hinreichend bestimmt sein. In **Mecklenburg-Vorpommern** finden sich vergleichbare gesetzliche Regelungen.[104]

31 **Verschlusssachen** sind Angelegenheiten aller Art, die durch besondere Sicherheitsmaßnahmen gegen die Kenntnisnahme durch Unbefugte geschützt werden müssen.[105] Die **herausgebende Stelle** hat die Möglichkeit, die so genannten Verschlusssachen von »VS – NUR FÜR DEN DIENST-

---

96 Vgl. § 80 Abs. 9 GOLT RhPf.; s.a. u. § 12 Rdn. 17 f. m.w.N. sowie *Linck*, ZRP 1987, 11 (17).
97 § 31 Abs. 2 UAG Hbg.; § 39 Abs. 1 S. 3 UAG MV; § 28 Abs. 2 UAG RhPf.; § 30 Abs. 2 UAG SachsA; § 24 Abs. 2 UAG SchlH.; § 28 Abs. 2 UAG Thür.
98 *Linck*, ZRP 1987, 11 (17); *Jahn/Engels*, in: Schneider/Zeh, § 20 Rn. 31; *Feuchte*, Art. 35 Rn. 24; a.A. *Perron*, in: Schönke/Schröder, StGB, 28. Aufl. (2010), § 353 b Rn. 14.
99 S. a. *Caspar*, in: ders./Ewer/Nolte/Waack, Art. 18 Rn. 56.
100 § 15 Abs. 1 S. 1 PUAG.
101 *Plöd*, Die Stellung des Zeugen in einem parlamentarischen Untersuchungsausschuss des Deutschen Bundestages, 2003, S. 142.
102 § 15 Abs. 1 S. 2 PUAG.
103 § 15 Abs. 2 S. 1 PUAG.
104 § 18 UAG MV.
105 § 1 Abs. 2 GSO-BT; s.a. *Kirschniok-Schmidt*, Das Informationsrecht des Abgeordneten nach der brandenburgischen Landesverfassung, 2009, S. 405 f.; *Lucke*, Strafprozessuale Schutzrechte und parlamentarische Aufklärung in Untersuchungsausschüssen mit strafrechtlich relevantem Verfahrensgegenstand, 2009, S. 238 ff.

GEBRAUCH« bis »STRENG GEHEIM« einzustufen.[106] Damit bestimmt grundsätzlich die herausgebende Stelle den Geheimhaltungsgrad. Sofern die Einstufung unterblieben ist, bestimmt der Untersuchungsausschuss den Geheimhaltungsgrad.[107] Die herausgebende Stelle ist außerdem für die **Änderung oder Aufhebung** der Geheimhaltungsgrade zuständig.[108] Bei **Streit** zwischen herausgebender Stelle und dem Untersuchungsausschuss über die Einstufung entscheidet der **Ermittlungsrichter des Bundesgerichtshofes**.[109]

Während **einige Länder** hinsichtlich der Beweisaufnahme und Aktenvorlage nur **pauschal** auf ihre Geheimschutzordnung verweisen,[110] finden sich im Hamburger Untersuchungsausschussgesetz zumindest **Anhaltspunkte**, welche Schutzvorkehrungen erforderlich sind.[111] Dagegen verfügt **Mecklenburg-Vorpommern** hinsichtlich der Einstufung von Beweismitteln über gesetzliche Regelungen, die den bundesgesetzlichen Bestimmungen vergleichbar sind.[112]

Vor dem Hintergrund dieser Regelungen und mit Blick auf das Flick-Urteil des Bundesverfassungsgerichts,[113] ist die herrschende Meinung zu Recht der Auffassung, dass die **Geheimschutzordnung** des Bundestages und die der Länderparlamente **ausreichende Vorkehrungen** zur Wahrung entsprechender Geheimnisse enthält.[114] Daher darf die Vorlage von Unterlagen grundsätzlich **nicht verweigert** werden, wenn das Parlament den von der Regierung festgelegten Geheimhaltungsgrad akzeptiert.[115]

Weigert sich der Untersuchungsausschuss dagegen, den von der Regierung für notwendig gehaltenen Geheimnisschutz **zu gewährleisten**, so muss diese die betreffenden Unterlagen zumindest **vorerst nicht vorlegen**.[116] Nimmt **umgekehrt** die Regierung trotz entsprechender Sicherheitsvorkehrungen des Untersuchungsausschusses für sich in Anspruch, geheim zu haltende

---

106 § 2 Abs. 1 GSO-BT.
107 *Plöd*, Die Stellung des Zeugen in einem parlamentarischen Untersuchungsausschuss des Deutschen Bundestages, 2003, S. 144 f.
108 § 3 Abs. 2 S. 2 GSO-BT.
109 § 18 Abs. 3 PUAG.
110 § 9 Abs. 4 UAG BadWürtt.; Art. 17 S. 2 bay.UAG; § 10 Abs. 7 UAG RhPf.; § 10 Abs. 6 UAG SchlH.; § 10 Abs. 7 UAG Thür.
111 § 18 Abs. 4 UAG Hbg.
112 § 34 UAG MV.
113 BVerfGE 67, 100 (136).
114 S. etwa *Achterberg/Schulte*, in: v. Mangoldt/Klein/Starck II, Art. 44 Rn. 150; *Schröder*, in: Schneider/Zeh, § 46 Rn. 31; ders. in: Fg. Gesellschaft für Rechtspolitik (1984) S. 407; *Bickel*, Verh. d. 57. DJT (1988), S. M. 35; *Schneider*, ebd., S. M. 80; *Kretschmer*, DVBl. 1988, 811 (818).
115 BVerfGE 76, 363 (389).
116 BVerfGE 67, 100 (137); 77, 1 (56); *Umbach*, in: ders./Clemens, GG, Art. 44 Rn. 60.

Tatsachen dem Untersuchungsausschuss **vorzuenthalten**, so muss sie den Ausschuss notfalls in **vertraulicher Sitzung** über die **Notwendigkeit der Geheimhaltung** unterrichten.[117]

35   Das **Bundesverfassungsgericht** hat allerdings noch einen **weiteren Weg** für zulässig gehalten: das so genannte **Vorsitzenden-Verfahren**.[118] Danach wird dem Vorsitzenden und seinem Stellvertreter Einsicht in die geheimen Akten gewährt, damit sie sich davon überzeugen können, dass die Weigerung der Aktenherausgabe zu Recht erfolgt.[119] Daneben ist von der Rechtsprechung noch das sog. modifizierte Vorsitzenden-Verfahren entwickelt worden, bei dem noch eine neutrale Person hinzutritt.[120]

36   Das Verfahren wird als verfassungsrechtlich **nicht abgesichert** beurteilt[121] und ist daher in der Rechtslehre auf **breite Kritik** gestoßen.[122] Gleichwohl wird das Vorsitzendenverfahren für den Bundestag **auch nach Inkrafttreten** des PUAG als zulässig angesehen, obwohl des dort nicht ausdrücklich erwähnt ist.[123] Verfassungsrechtlich haltbar dürfte dieses Verfahren wegen der damit verbundenen **Privilegierung** einzelner Untersuchungsausschussmitglieder nur mit Blick auf § 18 Abs. 3 PUAG sein. Denn danach besteht die Möglichkeit, in jedem Fall das **Bundesverfassungsgericht** bei einer Verweigerung der Aktenherausgabe anzurufen, so dass nicht im Vorsitzenden-Verfahren das »letzte Wort« gesprochen wird.

37   Denn die **Kritik** an diesem Verfahren ist durchaus **berechtigt**. Das Bundesverfassungsgericht selbst hat in seinen Diätenurteilen die **formale Gleichstellung** aller Parlamentsmitglieder betont.[124] Der Vorsitzende wie auch sein Stellvertreter haben lediglich die Stellung eines **primus inter pares**, denn das Untersuchungsrecht steht dem Untersuchungsausschuss **als Ganzes** zu. Dieses Recht wird beeinträchtigt, wenn der Vorsitzende und sein Stellver-

---

117 *Wiefelspütz*, Das Untersuchungsausschussgesetz, 2003, S. 219.
118 Krit. allerdings BVerfGE 124, 78 (139 f.), wenn Vorsitzender und Stellvertreter den Regierungsfraktionen angehören.
119 BVerfGE 67, 100 (139); 74, 7 (8); zust. *Busse*, DÖV 1989, 45 (53); *Wiefelspütz*, ZG 2003, 35 (50); s.a. *Kohl*, Die Rechtsstellung des Betroffenen nach Art. 44 Abs. 2 S. 1 GG und den entsprechenden Regelungen in den Landesverfassungen, 2001, S. 173; krit. LG Kiel, JZ 1996, 155 bzgl. der Stasi-Akten; ebenso *Umbach*, in: ders./Clemens, GG, Art. 44 Rn. 88.
120 OLG Frankfurt, NJW 2001, 2340 (2342 f.).
121 *Meyer-Bohl*, Die Grenzen der Pflicht zur Aktenvorlage und Aussage vor parlamentarischen Untersuchungsausschüssen, 1992, S. 271.
122 *Achtberg/Schulte*, in: v. Mangoldt/Klein/Starck II, Art. 44 Rn. 152; *Schröder*, Verh. d. 57. DJT (1988), S. E 73 f.; *Meyer-Bohl*, Die Grenzen der Pflicht zur Aktenvorlage und Aussage vor parlamentarischen Untersuchungsausschüssen, 1992, S. 272 f.; a.A. *Bickel*, Verh. d. 57. DJT (1988), S. M 36.
123 *Wiefelspütz*, Das Untersuchungsausschussgesetz, 2003, S. 232 f. m.w.N.
124 BVerfGE 40, 296 (371 f.); 102, 224 (237 ff.).

treter ihr Wissen **nicht** an die übrigen Mitglieder des Ausschusses **weitergeben** dürfen.[125] Das Verfahren wird nicht verfassungsgemäßer, wenn bei einem Streit zwischen Vorsitzendem und Stellvertreter auch noch ein außenstehender Dritter als **Schiedsperson** herangezogen wird.[126] Vertretbar dürfte allenfalls eine **Vorauswahl** des Vorsitzenden und dessen Stellvertreters in dem Sinne sein, dass sie die Akten aussondern, die **offensichtlich** mit dem Untersuchungsauftrag in keinem Zusammenhang stehen.

Die vorstehend beschriebenen Schutzmechanismen, namentlich hinsichtlich der Regelungen in den Geheimschutzordnungen der Parlamente, betreffen zunächst die **staatlichen** Geheimnisse. Das ergibt sich schon allein daraus, dass die **Geheimschutzordnungen** nach ihrem Wortlaut **nicht** auch **private Geheimnisse** schützen sollten. Die Geheimschutzordnungen sind auf den staatlichen Bereich ausgerichtet und erfassen damit zwangsläufig nicht die privaten Geheimnisse.[127] Daher behilft man sich in der Praxis, indem man private Geheimnisse unter die **Generalklausel** der Geheimschutzordnung[128] subsumiert.[129] Dieses Verfahren ist in der Rechtslehre allerdings auf **erhebliche Kritik** gestoßen. Insbesondere sieht man die Funktion des Untersuchungsausschusses, öffentliche Kontrolle auszuüben, als gefährdet an.[130] Dagegen hält das **Bundesverfassungsgericht** die Anwendung der Geheimschutzordnung auch auf private Geheimnisse für durchaus **zulässig**.[131] 38

Inzwischen hat der Deutsche Bundestag eine Anregung *Schröders* aufgegriffen[132] und gemeinsam mit der Verabschiedung des Untersuchungsausschussgesetzes in die Geheimschutzordnung eine **neue Bestimmung** eingefügt. Danach können nunmehr auch **wichtige Geschäfts-, Betriebs-, Erfindungs-, Steuer- und sonstige private Geheimnisse oder Umstände** als »GEHEIM« eingestuft werden.[133] Da Private, anders als staatliche Stellen, 39

---

125 *Schröder*, Fg. Gesellschaft für Rechtspolitik (1984) S. 410; *Busse*, DÖV 1989, 45 (53).
126 So aber OLG Frankfurt, NJW 2001, 2340 (2342 f.).
127 *Jahn/Engels*, in Schneider/Zeh, § 20 Rn. 10 u. 44.
128 S. etwa § 2 Abs. 5 S. 1 GSO-BT.
129 *Wiefelspütz*, Das Untersuchungsausschussgesetz, 2003, S. 216; Wissenschaftliche Dienste Deutscher Bundestag, Az.: WF III – 286/96, S. 8; krit. *Linck*, ZRP 1987, 11 (18).
130 *Quaas/Zuck*, NJW 1988, 1873 (1876); *Linck*, ZRP 1987, 11 (18); *Schröder*, Verh. d. 57. DJT (1988), S. E 61; *Stern*, AöR 109 (1984) 199, 291 f.); *Arloth*, NJW 1987, 809 (812 m. Fn. 66); *Meyer-Bohl*, Die Grenzen der Pflicht zur Aktenvorlage und Aussage vor parlamentarischen Untersuchungsausschüssen, 1992, S. 269 f.
131 BVerfGE 67, 100 (135); 74, 1 (7).
132 *Schröder*, Verh. d. 57. DJT (1988), S. E 61.
133 § 2 a Abs. 1 GSO-BT; Lucke, Strafprozessuale Schutzrechte und parlamentarische Aufklärung in Untersuchungsausschüssen mit strafrechtlich relevantem

40 nicht selbst die Einstufung vornehmen können, ist dies Sache des Untersuchungsausschusses.[134] Von den Ländern verfügt nur – soweit ersichtlich – **Nordrhein-Westfalen** über eine **vergleichbare** Regelung.[135] Private Geheimnisse dürfte nach der Einstufung als »GEHEIM« durchaus auch den **strafrechtlichen Schutz** nach § 353b Abs. 2 Nr. 1 StGB genießen. Zwar wird angezweifelt, ob bei einem **Bekanntwerden** wichtige **öffentliche Interessen** gefährdet werden,[136] diese Bedenken überzeugen jedoch nicht. Denn zumindest kann bei einem Bekanntwerden das Vertrauen in die vertrauliche Tätigkeit staatlicher Stellen erschüttert werden[137] und hat auch das Bundesverfassungsgericht beim Steuergeheimnis durchaus eine **Verknüpfung** zwischen privaten Geheimnissen und staatlicher Schutzpflicht mit Blick auf das Vertrauen des Bürgers in die Funktion des Staates gesehen.[138] Es ist nicht ersichtlich, warum diese Feststellung auf das Steuergeheimnis beschränkt sein soll.

Verfahrensgegenstand, 2009, S. 239; s.a. *Rathje*, Der Ermittlungsbeauftragte des parlamentarischen Untersuchungsausschusss, 2004, S. 60 f.
134 *Plöd*, Die Stellung des Zeugen in einem parlamentarischen Untersuchungsausschuss des Deutschen Bundestages, 2003, S. 145; *Schulte*, Jura 2003, 505, 510 m. Fn. 88.
135 § 4 Verschlusssachenordnung NRW.
136 So etwa *Plöd*, Die Stellung des Zeugen in einem parlamentarischen Untersuchungsausschuss des Deutschen Bundestages, 2003, S. 145 f.
137 *Fischer*, StGB, 57. Aufl. (2010), § 353b Rn. 13a.
138 BVerfGE 67, 100 (139).

§ 12 Stellung der Presse

ÜBERSICHT Rdn.
I. Zugang der Presse 1
II. Bild- und Tonaufnahmen 5
III. Information der Presse 16

Literatur: *Augustin,* Parlamentarische Untersuchungsausschüsse: Rechtsgrundlagen und stenografische Praxis, Neue Stenografische Praxis 2008, S. 97; *Binder,* Die Öffentlichkeit nach Art. 42 Abs. 1 S. 1, 44 Abs. 1 S. 1 GG und das Recht der Massenmedien zur Berichterstattung, DVBl. 1985, 1112; *Bräcklein,* Öffentlichkeit im parlamentarischen Untersuchungsverfahren, ZRP 2003, 348; *dies.,* Investigativer Parlamentarismus, 2006; *Brocker,* Parlamentarisches Untersuchungsverfahren und Zurückhaltungsgebot, ZParl 30 (1999) 739; *Glauben,* Justiz und Medien – Öffentlichkeitsarbeit als Bringschuld, in: Meyer (Hrsg.), 50 Jahre Verfassungs- und Verwaltungsgerichtsbarkeit in Rheinland-Pfalz, 1997, S. 335; *Huff,* Saalöffentlichkeit auch in Zukunft ausreichend – Keine Änderung des § 169 S. 2 GVG, NJW 2001, 1622; *Masing,* Parlamentarische Untersuchung privater Sachverhalte, 1998; *Plöd,* Die Stellung des Zeugen in einem parlamentarischen Untersuchungsausschuss des Deutschen Bundestages, 2003; *W. Richter,* Privatpersonen im parlamentarischen Untersuchungsausschuss, 1991; *Schmidt-Hartmann,* Schutz der Minderheit im parlamentarischen Untersuchungsverfahren, 1994; *Weisgerber,* Das Beweiserhebungsverfahren parlamentarischer Untersuchungsausschüsse des Deutschen Bundestages, 2003; *Wiefelspütz,* Das Untersuchungsausschussgesetz, 2003.

I. Zugang der Presse

Nach Art. 5 Abs. 1 S. 1 GG hat jedermann einen grundrechtlich verbürgten Anspruch, sich aus **allgemein zugänglichen Quellen** zu informieren. Welcher Informationsträger genutzt wird, ist unerheblich. Ebenso spielt es keine Rolle, ob die Informationen **Tatsachen oder Meinungen** enthalten oder ob sie **öffentliche** beziehungsweise **private Angelegenheiten** betreffen.[1] Dagegen fällt die pressemäßige und rundfunkspezifische Nutzung unter Art. 5 Abs. 1 S. 2 GG.[2] Aber weder der Schutzbereich der Informationsfreiheit noch die Presse- und Rundfunkfreiheit geben ein **Recht auf Eröffnung** einer Informationsquelle.[3] In der Konsequenz kann daher erst nach Herstellung der allgemeinen Zugänglichkeit der Schutzbereich von Art. 5 Abs. 1 S. 1 GG betroffen sein.[4]

1

---

1 BVerfGE 27, 71 (81 ff.); *Herzog,* MD, Art. 5 I Rn. 87; *Jarass,* in: ders./Pieroth, Art. 5 Rn. 15.
2 BVerfGE 103, 44 (59).
3 BVerfGE 103, 44 (59).
4 BVerfGE 103, 44 (60).

2 Auch mit Blick auf den parlamentarischen Bereich bleibt Art. 5 Abs. 1 GG ein **Abwehrrecht**, das keinen Leistungsanspruch begründet. Das Grundrecht auf Informationsfreiheit und die Presse- und Rundfunkfreiheit räumen mithin den Staatsbürgern und den Vertretern der Medien **keinen Anspruch auf Zutritt** ein.[5] Denn weder die Presse- noch die Rundfunkfreiheit eröffnen ein Recht auf Informationsquellen.[6] Allerdings umfasst die Presse- und Rundfunkfreiheit ein gegen den Staat gerichtetes Recht auf Zugang in den Fällen, in denen eine im staatlichen Verantwortungsbereich liegende Informationsquelle aufgrund rechtlicher Vorgaben zur **öffentlichen Zugänglichkeit** bestimmt ist, der Staat den Zugang dann aber verweigert.[7] Dann kann der Staat zwar **Art und Umfang** des Zugangs bestimmen, die **völlige Zugangsverweigerung** greift dagegen in das Grundrecht ein.[8]

3 Art. 44 Abs. 1 S. 1 GG und die entsprechenden verfassungsgesetzlichen Regelungen der meisten Länder[9] schreiben für parlamentarische Untersuchungsausschüsse verfassungskräftig fest, dass die **Beweiserhebung** grundsätzlich in **öffentlicher Verhandlung** zu erfolgen hat.[10] In Berlin, Brandenburg und Bremen ergibt sich dies jeweils einfachgesetzlich aus den Untersuchungsausschussgesetzen.[11] Auch der **Vorgang der Beweiserhebung** und nicht nur das Ergebnis der Untersuchungen sollen **öffentlich** gemacht werden.[12] Die Öffentlichkeit von Parlamentsverhandlungen ist hergestellt, wenn ihnen ein von vornherein nicht feststehender Personenkreis beiwohnen

---

5 *Achterberg/Schulte*, in: v. Mangoldt/Klein/Starck II, Art. 42 Rn. 5; *Wiefelspütz*, Das Untersuchungsausschussgesetz, 2003, S. 211; a.A. zumindest für Untersuchungsausschüsse, *Bräcklein*, ZRP 2003, 348 (349); *dies.*, Investigativer Parlamentarismus, 2006, S.328.

6 BVerfGE 103, 44 (59 f.); *Schemmer*, in: Epping/Hillgruber, Art. 5 Rn. 75.

7 BVerfGE 103, 44 (60); s.a. VG Saarlouis, LKRZ 2010, 302 (302 f.): Anspruch aus Art. 5 Abs. 1 Satz 2 GG öffentliche Gemeinderatssitzungen zeitgleich oder zeitversetzt zu senden; a. A. OVG Saarlouis, LKRZ 2010, 433 (434).

8 BVerfGE 103,44 (60 f.); zur geschichtlichen Entwicklung des Zugangs elektronischer Medien für die Berichterstattung aus dem Bundestag s. *Bräcklein*, Investigativer Parlamentarismus, 2006, S. 318 f.

9 Art. 35 Abs. 2 BadWürttVerf.; Art. 25 Abs. 5 BayVerf.; Art. 26 Abs. 1 S. 2 HbgVerf.; Art. 92 Abs. 1 S. 2 HessVerf.; Art. 34 Abs. 1 S. 2 MVVerf.; Art. 27 Abs. 3 S. 1 NdsVerf.; Art. 41 Abs. 1 S. 2 NRWVerf.; Art. 91 Abs. 2 RhPfVerf.; Art. 79 Abs. 2 S. 1 SaarlVerf.; Art. 54 Abs. 2 S. 1 SächsVerf.; Art. 54 Abs. 3 S. 1 SachsAVerf.; Art. 18 Abs. 1 S. 2 SchlHVerf.; Art. 64 Abs. 3 S. 1 ThürVerf.

10 S. i.E. o. § 10 Rdn. 1 ff.

11 § 7 Abs. 1 S. 1 UAG Berl.; § 11 Abs. 1 S. 1 UAG Brandb.; § 7 Abs. 1 S. 1 UAG Brem.; § 8 Abs. 1 S. 1 IPA-Regeln.

12 *Bräcklein*, ZRP 2003, 348 (350); *Schmidt-Hartmann*, Schutz der Minderheit im parlamentarischen Untersuchungsverfahren, 1994, S. 110.

kann.[13] Über diese Bestimmungen ist mithin **auch für die Presse** der Zugang zu den Beweisaufnahmen parlamentarischer Untersuchungsausschüsse als **allgemein zugängliche Informationsquellen** garantiert. Dabei ist auch zu berücksichtigen, dass der Öffentlichkeit im parlamentarischen Verfahren eine **höhere Bedeutung** zukommt als im gerichtlichen Verfahren.[14]

Allerdings garantiert der Öffentlichkeitsgrundsatz sowohl im gerichtlichen Verfahren[15] als auch im parlamentarischen Verfahren[16] lediglich die so genannte **Saalöffentlichkeit**. Der Bürger soll die Möglichkeit haben, sich zu den Sitzungen zu begeben und an ihnen als **Zuhörer und Zuschauer** teilzunehmen. Auch das Demokratieprinzip gebietet nicht mehr als die Einräumung der Saalöffentlichkeit.[17] Bis zum Siegeszug der **elektronischen Medien** war dies einhellige Meinung. Trotz dieses Siegeszuges sollte daran festgehalten werden, denn tatsächliche Entwicklungen in und zu einer Mediengesellschaft haben weder normative Wirkung noch sind sie geeignet, im Wege der Auslegung den Begriff »Sitzungsöffentlichkeit« massiv **auszudehnen**.[18] Ebenso wenig ist gesichert, dass eine Fernsehberichterstattung zu einer möglichst **wirklichkeitsgetreuen Abbildung** des Untersuchungsverfahrens führt.[19] Mit Blick auf die Medien folgt daraus, dass diese zwar die Möglichkeit der unmittelbaren Teilnahme haben, aber hinsichtlich ihrer Leser sowie Zuhörer und Zuschauer nur die **indirekte Berichterstattung** garantiert ist.[20] Diese wiederum sind darauf angewiesen, informiert zu werden, da im System der modernen Massenkommunikation die Öffentlichkeit erst durch die Medien, insbesondere das Fernsehen, hergestellt wird.[21]

4

---

13 *Magiera*, in: Sachs, Art. 42 Rn. 1; *Achterberg/Schulte*, in: v. Mangoldt/Klein/Starck II, Art. 42 Rn. 1; *Wiefelspütz*, Das Untersuchungsausschussgesetz, 2003, S. 208.
14 *Weisgerber*, Das Beweiserhebungsverfahren parlamentarischer Untersuchungsausschüsse des Deutschen Bundestages, 2003, S. 370; *Bräcklein*, ZRP 2003, 348.
15 S. dazu BVerfGE 103, 44 (62).
16 So zutr. *W. Richter*, Privatpersonen im parlamentarischen Untersuchungsausschuss, 1991, S. 117.
17 BVerfGE 103, 44 (63) = NJW 2001, 1633 (1635 f.); a.A. Minderheitenvotum, ebd. S. 1638; OVG Saarl, LKRZ 2010, 433 (434); s.a. die Nachw. bei *Wiefelspütz*, Das Untersuchungsausschussgesetz, 2003, S. 210.
18 *Wiefelspütz*, Das Untersuchungsausschussgesetz, 2003, S. 211; ähnl., H. H. Klein, MD, Art. 42 Rn. 36; a.A. *Schmidt-Hartmann*, Schutz der Minderheit im parlamentarischen Untersuchungsverfahren, 1994, S. 134; *Bräcklein*, Investigativer Parlamentarismus, 2006, S. 332 ff.
19 So jedenfalls für das gerichtliche Verfahren BVerfGE 103, 44 (67).
20 *Weisgerber*, Das Beweiserhebungsverfahren parlamentarischer Untersuchungsausschüsse des Deutschen Bundestages, 2003, S. 369 f.
21 VG Saarlouis, LKRZ 2010, 302 (302 f.); *Binder*, DVBl. 1985, 1112 (1114); *Schmidt-Hartmann*, Schutz der Minderheit im parlamentarischen Untersuchungsverfahren, 1994, S. 135.

II. Bild- und Tonaufnahmen

5   Ist der Grundsatz der Öffentlichkeit – wie dargelegt – somit von vornherein nur als verfassungskräftige Garantie der Saalöffentlichkeit zu verstehen, so liegt auf der Hand, dass der Zugang damit sowohl in **rechtlicher Hinsicht**[22] als auch **tatsächlich**[23] beschränkt ist. Für das gerichtliche Verfahren hat das Bundesverfassungsgericht daraus den Schluss gezogen, dass § 169 S. 2 GVG eine Informationsquelle von vornherein nur **beschränkt** eröffnet und daher **kein Schrankengesetz** im Sinne des Art. 5 Abs. 2 GG darstellt.[24] Dagegen ist die **sitzungspolizeiliche** Gewalt ein **allgemeines Gesetz** im Sinne des Art. 5 Abs. 2 GG, bei dessen Anwendung und Auslegung auch die **Bedeutung der Presse- und Rundfunkfreiheit** zu berücksichtigen ist.[25] Über die Verweisung in Art. 44 Abs. 2 S. 1 GG und in den entsprechenden **landesverfassungsgesetzlichen** Regelungen[26] beziehungsweise stattdessen in den **Untersuchungsausschussgesetzen**[27] auf die sinngemäße Anwendung der Vorschriften über den Strafprozess, kommen auch die §§ 169 ff. GVG zur Geltung.[28] Lediglich Berlin, Brandenburg und Nordrhein-Westfalen verzichten auf eine generelle beziehungsweise ergänzende Verweisung auf die Bestimmungen der Strafprozessordnung. Stattdessen erfolgt die Verweisung lediglich hinsichtlich bestimmter **Einzelbefugnisse**.[29]

6   Die vorbeschriebene Auslegung der §§ 169 ff. GVG ist nicht nur bezüglich des gerichtlichen Verfahrens auf Ablehnung gestoßen,[30] sondern sie wird insbesondere für das parlamentarische Untersuchungsverfahren abgelehnt.[31] Zur Begründung wird darauf verwiesen, anders als das gerichtliche Verfahren finde die Arbeit parlamentarischer Untersuchungsausschüsse nicht nur

---

22 BVerfGE 103, 44 (62).
23 *Schmidt-Hartmann*, Schutz der Minderheit im parlamentarischen Untersuchungsverfahren, 1994, S. 112 f.; *Binder*, DVBl. 1985, 1112 (1115).
24 BVerfGE 103, 44 (62); a.A. *Bräcklein*, ZRP 2003, 348 (351).
25 BVerfGE 91, 125 (136 ff.).
26 Art. 25 Abs. 3 S. 1 BayVerf.; Art. 105 Abs. 5 S. 2 BremVerf.; Art. 26 Abs. 2 S. 1 HbgVerf.; Art. 92 Abs. 3 HessVerf.; Art. 34 Abs. 5 MVVerf.; Art. 27 Abs. 6 S. 2 NdsVerf.; Art. 91 Abs. 4 RhPfVerf.; Art. 79 Abs. 4 SaarlVerf.; Art. 64 Abs. 3 S. 2 ThürVerf.
27 § 13 Abs. 6 UAG BadWürtt.; § 13 Abs. 6 UAG Sachs.; § 34 S. 1 UAG SachsA, § 11 Abs. 4 UAG SchlH.
28 BVerfGE 67, 100 (134); *Bickel*, Verh. d. 57. DJT (1988), S. M 37; a.A. für § 169 GVG, *Binder*, DVBl. 1985, 1112 (1118).
29 S. dazu *Menzel*, Landesverfassungsrecht, 2002, S. 441 sowie *Krieg/Giesen*, ZParl 16 (1985) 309 (310 f.).
30 S. dazu abw. Votum in BVerfGE 103, 44 (72 ff.).
31 S. *Bräcklein*, Investigativer Parlamentarismus, 2006, S. 330 ff.

in der Öffentlichkeit, sondern auch für die Öffentlichkeit statt.[32] Auch die »Prangerwirkung« von Untersuchungen werde damit nicht nur hingenommen, sondern werde geradezu erstrebt.[33] Außerdem müsse den Realitäten Rechnung getragen werden. Danach erfolge die Information der Bürger **ausschließlich** über die Medien. Daher garantiere Art. 5 Abs. 1 S. 2 GG die Möglichkeit der **medienspezifischen Berichterstattung**.[34] Die Berichterstattung über die parlamentarische Arbeit ruhe mithin auf zwei Schultern: einer amtlichen in Form der **Parlamentsstenografen**[35] und einer nicht amtlichen über die **Medien**.[36] Vor diesem Hintergrund sei es nicht nur sachgerecht, sondern demokratisch geradezu geboten, den Bürger in dem Sinne unmittelbar an den Beweisaufnahmen parlamentarischer Untersuchungsausschüsse teilhaben zu lassen, dass sowohl direkte **Ton- und Filmaufnahmen** als auch Aufzeichnungen zulässig seien.[37] Außerdem komme der durch die Medien vermittelten Öffentlichkeit auch für den Minderheitenschutz eine besondere Bedeutung zu.[38]

Diese Auffassungen und Forderungen überzeugen indes nicht. Sie verkennen insbesondere, dass für die effektive Arbeit im Untersuchungsausschuss die **gleichen Anforderungen** zu stellen sind wie an ein gerichtliches Verfahren.[39] Die praktische Erfahrung, wonach die Beweisaufnahme in parlamentarischen Untersuchungsausschüssen gerade nicht in der »sachlich

7

---

32 So etwa *Masing*, Parlamentarische Untersuchungen privater Sachverhalte, 1998, S. 289; *Arndt*, DRiZ 1964, 290 (292); *Schmidt-Hartmann*, Schutz der Minderheit im parlamentarischen Untersuchungsverfahren, 1994, S. 125; *Bräcklein*, ZRP 2003, 348 (349).; s.a. die Nachw. bei *Weisgerber*, Das Beweiserhebungsverfahren parlamentarischer Untersuchungsausschüsse des Deutschen Bundestages, 2003, S. 371 m. Fn. 1853; a.A. ausdr. BVerfGE 103, 44 (64).
33 *Masing*, Parlamentarische Untersuchungen privater Sachverhalte, 1998, S. 289.
34 *Binder*, DVBl. 1985, 1112 (1116); *Schmidt-Hartmann*, Schutz der Minderheit im parlamentarischen Untersuchungsverfahren, 1994, S.133 ff.; ähnl. VG Saarlouis, LKRZ 2010, 302 (302 f.).
35 Zur stenografischen Praxis in Untersuchungsausschüssen s. *Augustin*, Neue stenografische Praxis 2008, 97 ff.
36 *Schmidt-Hartmann*, Schutz der Minderheit im parlamentarischen Untersuchungsverfahren, 1994, S. 121.
37 *Binder*, DVBl. 1985, 1112 (1118); krit. dagegen *Kretschmer*, in: Schmidt-Bleibtreu/Klein/Hofmann/Hopfauf, Art. 44 Rn. 21.
38 *Schmidt-Hartmann*, Schutz der Minderheit im parlamentarischen Untersuchungsverfahren, 1994, S. 115; ähnlich *Binder*, DVBl. 1985, 1112 (1115 f.); zurückhaltender *Umbach*, in: ders./Clemens, GG, Art. 44 Rn. 65, der eine Öffnungsklausel fordert, um eine flexible, situationsgebundene Einzelfallprüfung zu ermöglichen; a.A. *Bickel*, Verh. d. 57. DJT (1988), S. M 37 f.
39 *Huff*, NJW 2001, 1622 (1623).

angenehmen Atmosphäre« eines gerichtlichen Verfahrens erfolgen,[40] verlangt eher im Gegenteil – nicht zuletzt unter dem Gesichtspunkt des **Zeugenschutzes**[41] – nach Beschränkungen hinsichtlich der unmittelbaren oder zeitversetzten Übertragung mittels Bild- und Tonaufnahmen. Dies gilt nicht nur mit Blick auf die Arbeitsweise des Untersuchungsausschusses, sondern auch wegen der **Fürsorgepflicht**, die selbstredend auch ein parlamentarischer Untersuchungsausschuss in gewisser Weise für »seine« Zeugen hat, und zwar **unabhängig davon**, ob es sich um eine **Privatperson** oder um einen **Mandats- oder Amtsträger** handelt.[42]

8 Von maßgeblicher Bedeutung ist in diesem Zusammenhang das **allgemeine Persönlichkeitsrecht** des betroffenen Zeugen. Es gewährleistet den Schutz der engeren persönlichen Lebenssphäre, namentlich der **Privat-, Geheim- und Intimsphäre**.[43] Aus diesem Grundrecht wird auch das **Recht am eigenen Wort** abgeleitet.[44] Es ist daher fraglich, ob ohne Zustimmung des Zeugen seine Vernehmung in aller Öffentlichkeit vor laufenden Kameras erfolgen soll. Dabei mag es **Abschichtungen** im Hinblick darauf geben, ob es sich um eine Privatperson oder einen Amts- beziehungsweise Mandatsträger handelt. Letztere mögen vor dem Untersuchungsausschuss nicht in Erfüllung ihrer staatsbürgerlichen Zeugnispflicht, sondern aus einer **Rechenschaftspflicht** aufgrund der Übertragung von Hoheitsgewalt oder aus parlamentarischer Verantwortlichkeit erscheinen.[45] Gleichwohl verliert dieses Grundrecht für sie wegen seines Bezugs zur **Menschenwürde** nicht völlig seine Bedeutung. Auch Amts- und Mandatsträger dürfen nicht zum **bloßen Objekt** eines – hier vor allem auch politischen – **Verfahrens** gemacht werden. Zumindest ist ein Ausgleich im Sinne praktischer Konkordanz geboten.[46] Denn der politische Charakter der Beweiserhebung greift zwangsläufig auf die Situation des Zeugen und seine Stellung in der Öffentlichkeit durch.[47]

---

40 So zutr. *Plöd*, Die Stellung des Zeugen in einem parlamentarischen Untersuchungsausschuss des Deutschen Bundestages, 2003, S. 163 m.w.N.
41 *Wiefelspütz*, Das Untersuchungsausschussgesetz, 2003, S. 213; *Plöd*, Die Stellung des Zeugen in einem parlamentarischen Untersuchungsausschuss des Deutschen Bundestages, 2003, S. 165.
42 *Weisgerber*, Das Beweiserhebungsverfahren parlamentarischer Untersuchungsausschüsse des Deutschen Bundestages, 2003, S. 374; a A. *Bräcklein*, Investigativer Parlamentarismus, 2006, S. 333 f.
43 BVerfGE 109, 279 (313); 54, 148 (153); 35, 202 (219 f.).
44 So ausdr. BVerfGE 34, 238 (246).
45 So *Bräcklein*, ZRP 2003, 348 (352).
46 *Weisgerber*, Das Beweiserhebungsverfahren parlamentarischer Untersuchungsausschüsse des Deutschen Bundestages, 2003, S. 372; *Glauben*, in: Meyer (Hrsg.), 50 Jahre Verfassungs- und Verwaltungsgerichtsbarkeit in RhPf., 1997, S. 348 für das gerichtliche Verfahren.
47 *Masing*, Parlamentarische Untersuchungen privater Sachverhalte, 1998, S. 297.

Vor **laufender Kamera** verändert jeder Mensch nahezu zwangsläufig sein **9** Verhalten.[48] Der Zeuge wird in seiner Aussage **gehemmt**, er muss damit rechnen, dass **jede seiner Regungen** bildlich festgehalten und einem Millionenpublikum zugänglich wird. Die Fragesteller werden ihrerseits bemüht sein, sich in Szene zu setzen, den Zeugen zu **verunsichern**[49] und auf den Zeugen sowie dessen Bild in der Öffentlichkeit eher weniger Rücksicht nehmen. In dieser Weise würde ein Zeuge zum bloßen Objekt herabgewürdigt, und zwar unabhängig davon, in welcher Funktion er vor den Ausschuss geladen wurde.[50] Angesichts dessen kann daher auch die Befragung von Zeugen vor einem parlamentarischen Untersuchungsausschuss nicht mit einer **politischen Plenardebatte** verglichen werden.[51]

Das in Art. 42 Abs. 1 GG und in den Landesverfassungen für die Plenarberatungen der Parlamente festgelegte **Öffentlichkeitsgebot**, das zumindest in der Praxis regelmäßig die **Direktübertragungen** dieser Beratungen einschließt, kann vor diesem Hintergrund für die Beweisaufnahmen parlamentarischer Untersuchungsausschüsse nicht herangezogen werden. Zwar ist es richtig, dass Parlamentarier regelmäßig der **Parlamentsöffentlichkeit** unterworfen sind und Politiker als Personen der Zeitgeschichte durchaus Eingriffe in ihr allgemeines Persönlichkeitsrecht eher hinnehmen müssen als Privatpersonen. Gleichwohl **verbietet** sich vor dem beschriebenen Hintergrund, Übertragungen im Fernsehen bei diesem Personenkreis **generell** und ohne Einschränkungen zuzulassen.[52] Denn gerade in diesen Fällen droht das Interesse an einer **medienwirksamen Darstellung** politischer Kontroversen sowohl bei Ausschussmitgliedern als auch bei Zeugen das Interesse an einer **Sachverhaltsaufklärung** zu überlagern.[53] Die Tatsache, dass der Grundsatz der Öffentlichkeit für die Beweiserhebung parlamentarischer Untersuchungsausschüsse verfassungsgesetzlich festgelegt ist, besagt noch nichts zu den **Modalitäten**, unter denen die Öffentlichkeit zugelassen wird. Sie kann aus **zwingenden Gründen des Gemeinwohls** auch dort ganz oder teilweise ausgeschlossen werden, wo sie nach der Verfassung grundsätzlich geboten ist.[54] Mithin ist als Minus auch eine Beschränkung dort zulässig, wo mindestens gleichwertige Verfassungsgüter dies zu ihrem Schutz erforderlich machen. **10**

---

48 BVerfGE 103, 44 (68); zweifelnd dagegen *Bräcklein*, ZRP 2003, 348 (352).
49 *Bickel*, Verh. d. 57. DJT (1988), S. M 38.
50 *W. Richter*, Privatpersonen im parlamentarischen Untersuchungsausschuss, 1991, S. 117.
51 So aber *Bräcklein*, ZRP 2003, 348 (352); wie hier dagegen *Weisgerber*, Das Beweiserhebungsverfahren parlamentarischer Untersuchungsausschüsse des Deutschen Bundestages, 2003, S. 371; *Schröder*, NJW 2000, 1455 (1458).
52 So aber *Morlok*, RuP 2000, 208 (213).
53 *W. Richter*, Privatpersonen im parlamentarischen Untersuchungsausschuss, 1991, S. 118.
54 BVerfGE 103, 44 (65).

11 Hinzu kommt ein Weiteres: Wie bei gerichtlichen Verfahren[55] besteht ein hohes Risiko der **Veränderung des Aussagegehalts**, wenn die Aufnahmen geschnitten oder sonst bearbeitet, mit anderen zusammengestellt oder gar später in anderen inhaltlichen Zusammenhängen wieder verwendet werden.

12 Gegen eine verfassungsrechtliche Pflicht, **Direktübertragungen** von der Beweisaufnahme der Untersuchungsausschüsse zuzulassen, streitet auch die Art und Weise, wie die Presse schon jetzt von den Mitgliedern der Untersuchungsausschüsse in ihre Arbeit eingebunden wird, sich aber auch einbinden lässt.[56] Das Gebot der Sachlichkeit bliebe weit mehr noch, als dies bereits der Fall ist, auf der Strecke. Medienöffentlichkeit ist **keine Ergänzung** zur Saalöffentlichkeit, sondern ein **aliud**.[57]

13 Ein anderes Ergebnis folgt auch nicht aus der Stellung des Untersuchungsausschusses als Teil eines Verfassungsorgans. Zwar sind nach § 17a Abs. 1 BVerfGG in Ausnahme von § 169 S. 2 GVG für Verfahren vor dem Bundesverfassungsgericht **Ton- und Fernseh-Rundfunkaufnahmen** sowie **Ton- und Filmaufnahmen** zum Zwecke der öffentlichen Vorführung oder der Veröffentlichung ihres Inhalts zulässig und hat das Gericht diese Ausnahme mit seiner **Verfassungsorganstellung** begründet.[58] Allerdings ist diese Medienöffentlichkeit auf die Zeit bis zur Feststellung der Anwesenheit der Beteiligten und auf die öffentliche Verkündung von Entscheidungen beschränkt.[59] Die Beweisaufnahme, um die es den Befürwortern von Direktübertragungen der Sitzungen parlamentarischer Untersuchungsausschüsse in erster Linie geht, ist gerade **nicht erfasst**.[60]

14 Der **Bundesgesetzgeber** hat den vorstehend beschriebenen Umständen Rechnung getragen, indem er in **§ 13 Abs. 1 S. 2 PUAG** an dem Grundsatz festhält, dass Ton- und Filmaufnahmen sowie Ton- und Bildübertragungen **nicht zulässig** sind. **Ausnahmen** davon bedürfen nach § 13 Abs. 1 S. 3 PUAG einer Mehrheit von **zwei Dritteln** der anwesenden Mitglieder sowie der Zustimmung der zu vernehmenden oder anzuhörenden Person.[61] Diese strengen Voraussetzungen sollen der Sicherstellung einer geordneten, störungsfreien und sachlichen Vernehmungssituation dienen.[62] Die Zustimmung des Betroffenen dient dagegen dessen Rechtsgütern und Interessen,

---

55 S. dazu BVerfGE 103, 44 (68).
56 Anschaulich dazu die Bspe. bei *Plöd*, Die Stellung des Zeugen in einem parlamentarischen Untersuchungsausschuss des Deutschen Bundestages, 2003, S. 163 f., 166 f.
57 BVerfGE 103, 44 (68).
58 BVerfGE 103, 44 (70).
59 S. § 17a Abs. 1 Nr. 1 und 2 BVerfGG.
60 *von Collin*, in: Maunz/Schmidt-Bleibtreu/Klein/Bethge, § 17 a Rn. 10.
61 Krit. *Bräcklein*, Investigativer Parlamentarismus, 2006, S. 338 f.
62 So ausdrücklich die Beschlussempfehlung zu § 13, BT-Drucks. 14/5790, S. 15 f.

die durch eine erheblich erweiterte Öffentlichkeit bei Ton- und Bildübertragungen beeinträchtigt werden können.[63]

In den **Untersuchungsausschussgesetzen der Länder** ist die Zulässigkeit von Rundfunk- und Fernsehaufzeichnungen entweder **generell ausgeschlossen**[64] oder sie wird von der **Zustimmung des Vorsitzenden**[65] beziehungsweise **des Ausschusses**[66] und gegebenenfalls auch **der Auskunftsperson**[67] abhängig gemacht. Lediglich in Bayern fehlt eine **ausdrückliche** landesgesetzliche Regelung. Die Anbindung an die Zustimmung des Vorsitzenden oder des Ausschusses erweist sich vor diesem Hintergrund als **verfassungsrechtlich bedenklich**.

III. Information der Presse

Von den Zugangsrechten der Presse zu den öffentlichen Sitzungen parlamentarischer Untersuchungsausschüsse als allgemein zugänglicher Informationsquellen ist die Frage der **Information der Presse** durch den Untersuchungsausschuss oder einzelne Ausschussmitglieder zu unterscheiden. Unabhängig von einem **presserechtlichen Auskunftsanspruch**[68] bestehen **keine rechtlichen Bedenken**, wenn der Untersuchungsausschuss als solcher oder einzelne Mitglieder ihrerseits die Presse über den Inhalt **öffentlicher Sitzungen** einschließlich einer persönlichen Wertung des Ergebnisses der Beweisaufnahme informieren. Wenn auch die Untersuchungsausschussgesetze der Länder Baden-Württemberg,[69] Brandenburg,[70] Nordrhein-Westfalen,[71] Rheinland-Pfalz,[72] Sachsen[73] und Thüringen[74] von Mitgliedern eines Untersuchungsausschusses insbesondere im Bezug auf eine vorgezogenen Beweis-

---

63 *Pieper/Viehten*, in: Kölble, § 13, S. 26.
64 § 11 Abs. 1 S. 2 UAG Brandb.; § 11 Abs. 6 UAG Hbg.; § 10 Abs. 3 S. 2 UAG RhPf.; § 11 Abs. 1 S. 2 UAG SachsA; § 10 Abs. 1 S. 2 UAG SchlH.; § 10 Abs. 3 S. 2 UAG Thür.
65 § 8 Abs. 1 S. 2 UAG BadWürtt.; s. dazu *Feuchte*, Art. 35 Rn. 20; § 8 Abs. 1 S. 2 UAG Sachs.; § 8 Abs. 1 S. 2 IPA-Regeln.
66 § 7 Abs. 1 S. 2 UAG Berl.; § 7 Abs. 1 S. 2 UAG Brem.; § 45 Abs. 2 S. 2 LTG Saarl.
67 § 16 Abs. 1 S. 2 und 3 UAG MV, § 9 Abs. 1 S. 2 u. 3 UAG NRW.
68 S. dazu *Glauben*, in: Meyer (Hrsg.), 50 Jahre Verfassungs- und Verwaltungsgerichtsbarkeit in RhPf., 1997, S. 335 (337 ff.).
69 § 9 Abs. 5 UAG BadWürtt.
70 § 12 Abs. 3 UAG Brandb.
71 § 10 Abs. 3 UAG NRW.
72 § 25 Abs. 2 UAG RhPf.
73 § 9 Abs. 5 UAG Sachs.
74 § 25 Abs. 2 UAG Thür.

würdigung **Zurückhaltung** verlangen,[75] so kann dies mit Blick auf die verfassungsrechtliche Stellung der Abgeordneten in Bund und Ländern, namentlich ihres freien Rederechts, nicht mehr als ein **Appell** sein.[76] Ein Verbot, entsprechende Informationen an die Presse zu geben, kann daraus nicht entnommen werden. Anders als im Bezug auf die verfassungskräftig festgeschriebene Neutralitätspflicht der Richter,[77] besteht für Abgeordnete insoweit **kein Gebot** zur Zurückhaltung oder Neutralität.[78]

17   Anders ist die Rechtslage dagegen hinsichtlich nicht öffentlicher, vertraulicher oder gar geheimer Sitzungen. Insbesondere im Zusammenhang mit der Beweisaufnahme kann zum Schutz öffentlicher, aber auch privater Interessen die Nichtöffentlichkeit, Vertraulichkeit oder Geheimheit des Verfahrens beschlossen werden.[79] In diesen Fällen stehen dem verfassungsrechtlich garantierten freien Rederecht der Abgeordneten **auf der Ebene der Verfassung** andere Rechtsgüter gegenüber, die nicht nur eine **Einschränkung** des Öffentlichkeitsgrundsatzes parlamentarischer Beratungen, sondern auch des Rederechts von Abgeordneten rechtfertigen. In diesen Fällen ist es zulässig, zumindest die vom Untersuchungsausschuss **nicht autorisierte Weitergabe** von Informationen an die Presse **zu untersagen**.[80]

18   Dementsprechend sieht auch § 12 Abs. 3 PUAG vor, dass über Art und Umfang von Mitteilungen an die Öffentlichkeit aus nicht öffentlichen Sitzungen der **Untersuchungsausschuss entscheidet**. Zwar findet sich diese Regelung im Zusammenhang mit der Nichtöffentlichkeit von **Sitzungen zur Beratung**. Dies gilt aber unbeschadet dessen auch für **nicht-öffentliche Sitzungen zur Beweisaufnahme**, da der Ausschluss der Öffentlichkeit nach § 14 PUAG regelmäßig dem Schutz besonderer Rechtsgüter gilt, die in ihrer Bedeutung **nicht geringer** einzustufen sind, als die ungestörte Beratung von Verfahrensfragen und Beschlussfassungen. Für die Behandlung von **Verschlusssachen** gemäß § 16 PUAG ergibt sich ein **Informationsverbot** der Presse als zwangsläufige Folge, sobald Beweismittel, Beweiserhebungen und Beratungen gemäß § 15 Abs. 1 S. 1 PUAG mit einem **Geheimhaltungsgrad** versehen werden.

---

75 S. dazu a. die Nachw. für entsprechende rechtspolitische Forderungen bei *Plöd*, Die Stellung des Zeugen in einem parlamentarischen Untersuchungsausschuss des Deutschen Bundestages, 2003, S. 184.
76 S. dazu i.E. *Brocker*, ZParl 30 (1999) 739 (745 f.).
77 *Brocker*, Ausschluss und Ablehnung von Richtern des Bundesverfassungsgerichts, 1996, S. 22 ff.
78 *Brocker*, ZParl 30 (1999) 739 (743); s. allerdings auch *Plöd*, Die Stellung des Zeugen in einem parlamentarischen Untersuchungsausschuss des Deutschen Bundestages, 2003, S. 181 f. sowie u. § 22 Rdn. 17 ff.
79 S. dazu i.E. § 11 Rdn. 23 ff.
80 Für das gerichtliche Verfahren s. *Glauben*, in: Meyer (Hrsg.), 50 Jahre Verfassungs- und Verwaltungsgerichtsbarkeit in RhPf., 1997, S. 335 (339 f.).

In den **Ländern** finden sich **vergleichbare**, zum Teil aber auch **weiterge-** 19
hende Regelungen als im PUAG. So entscheidet in einigen Ländern **der**
Untersuchungsausschuss über Art und Umfang von Mitteilungen aus
nichtöffentlichen Sitzungen.[81]

In **Baden-Württemberg und Sachsen** sind Mitteilungen an die Öffent- 20
lichkeit über nichtöffentliche Sitzungen **erst nach Abschluss der Beratun-**
gen zulässig. Dasselbe gilt für den Inhalt von Unterlagen, sofern dieser nicht
bereits auf andere Weise der Öffentlichkeit bekannt geworden ist. In den
Mitteilungen an die Öffentlichkeit dürfen die **Namen der Redner** nicht
genannt werden. Von den vorstehenden Vorgaben kann der Untersuchungsausschuss allerdings **Ausnahmen** zulassen.[82]

In **Bayern, Berlin, Bremen, Hamburg, Saarland und Sachsen-Anhalt** 21
finden sich dagegen keine ausdrücklichen Regelungen zu Mitteilungen an die
Öffentlichkeit. Selbstredend sind aber auch hier die Mitglieder des Untersuchungsausschusses an die grundsätzliche Schweigepflicht gebunden.

---

81 § 12 Abs. 1 UAG Brandb.; § 20 UAG MV; § 10 Abs. 1 UAG NRW; § 25 Abs. 1
UAG RhPf.; § 21 Abs. 1 UAG SchlH.; § 25 Abs. 1 UAG Thür.
82 § 9 Abs. 1 bis 3 UAG BadWürtt.; § 9 Abs. 1 bis 3 UAG Sachs.

§ 13 Stellung des Vorsitzenden im Verfahren

ÜBERSICHT   Rdn.
  I. Grundsatz..   1
 II. Einzelne Verfahrensrechte und Aufgaben........................   4
     1. Verhandlungsleitung......................................   4
     2. Ordnungsgewalt..   9
     3. Das »Vorsitzendenverfahren«............................. 11
III. Abwahl des Vorsitzenden................................... 12
     1. Grundsatz.. 12
     2. Abweichende Regelungen in den Ländern.................... 17

Literatur: *Hoog,* Der Vorsitz im Untersuchungsausschuss: die Hamburger Regelungen, ZParl 24 (1993), 233; *Krieg,* Ist die Abwahl des Vorsitzenden eines Untersuchungsausschusses nach nordrhein-westfälischem Recht zulässig? NWVBl. 1989, 429; *Plöd,* Die Stellung des Zeugen in einem parlamentarischen Untersuchungsausschuss des Deutschen Bundestages, 2003; *Richter,* Der Vorsitzende des parlamentarischen Untersuchungsausschusses, in: Fs. Lüderssen (2002), S. 739.

I. Grundsatz

1 Aus dem Grundsatz der Verfahrenshoheit des Untersuchungsausschusses[1] folgt, dass **eigenständige Rechte des Vorsitzenden** nur dann und nur insoweit bestehen können, wie dies durch spezielle Normen begründet ist. Sie stellen eine Abweichung von dem das Untersuchungsverfahren prägenden Grundsatz dar, dass das Verfahren durch Beschlüsse des (gesamten) Ausschusses bestimmt wird und sind damit stets die **Ausnahme**. Im Grundsatz nämlich ist der Vorsitzende bei der Verhandlungsleitung, der Sitzungsvorbereitung, der Terminsbestimmung, der Festlegung der Tagesordnung und den verfahrensleitenden Maßnahmen, ja sogar bei der Sitzungsleitung, umfassend an die Beschlüsse des Ausschusses gebunden. Auch über die Ausübung der ihm zugewiesenen Rechte, d.h. seine Anordnungen oder auch Unterlassungen, kann der Ausschuss stets selbst entscheiden.[2] Diese **verfahrensmäßige Bindung des Vorsitzenden** entspricht dem allgemeinen parlamentarischen Verfahren.[3]

2 Betrachtet man die nachfolgende Übersicht, so wird man im Ergebnis mit Fug und Recht sagen können, dass dem Vorsitzenden im Verfahren letzt-

---
1 S.o. § 9 Rdn. 1 f.
2 Vgl. entspr. *Menzel,* in: Löwer/Tettinger, Art. 41 Rn. 36.
3 *Kretschmer,* in: Schmidt-Bleibtreu/Hofmann/Hopfauf, Art. 44 Rn. 19.

lich rechtlich im Wesentlichen nur die Stellung eines »**primus inter pares**« zukommt.⁴

Dieser Befund steht in diametralem Gegensatz zu der **öffentlichen Wahr-** 3 **nehmung** und besonderen Aufmerksamkeit, die dem Vorsitzenden in praxi regelmäßig zuteil wird. Zwar steht den Ausschussvorsitzenden wie den Ausschüssen des Parlaments selbst nach den allgemeinen parlamentarischen Regeln rechtlich keinerlei Außenvertretungsbefugnis für das Parlament zu.⁵ Auch bei Vorsitzenden von Fachausschüssen ist hier allerdings faktisch eine deutliche Verschiebung hin zu einer stärkeren Außenwahrnehmung des Vorsitzenden eingetreten,⁶ die nicht zuletzt auch deren politischem Gewicht entspricht.⁷ Das gilt für parlamentarische Untersuchungsausschüsse in besonderem Maße. In der Regel ist es der Vorsitzende des Untersuchungsausschusses, der neben den Obleuten als Erster von der Presse bedrängt wird und dem die Rolle zukommt, als »**Repräsentant**« für den Ausschuss als Ganzes zu sprechen⁸. Nicht zuletzt deshalb messen die Fraktionen der Frage, wer den Vorsitz stellt, in praxi zu Recht eine hohe Bedeutung bei.⁹ Der Grund für Letzteres dürfte aber auch darin liegen, dass ein geschickter Vorsitzender die wenigen Befugnisse, die ihm zukommen, durchaus (politisch) effektiv nutzen kann.

II. Einzelne Verfahrensrechte und Aufgaben

1. Verhandlungsleitung

Die vornehmste Aufgabe des Vorsitzenden ist – wie bei allen Ausschuss- 4 vorsitzenden – die **Verhandlungsleitung (Leitungsgewalt)**.¹⁰ Innerhalb der Grenzen, die der Ausschuss ggf. im Einzelfall ausdrücklich beschlossen hat, ist der Vorsitzende frei. Auf Bundesebene findet dieser Grundsatz in § 6 **Abs. 2 PUAG** seinen Niederschlag.

Die Leitungsgewalt wird in Einzelvorschriften **konkretisiert**. Danach 5 gehört dazu vor allem die **Einberufung der Sitzungen** des Untersuchungsausschusses (§ 8 PUAG), die **Unterbrechung der Sitzung** bei Feststellung der Beschlussunfähigkeit (§ 9 Abs. 2 PUAG), die **Ermahnung der Zeugen und Sachverständigen zur Wahrheit** und die **Belehrung** über die straf-

---

4 So *Krieg*, NWVBl. 1989, 429 (430).
5 *Geis*, in: Isensee/Kirchhof III, § 54 Rn. 2.
6 *Grigoleit/Kersten*, DÖV 2001, 363 (365); *Brocker*, BK, Art. 40 Rn. 169.
7 *Dach*, in: Schneider/Zeh, § 40 Rn. 12.
8 *Quaas/Zuck*, NJW 1988, 1873 (1879).
9 Vgl. nur *Hoog*, ZParl 24 (1993), 233 ff.
10 *Krieg*, NWVBl. 1989, 429 (430); *H. H. Klein*, MD, Art. 44 Rn. 96; *Rechenberg*, BK, Art. 44 Rn. 30.

rechtlichen Folgen einer falschen Aussage und deren **Vernehmung zur Person** (§ 24 Abs. 3 u. 4 PUAG). Zu Beginn der Vernehmung zur Sache hat er das in praxi nicht zu unterschätzende **Recht, als erster Fragen zu stellen** (§ 24 Abs. 5 PUAG). Ihm ist damit das **Recht des »ersten Zugriffs«** eingeräumt.[11] Er **erteilt** sodann in einem festgelegten Verfahren den anderen Mitgliedern des Ausschusses **das Wort** (§ 24 Abs. 5 PUAG). Dabei hat er ungeeignete oder nicht zur Sache gehörende **Fragen zurückzuweisen**, wobei allerdings im Streitfall der Ausschuss entscheidet (§ 25 Abs. 1 PUAG).

6   Letzteres ist Ausdruck des allgemeinen Grundsatzes, dass den Vorsitzenden vor allem **als Ausfluss seiner Leitungsgewalt** in besonderem Maße die Verpflichtung trifft zu verhindern, dass die Untersuchung »in Frageform auf dem Rücken von Zeugen ausgetragen wird«.[12] Dieser **besonderen Schutzpflicht**, die dem Ausschussvorsitzenden auferlegt ist, kommt für Auskunftspersonen eine hohe Bedeutung zu.[13]

7   Das führt jedoch nicht dazu, dass an den Vorsitzenden höhere Anforderungen an eine objektive Haltung zu stellen wären als an die anderen Mitglieder des Ausschusses.[14] Auch von ihm kann vernünftiger Weise eine neutrale Haltung zum Untersuchungsgegenstand nicht erwartet werden.[15] Gleichwohl besteht der in praxi nicht weniger effektive **politische Zwang zu einer unparteiischen Verhandlungsführung** des Vorsitzenden. Als Vorsitzendem kommt ihm neben der Sitzungsleitungsfunktion, einschließlich der besonderen Schutzpflichtigkeit für Auskunftspersonen, eine für die Ausschussarbeit zentrale **Koordinations-** und nicht zuletzt auch **Ausgleichs- und Integrationsfunktion** zu.[16] Dies bedingt eine gewisse Zurückgenommenheit in der parteipolitische Aktion im Hinblick auf die Untersuchung. In der politisch nicht selten hoch aufgeladenen Atmosphäre eines parlamentarischen Untersuchungsausschusses liegt hierin eine besondere Anforderung an den Vorsitzenden.

8   Daran ändert sich auch dann nichts, wenn der Vorsitzende, wie in **NRW**, als nicht stimmberechtigtes Mitglied des Ausschusses nicht auf seine Fraktion angerechnet wird und qua Gesetzes »unparteiisch und gerecht« die Rolle eines »Neutralen« einnehmen soll (§ 4 a UAG NRW).[17] Auch dann

---

11 *Kretschmer*, in: Schmidt-Bleibtreu/Hofmann/Hopfauf, Art. 44 Rn. 19.
12 *Hirsch*, Sondervotum, Zur Sache 3/76, S. 152; *Brocker*, ZParl 30 (1999), 739 (747); *ders.*, DVBl. 2003, 667 (668); *Richter*, Fs. Lüderssen (2002), S. 747; *Rogall*, Gs. Meurer (2002), S. 469.
13 *Brocker*, DVBl. 2003, 667 (668); *Richter*, Fs. Lüderssen (2002), S. 747.
14 So aber *Richter*, Fs. Lüderssen (2002), S. 741 ff.
15 S. i.E. § 9 Rdn. 5 u. Rdn. 8.
16 Vgl. für die Fachausschüsse *Grigoleit/Kersten*, DÖV 2001, 363 (369); *Dach*, in: Schneider/Zeh, § 40 Rn. 43 ff.
17 *Menzel*, in: Löwer/Tettinger, Art. 41 Rn. 35. a.A. *Richter*, Fs. Lüderssen (2002), S. 745 ff.

kann er **nicht** etwa wegen **Besorgnis der Befangenheit** abgelehnt werden,[18] da auch er wie die anderen Mitglieder des Untersuchungsausschusses im Untersuchungsverfahren letztlich »immer befangen im Sinne der parteipolitischen Interessenbindung ist«.[19] Die effektive Wahrnehmung seiner ausgleichenden Rolle und schützenden Funktion im Verfahren kann nur politisch, nicht aber rechtlich eingefordert werden.

2. *Ordnungsgewalt*

Dem Vorsitzenden steht das **Hausrecht** – das er stellvertretend für den Parlamentspräsidenten wahrzunehmen hat – und damit die **Ordnungsgewalt** in der Sitzung zu.[20] Er kann daher notfalls Störer aus dem Saal entfernen lassen.[21] §§ 176 bis 179 GVG finden für die **sitzungspolizeilichen Maßnahmen** entsprechende Anwendung.[22] Eine vorherige Anhörung des Betroffenen ist rechtlich nicht geboten.[23] 9

Zu beachten ist allerdings, dass die durch das Hausrecht vermittelte Ordnungsgewalt für die Sitzung parlamentsrechtlich lediglich die **allgemeine Ordnungsgewalt** umfasst.[24] Das bedeutet, dass damit die **Ausschussmitglieder** nicht der **Disziplinargewalt** des Vorsitzenden unterstellt werden. Der Vorsitzende kann Ausschussmitglieder daher allenfalls »hypothetisch rügen«,[25] nicht jedoch einen förmlichen Ordnungsruf erteilen oder ein Ausschussmitglied gar von der Sitzung ausschließen.[26] Einer ungebührlichen Obstruktion und Behinderung der Arbeit des Ausschusses aus dem Ausschuss selbst heraus kann daher nur der Ausschuss selbst wirksam begegnen. 10

3. *Das »Vorsitzendenverfahren«*

Abgesehen von seiner Leitungsgewalt spielt der Vorsitzende – gemeinsam mit seinem Stellvertreter – dann eine besondere Rolle, wenn der seltene Fall des sog. »**Vorsitzendenverfahrens**« bzw. des »**modifizierten Vorsitzendenverfahrens**« eintritt.[27] Hierin liegt eine **besondere**, den anderen Mitgliedern des Ausschusses nicht zustehende **Kompetenz** des Vorsitzenden und 11

---

18 A.A. *Richter*, Fs. Lüderssen (2002), S. 745 ff.
19 S.o. § 9 Rdn. 5 u. Rdn. 8.
20 *Plöd*, Die Stellung des Zeugen in einem parlamentarischen Untersuchungsausschuss des Deutschen Bundestages, 2003, S. 78; *H.-P. Schneider*, AK-GG, Art. 44 Rn. 13; *Versteyl*, in: v. Münch/Kunig II, Art. 44 Rn. 31.
21 *Versteyl*, in: v. Münch/Kunig II, Art. 44 Rn. 31.
22 S.a. o. § 10 Rdn. 8.
23 *Versteyl*, in: v. Münch/Kunig II, Art. 44 Rn. 31.
24 Vgl. dazu allg. *Brocker*, BK, Art. 40 Rn. 138 ff. u. Rn. 169 m.w.N.
25 Vgl. dazu *Brocker*, BK, Art. 40 Rn. 139 m.w.N.
26 *Brocker*, BK, Art. 40 Rn. 169 m.w.N.
27 Vgl. aus der Praxis BT-Drucks. 16/10650, S. 32; s.o. § 11 Rdn. 35 f.

seines Stellvertreters, die nicht wie andere Anordnungen im Verfahren durch Beschlüsse des Ausschusses ersetzt werden kann.[28]

III. Abwahl des Vorsitzenden

1. Grundsatz

12   Wie schon an die Wahl des Vorsitzenden[29] sind auch an seine **Abwahl** in Bund und Ländern unterschiedliche Voraussetzungen geknüpft. Die Abwahl als **actus contrarius zur Wahl** bzw. zur Bestimmung des Vorsitzenden[30] kann daher nicht isoliert betrachtet werden, sondern muss – vor allem dann, wenn es an einer ausdrücklichen Regelung über die Abwahl fehlt – in Beziehung zum Kreationsakt gesetzt werden.

13   Für Untersuchungsausschüsse des **Deutschen Bundestags** fehlt es an einer ausdrücklichen Regelung, was die Abwahl des Vorsitzenden anbelangt. § 6 Abs. 1 PUAG trifft lediglich eine Regelung über die Bestimmung des Vorsitzenden; über die Abwahl schweigt das PUAG. Das bedeutet allerdings nicht, dass eine Abwahl nicht zulässig wäre. Den Fraktionen steht zwar ein Benennungsrecht zu; dieses umfasst allerdings nur das Recht, einen Personalvorschlag zu unterbreiten, über den regelmäßig in der konstituierenden Sitzung des Untersuchungsausschusses unter Vorsitz der Bundestagspräsidenten abgestimmt wird.[31] Der Vorsitzende muss mit Mehrheit gewählt werden. Als **actus contrarius zur Wahl** ist damit die Abwahl **grundsätzlich zulässig**, und zwar durch dasselbe Organ und mit der selben Mehrheit, wie bei der Wahl.[32] Für den Deutschen Bundestag bedeutet dies, dass die Abwahl im Ausschuss – als politische Entscheidung ungebunden und ohne materiell rechtliche Begründung –[33] mit einfacher Mehrheit erfolgt.[34] Da die Abwahl eines Vorsitzenden grundlegend den »Arbeitskonsens« eines Untersuchungsausschusses in Frage stellt,[35] ist ein derartiger Vorgang in der Praxis

---

28 *Achterberg/Schulte*, in: v. Mangoldt/Klein/Starck II, Art. 44 Rn. 96; krit. hierzu *G.A. Wolf*, Parlamentarischer Untersuchungsausschuss und Strafjustiz, 2005, S. 86 ff.
29 S.o. § 7 Rdn. 1 ff.
30 *Achterberg/Schulte*, in: v. Mangoldt/Klein/Starck II, Art. 44 Rn. 95; *Krieg*, NWVBl. 1989, 429 (430).
31 *Morlok*, in: Dreier II, Art. 44 Rn. 38 m. Fn. 158.
32 *Achterberg/Schulte*, in: v. Mangoldt/Klein/Starck II, Art. 44 Rn. 95; *Krieg*, NWVBl. 1989, 429 (430); *Morlok*, in: Dreier II, Art. 44 Rn. 38; *Versteyl*, in: v. Münch/Kunig II, Art. 44 Rn. 22; a.A. *H. H. Klein*, MD, Art. 44 Rn. 94.
33 *Krieg*, NWVBl. 1989, 429 (430).
34 *Achterberg/Schulte*, in: v. Mangoldt/Klein/Starck II, Art. 44 Rn. 95; *Krieg*, NWVBl. 1989, 429 (430); a.A. *H. H. Klein*, MD, Art. 44 Rn. 94.
35 *Morlok*, in: Dreier II, Art. 44 Rn. 39.

zu Recht die absolute Ausnahme und wird im Konflikt mit einem Ausschussvorsitzenden auch politisch als ultima ratio begriffen.

Die Abwahl lässt im Übrigen das **Bestimmungsrecht** der Fraktionen, d.h. deren Vorschlagsberechtigung für das Amt des Vorsitzenden, unberührt. Das Selbstorganisationsrecht des Ausschusses ist insoweit eingeschränkt.[36] 14

Daraus folgt gleichzeitig, dass eine erfolgreiche Abwahl nicht dazu führt, dass der Vorsitzende mit dem Verlust des Vorsitzes auch automatisch seine **Mitgliedschaft im Ausschuss** verliert. Es kann zwar durch Mehrheitsbeschluss ein anderer Abgeordneter an dessen Stelle gesetzt werden; das als Vorsitzender abgewählte Mitglied des Ausschusses kann aber nicht gegen den Willen der Fraktion, die es entsandt hat, aus dem Ausschuss entfernt werden.[37] Anders zu beurteilen ist die rechtliche Situation nur dann, wenn der Vorsitzende nach dem Recht eines Landes nicht auf seine Fraktion anzurechnen ist; das ist lediglich in **Nordrhein-Westfalen** der Fall (§ 4a UAG NRW). 15

Die für die Abwahl des Vorsitzenden geltenden Voraussetzungen und Maßstäbe gelten entsprechend auch für den **stellvertretenden Vorsitzenden**.[38] 16

2. Abweichende Regelungen in den Ländern

Die rechtliche Situation in **Hamburg, Hessen, Mecklenburg-Vorpommern, Niedersachsen und Schleswig-Holstein** entspricht ganz weitgehend der oben für den Deutschen Bundestag beschriebenen Rechtslage. 17

Abweichend von der rechtlichen Situation im Deutschen Bundestag ist allerdings in **Baden-Württemberg, Bayern, Berlin, Brandenburg, Bremen, Nordrhein-Westfalen, Rheinland-Pfalz, dem Saarland, Sachsen, Sachsen-Anhalt und Thüringen** nicht der Ausschuss, sondern das **Plenum** für die Entscheidung über die Abwahl zuständig, da dieses – anders als im Deutschen Bundestag – dort auch die Wahl des Vorsitzenden selbst durchführt.[39] Auch dort verliert der Vorsitzende allerdings mit seiner Abwahl nicht automatisch seine Mitgliedschaft im Untersuchungsausschuss.[40] Will die vorschlagsberechtigte Fraktion jedoch einen Abgeordneten als Vorsitzenden präsentieren, der dem Ausschuss noch nicht angehört, so muss sie ein anderes Mitglied ihrer Fraktion aus dem Ausschuss zurückrufen; das kann auch – muss aber nicht – der abgewählte Vorsitzende sein. 18

Teilweise sind ferner besondere **Quoren** für die Abwahl vorgeschrieben, so in **Brandenburg** (2/3 der anwesenden Mitglieder des Landtags, § 4 Abs. 3 19

---

36 *Krieg*, NWVBl. 1989, 429 (430).
37 *Krieg*, NWVBl. 1989, 429 (431).
38 Insoweit zutr. *H. H. Klein*, MD, Art. 44 Rn. 94.
39 S.o. § 7 Rdn. 1 ff.
40 S.o. Rdn. 15.

S. 5 UAG Brandb.), **Rheinland-Pfalz** (2/3 der Mitglieder des Landtags, § 5 Abs. 3 S. 3 UAG Rh.-Pf.), **Schleswig-Holstein** (2/3 der Mitglieder des Ausschusses, § 6 Abs. 4 S. 1 UAG SchlH) und **Thüringen** (2/3 der Mitglieder des Landtags, § 5 Abs. 3 S. 3 UAG Thür.). Diese erhöhten Quoren sollen die Position des Vorsitzenden in seiner unabhängigen Verhandlungsführung und Verfahrensleitung stärken.

20   **Ausdrückliche Regelungen** über die **Abwahl** des Vorsitzenden finden sich in den Untersuchungsausschussgesetzen von:
– Brandenburg: § 4 Abs. 3 UAG Brandb.
– Rheinland-Pfalz: § 5 Abs. 3 UAG RhPf.
– Sachsen-Anhalt: § 6 Abs. 4 UAG SachsA
– Schleswig-Holstein: § 6 Abs. 4 UAG SchlH
– Thüringen: § 5 Abs. 3 UAG Thür.

§ 14 Stellung der Regierung im Verfahren

ÜBERSICHT   Rdn.
- I. Grundsatz 1
- II. Zutrittsrecht 4
    1. Grundsatz 4
    2. Abweichende Regelungen in den Ländern 11
- III. Zitierrecht 17

Literatur: *Groß/Groß*, Zum Zutrittsrecht zu Verhandlungen der Untersuchungsausschüsse nach Art. 43 Abs. 2 GG, JR 1963, 335; *Partsch*, Parlamentsausschüsse und Regierung, Zur Frage des Zutritts der Regierungsvertreter und ihrer Beauftragten zu Ausschusssitzungen, insbesondere der Untersuchungs- und Wahlprüfungsausschüsse, AöR 83 (1958), 459; *Pietzner*, Das Zutrittsrecht der Bundesregierung im parlamentarischen Untersuchungsverfahren (Art. 43 Abs. 2 S. 1 GG), JR 1969, 43; *Queng*, Das Zutritts- und Rederecht nach Art. 43 Abs. 2 GG, JuS 1998, 610; *Wiefelspütz*, Das Untersuchungsausschussgesetz, 2003.

I. Grundsatz

Die Regierung ist bei den Sitzungen der Untersuchungsausschüsse – ob öffentlich oder nicht öffentlich – idR anwesend. Sie wird durch einen **Beauftragten für das Untersuchungsverfahren** vertreten, der die verfassungsmäßigen Rechte der Regierung, insbesondere ihr Zutritts- und Rederecht nach Art. 43 Abs. 2 GG, und ihre Interessen im Verfahren der Untersuchung wahrnimmt. Der Beauftragte ist **Repräsentant der Regierung** im Ausschuss[1] und gleichzeitig **zentraler Ansprechpartner** für den Ausschuss und sein Sekretariat. 1

In seiner Rolle als Repräsentant der Regierung im Ausschuss und zentraler Ansprechpartner gewinnt der Regierungsbeauftragte zunehmend an Bedeutung, wenn es im Rahmen der Beratungen um Fragen der Reichweite von Aktenanforderungsbegehren des Ausschusses oder Aussagegenehmigungen für Personen aus dem Bereich der Exekutive geht. Da die Regierung eine besondere **Begründungs- und Darlegungspflicht** trifft, wenn sie Informationen gegenüber dem Ausschuss (teilweise) sperren will und ein pauschaler Hinweis auf den Arkanbereich in Aussagegenehmigungen allein für eine Begrenzung nicht genügt[2], kommt es in anbetracht der nicht immer in allen Einzelheiten vorauszusehenden Aussagesituation stärker noch als bei der 2

---
1 *M. Schröder*, in: Schneider/Zeh, § 53 Rn. 8.
2 BVerfGE 124, 78, 120 ff.; s.o. § 9 Rdn. 11.

Beurteilung der Frage der Vertraulichkeitseinstufung von Aktenteilen für die Beurteilung der Aussagen einzelner Zeugen aus dem Bereich der Regierung und der Beurteilung der Reichweite ihrer Aussagegenehmigung stark auf den jeweiligen Vertreter der Regierung im Ausschuss an, der dem Ausschuss – ggf. in einer nachfolgenden Sitzung – wird erläutern müssen, warum er im Einzelfall notfalls aus der Situation heraus eine **Sperrerklärung** abgegeben hat.[3]

3 Im Bund[4] und in den meisten Landesparlamenten[5] hat sich die parlamentarische Übung herausgebildet, dass die Regierung ihren Beauftragten und ggf. dessen Stellvertreter sowie die diese in der Sitzung unterstützenden Mitarbeiter dem Ausschuss **schriftlich benennt**. Dieses Verfahren bewahrt die Regierungsvertreter im übrigen davor, soweit sie nicht als Minister Mitglieder der Regierung sind, was regelmäßig nicht der Fall ist, im Ausschuss auf Nachfrage ihre Vertretungsbefugnis nachweisen zu müssen.[6]

II. Zutrittsrecht

1. Grundsatz

4 Die Frage des Zutritts der Regierung zu nicht öffentlichen Sitzungen der Untersuchungsausschüsse, seien es Sitzungen zur Beweiserhebung oder zur Beratung, gab und gibt allerdings in der Praxis nicht selten Anlass zur (politischen) **Diskussion**. Bemängelt wird vereinzelt vor allem, im Falle einer uneingeschränkten Anwesenheit der Regierung könne der Untersuchungszweck gefährdet werden, wenn Zeugen sich in Interessenkonflikten befänden (etwa Regierungsmitarbeiter) oder Regierungsmitglieder selbst noch als Zeugen gehört werden sollten. Ferner dürfe die Regierung als Objekt der Kontrolle selbst an der Kontrolle nicht teilhaben, da andernfalls »die Kontrollierten die Kontrolleure kontrollierten«.[7]

5 Ausgangspunkt für die Beantwortung der Frage, ob und wenn ja in welchem Umfang die Regierung im Einzelfall vom Zutritt zu einer Sitzung des Untersuchungsausschusses ausgeschlossen werden kann, ist die **verfassungsrechtliche Verankerung** und Ausformung dieses Rechts. Nach dem Grundgesetz (Art. 43 Abs. 2 S. 1 GG) und den Verfassungen der meisten Länder unterliegt das **Zutrittsrecht der Regierung** grundsätzlich **keinerlei**

---

[3] *Brocker*, in: Epping/Hillgruber (BeckOK-GG, Edition 8 [Stand: 1.10.2010]), Art. 44 Rn. 12 a.E.
[4] Vgl. dazu *Wiefelspütz*, Das Untersuchungsausschussgesetz, 2003, S. 206.
[5] Vgl. z. B. für RhPf. *Brocker*, in: Grimm/Caesar, Art. 91 Rn. 43.
[6] Vgl. dazu allg. *Brocker*, in: Epping/Hillgruber, Art. 43 Rn. 24.1 m.w.N.
[7] So *Groß/Groß*, JR 1964, 327 (336); *Morlok*: in: Dreier II, Art. 44 Rn. 43; *Partsch*, AöR 83 (1958), 459 (469 f.); *Pietzner*, JR 1969, 43 ff.; *M. Schröder*, BK, Art. 43 Rn. 62 ff.; *ders.*, in: Schneider/Zeh, § 53 Rn. 11; krit. auch de lege ferenda *Achterberg/Schulte*, in: v. Mangoldt/Klein/Starck II, Art. 44 Rn. 112 f.

sachlichen, thematischen oder personellen Einschränkung.⁸ Dies gilt grundsätzlich auch für die nicht öffentlichen Beratungssitzungen der Untersuchungsausschüsse.⁹ Was die Untersuchungsausschüsse des Deutschen Bundestages anbelangt, gilt insoweit auch für die Mitglieder des **Bundesrates** nichts anderes.¹⁰

Dieser Grundsatz kann nur in sehr engen Grenzen durchbrochen werden, nämlich allenfalls dann, wenn das verfassungsmäßig garantierte Zutrittsrecht der Regierung eine entsprechende **verfassungsimmanente Begrenzung** erfährt.¹¹ Das wäre etwa dann der Fall, wenn die Regierung ihr Zutrittsrecht **missbräuchlich** in Anspruch nähme und dadurch den Untersuchungszweck gefährden würde.¹² Die Hürde für die Annahme eines Missbrauchs liegt allerdings hoch und macht eine eingehende Einzelfallbetrachtung notwendig. Denkbare Fälle sind etwa, dass ein Geheimnisschutz ganz ausnahmsweise anders als durch den Ausschluss der Regierung oder zumindest einzelner Vertreter nicht gewährleistet werden kann,¹³ dass der Zutritt im Einzelfall in einer solchen Zahl begehrt wird, dass die räumlichen Kapazitäten nicht mehr ausreichen,¹⁴ oder dass tatsachengestützte Anhaltspunkte dafür bestehen, dass ein Zeuge in Anwesenheit der Regierungsvertreter die Wahrheit nicht sagen wird.

6

Darüber hinaus aber ist größte Zurückhaltung bei der Einschränkung des Zutrittsrechts der Regierung geboten. Die Regierung ist nämlich zumindest bei Kontroll-, namentlich bei Missstandsenqueten regelmäßig nicht unbeteiligte Dritte, sondern »**gleichsam Partei**«.¹⁵ Daraus folgt gerade nicht ein Gebot der »Gegnerfreiheit«¹⁶ der parlamentarischen Untersuchung, und zwar auch nicht in den Beratungssitzungen. Es ist vielmehr umgekehrt so, dass der Regierung – nicht zuletzt als Ausdruck des Kooperationsprinzips und des »staatsleitenden Dialogs zwischen Parlament und Regierung«, das

7

---

8 *Achterberg/Schulte*, in: v. Mangoldt/Klein/Starck II, Art. 43 Rn. 47 f.; *Brocker*, in: Epping/Hillgruber, Art. 43 Rn. 15.
9 NdsStGH, AöR 83 (1958), 423 (437); *Achterberg/Schulte*, in: v. Mangoldt/Klein/Starck II, Art. 43 Rn. 47; *Brocker*, in: Epping/Hillgruber, Art. 44 Rn. 19; *H. H. Klein*, MD, Art. 44 Rn. 189; *Rechenberg*, BK, Art. 44 Rn. 21; *Schulte*, Jura 2003, 505 (511); a.A. *Groß/Groß*, JR 1964, 327 (336); *Morlok*, in: Dreier II, Art. 44 Rn. 43; *Partsch*, AöR 83 (1958), 459 (469 f.); *Pietzner*, JR 1969, 43 ff.; *M. Schröder*, BK, Art. 43 Rn. 64; *ders.*, in: Schneider/Zeh, § 53 Rn. 11.
10 *H. H. Klein*, MD, Art. 44 Rn. 190.
11 So deutlich *H. H. Klein*, MD, Art. 44 Rn. 190; *Queng*, JuS 1998, 610 (611).
12 *Achterberg/Schulte*, in: v. Mangoldt/Klein/Starck II, Art. 43 Rn. 48; *Queng*, JuS 1998, 610 (614).
13 BVerfGE 74, 7 (8 f.).
14 *H. H. Klein*, MD, Art. 44 Rn. 190.
15 BVerfGE 67, 100 (137); NdsStGH, AöR 83 (1958), 423 (434).
16 So aber *M. Schröder*, in: Schneider/Zeh, § 53 Rn. 11.

grundsätzlich auch im parlamentarischen Untersuchungsverfahren Geltung beansprucht[17] – die Möglichkeit nicht genommen werden darf, »Zweifel an der Lauterkeit von Regierungs- und Verwaltungsmaßnahmen (...) zu zerstreuen«.[18] Dies dürfte die Möglichkeit eines Ausschlusses der Regierung, vor allem einzelner Regierungsmitglieder, über die o.g. Fälle hinaus praktisch ausschließen.

8 Eine Ausnahme gilt daher auch nicht etwa für einen Zutritt bei **Beratungssitzungen**, in denen die »**Kontrollstrategie**« entwickelt wird[19] oder im Hinblick auf solche Personen, die aus dem Bereich der Regierung noch als **Zeugen** in Betracht kommen.[20] Was letzteren Fall anbelangt, so behilft sich die Praxis regelmäßig damit, die Regierung zu bitten, einen betroffenen Mitarbeiter, dessen Vernehmung beschlossen wurde, bis zum Abschluss seiner Vernehmung nicht mehr in die Sitzungen des Ausschusses zu schicken, damit seine Aussage nicht durch andere Vernehmungen beeinflusst wird; ein Fall, wo sich die Regierung einer solchen Bitte verschlossen hätte, ist nicht bekannt.[21] Es sind also verfahrensmäßige Lösungen möglich, ohne das verfassungsfeste Zutrittsrecht einzuschränken.[22] Aus dem Deutschen Bundestag sind auch Fälle bekannt, in denen die Regierung darüber hinaus insgesamt (ohne Anerkennung einer Rechtspflicht!)[23] auf Wunsch des Ausschusses einer Beratungssitzung ferngeblieben ist.[24] Die Praxis hat so (politische) Wege gefunden, einem Verfassungskonflikt aus dem Wege zu gehen.

9 Das **Untersuchungsausschussgesetz** des Bundes nimmt diese verfassungsrechtliche Vorgabe konsequent auf und schränkt das Zutrittsrecht der Vertreter der Regierung (und des Bundesrats) nicht ein.[25]

10 Was **Hessen** anbelangt, so dürfte die mögliche Beschränkung des Zutrittsrechts nach § 9 Abs. 1 IPA-Regeln vor diesem Hintergrund allerdings verfassungsrechtlich keinen Bestand haben.

---

17 HbgVerfG, NVwZ 1996, 1201 (1205); *Achterberg/Schulte*, in: v. Mangoldt/Klein/Stark II, Art. 43 Rn. 54.
18 BVerfGE 67, 100 (138).
19 So aber *Wiefelspütz*, Das Untersuchungsausschussgesetz, 2003, S. 207; *M. Schröder*, BK, Art. 43 Rn. 64.
20 So aber *H. H. Klein*, MD, Art. 44 Rn. 190; *Queng*, JuS 1998, 610 (614); *Wiefelspütz*, Das Untersuchungsausschussgesetz, 2003, S. 207.
21 S.a. *Brocker*, in: Grimm/Caesar, Art. 91 Rn. 41 m.w.N.
22 *Achterberg/Schulte*, in: v. Mangoldt/Klein/Starck II, Art. 43 Rn. 48.
23 Schon deshalb ist es zweifelhaft, in diesem Zusammenhang im rechtlichen Sinne von einem »Parlamentsbrauch« zu sprechen; so aber *H.-P. Schneider*, AK-GG, Art. 44 Rn. 9.
24 Vgl. *Wiefelspütz*, Das Untersuchungsausschussgesetz, 2003, S. 205 m.w.N.
25 *H.-P. Schneider*, NJW 2001, 2604 (2607); *Schulte*, Jura 2003, 505 (511); *Wiefelspütz*, Das Untersuchungsausschussgesetz, 2003, S. 206.

2. Abweichende Regelungen in den Ländern

Etwas anderes ist es selbstverständlich, wenn die Verfassungslage eines Landes eine andere Betrachtung vorgibt, indem dort bereits das Zutrittsrecht der Regierung ausdrücklich qua Verfassung eingeschränkt oder doch zumindest beschränkbar ist. Dies ist in **Hamburg** (Art. 23 Abs. 1 S. 1 HbgVerf), **Niedersachsen** (Art. 23 Abs. 3 NdsVerf),[26] **Nordrhein-Westfalen** (Art. 45 Abs. 3 NRWVerf.), **Sachsen** (Art. 49 Abs. 3) und **Thüringen** (Art. 66 Abs. 2 S. 3 ThürVerf.) der Fall: 11

In **Hamburg** haben die Mitglieder des Senats zu den Sitzungen der Untersuchungsausschüsse grundsätzlich uneingeschränkt Zugang. Dies gilt auch für nicht öffentliche Sitzungen, soweit sie der Beweiserhebung dienen. Zu den nicht öffentlichen Beratungssitzungen haben sie allerdings nur Zutritt, wenn sie geladen wurden (§ 11 Abs. 5 S. 2 UAG Hbg.). 12

In **Niedersachsen** findet § 9 Abs. 1 IPA-Regeln Anwendung, wonach die Mitglieder der Landesregierung und ihre Beauftragten aus den nicht öffentlichen Sitzungen der Untersuchungsausschüsse ausgeschlossen werden können, wenn überwiegende Interessen des Zeugen dies gebieten oder wenn dies zur Erlangung einer wahrheitsgemäßen Aussage erforderlich erscheint. Dies ist mit der verfassungsrechtlichen Situation nach Art. 23 Abs. 3 NdsVerf. kompatibel. 13

In **Nordrhein-Westfalen** sind die Vertreter der Landesregierung von der Teilnahme an nicht öffentlichen Sitzungen gem. § 9 Abs. 4 S. 1 UAG NRW grundsätzlich ausgeschlossen; nur mit einer Mehrheit von 2/3 kann der Ausschuss ihre Anwesenheit zulassen (§ 9 Abs. 4 S. 2 UAG NRW).[27] 14

In **Sachsen** wird demgegenüber differenziert zwischen nicht öffentlichen Beweisaufnahmen und Beratungssitzungen, bei denen die Öffentlichkeit ausgeschlossen wurde: Wenn die Öffentlichkeit gem. § 8 Abs. 2 UAG Sachs. von Beweiserhebungen ausgeschlossen wurde, bezieht dieser Ausschluss nicht automatische die Regierungsvertreter mit ein. Nach § 10 Abs. 1 UAG ist hierzu ein gesonderter Beschluss erforderlich, der auch nur unter den dort genannten Voraussetzungen ergehen darf. Die Teilnahme an den Beratungssitzungen ist demgegenüber nur auf besondere Ladung des Ausschusses gestattet (§ 10 Abs. 2 S. 1 UAG Sachs.). Die jeweils erforderlichen Beschlüsse des Ausschusses bedürfen einer 2/3-Mehrheit (§ 10 Abs. 3 UAG Sachs.). 15

In **Thüringen** schließlich bestimmt Art. 66 Abs. 2 S. 3 ThürVerf. ausdrücklich, dass Regierungsmitglieder und ihre Beauftragten durch Mehrheitsbeschluss für nicht öffentliche Sitzungen der Untersuchungsausschüsse, 16

---

26 *Hilwig*, NdsVBl. 2005, 38 (43).
27 S.a. *Krieg/Giesen*, ZParl 16 (1985), 509 (512).

die nicht der Beweisaufnahme dienen, ausgeschlossen werden können. § 16 Abs. 6 S. 2 UAG Thür. nimmt diesen Regelungsgehalt auf. Die Möglichkeit des Ausschlusses der Regierungsmitglieder und ihrer Beauftragten ist damit ausdrücklich auf die Beratungssitzungen beschränkt.[28]

III. Zitierrecht

17 Art. 43 GG und die entsprechenden Vorschriften in den Landesverfassungen lösen allerdings nicht nur eine »Pflichtigkeit« des Untersuchungsausschusses in Form des Zutrittsrechts der Regierung aus (Art. 43 Abs. 2 GG), sondern umgekehrt steht auch einem Untersuchungsausschuss das **Zitierrecht** (Art. 43 Abs. 1 GG), also das Recht auf Herbeirufung eines Regierungsmitglieds, das Rede und Antwort stehen muss, zu.[29] Auch wenn die Ausübung dieses Rechts schon wegen der fehlenden rechtlichen Sanktion für eine Falschaussage und der Abhängigkeit von einem Mehrheitsbeschluss ohne Minderheitenrecht[30] in praxi regelmäßig keine Rolle spielt, ist die Anwendung dieses Instruments nicht unzulässig und kann durchaus wegen seiner raschen Umsetzbarkeit eine **(politische) Option** sein.

---

28 *Linck*, in: ders./Jutzi/Hopfe, Art. 66 Rn. 7.
29 *H. H. Klein*, MD, Art. 43 Rn. 52; *Brocker*, in: Epping/Hillgruber, Art. 43 Rn. 6.
30 *Brocker*, in: Epping/Hillgruber, Art. 43 Rn. 8 m.w.N.

# Teil 4 Beweiserhebung

§ 15 Grundlagen

ÜBERSICHT	Rdn.
I. Rahmen der Beweiserhebung und Beweismittel	1
II. Beweiserhebungs- und -verwertungsverbote	7
1. Allgemeines	7
2. Brief-, Post- und Fernmeldegeheimnis.	8
3. Weitere Beweisverwertungsverbote	10
III. Prüfungsfolge	11
IV. Verfahrensgrundsätze.	12
V. Zwangsmittel	15

Literatur: *Engels*, Parlamentarische Untersuchungsausschüsse, 1989; *Hermanns/Hülsmann*, Parlamentarische Untersuchungsausschüsse, JA 2003, 573; *Lucke*, Strafprozessuale Schutzrechte und parlamentarische Aufklärung in Untersuchungsausschüssen mit strafrechtlich relevantem Verfahrensgegenstand, 2009; *Schleich*, Das parlamentarische Untersuchungsrecht des Bundestages, 1985; *M. Schulte*, Das Recht der Untersuchungsausschüsse, Jura 2003, 505; *Weisgerber*, Das Beweiserhebungsverfahren parlamentarischer Untersuchungsausschüsse des Deutschen Bundestages, 2003; *Wiefelspütz*, Das Untersuchungsausschussgesetz, 2003.

I. Rahmen der Beweiserhebung und Beweismittel

Das Verfahren der **Beweiserhebung** ist das **Kernstück** der parlamentarischen 1
Untersuchung.[1] Die eigene Beweiserhebung ist »das eigentlich verfassungsrechtlich Wesentliche« und macht den Untersuchungsausschuss erst »zum schärfsten parlamentarischen Kontrollmittel«.[2] Dabei hat der Untersuchungsausschuss die erforderlichen, d.h. die durch den Untersuchungsauftrag gebotenen Beweise zu erheben, wobei ihm ein weiter Ermessensspielraum zukommt.[3] Der Untersuchungsausschuss besitzt insoweit eine ganz weitreichende **Verfahrenshoheit**.[4] Er erhebt diejenigen Beweise, die *er* für

---

1 *Schulte*, Jura 2003, 505 (508); *Wiefelspütz*, Das Untersuchungsausschussgesetz, 2003, S. 223 m.w.N.
2 VG Saarl., LKRZ 2010, 314 (315).
3 BVerfGE 67, 100 (128).
4 S.o. § 9 Rdn. 1 f.

erforderlich hält.⁵ Ihm kommt damit unmittelbar aus Art. 44 Abs. 1 GG das **»Recht auf selbstbestimmte Beweiserhebung«** zu.⁶ Der Untersuchungsausschuss ist allerdings nicht nur befugt, sondern auch verpflichtet, diese Beweise zu erheben, d.h. seinen Auftrag effektiv zu erfüllen.⁷ Die Beweiserhebung wird dabei über Beweisbeschlüsse des Ausschusses gesteuert.⁸

2   Der **Begriff der Beweiserhebung** ist weit zu verstehen; er umfasst nicht nur die Beweisaufnahme in der Sitzung selbst, also die Beweisaufnahme i.e.S. (§ 244 Abs. 1 StPO), sondern ist funktional betrachtet auf den **gesamten Prozess der Sachverhaltsaufklärung** erstreckt.⁹ Beweiserhebung meint danach die Beschaffung, Sicherung und Verwertung¹⁰ all derjenigen Beweismittel, die auch im Strafprozess herangezogen werden können.¹¹

3   Die einzelnen **Beweismittel** ergeben sich aus den konkreten Regelungen in den Untersuchungsausschussgesetzen bzw. in Zusammenschau mit den Vorschriften über das Strafverfahren.¹² Umfasst sind danach zum einen die **klassischen Beweismittel**, also der Zeugen- und Sachverständigenbeweis einschließlich der **Gegenüberstellung** von Zeugen (§ 24 Abs. 2 PUAG)¹³ sowie die Augenscheinnahme und der Urkundsbeweis,¹⁴ aber **auch schon** bereits die **Ladung** der Zeugen,¹⁵ die **Anforderung** der Akten¹⁶ sowie deren **Vorlage, Einsichtnahme und Auswertung**.¹⁷

---

5   BVerfGE 124, 78 (114).
6   *Brocker*, in: Epping/Hillgruber, Art. 44 Rn. 40.
7   BayVerfGH, BayVBl. 2007, 171 (172); *Schleich*, Das parlamentarische Untersuchungsrecht des Bundestages, 1985, S. 85; *Scholz*, AöR 105 (1980), 564 (603); *Wiefelspütz*, Das Untersuchungsausschussgesetz, 2003, S. 223.
8   *H. H. Klein*, MD, Art. 44 Rn. 192; s.u. § 16 Rdn. 1 ff.
9   BVerfGE 124, 78 (115); BayVerfGH, BayVBl. 2007, 171 (172); *Weisgerber*, Das Beweiserhebungsverfahren parlamentarischer Untersuchungsausschüsse des Deutschen Bundestages, 2003, S. 144; *Lucke*, Strafprozessuale Schutzrechte und parlamentarische Aufklärung in Untersuchungsausschüssen mit strafrechtlich relevantem Verfahrensgegenstand, 2009, S. 90 jeweils m.w.N.
10 BVerfGE 67, 100 (133); 77, 1 (49); 124, 78 (115).
11 BVerfGE 67, 100 (133); 77, 1 (49); BayVerfGH, BayVBl. 2007, 171 (172); *H. H. Klein*, MD, Art. 44 Rn. 192.
12 Vgl. § 3 Rdn. 2 f.
13 BVerfGE 93, 195 (207); BayVerfGH, BayVBl. 2007, 171 (172 f.) m. zust. Anm. *Brocker*; BGH, DVBl. 2010, 1311 ff. m. zust. Anm. *Gärditz*; s.u. § 27 Rdn. 14.
14 *H. H. Klein*, MD, Art. 44 Rn. 208 ff.; *Rechenberg*, BK, Art. 44 Rn. 24; *H.-P. Schneider*, AK-GG, Art. 44 Rn. 15.
15 BVerfGE 124, 78 (115); *Weisgerber*, Das Beweiserhebungsverfahren parlamentarischer Untersuchungsausschüsse des Deutschen Bundestages, 2003, S. 144 m.w.N.
16 BVerfGE 67, 100 (128); 77, 1 (46); 124, 78 (115).
17 BVerfGE 124, 78 (115); *Rechenberg*, BK, Art. 44 Rn. 24; *H.-P. Schneider*, AK-GG, Art. 44 Rn. 15.

Der Untersuchungsausschuss hat ferner das Recht, ohne dass dies jedoch – 4 soweit ersichtlich – je praktisch relevant geworden wäre, **körperliche und geistige Untersuchungen** von Personen sowie **Leichenschauen** und **Leichenöffnungen** zu veranlassen.[18]

Auch wenn der Begriff der Beweiserhebung mithin funktional weit zu 5 verstehen ist,[19] so erfolgt die **Auswertung der Beweise** allerdings eng angelehnt an die Regelung in § 244 Abs. 1 StPO,[20] d.h. auch, dass insbesondere Akteninhalte durch Verlesung **in das Verfahren eingeführt** werden müssen.[21] Die Aktenbeiziehung wird als **Urkundsbeweis** gewertet,[22] so dass die Inhalte entsprechend – zumindest in wesentlichen Teilen – verlesen werden müssen. In § 31 PUAG und mehreren Untersuchungsausschussgesetzen der Länder finden sich dazu ausdrückliche Regelungen, die diesem Grundsatz Rechnung tragen.[23] Teilweise nutzen die Ausschussmitglieder in der Praxis aber auch nicht selten ein verfahrensmäßiges Schlupfloch, indem sie über den Weg des **Vorhalts** an einen Zeugen den Inhalt eines Aktenstücks selbst in das Verfahren einführen, also unter Umgehung des Erfordernisses eines auf diesen Aktenbestandteil bezogenen Beweisbeschlusses. Solange dies nicht überhand nimmt, wird man die Verfahrensweise auch in Anlehnung an die Praxis des Strafverfahrens für zulässig erachten können. Zumindest aber muss der Fragesteller, bevor der den Vorhalt macht, das Aktenstück mit Band und Blattzahl konkret bezeichnen, nicht zuletzt damit überprüft werden kann, ob der Inhalt ggf. geheimhaltungsbedürftig ist.[24]

Das Beweiserhebungsrecht des Untersuchungsausschusses ist im Übrigen 6 im Grundsatz **allgemein** in dreifacher Hinsicht **limitiert**: Da die Beweiserhebungsrechte dazu dienen, die Durchführung des vom Plenum erteilten Untersuchungsauftrags im Rahmen der parlamentarischen Untersuchungskompetenz zu ermöglichen und zu gewährleisten,[25] ist das Beweiserhebungsrecht des Untersuchungsausschusses funktional bezogen auf und damit **begrenzt durch den Untersuchungsauftrag** (Einsetzungsbeschluss).[26] Dieser wiederum ist begrenzt durch die **allgemeinen Grenzen der Untersuchung**, also den Kompetenzbereich des Parlaments, den Grundsatz der

---

18 SaarlVerfGH, Beschl. v. 2.4.2003, Az. Lv 6/02, S. 12 d. Umdrucks; vgl. auch § 51 Abs. 4 LTG Saarl.
19 S.o. Rdn. 2 f.
20 BVerfGE 77, 1 (49); *Achterberg/Schulte*, in: v. Mangoldt/Klein/Strack II, Art. 44 Rn. 116.
21 *Engels*, Parlamentarische Untersuchungsausschüsse, 1989, S. 159; *H. H. Klein*, MD, Art. 44 Rn. 218.
22 BVerfGE 67, 100 (127 ff.); *Schneider*, Fs. 50 Jahre BVerfG, Bd. II, 2001, S. 656.
23 Vgl. *H. H. Klein*, MD, Art. 44 Rn. 218 sowie § 17 Rdn. 43 ff.
24 *Brocker*, LKRZ 2007, 414 (417).
25 *Hermanns/Hülsmann*, JA 2003, 573 (576).
26 *Böckenförde*, AöR 103 (1978), 1, (39); *Schulte*, Jura 2003, 505 (509).

Gewaltenteilung, die Grundrechtsbindung und das Bestimmtheitsgebot (Untersuchungskompetenz).[27] Die bei der Einsetzung zu beachtenden Grenzen finden darüber hinaus auch im Verfahren Anwendung und sind dort – bezogen auf das einzelne Beweismittel und seine konkrete Anwendung – zu beurteilen.

II. Beweiserhebungs- und -verwertungsverbote

1. Allgemeines

7 Das parlamentarische Untersuchungsausschussverfahren kennt schließlich auch weitergehende **Beweiserhebungs- und -verwertungsverbote**. Diese können sich vor allem daraus ergeben, dass Inhalte, die dem Untersuchungsausschuss vorliegen, von anderen staatlichen Stellen **rechtswidrig erlangt** wurden,[28] die Regierung im Hinblick auf Akten, die dem Ausschuss bereits vorliegen, eine **Sperrerklärung** abgibt und sie das Recht zur Verweigerung der Aktenvorlage gehabt hätte[29] oder wenn das **Brief-, Post- oder Fernmeldegeheimnis** tangiert ist.[30]

2. Brief-, Post- und Fernmeldegeheimnis

8 Was das **Brief-, Post- und Fernmeldegeheimnis** anbelangt, so bestimmt Art. 44 Abs. 2 S. 2 GG ausdrücklich, dass dieses »unberührt« bleibt. Die Verfassungen der Länder enthalten nahezu wortgleiche Bestimmungen. Daraus folgt, dass **jegliche Eingriffe in das Brief-, Post- und Fernmeldegeheimnis zu unterbleiben haben**.[31] Dieser Ausschluss ist umfassend, d.h. das Beweiserhebungsrecht des Untersuchungsausschusses wird insoweit »immunisiert«[32]. Eigene Beweiserhebungen eines parlamentarischen Untersuchungsausschusses, die unmittelbar in die durch Art. 10 GG geschützten Grundrechte eingreifen, sind damit umfassend ausgeschlossen.[33] Dies gilt

---

27 S.o. § 5 Rdn. 1 ff.
28 HbgVerfG, NJW 1989, 1081; *H. H. Klein*, MD, Art. 44 Rn. 221; *Lucke*, Strafprozessuale Schutzrechte und parlamentarische Aufklärung in Untersuchungsausschüssen mit strafrechtlich relevantem Verfahrensgegenstand, 2009, S. 51 ff.
29 Vgl. dazu Wissenschaftliche Dienste des BT, Drucks. 13/10900, S. 413 (420).
30 BVerfGE 124, 78 (127 f.).
31 LG Kiel, NJW 1996, 1976 = JZ 1996, 155 m.Anm. *Bäumler*; *Achterberg/Schulte*, in: v. Mangoldt/Klein/Starck II, Art. 44 Rn. 176; *H. H. Klein*, MD, Art. 44 Rn. 219 f.; *Morlok*, in: Dreier II, Art. 44 Rn. 50; *Rechenberg*, BK, Art. 44 Rn. 28; a.A. *Scholz*, AöR 105 (1980), 565 (607).
32 *H. H. Klein*, MD, Art. 44 Rn. 219.
33 BVerfGE 124, 78 (126 f.); *Lucke*, Strafprozessuale Schutzrechte und parlamentarische Aufklärung in Untersuchungsausschüssen mit strafrechtlich relevantem Verfahrensgegenstand, 2009, S. 366; *H. H. Klein*, MD, Art. 44 Rn. 219 f.; *Morlok*, in:

angesichts von Sinn und Zweck des in Art. 44 Abs. 2 S. 2 GG umfassend getroffenen Ausschlusses auch für den **Einsatz technischer Observationsmittel** und **akustischer Abhörmaßnahmen** innerhalb (arg. e Art. 13 Abs. 3 ff. GG)[34] und außerhalb der Wohnung.[35]

Damit ist allerdings noch nichts darüber gesagt, ob auch mittelbare Eingriffe parlamentarischer Untersuchungsausschüsse in die durch Art. 10 GG geschützten Grundrechtspositionen durch Art. 44 Abs. 2 S. 2 GG umfassend ausgeschlossen werden. Der Wortlaut des Art. 44 Abs. 2 S. 2 GG spricht zwar dafür, dass bereits die **Überlassung von Abhörprotokollen oder Verbindungsdaten** an einen parlamentarischen Untersuchungsausschuss untersagt ist,[36] was auch dem Sinn und Zweck der Bestimmung Rechnung trägt, einem Untersuchungsausschuss die Möglichkeit eines solchen Grundrechtseingriffs umfassend zu versagen. Die Wertungsentscheidung des Art. 44 Abs. 2 S. 2 GG würde unterlaufen, könnte ein parlamentarischer Untersuchungsausschuss, der selbst nicht zur Anwendung der genannten Maßnahmen befugt ist, sich die Daten auf dem Umweg der Aktenanforderung beschaffen. Art. 44 Abs. 2 S. 2 GG steht daher grundsätzlich auch einer »Zweitverwertung« etwa von Abhörprotokollen, also auch bereits deren Überlassung an einen Untersuchungsausschuss, entgegen.[37] Erhält der Ausschuss dennoch Zugang, so besteht ein **Verwertungsverbot**.[38] Dieser Grundsatz kann allerdings keine absolute Geltung beanspruchen, sondern es muss im Einzelfall das Erfordernis effektiver parlamentarischer Kontrolle

9

Dreier II, Art. 44 Rn. 52; *Schleich*, Das parlamentarische Untersuchungsrecht des Bundestages, 1985, S. 378.

34 *H. H. Klein*, MD, Art. 44 Rn. 220.
35 *Lucke*, Strafprozessuale Schutzrechte und parlamentarische Aufklärung in Untersuchungsausschüssen mit strafrechtlich relevantem Verfahrensgegenstand, 2009, S. 368 ff.
36 HbgVerfG, NJW 1989, 1981; a.A. *Lucke*, Strafprozessuale Schutzrechte und parlamentarische Aufklärung in Untersuchungsausschüssen mit strafrechtlich relevantem Verfahrensgegenstand, 2009, S. 375 unter Hinw. darauf, dass Art. 44 Abs. 2 S. 2 GG von »Beweiserhebung« und nicht von »Beweisverwertung« spricht. Dies ist angesichts des weiten Beweiserhebungsbegriffs im parlamentarischen Untersuchungsverfahren (s.o. Rdn. 2 f.) allerdings nicht überzeugend.
37 BVerwG, NJW 2002, 1815; HbgVerfG, NJW 1989, 1081; LG Kiel, NJW 1996, 1976 = JZ 1996, 155 m. Anm. *Bäumler*; *ders./Grundermann*, ZParl 28 (1997), 240 f.; *Brocker*, in: Grimm/Caesar, Art. 91 Rn. 45; *Glauben*, DRiZ 2000, 165 (167); *H. H. Klein*, MD, Art. 44 Rn. 221; *Umbach*, in: ders./Clemens, GG, Art. 44 Rn. 88; a.A. *Kirste*, JuS 2003, 61 (64); *Lucke*, Strafprozessuale Schutzrechte und parlamentarische Aufklärung in Untersuchungsausschüssen mit strafrechtlich relevantem Verfahrensgegenstand, 2009, S. 379.
38 HbgVerfG, NJW 1989, 1081; *H. H. Klein*, MD, Art. 44 Rn. 221; *Umbach*, in: ders./Clemens, GG, Art. 44 Rn. 88; s.a. o. Rdn. 7.

beachtet werden.³⁹ Art. 44 Abs. 2 S. 2 GG enthält insofern eine ungeschriebene, **normimmanente Schranke**. Diese kommt vor allem dann zum Tragen, wenn das Ziel des Untersuchungsausschusses die Aufdeckung möglicher Rechtsverstöße bei der Erhebung oder Auswertung derartiger Daten ist, denn in derartigen Fällen kann die Kenntnisnahme und Verwertung durch den Untersuchungsausschuss zwingende Voraussetzung dafür sein, dass Verantwortlichkeiten für solche Vorgänge geklärt und beurteilt und ggf. für die Zukunft vermieden werden können.⁴⁰

3. Weitere Beweisverwertungsverbote

10 Ein **Verwertungsverbot** kann sich daneben auch dann ergeben, wenn die Beweiserhebung aufgrund eines materiell rechtswidrigen Beweisbeschlusses erfolgt ist, d.h. vor allem dann, wenn sich nachträglich herausstellt, dass der **Einsetzungsbeschluss**, auf dessen Grundlage der Untersuchungsausschuss operiert, verfassungswidrig ist. Fehlen nämlich die Voraussetzungen für eine wirksame Einsetzung, so muss von einer anfänglichen Unwirksamkeit des Einsetzungsbeschlusses und damit von einem Beweiserhebungsverbot des Ausschusses ausgegangen werden, das idR ein Beweisverwertungsverbot nach sich zieht.⁴¹ Diese Einschränkung gilt aber nicht absolut: **Korrigiert** das Plenum nachträglich den ursprünglich verfassungswidrigen Einsetzungsbeschluss⁴² ist zu überprüfen, ob der verfassungswidrige Teil des Einsetzungsbeschlusses Einfluss auf die Beweiserhebung gehabt hat. Mit einem bloßen Hinweis darauf, die erfolgte Beweisaufnahme sei ohnehin nicht ungeschehen zu machen und an den Bericht knüpfe sich auch keine Rechtsfolge, weshalb eine Verwertung unproblematisch sei⁴³ ist es nicht getan. Dem korrigierten – neuen – Einsetzungsbeschluss kommt vielmehr eine **Maßstabsfunktion** zu.⁴⁴ D.h. es kommt entscheidend darauf an, ob die erfolgte Beweiserhebung nach Maßgabe des neu formulierten Untersuchungsauftrags in vollem Umfang zulässig gewesen wäre. In diesem Fall steht einer Verwertung nichts entgegen. Dies gilt für Zeugenaussagen und Aktenbeiziehungen gleichermaßen.⁴⁵ Auch eine Ausnahme für solche Aussagen, die unter zulässiger Androhung von Sanktionen oder

---

39 BVerfGE 124, 78 (127); insoweit zutr. auch *Lucke*, Strafprozessuale Schutzrechte und parlamentarische Aufklärung in Untersuchungsausschüssen mit strafrechtlich relevantem Verfahrensgegenstand, 2009, S. 378.
40 BVerfGE 124, 78 (127 f.).
41 *Caspar*, DVBl. 2004, 845 (851) m.w.N.
42 Vgl. dazu § 6 Rdn. 26.
43 So Zwischenbericht 1. UA, BT-Drucks. 11/6141, S. 9; Bericht 1. UA, BT-Drucks. 11/8109, S. 1.
44 *Caspar*, DVBl. 2004, 845 (852 f.).
45 *Caspar*, DVBl. 2004, 845 (853).

Zwangsmaßnahmen erlangt wurden, dergestalt, dass diese in keinem Fall verwertbar sind, ist nicht veranlasst.[46]

III. Prüfungsfolge

Die **konkrete Prüfung der Zulässigkeit einer Beweiserhebung** ist damit vorgegeben: Das Beweismittel muss dem Untersuchungsausschuss im Grundsatz rechtlich zur Verfügung stehen (1.), die Beweiserhebung muss sich im Rahmen des Untersuchungsauftrags (Einsetzungsbeschluss) bewegen (2.), der seinerseits wirksam zustande gekommen sein und sich im Rahmen der Untersuchungskompetenz des Parlaments bewegen muss (3.), und die Beweiserhebung darf im Einzelfall die auch bei der Einsetzung zu beachtenden Grenzen der Kompetenzausübung (Kompetenzbereich des Parlaments, Gewaltenteilung, Grundrechtsbindung, Bestimmtheitsgebot) nicht überschreiten, wobei letzteres durch die Modi der Beweiserhebung im Einzelfall austariert werden kann (4.). Es darf schließlich kein Beweisverwertungsverbot vorliegen (5.). 11

IV. Verfahrensgrundsätze

Die im parlamentarischen Untersuchungsausschussverfahren geltenden Verfahrensgrundsätze sind denen im Strafverfahren allenfalls angelehnt. Beiden Verfahren gemeinsam ist der **Untersuchungsgrundsatz** (Inquisitionsmaxime), der sowohl das Untersuchungsausschuss- als auch das Strafverfahren maßgeblich prägt.[47] Das heißt, die erforderlichen Beweismittel werden vom Untersuchungsausschuss auf der Grundlage seiner Beweisbeschlüsse selbst beschafft (§ 17 Abs. 1 PUAG). 12

Besondere, für das parlamentarische Untersuchungsausschussverfahren prägende Bedeutung kommt ferner dem in Art. 44 Abs. 1 S. 1 GG verankerten und in §§ 12, 13 PUAG aufgenommenen **Öffentlichkeitsgrundsatz**, was die Beweiserhebung anbelangt, zu.[48] 13

Nicht auf das parlamentarische Untersuchungsausschussverfahren übertragbar sind demgegenüber die Verfahrensgrundsätze der **Unmittelbarkeit** 14

---

46 A.A. *Caspar*, DVBl. 2004, 845 (853); s.a. u. § 25 Rdn. 3.
47 S.o. § 9 Rdn. 4. Teilw. wird auch der im parl. Untersuchungsverfahren zumindest missverständliche Begriff der Offizialmaxime verwandt (so von *Hermanns/Hülsmann*, JA 2003, 573 (576); *Rechenberg*, BK, Art. 44 Rn. 23; *Schleich*, Das parlamentarische Untersuchungsrecht des Bundestages, 1985, S. 30; *Umbach*, in: ders./Clemens, GG, Art. 44 Rn. 69; dagegen zu Recht *H. H. Klein*, MD, Art. 44 Rn. 170 m. Fn. 5).
48 S.o. § 10 Rdn. 1 ff.

und Mündlichkeit der Beweiserhebung.[49] Zwar kann der Untersuchungsausschuss stets – und wird dies idR auch tun – das jeweils sachnächste Beweismittel heranziehen; das bedeutet jedoch nicht, dass er damit dem Unmittelbarkeitsgrundsatz unterworfen wäre.[50] Deshalb bedarf es auch nicht der Gewährleistung **personeller Kontinuität** in der Besetzung des Untersuchungsausschusses.[51] Ebenso führt der Grundsatz, dass Akteninhalte idR durch Verlesung in das Verfahren eingeführt werden, nicht zur Geltung des Mündlichkeitsgrundsatzes, sondern stellt sich vielmehr als besondere Ausprägung des Prinzips dar, dass Beweismittel in das Verfahren einzuführen sind, und trägt gleichzeitig dem für das Untersuchungsverfahren prägenden Grundsatz der öffentlichen Beweiserhebung Rechnung.[52]

V. Zwangsmittel

15 Zur Erzwingung des Zeugnisses bzw. der Vorlage der erforderlichen Unterlagen stehen dem Untersuchungsausschuss zur Umsetzung von Beweisbeschlüssen **Zwangsmittel** zur Verfügung. Dies ist **unerlässlich**, um eine effektive Untersuchungstätigkeit sicherzustellen.[53] Grundsätzlich ist daher die Anwendung sämtlicher Maßnahmen des Zeugenzwangs im parlamentarischen Untersuchungsverfahren zulässig.[54]

16 Gegen **Zeugen** können daher erforderlichenfalls **Ordnungsgelder** wegen unentschuldigten Ausbleibens (§ 21 Abs. 1 PUAG)[55] oder grundloser Zeugnisverweigerung (§ 27 Abs. 1 PUAG) festgesetzt werden. Das gilt auch für einen Sachverständigen (§ 28 Abs. 6 PUAG). Ihnen können ferner die **Kosten** eines nicht genügend entschuldigten Ausbleibens auferlegt werden (§ 21 Abs. 1 PUAG). In Betracht kommen bei einem Zeugen auch ggf. eine **zwangsweise Vorführung** (§ 21 Abs. 1 PUAG) oder die Anordnung von **Beugehaft** (§ 27 Abs. 2 PUAG).[56]

---

49 *Beckedorf*, ZParl 20 (1989), 35 (44); *Hermanns/Hülsmann*, JA 2003, 573 (576); *H. H. Klein*, MD, Art. 44 Rn. 195; *Rechenberg*, BK, Art. 44 Rn. 23; *Umbach*, in: ders./Clemens, GG, Art. 44 Rn. 69; a.A. *G.A. Wolf*, Parlamentarischer Untersuchungsausschuss und Strafjustiz, 2005, S. 92 f.
50 Missverständlich insofern allerdings *Morlok*, in: Dreier II, Art. 44 Rn. 40.
51 SächsVerfGH, LKV 2007, 171; *Kretschmer*, in: Schmidt-Bleibtreu/Hofmann/Hopfauf, Art. 44 Rn. 18.
52 S.o. Rdn. 5.
53 BVerfGE 76, 363 (384); *Pabel*, NJW 2000, 788 (789); *Quaas/Zuck*, NJW 1988, 1873 (1878); *Schleich,* Das parlamentarische Untersuchungsrecht des Bundestages, 1985, S. 24.
54 *Achterberg/Schulte,* in: v. Mangoldt/Klein/Starck II, Art. 44 Rn. 143 m.w.N.
55 VG Hbg., NJW 1987, 1568 ff.
56 Vgl. i.E. § 26 Rdn. 1 ff.

17 Zur Erzwingung der **Herausgabe von Unterlagen** kann erforderlichenfalls ebenfalls ein **Ordnungsgeld** festgesetzt oder Beugehaft angeordnet werden (§ 29 Abs. 2 PUAG). In Betracht kommt ggf. auch die Anordnung der **Beschlagnahme** und der **Durchsuchung** (§ 29 Abs. 3 PUAG). Diese Zwangsmaßnahmen, die auf die Herausgabe von Unterlagen gerichtet sind, sind aus der Natur der Sache heraus allerdings nur gegenüber Privaten zulässig, nicht aber gegenüber der Regierung, Behörden und juristischen Personen des öffentlichen Rechts.[57]

18 Was die **Höhe des Ordnungsgeldes** anbelangt, so kommen – solange und soweit eine Spezialregelung nichts anderes bestimmt – nach Art. 6 Abs. 1 S. 1 EGStGB 5,- bis 1.000,- € in Betracht.[58] Abweichend davon bestimmen §§ 21 Abs. 1 S. 1, 27 Abs. 1, 28 Abs. 6, 29 Abs. 2 PUAG für die Untersuchungsausschüsse des Bundes, dass ein Ordnungsgeld in Höhe von bis zu 10.000,- € festgesetzt werden kann. Diese zugegebenermaßen exorbitant höhere Obergrenze für die Festsetzung eines Ordnungsgeldes ist durch die Besonderheiten des parlamentarischen Untersuchungsverfahrens gegenüber dem Strafverfahren gerechtfertigt und verfassungsrechtlich unbedenklich.[59] Die genaue Festlegung der Höhe des Ordnungsgeldes trifft der Untersuchungsausschuss durch Beschluss.[60]

19 Alle diese Zwangsmaßnahmen stehen unter dem Vorbehalt der **Verhältnismäßigkeit** im Einzelfall.[61] Diese stellt umso höhere Anforderungen an die Zulässigkeit der Zwangsmaßnahme, je stärker der Eingriff wiegt.[62] Dies wird idR im Einzelfall etwa dazu führen, dass der Anordnung von Beugehaft die Verhängung eines Ordnungsgeldes vorausgehen muss.[63] Erscheint allerdings – etwa wegen der besonderen wirtschaftlichen Leistungsfähigkeit des Zeugen – die Verhängung eines Ordnungsgeldes als von vornherein wirkungslos, so ist auch die sofortige Anordnung der Beugehaft denkbar.[64] Auch die Beitreibung

---

57 *Hake*, AöR 113 (1988), 424 (449); vgl. i.E. § 18 Rdn. 1 ff.
58 VG Berl., NVwZ-RR 2003, 708 (711); *Weisgerber*, Das Beweiserhebungsverfahren parlamentarischer Untersuchungsausschüsse des Deutschen Bundestages, 2003, S. 190.
59 Vgl. dazu BT-Drucks. 14/5790, S. 22; *Lucke*, Strafprozessuale Schutzrechte und parlamentarische Aufklärung in Untersuchungsausschüssen mit strafrechtlich relevantem Verfahrensgegenstand, 2009, S. 184 f.; a.A. *Weisgerber*, Das Beweiserhebungsverfahren parlamentarischer Untersuchungsausschüsse des Deutschen Bundestages, 2003, S. 191 f.; krit. auch *Rogall*, Gs. Meurer (2002), S. 468 f.
60 Zum Gebot der Verhältnismäßigkeit s.u. Rdn. 19.
61 BVerfGE 76, 363 (389); BVerfG, NVwZ 2002, 1499 (1450 f.); *Pabel*, NJW 2000, 788 (789); *H.-P. Schneider*, AK-GG, Art. 44 Rn. 15; *Schulte*, Jura 2003, 505 (511).
62 *Achterberg/Schulte*, in: v. Mangoldt/Klein/Starck II, Art. 44 Rn. 143 ff. m.w.N.
63 *Pabel*, NJW 2000, 788 (789).
64 AG Bonn, JR 1994, 171 m. Anm. *Derksen*; *Pabel*, NJW 2000, 788 (789).

des Ordnungsgeldes muss nicht in jedem Fall abgewartet werden.[65] Limitierend wirkt und in die Abwägung einzustellen ist aber stets auch die Relation zwischen der Intensität des Grundrechtseingriffs und dem Gewicht des Untersuchungszwecks und des Beweisthemas.[66] Es sind mithin alle Umstände des Einzelfalls in die Abwägung mit einzubeziehen. Auch insoweit wird dem Untersuchungsausschuss allerdings eine weite Einschätzungsprärogative einzuräumen sein.

20 Der **Vollzug des Ordnungsgeldbescheids** richtet sich nach den allgemeinen Regeln. Danach ist gem. § 36 Abs. 2 S. 1 StPO für die Vollstreckung des Ordnungsgeldbeschlusses die Zuständigkeit der (örtlich zuständigen) Staatsanwaltschaft begründet.[67] Dies gilt bereits für die Zustellung des Ordnungsgeldbescheids des Untersuchungsausschusses.[68]

21 Im Übrigen unterliegen **Verhaftungen** im Hinblick auf Art. 104 GG sowie **Beschlagnahmen** und **Durchsuchungen** dem **Richtervorbehalt**, d.h., ihre Anordnung muss vom Untersuchungsausschuss auf der Grundlage eines Beschlusses beim zuständigen Gericht beantragt werden.[69] Dies gilt auch dann, wenn Gefahr im Verzug ist; eine Kompetenz der Untersuchungsausschüsse, insoweit vorläufige Maßnahmen zu treffen, besteht nicht[70]. Anders ist dies nur für die Anordnung der **Vorführung** eines Zeugen (§ 21 Abs. 1 PUAG); insoweit gilt – zumindest von Verfassungs wegen[71] – der Richtervorbehalt nicht.[72]

---

65 BVerfGE 76, 363 (391 f.); *Schulte*, Jura 2003, 505 (511).
66 BVerfGE 67, 100 (143); 77, 1 (44).
67 *Brocker*, in: Grimm/Caesar, Art. 91 Rn. 53.
68 OLG Düsseldorf, NStZ 1988, 150; *Brocker*, in: Grimm/Caesar, Art. 91 Rn. 53.
69 BVerfGE 76, 363 (383); 77, 1 (51 f.); LG Berlin, Anlagebd. zu BT-Drucks. 14/9300, S. 448 (451).
70 A.A. *Magiera*, in: Sachs, Art. 44 Rn. 24; offen gelassen von BVerfGE 77, 1 (52 f.); *H. H. Klein*, MD, Art. 44 Rn. 195.
71 Einfachgesetzlich besteht der Richtervorbehalt in diesen Fällen gleichwohl in BadWürtt. (§ 16 Abs. 3 UAG), Berl. (§ 12 Abs. 4 UAG), Brem. (§ 11 Abs. 3 UAG), NRW (§ 16 Abs. 1 UAG) und dem Saarl. (§ 51 Abs. 3 LTG).
72 OVG Nds., DÖV 1986, 210 (211 f.); *Gollwitzer*, BayVBl. 1982, 417 (421); *H. H. Klein*, MD, Art. 44 Rn. 209 m. Fn. 3; *Schleich*, Das parlamentarische Untersuchungsrecht des Bundestages, 1985, S. 24 f.; a.A. *H.-P. Schneider*, AK-GG, Art. 44 Rn. 15; *Weisgerber*, Das Beweiserhebungsverfahren parlamentarischer Untersuchungsausschüsse des Deutschen Bundestages, 2003, S. 195 f.

§ 16 Beweisanträge und -beschlüsse

ÜBERSICHT   Rdn.
I. Beweisanträge..   1
II. Beweisbeschlüsse..   7

Literatur: *Schleich*, Das parlamentarische Untersuchungsrecht des Bundestages, 1985; *M. Schulte*, Das Recht der Untersuchungsausschüsse, Jura 2003, 505; *Wiefelspütz*, Das Untersuchungsausschussgesetz, 2003.

I. Beweisanträge

Die Beweiserhebung des Untersuchungsausschusses wird über Beweisbeschlüsse des Ausschusses **gesteuert**, d.h. sie bedarf eines förmlichen Beweisbeschlusses (§ 17 Abs. 1 PUAG).[1] Einem Beweisbeschluss muss dabei jeweils ein entsprechender **Beweisantrag** vorausgehen, d.h. der Antrag eines Antragsberechtigten, der auf die Vornahme von Beweishandlungen durch den Untersuchungsausschuss abzielt. Der Antrag muss seinerseits formal zulässig und die beantragte Beweiserhebung materiell zulässig sein, die unter Beweis gestellte Tatsache muss erheblich und beweisbedürftig sowie das angebotene Beweismittel tauglich sein.   1

Formal ist damit zunächst erforderlich, dass ein **Antragsberechtigter** den Beweisantrag gestellt hat. Das ist in Bund und Ländern jedes einzelne Ausschussmitglied, teilweise ferner ein Betroffener und die Regierung[2]. Die Ausschussmitglieder müssen dabei **als Mitglieder des Untersuchungsausschusses** tätig geworden sein und nicht etwa für ihre Fraktion; die **Fraktionen selbst haben kein Antragsrecht** im Untersuchungsausschuss.[3] In welcher Funktion die Abgeordneten tätig geworden sind, ist in Zweifelsfällen durch Auslegung zu ermitteln.[4]   2

Formal ist weiter Voraussetzung, dass der Inhalt des Beweisantrags **hinreichend bestimmt** ist. Die Beweismittel und die Beweistatsachen müssen dabei so bestimmt angegeben werden, dass ein Beweisbeschluss vollziehbar ist, d.h. das angegebene Beweismittel abgrenzbar und die unter Beweis   3

---

1 BVerfGE 124, 78 (115); *H. H. Klein*, MD, Art. 44 Rn. 192; *Morlok*, in: Dreier II, Art. 44 Rn. 44; *Kretschmer*, in: Schmidt-Bleibtreu/Hofmann/Hopfauf, Art. 44 Rn. 22.
2 S.o. § 10 Rdn. 12.
3 Offen gelassen von BrandbVerfG, LKV 2004, 177 (178).
4 BrandbVerfG, LKV 2004, 177 (178).

gestellte Tatsache erkennbar sind.[5] An diese Voraussetzungen dürfen im parlamentarischen Untersuchungsausschussverfahren allerdings keine allzu hohen Anforderungen gestellt werden. Es bedarf insbesondere keiner **Beweisbehauptung** oder einer derart bestimmten Bezeichnung der Beweistatsache,[6] dass nicht im strafprozessualen Sinne von einem **Beweisermittlungsantrag** oder einem **Ausforschungsbeweis** gesprochen werden könnte. Diese prozessualen Kategorien finden im parlamentarischen Untersuchungsverfahren schon aus der Natur der Sache heraus keine Anwendung,[7] denn es gibt keine Aufteilung zwischen antragsberechtigten Personen und Staatsanwaltschaft auf der einen und dem Gericht auf der anderen Seite. Es ist daher ausreichend, wenn die einzelne Beweiserhebung allein darauf abzielt, zunächst »Licht ins Dunkel« eines Untersuchungskomplexes zu bringen, um so die Aufklärung von politischen Verantwortlichkeiten zu ermöglichen.[8] Im Übrigen würden andernfalls schon in den Beweisanträgen Vorfestlegungen und -verurteilungen getroffen, was im Verfahren gerade vermieden werden soll. Wie bereits Einsetzungsantrag und -beschluss die Untersuchung nicht von vornherein auf ein bestimmtes Ergebnis festlegen dürfen, so gilt das daraus folgende **Antezipationsverbot**[9] konsequent auch für die aus dem Einsetzungsbeschluss entwickelten Beweisanträge und -beschlüsse. Die Grenze ist damit erst dann erreicht, wenn Beweisanträge »**völlig ins Blaue hinein**« gestellt werden, d.h., wenn sie jeglicher tatsächlicher Grundlage entbehren.[10] Das ist idR nur dann der Fall, wenn nach sämtlichen dem Ausschuss bekannten Umständen objektiv unter keinem Gesichtspunkt Anlass zu der Annahme der Tatsache besteht. Die Tatsachen müssen daher auch nicht im Einzelnen vom Antragsteller dargetan werden.

4   Diese Maßstäbe gelten in gleicher Weise für die **Angabe des Beweismittels**[11], mit dessen Hilfe der Beweis erbracht werden soll. Auch dieses muss hinreichend bestimmt sein, wobei der Grad der Bestimmtheit ebenfalls nicht den strengen Regeln des Strafprozesses folgt. Das Beweismittel muss hinreichend **präzise benannt**, ein Zeuge oder Sachverständiger vor allem **hinreichend individualisierbar** sein. Dabei können vernünftigerweise nicht allzu hohe Anforderungen an den Inhalt des Beweisantrags gestellt werden, da die Mitglieder des Ausschusses andernfalls gezwungen wären, ihrerseits (Vor)ermittlungen anzustellen, etwa um die ladungsfähige Anschrift eines

---

5 BVerfGE 124, 78 (115 f.); BrandbVerfG, LKV 2004, 177 (179).
6 BVerfGE 124, 78 (116).
7 BrandbVerfG, LKV 2004, 177 (178).
8 BVerfGE 124, 78 (116); BrandbVerfG, LKV 2004, 177 (178).
9 VerfGH Sachs., LKV 2008, 507 (509 u. 511); *Brocker*, in: Epping/Hillgruber, Art. 44 Rn. 30.
10 So auch BVerfGE 124, 78 (116).
11 S.o. § 15 Rdn. 3.

Zeugen korrekt anführen zu können. Im parlamentarischen Untersuchungsverfahren sollen aber nicht die einzelnen Ausschussmitglieder oder die Fraktionen investigativ tätig werden, sondern der Untersuchungausschuss als Unterorgan des Parlaments als Ganzes. Deshalb ist es idR ausreichend, im Beweisantrag hinreichend individualisierbare Merkmale aufzuführen, damit eine Beibringung des Beweismittels durch das Sekretariat des Ausschusses möglich ist. Das bedeutet vor allem, dass die **ladungsfähige Anschrift** eines Zeugen nicht von dem Antragsteller beigebracht werden muss, sondern dass es ausreicht, dass diese – auf der Grundlage der gemachten Angaben – ermittelt werden kann.[12] Die Regierung ist verpflichtet, bei der Ermittlung notfalls Hilfe zu leisten. Dies kann ausnahmsweise sogar für den Namen eines Zeugen gelten; möglich und ausreichend ist etwa die Angabe: »Der persönliche Referent des Ministers X«.[13] Dies sollte aber die Ausnahme und nicht die Regel sein.

Ein **Beweisantrag** lautet daher idR etwa wie folgt: 5

»Es soll Beweis erhoben werden, ob und ggf. welche Personen im Vorfeld der Durchsuchungsmaßnahme am X von dieser wussten durch
1. Vernehmung der Zeugen
    a) X
    b) Y
2. Verlesung der Akten
    a) X Bd. 1, S. 1
    b) Y Bd. 2, S. 2.«[14]
oder in Frageform:
»Es soll Beweis erhoben werden über folgende Frage:
›In welchem Umfang wurden im Jahr 2002 Tarifverträge abgeschlossen, die zu Tariferhöhungen führten?‹
durch
1. Vernehmung der Zeugen
    a) X
    b) Y
2. Verlesung des Gutachtens X (X Bd. 1, Bl. 100 ff.).«[15]

Materiell-rechtlich ist der Beweisantrag an den **allgemeinen Grenzen** des 6 parlamentarischen Untersuchungsrechts zu messen, d.h., das Beweismittel muss dem Untersuchungsausschuss im Grundsatz rechtlich zur Verfügung stehen (1.), die Beweiserhebung muss sich im Rahmen des Untersuchungsauftrags (Einsetzungsbeschluss) bewegen (2.), der seinerseits wirksam zustande gekommen sein und sich im Rahmen der Untersuchungskompetenz

---

12 Wissenschaftliche Dienste BT, BT-Drucks. 11/6141, S. 408.
13 Bsp. bei Wissenschaftliche Dienste BT, BT-Drucks. 11/6141, S. 408.
14 Vgl. für zahlr. Bsp. LT-Drucks. RhPf. 13/3555, S. 43 ff.
15 Vgl. BT-Drucks. 15/2100, S. 256 m. zahlr. w. Bsp.; vgl. auch entspr. (Untersuchungsauftrag in Frageform) BT-Drucks. 16/10650, S. 20.

des Parlaments bewegen muss (3.), und die Beweiserhebung darf im Einzelfall die auch bei der Einsetzung zu beachtenden Grenzen der Kompetenzausübung (Kompetenzbereich des Parlaments, Gewaltenteilung, Grundrechtsbindung, Bestimmtheitsgebot) nicht überschreiten, wobei Letzteres durch die Modi der Beweiserhebung im Einzelfall austariert werden kann (4.). Es darf schließlich kein Beweisverwertungsverbot vorliegen (5.).[16]

II. Beweisbeschlüsse

7   In den dem Beweisantrag folgenden **Beweisbeschluss** gewendet wird die o.g. Formulierung des Beweisantrags dann mit der **Einleitung** versehen:

>»*Der Untersuchungsausschuss X hat in seiner X. Sitzung am X folgenden Beweisbeschluss gefasst:*«[17]

Der Ausschuss kann gleichzeitig schon den **Termin** für die Durchführung der Beweiserhebung bestimmen.[18] Dabei ist allerdings zu beachten, dass die Terminierung ebenso wie die Reihenfolge der Abarbeitung der Beweisbeschlüsse und der Vernehmung des Zeugen grundsätzlich und damit in wesentlich weiterem Umfang in den Händen der jeweiligen Ausschussmehrheit liegt als die Beschlussfassung über den Inhalt eines Beweisschlusses.[19] Es bietet sich daher an, die Beschlüsse, insbesondere aber die Beweisanträge, auch insofern praktisch zu trennen. Die Minderheit kann insbesondere die Terminierung nicht gleichsam in das Minderheitenrecht »hineinziehen«, indem der Beweisantrag bereits mit einem Termins»vorschlag« versehen wird. Notfalls muss im Ausschuss über die einzelnen Punkte eine getrennte Abstimmung erfolgen.

8   Im Hinblick auf den funktional weiten Begriff der Beweiserhebung, der bereits die Ladung der Zeugen, die Anforderung der Akten sowie deren Vorlage und Einsichtnahme umfasst,[20] ist es auch nicht notwendig, etwa Aktenbeiziehungsbeschlüsse als »**Beweisvorbereitungsbeschlüsse**«[21] zu bezeichnen. Die Beweisanträge und -beschlüsse folgen vielmehr den gleichen Regeln. Eine begriffliche Differenzierung ist daher schlicht überflüssig.

9   Die **Beschlussfassung** erfolgt **mit einfacher Mehrheit**. Die Untersuchungsausschussgesetze des Bundes und der Länder sehen allerdings – vornehmlich unter dem Druck verfassungsrechtlicher Vorgaben – deutliche **Einschränkungen** der Verfahrensautonomie der Untersuchungsausschüsse

---

16 S.o. § 15 Rdn. 5 ff.
17 Vgl. exemplarisch LT-Drucks. RhPf. 13/3555, S. 43 ff.
18 Vgl. exemplarisch LT-Drucks. RhPf. 13/3555, S. 45.
19 S.u. § 27 Rdn. 17.
20 S.o. § 15 Rdn. 3.
21 So aber BT-Drucks. 13/10900, Anlagenbd., S. 93.

vor, als die Ablehnung von Beweisanträgen idR an strenge Voraussetzungen geknüpft wird, um Beweisantrags- und -erhebungsrechte der parlamentarischen Minderheit zu gewährleisten.[22] So darf idR ein Beweisantrag nur dann zurückgewiesen werden bzw. eine Beweiserhebung dann unterbleiben, wenn die Beweiserhebung unzulässig oder das Beweismittel auch nach Anwendung der gesetzlich vorgesehen Zwangsmittel nicht erreichbar ist (§ 17 Abs. 2 PUAG).[23] Ist der Beweisantrag unzulässig, so darf er nicht nur abgelehnt werden, sondern er *ist* abzulehnen.[24]

Teilweise enthalten auch die Untersuchungsausschussgesetze der Länder ausdrücklich einen **Kanon von Ablehnungsgründen**, nämlich
- Baden-Württemberg: § 13 Abs. 2 UAG BadWürtt.
- Nordrhein-Westfalen: § 13 Abs. 3 UAG NRW
- Rheinland-Pfalz: § 13 Abs. 2 UAG RhPf.
- Thüringen: § 13 Abs. 2 UAG Thür.

Danach dürfen Beweisanträge von Ausschussmitgliedern – neben dem Fall des unzulässigen Beweisantrags[25] – **nur dann abgelehnt werden,** wenn eine Beweiserhebung wegen Offenkundigkeit überflüssig ist, wenn die Aufklärung der Tatsache, die bewiesen werden soll, vom Untersuchungsauftrag nicht gedeckt oder die Tatsache schon erwiesen ist, wenn das Beweismaterial völlig ungeeignet oder wenn es unerreichbar ist, wenn eine erhebliche Behauptung, die zur Entlastung eines Betroffenen bewiesen werden soll, so behandelt werden kann, als wäre die behauptete Tatsache wahr oder wenn keine tatsächlichen Anhaltspunkte für die Beweisbehauptung vorliegen sowie wenn der Antrag ersichtlich zum Zwecke der Verschleppung des Verfahrens gestellt ist.[26] Dabei ist anzumerken, dass die Regelungen nicht immer hinreichend sauber zwischen einem unzulässigen Beweisantrag und einem solchen, der trotz Zulässigkeit ausnahmsweise von der Mehrheit abgelehnt werden kann, unterscheiden. **§ 17 Abs. 2 PUAG** enthält demgegenüber sinnvollerweise einen solchen Kanon von Ablehnungsgründen nicht und beschränkt ein Beweiserhebungsrecht konsequent auf solche Beweisanträge, die von einem Viertel der Mitglieder des Untersuchungsausschusses gestellt wurden; ein solcher **nicht qualifizierter Beweisantrag** darf aus jedem (nicht willkürlichen) Grund abgelehnt werden.[27]

---

22 S. dazu i.E. § 27 Rdn. 1 ff.
23 Vgl. *Schulte,* Jura 2003, 505 (509); *Wiefelspütz,* Das Untersuchungsausschussgesetz, 2003, S. 226.
24 So ausdrücklich § 13 Abs. 2 S. 2 UAG RhPf.
25 S.o. Rdn. 9.
26 Letzteres ist *ausdrücklich* nur in § 13 Abs. 2 UAG BadWürtt. u. § 13 Abs. 3 UAG NRW geregelt.
27 BGH, NStZ-RR 2009, 355 (356).

11 In der Praxis wird sich die »ablehnungswillige« Mehrheit in begründeten Zweifelsfällen idR rechtlichen Beistands bedienen, bevor sie einen Beweisantrag ablehnt und daher das Sekretariat des Ausschusses bzw. den Wissenschaftlichen Dienst des Parlaments um eine entsprechende **rechtliche Stellungnahme** bitten. Dessen Stellungnahme kann auch in einer sich ggf. anschließenden gerichtlichen Auseinandersetzung von nicht zu unterschätzender Bedeutung sein, da sich die Mehrheit, wenn sie sich auf diese Stellungnahme stützt, kaum dem Vorwurf eines unsachgerechten Vorgehens ausgesetzt sehen dürfte, da die Parlamentsverwaltung im parlamentarischen Bereich streng zur Unparteilichkeit verpflichtet ist.[28]

12 In **Bayern** besteht die Besonderheit, dass ein von der Mehrheit im Ausschuss abgelehnter Beweisantrag dem Plenum des Landtags zur Entscheidung vorzulegen ist, bevor der Verfassungsgerichtshof angerufen werden kann (Art. 12 Abs. 3 UAG Bay.). Einerseits liegt hierin ein Element der Selbstkorrektur, das als solches grundsätzlich zu begrüßen ist. Eine Entscheidungskompetenz des Plenums in Verfahrensfragen bedeutet jedoch einen erheblichen Systembruch und Übergriff in die traditionelle, verfassungsrechtlich systematisch vorgegebene Verfahrensherrschaft des Untersuchungsausschusses,[29] dieser grundsätzlich auch gegenüber dem Plenum behaupten kann. Als Regelung auf Verfassungsebene begegnet die Bestimmung jedoch gleichwohl keinen verfassungsrechtlichen Bedenken.

13 Überzeugender ist demgegenüber die Konstruktion daher in **Rheinland-Pfalz** (§ 13 Abs. 3 UAG RhPf.)[30] und **Thüringen** (§ 13 Abs. 3 UAG Thür.)[31] gewählt. Dort ist es so, dass von den unterlegenen (überstimmten) Antragstellern bzw. einem festgelegten Quorum eine **Gutachterkommission** angerufen werden kann, der die Klärung der Frage obliegt, ob ein Beweisantrag rechtmäßig zurückgewiesen wurde oder nicht. Das Votum der Gutachterkommission ist nicht bindend, sondern eröffnet dem Untersuchungsausschuss die Möglichkeit zu Selbstkorrektur.[32]

---

28 BadWürttStGH, DÖV 2003, 201 (204); s.a. § 9 Rdn. 19.
29 S.o. § 1 Rdn. 1 m. § 9 Rdn. 1.
30 Diese Kommission wurde, soweit ersichtlich, noch nie angerufen.
31 Vgl. Entsch. v. 14.1.2002, Az.: 1090-1/02 (n.v.); Entsch. v. 23.1.2002, Az.: 1090-1/01 (n.v.).
32 *Brocker*, LKRZ 2007, 414 (415).

§ 17 Aktenvorlagerecht

ÜBERSICHT | Rdn.
I. Akten der Regierung 1
II. Akten von Behörden der (anderen) Länder 11
III. Gerichtsakten 16
IV. Grenzen der Herausgabe amtlicher Schriftstücke 21
   1. Schranke des Staatswohls 22
   2. Individuell schützenswerte Rechte 28
   3. Kernbereich exekutiver Eigenverantwortung 30
V. Unterlagen Privater 34
VI. Einführung in das Verfahren 43

Literatur: *Albrecht-Baba,* Das Beweiserhebungsrecht parlamentarischer Untersuchungsausschüsse, 2005; *Arloth,* Grundlagen und Grenzen des Untersuchungsrechts parlamentarischer Untersuchungsausschüsse, NJW 1987, 808; *Bogs,* Steueraktenvorlage für parlamentarische Untersuchung, JZ 1985, 112; *Busse,* Der Kernbereich exekutiver Eigenverantwortung im Spannungsfeld der staatlichen Gewalten, DÖV 1989, 45; *Damkowski,* Für eine gesetzliche Neuordnung der Rechte und Pflichten Parlamentarischer Untersuchungsausschüsse, ZRP 1988, 342; *Di Fabio,* Rechtsschutz im parlamentarischen Untersuchungsverfahren, 1988; *Dreher,* Beamte und Regierungsmitglieder vor Untersuchungsausschüssen, in: Bachmann/Schneider (Hrsg.); Zwischen Aufklärung und politischem Kampf, 1988, S. 97; *Elvers,* Das Bundesstaatsprinzip als Schranke des Untersuchungsrechts des Bundestages, in: Bachmann/Schneider (Hrsg.); Zwischen Aufklärung und politischem Kampf, 1988, S. 89; *Engels;* Parlamentarische Untersuchungsausschüsse, 1989; *Glauben,* Das Bankgeheimnis - Rechtsgrundlagen, Inhalt und Grenzen, DRiZ 2002, 104; *Hake,* Zur Aktenvorlagepflicht öffentlich-rechtlicher Kreditinstitute gegenüber Untersuchungsausschüssen des nordrhein-westfälischen Landtags, AöR 113 (1988) 424; *Keßler,* Die Aktenvorlage und Beamtenaussage im parlamentarischen Untersuchungsverfahren, AöR 88 (1963) 313; *Kirschniok-Schmidt,* Das Informationsrecht des Abgeordneten nach der brandenburgischen Landesverfassung, 2009; *Kohl,* Die Rechtsstellung des Betroffenen nach Art. 44 Abs. 2, S. 1 GG und den entsprechenden Regelungen in den Länderverfassungen, 2001; *Köhler,* Umfang und Grenzen des parlamentarischen Untersuchungsrechts gegenüber Privaten im nichtöffentlichen Bereich, 1996; *Krieg/Giesen,* Das Gesetz über die Einsetzung und das Verfahren von Untersuchungsausschüssen des Landtags von Nordrhein-Westfalen, ZParl 16 (1985) 309; *Lässig,* Beschränkung des Beweiserhebungsrechts parlamentarischer Untersuchungsausschüsse – insbesondere auf Grund des Bundesstaatsprinzips, DÖV 1976, 730; *Löwer,* Untersuchungsausschuss und Steuergeheimnis, DVBl. 1984, 757; *Lopacki,* Das Recht der parlamentarischen Untersuchungsausschüsse auf Personalaktenvorlage, DÖD 2009, 85; *Mengel,* Die Auskunftsverweigerung der Exekutive gegenüber parlamentarischen Untersuchungsausschüssen, EuGRZ 1984, 97; *Meyer-Bohl,* Die Grenzen der Pflicht zur Aktenvorlage und Aussage vor parlamentarischen Untersuchungsausschüssen, 1992; *Olschewski,* Verweigerung der Herausgabe von Akten an parlamentarische Untersuchungsausschüsse aus Gründen des Staatswohls, in: Bachmann/Schneider (Hrsg.); Zwischen Aufklärung und politischem Kampf, 1988, S. 67;

Teil 4 Beweiserhebung

Reich, Die rechtliche Stellung des Landesrechnungshofs für das Land Sachsen-Anhalt – dargestellt am Beispiel der Aktenanforderung durch einen Ausschuss des Landtags, LKV 2010, 247; *Reitzmann*, Machtbalance und Informationsgleichgewicht, in: Eichel/Möller (Hrsg.), 50 Jahre Verf. des Landes Hessen (1997), S. 302; *H.-P. Schneider*, Opposition und Information, AöR 99 (1974) 628; *R. Scholz*, Parlamentarischer Untersuchungsausschuss und Steuergeheimnis, AöR 105 (1980) 564; *Schröder*, Die Herausgabe von Prüfungsunterlagen der Rechnungshöfe an parlamentarische Untersuchungsausschüsse, LKV 2006, 198; *Schröer*, Die Akteneinsicht durch Parlamentsausschüsse, DÖV 1986, 85; *Seibert*, Parlamentarischer Untersuchungsausschuss und Steuergeheimnis, NJW 1984, 1001; *Stern*, Die Kompetenz der Untersuchungsausschüsse nach Art. 44 Grundgesetz im Verhältnis zur Exekutive unter besonderer Berücksichtigung des Steuergeheimnisses, AöR 109 (1984) 199; *Wiefelspütz*, Das Untersuchungsausschussgesetz, 2003; *Wolf*, Parlamentarischer Untersuchungsausschuss und Strafjustiz, 2005.

I. Akten der Regierung

1   Nach Art. 44 Abs. 1 S. 1 GG und den entsprechenden Bestimmungen in den Landesverfassungen[1] hat der Untersuchungsausschuss die **Befugnis zur Beweiserhebung**. Wenn auch die verfassungsgesetzlichen Regelungen nicht im Einzelnen festlegen, welche **konkreten** Befugnisse sich damit verbinden, so wird doch schon allein durch die Verweisung in Art. 44 Abs. 2 S. 1 GG auf die Bestimmungen der Strafprozessordnung,[2] die sich entsprechend auch in den Landesverfassungen[3] oder zumindest in den Untersuchungsausschussgesetzen[4] der meisten Länder findet,[5] deutlich, dass sich diese Befugnis auf alle Formen der Beweisaufnahme und auf **alle Beweismittelarten** bezieht, die auch im strafprozessualen Verfahren zulässig sind. Dies sind neben der

---

1   Art. 35 Abs. 2 BadWürttVerf.; Art. 25 Abs. 3 BayVerf.; Art. 48 Abs. 2 S. 1 BerlVerf.; Art. 72 Abs. 3 S. 1 BrandbVerf.; Art. 105 Abs. 5 S. 2 BremVerf.; Art. 26 Abs. 1 S. 2 HbgVerf.; Art. 92 Abs. 1 S. 2 HessVerf.; Art. 34 Abs. 1 S. 2 MVVerf.; Art. 27 Abs. 2 S. 1 NdsVerf.; Art. 41 Abs. 1 S. 2 NRWVerf.; Art. 91 Abs. 2 RhPfVerf.; Art. 79 Abs. 2 S. 1 SaarlVerf.; Art. 54 Abs. 2 S. 1 SächsVerf.; Art. 54 Abs. 2 S. 1 SachsAVerf.; Art. 18 Abs. 1 S. 2 SchlHVerf.; Art. 64 Abs. 3 S. 1 ThürVerf.
2   Es handelt sich insoweit um eine dynamische Verweisung, *Kretschmer*, in: Schmidt-Bleibtreu/Klein/Hofmann/Hopfauf, Art. 44 Rn. 6.
3   Art. 35 Abs. 3 S. 1 BayVerf.; Art. 105 Abs. 5 S. 2 BremVerf.; Art. 26 Abs. 2 S. 1 HbgVerf.; Art. 92 Abs. 3 HessVerf.; Art. 34 Abs. 5 MVVerf.; Art. 27 Abs. 6 S. 2 NdsVerf.; Art. 91 Abs. 4 RhPfVerf.; Art. 79 Abs. 4 SaarlVerf.; Art. 64 Abs. 3 S. 2 ThürVerf.
4   § 13 Abs. 6 UAG BadWürtt.G; § 13 Abs. 6 UAG Sachs.; § 34 S. 1 UAG SachsA.; § 11 Abs. 4 UAG SchlH.
5   Zum Verzicht auf die generelle Verweisung in Nordrhein-Westfalen s. *Menzel*, Landesverfassungsrecht, 2002, S. 441 sowie *Krieg/Giesen*, ZParl 16 (1985) 309 (310 f.).

Inaugenscheinnahme und dem Sachverständigenbeweis auch der Zeugen- und der Urkundsbeweis.[6] Zumeist kommt Akten gegenüber Zeugenaussagen ein höherer Beweiswert zu, weil das Gedächtnis des Zeugen aus mancherlei Hinsicht unergiebig werden kann.[7]

Zum **Urkundsbeweis** zählt die inhaltliche Kenntnisnahme und Auswertung von Schriftstücken. Vor diesem Hintergrund ist die durch das Bundesverfassungsgericht im sog. Flick-Urteil erfolgte Klarstellung, dass sich der **Aktenherausgabeanspruch** gegen die »**eigene Regierung**« – er richtet sich unabhängig von der Ressortzuständigkeit an die Regierung als »Kollegialorgan«[8] – und deren nachgeordnete Behörden sowie Körperschaften des öffentlichen Rechts auf das Untersuchungsrecht nach Art. 44 Abs. 1 S. 1 GG und die entsprechende Untersuchungskompetenz der Landesparlamente und **nicht** etwa auf den **Grundsatz der Amtshilfe** gründet[9], nur konsequent. Diese Frage dürfte damit auch für die parlamentarische Praxis geklärt sein,[10] zumal das Bundesverfassungsgericht diese Auffassung in seiner BND-Entscheidung ausdrücklich bestätigt hat.[11] Auch die Rechtsprechung der Instanzgerichte[12] und die Rechtslehre[13] haben sich dem inzwischen zumindest weit gehend **angeschlossen** und greifen nicht mehr auf die Grundsätze der Amtshilfe zurück. Darüber hinaus wird zumeist ausdrücklich auf verfas-

2

---

6 BVerfGE 124, 78 (115); zu den Einzelheiten s.o. § 15 Rdn. 2 ff., s.a. *Rechenberg*, BK, Art. 44 Rn. 24; *Schneider*, AK-GG, Art. 44 Rn. 15; *Brocker*, in: Epping/Hillgruber, Art. 44 Rn. 25; *Kretschmer*, in: Schmidt-Bleibtreu/Klein/Hofmann/Hopfauf, Art. 44 Rn. 23; *Möstl*, in: Lindner/Möstl/Wolf, Art. 25 Rn. 16.
7 BVerfGE 124, 78 (117); *Rathje*, Der Ermittlungsbeauftragte des parlamentarischen Untersuchungsausschusses, 2004, S. 67.
8 SächsVerfGH, SächsVBl. 2009, 8 (13).
9 BVerfGE 67, 100 (128 f.); s.a. *Hoog*, Hamburgs Verfassung, 2004, S. 322 f.; *Korbmacher*, in: Driehaus, Art. 48 Rn. 9; *Zeyer/Grethel*, in: Wendt/Rixecker, Art. 79 Rn. 15; *Günther*, in: Heusch/Schönenbroicher, Art. 41Rn. 21.
10 So zutr. *Achterberg/Schulte*, in: v. Mangoldt/Klein/Starck II, Art. 44 Rn. 153; *Löwer*, NWVBl. 2009, 125 (126); *Meyer-Bohl*, Die Grenzen der Pflicht zur Aktenvorlage und Aussage vor parlamentarischen Untersuchungsausschüssen, 1992, S. 45 f.
11 BVerfGE 124, 78 (116).
12 OLG Frankfurt, NJW 2001, 2340 (2341); OLG Köln, NJW 1985, 336; OLG Stuttgart, NJW 1996, 1908.
13 *Schröder*, Verh. d. 57. DJT (1988), S. E 67; *Kohl*, Die Rechtsstellung des Betroffenen nach Art. 44 Abs. 2 S. 1 GG und den entsprechenden Regelungen in den Länderverfassungen, 2001, S. 172 f.; *Achterberg/Schulte*, in: v. Mangoldt/Klein/Starck II, Art. 44 Rn. 148; *Versteyl*, in: v. Münch/Kunig II, Art. 44 Rn. 35; *H. H. Klein*, MD, Art. 44 Rn. 182; *Dreher*, in: Bachmann/Schneider (Hrsg.), Zwischen Aufklärung und politischem Kampf, 1988, S. 100.

sungsgesetzlicher Ebene eine Aktenvorlagepflicht begründet.[14] Der Aktenherausgabeanspruch ist zudem **einfachgesetzlich** inzwischen in den **Untersuchungsausschussgesetzen** des Bundes[15] und der Länder[16] festgeschrieben.[17] Der Herausgabeanspruch greift nicht nur gegenüber Behörden im engen verwaltungsverfahrensrechtlichen Sinne, sondern gegenüber allen Staatsbehörden und damit auch gegenüber den Rechnungshöfen des Bundes und der Länder.[18]

3   Zum Teil finden sich in den gesetzlichen Regelungen **detailliertere Vorgaben** zur Abwägung zwischen dem Untersuchungsinteresse und etwa dem Geheimhaltungsinteresse oder sonstigen schutzwürdigen Belangen des Staates.[19] Die Länder Brandenburg, Berlin, Bremen, Hamburg, Nordrhein-Westfalen, das Saarland, Rheinland-Pfalz, Schleswig-Holstein und Thüringen regeln zugleich auch eine Art **(außer-)gerichtliches »Schlichtungsverfahren«**[20]. Ein detailliertes, dem Bund angelehntes Verfahren hat allerdings allein Mecklenburg-Vorpommern geregelt.[21]

4   Hinsichtlich des **Umfangs** der vorzulegenden Akten gilt zunächst, dass sich die Pflicht auf **alle Akten** bezieht, die mit dem Untersuchungsgegenstand **in Zusammenhang** stehen. Die Vorlagepflicht bezieht ferner die **mittelbare Staatsverwaltung** einschließlich der Anstalten und Körperschaften des öffentlichen Rechts mit ein, soweit sie der **Aufsicht** der Exekutive und damit zumindest mittelbar auch der parlamentarischen Kontrolle unter-

---

14 Art. 25 Abs. Abs. 3 Satz 4 BayVerf.; Art. 48 Abs. 3 Satz 2 Halbs. 2 BerlVerf.; Art 72 Abs. 3 Satz 5 BrandbVerf.; Art. 105 Abs. 5 Satz 5 BremVerf.; Art. 92 Abs. 2 Halbs. 2 HessVerf.; Art. 34 Abs. 4 Satz 1 MVVerf.; s.a. *Wiegand-Hoffmeister*, in: Litten/Wallerath, Art. 34 Rn. 17; Art. 41 Abs. 2 Satz 3 NRWVerf.; Art. 91 Abs. 3 Satz 3 RhPfVerf.; Art. 79 Abs. 3 Halbs 2 SaarlVerf.; Art. 54 Abs. 4 Satz 1 SächsVerf.; Art. 54 Abs. 7 iVm Art. 53 Abs. 3 SachsAVerf.; s.a. *Reich*, Art. 54 Rn. 11; Art. 18 Abs. 4 Satz 1 SchlHVerf.; Art. 64 Abs. 4 Satz 2 ThürVerf.
15 § 18 Abs. 1 PUAG.
16 § 14 UAG BadWürtt.; Art. 17 bayUAG; § 14 UAG Berl.; § 16 UAG Brandb.; § 13 UAG Brem.; § 18 UAG Hbg.; § 22 UAG MV; § 14 UAG NRW; § 14 UAG RhPf.; § 49 LTG Saarl.; § 14 UAG Sachs.; § 15 UAG SachsA.; § 13 UAG SchlH.; § 14 UAG Thür.
17 Zur geschichtlichen Entwicklung s. *Löwer*, DVBl. 1984, 757 (759 ff.).
18 *Schröder*, LKV 2006, 198 (199).
19 § 16 Abs. 3 UAG Brandb.; § 18 Abs. 2 UAG Hbg., § 22 UAG MV; § 14 Abs. 3 UAG RhPf.; § 15 Abs. 3 UAG SachsA.; § 14 Abs. 3 UAG Thür.
20 § 16 Abs. 2 S. 3 UAG Brandb.; § 14 S. 2 UAG Berl. § 13 UAG Brem.; § 18 Abs. 6 UAG Hbg., § 14 Abs. 2 S. 3 UAG NRW; § 14 Abs. 4 UAG RhPf., § 49 Abs. 3 LTG Saarl., § 13 Abs. 4 UAG SchlH.; krit. dazu *Caspar*, in: ders./Ewer/Nolte/Waack, Art. 18 Rn. 62, dass der Gesetzgeber im UAG nicht das Verfahren nach Art. 23 Abs. 3 SchlHVerf gewählt hat; § 14 Abs. 4 UAG Thür.
21 § 23 UAG MV.

stehen.²² Dabei erfolgt die **Aktenauswahl** zwar zunächst in der **Verantwortung der Regierung**.²³ Es liegt aber auf der Hand, dass ihr diese Befugnis nicht alleine und abschließend zustehen kann. Denn die Regierung wird zumeist – auch – vom Untersuchungsgegenstand betroffen sein, insbesondere bei Skandal- und Kontrollenqueten selbst im Mittelpunkt der Untersuchungen stehen. Als »**Partei**« des Untersuchungsverfahrens könnte sie versucht sein, dem Untersuchungsausschuss **belastende Schriftstücke** vorzuenthalten.²⁴ Anders als beim Amtshilfegrundsatz entscheidet die herausgebende Stelle hier eben nicht, was sie vorlegen möchte.²⁵ Der Aktenherausgabeanspruch und die damit zwangsläufig verbundene Möglichkeit der **Akteneinsicht** zielen – im Unterschied zur bloßen Auskunft – nicht auf Fremdinformation, sondern führen zur **Selbstinformation** des parlamentarischen Untersuchungsausschusses.²⁶ Selbst in den Fällen, in denen die Regierung nicht unmittelbar betroffen ist, ist es nicht ihre Sache, an Stelle des Untersuchungsausschusses zu definieren, welche Akten für die Untersuchung brauchbar sind²⁷ oder gar einzuwenden, an der Einsetzung des Untersuchungsausschusses bestehe überhaupt kein öffentliches Interesse.²⁸

Unter den vorgenannten Gesichtspunkten kann eine Aktenherausgabe 5 allenfalls dann **verweigert** werden, wenn **offensichtlich** ist, dass die angeforderten Akten mit dem Untersuchungsauftrag in **keinem** Zusammenhang stehen. Keinesfalls dürfen Akten zurückbehalten werden, weil sie aus Sicht der Regierung belastendes Material enthalten.²⁹ Denn der rechtsstaatliche Grundsatz, dass sich niemand selbst belasten muss, gilt für die **amtliche Tätigkeit** der Regierung nicht. Die im Demokratieprinzip verfassungskräftig verankerte **politische Verantwortung** der Regierung gegenüber dem Parlament steht dem entgegen. **Einzelnen Personen** aus der Regierung oder den ihr nachgeordneten Stellen steht allerdings das **Auskunftsverweigerungsrecht** nach § 55 StPO zu, sofern ihre Fehler beispielsweise **strafrechtliche Relevanz** haben können.³⁰

Die Aktenherausgabepflicht umfasst neben den unmittelbar durch die 6 Behörden angelegten Akten auch solche, die von **dritter Seite** stammen,

---

22 *Hake*, AöR 113 (1988) 424 (426); zur Reichweite dieser Kontrolle s.o. § 5 Rdn. 90 ff.
23 BVerfGE 77, 1 (55 f.); ähnl., aber offenbar noch weitergehender *Söllner*, Gutachten, BT-Drucks. 14/9300, Anlagenbd. I, Dokument 11, S. 19.
24 BVerfGE 67, 100 (137 f.); *Schröder*, Fg. f. Gesellschaft für Rechtspolitik, 1984, S. 403.
25 *H.-P. Schneider*, Fs. 50 Jahre BVerfG, Bd. II, (2001) S. 656; s. auch BVerfGE 67, 100 (134); *Seibert*, NJW 1984, 1001 (1007).
26 *Schneider*, AöR 99 (1974) 628 (642).
27 OLG Köln, NJW 1985, 336; *Seibert*, NJW 1984, 1001 (1007).
28 *Mengel*, EuGRZ 1984, 97 (100).
29 BVerfGE 67, 100 (137); *Arloth*, NJW 1987, 810 (811).
30 S. dazu i.E. u. § 21 Rdn. 12 ff.

also etwa sich in **behördlichem Gewahrsam** befindender Akten von **Privatpersonen**.[31] In diesen Fällen kann die Regierung nicht mit dem Hinweis auf den Geheimnis- und Grundrechtsschutz die Aktenherausgabe verweigern.[32] Der Regierung steht insoweit auch **kein Ermessen** zu, sondern sie hat die Pflicht zur umfassenden Aktenvorlage.[33] Für die Original-Unterlagen Dritter, die dem Rechnungshof im Rahmen des Prüfungsverfahrens vorgelegt werden, wird dies allerdings ohne Zustimmung des Dritten abgelehnt.[34]

7 Erweist sich somit das Aktenvorlagerecht gegenüber der Regierung als »unverzichtbares Mittel« des Untersuchungsausschusses zur Selbstinformation,[35] so folgt daraus, dass diese Selbstinformation auch **effektiv** sein muss. Das bedeutet konkret, dass das Recht der Aktenherausgabe als Teil des parlamentarischen Untersuchungsrechts **nicht subsidiär** gegenüber anderen Beweismitteln ist.[36] Vielmehr erweist sich gerade der Inhalt von Akten in der Regel als **verlässlicheres Beweismaterial** als etwa eine Zeugenaussage.[37]

8 Der Untersuchungsausschuss muss sich auch nicht mit Aktenauskünften zufrieden geben[38] oder sich auf bestimmte Aktenteile beschränken lassen.[39] Ebenso wenig muss bei der Aktenanforderung bereits feststehen, dass die **Unterlagen auch tatsächlich beweisrelevantes Material enthalten**, sondern es reicht aus, wenn die **Möglichkeit** dazu besteht.[40] Ferner sind vom Herausgabeverlangen auch solche Akten betroffen, die zwar erst **nach Einsetzung des Untersuchungsausschusses** entstehen, aber sich auf dessen Untersuchungsgegenstand beziehen. Die Aktenanforderung ist bereits Teil der Beweiserhebung. Sie bereitet die Beweisaufnahme vor. Damit dienen die Akten zunächst der **Informationsbeschaffung**, so dass von den Antragstellern nicht verlangt werden kann, dass sie in dem Beweisantrag bereits das auf den ihnen regelmäßig im Detail noch nicht bekannte Inhalt der Akte bezogene Beweisthema mitteilen. Behauptungen »ins Blaue hinein« sind ihnen

---

31 *Köhler*, Umfang und Grenzen des parlamentarischen Untersuchungsrechts gegenüber Privaten im nichtöffentlichen Bereich, 1996, S. 204.
32 S. dazu i.E. o. § 11 Rdn. 10 f.
33 BVerfGE 67, 100 (146); *Scholz*, AöR 105 (1980) 564 (613); *Löwer*, DVBl. 1984, 757 (763).
34 So jedenfalls *Schröder*, LKV 2006, 198 (199).
35 BremStGH, NVwZ 1989, 953 (954).
36 FG Hamburg, NVwZ 1986, 598; s.a. *Wuttke*, in: v. Mutius/Wuttke/Hübner, Art. 18, Rn. 17 f.; *Caspar*, in: ders./Ewer/Nolte/Waack, Art. 18 Rn. 46.
37 So ausdr. BVerfGE 124, 78 (117); BVerfGE 67, 100 (132); BVerfGE 77, 1 (48); BVerwG, DVBl. 2000, 487 (490); BremStGH, NVwZ 1989, 953 (956); *Morlok*, in: Dreier II, Art. 44 Rn. 49.
38 FG Hamburg, NVwZ 1986, 598 (599).
39 OVG RhPf., DVBl. 1986, 480 (481).
40 BVerfGE 124, 78 (117); OVG RhPf., DVBl. 1986, 480 (481).

nicht nur unzumutbar, sondern auch unzulässig.[41] Insofern genügt es vielmehr, dass ein **erkennbarer Zusammenhang** mit dem Untersuchungsauftrag besteht.[42]

Dem Untersuchungsausschuss sind grundsätzlich die Akten auch **im Original** vorzulegen. Allerdings kann es, etwa wenn die Akten noch an anderer Stelle benötigt werden, namentlich etwa im Bereich **gerichtlicher Verfahren**, ausreichend sein, dass dem Untersuchungsausschuss die Möglichkeit der **Sichtung und der Anfertigung von Kopien** angeboten wird.[43] Allerdings muss dies von der aktenführenden Stelle plausibel dargelegt und auch belegt werden. 9

Auf welchem Wege Akten zu solchen der Regierung, Verwaltung und Gerichte geworden sind, ist grundsätzlich **unerheblich**. Denn vom Aktenvorlageanspruch werden alle Unterlagen, die sich im Besitz der vorgenannten Stellen befinden, erfasst, also auch solche, die ursprünglich (privaten) Dritten gehörten, aber dann Eingang in die amtlichen Unterlagen gefunden haben.[44] 10

II. Akten von Behörden der (anderen) Länder

Die Anforderung von Akten seitens eines Untersuchungsausschusses des Bundestages gegenüber von **Länderbehörden** kann nicht auf Art. 44 Abs. 1 S. 1 GG gestützt werden, da diese Behörden nicht der Kontrollkompetenz des Bundestages unterliegen.[45] Gleiches gilt **umgekehrt** für die Untersuchungsausschüsse der Länder. Sie haben weder gegenüber den Bundesbehörden noch gegenüber den Behörden der übrigen Bundesländer eine parlamentarische Kontroll- und Untersuchungsbefugnis. Daher können Untersuchungsausschüsse des Bundestages in diesen Fällen Aktenanforderungen nur auf die **spezielle Amtshilfe** nach Art. 44 Abs. 3 GG stützen.[46] 11

---

41 BVerfGE 124, 78 (116); BayVerfGH, AS 38, 322 (328 f.).
42 BVerfGE 124, 78 (117); s.a. BGH, Ermittlungsrichter, Beschl. 20. 2. 2009 – I ARs 3/2008, Rn. 30 juris.
43 OLG Stuttgart, NJW 1996, 1908 (1909); s. dazu auch *Wolf*, Parlamentarischer Untersuchungsausschuss und Strafjustiz, 2005, S. 85 ff.
44 *Brocker*, in: Grimm/Caesar, Art. 91 Rn. 47; *Köhler*, Umfang und Grenzen des parlamentarischen Untersuchungsrechts gegenüber Privaten im nichtöffentlichen Bereich, 1996, S. 205; OLG Köln, NJW 1985, 336 f.; a.A. *Schröder*, Verh. d. 57. DJT (1988), S. 76 f. falls die Unterlagen vom Betroffenen freiwillig an amtliche Stellen übergeben wurden.
45 S. i.E. o. § 5 Rdn. 60 ff. sowie als Beispiel *Korbmacher*, in: Driehaus, Art. 48 Rn. 9.
46 OLG Frankfurt, NJW 2001, 2340 (2341); *Achterberg/Schulte*, in: v. Mangoldt/Klein/Starck II, Art. 44 Rn. 153; *H. H. Klein*, MD, Art. 44 Rn. 223; *Umbach*, in: ders/Clemens, GG, Art. 44 Rn. 75; *Brocker*, in: Epping/Hillgruber, Art. 44 Rn. 51 f.; a.A. *Elvers*, in: Bachmann/Schneider (Hrsg.), Zwischen Aufklärung und politischem

12 Der Amtshilfeanspruch – im Zusammenhang mit der Anforderung behördlicher Akten geht es um Amtshilfe und nicht um **Rechtshilfe**, da diese nur gegenüber **Gerichten** in Frage kommt[47] – von Untersuchungsausschüssen des Deutschen Bundestages nach Art. 44 Abs. 3 GG umfasste in seiner **ursprünglichen Formulierung** im Entwurf auch ausdrücklich die Pflicht zur Aktenvorlage. Der allgemeine Redaktionsausschuss entschloss sich dann jedoch zu einer »**schlankeren Formulierung**«, ohne dass damit eine **inhaltliche Veränderung** erreicht werden sollte, zu der der Redaktionsausschuss auch **nicht befugt** gewesen wäre.[48] Art. 44 Abs. 3 GG hat mithin den Zweck, die bundesstaatlichen Kompetenzschranken für die Aktenherausgabe zu überwinden[49], allerdings beschränkt auf die Untersuchungsausschüsse des Bundestages.[50]

13 Dagegen können sich die **Untersuchungsausschüsse der Länder** gegenüber **Bundesbehörden** und den **Behörden anderer Länder** nur auf die **allgemeine Amtshilfe** nach **Art. 35 Abs. 1 GG** stützen.[51] Denn selbst wenn die Landesverfassungen im Zusammenhang mit dem parlamentarischen Untersuchungsrecht eine Art. 44 Abs. 3 GG vergleichbare Regelung beinhalten,[52] hat diese Regelung für die Behörden des Bundes und der übrigen Länder **keine rechtliche** Bindung.[53] Von Bedeutung ist dies allenfalls für die

---

Kampf, 1988, S. 95: kein Anspruch des Bundestagsunterschungsausschusses, allenfalls greift Grundsatz des bundesfreundlichen Verhaltens.
47 Zur Abgrenzung s. *Di Fabio*, Rechtsschutz im parlamentarischen Untersuchungsverfahren, 1988, S. 125; *Rathje*, Der Ermittlungsbeauftragte des parlamentarischen Untersuchungsausschusses, 2004, S. 69; *Brocker*, in: Grimm/Caesar, Art. 91 Rn. 46; *Günther*, in: Heusch/Schönenbroicher, Art. 41 Rn. 21 sowie i.E. u. Rdn. 16 ff.
48 So zutr. *Löwer*, DVBl. 1984, 757 (763) m.w.N.
49 *Meyer-Bohl*, Die Grenzen der Pflicht zur Aktenvorlage und Aussage vor parlamentarischen Untersuchungsausschüssen, 1992, S. 51; s. auch *Stern*, AöR 109 (1984) 199 (231).
50 Offen gelassen dagegen, ob Art. 44 Abs. 3 oder Art. 35 Abs. 1 GG greift, von *Di Fabio*, Rechtsschutz im parlamentarischen Untersuchungsverfahren, 1988, S. 124 f.
51 OLG Stuttgart, NJW 1996, 1908; *Lemmer*, in: Pfennig/Neumann, Art. 48 Rn. 8; *Neumann*, Art. 105 Rn. 32; Kunzmann/Haas/Baumann-Hanke, Art. 54 Rn. 12; *Brocker*, in: Grimm/Caesar, Art. 91 Rn. 46.
52 Art. 35 Abs. 3 BadWürttVerf.; Art. 48 Abs. 3 S. 2 BerlVerf.; Art. 72 Abs. 3 S. 5 BrandbVerf.; Art. 26 Abs. 4 S. 1 HbgVerf.; Art. 34 Abs. 4 S. 3 MVVerf.; Art. 27 Abs. 4 NdsVerf.; Art. 41 Abs. 3 S. 1 NRWVerf.; Art. 58 Abs. 5 SächsVerf.; Art. 54 Abs. 4 SachsAVerf.; Art. 18 Abs. 4 S. 3 SchlHVerf.; Art. 64 Abs. 4 S. 1 ThürVerf.
53 BVerwG, DVBl. 2000, 487, (490); BVerfG, NVwZ 1994, 54 (55); BayVerfGH BayVerfGHE N.F. 36, 211 f.; offengelassen BVerfGE 67, 100 (128 f.); wie hier: *Damkowski*, ZRP 1988, 342; *Stern*, AöR 109 (1984) 199 (246 f.); *Schröder*, Verh. d. 57. DJT (1988), S. E 69; a.A. *Lässig*, DÖV 1976, 730 f.: kein Aktenherausgabeanspruch an Untersuchungsausschuss außerhalb des Landes.

Gerichte des Landes, soweit nicht die Gerichtsverwaltung, sondern die rechtsprechende Funktion betroffen ist.[54] In der Sache macht dies insoweit keinen Unterschied, als die Untersuchungsausschüsse der Länderparlamente auf Grund des Amtshilfegrundsatzes befugt sind, auf schriftliche Unterlagen von Bundesbehörden als Beweismittel zurückzugreifen.[55] Dies gilt ebenso bezüglich der Behörden der übrigen Länder.

Zum Inhalt der Rechts- oder Amtshilfe zählt die Vornahme rechtlicher oder tatsächlicher Handlungen zur Unterstützung der Aufgabenerledigung der ersuchenden Stelle. Insbesondere gehören dazu Auskunftserteilung, Gutachten- und Berichterstattung, Akteneinsicht und Aktenvorlage, nicht aber Zeugenaussagen.[56] Allgemeine Grundsätze zur Amtshilfe finden sich in § 5 VwVfG des Bundes. Auf sie kann zurückgegriffen werden, sofern sich keine **spezialgesetzlichen Regelungen** finden.[57] Vor diesem Hintergrund kann letztlich dahinstehen, ob Untersuchungsausschüsse tatsächlich Behörden im Sinne des Verwaltungsverfahrensrechts sind, so dass die §§ 4 ff. VwVfG des Bundes beziehungsweise die entsprechenden landesrechtlichen Regelungen unmittelbar Anwendung finden.[58] Ferner bestimmt § 474 Abs. 6 StPO, dass landesgesetzliche Regelungen, die parlamentarischen Ausschüssen ein Recht auf Akteneinsicht einräumen, unberührt bleiben.[59]

14

Mit Blick auf parlamentarische Untersuchungsausschüsse spielt die Frage eine besondere Rolle, ob die ersuchte Behörde eine **selbstständige Rechtmäßigkeitsprüfung** vornehmen darf. Anders als beim Aktenvorlageanspruch gegenüber der »eigenen« Regierung und der ihr nachgeordneten Stellen, wird man dies hier durchaus annehmen müssen. Denn Amtshilfe darf weder pauschal erbeten noch pauschal erfüllt werden.[60] Ferner ist zum einen die Gefahr, dass belastendes Material zurückgehalten wird, eher geringer, und zum anderen ändert die Aktenanforderung durch einen parlamentarischen Untersuchungsausschuss nichts an der Bindung der **vorlegenden Behörde** gemäß Art. 20 Abs. 3 GG an Recht und Gesetz.[61] Diese darf nicht »sehenden Auges« an einer Rechtsverletzung mitwirken und sich dann damit exkulpieren, sie sei nur dem Ersuchen der anfordernden Stelle, in diesem Fall

15

---

54 S. dazu u. Rdn. 18
55 BVerfGE 77, 1 (59); BVerwGE 109, 258 (259 ff.).
56 *Stern*, AöR 109 (1984) 199 (231).
57 HbgVerfG, NVwZ 1996, 1201 (1202); *Stern*, AöR 109 (1984) 199 (232 f.); ähnl. *Achterberg/Schulte*, in: v. Mangoldt/Klein/Starck II, Art. 44 Rn. 183; *Versteyl*, in: v. Münch/Kunig II, Art. 44 Rn. 35; *H. H. Klein*, MD, Art. 44 Rn. 226.
58 Dafür etwa *Stern*, AöR 109 (1984) 199 (247).
59 S. dazu *Gieg*, in: Hannich (Hrsg.), Karlsruher Kommentar zur Strafprozessordnung, 6. Aufl. 2008, § 474 Rn. 6
60 *Stern*, AöR 109 (1984) 199 (248 f.).
61 *Di Fabio*, Rechtsschutz im parlamentarischen Untersuchungsverfahren, 1988, S. 126 f.

also einem Untersuchungsausschuss, nachgekommen. Denn die **Amtshilfepflicht** besteht nur im Rahmen der **rechtlichen Zulässigkeit**. Auch der hohe Rang, der dem parlamentarischen Untersuchungsrecht zukommt, verlangt nicht, dass im Rahmen der Amtshilfe Aktenanforderungen eines Untersuchungsausschusses ohne nähere Prüfung Folge geleistet werden müsste. Kommt es zu keiner Einigung, so ist der Streit gerichtlich zu klären.[62]

III. Gerichtsakten

16 Der **Aktenvorlageanspruch** eines parlamentarischen Untersuchungsausschusses besteht grundsätzlich auch gegenüber den **Gerichten (Rechtshilfe)**. Allerdings gilt es dabei einige **Differenzierungen** zu beachten.

17 Soweit die **Arbeitsweise** eines Gerichts Untersuchungsgegenstand ist, ohne dass dadurch die **richterliche Unabhängigkeit** tangiert wird und auf ein einzelnes konkretes Verfahren Einfluss genommen wird, sondern allein die **Aufsichtsmaßnahmen** des Justizministers Gegenstand der Untersuchung sind,[63] folgt die Pflicht zur Aktenvorlage aus der **Untersuchungskompetenz** als solcher. Für den Bundestag gilt dies gegenüber dem Bundesminister der Justiz und den Bundesgerichten, für die Untersuchungsausschüsse der Länderparlamente gilt dies bezüglich des eigenen Justizministers und der Landesgerichte. Des Rückgriffs auf die Grundsätze der Rechtshilfe bedarf es in diesen Fällen nicht. Dies gilt ebenso, soweit die **Gerichtsverwaltung** betroffen ist, für deren Funktionsfähigkeit und Arbeitsweise der Justizminister die **politische Verantwortung** trägt. Adressat des Vorlageverlangens ist in diesem Fall nicht etwa der **Spruchkörper**, sondern die **Justizverwaltung** in Person des Gerichtspräsidenten oder ggf. auch der Justizminister als Aufsichtsbehörde.[64]

18 Beabsichtigt ein Untersuchungsausschuss dagegen die Beiziehung **gerichtlicher Prozessakten**, in denen er beweisrelevantes Material vermutet, folgt diese Befugnis **nicht** aus der Untersuchungskompetenz, sondern für den **Bundestag** aus dem Anspruch auf **Rechtshilfe** gemäß Art. 44 Abs. 3 GG iVm § 18 Abs. 1 PUAG[65] und dementsprechend für die Untersuchungsausschüsse der Länderparlamente gegenüber den Gerichten ihres eigenen Landes aus den entsprechenden ausdrücklichen landesverfassungs-[66] bezie-

---

62 Zum Rechtsschutz im Verfahren in diesem Fall s. u. § 28 Rdn. 13 ff.
63 Zu den Grenzen i.E. s. o. § 5 Rdn. 42 ff.; s.a. *Scholz*, AöR 105 (1980) 564 (597 f.).
64 *Schröer*, DÖV 1986, 85 (88).
65 *Morlok*, in: Dreier II, Art. 44 Rn. 50; *Umbach*, in: ders./Clemens, GG, Art. 44 Rn. 75.
66 Art. 35 Abs. 3 BadWürttVerf.; Art. 48 Abs. 3 S. 2 BerlVerf.; Art. 72 Abs. 3 S. 5 UAG Brandb.; Art. 26 Abs. 4 S. 1 HbgVerf.; Art. 34 Abs. 4 S. 3 MVVerf.; Art. 27 Abs. 4 NdsVerf.; Art. 41 Abs. 2 S. 1 NRWVerf.; Art. 54 Abs. 5 SächsVerf.; Art. 54 Abs. 4 SachsAVerf.; Art. 18 Abs. 4 S. 3 SchlHVerf.; Art. 64 Abs. 4 S. 1 ThürVerf.

hungsweise einfachgesetzlichen Bestimmungen.⁶⁷ Soweit es dagegen um die Aktenanforderung des Untersuchungsausschusses eines Landesparlamentes an Bundesgerichte oder die Gerichte anderer Länder geht, kommt allein der Rechtshilfeanspruch nach Art. 35 Abs. 1 GG zum Tragen. Die Aktenanforderung richtet sich dann an den jeweiligen Spruchkörper.⁶⁸

Ebenso wie die um Amtshilfe ersuchten Behörden haben auch die Gerichte eine **eigene Prüfungskompetenz** hinsichtlich der Rechtmäßigkeit des Herausgabeverlangens. Denn auch sie sind an den Grundsatz der Gesetzmäßigkeit nach Art. 20 Abs. 3 GG gebunden. Hält das Gericht die Aktenanforderung ganz oder teilweise für unzulässig, so darf es zumindest **zunächst** die Herausgabe ganz oder teilweise **verweigern**.⁶⁹

Mit der Aktenanforderung und -zusendung **allein** ist allerdings weder über ihre **Einbringung** in das Verfahren noch über ihre **Verwendung** als (geeignetes) Beweismittel befunden. Dies erfolgt vielmehr in einem **gesonderten** Verfahren.⁷⁰

IV. Grenzen der Herausgabe amtlicher Schriftstücke

Der **Aktenherausgabeanspruch** parlamentarischer Untersuchungsausschüsse hinsichtlich amtlicher Schriftstücke besteht **nicht schrankenlos**. Insbesondere kann der Vorlage prinzipiell die Tatsache entgegenstehen, dass bei einem Bekanntwerden des Inhalts dieser Akten oder Schriftstücke dem Wohl des Bundes oder eines deutschen Landes Nachteile entstehen können (1). Ferner dürfen keine individuell schützenswerten Rechte durch die Aktenweitergabe verletzt werden (2) und ist nach Auffassung des Bundesverfassungsgerichts⁷¹ auch bei der Aktenvorlage ein Kernbereich exekutiver Eigenverantwortung als mögliche Schranke zu beachten (3). Allerdings darf nicht etwa die Mehrheit im Untersuchungsausschuss einen entsprechenden Antrag der qualifizierten Minderheit im Ausschuss mit der Begründung ablehnen, der Vorlage stünden beispielsweise Gründe des Staatswohls entgegen. Vielmehr ist dies zunächst ausschließlich Sache der aktenführenden Stelle.⁷²

---

67 Art. 11 Abs. 2 S. 2 UAG Bay.; § 24 UAG Brandb.; § 12 UAG Brem.; § 27 UAG Hbg.; § 21 UAG NRW; § 21 UAG RhPf.; § 48 LTG Saarl.; § 20 UAG Sachs.; § 26 UAG SachsA.; § 19 UAG SchlH.; § 21 UAG Thür.
68 *Günther*, in: Heusch/Schönenbroicher, Art. 41 Rn. 21.
69 Zu den Rechtsschutzmöglichkeiten in diesen Fällen s. i.E. u. § 28 Rdn. 24 f.
70 S. dazu i.E. u. Rdn. 43 ff.
71 BVerfGE 124, 78 (120 f.); 67, 100 (139).
72 BGH, Ermittlungsrichter, Beschl. 20. 2. 2009 – I ARs 3/08, Rn. 42 juris.

1. Schranke des Staatswohls

22 Die **Schranken des Staatswohls** sind im Grundsatz auch für das parlamentarische Untersuchungsverfahren in § 96 StPO normiert.[73] Die Anwendbarkeit dieser Vorschrift ist insoweit rechtlich unbedenklich, als in den Bestimmungen über die Anwendbarkeit **strafprozessualer Regelungen** auf die sinngemäße oder entsprechende Anwendung verwiesen wird. Zugleich wird damit deutlich, dass die Bezugnahme nicht nur die befugnisbegründenden, sondern auch die **befugnisbegrenzenden** Bestimmungen erfasst.[74]

23 Damit ist zwar geklärt, dass die Grenze der Sicherung des Staatswohls auch für parlamentarische Untersuchungsausschüsse gilt. Seit dem so genannten **Flick-Urteil** hat das Staatswohl jedoch als Zurückbehaltungsgrund der Exekutive für behördliche Akten an Bedeutung eingebüßt. Denn das Bundesverfassungsgericht hat deutlich gemacht, dass in einer parlamentarischen Demokratie das Wohl des Staates nicht **allein** der Regierung, sondern auch dem Parlament anvertraut ist.[75] In der **BND-Entscheidung** hat das Bundesverfassungsgericht dies ausdrücklich bestätigt und bekräftigt.[76] Berufe sich die Regierung auf das Wohl des Staates, so könne die Konsequenz nicht eine Verweigerung der Aktenherausgabe sein, sondern allein die Pflicht des Parlaments auslösen, entsprechende **Geheimnisschutzmaßnahmen** zu treffen.[77] Denn auch im Strafverfahren sei die Konsequenz aus § 96 StPO nicht ohne weiteres die **Nichtweitergabe** der angeforderten Akten,[78] sondern die Herstellung der **Nichtöffentlichkeit**.[79] Der Aktenherausgabeanspruch der Strafverfolgungsbehörden könne nicht weiter gehender sein als der eines parlamentarischen Untersuchungsausschusses.[80] Diese Sicht ist **konsequent**, da dem staatlichen Strafanspruch kein höherer Wert zukommt als dem parlamentarischen Untersuchungsrecht.[81] Denn die dem Gemein-

---

73 BVerfGE 124, 78 (123); krit. BremStGH, NVwZ 1989, 953 (958); *Rechenberg*, BK, Art. 44 Rn. 27; *Reitzmann*, in: 50 Jahre Verf. des Landes Hessen (1997), S. 302; s.a. BVerfGE 101, 106 (127 f.).

74 BVerfGE 124, 78 (115); 67, 100 (133); *Möstl*, in: Lindner/Möstl/Wolf, Art. 25 Rn. 16; a.A. *Schweiger*, in: ders./Knöpfle, Art. 25 Rn. 14 soweit das Aktenvorlagerecht der parlamentarischen Untersuchungsausschüsse gesondert geregelt und damit rechtlich verselbstständigt sei.

75 BVerfGE 67, 100 (136).

76 BVerfGE 124, 78 (124).

77 BVerfGE 67, 100 (133 f., 136 f.).

78 BVerfGE 124, 78 (125).

79 BVerfGE 67, 100 (134 f.).

80 BVerfGE 67, 100 (146).

81 So zutr. *Olschewski* in: Bachmann/Schneider (Hrsg.), Zwischen Aufklärung und politischem Kampf, 1988, S. 80; *Stern*, AöR 109 (1984) 199 (238); OLG Köln, NJW 1985, 336 (337); OLG Stuttgart, NJW 1996, 1908.

wohl dienende **lückenlose Aufklärung** eines Sachverhalts durch einen parlamentarischen Untersuchungsausschuss hat keine geringere Bedeutung als die Tatsachenermittlung im Strafverfahren.[82]

Bei dem Begriff »Staatswohl« handelt es sich um einen **unbestimmten Rechtsbegriff**, der einer verfassungsgerichtlichen Nachprüfung zugänglich ist[83]. Wann die Versagung verfassungsrechtlich nicht zu beanstanden ist, lässt sich nicht abstrakt, sondern nur **einzelfallbezogen** sagen.[84] Angesichts der Bedeutung des parlamentarischen Untersuchungsrechts ist der Begriff in jedem Fall **restriktiv** auszulegen.[85] 24

In der verfassungsgerichtlichen Rechtsprechung werden die in § 96 StPO erfassten öffentlichen Belange als **Synonym für das Staatswohl** angesehen.[86] Die Enquete-Kommission »Verfassungsreform« des Deutschen Bundestages sah in dem Staatswohl eine **Schutzfunktion** für die Bundesrepublik Deutschland insofern, als dass diese durch die Untersuchungstätigkeit keine erheblichen Nachteile für die äußere, innere und wirtschaftliche Sicherheit oder ihre Beziehungen zu anderen Staaten erleiden dürfe.[87] Da aber eine **funktionierende parlamentarische Kontrolle** auch dem **Staatswohl dient**, also das Staatswohl die Untersuchungstätigkeit auch legitimiert,[88] dürfte die Regierung gegenüber einem Untersuchungsausschuss nur ganz **ausnahmsweise** Gründe des Staatswohl zur Verweigerung einer Aktenherausgabe heranziehen können.[89] 25

Die Bestimmung des Staatswohls ist naturgemäß zunächst der Stelle zugewiesen, die möglicherweise Adressat der Untersuchung ist. Folglich wird jede Regierung das Staatswohl zu ihren Gunsten und zu Lasten des Parlaments definieren.[90] Daher genügt keinesfalls die **pauschale Berufung** 26

---

82 BVerwGE 109, 258 (264).
83 HbgVerfG, DÖV 1973, 745 (746); *Meyer-Bohl*, Die Grenzen der Pflicht zur Aktenvorlage und Aussage vor parlamentarischen Untersuchungsausschüssen, 1992, S. 248; *Stern*, AöR 109 (1984) 199 (273); *Barschel/Gebel*, Art. 15 Anm. C II 2.
84 BVerfGE 110, 199 (218 ff.); 57, 250 (285); SächsVerfGH, SächsVBl. 2009, 8 (19).
85 *Bogs*, JZ 1985, 112 (116).
86 BVerfGE 67, 100 (139); BadWürttStGH, ESVGH 35, 161 (163).
87 BT-Drucks. 7/5924, S. 52, 56; ähnl. *Schröder*, Verh. d. 57. DJT (1988), S. E 72; s.a. *Meyer-Bohl*, Die Grenzen der Pflicht zur Aktenvorlage und Aussage vor parlamentarischen Untersuchungsausschüssen, 1992, S. 251 f.; *Bogs*, Der Staat 13 (1974) 209 (224) zum Begriff des Staatswohls in Art. 32 HbgVerf. a. F.
88 So zutr. *Meyer-Bohl*, Die Grenzen der Pflicht zur Aktenvorlage und Aussage vor parlamentarischen Untersuchungsausschüssen, 1992, S. 254.
89 BVerfGE 124, 78 (124); noch weiter gehender *Meyer-Bohl*, Die Grenzen der Pflicht zur Aktenvorlage und Aussage vor parlamentarischen Untersuchungsausschüssen, 1992, S. 254, der eine Berufung auf die Staatswohlschranken für unzulässig hält.
90 *Meyer-Bohl*, Die Grenzen der Pflicht zur Aktenvorlage und Aussage vor parlamentarischen Untersuchungsausschüssen, 1992, S. 248.

auf diese Schranke, sondern die Regierung muss das Vorliegen der entsprechenden Voraussetzungen **substantiiert** darlegen.[91] Unbeschadet dessen lässt sich die Vorlagepflicht nicht abstrakt festlegen, sondern nur im **konkreten Einzelfall** unter Würdigung aller maßgeblichen Gesichtspunkte.[92]

27 Die Achtung vor dem parlamentarischen Untersuchungsrecht gebietet es auch, dass – mit Ausnahme der gerichtlichen Prozessakten – die Entscheidung über die Vorlage der Akten, zumindest wenn an eine so genannte **Sperrerklärung** gedacht ist, vom zuständigen **Minister oder der Landesregierung** getroffen wird.[93] Dem trägt für die Bundesregierung und die parlamentarischen Untersuchungsausschüsse des Bundestages § 18 Abs. 2 S. 1 PUAG Rechnung.[94] Entsprechende Regelungen finden sich auch in den meisten Ländern.[95]

2. Individuell schützenswerte Rechte

28 Zum Schutz der **Rechte privater Personen** erweist sich § 96 StPO prinzipiell **nicht als Grundlage** für die Verweigerung der Aktenherausgabe. Zwar sind private Daten häufig auch **Bestandteile** amtlicher Schriftstücke, zweifelhaft dürfte allerdings regelmäßig sein, ob das Bekanntwerden dieser Daten dem Wohl des Bundes oder eines Landes schadet.[96] Doch auch in diesem Punkt hat das Flick-Urteil des Bundesverfassungsgerichts eine Wende gebracht. Danach kann es dem Staatswohl durchaus widersprechen, wenn Bürger das Vertrauen in die ordnungsgemäße, vor allem vertrauliche Behandlung ihrer steuerrechtlichen Daten verlieren.[97] Dies gilt dann allerdings nicht nur für Steuerdaten, sondern auch für weitere personenbezogene Daten, falls ihnen eine besondere vertrauliche Behandlung gebührt. Ebenso ist auch die Vorlage von Personalakten zulässig.[98]

29 Unbeschadet dessen ist allerdings in der Rechtsprechung anerkannt, dass eine Weitergabe persönlicher Daten nur erfolgen darf, wenn der Untersuchungsausschuss **ausreichende Geheimnisschutzmaßnahmen** ergriffen

---

91 BVerfGE 124, 78 (124 f.); 124, 161 (193); *Löwer*, NWVBl. 2009, 125 (126); *Schröder*, Fg. Gesellschaft für Rechtspolitik (1984) S. 404; *Mengel*, EuGRZ 1984, 97 (101).
92 BVerfGE 57, 250 (285).
93 BVerfGE 57, 250 (289); BGHSt 35, 82 (86), BGH, NJW 1989, 3294 (3294).
94 S.a. *Schulte*, Jura 2003, 505 (509).
95 § 14 Abs. 2 S. 3 UAG BadWürtt.; § 16 Abs. 2 UAG Brandb.; § 18 Abs. 1 UAG Hbg.; § 22 Abs. 2 UAG MV; § 14 Abs. 2 UAG NRW; § 14 Abs. 2 UAG RhPf.; § 49 Abs. 1 LTG Saarl.; § 14 Abs. 2 S. 3 UAG Sachs.; § 15 Abs. 2 UAG SachsA.; § 13 Abs. 2 UAG SchH.; § 14 Abs. 2 UAG Thür.
96 *Schröder*, Fg. Gesellschaft für Rechtspolitik (1984) S. 405.
97 BVerfGE 67, 100 (139 f.); krit. *Olschweski* in: Bachmann/Schneider (Hrsg.), Zwischen Aufklärung und politischem Kampf, 1988, S. 85 f. m.w.N. in Fn. 79 f., 83.
98 S. dazu BrandbVerfG, DVBl. 2007, 631 (632 f.).

hat.[99] Ferner gilt eine **absolute Grenze** dann, wenn trotz entsprechender Sicherungsmaßnahmen die Weitergabe wegen des streng persönlichen Charakters für den Betroffenen **unzumutbar** ist.[100]

3. Kernbereich exekutiver Eigenverantwortung[101]

Schließlich hat das Bundesverfassungsgericht in seinem »Flick-Urteil« und in der so genannten BND-Entscheidung[102] eine weitere Grenze hinsichtlich des Aktenherausgabeverlangens eines parlamentarischen Untersuchungsausschusses im **Kernbereich exekutiver Eigenverantwortung** gesehen.[103] So wie dieser Bereich grundsätzlich nicht Gegenstand der parlamentarischen Kontrollkompetenz einschließlich der Untersuchungskompetenz sein soll,[104] braucht die Regierung nach Auffassung des Bundesverfassungsgerichts auch Informationen aus diesem Bereich **nicht** an einen parlamentarischen Untersuchungsausschuss herauszugeben.[105] Allerdings kann nur im Einzelfall, insbesondere bei **gestuften Verwaltungsabläufen**, kasuistisch festgelegt werden, ob ein Vorgang bereits »verantwortungsreif« abgeschlossen ist.[106] 30

Mit Blick auf die den **Rechnungshöfen** gewährte richterliche Unabhängigkeit wird man jedenfalls auch solche Akten von der Herausgabepflicht ausnehmen können, die Rückschlüsse auf die **interne Willensbildung und Meinungsbildung** des Kollegiums zulassen.[107] Ebenso dürfte sich der Herausgabeanspruch des Untersuchungsausschusses nur auf bereits **abgeschlossene Prüfungsvorgänge** erstrecken.[108] 31

---

99 BVerfGE 67, 100 (136); OVG Saarl., Beschl. v. 3. 8. 2010 – 3 B 205/10 n.v.; OVG RhPf., DVBl. 1986, 480 (481).
100 BVerfGE 67, 100 (144); HbgVerfG, NVwZ 1996, 1201 (1203); BayVerfGH, NVwZ 1996, 1206 (1207).
101 S. dazu i.E. o. § 5 Rdn. 48 ff.
102 BVerfGE 124, 78 (120 ff.).
103 Zur Differenzierung zwischen Regierungs- und Verwaltungstätigkeit s. BerlVerfGH, DVBl. 2010, 966 (967 f.).
104 *Löwer*, NWVBl. 2009, 125 (126); zum parlamentarischen Fragerecht s. BVerfGE 124, 161 (189) sowie SachsAVerfG, NVwZ 2000, 671 (672).
105 BVerfGE 67, 100 (139); NdsStGH, NVwZ 1996, 1208; HbgVerfG, DÖV 1973, 745 (746); einschränkend, SächsVerfGH, SächsVBl. 2009, 8 (13 ff.); ebenso *Jutzi*, NJ 2008, 508; s.a. *Schulte*, Jura 2003, 505 (509); *Stern*, AöR 109 (1984) 199 (239); *Busse*, DÖV 1989, 45 (49); *Arloth*, NJW 1987, 808 (812); *Menzel*, in: Löwer/Tettinger, Art. 41 Rn. 23.
106 BremStGH, NVwZ 1989, 953 (956).
107 BrandbVerfG, NVwZ-RR 1998, 209; *Schröder*, LKV 2006, 198 (199 f.); krit. dagegen *Reich*, LKV 2010, 247 (250 f.).
108 BrandbVerfG, NVwZ-RR 1998, 209; *Reich*, LKV 2010, 247 (249); *Schröder*, LKV 2006, 198 (200).

32 Allerdings ist zwischen den Fällen der nicht abgeschlossenen Vorgänge, bei denen regelmäßig der bloße Hinweis auf den Vorbehalt des Kernbereichs exekutiver Eigenverantwortung genügen dürfte[109] und den abgeschlossenen Vorgängen zu differenzieren.[110] Im letzteren Fall rechtfertigt die **pauschale Berufung** auf den Bereich exekutiver Eigenverantwortung die Ausgabeverweigerung indes nicht. Vielmehr tritt eine Umkehr der Darlegungslast ein und trifft die Regierung eine besondere Begründungs- und Darlegungspflicht.[111] So wird zugleich verhindert, dass dem Untersuchungsausschuss etwa **belastendes** Material vorenthalten wird.[112] Es ist daher Sache der Regierung, **nachvollziehbar** darzulegen, wieso die angeforderten Akten dem exekutiven Kernbereich zuzuordnen sind und warum sie auch noch nach **Abschluss des Verfahrens** dem Untersuchungsausschuss nicht herausgegeben werden können.[113] Insbesondere Letzteres bedarf angesichts der **besonderen Bedeutung** des Untersuchungsrechts für die Demokratie[114] einer **eingehenden Begründung**, da andernfalls auch erhebliche Skandale oder Missstände innerhalb einer Regierung einer Untersuchung unzugänglich blieben.[115]

33 Die besondere Darlegungs- und Beweislast besteht ferner, soweit die Regierung die Akten zwar herausgibt, aber sie als »**vertraulich**« deklariert, mit der Folge, dass sie in öffentlicher Sitzung nicht eingeführt werden können. Denn auch in diesem Fall tritt eine **Verkürzung des parlamentarischen Kotrollrechts** ein,[116] da der in Art. 44 Abs. 1 Satz 1 GG und in den entsprechenden verfassungsgesetzlichen Bestimmungen der Länder[117] verankerte **Öffentlichkeitsgrundsatz** namentlich für das parlamentarische Untersuchungsverfahren von besonderer Bedeutung ist. Die vorstehenden Grundsätze gelten ebenso, wenn sich die Regierung nicht auf den Kern-

---

109 BVerfGE 124, 78 (120 f.).
110 *Löwer*, NWVBl. 2009, 125 (126); s. dazu auch BremStGH, NVwZ 1989, 953 (954 f.); *Mengel*, EuGRZ 1984, 97 (102).
111 BVerfGE 124, 78 (122 f, 132).
112 *Scholz*, AöR 105 (1980) 564 (608 f.).
113 BVerfGE 124, 78 (128 f.); BVerfG, Beschl. vom 30. März 2004, 2 BvK 1/01, Entscheidungsumdruck S. 31 (n. v.); BerlVerfGH; DVBl. 2010, 966 (968).
114 BVerfGE 67, 100 (140).
115 S. dazu a. o. § 5 Rdn. 52 f.; BVerfGE 124, 78 (123); *Mengel*, EuGRZ 1984, 97 (102 f.); Wissenschaftliche Dienste des Deutschen Bundestag, BT-Drucks. 13/10900, Dokument 28, S. 7.
116 BVerfGE 124, 78 (125 f.).
117 Art. 35 Abs. 2 Satz 1 BadWürttVerf.; Art. 25 Abs. 5 Satz 1 BayVerf.; Art. 26 Abs. 1 Satz 2 HbgVerf.; Art. 92 Abs. 1 Satz 2 HessVerf.; Art. 34 Abs. 1 Satz 2 MVVerf.; Art. 27 Abs. 3 Satz 1 NdsVerf.; Art. 41 Abs. 1 Satz 2 NRWVerf.; Art. 91 Abs. 2 RhPfVerf.; Art. 79 Abs. 2 Satz 1 SaarlVerf.; Art. 54 Abs. 2 Satz 1 SächsVerf.; Art. 54 Abs. 3 Satz 1 SachsAVerf.; Art. 18 Abs. 1 Satz 2 SchlHVerf.; Art. 64 Abs. 3 Satz 1 ThürVerf.

bereich exekutiver Eigenverantwortung, sondern auf das Staatswohl oder den Schutz von Grundrechten Dritter beruft.[118]

V. Unterlagen Privater

Hinsichtlich der Unterlagen **privater** natürlicher und juristischer **Personen** ist zunächst danach zu differenzieren, **wo** sie sich befinden. Sind sie bereits im Rahmen eines Verwaltungs- oder strafrechtlichen Ermittlungsverfahrens oder eines sonstigen gerichtlichen Verfahrens in die **staatliche oder kommunale Sphäre** übergegangen, gelten für die Anforderung grundsätzlich die Regelungen des **besonderen Aktenherausgabeanspruch** bzw. der **Amts- und Rechtshilfe**. Das Herausgabeverlangen richtet sich dann gegen die staatliche oder kommunale Stelle, die im Besitz der Unterlagen ist.[119] Der Private kann, wenn er die Aktenherausgabe verhindern möchte, allenfalls über die Aufsichtsbehörde oder die jeweils zuständigen Gerichte die Herausgabe zu verhindern suchen.[120] 34

Befinden sich die Unterlagen dagegen im **Besitz der Privatperson**, so kann das Herausgabeverlangen nicht auf Grundsätze der Amtshilfe gestützt werden, da diese gegenüber Privatpersonen selbstredend nicht anwendbar sind.[121] Im Verhältnis zu den Privatpersonen bedarf es daher einer **anderen rechtlichen Grundlage**. Insbesondere gibt es hier keine allgemeine Aktenvorlagepflicht, sondern diese wird vielmehr erst im Rahmen der Beweisaufnahme geschaffen. 35

Der Deutsche Bundestag hat daher eine **gesetzliche Grundlage** in den §§ 29, 30 PUAG geschaffen.[122] Zuvor wurde gemäß Art. 44 Abs. 2 S. 1 GG iVm § 94 Abs. 1, § 95 StPO auf **strafprozessuale Grundsätze** zurückgegriffen.[123] Soweit in den Ländern eine §§ 29, 30 PUAG vergleichbare Regelung fehlt, muss dies dort auch weiterhin so erfolgen. Sowohl § 29 Abs. 1 PUAG als auch § 94 Abs. 1 StPO bewahrt sich seinen Wortlaut auch auf »Gegenstände«, die als Beweismittel für die Untersuchung von Bedeutung sind. Unter den Gegenstandsbegriff sind daher beweglichen Sachen jeder Art und mithin auch digital gespeicherte Informationen zu fassen.[124] 36

---

118 BVerfGE 124, 78 (123 ff.).
119 *Brocker*, in: Grimm/Caesar, Art. 91 Rn. 47 m.w.N.
120 Zu den Rechtsschutzmöglichkeiten s. u. § 28 Rdn. 44 ff.
121 *Kohl*, Die Stellung des Betroffenen nach Art. 44 Abs. 2 S. 1 GG und den entsprechenden Regelungen in den Länderverfassungen, 2001, S. 174.
122 S. dazu *Schulte*, Jura 2003, 505 (509 f.); *H. H. Klein*, MD, Art. 44 Rn. 183; *Brocker*, in: Epping/Hillgruber, Art. 44 Rn. 53.
123 *David*, Art. 25 Rn. 124.
124 *Meyer-Goßner*, Strafprozessordnung, Kommentar, 53. Aufl. 2010, § 94 Rn. 4 m.w.N.

37 Dies gilt auch bezüglich der Akten **privater Gesellschaften**, die sich ganz oder teilweise in öffentlicher Hand befinden. Angesichts der Bedeutung der parlamentarischen Untersuchungskompetenz im Rahmen des Staatsorganisationsrechts der Länder können die gesellschaftsrechtlichen Regelungen, obwohl Bundesrecht, dem nicht entgegenstehen, da es insoweit an einer **Kollision** fehlt und Art. 31 GG mithin nicht zum Tragen kommt.[125]

38 Der **Deutsche Bundestag** hat die Regelungen über die Herausgabepflicht von Gegenständen den Vorschriften des achten Abschnitts der Strafprozessordnung nachgebildet.[126] Gemäß § 29 Abs. 1 PUAG ist eine **Privatperson**, die einen Gegenstand in Gewahrsam hat, der als Beweismittel für die Untersuchung von Bedeutung sein kann, verpflichtet, diesen **auf Verlangen** dem Untersuchungsausschuss vorzulegen. Notfalls darf auch zu **Zwangsmitteln**, für die der Ermittlungsrichter beim Bundesgerichtshof zuständig ist, gegriffen werden.[127] Dies gilt allerdings nicht, soweit Personen zur Verweigerung des Zeugnisses oder der Auskunft berechtigt sind.[128]

39 Ein **besonderes Verfahren** sieht § 30 PUAG für den Fall vor, dass die Person, in deren Gewahrsam sich das verlangte Beweismittel befindet, unter anderem einwendet, das Beweismittel betreffe ein »**Geheimnis**« und die Weitergabe sei ihr wegen des streng vertraulichen Charakters **nicht zumutbar**. Anders als vom Bundesverfassungsgericht vorgeschlagen[129] hat dann nicht das die Beschlagnahme anordnende Gericht, sondern der **Untersuchungsausschuss** die Sichtung beziehungsweise die Prüfung vorzunehmen.[130] Unterlagen, die sich für die Untersuchung als unerheblich erweisen, sind **unverzüglich** zurückzugeben.[131] Der Untersuchungsausschuss kann auch die entsprechende Einstufung in den Geheimhaltungsgrad »GEHEIM« beschließen, soweit die Beweismittel trotz ihres streng persönlichen Charakters für die Beweisaufnahme **erheblich** sind.[132] Dazu ergänzend wird vorgeschlagen, auf das so genannte **Vorsitzendenverfahren**[133] zurückzugreifen.[134]

40 Die vorstehenden Regelungen des PUAG dürften eine verfassungsrechtlich zulässige **Ausgestaltung** des Beweisaufnahmerechts sein und trotz der Verweisung in Art. 44 Abs. 2 S. 1 GG auf die Bestimmungen der Strafpro-

---

125 *Glauben*, ZParl 29 (1998) 496 (499 ff.); *Brocker*, in: Grimm/Caesar, Art. 91 Rn. 26; zurückhaltender *David*, Art. 25 Rn. 86 ff.; s. i.E. o. § 5 Rdn. 160 ff
126 *Wiefelspütz*, Das Untersuchungsausschussgesetz, 2003, S. 271 f.
127 § 29 Abs. 2 PUAG.
128 § 29 Abs. 2 S. 4 PUAG; s.a. *H. H. Klein*, MD, Art. 44 Rn. 183.
129 Vgl. BVerfGE 77, 1 (55).
130 § 30 Abs. 2 PUAG.
131 S. dazu *Wiefelspütz*, Das Untersuchungsausschussgesetz, 2003, S. 271.
132 § 30 Abs. 3 PUAG.
133 Zu den verfassungsrechtlichen Bedenken s.o. § 11 Rdn. 36 f.
134 *Wiefelspütz*, Das Untersuchungsausschussgesetz, 2003, S. 232 f.; *ders.*, ZG 2003, 35 (50); krit. *H. H. Klein*, MD, Art. 44 Rn. 185 f.

zessordnung zulässig sein, zumal sie überwiegend diesen Bestimmungen nachgebildet sind und der sinngemäßen Anwendung Rechnung tragen. Ein **vergleichbares** Verfahren findet sich daneben in **Mecklenburg-Vorpommern**.[135]

In den Untersuchungsausschussgesetzen der **übrigen Länder** fehlen entsprechend ausgestaltete Regelungen. Für sie bleibt es daher bei der jeweiligen landesverfassungsgesetzlichen Vorgabe, dass für die Beweisaufnahme die **Vorschriften der Strafprozessordnung** Anwendung finden. Dies gilt allerdings nicht in **Nordrhein-Westfalen**.[136] Denn angesichts der fehlenden pauschalen Verweisung im Untersuchungsausschussgesetz dürfte ein Rückgriff auf § 95 StPO nicht möglich sein. Ob man bei »**großzügigster Auslegung**« die Vorlagepflicht aus dem Gebot der Rechts- und Amtshilfe ableiten kann,[137] ist allerdings angesichts der **Zielrichtung** der Norm fraglich. In den **übrigen Ländern** erweisen sich dagegen die §§ 94, 95, 97 ff. StPO für das Aktenherausgabeverlangen gegenüber Privatpersonen als rechtliche **tragfähige Grundlage**.[138] Dies gilt auch hinsichtlich von **Bankunterlagen** und zwar unabhängig davon, ob diese sich im Besitz eines öffentlich-rechtlichen Kreditinstituts oder bei einer privaten Bank befinden.[139] Denn weder bestehen für Bankbedienstete besondere Einschränkungen hinsichtlich der Zeugnispflicht, noch ist die Beschlagnahmemöglichkeit bei Banken in besonderer Weise begrenzt.[140] 41

Nach § 94 Abs. 1 StPO sind Gegenstände, die als Beweismittel für die Untersuchung von Bedeutung sein können, **in Verwahrung** zu nehmen oder auf andere Weise sicherzustellen. Bei nicht freiwilliger Herausgabe ist auch deren **Beschlagnahme** zulässig.[141] Die Untersuchungsausschüsse in den Ländern können dies aber ebenso wenig wie ein Untersuchungsausschuss des Bundestages selbst anordnen, sondern bedürfen insoweit der **Rechtshilfe durch die Gerichte**.[142] Dabei kann es als **Schutzmaßnahme** zu Gunsten Betroffener geboten sein, dass die Fachgerichte nicht die **unbeschränkte Herausgabe** der beschlagnahmten Unterlagen an den Untersuchungsausschuss anordnen und diesem die Entscheidung überlassen, welche Unterlagen im Einzelnen für den Untersuchungsauftrag von Bedeutung sein können. 42

---

135 § 34 UAG MV.
136 *Dästner*, Art. 41 Rn. 7.
137 So *Menzel*, in: Löwer/Tettinger, Art. 41 Rn. 47.
138 BVerfGE 77, 1 (44, 50); *Kohl*, Die Stellung des Betroffenen nach Art. 44 Abs. 2 S. 1 GG und den entsprechenden Regelungen in den Länderverfassungen, 2001, S. 174; *Schröder*, Fg. Gesellschaft für Rechtspolitik, 1984, S. 402.
139 *Hake*, AöR 113 (1988) 424 (432).
140 *Hake*, AöR 113 (1988) 424 (432); zum Bankgeheimnis s.a. *Glauben*, DRiZ 2002, 104 ff. sowie o. § 11 Rdn. 21 f.
141 § 94 Abs. 2 StPO.
142 BVerfGE 77, 1 (50).

Vielmehr kann das Gericht verpflichtet sein, zunächst die Vorlage **an sich** anzuordnen, um dann eine **Aussonderung** vorzunehmen.¹⁴³

VI. Einführung in das Verfahren

43 Die **Auswertung** der Beweise hat in enger Anlehnung an § 244 Abs. 1 StPO zu erfolgen. Dies bedeutet für Akteninhalte, dass sie durch **Verlesung** in das Verfahren eingeführt werden müssen.¹⁴⁴ Denn die Aktenbeiziehung wird als **Urkundsbeweis** gewertet.¹⁴⁵ Ferner hat die **Öffentlichkeit** Anspruch darauf, von allen für die Wahrheitsfindung wesentlichen Tatsachen zu erfahren, da die Untersuchung im öffentlichen Interesse erfolgt.¹⁴⁶ Daraus folgt, dass die Inhalte zumindest in **wesentlichen Teilen** verlesen werden müssen.

44 Unbeschadet dessen ist auch hier dem Umstand Rechnung zu tragen, dass die verfassungsgesetzlichen Regelungen nur auf eine **sinngemäße Anwendung** der strafprozessualen Vorschriften verweisen. Daher muss auch der Grundsatz der Mündlichkeit nicht in der Strenge eingehalten werden, wie dies für das Strafverfahren geboten ist.¹⁴⁷ Allerdings wird durch die Verlesung der Schriftstücke in grundsätzlich öffentlicher Sitzung eine **Kontrolle der Untersuchungsarbeit** durch die Öffentlichkeit ermöglicht.¹⁴⁸ Ebenso gebietet es der Grundsatz des **fairen Verfahrens**, dass im Abschlussbericht nur die Beweismittel verwertet werden, zu denen alle Beteiligten Gelegenheit hatten, Stellung zu nehmen.

45 Der **Deutsche Bundestag** hat dem durch § 31 PUAG Rechnung getragen. Danach sind Protokolle über Untersuchungshandlungen von anderen Untersuchungsausschüssen, Gerichten und Behörden sowie Schriftstücke, die als Beweismittel dienen, vor dem Untersuchungsausschuss zu verlesen.¹⁴⁹ Da allerdings, wie dargelegt, der Grundsatz der Mündlichkeit nicht in dem strengen Sinne gilt wie im Strafverfahren, sieht die Bestimmung außerdem vor, dass der Untersuchungsausschuss **von der Verlesung Abstand nehmen**

---

143 BVerfGE 77, 1 (53 ff., 61); OLG Frankfurt, NJW 2001, 2340 (2342 f.).
144 *Engels*, Parlamentarische Untersuchungsausschüsse, 1989, S. 159; *H. H. Klein*, MD, Art. 44 Rn. 218.
145 BVerfGE 124, 78 (115); 67, 100, (127 ff.); *Schneider*, in: Fs. 50 Jahre BVerfG, Bd. II, (2001) S. 656.
146 *Kohl*, Die Rechtsstellung des Betroffenen nach Art. 44 Abs. 2 S. 1 GG und den entsprechenden Regelungen in den Länderverfassungen, 2001, S. 164.
147 *H. H. Klein*, MD, Art. 44 Rn. 218; *Kohl*, Die Rechtsstellung des Betroffenen nach Art. 44 Abs. 2 S. 1 GG und den entsprechenden Regelungen in den Länderverfassungen, 2001, S. 165.
148 *Pieper/Viethen*, in: Kölble (Hrsg.), Das Deutsche Bundesrecht, Erläuterungen zum PUAG, § 31 (S. 37).
149 § 31 Abs. 1 PUAG.

kann, wenn die Protokolle oder Schriftstücke **allen** Mitgliedern des Untersuchungsausschusses **zugänglich** gemacht wurden.[150] **Vergleichbare Regelungen** zur Verlesung von Schriftstücken finden sich in den Untersuchungsausschussgesetzen der **meisten Länder**.[151]

---

150 § 31 Abs. 2 PUAG.
151 § 21 UAG BadWürtt.; Art. 19 UAG Bay.; § 11 UAG Berl.; § 25 UAG Brandb.; § 35 UAG MV; § 22 UAG NRW; § 22 rhpf. UAG; § 50 LTG Saarl.; § 21 UAG Sachs.; § 27 UAG SachsA.; § 20 UAG SchlH.; § 22 UAG Thür.; § 11 IPA-Regeln.

§ 18 Durchsuchung und Beschlagnahme

ÜBERSICHT

	Rdn.
I. Verfassungsrechtliche Vorgaben	1
II. Regelungen in den Untersuchungsausschussgesetzen	12

Literatur: *Albrecht-Baba*, Das Beweiserhebungsrecht parlamentarischer Untersuchungsausschüsse, 2005; *Badura*, Anmerkung zu BVerfG, Beschluss v. 5.6.1984 – 2 BvR 611/84 – (Zwangsmittel bei Beweiserhebung durch parlamentarische Untersuchungsausschüsse), DÖV 1984, 760; *Berthy*, Informationsbeschaffung und -weitergabe durch Untersuchungsausschüsse, in: Damkowski (Hrsg.), Der parlamentarische Untersuchungsausschuss, 1987, S. 32; *Friedrich*, Der parlamentarische Untersuchungsausschuss – Entwicklung, Stellung, Kompetenzen, 1990; *Hake*, Zur Aktenvorlagepflicht öffentlich-rechtlicher Kreditinstitute gegenüber Untersuchungsausschüssen des nordrhein-westfälischen Landtags, AöR 113 (1988) 424; *Klenke*, Zum Konflikt zwischen parlamentarischem Enqueterecht und dem Recht auf informationelle Selbstbestimmung des Betroffenen, NVwZ 1995, 644; *Kohl*, Die Rechtsstellung des Betroffenen nach Art. 44 Abs. 2, S. 1 GG und den entsprechenden Regelungen in den Länderverfassungen, 2001; *Köhler*, Umfang und Grenzen des parlamentarischen Untersuchungsrechts gegenüber Privaten im nichtöffentlichen Bereich, 1996; *Lucke*, Strafprozessuale Schutzrechte und parlamentarische Aufklärung in Untersuchungsausschüssen mit strafrechtlich relevantem Verfahrengegenstand, 2009; *Meyer-Bohl*, Die Grenzen der Pflicht zur Aktenvorlage und Aussage vor parlamentarischen Untersuchungsausschüssen, 1992; *Pfander*, Beschlagnahme von Anwaltsakten im Rahmen eines Enqueteverfahrens, NJW 1970, 314; *Robbers*, Parlamentarische Untersuchungsausschüsse und Wahlrecht. Anm. zu BVerfG, B. v. 13.9.1993 – 2 BvR 1666, 1667/93 – und BVerwG, B. v. 14.4.1994 – 2 BvR 2686/93, JZ 1996, 116; *Schenke*, Empfiehlt sich eine gesetzliche Neuordnung der Rechte und Pflichten parlamentarischer Untersuchungsausschüsse? JZ 1988, 805; *Schleich*, Das parlamentarische Untersuchungsrecht des Bundestages, 1985; *Schröder*, Untersuchungsausschüsse, in: Schneider/Zeh (Hrsg.), § 46 (S. 1245); *Studenroth*, Die parlamentarische Untersuchung privater Bereiche, 1992; *Weisgerber*, Das Beweiserhebungsverfahren parlamentarischer Untersuchungsausschüsse des Deutschen Bundestages, 2003; *Wiefelspütz*, Das Untersuchungsausschussgesetz, 2003.

I. Verfassungsrechtliche Vorgaben

Art. 44 Abs. 2 S. 1 GG und in den meisten Ländern die verfassungs-[1] oder einfachgesetzlichen[2] Bestimmungen verweisen hinsichtlich der Beweisaufnahme auf eine entsprechende Anwendung der **Vorschriften über den Strafprozess**. In der Rechtslehre fanden sich zunächst ablehnende Stimmen hinsichtlich der Anwendbarkeit der Vorschriften über **Zwangsmittel** im Strafprozess, namentlich für die Durchsuchung und Beschlagnahme. Denn hierbei handele es sich nicht um Mittel der **Beweisaufnahme**, sondern der **Beweisgewinnung**.[3] Dagegen sahen sowohl der Staatsgerichtshof Bremen[4] als später auch das Landgericht Frankfurt[5] **keine rechtlichen Hindernisse**, parlamentarischen Untersuchungsausschüssen auch die Zwangsmittel der **Durchsuchung und Beschlagnahme** an die Hand zu geben. Denn die Aufgabe eines parlamentarischen Untersuchungsausschusses treffe sich mit dem Wesen des Strafprozesses in dem Ziel, einen Sachverhalt innerhalb der Grenzen, die durch Beweiserhebungs- und Beweisverwertungsverbote gezogen seien, vollständig aufzuklären.[6]

Seit der so genannten **Neue Heimat-Entscheidung** des Bundesverfassungsgerichts[7] ist höchstrichterlich zumindest grundsätzlich geklärt, dass einem parlamentarischen Untersuchungsausschuss sowohl das Mittel der Durchsuchung als auch der Beschlagnahme zur Verfügung steht.[8] In der so genannten **BND-Entscheidung** hat das Bundesverfassungsgericht dies ausdrücklich bestätigt.[9] Das Bundesverfassungsgericht interpretiert die Verweisung auf die Bestimmungen zur Beweiserhebung im Strafprozess als Bezugnahme auf **alle Bestimmungen**, die die strafprozessuale Sachaufklärung regeln. Denn für die bloße **Auswertung** von Beweismitteln verwende das Gesetz die engere Bezeichnung »Beweisaufnahme«.[10] Zudem finde sich die Möglichkeit der Beschlagnahme nicht nur in der Strafprozessordnung, son-

---

1 Art. 35 Abs. 3 S. 1 BayVerf.; Art. 105 Abs. 5 S. 2 BremVerf.; Art. 26 Abs. 2 S. 1 HbgVerf.; Art. 92 Abs. 3 HessVerf.; Art. 34 Abs. 5 MVVerf.; Art. 27 Abs. 6 S. 2 NdsVerf.; Art. 91 Abs. 4 RhPfVerf.; Art. 79 Abs. 4 SaarlVerf.; Art. 64 Abs. 3 S. 2 ThürVerf.
2 § 13 Abs. 6 UAG BadWürtt.; § 13 Abs. 6 UAG Sachs.; § 34 S. 1 UAG SachsA., § 11 Abs. 4 UAG SchlH.; s. speziell zu Zwangsmaßnahmen § 13 Abs. 4 IPA-Regeln.
3 *Rosenberg*, Verh. d. 34. DJT (1926), Bd. I, S. 19 f.; *Rechenberg*, BK, Art. 44 Rn. 29; *Pfander*, NJW 1970, 314 (314 f.); *Badura*, DÖV 1984, 760 (763 f.).
4 BremStGH, DÖV 1970, 386 (386 f.).
5 LG Frankfurt, NJW 1987, 787 (788 f.).
6 LG Frankfurt, NJW 1987, 787 (788).
7 BVerfGE 77, 1 ff.
8 BVerfGE 77, 1 (48 ff.).
9 BVerfGE 124, 78 (126 f.); s.a. o. § 15 Rdn. 3.
10 BVerfGE 77, 1 (49) unter Verweis auf § 244 Abs. 1 StPO.

dern etwa auch in verwaltungsgerichtlichen Gesetzen.[11] Auch in der **Rechtslehre** entspricht es inzwischen der weitaus überwiegenden Meinung, dass die Möglichkeiten der Durchsuchung und Beschlagnahme auch im parlamentarischen Untersuchungsverfahren bestehen.[12] Allerdings folgt aus Art. 44 Abs. 2 Satz 2 GG und den entsprechenden Bestimmungen der Länder,[13] dass einem Untersuchungsausschuss die Möglichkeiten des unmittelbaren Eingriffs in die **Grundrechte aus Art. 10 GG**, insbesondere nach den §§ 99 ff. StPO nicht zur Verfügung stehen.[14] Indes verwehrt Art. 44 Abs. 2 Satz 2 GG dem Untersuchungsausschuss den Zugang zu Akteninhalten nicht schon dann, wenn die Inhalte durch Eingriffe **anderer Stellen** in die Grundrechte aus Art. 10 GG **in zulässiger Weise** gewonnen wurden.[15]

3   Diese Befugnisse dürfen jedoch nicht angewendet werden, wenn der Untersuchungsausschuss auf diese Weise Informationen erhalten möchte, deren Weitergabe für den Betroffenen wegen des strengen persönlichen

---

11 BVerfGE 77, 1 (49); BremStGH, DÖV 1970, 386 (387); *Kohl*, Die Rechtsstellung des Betroffenen nach Art. 44 Abs. 2 S. 1 GG und den entsprechenden Regelungen in den Landesverfassungen, 2001, S. 166 m. Fn. 74; *Schleich*, Das parlamentarische Untersuchungsrecht des Bundestages, 1985, S. 27; *Friedrich*, Der parlamentarische Untersuchungsausschuss – Entwicklung, Stellung und Kompetenzen, 1990, S. 174; *Magiera*, in: Sachs, Art. 44 Rn. 22.

12 S. etwa *Schleich*, Das parlamentarische Untersuchungsrecht des Bundestages, 1985, S. 25 ff.; *Lucke*, Strafprozessuale Schutzrechte und parlamentarische Aufklärung in Untersuchungsausschüssen mit strafrechtlich relevantem Verfahrensgegenstand, 2009, S. 205 f.; *Achterberg/Schulte*, in: v. Mangoldt/Klein/Starck II, Art. 44 Rn. 154 ff.; *Schröder*, in: Schneider/Zeh, § 46 Rn. 39 f.; *Schenke*, JZ 1988, 805 (813); *Berthy*, in: Damkowski, Der parlamentarische Untersuchungsausschuss, 1987, S. 40 f.; *Morlok*, in: Dreier II, Art. 44 Rn. 46.

13 Vgl. Art. 35 Abs. 4 Satz 2 BadWürttVerf.; Art. 25 Abs. 3 Satz 2 BayVerf.; Art. 72 Abs. 3 Satz 4 BrandbVerf.; Art. 105 Abs. 5 Satz 3 BremVerf.; Art 26 Abs. 2 HbgVerf.; Art. 34 Abs. 4 Satz 4 MVVerf.; Art. 27 Abs. 6 Satz 3 NdsVerf.; Art. 41 Abs. 3 NRWVerf.; s.a. Albrecht-Baba, Das Beweiserhebungsrecht parlamentarischer Untersuchungsausschüsse, 2005, S. 63 f.; Art. 91 Abs. 4 RhPfVerf.; Art. 79 Abs. 4 SaarlVerf.; Art. 54 Abs. 6 SächsVerf.; Art. 54 Abs. 5 SachsAVerf.; Art. 18 Abs. 4 Satz 4 SchlHVerf.; Art. 64 Abs. 5 ThürVerf.; s.a.

14 BVerfGE 124, 78 (126 f.) mit Beispielen; s.a. *Lucke*, Strafprozessuale Schutzrechte und parlamentarische Aufklärung in Untersuchungsausschüssen mit strafrechtlich relevantem Verfahrensgegenstand, 2009, S. 365 f.

15 BVerfGE 124, 78 (127 f.); *Lucke*, Strafprozessuale Schutzrechte und parlamentarische Aufklärung in Untersuchungsausschüssen mit strafrechtlich relevantem Verfahrensgegenstand, 2009, S. 379; a.A. Albrecht-Baba, Das Beweiserhebungsrecht parlamentarischer Untersuchungsausschüsse, 2005, S. 63 f.

Charakters **unzumutbar** ist.[16] Neben dieser »**absoluten Schranke**« gilt es weitere Aspekte zu bedenken, die das parlamentarische Untersuchungsverfahren von einem Strafprozess **unterscheiden** und mithin auch bei der Anwendbarkeit strafprozessualer Zwangsmittel zu **berücksichtigen** sind.

Zunächst kommen beide Zwangsmittel nur in Frage, wenn es um Unterlagen geht, die sich in **privater Hand** befinden. Für die Anforderung von **Behördenakten** greifen im parlamentarischen Untersuchungsverfahren weder die Durchsuchung noch die Beschlagnahme.[17] Grundsätzlich sind Privatpersonen **verpflichtet**, Unterlagen, die sich in ihrem Besitz befinden, an den Untersuchungsausschuss **herauszugeben**, wenn diese Schriftstücke für die **Aufklärungsarbeit** des Ausschusses **von Bedeutung** sind.[18] Diese Verpflichtung ergibt sich daraus, dass die Arbeit eines Untersuchungsausschusses »wirksam« sein muss. Dies wäre nicht der Fall, wenn der Ausschuss nur die in privater Hand befindlichen Unterlagen verwerten dürfte, die ihm freiwillig herausgegeben werden.[19] Eine solche rechtliche Einschränkung der Handlungsmöglichkeiten ist **nicht zu vertreten**. Denn der Aufklärung des Sachverhalts durch einen parlamentarischen Untersuchungsausschuss kommt **keine geringere Bedeutung** zu als der Tatsachenermittlung im Strafverfahren.[20]   4

Mit der Ausübung von **Zwangsbefugnissen** durch den parlamentarischen Untersuchungsausschuss sind zwangsläufig Eingriffe in die Grundrechte Privater verbunden. Insbesondere wird dem Herausgabeverlangen das Recht auf **informationelle Selbstbestimmung** gemäß Art. 2 Abs. 1 iVm Art. 1 Abs. 1 GG sowie gestützt auf Art. 14 GG der Schutz von **Betriebs- und Geschäftsgeheimnissen** entgegengehalten.[21] Daher dürfen solche Zwangsmittel auch nur angewendet werden, wenn sie durch das Gewicht des Unter-   5

---

16 BVerfGE 67, 100 (144); *Köhler*, Umfang und Grenzen des parlamentarischen Untersuchungsrechts gegenüber Privaten im nichtöffentlichen Bereich, 1996, S. 196; s.a. BVerfGE 109, 279 (313).
17 *Brocker*, in: Grimm/Caesar, Art. 91 Rn. 45; *Hake*, AöR 113 (1988) 424 (449).
18 *H. H. Klein*, MD, Art. 44 Rn. 183.
19 BVerfGE 77, 1 (48); BVerfG, NVwZ 1994, 54 (55); BVerfG, DÖV 1994, 759 (760) m. abl. Anm. *Badura*; BremStGH, DÖV 1970, 386; LG Frankfurt, NJW 1987, 787 (789); s.a. *Weisgerber*, Das Beweiserhebungsverfahren parlamentarischer Untersuchungsausschüsse des Deutschen Bundestages, 2003, S. 299 f.; *Kohl*, Die Rechtsstellung des Betroffenen nach Art. 44 Abs. 2 S. 1 GG und den entsprechenden Regelungen in den Landesverfassungen, 2001, S. 165.
20 BVerfGE 67, 100 (146); 77, 1 (48); *Schleich*, Das parlamentarische Untersuchungsrecht des Bundestages, 1985, S. 27.
21 *Weisgerber*, Das Beweiserhebungsverfahren parlamentarischer Untersuchungsausschüsse des Deutschen Bundestages, 2003, S. 301 m. Fn. 1536; *Studenroth*, Die parlamentarische Untersuchung privater Bereiche, 1992, S. 28; s.a. BVerfGE 77, 1 (53).

Teil 4 Beweiserhebung

suchungszwecks und durch die Bedeutung des Beweismittels gerechtfertigt sind.[22] Die Maßnahmen dürfen in die vorgenannten Grundrechte nur eingreifen, soweit dies im öffentlichen Interesse geboten ist und der Grundsatz der **Verhältnismäßigkeit** beachtet wird.[23] Insbesondere wegen des Gebots der Verhältnismäßigkeit gilt es zu beachten, dass etwa eine Beschlagnahme **unzulässig** ist, wenn sie auf Informationen abzielt, die sich sowohl aus den einschlägigen **Behördenakten** als auch durch eine Beschlagnahme **direkt im Privatbereich** ermitteln lassen. In diesen Fällen ist der Aktenherausgabeanspruch gegenüber der Exekutive geltend zu machen.[24]

6   Mit Blick auf die **Grundrechtsbindung** der parlamentarischen Untersuchungsausschüsse ist hinsichtlich der Anordnung der Durchsuchung auch der in Art. 13 Abs. 2 GG enthaltene **Richtervorbehalt** zu beachten. Untersuchungsausschüsse dürfen daher die Durchsuchung **nicht selbst** anordnen, sondern sind vielmehr verpflichtet, diese Maßnahme bei **Gericht** zu beantragen.[25] Dies gilt auch für so genannte **Eilfälle**, denn anders als der Staatsanwaltschaft, steht dem Untersuchungsausschuss als politisches Gremium auch keine Eilkompetenz zu.[26]

7   Darüber hinaus bedarf auch die **Anordnung der Beschlagnahme** der richterlichen Entscheidung. Denn die Verweisung in Art. 44 Abs. 2 S. 1 GG und in den entsprechenden landesverfassungsgesetzlichen Bestimmungen setzen der Beweiserhebung durch den Untersuchungsausschuss selbst **Grenzen**. Da nach der Strafprozessordnung für diese Maßnahmen der Richter zuständig ist, gilt dies auch für das parlamentarische Untersuchungsverfahren.[27] Dies ist angesichts des mit den hier in Rede stehenden Zwangsbefugnissen verbunden Beeinträchtigungen für die Betroffenen auch sachgerecht. Denn ein Untersuchungsausschuss trifft seine Entscheidungen nicht wie ein Gericht ausschließlich nach rechtlichen, sondern – von seiner Aufgabenstellung betrachtet durchaus legitim – zumindest auch nach **politischen**

---

22 *Robbers*, JuS 1996, 116 (118).
23 BVerfGE 77, 1 (53); BVerfG, NVwZ 1994, 54 (55); LG Frankfurt, NJW 1987, 787 (789); *Morlok*, in: Dreier II, Art. 44 Rn. 52.
24 So zutr. *Köhler*, Umfang und Grenzen des parlamentarischen Untersuchungsrechts gegenüber Privaten im nichtöffentlichen Bereich, 1996, S. 205; s.a. *Schröder*, Verh. d. 57. DJT (1988), S. E 23.
25 *Weisgerber*, Das Beweiserhebungsverfahren parlamentarischer Untersuchungsausschüsse des Deutschen Bundestages, 2003, S. 307; *Schleich*, Das parlamentarische Untersuchungsrecht des Bundestages, 1985, S. 28; *Lucke*, Strafprozessuale Schutzrechte und parlamentarische Aufklärung in Untersuchungsausschüssen mit strafrechtlich relevantem Verfahrensgegenstand, 2009, S. 206 ff.
26 Offen gelassen in BVerfGE 77, 1 (52 f.); wie hier dagegen: *Friedrich*, Der parlamentarische Untersuchungsausschuss – Entwicklung, Stellung und Kompetenzen, 1990, S. 175; a.A. *Damkowski*, ZRP 1988, 340 (342).
27 BVerfGE 77, 1 (51); *Umbach* in: ders./Clemens, GG, Art. 44 Rn. 81 u. 84.

Gesichtspunkten.[28] Daher liegt es nahe, dem **Schutzbedürfnis** betroffener Personen durch die Einschaltung eines Richters Rechnung zu tragen.[29]

Von Bedeutung kann in diesem Zusammenhang auch die **Stellung des Betroffenen** sein. Denn § 97 Abs. 1 StPO zählt verschiedene, der Beschlagnahme nicht unterliegende Gegenstände auf und knüpft dabei an die Zeugnisverweigerungsrechte nach §§ 52, 53, 53a StPO an. Die Bestimmung stellt nach allgemeiner Meinung auf die **Beschuldigteneigenschaft** und darauf ab, dass sich der Beschuldigte einer zur Zeugnisverweigerung berechtigten Person, etwa seinem Anwalt, anvertraut hat.[30] Eine entsprechende Beschlagnahmefreiheit bei der Beweiserhebung eines parlamentarischen Untersuchungsausschusses käme daher nur für den Anwalt einer Person in Betracht, die sich wegen der parlamentarischen Untersuchungen in einer dem Beschuldigten **vergleichbaren Situation** befindet.[31] Dies kann bei einer Person, der förmlich die Stellung eines Betroffenen **zuerkannt** wurde oder die **materiell tatsächlich betroffen** ist,[32] durchaus der Fall sein.[33] In diesem Fall dürfen Gegenstände, die sich bei der betreffenden Person befinden, auch im Rahmen eines parlamentarischen Untersuchungsverfahrens **nicht beschlagnahmt** werden. 8

Daneben ist ein weiterer Gesichtspunkt zu bedenken, der das Untersuchungsverfahren vom herkömmlichen Strafprozess unterscheidet: Im Strafverfahren finden die Abläufe bis zur Hauptverhandlung unter **Ausschluss der Öffentlichkeit** statt. Dies gilt insbesondere für das staatsanwaltschaftliche Ermittlungsverfahren, bei dem die an ihm beteiligten Personen einer straf- und disziplinarrechtlich bewehrten Schweigepflicht unterliegen.[34] Im Strafverfahren sind damit weit gehend Vorkehrungen getroffen, dass der Inhalt beschlagnahmter Unterlagen erst dann in der Öffentlichkeit bekannt wird, wenn sie nach richterlicher Einschätzung für die Ermittlung des Sachverhalts von Bedeutung sind.[35] Dagegen gilt für **sämtliche Abschnitte** der Beweisaufnahme bei einem parlamentarischen Untersuchungs- 9

---

28 BVerfGE 77, 1 (51 f.); BVerfG, NVwZ 1994, 54 (55); BremStGH, DÖV 1970, 386 (387).
29 *Schleich*, Das parlamentarische Untersuchungsrecht des Bundestages, 1985, S. 28; *Friedrich*, Der parlamentarische Untersuchungsausschuss, 1990, S. 174 f.
30 BVerfG, NVwZ 1994, 54 (55 f.) m.w.N.
31 A.A. für das parlamentarische Untersuchungsverfahren *Lucke*, Strafprozessuale Schutzrechte und parlamentarische Aufklärung in Untersuchungsausschüssen mit strafrechtlich relevantem Verfahrensgegenstand, 2009, S. 222 ff.
32 S. dazu i.E. u. § 23 Rdn. 9.
33 BVerfG, NVwZ 1994, 54 (56); *Robbers*, JuS 1996, 116 (118); ähnl. *Achterberg/Schulte*, in: v. Mangoldt/Klein/Starck II, Art. 44 Rn. 155; zurückhaltender *Umbach*, in: ders/Clemens, GG, Art. 44 Rn. 86.
34 S. etwa § 353b Abs. 1; §§ 353d, 355 Abs. 1 StGB.
35 BVerfGE 77, 1 (54); *Umbach*, in: ders./Clemens, GG, Art. 44 Rn. 84.

ausschuss grundsätzlich das **Prinzip der Öffentlichkeit**. Daraus folgt die Gefahr, dass Unterlagen, sobald sie dem Untersuchungsausschuss zur Verfügung stehen, auch öffentlich werden, und zwar ohne dass ihre **Beweiserheblichkeit bereits feststeht**.[36] Vor diesem Hintergrund ist es – trotz mancher **Kritik in der Rechtslehre**, die insbesondere die Kompetenzfrage stellt[37] – sachgerecht, dass die Herausgabe beschlagnahmter Gegenstände unmittelbar an den Untersuchungsausschuss nur erfolgen darf, wenn **aus grundrechtlicher Sicht** dagegen keine Bedenken bestehen.

10   Nach Auffassung des Bundesverfassungsgerichts ist dies nur der Fall, wenn die potenzielle Beweisbedeutung im Gesamten von vornherein feststeht und nach dem mutmaßlichen Inhalt der Unterlagen **Geheimschutzmaßnahmen** voraussichtlich nicht erforderlich sind oder bereits in hinreichendem Umfang getroffen wurden.[38] Im Übrigen darf nach der Entscheidung des Bundesverfassungsgerichts der die Beschlagnahme anordnende Richter die Herausgabe der Akten in entsprechender Anwendung des § 98 StPO nur unmittelbar **an sich selbst** anordnen.[39] Er hat sodann eine **Vorprüfung** bezüglich der Beweiserheblichkeit vorzunehmen, sowie bei schwieriger Beweislage den **Vorsitzenden** des Untersuchungsausschusses und dessen **Stellvertreter** hinzuzuziehen. Erst dann dürfe er die Herausgabe an den Untersuchungsausschuss veranlassen.[40] Daneben hält das Bundesverfassungsgericht die vorherige Anordnung der Herausgabe an das Gericht für geboten, wenn zwar hinsichtlich der Beweiserheblichkeit keine Bedenken bestehen, jedoch konkrete Anhaltspunkte dafür vorliegen, dass die beschlagnahmten Papiere grundrechtlich geschützte Daten enthalten, die bisher noch nicht getroffene **Geheimhaltungsmaßnahmen** erforderlich machen.[41]

11   Dieser besonderen verfahrensmäßigen Schutzvorkehrungen bedarf es in diesem Umfang nicht, wenn sich die Unterlagen Privater bereits in behördlichem Gewahrsam befinden, da hier der **Herausgabeanspruch** gegen die

---

36 BVerfGE 77, 1 (53 f.); *Weisgerber*, Das Beweiserhebungsverfahren parlamentarischer Untersuchungsausschüsse des Deutschen Bundestages, 2003, S. 305.
37 So etwa *Klenke*, NVwZ 1995, 644 (646 f.); *Kohl*, Die Rechtsstellung des Betroffenen nach Art. 44 Abs. 2 S. 1 GG und den entsprechenden Regelungen in den Landesverfassungen, 2001, S. 168 f.; *Meyer-Bohl*, Die Grenzen der Pflicht zur Aktenvorlage und Aussage vor parlamentarischen Untersuchungsausschüssen, 1992, S. 278 f., der an Stelle der richterlichen Vorkontrolle einen so genannten Arbeitsstab vorschlägt.
38 BVerfGE 124, 78 (125 f.); 77, 1 (55).
39 S.a. OVG Brem., NVwZ 1989, 1080; *Achterberg/Schulte*, in: v. Mangoldt/Klein/Starck II, Art. 44 Rn. 156: Herausgabe an Untersuchungsausschuss unmittelbar nur, wenn dies aus grundrechtlicher Sicht unbedenklich ist.
40 S. i.E. BVerfGE 77, 1 (55 f.); krit. mit Blick auf Art. 44 Abs. 4 GG bzgl. der Prüfung der Beweiserheblichkeit, *Morlok*, in: Dreier II, Art. 44 Rn. 51.
41 BVerfGE 77, 1 (56).

staatliche oder kommunale Stelle besteht und sie entsprechende Schutzvorkehrungen, etwa durch die Kennzeichnung der Unterlagen als »vertraulich« treffen kann. Ebenso darf von amtlichen Stellen erwartet werden, dass sie die **Beweisrelevanz** privater Unterlagen für den Untersuchungsausschuss fach- und sachgerecht einschätzen können und werden. Unbeschadet dessen ist der Untersuchungsausschuss nicht gehindert, bei dem betroffenen Privaten **nachzufragen**, ob aus seiner Sicht eine **besondere Schutzbedürftigkeit** für die sich in den Händen öffentlicher Stellen befindenden privaten Unterlagen besteht.

II. Regelungen in den Untersuchungsausschussgesetzen

Bund: Der Bund hat in § 29 Abs. 1 S. 1 PUAG der grundsätzlichen **Herausgabepflicht** für Unterlagen, die sich in privater Hand befinden, Rechnung getragen. Nach dieser Bestimmung hat jeder, der Beweismittel **in Gewahrsam hat**, die für die Untersuchung von Bedeutung sein können, diese **herauszugeben**, es sei denn, dies ist ihm wegen des **streng persönlichen Charakters** der Beweismittel nicht zumutbar. Diese Bestimmung ist § 95 Abs. 1 StPO nachgebildet.[42] Für den Fall, dass die Gegenstände nicht freiwillig herausgegeben werden, entscheidet nach § 29 Abs. 3 S. 1 Halbs. 1 PUAG auf Antrag mindestens eines Viertels der Mitglieder der **Ermittlungsrichter beim Bundesgerichtshof** über die Beschlagnahme von Gegenständen und deren unmittelbare Herausgabe an den Untersuchungsausschuss. Nach § 29 Abs. 3 S. 1 Halbs. 2 PUAG gilt die Vorschrift des § 97 StPO über die Beschlagnahmefreiheit im Strafprozess entsprechend. Nach § 29 Abs. 3 S. 2 PUAG ordnet der Ermittlungsrichter zur **Beschlagnahme** der in § 29 Abs. 1 PUAG bezeichneten Gegenstände auch die **Durchsuchung** an.

12

Die **Durchsicht und die Prüfung der Beweiserheblichkeit** der vorgelegten Unterlagen steht auch für beschlagnahmte Gegenstände dem **Untersuchungsausschuss** zu. Nur wenn sich die Beweismittel nach **einmütiger Auffassung** des Untersuchungsausschusses für die Untersuchung als unerheblich erweisen, sind sie der Person, die den Gewahrsam an ihnen hatte, zurückzugeben (§ 30 Abs. 2 PUAG).

13

Der **Bundesgesetzgeber** ist mithin von den Vorgaben des Bundesverfassungsgerichts in der Neue-Heimat-Entscheidung abgewichen und hat weder die Vorlage an den Ermittlungsrichter noch die Vorprüfung durch diesen in

14

---

42 *Weisgerber*, Das Beweiserhebungsverfahren parlamentarischer Untersuchungsausschüsse des Deutschen Bundestages, 2003, S. 308; *Wiefelspütz*, Das Untersuchungsausschussgesetz, 2003, S. 271; zu den Folgen der unveränderten Fortgeltung von Art. 44 Abs. 2 Satz 1 GG s. *Lucke*, Strafprozessuale Schutzrechte und parlamentarische Aufklärung in Untersuchungsausschüssen mit strafrechtlich relevantem Verfahrensgegenstand, 2009, S. 44 f.

die gesetzliche Regelung aufgenommen. Zur Begründung heißt es in den Gesetzesmaterialien, dass der Konflikt zwischen dem parlamentarischen Untersuchungsinteresse und den gleichwertigen Grundrechten des Betroffenen »zu Gunsten möglichst weit gehender Aufklärungsmöglichkeiten des Untersuchungsausschusses« gelöst worden sei.[43]

15 Der Bundesgesetzgeber war trotz der Neue-Heimat-Entscheidung des Bundesverfassungsgerichts nicht nach § 31 BVerfGG an dieser gesetzlichen Regelung gehindert. Zwar erstreckt sich die **Bindungswirkung** einer Entscheidung des Bundesverfassungsgerichts im Rahmen des § 31 Abs. 1 BVerfGG auf den Tenor und die tragenden Gründe.[44] Es ist auch allgemein anerkannt, dass in § 31 Abs. 1 BVerfGG auch ein **Verbot** enthalten ist, den für verfassungswidrig oder nichtig erklärten Akt in gleich gelagerten Fällen zu wiederholen.[45] Umstritten ist allerdings, ob davon auch der Gesetzgeber erfasst ist.[46] Dies dürfte allerdings nur für den **exakten Parallel- und Wiederholungsfall** gelten,[47] denn Gegenstand der Bindungswirkung ist allein die konkrete Entscheidung, mithin im Organstreit die Vereinbarkeit der Maßnahme oder Unterlassung eines Verfassungsorgans mit den Rechten eines anderen, des antragstellenden Verfassungsorgans.[48] Bei einem neuen Streitfall den exakten Parallel- und Wiederholungsfall anzunehmen, dürfte nicht gerechtfertigt sein, da sich seit der Neue-Heimat-Entscheidung des Bundesverfassungsgerichts allein schon durch den Erlass des Gesetzes und weitere Sicherungsvorkehrungen zum Geheimnisschutz in §§ 29, 30 PUAG **verändert hat**.[49]

16 **Baden-Württemberg:** In Baden-Württemberg kann der Untersuchungsausschuss beim **zuständigen Gericht** die Anordnung von Beschlagnahmen

---

43 Beschlussempfehlung, BT-Drucks. 14/5790, S. 20; krit. dazu *Weisgerber*, Das Beweiserhebungsverfahren parlamentarischer Untersuchungsausschüsse des Deutschen Bundestages, 2003, S. 315 ff.; *H. H. Klein*, MD, Art. 44 Rn. 185 f., der die Verfahrensweise im PUAG für verfassungswidrig hält; a.A. *Pieper/Viethen*, in: Kölble (Hrsg.), Das Deutsche Bundesrecht, Erläuterungen zum PUAG, § 30 (S. 36).
44 BVerfGE 1, 14 (37); 40, 88 (93 f.); s. auch *Weisgerber*, Das Beweiserhebungsverfahren parlamentarischer Untersuchungsausschüsse des Deutschen Bundestages, 2003, S. 313.
45 *Weisgerber*, Das Beweiserhebungsverfahren parlamentarischer Untersuchungsausschüsse des Deutschen Bundestages, 2003, S. 313 m.w.N.
46 S. dazu bejahend BVerfGE 1, 14 (37); 69, 112 (115); abl. BVerfGE 77, 84 (103 f.); 98, 265 (320 f.).
47 BVerfGE 104, 151 (197 f.); *Bethge*, in: Mainz/Schmidt-Bleibtreu/Klein/Bethge, BVerfGG, Art. 31 Rn. 70 f.
48 Heusch, in: Umbach/Clemens/Dollinger, BVerfGG, § 31 Rn. 57 m.w.N.
49 Ebenso *Weisgerber*, Das Beweiserhebungsverfahren parlamentarischer Untersuchungsausschüsse des Deutschen Bundestages, 2003, S. 314 f.

und Durchsuchungen beantragen, wenn die für die Untersuchung notwendigen Beweise auf andere Weise nicht erhoben werden können. Die Vorschriften des 8. Abschnitts des Ersten Buches der Strafprozessordnung finden entsprechende Anwendung. Die **Durchsicht** der Papiere nach § 110 Abs. 1 StPO obliegt dem **Gericht**.[50] Die Bestimmungen des Landespressegesetzes über die Unzulässigkeit einer Beschlagnahme und Durchsuchung bleiben unberührt. Zuständig zur Entscheidung über die Anträge ist das **Amtsgericht Stuttgart (Strafrichter)**. Die für den Strafprozess geltenden Vorschriften über die Beschwerde sind mit der Maßgabe entsprechend anzuwenden, dass der **Vorsitzende des Untersuchungsausschusses** an die Stelle der Staatsanwaltschaft tritt.[51] Ferner bestimmt das Gesetz, dass die Anordnungen im Zusammenhang mit der Beschlagnahme und Durchsuchung nach den für den Strafprozess geltenden Vorschriften durchgeführt werden.[52]

Berlin: Gegenüber den Untersuchungsausschüssen des Berliner Abgeordnetenhauses ist **jedermann** verpflichtet, Gegenstände, die **als Beweismittel** für die Untersuchung **von Bedeutung** sein könnten, auf Aufforderung des Untersuchungsausschusses **für die Dauer des Verfahrens** zur Verfügung zu stellen; anderenfalls ordnet das **Gericht** auf Antrag des Untersuchungsausschusses die **Beschlagnahme** dieser Gegenstände an. Ferner ordnet das Gericht auf Antrag des Untersuchungsausschusses die **Durchsuchung von Räumen** an, wenn **Tatsachen vorliegen**, aus denen zu schließen ist, dass sich der gesuchte Gegenstand in diesen Räumen befindet. Die §§ 97, 101, 105 Abs. 2, 106, 107, 109 und 110 StPO finden entsprechende Anwendung. Die Bestimmungen des Berliner Pressegesetzes über die Unzulässigkeit einer Beschlagnahme und Durchsuchung bleiben unberührt.[53]

Brandenburg: In Brandenburg ordnet auf **Antrag des Vorsitzenden** das zuständige Gericht **Beschlagnahmen und Durchsuchungen** an, wenn dies zur Aufklärung des Sachverhalts **notwendig** ist. Auf die Durchführung der Anordnung finden die Vorschriften des 8. Abschnitts des Ersten Buches der Strafprozessordnung entsprechende Anwendung mit der Maßgabe, dass an die Stelle des Amtsgerichts das Landgericht tritt.[54]

Bremen: Nach dem Untersuchungsausschussgesetz in Bremen kann der **Untersuchungsausschuss** beim zuständigen Gericht unter anderem die **Beschlagnahme und Durchsuchung** beantragen. Bei **Gefahr im Verzuge** ist ein Ersuchen an die zuständige **Staatsanwaltschaft** zu richten.[55]

---

50 § 16 Abs. 4 UAG BadWürtt.
51 § 16 Abs. 6 UAG BadWürtt.
52 § 16 Abs. 7 UAG BadWürtt.
53 § 13 Abs. 1 UAG Berl.; s. auch *Härth*, § 13 Erl. 1.
54 § 23 Abs. 1 UAG Brandb.
55 § 11 Abs. 4 UAG Brem.

20 **Hamburg:** In Hamburg sieht das Untersuchungsausschussgesetz sogar gegenüber dem **Senat** die Möglichkeit vor, dass der Untersuchungsausschuss beim **Landesverfassungsgericht** die Beschlagnahme von Akten beantragen kann.[56] Hinsichtlich **privater Personen** finden sich keine ausdrücklichen gesetzlichen Regelungen, so dass insoweit über die Verweisung in Art. 26 Abs. 2 S. 1 HbgVerf. die entsprechenden Bestimmungen der Strafprozessordnung zur Beschlagnahme und Durchsuchung Anwendung finden.[57]

21 **Mecklenburg-Vorpommern:** Die Regelung in Mecklenburg-Vorpommern ist weit gehend den bundesgesetzlichen Bestimmungen nachgebildet. So ist **jedermann** verpflichtet, ein Beweismittel, das für die Untersuchung von Bedeutung sein kann und, das sich in seinem Gewahrsam befindet, auf Verlangen des Untersuchungsausschusses **vorzulegen und auszuliefern.** Diese Pflicht besteht nicht, soweit das Beweismittel Informationen enthält, deren Weitergabe wegen ihres **streng persönlichen Charakters** für die Betroffenen **unzumutbar** ist.[58] Werden diese Gegenstände nicht freiwillig vorgelegt, so entscheidet auf Antrag des Untersuchungsausschusses oder eines Viertels seiner Mitglieder das **zuständige Gericht** über die **Beschlagnahme und die Herausgabe** an den Untersuchungsausschuss. Zur Beschlagnahme der als Beweismittel in Frage kommenden Gegenstände kann das **zuständige Gericht** auch die **Durchsuchung** anordnen, wenn Tatsachen vorliegen, aus denen zu schließen ist, dass der gesuchte Gegenstand sich in den zu durchsuchenden Räumen befindet. Die §§ 97, 104, 105 Abs. 2 und 3, §§ 106, 107 und 109 StPO finden entsprechende Anwendung.[59]

22 Die **Durchsicht und die Prüfung** der Beweiserheblichkeit von Beweismitteln, die nach dem Untersuchungsausschuss vorzulegen sind, stehen dem **Untersuchungssausschuss** zu.[60] Dies gilt allerdings nicht, wenn der Gewahrsamsinhaber einwendet, die verlangte Beweismittel seien für die Untersuchung **nicht bedeutsam** oder beträfen ein in § 17 Abs. 1 Nr. 1 bis 4 UAG MV bezeichnetes **Geheimnis**. Ordnungs- und Zwangsmittel dürfen in diesem Fall nur dann angeordnet werden, wenn das Beweismittel **keine Information** enthält, deren Weitergabe wegen ihres strikten **vertraulichen Charakters** für die Betroffenen unzumutbar ist und der Untersuchungsausschuss für die **erforderliche Geheimhaltung** gesorgt hat.[61]

23 **Nordrhein-Westfalen:** Das Untersuchungsausschussgesetz in Nordrhein-Westfalen sieht vor, dass auf **Antrag des Vorsitzenden** das **zuständige**

---

56 § 18 Abs. 6 UAG Hbg.
57 *Köhler*, Umfang und Grenzen des parlamentarischen Untersuchungsrechts gegenüber Privaten im nichtöffentlichen Bereich, 1996, S. 159.
58 § 33 Abs. 1 UAG MV.
59 § 33 Abs. 2 UAG MV.
60 § 34 Abs. 1 S. 1 UAG MV.
61 § 34 Abs. 1 S. 2 UAG MV.

Gericht Beschlagnahmen und Durchsuchungen anordnet, wenn dies zur Aufklärung des Sachverhalts **notwendig** ist. Auf die Durchführung der Anordnung finden die Vorschriften des 8. Abschnitts des Ersten Buches zur Strafprozessordnung entsprechende Anwendung.[62] Problematisch ist allerdings, dass es im Untersuchungsausschussgesetz an einer ausdrücklichen Regelung zur Vorlagepflicht Privater fehlt und mangels entsprechender Verweisung auch nicht auf § 95 StPO zugegriffen werden kann.[63]

Rheinland-Pfalz: In Rheinland-Pfalz kann der Untersuchungsausschuss zur Erhebung der notwendigen Beweise beim **Amtsgericht Mainz** die Anordnung weiterer Maßnahmen, insbesondere der **Beschlagnahme und Durchsuchung** beantragen. Die Vorschriften des 7. und 8. Abschnitts des Ersten Buches der Strafprozessordnung finden entsprechende Anwendung. Bei **Gefahr im Verzuge** ist ein Ersuchen an die zuständige **Staatsanwaltschaft** zu richten.[64]

Saarland: Im Saarland kann der Untersuchungsausschuss die Durchsuchung und Beschlagnahme beim **zuständigen Gericht** beantragen. Bei **Gefahr im Verzuge** ist das Ersuchen an zuständige **Staatsanwaltschaft** zu richten.[65] Über Anträge des Untersuchungsausschusses entscheidet das Amtsgericht. Die Vorschriften der Strafprozessordnung über die Beschwerde (§§ 305, 310) sind entsprechend anzuwenden. In diesem Verfahren hat der Untersuchungsausschuss die Rechte der Staatsanwaltschaft.[66]

Sachsen: Nach dem Untersuchungsausschussgesetz in Sachsen kann der **Untersuchungsausschuss** beim **zuständigen Gericht** die Anordnung von Beschlagnahmen und Durchsuchungen beantragen, wenn für die Untersuchung notwendige Beweise auf **andere Weise** nicht erhoben werden können. Die Vorschriften des 8. Abschnitts des Ersten Buches der Strafprozessordnung finden entsprechende Anwendung. Die **Durchsicht** der Papiere nach § 110 Abs. 1 StPO obliegt dem **Gericht**.[67] Zuständig zur Entscheidung über die entsprechenden Anträge ist das Amtsgericht (Strafrichter). Die für den Strafprozess geltenden Vorschriften über die Beschwerde sind mit der Maßgabe entsprechend anzuwenden, dass der **Vorsitzende des Untersuchungsausschusses** an die Stelle der **Staatsanwaltschaft** tritt. Anordnungen nach den Absätzen 2 bis 4 werden nach den für den Strafprozess geltenden Vorschriften durchgeführt.[68]

---

62 § 20 UAG NRW.
63 S. dazu o. § 17 Rdn. 41; *Dästner*, Art. 41 Rn. 7; großzügiger *Menzel*, in: Löwer/Tettinger, Art. 41 Rn. 47.
64 § 23 UAG RhPf.
65 § 51 Abs. 4 LTG Saarl.
66 § 56 Abs. 3 LTG Saarl.
67 § 16 Abs. 4 UAG Sachs.
68 § 16 Abs. 6, 7 UAG Sachs.

27 **Sachsen-Anhalt:** Auch in Sachsen-Anhalt hat ein **Untersuchungsausschuss** die Befugnis, zum Zwecke der Beweiserhebung bei dem **zuständigen Gericht** die Anordnung der Beschlagnahme oder die Durchsuchung beantragen. Auf Antrag **eines Viertels** seiner Mitglieder oder **der Antragsteller** ist er dazu **verpflichtet**. Die Vorschriften des 8. Abschnitts des ersten Buches der Strafprozessordnung finden sinngemäß Anwendung.[69] Örtlich zuständig ist das für den **Sitz des Landtages** zuständige Gericht. Örtlich zuständige Staatsanwaltschaft ist die Staatsanwaltschaft am Sitz des Landtags. Die Vorschriften der Strafprozessordnung über die Beschwerde sind mit der Maßgabe anzuwenden, dass an die Stelle der Staatsanwaltschaft der Vorsitzende des Untersuchungsausschusses tritt.[70]

28 **Schleswig-Holstein:** In Schleswig-Holstein ordnet das **zuständige Amtsgericht** auf **Antrag des Vorsitzenden** des Untersuchungsausschusses die Beschlagnahme oder Durchsuchung an, wenn dies zur Aufklärung des Sachverhalts notwendig ist. Die Vorschriften des 8. Abschnitts des Ersten Buches der Strafprozessordnung gelten sinngemäß. Der Vorsitzende stellt den Antrag auf Beschluss des Untersuchungsausschusses, auf Verlangen der parlamentarischen Einsetzungsminderheit oder auf Verlangen eines Fünftels der Ausschussmitglieder.[71]

29 **Thüringen:** In Thüringen kann der **Untersuchungsausschuss** zur Erhebung der notwendigen Beweise beim **Amtsgericht Erfurt** die Anordnung **weiterer Maßnahmen**, insbesondere der Beschlagnahme und Durchsuchung beantragen. Die Vorschriften des 7. und 8. Abschnitts des Ersten Buches der Strafprozessordnung finden entsprechende Anwendung. Bei Gefahr im Verzuge ist ein Ersuchen an die zuständige Staatsanwaltschaft zu richten.[72]

30 **Bayern, Hessen und Niedersachsen:** In diesen Ländern fehlen **im Untersuchungsausschussgesetz** Regelungen zur Beschlagnahme und Durchsuchung beziehungsweise hat der Landesgesetzgeber bisher auf den Erlass eines Untersuchungsausschussgesetzes verzichtet. Daher gilt hier, dass durch die verfassungsgesetzliche Verweisung zur entsprechenden Anwendung der Vorschriften über den Strafprozess[73] auch Beschlagnahmen und Durchsuchungen möglich sind.

---

69 § 25 UAG SachsA.
70 § 31 Abs. 1 bis 3 UAG SachsA.
71 § 16 Abs. 3, 4 UAG SchlH.
72 § 23 UAG Thür.
73 Art. 25 Abs. 3 S. 1 BayVerf.; Art. 105 Abs. 5 Satz 2 BremVerf.; Art. 26 Abs. 2 Satz 1 HbgVerf.; Art. 92 Abs. 3 HessVerf; Art. 34 Abs. 5 MVVerf.; Art. 27 Abs. 6 S. 2 NdsVerf.; Art. 91 Abs. 4 RhPfVerf.; Art. 79 Abs. 4 SaarlVerf.; Art. 64 Abs. 3 Satz 2 ThürVerf.

§ 19 Zeugenvernehmung

ÜBERSICHT Rdn.
I. Einführung. 1
II. Stellung des Zeugen. 3
III. Regelungen in den Untersuchungsausschussgesetzen. 22

Literatur: *Albrecht-Baba,* Das Beweiserhebungsrecht parlamentarischer Untersuchungsausschüsse, 2005; *Arloth,* Grundlagen und Grenzen des Untersuchungsrechts parlamentarischer Untersuchungsausschüsse, NJW 1987, 808; *Beckedorf,* Die Rechtsstellung des Betroffenen im parlamentarischen Untersuchungsverfahren, ZParl 20 (1989) 35; *Friedrich,* Der parlamentarische Untersuchungsausschuss – Entwicklung, Stellung, Kompetenzen, 1990; *Glauben* Möglichkeiten und Grenzen parlamentarischer Untersuchungsausschüsse, DRiZ 1992, 395; *Gollwitzer,* Der Betroffene im Verfahren der Untersuchungsausschüsse des Bayerischen Landtags, BayVBl. 1982, 417; *Hilf,* Untersuchungsausschüsse vor den Gerichten, NVwZ 1987, 537; *Kohl,* Die Rechtsstellung des Betroffenen nach Art. 44 Abs. 2, S. 1 GG und den entsprechenden Regelungen in den Länderverfassungen, 2001; *Lucke,* Strafprozessuale Schutzrechte und parlamentarische Aufklärung mit strafrechtlich relevantem Verfahrensgegenstand, 2009; *Masing,* Parlamentarische Untersuchung privater Sachverhalte, 1998; *Plöd,* Die Stellung des Zeugen in einem parlamentarischen Untersuchungsausschuss des Deutschen Bundestages, 2003; *Schleich,* Das parlamentarische Untersuchungsrecht des Bundestages, 1985; *Teubner,* Untersuchungs- und Eingriffsrechte privatgerichteter Untersuchungsausschüsse, 2009; *Thürmer,* Zeugniszwang durch einen Landesuntersuchungsausschuß gegenüber einem außerhalb der Landesgrenzen (in einem anderen Bundesland) lebenden Zeugen, DÖV 1987, 99; *Weisgerber,* Das Beweiserhebungsverfahren parlamentarischer Untersuchungsausschüsse des Deutschen Bundestages, 2003; *Wiefelspütz,* Das Untersuchungsausschussgesetz, 2003; *Wolf,* Parlamentarischer Untersuchungsausschuss und Strafjustiz, 2005.

I. Einführung

Natürliche und juristische Personen des Privatrechts trifft gegenüber einem 1 parlamentarischen Untersuchungsausschuss grundsätzlich die **Anwesenheits- und Zeugnispflicht** als eine allgemeine Bürgerpflicht,[1] ohne dass Grundrechte unzulässig beeinträchtigt würden.[2] Auch wenn die Pflicht in

---

1 BVerfGE 124, 78 (117 f.); *Achterberg/Schulte,* in: v. Mangoldt/Klein/Starck II, Art. 44, Rn. 129; *Friedrich,* Der parlamentarische Untersuchungsausschuss – Entwicklung, Stellung und Kompetenzen, 1990, S. 154; *Weisgerber,* Das Beweiserhebungsverfahren parlamentarischer Untersuchungsausschüsse des Deutschen Bundestages, 2003, S. 169; *Wiefelspütz,* Das Untersuchungsausschussgesetz, 2003, S. 242; s.a. BVerfGE 49, 280 (284); 76, 363 (383).
2 *Reich,* Art. 54 Rn. 2.

den **Untersuchungsausschussgesetzen** des Bundes und der Länder ausdrücklich normiert ist,[3] folgt dies daneben aus der verfassungsgesetzlichen Verweisung in Bund und Ländern für die Beweiserhebung auf die **Vorschriften über den Strafprozess**. Der Bürger wird somit zum »**Beweishelfer**« des Untersuchungsausschusses.[4] Denn der ordnungsgemäß geladene Zeuge ist zum Erscheinen und zur Aussage verpflichtet.[5] Das Recht der Zeugenladung steht mithin nicht nur der Judikative zu.[6] Vielmehr kann sich auch ein parlamentarischer Untersuchungsausschuss auf diese Kompetenz stützen, um seine Aufgabe als **wichtiges Kontrollinstrument** des Parlaments erfüllen zu können.[7] Denn die Vernehmung von Zeugen dürfte ein wichtiger Beitrag dazu sein, eine wirksame parlamentarische Kontrolle mit Hilfe parlamentarischer Untersuchungsausschüsse zu erreichen.[8] Insoweit ist der Untersuchungsausschuss kraft seiner parlamentarischen und verfassungsorganschaftlichen Autonomie in der eigenen Beweiserhebung frei. Er bestimmt allein über das Beweisthema, die Beweismittel und das Beweisverfahren.[9] Art. 44 Abs. 1 S. 1 GG und die entsprechenden landesverfassungsgesetzlichen Regelungen bringen dies zum Ausdruck, indem einem parlamentarischen Untersuchungsausschuss verfassungskräftig die Befugnis zugebilligt wird, die »erforderlichen« Beweise zu erheben.[10]

2   Allerdings erstreckt sich die Zeugnispflicht nur auf **Tatsachen** und nicht auf **Wertungen und Schlussfolgerungen**.[11] Ferner muss der Zeuge nur bezüglich solcher Tatsachen Auskunft geben, die auch den **Untersuchungsgegenstand** betreffen.[12] Schließlich besteht die Zeugnispflicht nicht nur gegenüber Untersuchungsausschüssen des Bundestages oder des »eigenen«

---

3 S. dazu i.E. u. Rdn. 22 ff.
4 *Masing*, Parlamentarische Untersuchungen privater Sacherverhalte, 1998, S. 263.
5 *Kohl*, Die Rechtsstellung des Betroffenen nach Art. 44 Abs. 2 S. 1 GG und den entsprechenden Regelungen in den Länderverfassungen, 2001, S. 155; *Plöd*, Die Stellung des Zeugen in einem parlamentarischen Untersuchungsausschuss des Deutschen Bundestages, 2003, S. 97.
6 *Friedrich*, Der parlamentarische Untersuchungsausschuss – Entwicklung, Stellung und Kompetenzen, 1990, S. 154.
7 *Weisgerber*, Das Beweiserhebungsverfahren parlamentarischer Untersuchungsausschüsse des Deutschen Bundestages, 2003, S. 169.
8 BVerfGE 76, 363 (382).
9 *Scholz*, AöR 105 (1980) 564 (609); *Vetter*, DÖV 1987, 426 (427).
10 BVerfGE 124, 78 (115); *Vetter*, DÖV 1987, 426 (427).
11 OLG Koblenz, StV 1988, 532; *Bickel*, Verh. d. 57. DJT (1988), S. M 14 f.; *Glauben*, DRiZ 1992, 395 (395); *Weisgerber*, Das Beweiserhebungsverfahren parlamentarischer Untersuchungsausschüsse des Deutschen Bundestages, 2003, S. 169 f.
12 *Weisgerber*, Das Beweiserhebungsverfahren parlamentarischer Untersuchungsausschüsse des Deutschen Bundestages, 2003, S. 170.

Landes,[13] sondern auch gegenüber Untersuchungsausschüssen **anderer** Bundesländer.[14] Denn es gilt zu **differenzieren** zwischen dem **Untersuchungsthema**, das einen Landesbezug haben muss und den **Beweismitteln**, die sich auch außerhalb des Landes befinden können.[15] Andernfalls wäre eine wirksame parlamentarische Kontrolle mit Hilfe von Untersuchungsausschüssen kaum möglich.[16]

II. Stellung des Zeugen

Ein geladener Zeuge ist gemäß §§ 48 ff. StPO bzw. den Regelungen in den Untersuchungsausschussgesetzen sowohl zum Erscheinen als auch zur Aussage verpflichtet.[17] Die **Erscheinungspflicht** gilt indes auch dann, wenn der Zeuge das Recht hat, die Aussage insgesamt zu verweigern.[18] Dies muss dem Zeugen auch schon bei der **Ladung** deutlich werden. Daher muss er auf die **gesetzlichen Folgen des Ausbleibens** hingewiesen werden.[19] Dazu zählt nicht nur die zwangsweise Vorführung, sondern dem Zeugen können neben einem Ordnungsgeld auch die durch sei unentschuldigtes Fernbleiben entstandenen weiteren Kosten auferlegt werden.[20] Ferner muss die Ladung inhaltlich erkennen lassen, dass die geladene Person **als Zeuge** vernommen werden soll. Außerdem dürfte es sich auch ohne ausdrückliche gesetzliche Regelung anbieten, dass die Ladung **schriftlich** erfolgt. Ebenso sollte in der Regel die Ladung mit **Postzustellungsurkunde** erfolgen, um den Nachweis

3

---

13 So aber OVG Lüneburg, DVBl. 1986, 476 (477 ff.); krit. *Thürmer*, DÖV 1987, 99 (100 ff.).
14 BVerwGE 79, 339 (342); BVerwGE 109, 258 (266 f.); *Möstl*, in: Lindner/Möstl/Wolf, Art. 25 Rn. 19.
15 BVerwGE 79, 339 (342 f.); BVerfG, NVwZ 1994, 54 (54 f.); *Hilf*, NVwZ 1987, 537 (543); *Arloth*, NJW 1987, 808 (810).
16 BVerwGE 79, 339 (344 f.).
17 BVerfGE 124, 78 (118); *Teubner*, Untersuchungs- und Eingriffsrechte privatgerichteter Untersuchungsausschüsse, 2009, S. 127 f.
18 LG Saarbrücken, wistra 1995, 239, (239 f.) mit Anm. *Weyand*, ebenda, 240 f.; *Senge*, in: Hannich (Hrsg.), Karlsruher Kommentar zur Strafprozessordnung, 6. Aufl. 2008, § 51 Rn. 12; *Meyer-Goßner*, Strafprozessordnung, 53. Aufl. 2010, § 51 Rn. 1.
19 *Weisgerber*, Das Beweiserhebungsverfahren parlamentarischer Untersuchungsausschüsse des Deutschen Bundestages, 2003, S. 169; *Plöd*, Die Stellung des Zeugen in einem parlamentarischen Untersuchungsausschuss des Deutschen Bundestages, 2003, S. 97.
20 BVerfGE 76, 363 (383); *Rathje*, Der Ermittlungsbeauftragte des parlamentarischen Untersuchungsausschusses, 2004, S. 72 f.

des Zugangs der Ladung an den Zeugen führen zu können.[21] Eine **Ladungsfrist** kann gesetzlich vorgesehen werden, ist aber nicht zwingend geboten.[22]

4   **Keine Anwendung** findet im parlamentarischen Untersuchungsverfahren § 50 StPO, der eine Ausnahme zur allgemeinen Anwesenheitspflicht regelt, es sei denn, das Untersuchungsausschussgesetz des Bundes oder eines Landes sieht die Anwendbarkeit ausdrücklich vor. Nach dieser Bestimmung sind die Mitglieder des Bundestages, eines Landtages oder einer zweiten Kammer sowie Mitglieder der Bundesregierung oder einer Landesregierung während ihres Aufenthalts am **Sitz der Versammlung** bzw. am **Amtssitz** zu vernehmen. Die Vernehmung von Regierungsmitgliedern muss sogar für den Fall, dass sie sich außerhalb ihres Amtssitzes aufhalten, an ihrem **Aufenthaltsort** erfolgen (§ 50 Abs. 2 StPO).[23] Diese Vorschrift passt aber nicht sinngemäß zum Untersuchungsausschussverfahren, sondern ist auf den **Strafprozess** zugeschnitten, wo Politiker nur ausnahmsweise vernommen werden. Dagegen ist deren Vernehmung vor parlamentarischen Untersuchungsausschüssen, die ja regelmäßig die Untersuchung von Regierungshandeln zum Gegenstand haben, die Regel. Es wäre für den Untersuchungsausschuss eine **erhebliche Erschwernis**, wenn er den vorstehend beschriebenen Vorgaben nachkommen müsste.[24] In der Praxis dürfte sich dieses Problem vor allem stellen, soweit Untersuchungsausschüsse der Länderparlamente Parlamentarier und Regierungsmitglieder aus anderen Ländern und aus dem Bund vernehmen möchten.

5   Dagegen dürfte § 49 StPO, wonach der **Bundespräsident** in seiner Wohnung zu vernehmen ist, auch im parlamentarischen Untersuchungsverfahren anwendbar sein.[25] Dies gebietet schon die Achtung vor dem Amt des Bundespräsidenten.

6   Anders als in § 48 StPO vorgesehen, sollte im Untersuchungsausschussverfahren dem Zeugen, der vor einen Untersuchungsausschuss geladen wird, das **Beweisthema** mitgeteilt werden. Außerdem sind ihm der **Einsetzungsbeschluss** und der **konkrete Beweisbeschluss** mit der Ladung zuzuleiten.

---

21 S. zum Ganzen *Plöd*, Die Stellung des Zeugen in einem parlamentarischen Untersuchungsausschuss des Deutschen Bundestages, 2003, S. 97.
22 *Plöd*, Die Stellung des Zeugen in einem parlamentarischen Untersuchungsausschuss des Deutschen Bundestages, 2003, S. 97.
23 S.a. *Weisgerber*, Das Beweiserhebungsverfahren parlamentarischer Untersuchungsausschüsse des Deutschen Bundestages, 2003, S. 170.
24 Wie hier *Weisgerber*, Das Beweiserhebungsverfahren parlamentarischer Untersuchungsausschüsse des Deutschen Bundestages, 2003, S. 170; zurückhaltender *Plöd*, Die Stellung des Zeugen in einem parlamentarischen Untersuchungsausschuss des Deutschen Bundestages, 2003, S. 98; s. § 20 Abs. 1 S. 2 PUAG, wonach § 50 StPO keine Anwendung findet.
25 § 20 PUAG lässt § 49 StPO unberührt.

Denn nur so kann der Zeuge überprüfen, ob sich das Beweisthema im Rahmen des Untersuchungsgegenstandes hält.

Neben der Belehrung über die Folgen des Ausbleibens ist der Zeuge schon mit der Ladung darauf hinzuweisen, dass er einen **Rechtsbeistand** zuziehen kann. Auch hier gilt, dass dies allein schon zur rechtlichen Prüfung des Beweisthemas vor dem Hintergrund des Untersuchungsgegenstandes geboten ist. Zu dieser Prüfung wird ein juristisch geschulter Beistand eher in der Lage sein, als der Zeuge.[26]   7

Die **Folgen** des unentschuldigten Ausbleibens des Zeugen sind weit gehend in den Untersuchungsausschussgesetzen geregelt. Soweit dies nicht oder nicht vollständig der Fall ist, greift § 51 Abs. 1 StPO.[27] Diese Sanktionsmechanismen greifen selbstredend nicht, wenn der Zeuge sein Fehlverhalten **rechtzeitig und genügend** entschuldigt (§ 51 Abs. 2 StPO).   8

Dem Zeugen steht ferner ein Recht zu, in Begleitung eines Rechtsbeistandes zu erscheinen. Für den Strafprozess ist dieses Recht, gestützt auf dem Grundsatz des **fairen Verfahrens**, seit langem anerkannt[28] und inzwischen auch in § 68b StPO einfachgesetzlich geregelt. Unbeschadet einer besonderen Regelung in den Untersuchungsausschussgesetzes gilt dies daher auch für das parlamentarische Untersuchungsverfahren.[29] Denn der Zeuge in einem parlamentarischen Untersuchungsausschuss befindet sich nicht selten in einer gleichen, wenn nicht sogar schwierigeren Situation als ein Zeuge im Strafprozess.[30]   9

Vor der Vernehmung ist der Zeuge ordnungsgemäß zu belehren, also insbesondere ist er auf seine **Wahrheitspflicht** und mögliche **Auskunfts- sowie Aussageverweigerungsrechte** hinzuweisen, auch wenn dies bereits in der Ladung erfolgt sein sollte.[31] Soweit einem parlamentarischen Untersuchungsausschuss das Recht der Vereidigung zusteht, ist der Zeuge auch darauf hinzuweisen.   10

---

26 Ähnl. *Plöd*, Die Stellung des Zeugen in einem parlamentarischen Untersuchungsausschuss des Deutschen Bundestages, 2003, S. 99.
27 S. dazu *Plöd*, Die Stellung des Zeugen in einem parlamentarischen Untersuchungsausschuss des Deutschen Bundestages, 2003, S. 100.
28 BVerfGE 38, 105 (111 ff.); s. i.E. u. § 22 Rdn. 10 ff.
29 VG Hamburg NJW 1987, 1568 ff.; *Weisgerber*, Das Beweiserhebungsverfahren parlamentarischer Untersuchungsausschüsse des Deutschen Bundestages, 2003, S. 180 f.; *Plöd*, Die Stellung des Zeugen in einem parlamentarischen Untersuchungsausschuss des Deutschen Bundestages, S. 101 f.; *Beckedorf*, ZParl. 20 (1989) 35 (47).
30 S. i.E. u. § 22 Rdn. 10 ff.
31 *Plöd*, Die Stellung des Zeugen in einem parlamentarischen Untersuchungsausschuss des Deutschen Bundestages, S. 127; *Dahs*, in: Löwe-Rosenberg, Die Strafprozessordnung und das Gerichtsverfassungsgesetz, 24. Aufl. (1988), § 54 Rn. 1.

Teil 4 Beweiserhebung

11   Zu Beginn seiner Vernehmung ist dem Zeugen gemäß § 69 Abs. 1 S. 1 StPO, der auch im parlamentarischen Untersuchungsverfahren anwendbar ist, Gelegenheit zu geben, seine Kenntnisse über den zu untersuchenden Sachverhalt **im Zusammenhang** zu schildern. Damit ist nicht nur dem Interesse des Untersuchungsausschusses an vollständiger Sachaufklärung, sondern vor allem auch dem Zeugen gedient, da er seine Sicht der Dinge **umfassend und ausführlich** darstellen kann.[32] Daher hat der Zeuge sogar einen Anspruch darauf, seine Aussage zunächst unbeeinflusst von Fragen und Vorhalten im Zusammenhang machen zu können. Dies liegt auch im Interesse des Untersuchungsausschusses, da auf diese Weise erkennbar wird, was der Zeuge aus »**lebendiger Erinnerung**« weiß und was ihm **erst auf Nachfragen** einfällt.[33]

12   Der Schilderung des Zeugen schließen sich, soweit erforderlich, **weitere Fragen** an. Im Untersuchungsverfahren steht dieses Recht zunächst dem **Vorsitzenden** zu, über die Reihenfolge der weiteren Fragen lassen sich innerhalb des Untersuchungsausschusses auch **Vereinbarungen** treffen,[34] soweit keine einfachgesetzlichen Vorgaben in den Untersuchungsausschussgesetzen erfolgt sind.[35]

13   Der Zeuge darf keinen **verbotenen** Vernehmungsmethoden unterzogen werden. Nach § 69 Abs. 3 StPO gilt § 136a StPO, der bestimmte Vernehmungsmethoden verbietet, auch für die Zeugenvernehmung. § 136a StPO trägt der Tatsache Rechnung, dass die dort beschriebenen Vernehmungsmethoden mit der in Art. 1 Abs. 1 GG garantierten Menschenwürde nicht vereinbar sind. Selbstredend findet die Bestimmung daher auch im Untersuchungsverfahren Anwendung.[36] Dabei kann auch ein **unfairer Umgang** mit dem Zeugen, etwa wenn er angeschrien wird oder während seiner Vernehmung Mitglieder des Untersuchungsausschusses fortwährend den

---

32 *Weisgerber*, Das Beweiserhebungsverfahren parlamentarischer Untersuchungsausschüsse des Deutschen Bundestages, 2003, S. 181; *Plöd*, Die Stellung des Zeugen in einem parlamentarischen Untersuchungsausschuss des Deutschen Bundestages, 2003, S. 129; s.a. u. § 22 Rdn. 7.
33 *Plöd*, Die Stellung des Zeugen in einem parlamentarischen Untersuchungsausschuss des Deutschen Bundestages, 2003, S. 129.
34 S. dazu den Abschlussbericht des 1. Untersuchungsausschusses der 14. Wahlperiode, BT-Drucks. 14/9300, S. 43 sowie *Plöd*, Die Stellung des Zeugen in einem parlamentarischen Untersuchungsausschuss des Deutschen Bundestages, 2003, S. 129 f.
35 S. dazu u. Rdn. 22 ff.
36 OLG Köln, NJW 1988, 2485 (2486); *Weisgerber*, Das Beweiserhebungsverfahren parlamentarischer Untersuchungsausschüsse des Deutschen Bundestages, 2003, S. 191; *Schleich*, Das parlamentarische Untersuchungsrecht des Bundestages, 1985, S. 40; *Plöd*, Die Stellung des Zeugen in einem parlamentarischen Untersuchungsausschuss des Deutschen Bundestages, 2003, S. 131.

Sitzungssaal betreten und wieder verlassen, den Tatbestand einer verbotenen Vernehmungsmethode erfüllen.[37] Dagegen sind Warnungen, eindringliche Belehrungen und Vorhalte **keine** unzulässigen Drohungen. Dies ist erst dann der Fall, wenn der Vorsitzende oder ein Mitglied des Untersuchungsausschusses mit einer **verfahrensrechtlich unzulässigen Maßnahme** droht, auf deren Anordnung der Vernehmende Einfluss zu haben angibt.[38]

Außerdem muss der Zeuge durch § 68a StPO geschützt werden. Nach § 68a Abs. 1 StPO sollen Fragen nach Tatsachen, die dem Zeugen **zur Unehre gereichen** können, nur gestellt werden, wenn es **unerlässlich** ist. Denn solche Fragen berühren zwangsläufig das allgemeine Persönlichkeitsrecht gemäß Art. 2 Abs. 1 iVm Art. 1 Abs. 1 GG. Daher ist die sinngemäße Anwendung des § 68 a StPO auf das parlamentarische Untersuchungsverfahren verfassungsrechtlich geboten.[39] Dies gilt auch dann, wenn in einem Untersuchungsausschussgesetz eine vergleichbare Regelung ausdrücklich fehlt.[40] Der Zeuge muss diese Frage aber beantworten, da ihm § 68a StPO **kein Auskunftsverweigerungsrecht** gibt.[41]

Vorbehaltlich abweichender Regelungen in den Untersuchungsausschussgesetzen können einzelne Fragen der Ausschussmitglieder oder des Vorsitzenden vom Zeugen selbst oder auch anderen **Ausschussmitgliedern beanstandet** und vom **Vorsitzenden zurückgewiesen** werden. Zieht der Fragesteller seine Frage nicht zurück, entscheidet über die Zulässigkeit der **Ausschuss**. Denn so übt die Kontrolle über die angemessene Behandlung des Zeugen nicht allein der Vorsitzende aus, sondern tun dies alle Ausschussmitglieder.[42]

Unbeschadet der strafprozessualen Vorschriften über Zeugnis- und Auskunftsverweigerungsrechte[43] oder den Ehrenschutz nach § 68a StPO hat ein Untersuchungsausschuss die Grundrechte aus Art. 2 Abs. 1 iVm Art. 1

---

37 So jedenfalls OLG Köln, NJW 1988, 2485 (2486).
38 *Plöd*, Die Stellung des Zeugen in einem parlamentarischen Untersuchungsausschuss des Deutschen Bundestages, 2003, S. 131.
39 *Weisgerber*, Das Beweiserhebungsverfahren parlamentarischer Untersuchungsausschüsse des Deutschen Bundestages, 2003, S. 181; *Schleich*, Das parlamentarische Untersuchungsrecht des Bundestages, 1985, S. 42; *Kohl*, Die Rechtsstellung des Betroffenen nach Art. 44 Abs. 2 S. 1 GG und den entsprechenden Regelungen in den Landesverfassungen, 2001, S. 157.
40 *Plöd*, Die Stellung des Zeugen in einem parlamentarischen Untersuchungsausschuss des Deutschen Bundestages, 2003, S. 134.
41 *Weisgerber*, Das Beweiserhebungsverfahren parlamentarischer Untersuchungsausschüsse des Deutschen Bundestages, 2003, S. 181.
42 *Kohl*, Die Rechtsstellung des Betroffenen nach Art. 44 Abs. 2 S. 1 GG und den entsprechenden Regelungen in den Landesverfassungen, 2001, S. 158; s.a. *Partsch*, Verh. d. 45. DJT (1964), Bd. I, Teil 3, S. 82 ff.
43 S. dazu i.E. u. § 21.

Abs. 1 und Art. 14 GG, eventuell iVm Art. 19 Abs. 3 GG zu beachten. Auf Informationen, deren Weitergabe wegen ihres **streng persönlichen Charakters** für die Betroffenen unzumutbar ist, erstreckt sich das Beweiserhebungsrecht nicht.[44]

17 Nach § 58 Abs. 1 StPO sind Zeugen einzeln und in Abwesenheit der später zu hörenden Zeugen zu vernehmen. Damit ist die **Einzelvernehmung** die strafprozessuale Regel und sollte es auch in parlamentarischen Untersuchungsverfahren sein.[45] Denn so wird gewährleistet, dass sich der Untersuchungsausschuss auf den jeweils zu befragenden Zeugen konzentriert. Außerdem wird so eine **Diskussion** zwischen den Zeugen und zwischen den vernehmenden Personen vermieden.[46]

18 Als problematisch erweist sich vor diesem Hintergrund eine **Gegenüberstellung** mit anderen Zeugen. In keinem Fall handelt es sich dabei um ein **Kreuzverhör** im Sinne des § 239 StPO, bei dem ein Zeuge gleichzeitig von Staatsanwalt und Verteidiger befragt wird. Im Untersuchungsausschussverfahren kann diese Art der Befragung schon deshalb nicht erfolgen, weil es dort weder einen Staatsanwalt als Ankläger noch einen Verteidiger eines Angeklagten gibt.[47] Unbeschadet dessen dürfte die **Gegenüberstellung** von Zeugen nur **ausnahmsweise** zulässig sein, wenn es für den Untersuchungszweck **geboten** ist. Eine Gegenüberstellung verfolgt das Ziel, **Widersprüche** zwischen einer Zeugenaussage und den Angaben eines anderen Zeugen durch Rede und Gegenrede, Fragen und Vorbehalte zu klären.[48] Dies kann auch im Untersuchungsausschussverfahren erforderlich sein.[49] Gleichwohl darf nicht übersehen werden, dass hier die Gefahren des politisch motivierten **Missbrauchs** besonders groß sind.[50] Dagegen dürfte eine Gegenüberstellung zum Zwecke der **Identifizierung**, wie sie im Strafverfahren häufig zur Täterüberführung vorkommt, im parlamentarischen Untersuchungsverfahren ausscheiden. Ein Recht der Minderheit auf Gegenüberstellung von Zeugen

---

44 BVerfGE 67, 100 (144); 76, 363 (388).
45 BVerfGE 93, 195 (205).
46 Zutr. *Plöd*, Die Stellung des Zeugen in einem parlamentarischen Untersuchungsausschuss des Deutschen Bundestages, 2003, S. 124.
47 So a. *Plöd*, Die Stellung des Zeugen in einem parlamentarischen Untersuchungsausschuss des Deutschen Bundestages, 2003, S. 125.
48 KG, NJW 1979, 1668 (1669); *Meyer-Goßner*, Strafprozessordnung, 53. Aufl., (2010), § 58 Rn. 10; *Dahs*, in: Löwe-Rosenberg, Die Strafprozessordnung und das Gerichtsverfassungsgesetz, 24. Aufl. (1988), § 58 Rn. 12
49 BVerfGE 93, 195 (207); BayVerfGH, BayVBl. 2007, 171 (172 f.) m. Anm. *Brocker*, 173 ff.; BGH, DVBl. 2010, 13 11 m. Anm. *Gärditz*, 1314 ff.
50 S. dazu das Bsp. bei *Plöd*, Die Stellung des Zeugen in einem parlamentarischen Untersuchungsausschuss des Deutschen Bundestages, 2003, S. 125 f.

besteht grundsätzlich nicht.[51] Wie eine Person gehört wird, unterliegt grundsätzlich der Verfahrensautonomie der Ausschussmehrheit.[52]

Hinsichtlich des Gebots, dass ein Zeuge grundsätzlich in Abwesenheit anderer Zeugen zu vernehmen ist (§ 58 Abs. 1 StPO), ist allerdings zuzugeben, dass der Zweck dieser Bestimmung, die Unbefangenheit des Zeugen und die Selbstständigkeit der Darstellung zu erhalten,[53] in parlamentarischen Untersuchungsverfahren **kaum erreichbar** ist. Angesichts des regelmäßig großen **Medieninteresses** erfährt der nachfolgende Zeuge häufig aus der Presse, was Zeugen vor ihm zur Sache bekundet haben, einschließlich der Wertungen durch einzelne Ausschussmitglieder.[54] Gleichwohl sollte an der **Einzelvernehmung** auch im parlamentarischen Untersuchungsausschuss **festgehalten** werden. Es erscheint allerdings nicht sachgerecht, vor dem Hintergrund des beschriebenen Medieninteresses den **Rechtsbeistand** eines später oder erneut zu vernehmenden Zeugen von der Anwesenheit im Zuschauerraum auszuschließen.[55] Allerdings hat das Bundesverfassungsgericht den **Ausschluss eines Fraktionsmitarbeiters** von der gesamten weiteren Mitarbeit im Untersuchungsausschuss bis zum Abschluss seiner Vernehmung als zulässig angesehen.[56]

19

Dem **Abschluss** der Vernehmung eines Zeugen kommt in der Praxis eine besondere Bedeutung mit Blick auf die Strafbarkeit einer **Falschaussage** zu.[57] Denn gemäß § 153 StGB ist die Falschaussage mit dem Abschluss der Vernehmung beendet. Dies ist der Fall, sobald der Zeuge nichts mehr bekunden und kein Verfahrensbeteiligter mehr Fragen stellen will, spätestens mit dem Schluss der Verhandlung in dem jeweiligen Rechtszug.[58] Für die Aussagen eines Zeugen vor einem Untersuchungsausschuss ist eine Strafbarkeit wegen Falschaussage erst mit dem **formellen Abschluss** der Zeugenvernehmung gegeben. Während bei Untersuchungsausschüssen des Bundestages formelle Vernehmungsabschlüsse auch schon vor Inkrafttreten des

20

---

51 BayVerfGH, BayVBl. 2007, 171 (172 f.) m. Anm. *Brocker*, 173 ff.; BGH, DVBl. 2010, 1311 (1312 f.) m. Anm. *Görditz*, 1314 ff.
52 BVerfGE 105, 197 (227); BayVerfGH, BayVBl. 2007, 171 (173) m. Anm. *Brocker*, 173 ff.
53 *Meyer-Goßner*, Strafprozessordnung, 53. Aufl. (2010), § 58 Rn. 2; OVG Berl., DVBl. 2000, 1766 (1769).
54 Instruktiv *Plöd*, Die Stellung des Zeugen in einem parlamentarischen Untersuchungsausschuss des Deutschen Bundestages, 2003, S. 126 f.
55 OVG Berl., DVBl. 2001, 1766 (1769).
56 BVerfGE 93, 195 (206).
57 Zur Strafbarkeit i.E. s. u. § 26.
58 *Fischer*, StGB, 57. Aufl. (2010) § 153 Rn. 10; *Plöd*, Die Stellung des Zeugen in einem parlamentarischen Untersuchungsausschuss des Deutschen Bundestages, 2003, S. 146; *Brocker*, in: Grimm/Caesar, Art. 91 Rn. 55.

Untersuchungsausschussgesetzes üblich waren,[59] war und ist dies in den Ländern nicht zwangsläufig der Fall.[60] Aus verfassungsrechtlichen Gründen dürfte dies jedoch **geboten** sein. Denn gerade im Strafverfahren gilt der rechtsstaatliche Grundsatz der **Bestimmtheit** und des **fairen Verfahrens** in besonderer Weise. Damit verträgt es sich nicht, wenn der Zeuge nicht weiß, ob er sich bereits strafbar gemacht oder noch die Möglichkeit der **strafbefreienden** Korrektur hat. Dies legt es zum einen nahe, dass der Vorsitzende dem Zeugen deutlich macht, dass der Ausschuss einen Beschluss über das Ende der Vernehmung herbeiführen möchte und ihm ggf. noch einmal **Gelegenheit zur Korrektur** seiner Angaben gegeben wird. Bedenklich ist es vor diesem Hintergrund daher, wenn der Ausschuss beschließt, die Vernehmung sei abgeschlossen, ohne dem Zeugen diese Beschlussabsicht anzukündigen. Dies kann selbstredend nicht dadurch ersetzt werden, dass der Ausschuss die Übersendung der Aussageprotokolle an die Staatsanwaltschaft veranlasst. Vor diesem Hintergrund entspricht die frühere und nun durch das Untersuchungsausschussgesetz des Bundestages weit gehend übernommene Praxis des Bundestages zumindest insoweit einem verfassungsrechtlichen Gebot, dass der Zeuge vor dem gesonderten Beschluss, dass eine Vernehmung abgeschlossen sei, noch einmal **Gelegenheit zur Stellungnahme** erhält. Eine **Übersendung des Protokolls** ist in diesem Zusammenhang zwar hilfreich, aber verfassungsrechtlich nicht zwingend geboten.

21 Soweit dieser Beschluss **nicht ausdrücklich** vom Ausschuss gefasst wird, ist die Vernehmung erst mit dem Abschluss der Beweiserhebung **insgesamt**, also mit der Beschlussfassung über den **Abschlussbericht**, spätestens aber mit dem **Ende des Untersuchungsverfahrens** als beendet zu betrachten.[61]

III. Regelungen in den Untersuchungsausschussgesetzen

22 Die vorbezeichneten Grundsätze haben in den **Untersuchungsausschussgesetzen** des Bundes und der Länder weit gehend ihren Niederschlag gefunden.

23 **Bund:** Nach dem PUAG sind die Zeugen verpflichtet, der Ladung des Untersuchungsausschusses Folge zu leisten. § 50 StPO über die Vernehmung von Ministern und Abgeordneten findet keine Anwendung.[62] Die Zeugen sind schon mit der Ladung über das Beweisthema zu unterrichten und auf die gesetzlichen Folgen des Ausbleibens sowie darauf hinzuweisen,

---

59 S. dazu *Plöd*, Die Stellung des Zeugen in einem parlamentarischen Untersuchungsausschuss des Deutschen Bundestages, 2003, S. 146 m.w.N.
60 S. dazu i.E. u. Rdn. 27 ff.
61 *Brocker*, in: Grimm/Caesar, Art. 91 Rn. 55; s.a. u. § 25 Rdn. 7 f.
62 § 20 Abs. 1 PUAG.

§ 19 Zeugenvernehmung

dass sie einen rechtlichen Beistand ihres Vertrauens zur Vernehmung hinzuziehen dürfen.[63]

Erscheinen ordnungsgemäß geladene Zeugen nicht, so kann der Untersuchungsausschuss ihnen die durch ihr Ausbleiben verursachten **Kosten** auferlegen, gegen sie ein **Ordnungsgeld** bis zu 10 000 Euro festsetzen und ihre **zwangsweise Vorführung** anordnen.[64] Im Falle wiederholten Ausbleibens kann das Ordnungsgeld noch einmal festgesetzt werden. § 135 S. 2 StPO ist anzuwenden.[65] Diese Maßnahmen unterbleiben, wenn Zeugen ihr Ausbleiben rechtzeitig genügend **entschuldigen**. Wird das Ausbleiben **nachträglich** genügend entschuldigt, so sind die vorgenannten Anordnungen aufzuheben, wenn die Zeugen **glaubhaft** machen, dass sie an der Verspätung kein Verschulden trifft.[66]

24

Zeugen sind **einzeln** und in Abwesenheit der später zu hörenden Zeugen zu vernehmen.[67] Eine **Gegenüberstellung** mit anderen Zeugen ist zulässig, wenn es für den Untersuchungszweck geboten ist.[68] Vor der Vernehmung hat der Vorsitzende die Zeugen zur Wahrheit zu ermahnen, ihnen den Gegenstand der Vernehmung zu erläutern und sie über die strafrechtlichen Folgen einer unrichtigen oder unvollständigen Aussage zu **belehren**.[69] Der Vorsitzende vernimmt die Zeugen zur Person. Zu Beginn der Vernehmung zur Sache ist den Zeugen Gelegenheit zu geben, das, was ihnen von dem Gegenstand ihrer Vernehmung bekannt ist, **im Zusammenhang** darzulegen. Zur Aufklärung und zur Vervollständigung der Aussage sowie zur Erforschung des Grundes, auf dem das Wissen der Zeugen beruht, kann zunächst der Vorsitzende **weitere Fragen** stellen. Anschließend erhalten die übrigen Mitglieder das Wort zu Fragen. Für die Festlegung der Reihenfolge und der Dauer der Ausübung des Fragerechts der einzelnen Fraktionen sind die Vorschriften der Geschäftsordnung und die Praxis des Bundestages zur Reihenfolge der Reden und zur Gestaltung von Aussprachen entsprechend anzuwenden, sofern der Untersuchungsausschuss nicht einstimmig Abweichendes beschließt. § 136 a StPO ist entsprechend anzuwenden.[70] Der Vorsitzende hat ungeeignete oder nicht zur Sache gehörende Fragen **zurückzuweisen**. Zeugen können den Vorsitzenden auffordern, Fragen zurückzuweisen. Bei **Zweifeln** über die Zulässigkeit von Fragen sowie über die Rechtmäßigkeit ihrer Zurückweisung entscheidet der **Untersuchungsausschuss** auf Antrag seiner Mitglieder; die

25

---

63 S.a. § 13 Abs. 1 IPA-Regeln.
64 S.a. § 13 Abs. 2 u. 3 IPA-Regeln.
65 § 21 Abs. 1 PUAG.
66 § 21 Abs. 2 PUAG.
67 S.a. § 16 Abs. 1 IPA-Regeln.
68 § 24 Abs. 1, 2 PUAG.
69 § 24 Abs. 3 PUAG; § 16 Abs. 2 IPA-Regeln.
70 § 24 Abs. 4 bis 6 PUAG.

Glauben

Teil 4 Beweiserhebung

Zurückweisung einer Frage bedarf einer Mehrheit von zwei Dritteln der anwesenden Mitglieder. Beschließt der Untersuchungsausschuss die Unzulässigkeit einer Frage, auf die bereits eine Antwort gegeben worden ist, darf im Bericht des Untersuchungsausschusses auf die Frage und die Antwort nicht Bezug genommen werden.[71]

26 Den einzelnen Zeugen ist das **Protokoll** über ihre Vernehmung zuzustellen. Der Untersuchungssausschuss stellt durch **Beschluss** fest, dass die Vernehmung der jeweiligen Zeugen **abgeschlossen** ist. Die Entscheidung darf erst ergehen, wenn nach Zustellung des Vernehmungsprotokolls zwei Wochen verstrichen sind oder auf die Einhaltung dieser Frist verzichtet worden ist. Zeugen sind vom Vorsitzenden des Untersuchungsausschusses am Ende ihrer Vernehmung darüber zu belehren, unter welchen Voraussetzungen diese abgeschlossen ist.[72]

27 **Baden-Württemberg und Sachsen:** In beiden Ländern finden sich zur Zeugenvernehmung identische Regelungen. Zeugen und Sachverständige sind danach verpflichtet, auf Ladung des Ausschusses zu erscheinen. Sie sind in der Ladung auf die gesetzlichen Folgen des Ausbleibens hinzuweisen. Gegen einen ordnungsgemäß geladenen Zeugen, der ohne genügende Entschuldigung nicht erscheint wird auf Antrag des Untersuchungsausschusses durch das zuständige Gericht Ordnungsgeld, Ordnungshaft oder Erzwingungshaft gemäß §§ 51, 70 und § 77 Abs. 1 StPO festgesetzt; die entstandenen Kosten werden ihm auferlegt. Auf Antrag des Untersuchungsausschusses ordnet das zuständige Gericht die zwangsweise Vorführung des Zeugen an.[73] Die gerichtliche Zuständigkeit für diese Entscheidungen liegt beim Amtsgericht Stuttgart (Strafrichter) beziehungsweise in Sachsen beim Strafrichter am Amtsgericht Dresden. Die für den Strafprozess geltenden Vorschriften über die Beschwerde sind mit der Maßgabe entsprechend anzuwenden, dass der Vorsitzende des Untersuchungsausschusses an die Stelle der Staatsanwaltschaft tritt. Ferner werden die vorgenannten Anordnungen nach den für den Strafprozess geltenden Vorschriften durchgeführt.[74]

28 **Bayern:** Die durch den Untersuchungsausschuss zu vernehmenden Zeugen sind vor ihrer Vernehmung gemäß den §§ 55 und 57 StPO zu belehren und zur wahrheitsgemäßen Aussage zu ermahnen.[75] Die Zeugen werden zunächst durch den Vorsitzenden des Untersuchungsausschusses vernommen. Sodann hat der Vorsitzende den übrigen Ausschussmitgliedern zu gestatten, Fragen zu stellen. Der Vorsitzende kann ungeeignete oder nicht zur Sache gehörende Fragen zurückweisen. Über die Zulässigkeit von Fragen

---

71 § 25 Abs. 1 u. 2 PUAG.
72 § 26 PUAG.
73 § 16 Abs. 1 bis 3 UAG BadWürtt.; § 16 Abs. 1 bis 3 UAG Sachs.
74 § 16 Abs. 6 u. 7 UAG BadWürtt.; § 16 Abs. 6 u. 7 UAG Sachs.
75 Art. 14 Abs. 1 UAG Bay.

des Vorsitzenden sowie über die Rechtmäßigkeit der Zurückweisung von Fragen der übrigen Ausschussmitglieder entscheidet auf Antrag eines Ausschussmitgliedes der Untersuchungsausschuss durch Beschluss der Mehrheit der anwesenden Mitglieder.[76]

Berlin: Zeugen und Sachverständige sind **verpflichtet**, auf Ladung des Untersuchungsausschusses zu erscheinen; in der Ladung ist auf die gesetzlichen Folgen des Ausbleibens hinzuweisen.[77] Gegen einen ordnungsgemäß geladenen Zeugen, der ohne genügende Entschuldigung nicht erscheint, wird auf Antrag des Untersuchungsausschusses vom Gericht ein **Ordnungsmittel** festgesetzt. Ferner werden ihm die entstandenen Kosten auferlegt und kann die **Vorführung** eines Zeugen angeordnet werden. Die §§ 51, 70 und 77 StPO finden entsprechende Anwendung. Die Vollstreckung des Ordnungsmittels wird auf Antrag des Vorsitzenden des Untersuchungsausschusses, nach Beendigung des Untersuchungsverfahrens auf Antrag des Präsidenten des Abgeordnetenhauses von Berlin, vom Gericht unmittelbar veranlasst.[78] 29

Zeugen sollen **einzeln** und in Abwesenheit der später zu hörenden Zeugen vernommen werden. Die Zeugen sind vor ihrer Vernehmung **zur Wahrheit zu ermahnen** und darauf hinzuweisen, dass der Untersuchungsausschuss zu ihrer Vereidigung berechtigt ist. Hierbei sind sie über die Bedeutung des Eides und die strafrechtlichen Folgen einer unrichtigen oder unvollständigen Aussage zu belehren.[79] Die Zeugen werden zunächst durch den Vorsitzenden vernommen. Anschließend können die übrigen Ausschussmitglieder Fragen stellen. Der Vorsitzende kann ungeeignete und nicht zur Sache gehörende Fragen **zurückweisen**. Auf Antrag eines seiner Mitglieder entscheidet der **Untersuchungsausschuss** über die Zulässigkeit einer Frage.[80] 30

Brandenburg: Zeugen sind **verpflichtet** auf Ladung des Untersuchungsausschusses zu erscheinen. In der Ladung sind sie auf die gesetzlichen Folgen des Ausbleibens hinzuweisen.[81] Ausdrücklich stellt das Gesetz außerdem klar, dass diese Pflicht auch Zeugen trifft, die **außerhalb** von Brandenburg ihren Wohnsitz haben, aber eine persönliche, sachliche oder räumliche Beziehung zum **Untersuchungsgegenstand** besitzen.[82] 31

Gegen einen ordnungsgemäß geladenen Zeugen, der ohne genügende Entschuldigung nicht erscheint oder ohne gesetzlichen Grund das Zeugnis verweigert, werden auf Antrag des Vorsitzenden des Untersuchungsausschusses durch das zuständige Gericht nach dessen Ermessen **Ordnungs-** 32

---

76 Art. 15 UAG Bay.
77 § 12 Abs. 1 UAG Berl.
78 § 12 Abs. 4 UAG Berl.
79 § 15 Abs. 1 u. 2 UAG Berl.
80 § 15 Abs. 3 UAG Berl.
81 § 17 S. 1 u. 2 UAG Brandb.
82 § 17 S. 3 UAG Brandb.

Teil 4 Beweiserhebung

geld, Ordnungshaft oder Erzwingungshaft festgesetzt sowie ihm die entstandenen Kosten auferlegt. Auf Antrag des Untersuchungsausschusses kann das zuständige Gericht die **Vorführung** eines Zeugen anordnen.[83] Der Vorsitzende stellt den Antrag auf Beschluss des Untersuchungsausschusses, auf Verlangen der Untersuchungsausschussmitglieder, die zu den Antragstellern gehören, oder auf Verlangen eines Fünftels der Untersuchungsausschussmitglieder.[84] Die Vorschriften über den Strafprozess finden im Übrigen entsprechende Anwendung mit der Maßgabe, dass an die Stelle des Amtsgerichts das Landgericht tritt.[85]

33   Zeugen sollen **einzeln** und in Abwesenheit der später zu hörenden Zeugen vernommen werden. Sie werden zunächst durch den Vorsitzenden vernommen. Anschließend können die übrigen Untersuchungsausschussmitglieder Fragen stellen. Sie können auch jeweils **mehrere Fragen** stellen, wenn diese im **Sachzusammenhang** stehen. Zeugen dürfen nur zum Thema des Beweisbeschlusses befragt werden. Der Vorsitzende kann nicht zum Beweisthema gehörende Fragen zurückweisen. Bei Zweifeln über die Zulässigkeit von Fragen des Vorsitzenden sowie über die Rechtmäßigkeit der Zurückweisung von Fragen der übrigen Ausschussmitglieder entscheidet auf Antrag eines Untersuchungsausschussmitgliedes der **Untersuchungsausschuss**.[86]

34   **Bremen:** Zeugen und Sachverständige sind **verpflichtet**, auf Ladung des Ausschusses zu erscheinen. Sie sind in der Ladung auf die gesetzlichen Folgen des Ausbleibens hinzuweisen. Gegen einen ordnungsgemäß geladenen Zeugen, der ohne genügende Entschuldigung nicht erscheint oder ohne gesetzlichen Grund das Zeugnis oder die Eidesleistung verweigert, wird auf Antrag des Untersuchungsausschusses durch das zuständige Gericht **Ordnungsstrafe** gemäß §§ 51, 70 und 77 StPO verhängt und ihm die entstandenen Kosten auferlegt. Auf Antrag des Ausschusses ordnet das zuständige Gericht die **Vorführung** an.[87]

35   Für die Vernehmung von Zeugen und Sachverständigen gelten die Vorschriften der Strafprozessordnung entsprechend.[88] Zeugen und Sachverständige werden zunächst durch den Vorsitzenden vernommen. Anschließend können die übrigen Ausschussmitglieder Fragen stellen. Sie können auch jeweils **mehrere Fragen** stellen, wenn diese in **Sachzusammenhang** stehen. Der Vorsitzende kann ungeeignete und nicht zur Sache gehörende Fragen zurückweisen. Über die Zulässigkeit von Fragen des Vorsitzenden sowie die

---

83 § 18 Abs. 1 UAG Brandb.
84 § 18 Abs. 2 UAG Brandb.
85 § 18 Abs. 3 UAG Brandb.
86 § 21 Abs. 1 bis 3 UAG Brandb.
87 § 11 Abs. 1 bis 3 UAG Brem.
88 § 14 Abs. 1 UAG Brem.

Zurückweisung von Fragen durch den Vorsitzenden entscheidet auf Antrag eines Mitgliedes der **Untersuchungsausschuss**.[89]

Hamburg: Zeugen sind **verpflichtet**, der Ladung des Untersuchungsausschusses Folge zu leisten.[90] Sie sind in der Ladung über den Beweisgegenstand zu unterrichten und auf die gesetzlichen Folgen des Ausbleibens hinzuweisen. Die Vorschriften der §§ 49 und 50 StPO gelten sinngemäß.[91] Zeugen haben das Recht, einen **Beistand** hinzuzuziehen. Hierauf und auf die Voraussetzungen der Beiordnung eines Rechtsanwalts sind sie in der Ladung hinzuweisen. Als Beistand kann nicht gewählt werden, wer im Untersuchungsverfahren als ordentliches oder stellvertretendes Mitglied des Untersuchungsausschusses, als Mitarbeiter einer Fraktion oder als Mitglied des Arbeitsstabes mitwirkt oder mitgewirkt hat. Ein Beistand, der für mehrere zu demselben Beweisthema zu vernehmende Zeugen auftritt, kann **zurückgewiesen** werden, wenn der Untersuchungszweck oder schutzwürdige Interessen eines Beteiligten es erfordern. In besonderen Ausnahmefällen kann der Untersuchungsausschuss dem Zeugen auf Antrag einen Rechtsanwalt als Beistand **beiordnen**, wenn der Zeuge die Vergütung nach seinen persönlichen und wirtschaftlichen Verhältnissen nicht oder nur zum Teil aufbringen kann; die §§ 115, 117, 118, 120, 122 und 124 ZPO gelten sinngemäß.[92]

Zeugen sind vor ihrer Vernehmung zur Wahrheit zu ermahnen und darauf hinzuweisen, dass der Untersuchungsausschuss nach Maßgabe dieses Gesetzes zu ihrer Vereidigung berechtigt ist. Hierbei sind sie über die Bedeutung des Eides, die Möglichkeit der Wahl zwischen dem Eid mit religiöser oder ohne religiöse Beteuerung und die strafrechtlichen **Folgen** einer unrichtigen oder unvollständigen Aussage zu belehren.[93]

Zeugen sind **einzeln** und in Abwesenheit der später zu hörenden Zeugen, bei nicht öffentlicher Beweiserhebung auch in Abwesenheit der bereits vernommenen Zeugen, zu vernehmen. Eine **Gegenüberstellung** ist zulässig, wenn es für die Wahrheitsfindung geboten erscheint. Der Untersuchungsausschuss kann weitere Personen mit Ausnahme von Mitgliedern verpflichten, den Sitzungssaal zu verlassen, wenn deren Vernehmung in Betracht kommt, aber noch nicht beschlossen ist. Zeugen werden zunächst durch den Vorsitzenden, anschließend durch die übrigen Mitglieder vernommen. Der Vorsitzende bestimmt die **Reihenfolge** der Fragesteller in sinngemäßer Anwendung des § 39 Abs. 3 der Geschäftsordnung der Hamburgischen Bürgerschaft. Der Vorsitzende kann ungeeignete oder nicht zur Sache gehörende Fragen

---

89 § 15 UAG Brem.
90 *David*, Art. 25 Rn. 68.
91 § 20 Abs. 1 UAG Hbg.
92 § 20 Abs. 2 UAG Hbg.
93 § 22 UAG Hbg.

zurückweisen. Über einen etwaigen Widerspruch aus seiner Mitte entscheidet der **Untersuchungsausschuss** in nicht öffentlicher Sitzung.[94]

39 Zeugen, die trotz ordnungsgemäßer Ladung ohne genügende Entschuldigung nicht erschienen sind oder die das Zeugnis oder die Eidesleistung ohne gesetzlichen Grund verweigern, tragen die dadurch verursachten Kosten. Zugleich kann gegen sie ein **Ordnungsgeld** festgesetzt und für den Fall, dass es nicht beigetrieben werden kann, die Festsetzung von **Ordnungshaft** beim Amtsgericht Hamburg beantragt werden. Diese Entscheidungen trifft der Untersuchungsausschuss.[95] Der Untersuchungsausschuss kann im Falle des unentschuldigten Nichterscheinens von Zeugen deren **zwangsweise Vorführung** und im Falle der grundlosen Zeugnis- oder Eidesverweigerung zur Erzwingung Haft für längstens sechs Monate, jedoch nicht über die Dauer des Untersuchungsverfahrens hinaus, beim Amtsgericht Hamburg beantragen. Der Untersuchungsausschuss **hat** den Antrag auf Verlangen des Viertels der Mitglieder zu stellen, das die Beweiserhebung durch Vernehmung des Zeugen verlangt hat.[96]

40 **Mecklenburg-Vorpommern:** Zeugen sind **verpflichtet**, auf Ladung des Untersuchungsausschusses zu erscheinen. § 50 StPO findet keine Anwendung.[97] Zwischen der Zustellung der Ladung und dem Tag der Vernehmung muss eine Frist von mindestens zwei Wochen liegen, es sei denn, dass der Zeuge auf die Einhaltung der Frist verzichtet.[98] In der Ladung ist der Zeuge über das **Beweisthema** zu unterrichten und auf die gesetzlichen Folgen seines Ausbleibens hinzuweisen. Sofern anzunehmen ist, dass der Zeuge Schriftstücke oder andere Beweismittel besitzt, die für die Untersuchung von Bedeutung sein können, so soll er in der Ladung gebeten werden, diese zu der Vernehmung mitzubringen.[99]

41 Erscheint der ordnungsgemäß geladene Zeuge nicht, so kann ihm auf Antrag des Untersuchungsausschusses das zuständige Gericht die durch sein Ausbleiben verursachten Kosten auferlegen, gegen ihn ein **Ordnungsgeld** bis zu 10 000 Euro festsetzen und seine **zwangsweise Vorführung** anordnen. § 135 S. 2 StPO ist anzuwenden.[100] Diese Maßnahmen unterbleiben, wenn der Zeuge sein Ausbleiben rechtzeitig genügend entschuldigt. Wird das Ausbleiben nachträglich genügend entschuldigt, so sind diese Anordnungen aufzuheben, wenn der Zeuge **glaubhaft** macht, dass ihn an der Verspätung kein Verschulden trifft.[101]

---

94 § 23 UAG Hbg.
95 § 25 Abs. 1 UAG Hbg.
96 § 25 Abs. 2 u. 3 UAG Hbg.
97 § 24 Abs. 1 UAG MV.
98 § 24 Abs. 2 UAG MV.
99 § 24 Abs. 3 UAG MV.
100 § 25 Abs. 1 UAG MV.
101 § 25 Abs. 2 UAG MV.

§ 19 Zeugenvernehmung

Die Zeugen sollen **einzeln** und in Abwesenheit der später zu hörenden Zeugen vernommen werden. Eine **Gegenüberstellung** mit anderen Zeugen ist zulässig, wenn es für den Untersuchungszweck geboten ist.[102]

42

Vor der Vernehmung hat der Vorsitzende die Zeugen zur Wahrheit zu ermahnen, ihnen den **Gegenstand der Vernehmung** zu erläutern und sie über die strafrechtlichen Folgen einer unrichtigen oder unvollständigen Aussage zu belehren. Der Vorsitzende vernimmt den Zeugen zur Person. Zu Beginn der Vernehmung zur Sache ist dem Zeugen Gelegenheit zu geben, das, was ihm von dem Gegenstand seiner Vernehmung bekannt ist, **im Zusammenhang** darzulegen.[103] Zur Aufklärung und zur Vervollständigung der Aussage sowie zur Erforschung des Grundes, auf dem das Wissen des Zeugen beruht, kann zunächst der Vorsitzende weitere Fragen stellen. Anschließend erteilt er den übrigen Mitgliedern das Wort zu Fragen. Für die Festlegung der Reihenfolge der Ausübung des Fragerechts sind die Vorschriften der **Geschäftsordnung des Landtages** zur Reihenfolge der Redner entsprechend anzuwenden, sofern der Untersuchungsausschuss nichts Abweichendes einstimmig beschließt. Für die Zeugenvernehmung ist § 136 a StPO anzuwenden.[104]

43

Auf Beschluss des Untersuchungsausschusses kann ein Zeuge aufgefordert werden, **schriftlich** auszusagen. In der Aufforderung zur Aussage ist der Zeuge über das Zeugnisverweigerungsrecht und das Auskunftsverweigerungsrecht zu belehren. Das Recht, den Zeugen zur Vernehmung zu laden, bleibt unberührt.[105]

44

Der Vorsitzende hat ungeeignete oder nicht zur Sache gehörende Fragen zurückzuweisen. Der Zeuge kann den Vorsitzenden **auffordern**, Fragen zurückzuweisen. Bei Zweifeln über die Zulässigkeit von Fragen sowie über die Rechtmäßigkeit ihrer Zurückweisung entscheidet der **Untersuchungsausschuss**; die Zurückweisung einer Frage bedarf einer Mehrheit von zwei Dritteln der anwesenden Mitglieder. Beschließt der Untersuchungsausschuss die Unzulässigkeit einer Frage, auf die bereits eine Antwort gegeben worden ist, darf im Bericht des Untersuchungsausschusses auf die Frage und Antwort nicht Bezug genommen werden.[106]

45

Dem Zeugen ist auf Antrag **Einsicht** in das Protokoll seiner Vernehmung zu gewähren. Auf Antrag ist ihm das Protokoll zu übersenden. Der Untersuchungsausschuss entscheidet, ob die Vernehmung des Zeugen **abgeschlossen** ist. Der Zeuge ist vom Vorsitzenden des Untersuchungsausschusses über

46

---

102 § 28 Abs. 1 u. 2 UAG MV.
103 § 28 Abs. 3 u. 4 UAG MV.
104 § 28 Abs. 5 UAG MV.
105 § 28 Abs. 6 UAG MV.
106 § 29 UAG MV.

die Möglichkeit der Zusendung des Protokolls und darüber zu **belehren**, wann seine Vernehmung abgeschlossen ist.[107]

47 Wird das Zeugnis ohne gesetzlichen Grund verweigert, so kann auf Antrag des Untersuchungsausschusses das zuständige Gericht dem Zeugen die durch die Weigerung verursachen Kosten auferlegen und gegen ihn ein **Ordnungsgeld** bis zu 10 000 Euro festsetzen. Darüber hinaus kann der vorgenannten Voraussetzung das zuständige Gericht auf Antrag des Untersuchungsausschusses oder eines Viertels seiner Mitglieder zur Erzwingung des Zeugnisses die **Haft** anordnen, jedoch nicht über die Zeit der Beendigung des Untersuchungsverfahrens, auch nicht über die Zeit von sechs Monaten hinaus. Falls diese Maßregeln erschöpft sind, ist § 70 Abs. 4 StPO entsprechend anzuwenden.[108]

48 **Nordrhein-Westfalen:** Zeugen sind verpflichtet, einer Ladung des Untersuchungsausschusses Folge zu leisten. Sie sind in der Ladung auf die gesetzlichen Folgen des Ausbleibens hinzuweisen.[109]

49 Gegen einen ordnungsgemäß geladenen Zeugen, der ohne genügende Entschuldigung nicht erscheint oder ohne gesetzlichen Grund das Zeugnis oder die Eidesleistung verweigert, werden auf Antrag des Vorsitzenden des Untersuchungsausschusses durch das zuständige Gericht nach dessen Ermessen **Ordnungsgeld, Ordnungshaft oder Erzwingungshaft** jedoch nicht über die Zeit der Beendigung des Untersuchungsverfahrens, auch nicht über die Zeit von sechs Monaten hinaus, festgesetzt sowie ihm die entstandenen Kosten auferlegt. Auf Antrag des Untersuchungsausschusses kann das zuständige Gericht die **Vorführung** eines Zeugen anordnen. Der Vorsitzende stellt den Antrag auf Beschluss des Untersuchungsausschusses, auf Verlangen der Untersuchungsausschussmitglieder, die zu den Antragstellern gehören, oder auf Verlangen eines Fünftels der Untersuchungsausschussmitglieder.[110] Im Übrigen finden die Vorschriften der Strafprozessordnung entsprechende Anwendung.[111]

50 Zeugen sind vor ihrer Vernehmung zur Wahrheit zu ermahnen und über die strafrechtlichen Folgen einer unrichtigen oder unvollständigen uneidlichen Aussage zu belehren.[112] Zeugen sollen **einzeln** und in Abwesenheit der später zu hörenden Zeugen vernommen werden. Sie werden zunächst durch den Vorsitzenden vernommen. Anschließend können die übrigen Untersuchungsausschussmitglieder eine oder mehrere Fragen stellen. Zeugen dürfen nur zum **Thema** des Beweisbeschlusses befragt werden. Der Vorsitzende

---

107 § 30 UAG MV.
108 § 31 UAG MV.
109 § 15 UAG NRW.
110 § 16 Abs. 1 u. 2 UAG NRW.
111 § 16 Abs. 3 UAG NRW.
112 § 18 Abs. 2 UAG NRW.

§ 19 Zeugenvernehmung

kann nicht zum Beweisthema gehörende Fragen zurückweisen. Bei Zweifeln über die Zulässigkeit von Fragen des Vorsitzenden sowie über die Rechtmäßigkeit der Zurückweisung von Fragen der übrigen Ausschussmitglieder entscheidet auf Antrag eines Untersuchungsausschussmitgliedes der **Untersuchungsausschuss**.[113]

Rheinland-Pfalz und Thüringen: In Rheinland-Pfalz und Thüringen finden sich gleich lautende gesetzliche Regelungen. So sind nach dem Untersuchungsausschussgesetz beider Länder Zeugen **verpflichtet**, der Ladung des Untersuchungsausschusses Folge zu leisten. Sie sind in der Ladung auf die gesetzlichen Folgen des Ausbleibens hinzuweisen. Die Vorschriften der §§ 49 und 50 StPO gelten entsprechend. Einem ordnungsgemäß geladenen Zeugen, der nicht erscheint, werden die durch das Ausbleiben verursachten Kosten auferlegt. Zugleich wird gegen ihn ein **Ordnungsgeld** festgesetzt und für den Fall, dass dieses nicht beigetrieben werden kann, die Festsetzung von **Ordnungshaft** beim Amtsgericht Mainz beziehungsweise beim Amtsgericht Erfurt beantragt. Der Untersuchungsausschuss kann auch beschließen, dass der Zeuge **zwangsweise vorgeführt** wird. § 51 StPO und Art. 6 bis 9 EGStGB gelten entsprechend.[114] 51

Zeugen und Sachverständige sind vor ihrer Vernehmung **zur Wahrheit zu ermahnen** und darauf hinzuweisen, dass der Untersuchungsausschuss nach Maßgabe dieses Gesetzes zu ihrer Vereidigung berechtigt ist. Hierbei sind sie über die Bedeutung des Eides und die strafrechtlichen Folgen einer unrichtigen oder unvollständigen Aussage zu belehren.[115] Ferner sind die Zeugen über ihre Rechte zur Verweigerung des Zeugnisses und der Auskunft zu belehren.[116] 52

Zeugen sollen **einzeln** und in Abwesenheit der später zu hörenden Zeugen vernommen werden. Eine **Gegenüberstellung** ist zulässig, wenn es für die Wahrheitsfindung geboten erscheint. Der Untersuchungsausschuss kann weitere Personen verpflichten, den Sitzungssaal zu verlassen, wenn deren Vernehmung vorgesehen, aber noch nicht beschlossen ist. Zeugen werden zunächst durch den Vorsitzenden vernommen. Anschließend können die übrigen Ausschussmitglieder und die Landesregierung sowie in Thüringen der Betroffene[117] und dessen **Rechtsbeistand** Fragen stellen; der Vorsitzende kann ungeeignete oder nicht zur Sache gehörende Fragen zurückweisen. Bei Zweifeln über die Zulässigkeit von Fragen des Vorsitzenden oder über die Rechtmäßigkeit der Zurückweisung von Fragen entscheidet auf Antrag eines 53

---

113 § 19 UAG NRW.
114 § 16 Abs. 1 u. 2 UAG RhPf.; § 16 Abs. 1 u. 2 UAG Thür.
115 § 18 Abs. 1 UAG RhPf.; § 18 Abs. 1 UAG Thür.
116 § 18 Abs. 2 UAG RhPf.; § 18 Abs. 2 UAG Thür.
117 In Rheinland-Pfalz ist der Betroffenenstatus mit Beginn der 16. Wahlperiode abgeschafft.

Ausschussmitglieds der **Untersuchungsausschuss** in nicht öffentlicher Sitzung; soweit dies zur Wahrnehmung der Rechte des Betroffenen erforderlich ist, kann auch der Betroffene oder sein Rechtsbeistand den Antrag stellen.[118]

54 **Saarland:** Zeugen sind **verpflichtet**, auf Ladung des Ausschusses zu erscheinen. Sie sind in der Ladung auf die gesetzlichen Folgen des Ausbleibens hinzuweisen.[119] Gegen einen ordnungsgemäß geladenen Zeugen, der ohne genügende Entschuldigung nicht erscheint oder ohne gesetzlichen Grund das Zeugnis oder die Eidesleistung verweigert, oder gegen einen zur Erstattung des Gutachtens verpflichteten Sachverständigen, der ohne genügende Entschuldigung nicht erscheint oder ohne gesetzlichen Grund die Erstattung des Gutachtens oder die Eidesleistung verweigert, stellt der Untersuchungsausschuss beim zuständigen Gericht Antrag auf Festsetzung eines **Ordnungsmittels**; die §§ 51, 70 und 77 StPO finden entsprechende Anwendung. Auf Antrag des Ausschusses ordnet das zuständige Gericht die **Vorführung** an.[120]

55 Zeugen sollen **einzeln** und in Abwesenheit der später zu hörenden Zeugen vernommen werden.[121] Zeugen sind vor ihrer Vernehmung **zur Wahrheit zu ermahnen** und darauf hinzuweisen, dass der Untersuchungsausschuss zu ihrer Vereidigung berechtigt ist. Hierbei sind sie über die strafrechtlichen Folgen einer unrichtigen oder unvollständigen Aussage und die Bedeutung des Eides zu belehren.[122]

56 Zeugen werden zunächst durch den Vorsitzenden vernommen. Anschließend können der **Berichterstatter**, dann die übrigen Ausschussmitglieder und der Betroffene Fragen stellen. Sie können auch jeweils mehrere Fragen stellen, wenn diese im Sachzusammenhang stehen. Über die Zulässigkeit von Fragen des Vorsitzenden sowie die Zurückweisung von Fragen durch den Vorsitzenden entscheidet auf Antrag eines Mitgliedes oder des Betroffenen der **Untersuchungsausschuss** in einer Beratungssitzung.[123]

57 **Sachsen-Anhalt:** Alle **Deutschen** und alle **Ausländer**, die sich in der Bundesrepublik Deutschland aufhalten, sind **verpflichtet**, auf ordnungsgemäße Ladung als Zeugen oder Sachverständige vor dem Untersuchungsausschuss zu erscheinen, wahrheitsgemäß auszusagen oder ihr Gutachten zu erstatten und ihre Aussage oder ihr Gutachten auf Verlangen zu beeiden.[124]

58 Gegen einen ordnungsgemäß geladenen Zeugen, der ohne genügende Entschuldigung nicht erscheint oder ohne gesetzlichen Grund das Zeugnis oder die Eidesleistung verweigert kann der Ausschuss ein **Ordnungsgeld**

---

118 § 19 UAG RhPf.; § 19 UAG Thür.
119 § 51 Abs. 1 LTG Saarl.
120 § 51 Abs. 2 LTG Saarl.
121 § 52 Abs. 1 LTG Saarl.
122 § 52 Abs. 2 LTG Saarl.
123 § 53 LTG Saarl.
124 § 17 Abs. 1 UAG SachsA.

festsetzen. Die durch das Fernbleiben verursachten Kosten werden dem Zeugen oder dem Sachverständigen auferlegt. Die §§ 51, 70 und 77 StPO finden entsprechende Anwendung.[125] Der Ausschuss kann die **Vorführung** des Zeugen entsprechend § 51 StPO anordnen. Die Vollstreckung der Ordnungsmittel und der Vorführungsanordnung erfolgt nach den für den Strafprozess geltenden Vorschriften.[126]

Die Zeugen sind bereits in der Ladung über das **Beweisthema** zu unterrichten.[127] Sie sind **einzeln** und in Abwesenheit der später zu hörenden Zeugen zu vernehmen. Vor der Vernehmung zur Sache hat der Vorsitzende dem Zeugen Gelegenheit zu geben, das, was ihm von dem Gegenstand seiner Vernehmung bekannt ist, **im Zusammenhang** anzugeben.[128] Zeugen werden zunächst durch den Vorsitzenden vernommen. Anschließend können die übrigen Ausschussmitglieder Fragen stellen. Der Vorsitzende hat ungeeignete oder nicht zur Sache gehörende Fragen zurückzuweisen. Der Zeuge kann den Vorsitzenden **auffordern**, Fragen zurückzuweisen. Über die Zulässigkeit von Fragen sowie über die Zulässigkeit der Zurückweisung von Fragen durch den Vorsitzenden entscheidet der **Untersuchungsausschuss** auf Antrag eines seiner Mitglieder.[129]

59

Dem Zeugen ist das **Protokoll über seine Vernehmung** zuzustellen.[130] Der Untersuchungsausschuss **entscheidet**, ob die Vernehmung des Zeugen abgeschlossen ist. Die Entscheidung darf erst ergehen, wenn nach der Zustellung des Vernehmungsprotokolls **zwei Wochen** verstrichen sind oder der Zeuge auf die Einhaltung dieser Frist **verzichtet**. Der Zeuge ist vom Vorsitzenden darüber zu belehren, wann seine Vernehmung abgeschlossen ist.[131]

60

Zeugen können sich vor dem Untersuchungsausschuss eines **Zeugenbeistands** bedienen. Dem Zeugen und dem Beistand steht ein **Beweisanregungsrecht** zu. Der Untersuchungsausschuss entscheidet über die Beweisanregung. Die Entscheidung bedarf **keiner** Begründung.[132]

61

Schleswig-Holstein: Auskunftspersonen (Zeuginnen und Zeugen sowie Sachverständige) sind **verpflichtet**, auf Ladung des Untersuchungsausschusses zu erscheinen. Sie sind in der Ladung über den **Beweisgegenstand** zu unterrichten sowie auf die gesetzlichen Folgen des Ausbleibens hinzuweisen. Die Vorschriften der §§ 49 und 50 StPO gelten entsprechend.[133]

62

---

125 § 17 Abs. 2 UAG SachsA.
126 § 17 Abs. 3, 4 UAG SachsA.
127 § 19 Abs. 1 UAG SachsA.
128 § 20 Abs. 1 u. 2 UAG SachsA.
129 § 20 Abs. 3 u. 4 UAG SachsA.
130 § 21 Abs. 1 UAG SachsA.
131 § 21 Abs. 2 u. 3 UAG SachsA.
132 § 24 UAG SachsA.
133 § 14 Abs. 1 UAG SchlH.

63 Gegen eine ordnungsgemäß geladene Auskunftsperson, die ohne genügende Entschuldigung nicht erscheint oder die Eidesleistung verweigert, setzt auf Antrag des Vorsitzenden des Untersuchungsausschusses das örtlich zuständige Amtsgericht **Ordnungsgeld oder Ordnungshaft (Ordnungsmittel)** fest; die entstandenen Kosten werden der Auskunftsperson auferlegt. In dem Antrag ist ein der Art nach bestimmtes Ordnungsmittel zu bezeichnen. Im Übrigen finden Art. 6 bis 9 EGStGB Anwendung.[134] Das zuständige Amtsgericht ordnet auf Antrag des Vorsitzenden des Untersuchungsausschusses die **Vorführung** einer nicht erschienenen Auskunftsperson an.[135] Wenn die parlamentarische Einsetzungsminderheit oder ein Fünftel der Ausschussmitglieder dies verlangen, **sind** auch die übrigen vorgenannten Zwangsmittel vom Vorsitzenden zu beantragen.[136]

64 Auskunftspersonen werden in der Regel **einzeln** und in Abwesenheit später zu hörender Auskunftspersonen vernommen. Auskunftspersonen werden zunächst durch den Vorsitzenden, sodann durch den stellvertretenden Vorsitzenden vernommen. Anschließend können die übrigen Mitglieder des Untersuchungsausschusses eine oder jeweils mehrere Fragen stellen, die in einem Sachzusammenhang stehen. Das **Erstfragerecht** richtet sich nach der **Stärke der Fraktionen.** Danach entscheidet der Vorsitzende nach der Reihenfolge der Wortmeldungen. Der Vorsitzende kann nicht zum Beweisthema gehörende Fragen zurückweisen. § 68 a StPO findet Anwendung. Bei Zweifeln über die Zulässigkeit von Fragen sowie über die Rechtmäßigkeit der Zurückweisung von Fragen entscheidet auf Antrag eines Untersuchungsausschussmitgliedes der **Untersuchungsausschuss** mit der Mehrheit von zwei Dritteln der anwesenden Mitglieder.[137]

---

[134] § 16 Abs. 1 UAG SchlH.
[135] § 16 Abs. 2 UAG SchlH.
[136] § 16 Abs. 4 UAG SchlH.
[137] § 17 UAG SchlH.

§ 20 Aussagegenehmigung

ÜBERSICHT Rdn.
I. Problemstellung 1
II. Inhalt und Umfang der Amtsverschwiegenheit 2
III. Aussagen von Amtsträgern 9
IV. Einfluss des Bundesstaatsprinzips auf die Aussagegenehmigung 31

Literatur: *Berthy*, Informationsbeschaffung und -weitergabe, in: Damkowski (Hrsg.), Der parlamentarische Untersuchungsausschuss, 1987, S. 32; *Bogs*, Steueraktenvorlage für parlamentarische Untersuchung, JZ 1985, 112; *Dreher*, Beamte und Regierungsmitglieder vor Untersuchungsausschüssen, in: Bachmann/Schneider (Hrsg.), Zwischen Aufklärung und politischem Kampf, 1988, S. 97; *Fenk*, Müssen Beamte als Zeugen vor parlamentarischen Untersuchungsausschüssen aussagen? ZBR 1971, 44; *Hake*, Zur Aktenvorlagepflicht öffentlich-rechtlicher Kreditinstitute gegenüber Untersuchungsausschüssen des nordrhein-westfälischen Landtags, AöR 113 (1988), 424; *Jutzi*, Anmerkung zu: BVerwG, B. v. 13.8.1999 – 2 VR 1.99 – (Parlamentarische Untersuchungsausschüsse der Länder; Beweiserhebungsbefugnis), NJ 2000, 103; *Kipke*, Die Untersuchungsausschüsse des Deutschen Bundestages, 1985; *Knemeyer*, Geheimhaltungsanspruch und Offenbarungsbefugnis im Verwaltungsverfahren, NJW 1984, 2241; *M. Schröder*, Aktuelle Fragen des Geheimnisschutzes bei der Heranziehung von Akten im parlamentarischen Untersuchungsverfahren, in: Fg. zum 10-jährigen Jubiläum der Gesellschaft für Rechtspolitik, 1984, S. 401; *R. Scholz*, Parlamentarischer Untersuchungsausschuss und Steuergeheimnis, AöR 105 (1980), 564; *Stern*, Die Kompetenz der Untersuchungsausschüsse nach Art. 44 Grundgesetz im Verhältnis zur Exekutive unter besonderer Berücksichtigung des Steuergeheimnisses, AöR 109 (1984), 199; *Weisgerber*, Das Beweiserhebungsverfahren parlamentarischer Untersuchungsausschüsse des Deutschen Bundestages, 2003.

I. Problemstellung

Beamten kommt als Zeugen vor parlamentarischen Untersuchungsausschüssen neben behördlichen Akten regelmäßig eine **besondere Bedeutung** zu. Denn bei Vorgängen im Bereich der Exekutive sind sie es, die Details und Abläufe kennen, Zusammenhänge erklären können und auf Grund ihrer politischen Neutralitätspflicht durchaus auch einen Bonus an Glaubwürdigkeit genießen. Die Arbeit so mancher Untersuchungsausschüsse wäre wohl ohne die Auskünfte von Beamten oder Angestellten im öffentlichen Dienst Stückwerk geblieben.[1] Der Frage, ob überhaupt und wenn ja, unter welchen Voraussetzungen Beamte und Angestellte, aber auch andere Amtsträger vor

---

[1] *Fenk*, ZBR 1971, 44; *Weisgerber*, Das Beweiserhebungsverfahren parlamentarischer Untersuchungsausschüsse des Deutschen Bundestages, 2003, S. 356.

parlamentarischen Untersuchungsausschüssen aussagen müssen, kommt daher für die praktische Arbeit der Ausschüsse eine erhebliche Bedeutung zu.

II. Inhalt und Umfang der Amtsverschwiegenheit

2   Jeder Beamte ist zur **lebenslänglichen Amtsverschwiegenheit** verpflichtet. Die Verschwiegenheitspflicht gehört zu den **hergebrachten Grundsätzen** des Berufsbeamtentums, die gemäß Art. 33 Abs. 5 GG mit **Verfassungsrang** ausgestattet sind.[2] Für Bundesbeamte regeln die § 67 BBG die dienstrechtliche Pflicht des Beamten zur Amtsverschwiegenheit im öffentlichen Interesse, insbesondere zum Schutz der dienstrechtlichen Belange der Behörde.[3] Zugleich schützt § 67 BBG den von der Amtshandlung betroffenen Bürger, namentlich dessen Grundrecht auf **informationelle Selbstbestimmung**.

3   Neben der **dienstrechtlichen Verschwiegenheitspflicht** besteht die **verfahrensrechtliche Geheimhaltungspflicht**.[4] Die dienst- und arbeitsrechtlichen Verschwiegenheitspflichten von Amtsträgern dienen primär **organschaftlichen Belangen** der Behörde und sichern daher, ebenso wie die strafrechtlichen Sanktionsnormen, das Vertrauen des Bürgers in die Wahrung seiner Privatgeheimnisse durch die Verwaltung nur mittelbar.[5] Die somit als **unvollständig** empfundene Sicherung der Privatgeheimnisse des Bürgers, insbesondere zum persönlichen Lebensbereich gehörenden Daten, aber auch der Betriebs- und Geschäftsgeheimnisse ist durch die gesetzliche Festlegung **verfahrensrechtlicher Geheimhaltungspflichten** Rechnung getragen worden.[6]

4   Die jeweiligen Amtswalter sind Adressat **beider Pflichten**. Diese werden **strafrechtlich** in erster Linie durch § 353 b StGB gesichert.[7]

5   Mit der gesetzlichen Regelung der Verschwiegenheitspflicht hat der Bundesgesetzgeber der **rahmenrechtlichen Vorgabe** in § 37 Abs. 1 BeamtStG Rechnung getragen. Auch in allen Ländern fanden sich bis zum Inkrafttreten des Beamtenstatusgesetzes vergleichbare Regelungen,[8] die allerdings in den meisten Ländern sukzessive durch § 37 BeamtStG **ersetzt** werden.

---

2 *Pieper/Viethen*, in: Kölble (Hrsg.) Das deutsche Bundesrecht, Erläuterungen zum PUAG, § 23 (S. 33) m.w.N.
3 *Reich*, BeamtStG, Kommentar (2009), § 37 Rn. 3; *Plog/Wiedow*, Bundesbeamtengesetz, Kommentar, Loseblattsammlung (Stand 2010), § 37 BeamtStG, Rn. 2.
4 S. etwa § 30 VwVfG, § 30 AO, § 35 SGB I iVm §§ 67 ff SGB X.
5 *Knemeyer*, NJW 1984, 2241 (2242); *Rittgen*, in: Knack/Henneke (Hrsg.), VwVfG, Kommentar, 9. Aufl. (2010), § 30 Rn. 7.
6 *Herrmann*, in: Bader/Ronellenfitsch (Hrsg.), VwVfG, Kommentar (2010), § 30 Rn. 8 ff.
7 *Reich*, BeamtStG, Kommentar, 2009, § 37 Rn. 3
8 S. § 79 LBG BadWürtt.; Art. 69, 71 LBG Bay.; § 26 LBG Berl.; §§ 25, 28 LBG Brandb.; § 61 LBG Brem.; § 65 LBG Hbg.; § 65 LBG Hess.; § 64 LBG MV.; §§ 68,

Eine Verschwiegenheitspflicht besteht jedoch nicht nur für Beamte im staatsrechtlichen Sinne. Vielmehr finden sich Regelungen zur Verschwiegenheitspflicht für **Bundesminister**,[9] für die **Parlamentarischen Staatssekretäre** des Bundes,[10] für die **Landesminister** in den einzelnen Landesministergesetzen,[11] für **Richter** im Deutschen Richtergesetz iVm den beamtenrechtlichen Regelungen,[12] für Soldaten,[13] für **Angestellte im öffentlichen Dienst** und für **Arbeiter** im Tarifvertrag für den öffentlichen Dienst[14] Schließlich gilt die Verschwiegenheitspflicht auch für **kommunale Mandatsträger**[15] und für weitere in einem Amtsverhältnis stehende Personen, wie etwa den **Wehrbeauftragten** des Deutschen Bundestages[16] oder den **Datenschutzbeauftragten** des Bundes.[17]

Die Pflicht zur Amtsverschwiegenheit umfasst grundsätzlich alle bei der **amtlichen Tätigkeit** bekannt gewordenen Angelegenheiten. Das gilt nicht nur für Angelegenheiten, mit denen der Amtsträger **selbst** befasst war, sondern auch für die Angelegenheiten, die ihm **in** seiner amtlichen Tätigkeit bekannt geworden sind.[18] Sofern ein Amtsträger jedoch nicht im öffentlichen Auftrag handelt, sondern seine amtliche Stellung ausnutzt, um in Eigeninitiative zu handeln, dürfte diese Voraussetzung nicht erfüllt und daher auch eine Aussagegenehmigung nicht erforderlich sein, da kein der Behörde zurechenbares Handeln vorliegt.

Die Verschwiegenheitspflicht besteht dagegen **nicht** für Mitteilungen **im dienstlichen Verkehr**[19] sowie für Tatsachen, die **offenkundig** sind oder ihrer Bedeutung nach keiner Geheimhaltung bedürfen.[20] Hinsichtlich der Mitteilungen im dienstlichen Verkehr wird damit die Verschwiegenheitspflicht in einem personellen und institutionellen Bereich aufgehoben, innerhalb dessen

---

71 LBG Nds.; § 64 LBG NRW.; § 70 Abs. 1, 2, § 71 LBG RhPf.; § 75 LBG Saarl.; § 78 LBG Sachs.; § 61 LBG SachsA.; § 77 LBG SchlH.; § 63 LBG Thür.
9 § 6 BMinG.
10 § 7 ParlStsG iVm § 6 BMinG.
11 § 6 MinG BadWürtt., Art. 5 MinG Bay.; § 9 SenatsG Berl.; § 5 MinG Brandb.; § 2 SenatsG Brem.; § 9 SenatsG Hbg.; § 5 MinG MV; § 6 MinG Nds.; § 3 MinG NRW; § 6 MinG RhPf.; § 5 MinG Saarl.; § 5 MinG Sachs.; § 6 MinG SachsA.; § 4 MinG SchlH.; § 6 MinG Thür.
12 §§ 46, 71 Abs. 1 DRiG.
13 § 14 Abs. 1 SoldG.
14 § 3 Abs. 2 TVL.
15 S. z.B. § 17 Abs. 2 GemO BadWürtt.; § 20 GemO RhPf.
16 § 15 WBeauftrG.
17 § 17 Abs. 4 BDSG.
18 *Reich*, BeamtStG, Kommentar, 2009, § 37 Rn. 3; *Plog/Wiedow*, Bundesbeamtengesetz, Kommentar, Loseblattsammlung (Stand 2010), § 37 BeamtStG, Rn. 4.
19 § 37 Abs. 2 Satz 1 Nr. 1 BeamtStG; § 67 Abs. 2 Satz 1 Nr. 1 BBG.
20 § 37 Abs. 1 Satz 1 Nr. 2 BeamtStG; § 67 Abs. 2 Satz 1 Nr. 2 BBG.

die Amtsträger unter sich sind und deshalb ihren Meinungs- und Informationsaustausch nicht beschränken müssen.[21] Beim Merkmal der **Offenkundigkeit** ist allerdings Zurückhaltung angezeigt. Denn selbst wenn das Geheimnis einem **größeren Personenkreis** bekannt geworden ist, kann der Betroffene noch ein Interesse daran haben, dass wenigstens die Behörde das Geheimnis wahrt.[22] Offenkundig in dem Sinne, dass das Schutzbedürfnis entfällt, dürfte die Tatsache allerdings dann sein, wenn das Geheimnis in **allgemein zugängliche Quellen**, wie etwa Tageszeitungen, Eingang gefunden hat.[23]

III. Aussagen von Amtsträgern

9   Parlamentarischen Untersuchungsausschüssen im Bund und in den Ländern steht neben dem Recht auf Aktenvorlage[24] die Möglichkeit offen, Regierungsmitglieder sowie Beamte und Angestellte der Behörden, die dem Verantwortungsbereich der jeweils »**eigenen**« Exekutive zuzurechnen sind, als **Zeugen und Sachverständige** zu vernehmen. Auf diese Weise kann sich der Untersuchungsausschuss Kenntnis von **untersuchungsrelevantem Amtswissen** verschaffen.[25] Da Untersuchungsausschüsse Einrichtungen der Legislative sind und nicht zuletzt auch der politischen Kontrolle der Exekutive dienen, zählen die von Organen der Exekutive übermittelten Informationen nicht zum **dienstlichen Verkehr** im vorstehend beschriebenen Sinne,[26] sondern sind **Gegenstand des Beweiserhebungsrechts** des Untersuchungsausschusses.

10 Das **dienstliche** Wissen der Amtsträger kann daher nur durch deren Vernehmung als **Zeugen** in die Untersuchung eingebracht werden. Dies gilt erst Recht bezüglich des dienstlichen Wissens von **Amtsträgern anderer Länder** oder bezüglich eines Landtagsuntersuchungsausschusses und eines **Bundesbediensteten** sowie umgekehrt. Auch die Bediensteten anderer Länder sowie

---

21 *Reich,* BeamtStG, Kommentar (2009), § 37 Rn. 7; *Plog/Wiedow,* Bundesbeamtengesetz, Kommentar, Loseblattsammlung, (Stand 2010), § 37 BeamtStG, Rn. 5; BayObLG, NJW 1990, 1857.
22 Großzügiger *Reich,* BeamtStG, Kommentar (2009), § 37 Rn. 8: Kein Schutzbedürfnis, selbst wenn Offenkundigkeit durch rechtswidrige Handlungen verursacht wurde.
23 *Reich,* BeamtStG, Kommentar (2009); § 37 Rn. 8.
24 S. dazu i.E. o. § 17.
25 *Weisgerber,* Das Beweiserhebungsverfahren parlamentarischer Untersuchungsausschüsse des Deutschen Bundestages, 2003, S. 356 f.; *Kipke,* Die Untersuchungsausschüsse des Deutschen Bundestages, 1985, S. 63 ff.; *Bräcklein,* Investigativer Parlamentarismus, 2006, S. 276; s.a. *Morlok,* in: Dreier II, Art. 44 Rn. 48: Aussagegenehmigung muss grundsätzlich erteilt werden.
26 A.A. *Reich,* BeamtStG, Kommentar (2009), § 37 Rn. 7.

des Bundes trifft in diesen Fällen eine Aussagepflicht, sofern der Untersuchungsgegenstand eine Landes- beziehungsweise Bundesmaterie betrifft.[27]

Die vor einen parlamentarischen Untersuchungsausschuss geladenen Amtsträger bedürfen daher einer **Aussagegenehmigung**,[28] zu deren Erteilung die Regierung vorbehaltlich verfassungsrechtlicher Grenzen verpflichtet ist.[29] Ein Ermessen kommt ihr insoweit nicht zu.[30] Für die Untersuchungsausschüsse des Bundestages erfolgt dies nunmehr ausdrücklich aus § 23 Abs. 1 PUAG iVm § 54 StPO. 11

In den Ländern findet sich eine entsprechende verfassungs- bzw. einfachgesetzliche Regelung allerdings **ausdrücklich** nur in den Ländern **Bayern und Mecklenburg-Vorpommern**.[31] Bei den **übrigen Ländern** ergibt sich dies gleichwohl entweder aus dem Sinngehalt entsprechender Regelungen[32] oder aus der Verweisung auf die sinngemäße Anwendung der Bestimmungen der Strafprozessordnung zur Beweisaufnahme. 12

§ 54 StPO überträgt die Verschwiegenheitspflicht, die für die Angehörigen des öffentlichen Dienstes durch Gesetz oder Tarifvertrag festgelegt ist, unverändert auf das Verfahrensrecht.[33] Für den von § 54 StPO erfassten Personenkreis entfallen sowohl Aussagepflicht als auch Aussagebefugnis.[34] Die allgemeine Zeugnispflicht tritt erst in Kraft, wenn die Aussagegenehmigung **erteilt** wird.[35] Der Amtsträger wird erst dann zu einem **zulässigen Beweismittel** und umgekehrt fällt der Zeuge mit der Verweigerung der Aussagegenehmigung grundsätzlich als Beweismittel weg.[36] 13

Der einzelne Amtsträger darf daher vor einem parlamentarischen Untersuchungsausschuss nur aussagen, wenn und soweit er durch die Erteilung einer Aussagegenehmigung von seiner **Verschwiegenheitspflicht befreit** 14

---

27 BVerwGE 79, 339 (342 f.); 109, 258 (259 ff.).
28 *Fenk*, ZBR 1971, 44 (46).
29 Vgl. etwa § 68 BBG.
30 BVerfGE 124, 78 (119).
31 Art. 18 Abs. 1 UAG Bay.; Art. 34 Abs. 4 Satz 1 MVVerf.; § 27 Abs. 1 UAG MV; s.a. *Wiegand-Hoffmeister*, in: Litten/Wallerath, Art. 34 Rn. 17.
32 § 14 Abs. 2 UAG BadWürtt.; § 14 S. 1 UAG Berl.; § 16 Abs. 1 UAG Brandb.; § 13 UAG Brem.; § 14 Abs. 1 UAG NRW; § 14 Abs. 1 UAG RhPf.; § 49 Abs. 1 LTG Saarl.; § 14 Abs. 2 UAG Sachs.; § 15 Abs. 1 UAG SachsA.; § 13 Abs. 1 UAG SchlH.; § 14 Abs. 1 UAG Thür.
33 *Scholz*, AöR 105 (1980), 564 (579).
34 *Stern*, AöR 109 (1984) 199 (277); *Scholz*, AöR 105 (1980) 564 (579).
35 *Meyer-Goßner*, StPO, Kommentar, 53.Aufl (2010), § 54 Rn. 2; *Gercke*, in: Julius u.a. (Hrsg.), Strafprozessordnung, 4. Aufl. (2009), § 54 Rn. 1; *Dahs*, in: Löwe/Rosenberg, Die Strafprozessordnung und das Gerichtsverfassungsgesetz, 24. Aufl. (1988), § 54 StPO Rn. 2.
36 *Dahs*, in: Löwe/Rosenberg, Die Strafprozessordnung und das Gerichtsverfassungsgesetz, 24. Aufl. (1988), § 54 StPO Rn. 19.

wurde.[37] Die Erteilung der Aussagegenehmigung liegt auch im Interesse des Amtsträgers. Denn mehr noch als in einem gerichtlichen Verfahren läuft der Amtsträger Gefahr mit seiner Aussage in ein **politisches Spannungsfeld** zu geraten. Von einem Amtsträger als Zeugen kann daher nur dann eine unbefangene Aussage erwartet werden, wenn ihm vorweg die »**Bürde der Amtsverschwiegenheit**« eindeutig genommen wurde.[38]

15 Liegt eine **Aussagegenehmigung** vor, ist der Beamte wie jeder andere Zeuge zur Aussage verpflichtet und kann, wenn er dieser Pflicht nicht nachkommt, gesetzlichen Zwangsmitteln ausgesetzt werden. Zu beachten ist allerdings, dass die Aussagegenehmigung **beschränkt** werden kann und folglich der Beamte dann auch nur begrenzt zur Aussage verpflichtet ist.[39] Denn wie die Vorlage von Akten, so findet auch die Verpflichtung zur Erteilung von Aussagegenehmigungen dort ihre Grenze, wo das Bekanntwerden der betreffenden Informationen das Wohl des Bundes oder eines Landes gefährden könnte.[40] Der **Kernbereich exekutiver Eigenverantwortung** rechtfertigt die Versagung einer Aussagegenehmigung indes regelmäßig nur, soweit noch nicht abgeschlossene Vorgänge betroffen sind.[41]

16 Hinsichtlich der **Reichweite** einer Aussagegenehmigung ist ferner von Bedeutung, ob sie auch für **besondere Geheimhaltungsbestimmungen**, wie etwa das Steuergeheimnis, gilt, also für Geheimnisse, die grundsätzlich nicht zur Disposition des Dienstvorgesetzten stehen.[42] Sollte sich die Aussagegenehmigung auch auf solche Geheimnisse erstrecken, empfiehlt es sich, dies **ausdrücklich** anzugeben.[43] Insbesondere können damit auch Bedingungen für **Geheimnisschutzvorkehrungen** des Untersuchungsausschusses verbunden werden. Jedenfalls kann sich der Amtsträger auf sein Auskunftsverweigerungsrecht nach § 55 StPO berufen, solange für ihn **nicht eindeutig** feststeht, dass er von einer Geheimhaltungspflicht, die ja auch strafrechtlich sanktioniert ist, entbunden ist. Beruft sich der Beamte auf sein Auskunftsverweigerungsrecht, so bleibt es grundsätzlich dem **Untersuchungsausschuss** überlassen, eine entsprechende **Klärung** herbeizuführen.

17 | Auf die **Erteilung** der Aussagegenehmigung besteht ein **Rechtsanspruch**, wenn die gesetzlichen Voraussetzungen für ihre **Versagung** nach § 68 Abs. 1 BBG, § 37 Abs. 3 S. 1 BeamtStG beziehungsweise nach den übrigen ein-

---

37 BVerfGE 57, 250 (281).
38 *Fenk*, ZBR 1971, 44 (47); s.a. *Partsch*, Verh. d. 45. DJT (1964), S. 107 u. 137.
39 *s. dazu Gercke*, in: Julius u.a. (Hrsg.), Strafprozessordnung, 4. Aufl. (2009), § 54 Rn. 18; *Dahs*, in: Löwe/Rosenberg, Die Strafprozessordnung und das Gerichtsverfassungsgesetz, 24. Aufl. (1988), § 54 StPO Rn. 16.
40 BVerfGE 124, 78 (123).
41 BVerfGE 124, 78 (130).
42 S. dazu o. § 11 Rdn. 14 ff.
43 *Stern*, AöR 109 (1984) 199 (278 f.) für das Steuergeheimnis.

schlägigen gesetzlichen Vorschriften **nicht vorliegen**.[44] Dies gilt auch für den parlamentarischen Untersuchungsausschuss. Denn soll ein Untersuchungsausschuss etwa Unregelmäßigkeiten innerhalb der Exekutive untersuchen, muss er zwangsläufig in die öffentliche Verwaltung »eindringen« können.[45] Außerdem hat die dem Gemeinwohl dienende **lückenlose Aufklärung** eines Sachverhalts durch einen Untersuchungsausschuss keine geringere Bedeutung als die Tatsachenermittlung im Strafverfahren.[46] Daher darf die Aussagegenehmigung grundsätzlich nur unter den **gleichen Voraussetzungen** versagt werden, wie bei einem Strafverfahren.[47] In jedem Fall sind die Tatbestandsmerkmale für eine Verweigerung der Aussagegenehmigung **eng** auszulegen.[48]

Die Gerichte haben die Befugnis die Rechtmäßigkeit der Verweigerung der Aussagegenehmigung hinsichtlich der Tatbestandsmerkmale **in vollem Umfang** nachzuprüfen.[49] Zwar müssen die Versagungsgründe **nicht vollständig** offenbart werden. Vielmehr genügt es, wenn die zuständige Stelle dem Gericht ihre Wertung der Tatsachen als geheimhaltungsbedürftig so einleuchtend darlegt, dass sie unter Berücksichtigung rechtsstaatlicher Belange als **triftig** anerkannt werden können.[50]   18

Die Genehmigung darf nur versagt werden, wenn die Aussage dem Wohle des Bundes oder eines deutschen Landes Nachteile bereiten oder die Erfüllung öffentlicher Aufgaben ernstlich gefährden oder erheblich erschweren würde.[51] Entsprechendes gilt auch für die übrigen Amtsträger in Bund und Ländern. Dabei ist allerdings auch die **besondere Stellung** eines parlamentarischen Untersuchungsausschusses zu beachten. Dieser ist **kein unbefugter Dritter**, vor dem Amtswissen grundsätzlich geheim gehalten werden müsste.[52]   19

Aus der Bedeutung des parlamentarischen Untersuchungsrechts ergibt sich – wie bei der Aktenvorlage –, dass die Genehmigung **grundsätzlich zu erteilen ist**.[53] Bezüglich der Verweigerung der Aussagegenehmigung müssen   20

---

44 *Rechenberg*, BK, Art. 44 Rn. 26; *Dahs*, in: Löwe/Rosenberg, Die Strafprozessordnung und das Gerichtsverfassungsgesetz, 24. Aufl. (1988), § 54 StPO Rn. 24; *Scholz*, AöR 105 (1980) 564 (613).
45 *Weisgerber*, Das Beweiserhebungsverfahren parlamentarischer Untersuchungsausschüsse des Deutschen Bundestages, 2003, S. 359; s.a. *Kunzmann/Haas/Baumann-Haske*, Art. 54 Rn. 10.
46 *H.-P. Schneider*, AK-GG, Art. 44 Rn. 15.
47 BVerwGE 109, 258 (262 f.); 79, 339 (345).
48 *Versteyl*. in: v. Münch/Kunig II, Art. 44 Rn. 33.
49 BVerwGE 66, 39 (44).
50 BVerwGE 109, 258 (265 f.); 66, 39 (44)
51 § 37 Abs. 4 BeamtStG.
52 *Hake*, AöR 113 (1988) 424 (432).
53 *Morlok*, in: Dreier II, Art. 44 Rn. 48; *Berthy*, in: Damkowski (Hrsg.), Der parlamentarische Untersuchungsausschuss, 1987, S. 43; *Weisgerber*, Das Beweiserhe-

hinsichtlich des Umfangs und der Grenzen die **gleichen Grundsätze** gelten wie bei der Verweigerung der Aktenvorlage.[54] Denn es wäre nicht nachvollziehbar, wenn das exekutive Verweigerungsrecht für Informationen auf Grund mündlicher Aussagen und auf Grund von Akten **unterschiedlich** geregelt wäre.[55] Was über die Aktenvorlage nicht erfragt werden darf, darf auch nicht über die Vernehmung eines Amtsträgers offenbart werden und umgekehrt.[56]

21 Insbesondere ist daher von Bedeutung, dass die Berufung auf das **Staatswohl** regelmäßig zur **Verweigerung** der Aussagegenehmigung **nicht ausreicht**, da dessen Wahrung der Exekutive **nicht allein** anvertraut ist.[57] Soweit es dagegen um schutzwürdige Belange **privater Dritter** geht, darf der Dienstvorgesetzte einem Amtsträger die Aussagegenehmigung nicht für Angelegenheiten erteilen, die zu offenbaren die Behörde selbst nicht befugt ist. Allerdings trifft die Regierung eine **Begründungs- und Darlegungspflicht**, so dass der pauschale Hinweis auf den Grundrechtsschutz Dritter nicht genügt.[58] Die Aussagegenehmigung ist in jedem Fall zu erteilen, wenn der Untersuchungsausschuss die entsprechenden **Sicherungsvorkehrungen** gegen ein Bekanntwerden getroffen hat. Auch hier kann insoweit nichts anderes gelten als bei Vorlage von Akten. Dagegen darf die Aussagegenehmigung verweigert werden, wenn der Amtsträger zu laufenden, noch nicht abgeschlossenen Regierungsvorgängen befragt werden soll und damit der **exekutive Kernbereich**[59] betroffen ist.[60] Sofern ein Vorgang allerdings abgeschlossen ist, darf die Aussagegenehmigung nicht unter pauschaler Berufung auf den Schutz des exekutiven Kernbereichs verweigert oder beschränkt werden. Vielmehr trifft die Regierung auch dann eine Begründungs- und Darlegungspflicht, unbeschadet dessen, ob sie sich auf den Kernbereich, das Staatswohl oder den Schutz von Grundrechten Dritter beruft.[61] In der Praxis wird sich daher die Entscheidung, ob eine Aussage an einem bestimmten

---

bungsverfahren parlamentarischer Untersuchungsausschüsse des Deutschen Bundestages, 2003, S. 358; *Neumann*, Art. 27 Rn. 17.
54 S. dazu i.E. o. § 17.
55 *Weisgerber*, Das Beweiserhebungsverfahren parlamentarischer Untersuchungsausschüsse des Deutschen Bundestages, 2003, S. 359; *Berthy*, in: Damkowski (Hrsg.), Der parlamentarische Untersuchungsausschuss, 1987, S. 43; *Damkowski*, ZRP 1988, 340 (342).
56 *Stern*, AöR 109 (1984) 199 (281); *Scholz*, AöR 105 (1980) 564 (587); *Schröder*, Fg. f. Gesellschaft für Rechtspolitik, 1984, S. 402; *Bogs*, JZ 1985, 112 (116).
57 BVerfGE 124, 78 (124); 67,100 (136); *Stern*, AöR 109 (1984) 199 (280).
58 BVerfGE 124, 78 (128 f.).
59 S. dazu i.E. o. § 5 Rdn. 48 ff.
60 BVerfGE 124, 78 (120 ff.); *Weisgerber*, Das Beweiserhebungsverfahren parlamentarischer Untersuchungsausschüsse des Deutschen Bundestages, 2003, S. 359 f.
61 BVerfGE 124, 78 (128 f.).

Punkt abgebrochen werden muss, weil etwa der exekutive Kernbereich betroffen ist, noch stärker auf den jeweiligen **Vertreter der Regierung im Untersuchungsausschuss** verlagern. Er wird gegebenenfalls spontan reagieren und dann dem Ausschuss nachvollziehbar begründen müssen, warum er eine (partielle) »Sperrerklärung« abgegeben hat.

Der **Bundesgesetzgeber** hat dem in § 23 Abs. 2 Halbs. 1 PUAG Rechnung getragen, indem er die Bundesregierung **verpflichtet** hat, die erforderliche Aussagegenehmigung zu erteilen. Entsprechende Regelungen finden sich für Untersuchungsausschüsse der Landesparlamente teilweise in den Landesverfassungen[62] zumeist auch in den Untersuchungsausschussgesetzen **der Länder** für die jeweiligen Landesbehörden,[63] allerdings nicht selten verknüpft mit Versagungsgründen. 22

Doch auch wenn es an einer entsprechenden einfachgesetzlichen Festschreibung der Erteilungspflicht fehlt, folgt aus den vorstehenden Erwägungen, dass die Exekutive grundsätzlich zur Erteilung **verpflichtet** ist. Dies gilt auch für die Behörden anderer Länder oder des Bundes. Auch soweit in den entsprechenden landesgesetzlichen Regelungen eine Sollvorschrift verwendet wird, so ist dies doch als »muss« im Sinne einer grundsätzlichen Erteilungspflicht zu lesen.[64] 23

Die Pflicht zur Erteilung der Aussagegenehmigung gilt insbesondere, wenn der Untersuchungsausschuss Unregelmäßigkeiten innerhalb der Exekutive untersuchen soll.[65] Er muss dann zwangsläufig in die öffentliche Verwaltung eindringen. Eine Informationsverweigerung aus Gründen des **ungestörten Verfahrensablaufs** ist deshalb, obwohl es in § 54 StPO iVm den beamtenrechtlichen Vorschriften vorgesehen ist, im parlamentarischen Untersuchungsverfahren unzulässig.[66] In jedem Fall muss die Bundes- oder Landesexekutive die Verweigerung der Aussagegenehmigung plausibel glaubhaft machen.[67] 24

---

62 Art. 48 Abs. 4 Satz 3 Halbs. 2 BerlVerf.; Art. 34 Abs. 4 Satz 1 MVVerf.; Art. 27 Abs. 4 NdsVerf.; Art 54 Abs. 4 Satz 1 SächsVerf.; Art. 18 Abs. 4 Satz 1 SchlHVerf.; Art. 64 Abs. 4 Satz 2 ThürVerf.
63 § 14 S. 1 UAG Berl.; § 16 Abs. 1 UAG Brandb.; § 27 Abs. 2 S. 1 UAG MV; § 14 Abs. 1 UAG NRW; § 14 Abs. 1 UAG RhPf.; § 15 Abs. 1 UAG SachsA.; § 13 Abs. 1 UAG SchlH.; § 14 Abs. 1 UAG Thür.
64 *Wedemeyer*, in: Thiele/Pirsch/Wedemeyer, Art. 34 Rn. 12; *Wiegand-Hoffmeister*, in: Litten/Wallerath, Art. 34 Rn. 17.
65 BVerfGE 124, 78 (123).
66 *Weisgerber*, Das Beweiserhebungsverfahren parlamentarischer Untersuchungsausschüsse des Deutschen Bundestages, 2003, S. 359; *Dreher*, in: Bachmann/Schneider (Hrsg.), Zwischen Aufklärung und politischem Kampf, 1988, S. 102.
67 BVerfGE 124, 78 (128 f.); *Weisgerber*, Das Beweiserhebungsverfahren parlamentarischer Untersuchungsausschüsse des Deutschen Bundestages, 2003, S. 360; *Dreher*, in: Bachmann/Schneider (Hrsg.), Zwischen Aufklärung und politischem Kampf, 1988, S. 102.

25 Die Genehmigung ist von der **vernehmenden Stelle** einzuholen. Dies ist der parlamentarische **Untersuchungsausschuss**, wie sich aus dem Untersuchungsausschussgesetz des Bundes[68] und teilweise aus den Gesetzen der Länder[69] ergibt.

26 Die **Entscheidung** über die Aussagegenehmigung für die Vernehmung vor einem parlamentarischen Untersuchungsausschuss trifft nach § 23 Abs. 1 PUAG für Bundesbedienstete die **Bundesregierung**.

27 In den Untersuchungsausschussgesetzen der **meisten Länder** findet sich dagegen die Zuständigkeit der **obersten Dienst- oder Aufsichtsbehörde**,[70] also idR das zuständige Ministerium. Hinsichtlich der Gerichte sehen **Rheinland-Pfalz**[71] und **Thüringen**[72] zutreffend vor, dass hier das Gesuch unmittelbar an das Gericht zu richten ist. Dies ist allerdings nicht erforderlich, wenn es um Fragen der **Gerichtsverwaltung** geht, da insoweit der Justizminister die politische Verantwortung trägt. Die Untersuchungsausschussgesetze können allerdings nur vorgeben, an wen **verfahrensrechtlich** der Antrag zu richten ist. Wer letztlich die Entscheidung trifft, richtet sich nach den beamtenrechtlichen Vorschriften.

28 Danach trifft die Entscheidung über die Erteilung der Aussagegenehmigung für einen Beamten **der Dienstvorgesetzte** oder, wenn das **Beamtenverhältnis** beendet ist, der **letzte Dienstvorgesetzte**[73] **ggf. unter Einbindung eines früheren Dienstherrn**.[74] Allerdings kann durch **Landesrecht** eine andere Stelle bestimmt werden.[75] Bei **Landesministern** dürfte regelmäßig die **Landesregierung** zuständig sein.[76] In **Niedersachsen** liegt die

---

68 § 23 Abs. 2 Halbs. 2 iVm § 18 Abs. 1 PUAG.
69 Art. 18 Abs. 2 UAG Bay.; § 14 Satz 2 UAG Berl.; § 16 Abs. 2 UAG Brandb.; § 27 Abs. 2 Halbs. 2 iVm § 22 Abs. 1 UAG MV; § 14 Abs. 2 UAG NRW; § 14 Abs. 1 UAG RhPf.; § 49 Abs. 1 LTG Saarl.; § 15 Abs. 1 UAG SachsA.; § 13 Abs. 1 UAG SchlH.; § 14 Abs. 1 UAG Thür.
70 § 14 Abs. 2 S. 3 UAG BadWürtt.; § 16 Abs. 2 S. 1 UAG Brandb.; § 27 Abs. 2 Halbs. 1 UAG MV; § 14 Abs. 2 S. 1 UAG NRW; § 14 Abs. 2 Halbs. 1 UAG RhPf.; § 49 Abs. 1 LTG Saarl.; § 14 Abs. 2 S. 3 UAG Sachs.; § 15 Abs. 2 UAG SachsA.; § 13 Abs. 2 UAG SchlH.; § 14 Abs. 2 Halbs. 1 UAG Thür.
71 § 14 Abs. 2 Halbs. 2 UAG RhPf.
72 § 14 Abs. 2 Halbs. 2 UAG Thür.
73 § 37 Abs. 3 Satz 2 BeamtStG.
74 § 37 Abs. 3 Satz 3 BeamtStG; s.a. § 67 Abs. 3 S. 2 BBG.
75 § 37 Abs. 3 Satz 4 BeamtStG, s.a. § 68 Abs. 3 BBG, wonach grundsätzlich die oberste Dienstbehörde über das Versagen der Genehmigung entscheidet.
76 Vgl. etwa § 6 Abs. 2 MinG BadWürtt.; Art. 5 Abs. 2 MinG Bay.; § 9 Abs. 1 S. 1 SenatsG Berl.; § 5 Abs. 1 S. 2 MinG Brandb.; § 2 Abs. 2 SenatsG Brem.; § 9 Abs. 1 SenatsG Hbg.; § 6 Abs. 1 S. 1 MinG MV; § 4 Abs. 1 S. 1 MinG NRW; § 6 Abs. 2 MinG RhPf.; § 5 Abs. 2 MinG Saarl.; § 5 Abs. 2 MinG Sachs.; § 7 Abs. 1 S. 1 MinG SachsA.; § 4 Abs. 1 S. 2 MinG SchlH.; § 6 Abs. 2 MinG Thür.

Zuständigkeit dagegen ausdrücklich beim jeweiligen **Landesministerium**.[77]

Dagegen kann nicht **das Parlament** durch einen für die Exekutive verbindlichen Beschluss festlegen, dass in einem konkreten Einzelfall einem Amtsträger eine Aussagegenehmigung zu erteilen sei. Denn diese Entscheidung fällt ausschließlich in den Zuständigkeitsbereich der Exekutive. Jede entsprechende Entscheidungsbefugnis eines parlamentarischen Untersuchungsausschusses wäre eine unzulässige **Durchbrechung** des Grundsatzes der Gewaltenteilung.

Nach **§ 37 Abs. 4 Satz 2 BeamtStG** kann durch Landesrecht bestimmt werden, dass die **Verweigerung** der Genehmigung zur Aussage vor Untersuchungsausschüssen des Deutschen Bundestages oder der Volksvertretung eines Landes der **Nachprüfung** unterzogen werden kann. Damit soll einfachgesetzlich sichergestellt werden, dass das Instrument der Aussageverweigerung im öffentlichen Dienstrecht nicht zur **Blockade** parlamentarischer Untersuchungsrechte missbraucht wird.[78] Von dieser Möglichkeit haben bisher nur die Länder **Berlin** (der für Sicherheitsfragen zuständige Ausschuss des Abgeordnetenhauses)[79] und **Bremen** (Parlamentarische Kontrollkommission)[80] Gebrauch gemacht. Die **verfassungsgerichtliche** Überprüfung, wie sie in einigen Ländern ebenfalls ausdrücklich vorgesehen ist,[81] wäre regelmäßig ohnehin im Wege des **Organstreitverfahrens** oder im Bund-Länder- sowie Länder-Länder-Streit zulässig.[82]

IV. Einfluss des Bundesstaatsprinzips auf die Aussagegenehmigung

Angesichts des **föderalen Aufbaus** der Bundesrepublik Deutschland ist es durchaus von praktischer Relevanz, dass etwa ein Untersuchungsausschuss des Deutschen Bundestages den Amtsträger eines Landes und umgekehrt, der Untersuchungsausschuss eines Landesparlaments einen Amtsträger des Bundes als Zeugen anhören möchte. Ebenso kann diese Absicht auch **länderübergreifend** bestehen. Gegen eine solche Vernehmung bestehen grundsätzlich keine verfassungsrechtlichen Bedenken. Insbesondere bleibt es auch hier bei der grundsätzlichen Pflicht, dass dem betroffenen Amtsträger die Aussagegenehmigung zu erteilen ist, damit dieser seiner Zeugenpflicht nachkommen kann. Allerdings gilt es einige **Besonderheiten** zu bedenken.

---

77 § 7 Abs. 1 S. 1 MinG Nds.
78 *Scholz*, AöR 105 (1980) 564 (592).
79 § 14 S. 2 UAG Berl.
80 § 13 UAG Brem.
81 § 16 Abs. 2 S. 3 UAG Brandb.; § 22 Abs. 1 S. 2 iVm § 23 Abs. 2 UAG MV; § 14 Abs. 2 S. 3 UAG NRW; § 14 Abs. 4 UAG RhPf.; § 49 Abs. 3 LTG Saarl.; § 13 Abs. 4 S. 2 UAG SchlH.; § 14 Abs. 4 UAG Thür.
82 S. dazu i.E. u. § 28 Rdn. 28 ff.

Teil 4 Beweiserhebung

32   Die Aussagegenehmigung **muss** nur dann erteilt werden, wenn sich der Untersuchungsausschuss im **Zuständigkeitsbereich** des jeweiligen Bundes- oder Landesparlaments hält. Insoweit gelten die gleichen Grundsätze wie bei der Prüfung des zulässigen Untersuchungsgegenstandes[83] oder bei der Herausgabe behördlicher Akten.[84]

33   Im Einzelnen gilt demnach: Befassen sich Untersuchungsausschüsse des Bundestages **unmittelbar** mit dem Verhalten von Landesbehörden, so muss einem Bundesbediensteten eine Aussagegenehmigung **nicht** erteilt werden. Denn der Untersuchungsausschuss hat dann den Kompetenzbereich des Bundestages verlassen. Dies gilt auch im Rahmen der **Bundesauftragsverwaltung**, denn Untersuchungsgegenstand kann auch in diesem Fall nur das Verhalten **der Bundesregierung** beziehungsweise das Verhalten der ihr nachgeordneten **Bundesbehörden** sein. Soweit der Amtsträger eines Landes dazu Auskunft geben und zur Aufklärung beitragen kann, darf er als Zeuge geladen werden und ist ihm auch regelmäßig die Aussagegenehmigung **zu erteilen**. Im **umgekehrten** Fall gilt ebenso, dass ein Untersuchungsausschuss eines Landes nicht die Befugnis hat, **Bundesbehörden** zu kontrollieren. Lediglich soweit ein Amtsträger des Bundes Aufschluss über das **Verhalten einer Landesbehörde** oder über deren Informationsstand zu einer bestimmten Angelegenheit geben kann, kommt die Vernehmung eines Amtsträgers des Bundes in Frage.[85] Gleiches gilt im Verhältnis **zwischen den Ländern**. Untersuchungszweck muss stets das Verhalten der **landeseigenen** Behörden und Stellen sein. Schließlich ist auch innerhalb eines Landes zu beachten, dass etwa die Rechte von **Selbstverwaltungskörperschaften** zu achten sind.[86] So muss etwa kommunalen Beamten oder Amtsträgern eine Aussagegenehmigung nur erteilt werden, wenn der Untersuchungsgegenstand die **Rechtmäßigkeitskontrolle** betrifft und nicht die Frage der Zweckmäßigkeit.

---

83 S. dazu i.E. o. § 5 Rdn. 60 ff.
84 S. dazu o. § 17 Rdn. 11 ff.
85 Anschaulich insoweit BVerwGE 109, 258 (266 ff.); s.a. *Jutzi*, NJ 2000, 103 (104).
86 S.o. § 5 Rdn. 90 ff.

§ 21 Auskunfts- und Zeugnisverweigerungsrechte

ÜBERSICHT | Rdn.
I. Zeugnisverweigerungsrechte 1
II. Auskunftsverweigerungsrechte 12
III. Regelungen in den Untersuchungsausschussgesetzen. 24

Literatur: *Danckert*, Aussagezwang im parlamentarischen Untersuchungsausschuss, ZRP 2000, 476; *Derksen*, Das Auskunftsverweigerungsrecht des strafgerichtlich vernommenen Zeugen bei ungewisser Strafverfolgungsgefahr, JuS 1999, 1103; *Friedrich*, Der parlamentarische Untersuchungsausschuss – Entwicklung, Stellung, Kompetenzen, 1990; *Kerbein*, Individuelle Selbstbelastungsfreiheit versus parlamentarisches Aufklärungsinteresse, 2004; *Koch*, Disziplinarverfahren als möglicher Aussageverweigerungsgrund eines Zeugen vor einem Untersuchungsausschuss, ZParl 27 (1996) 405; *Kölbel/Morlok*, Geständniszwang in parlamentarischen Untersuchungen? ZRP 2000, 217; *Pabel*, Verhängung von Beugehaft durch einen Untersuchungsausschuss, NJW 2000, 788; *Schleich*, Das parlamentarische Untersuchungsrecht des Bundestages, 1985; *Vetter*, Zur Auskunftspflicht eines Beamten vor einem parlamentarischen Untersuchungsausschuss bei drohender disziplinarischer Verfolgung, ZBR 1991, 225; *Weisgerber*, Das Beweiserhebungsverfahren parlamentarischer Untersuchungsausschüsse des Deutschen Bundestages, 2003; *Wiefelspütz*, Das Untersuchungsausschussgesetz, 2003; *Wolf*, Die Optimierung von Auskunftspflichten im parlamentarischen Untersuchungsverfahren, ZParl. 2005, 876; *Wolf*, Parlamentarischer Untersuchungsausschuss und Strafjustiz, 2005.

I. Zeugnisverweigerungsrechte

Die prinzipielle **Aussagepflicht** eines Zeugen vor einem parlamentarischen Untersuchungsausschuss[1] kann durch **Zeugnisverweigerungsrechte** begrenzt sein.[2] Denn die §§ 52, 53, 53 a StPO sehen aus unterschiedlichen Gründen das Recht eines Zeugen vor, das Zeugnis zu verweigern. 1

Von wesentlicher Bedeutung in der strafprozessualen Praxis sind die Zeugnisverweigerungsrechte aus **persönlichen Gründen** nach § 52 StPO. Danach dürfen der Verlobte, Ehegatte oder sonst mit dem Beschuldigten verwandte Zeugen das Zeugnis verweigern. Auf das Verhältnis zwischen dem Zeugen und dem Beschuldigten stellt ferner § 53 Abs. 1 Nr. 1 StPO ab. Danach ist der Verteidiger über das, was ihm in dieser Eigenschaft anvertraut oder bekannt geworden ist, zur Verweigerung des Zeugnisses berechtigt. 2

Unabhängig von der unmittelbaren Beziehung zum Beschuldigten räumen § 53 Nr. 1, 3, 3 a, 4, 5 StPO sowie § 53 a StPO **weiteren Personen**, die 3

---
1 S. dazu o. § 19 Rdn. 1 f.
2 S. dazu die generelle Verweisung in § 16 Abs. 3 IPA-Regeln.

bestimmten Berufsgruppen angehören und zu der sachgerechten Ausübung ihrer Tätigkeit eine **Vertrauensstellung** bei anderen Personen benötigen, ebenfalls ein Zeugnisverweigerungsrecht ein. Demgegenüber ergibt sich **kein Zeugnis- oder Auskunftsverweigerungsrecht** aus **gesellschaftsrechtlichen** Geheimhaltungsbestimmungen. Denn die Pflicht zur Zeugenaussage geht aufgrund des öffentlichen Interesses an der Tatsachenermittlung vor, soweit das Prozessrecht nicht selbst das private Geheimhaltungsinteresse als schutzwürdig anerkannt hat.[3]

4   Die vorgenannten Zeugnisverweigerungsrechte gelten im Rahmen der sinngemäßen Anwendung gemäß Art. 44 Abs. 2 S. 1 GG und der entsprechenden landesverfassungsgesetzlichen Regelungen grundsätzlich auch in **parlamentarischen Untersuchungsverfahren**.[4] Denn das **Schutzbedürfnis** des Zeugen ist in beiden Verfahren **gleichermaßen** gegeben.[5] Im Verfahren eines parlamentarischen Untersuchungsausschusses kommt noch hinzu, dass es keinen objektiven und unparteiischen Richter gibt.[6] Andererseits liegt auf der Hand, dass die Arbeit eines Untersuchungsausschusses nicht unbedingt positiv im Sinne einer umfassenden und effektiven Aufklärung beeinflusst wird, wenn etwa Mandats- und Amtsträger »reihenweise« die Auskunft auf die ihnen gestellten Fragen verweigern dürfen.[7] Daher ist in jedem Fall eine **differenzierende Betrachtungsweise** der Zeugnisverweigerungsrechte, die auf das persönliche Verhältnis zum Beschuldigten abstellen und den Rechten, die sich allein auf die berufliche Stellung beziehen, geboten.

5   Die Zeugnisverweigerungsrechte nach § 52 Abs. 1 Nr. 1 bis 3, § 53 Abs. 1 Nr. 2 StPO lassen sich **nicht uneingeschränkt** vom Strafprozess auf das Untersuchungsverfahren übertragen. So ist strittig, inwieweit es vor parlamentarischen Untersuchungsausschüssen eine dem Beschuldigten vergleichbar betroffene Person gibt.[8] Man wird daher wie folgt zu **differenzieren** haben:

6   Sofern in Untersuchungsausschussgesetzen der Länder der **Status eines Betroffenen** vorgesehen ist[9] und wird einer Person dieser Status zuerkannt,

---

3 BVerfGE 76, 363 (387).

4 BVerfGE 76, 363 (387); *Morlok*, in: Dreier II Art. 44 Rn. 48 m. Fn. 217; *Achterberg/Schulte*, in: v. Mangoldt/Klein/Starck II, Art. 44 Rn. 140; s.a. *Weisgerber*, Das Beweiserhebungsverfahren parlamentarischer Untersuchungsausschüsse des Deutschen Bundestages, 2003, S. 171 f.; *Vetter*, ZBR 1991, 225 (225 f.).

5 *Pabel*, NJW 2000, 788 (790).

6 *Kerbein*, Individuelle Selbstbelastungsfreiheit versus parlamentarisches Aufklärungsinteresse, 2004, S. 138.

7 S. dazu Abschlussbericht des 1. Untersuchungsausschusses der 14. WP des Deutschen Bundestages, BT-Drucks. 14/9300, S. 87 ff.: insges. 24 Zeugen verweigerten die Auskunft; krit. a. *Pabel*, NJW 2000, 788 (790).

8 S. dazu *Schleich*, Das parlamentarische Untersuchungsrecht des Bundestages, 1985, S. 42 f.

9 S. i.E. u. § 23 Rdn. 34 ff.

§ 21 Auskunfts- und Zeugnisverweigerungsrechte

so sind der Verlobte, der Ehegatte und sonstige Verwandte ebenso unter Berufung auf § 52 Abs. 1 Nr. 1 bis 3 StPO zur **Verweigerung** des Zeugnisses berechtigt, wie sein Rechtsanwalt gestützt auf § 53 Abs. 1 Nr. 2 StPO.

Fehlt es dagegen an dem Status, wie im Bund und in den Ländern Berlin, Brandenburg, Bremen, Nordrhein-Westfalen, Sachsen-Anhalt sowie in Hessen und Niedersachsen, ist es sachgerecht, auf die **materielle Betroffenheit** abzustellen. Soweit es eine materiell vom Untersuchungsgegenstand betroffene Person gibt, kann diese sich auf Grund **verfassungsrechtlicher Grundsätze** auf **vergleichsweise** einem Beschuldigten zustehenden Rechte berufen.[10] Dann ist es konsequent, in sinngemäßer Anwendung von § 52 Abs. 1 Nr. 1 bis 3, § 53 Abs. 1 Nr. 2 StPO dessen Verlobten, Ehegatten oder sonstigem Angehörigen sowie seinem Rechtsanwalt ebenfalls ein Zeugnisverweigerungsrecht zuzubilligen. **7**

Dagegen ist das Zeugnisverweigerungsrecht der übrigen in §§ 53, 53a StPO genannten Berufszweige ohne weiteres auf das parlamentarische Untersuchungsverfahren übertragbar. Zweck der Regelung ist der Schutz dieser Berufszweige, die sich alle durch ein **besonderes Vertrauensverhältnis** und die Wahrung strikter Diskretion auszeichnen.[11] Es ist **kein Grund** ersichtlich, diese Vorschriften in einem parlamentarischen Untersuchungsverfahren nicht anzuwenden. Denn auch in diesem Verfahren verdienen diese Berufsgruppen den **gleichen Schutz** wie im Strafprozess.[12] **8**

Hinsichtlich des Zeugnisverweigerungsrechts der **Abgeordneten** in Bund und Ländern gilt, dass dieses Recht zwar einfachgesetzlich ausdrücklich noch einmal in § 53 Abs. 1 Nr. 4 StPO aufgeführt ist, es aber bereits verfassungsgesetzlich im Grundgesetz und in den Landesverfassungen garantiert ist. Allerdings betrifft das Zeugnisverweigerungsrecht selbstredend nur die **politischen**, nicht auch die gesellschaftlichen und sonstigen privaten Bereiche des Abgeordneten.[13] Ferner ist der Abgeordnete lediglich **berechtigt** und nicht etwa verpflichtet, vom Zeugnisverweigerungsrecht Gebrauch zu machen. Allerdings kann diese Entscheidungsfreiheit durch äußere Um- **9**

---

10 S. i.E. u. § 23 Rdn. 9 ff.
11 *Weisgerber*, Das Beweiserhebungsverfahren parlamentarischer Untersuchungsausschüsse des Deutschen Bundestages, 2003, S. 172; s.a. *Schröder*, NJW 2000, 1455 (1457 f.).
12 *Weisgerber*, Das Beweiserhebungsverfahren parlamentarischer Untersuchungsausschüsse des Deutschen Bundestages, 2003, S. 172 f.; *Friedrich*, Der parlamentarische Untersuchungsausschuss – Entwicklung, Stellung und Kompetenzen, 1990, S. 159; einschr. *Schleich*, Das parlamentarische Untersuchungsrecht des Bundestages, 1985, S. 43 f.: Die begehrten Zeugenaussagen müssen Geheimnisse betreffen, deren Wahrung auch grundrechtlich geboten ist.
13 *Wiefelspütz*, Das Untersuchungsausschussgesetz, 2003, S. 245 m.w.N.

stände, wie etwa **gesetzliche** oder rechtmäßig **vertraglich vereinbarte** Schweigepflichten, **eingeschränkt** sein.[14]

10 Inhaber des Zeugnisverweigerungsrechts ist nach allgemeiner Meinung nicht nur der Abgeordnete, sondern **auch dessen Mitarbeiter**. Deren Zeugnisverweigerungsrecht **leitet sich aber vom Abgeordneten** ab und besteht daher nur, wenn und soweit sich der Parlamentarier **selbst** darauf beruft.[15]

11 Sämtliche Zeugen haben in sinngemäßer Anwendung des § 56 S. 1 StPO die Tatsache, auf die sie die Verweigerung des Zeugnisses stützen, auf Verlangen **glaubhaft** zu machen. Auch in parlamentarischen Untersuchungsverfahren genügt in entsprechender Anwendung des § 56 S. 2 StPO die **eidliche Versicherung** des Zeugen.[16] Damit verfügt der Zeuge über die **faktische Definitionsherrschaft** hinsichtlich der Grenzen seiner Aussagepflicht.[17]

II. Auskunftsverweigerungsrechte

12 Neben dem Zeugnisverweigerungsrecht spielt auch das Recht zur **Auskunftsverweigerung** nach § 55 StPO in parlamentarischen Untersuchungsverfahren eine praktisch bedeutsame Rolle. § 55 StPO ist über die verfassungsgesetzlichen Verweisungen im Bund und in den Ländern auch im **parlamentarischen Untersuchungsverfahren** anwendbar.[18] Denn der **Kerngehalt** dieser Regelung, dass niemand gezwungen werden darf, aktiv an der **eigenen Überführung** mitzuwirken,[19] gilt auch für die Vernehmung vor einem parlamentarischen Untersuchungsausschuss.[20] Dem steht insbesondere die verfassungsgesetzliche Verweisung auf die Regelung über den Strafpro-

---

14 *Wiefelspütz*, Das Untersuchungsausschussgesetz, 2003, S. 247 m.w.N.; *Glauben*, in: Grimm/Caesar, Art. 95 Rn. 4 ff.
15 *Achterberg/Schulte*, in: v. Mangoldt/Klein/Starck II, Art. 47 Rn. 4; *Umbach*, BK, Art. 47 Rn. 6; *Butzer*, in: Epping/Hillgruber, Art. 47 Rn. 2.2; *Glauben*, in: Grimm/Caesar, Art. 95 Rn. 10.
16 *Weisgerber*, Das Beweiserhebungsverfahren parlamentarischer Untersuchungsausschüsse des Deutschen Bundestages, 2003, S. 172 f.
17 Krit. zu dieser Folge *Kölbel/Morlok*, ZRP 2000, 217 (218 f.).
18 *Schleich*, Das parlamentarische Untersuchungsrecht des Bundestages, 1985, S. 40 f.; *Friedrich*, Der parlamentarische Untersuchungsausschuss – Entwicklung, Stellung und Kompetenzen, 1990, S. 159 m.w.N.; *Achterberg/Schulte*, in: v. Mangoldt/Klein/Starck II, Art. 44 Rn. 140, *Morlok*, in: Dreier II, Art. 44 Rn. 47; *Versteyl*, in: v. Münch/Kunig II, Rn. 30; *Bräcklein*, Investigativer Parlamentarismus, 2006, S. 91 f.
19 BVerfGE 56, 37 (41); *Derksen*, JuS 1999, 1103 (1104); *Danckert*, ZRP 2000, 476 (477).
20 *Weisgerber*, Das Beweiserhebungsverfahren parlamentarischer Untersuchungsausschüsse des Deutschen Bundestages, 2003, S. 173; *Vetter*, ZBR 1991, 225 (226); *Kerbein*, Individuelle Selbstbelastungsfreiheit versus parlamentarisches Aufklärungsinteresse, 2004, S. 115.

zess nicht entgegen, denn davon sind im Untersuchungsverfahren nicht nur die **befugnisbegründenden**, sondern auch die **befugnisbegrenzenden** Vorschriften des Strafprozesses erfasst.[21]

Allerdings ist sowohl der **Umfang** als auch der **Anlass** der Auskunftsverweigerungsrechte umstritten. Hinsichtlich des **Umfangs** kann sich in Anlehnung an die so genannte **Mosaiktheorie** des Bundesgerichtshofs[22] das Auskunftsverweigerungsrecht, das zunächst nur die Verweigerung einer Antwort auf **einzelne Fragen** erlaubt,[23] zu einem **umfassenden Schweigerecht** ausweiten. Voraussetzung ist allerdings, dass im Zusammenhang mit der Aussage des Zeugen »nichts übrig bleibt, was er ohne Gefahr strafrechtlicher Verfolgung bezeugen könnte«.[24]

Die Mosaiktheorie sollte angesichts ihres **Ausnahmecharakters** nicht vorschnell und nicht schon allein deshalb angewendet werden, weil die Staatsanwaltschaft zeitlich parallel zu den parlamentarischen Untersuchungen strafrechtliche Ermittlungen führt.[25] Dies mag dann gerechtfertigt sein, wenn der Zeuge vom Untersuchungsgegenstand **materiell betroffen** ist. In allen anderen Fällen muss dagegen geprüft werden, ob das Beweisthema, zu dem der Zeuge Aussagen machen soll, von den staatsanwaltschaftlichen Ermittlungen überhaupt erfasst ist bzw. die Gefahr besteht, dass diese bei wahrheitsgemäßer Beantwortung der das Beweisthema betreffenden Fragen entsprechend ausgedehnt werden.[26] Denn wäre vorschnell die Verweigerung der gesamten Aussage zulässig, so würde dies zum **Verlust** zahlreicher Zeugenaussagen führen.[27]

Die Gefahr einer strafrechtlichen Verfolgung besteht nicht mehr nach **rechtskräftiger Verurteilung**. Allerdings muss die weitere Strafverfolgung

---

21 BVerfGE 124, 78 (115); 76, 363 (387); 67, 100 (133).
22 BGHSt 10, 104 (105).
23 *Wiefelspütz*, Das Untersuchungsausschussgesetz, 2003, S. 250 m.w.N.
24 BGHSt 10, 104 (105); s.a. *Derksen*, JuS 1999, 1103 (1105 f.) sowie für den parl. Bereich *Wiefelspütz*, Das Untersuchungsausschussgesetz, 2003, S. 252; *Schröder*, NJW 2000, 1455 (1458); *Danckert*, ZRP 2000, 476 (477); OVG Münster, DVBl. 1998, 1355 (1355 f.).
25 So etwa im Transnuklearuntersuchungsausschuss, s. BT-Drucks.: 11/7800, S. 31; noch weitergehender Flick-Untersuchungsausschuss, der § 136 StPO heranzog; s.a. OVG NRW, DVBl. 1998, 1355 ff.
26 Zurückh. inzwischen auch BGH, NJW 1989, 2703; MDR 1994, 929 f.; s.a. mit Bspe. *Weisgerber*, Das Beweiserhebungsverfahren parlamentarischer Untersuchungsausschüsse des Deutschen Bundestages, 2003, S. 175 f.
27 *Wolf*, ZParl 2005, 876 (878 f.); *Wiefelspütz*, Das Untersuchungsausschussgesetz, 2003, S. 253.

zweifelsfrei ausgeschlossen sein.[28] Die **vorläufige Einstellung** des Verfahrens genügt mithin nicht.[29]

16 Im Rahmen der sinngemäßen Anwendung der Vorschriften über den Strafprozess sind wie beim Zeugnisverweigerungsrecht die Tatsachen, auf die der Zeuge sein Auskunftsverweigerungsrecht stützt, auf Verlangen **glaubhaft zu machen** (§ 56 S. 1 StPO).[30] Der Zeuge muss daher die Weigerung zur Aussage **ausdrücklich erklären** und darf nicht etwa belastende Tatsachen unter »**stillschweigender Berufung**« auf § 55 StPO einfach verschweigen.[31] Daher reichen bloße Vermutungen und rein theoretische Möglichkeiten für die Annahme der Gefahr einer Strafverfolgung, der Verfolgung wegen einer Ordnungswidrigkeit oder eines Disziplinarverstoßes nicht aus. Allerdings genügt prinzipiell die **Rechtsbehauptung**, da eine »Beweisführung« den Effekt des Auskunftsverweigerungsrechts unterlaufen würde.[32] Dabei ist auch nicht entscheidend, ob aus der **ex post-Betrachtung** ein entsprechender Anfangsverdacht tatsächlich bestanden hat. Entscheidend ist vielmehr, ob im Zeitpunkt der Aussage des Zeugen aus dessen Sicht hierfür hinreichende tatsächliche Anhaltspunkte vorgelegen haben.[33] Daher genügt auch im Untersuchungsverfahren die **eidliche Versicherung** nach § 56 S. 2 StPO.[34] Dem Untersuchungsausschuss steht dabei seinerseits kein besonderer Beurteilungsspielraum zu.[35]

17 Hinsichtlich der Folgen, die dem Zeugen bei wahrheitsgemäßer Beantwortung der an ihn gestellten Fragen drohen, verweist § 55 Abs. 1 StPO auf eine mögliche Verfolgung wegen einer Straftat oder Ordnungswidrigkeit. Der **Wortlaut** der Vorschrift erstreckt sich damit nicht auf die Gefahr **disziplinarrechtlicher Verfolgung**.

18 Für das parlamentarische Untersuchungsverfahren ist allerdings zweifelhaft, ob die sinngemäße Anwendung der Norm nicht dazu führt, über ihren Wortlaut hinaus, auch drohende disziplinarrechtliche Verfahren als Aus-

---

28 *Senge*, in: Hannich (Hrsg.) Karlsruher Kommentar zur Strafprozessordnung, 6. Aufl. (2008), § 55 StPO, Rn. 4; *Meyer-Goßner*, Strafprozessordnung, 53. Aufl. (2010), § 55 Rn. 8; s.a. schon BGHSt 9, 34 (35).
29 S. zum Ganzen auch *Wiefelspütz*, Das Untersuchungsausschussgesetz, 2003, S. 250 m.w.N.
30 Zu den Möglichkeiten der Vermeidung von Strafverfolgung trotz sich selbst belastender Aussagen vor einem parlamentarischen Untersuchungsausschuss s. *Wolf*, ZParl 2005, 876 (882) m.w.N.; Ausschuss und Strafjustiz, 2005, S. 144 ff.
31 BGHSt 38, 105 (113); *Senge*, in: Hannich, (Hrsg.) Karlsruher Kommentar zur Strafprozessordnung, 6. Aufl. (2008), § 55 StPO, Rn. 12.
32 OVG NRW, DVBl. 1998, 1355 (1356).
33 OVG NRW, DVBl. 1998, 1355 (1356).
34 *Weisgerber*, Das Beweiserhebungsverfahren parlamentarischer Untersuchungsausschüsse des Deutschen Bundestages, 2003, S. 176.
35 OVG NRW, DVBl. 1998, 1355 (1357).

kunftsverweigerungsgrund anzuerkennen. Allerdings ist zuzugeben, dass gegen diese Erweiterung der **Ausnahmecharakter** der Vorschrift spricht. Denn dies legt eher eine restriktive Handhabung nahe.[36] Andererseits darf insbesondere unter dem Gesichtspunkt der **Verhältnismäßigkeit** nicht verkannt werden, dass ein Auskunftsverweigerungsrecht wegen der drohenden Verfolgung einer **Ordnungswidrigkeit** anerkannt wird, dies aber für ein unter Umständen mit **noch erheblicheren Rechtsfolgen** verbundenes disziplinarrechtliches Verfahren nicht gelten soll.[37] Die **Asymmetrie** liegt insoweit auf der Hand.[38]

Für die **Ausweitung** des Auskunftsverweigerungsrechts auf die Gefahr 19 disziplinarrechtlicher Verfolgung spricht auch, dass in der Rechtsprechung und in einfachgesetzlichen Regelungen die **Minister- oder Abgeordnetenanklage** als Auskunftsverweigerungsrecht anerkannt wurde.[39] Erkennt man die Gefahr eines Amts- oder Mandatsverlustes im Rahmen einer Minister- oder Abgeordnetenanklage als Auskunftsverweigerungsrecht an, so ist dieses Recht prinzipiell auch einem Beamten, dem eine disziplinarrechtliche Verfolgung droht, zuzubilligen.[40] Denn das Prinzip der **Selbstbelastungsfreiheit** gilt in allen rechtlich geordneten Verfahren.[41] Die Selbstbelastungsfreiheit, die den Beamten in einem Disziplinarverfahren zusteht[42] würde **umgangen**, wenn der Beamte in einem parlamentarischen Untersuchungsverfahren bezüglich eigener Dienstverfehlungen auskunftspflichtig wäre und

---

36 In diesem Sinne für das strafrechtliche Verfahren OLG Hamburg, JZ 1984, 104; *Dahs*; in: Löwe-Rosenberg, Die Strafprozessordnung und das Gerichtsverfassungsgesetz, 24. Aufl. (1988), § 55 StPO Rn. 6; *Meyer-Goßner*, Strafprozessordnung, 53. Aufl., (2010), § 55 Rn. 4; s.a. *Weisgerber*, Das Beweiserhebungsverfahren parlamentarischer Untersuchungsausschüsse des Deutschen Bundestages, 2003, S. 176 m.w.N.; *Koch*, ZParl 27 (1996) 405 (406).
37 *Weisgerber*, Das Beweiserhebungsverfahren parlamentarischer Untersuchungsausschüsse des Deutschen Bundestages, 2003, S. 178 f.; zurückh. *Brocker*, in: Grimm/Caesar, Art. 91 Rn. 50.
38 OLG Köln, NJW 1988, 2485 (2487); *Koch*, ZParl. 27 (1996) 405 (406 m.w.N.); Vetter, ZBR 1991, 225 (227).
39 BGHSt 17, 128 (135); *Meyer-Goßner*, Strafprozessordnung, 53. Aufl., (2010), § 55 Rn. 4; *Senge*, in: Hannich (Hrsg.), Karlsruher Kommentar zur Strafprozessordnung, 6. Aufl. (2008), § 55 StPO, Rn. 6; s.a. Art. 14 Abs. 2 UAG Bay.; § 17 Abs. 2 UAG BadWürtt.; *Koch*, ZParl 27 (1996) 405 (406); *Schleich*, Das parlamentarische Untersuchungsrecht des Bundestages, 1985, S. 41; s.a. u. § 23 Rdn. 10.
40 *Weisgerber*, Das Beweiserhebungsverfahren parlamentarischer Untersuchungsausschüsse des Deutschen Bundestages, 2003, S. 178.
41 *Koch*, ZParl. 27 (1996) 405 (406); *Weisgerber*, Das Beweiserhebungsverfahren parlamentarischer Untersuchungsausschüsse des Deutschen Bundestages, 2003, S. 179; einschr. BVerfGE 56, 37 (49 ff.): kein lückenloser Schutz gegen Selbstbezichtigungen, aber ggf. Verwertungsverbot.
42 Vgl. etwa § 20 Abs. 1 Satz 3 BDG iVm § 136 StPO u. § 20 Abs. 3 BDG.

diese Aussagen in einem späteren Disziplinarverfahren gegen ihn verwendet werden könnten.[43]

20 Dies kann auch nicht mit dem – in der Sache sicher zutreffenden – Hinweis entkräftet werden, der Untersuchungsausschuss laufe Gefahr, zu einer **»stumpfen Waffe«** zu werden, da er häufig auf Detailkenntnisse seiner Auskunftspersonen, insbesondere der Beamten und sonstigen Amtsträger, angewiesen sei.[44] Sowohl das parlamentarische Untersuchungsrecht als auch der Schutz vor Selbstbezichtigung haben eine **verfassungsrechtliche Verankerung**, stehen sich also »widerstreitend« auf der Ebene der Verfassung gegenüber. Dies könnte einen Ausgleich in dem Sinne einer **praktischen Konkordanz** nahe legen,[45] etwa indem nicht jede drohende Disziplinarstrafe dem Beamten ein Auskunftsverweigerungsrecht einräumt, sondern nur dann, wenn es sich um **gravierende Folgen** handelt,[46] wie etwa die Kürzung der Dienstbezüge, die Versetzung in ein Amt einer niederen Besoldungsstufe oder gar die Entlassung. Dagegen spricht jedoch, dass dies kaum voraussehbar ist und der Beamte indirekt ein »schweres Vergehen« einräumen würde, wenn er sich unter Berufung auf mögliche gravierende disziplinarrechtliche Folgen auf sein Auskunftsverweigerungsrecht berufen würde.

21 Dies lässt sich auch nicht ohne weiteres dadurch entkräften, dass die Aussage eines Beamten vor einem parlamentarischen Untersuchungsausschuss nicht nur eine allgemeine staatsbürgerliche, sondern Ausfluss einer **dienstlichen Pflicht** sei. Angesichts der Verankerung des Schutzes vor Selbstbezichtigung als **rechtsstaatlichen Grundsatz** überzeugt diese Sichtweise nicht.[47]

22 Im Sinne einer praktischen Konkordanz denkbar wäre dagegen ein **Verwertungsverbot** der Aussagen des Beamten hinsichtlich seiner Aussage vor dem parlamentarischen Untersuchungsausschuss, wie es das Bundesverfassungsgericht etwa für den Gemeinschuldner im **Insolvenzrecht** formuliert[48] und es der Gesetzgeber dies inzwischen in § 97 Abs. 1 S. 3 InsO aufgenom-

---

43 *Weisgerber*, Das Beweiserhebungsverfahren parlamentarischer Untersuchungsausschüsse des Deutschen Bundestages, 2003, S. 179; *Vetter*, ZBR 1991, 225 (227); *Wiefelspütz*, Das Untersuchungsausschussgesetz, 2003, S. 251 f.
44 S. *Koch*, ZParl. 27 (1996) 405 (408); *Vetter*, ZBR 1991, 225 (228).
45 *Danckert*, ZRP 2000, 476 (477 f.).
46 S. dazu *Vetter*, ZBR 1991, 225 (227).
47 A.A. *Vetter*, ZBR 1991, 225 (229).
48 BVerfGE 56, 37 (50 f.); krit. zur Übertragung auf das Untersuchungsausschussrecht *Wiefelspütz*, ZG 2003, 35 (54 f.); s.a. *Wolf*, ZParl 2005, 876 (884 f.), der eine Vergleichbarkeit des Gemeinschuldners im Insolvenzverfahrens nur mit politisch Verantwortlichen und Amtsträgern sieht; *Wolf*, Parlamentarischer Untersuchungsausschuss und Strafjustiz, 2005, S. 168 ff, 179, der eine »Rechtsähnlichkeit« ablehnt.

men hat.⁴⁹ Allerdings fehlt es bisher für den Bereich des parlamentarischen Untersuchungsrechts an einer entsprechenden **verfassungsgerichtlichen Vorgabe**. Hinzu kommt ein weiterer Punkt: Ein Verwertungsverbot schließt nicht zwangsläufig eine »**Fernwirkung**« in dem Sinne aus, dass aufgrund der durch die Aussage bekannt gewordenen Umstände der Anlass zu **weiteren Ermittlungen** gegeben wird.⁵⁰ Immerhin hat der Gesetzgeber dem in der Insolvenzordnung insoweit Rechnung getragen, dass in § 97 Abs. 1 S. 3 InsO statt des Wortes »**verwertet**« der Begriff »**verwendet**« aufgenommen wurde. Damit dürfen die Angaben des Gemeinschuldners ohne dessen Zustimmung auch nicht zum **Ansatz** für weitere Ermittlungen dienen.⁵¹

Daher ist es im Rahmen eines parlamentarischen Untersuchungsverfahrens **verfassungsrechtlich geboten**, einem Zeugen ein Auskunftsverweigerungsrecht auf einzelne Fragen zuzugestehen, wenn bei wahrheitsgemäßer Aussage für den Zeugen selbst oder dessen Angehörige die Gefahr besteht, dass sie einer Untersuchung nach einem **gesetzlich geordneten Verfahren** ausgesetzt werden. Dies sahen auch die entsprechenden Gesetzentwürfe aus der 11. und 12. Wahlperiode des Deutschen Bundestages vor.⁵² 23

III. Regelungen in den Untersuchungsausschussgesetzen

In allen Untersuchungsausschussgesetzen finden sich Regelungen zum Auskunfts- und Zeugnisverweigerungsrecht. Im Wesentlichen entsprechen die Bestimmungen den Regelungen in der Strafprozessordnung, tragen aber zugleich Besonderheiten des parlamentarischen Untersuchungsverfahrens Rechnung. Ergänzend wird dann zumeist auf die Bestimmungen der Strafprozessordnung verwiesen. 24

Bund: Das PUAG stellt zunächst klar, dass die Vorschriften der §§ 53 und 53a StPO, also die Regelungen über das Zeugnisverweigerungsrecht der Berufshelfer, entsprechend gelten.⁵³ Darüber hinaus können Zeugen die Auskunft auf Fragen verweigern, deren Beantwortung ihnen oder Personen, die im Sinne des § 52 Abs. 1 StPO ihre Angehörigen sind, die Gefahr zuziehen würde, einer Untersuchung nach einem **gesetzlich geordneten** 25

---

49 S. dazu *Kerbein*, Individuelle Selbstbelastungsfreiheit versus parlamentarisches Aufklärungsinteresse, 2004, S. 57 ff.; *Danckert*, ZRP 2000, 475 (478 ff.); *Kölbel/Morlok*, ZRP 2000, 217 (220).
50 So zutr. *Kölbel/Morlok*, ZRP 2000, 217 (220).
51 S. BT-Drucks. 12/2443, S. 142; *Danckert*, ZRP 2000, 476 (478); s.a. *Wolf*, Parlamentarischer Untersuchungsausschuss und Strafjustiz, 2005, S. 196 f., der eine »limitierte Beweisverwertungsverbotslösung« für zulässig halt.
52 S. dazu BT-Drucks. 11/8085, S. 8; BT-Drucks.: 12/418, S. 7 jeweils zu § 18 Abs. 2.
53 § 22 Abs. 1 PUAG.

Teil 4 Beweiserhebung

Verfahren ausgesetzt zu werden.⁵⁴ Über die vorgenannten Rechte sind die Zeugen bei Beginn der **ersten Vernehmung** zur Sache zu belehren. Die Tatsachen, auf die einzelne Zeugen die Verweigerung ihres Zeugnisses stützen, sind auf Verlangen **glaubhaft** zu machen.⁵⁵

26   Wird das Zeugnis **ohne gesetzlichen Grund** verweigert, so kann der Untersuchungsausschuss Zeugen die durch ihre Weigerung verursachten Kosten auferlegen und gegen sie ein **Ordnungsgeld** bis zu 10 000 Euro festsetzen. Unter den vorgenannten Voraussetzung kann der Ermittlungsrichter des Bundesgerichtshofes auf Antrag des Untersuchungsausschusses oder eines Viertels seiner Mitglieder zur Erzwingung des Zeugnisses die **Haft** anordnen, jedoch nicht über die Zeit der Beendigung des Untersuchungsverfahrens, auch nicht über die Zeit von sechs Monaten hinaus. § 70 Abs. 4 StPO ist entsprechend anzuwenden.⁵⁶

27   **Baden-Württemberg und Sachsen:** In beiden Ländern finden sich **identische** Regelungen. Danach finden die Vorschriften der Strafprozessordnung über das Recht des Zeugen zur Verweigerung der Aussage und der Auskunft Anwendung. § 52 Abs. 1, § 55 und § 76 Abs. 1 StPO gelten mit der Maßgabe, dass der Betroffene an die Stelle des Beschuldigten tritt. § 23 Abs. 1 bis 3 und § 25 Abs. 1 des Landespressegesetzes bleiben unberührt. Ein Zeuge kann ferner die Auskunft auf solche Fragen verweigern, bei deren wahrheitsgemäßer Beantwortung er sich der Gefahr einer **Abgeordnetenanklage** oder einer **Ministeranklage** aussetzen würde.⁵⁷ Der Zeuge ist über sein Recht zur Verweigerung der Aussage nach §§ 52 und 55 StPO und über sein Recht zur Verweigerung der Auskunft nach dem Untersuchungsausschussgesetz zu belehren.⁵⁸

28   **Bayern:** Abgeordnete oder Mitglieder der Staatsregierung sind in entsprechender Anwendung des § 55 StPO darauf hinzuweisen, dass sie auch die Auskunft auf solche Fragen verweigern können, bei deren wahrheitsgemäßer Beantwortung sie sich der Gefahr einer **Abgeordneten- oder Ministerklage** aussetzen würden.⁵⁹ Im Übrigen finden die Vorschriften der §§ 53 und 53a StPO über **weitere Zeugnisverweigerungsrechte** Anwendung.⁶⁰

29   **Berlin:** Die Vorschriften der §§ 53, 53 a, 55 und 76 Abs. 1 StPO über das Recht des Zeugen zur Verweigerung des Zeugnisses finden entsprechende Anwendung. Die Bestimmungen des Berliner Pressegesetzes über das Zeugnisverweigerungsrecht bleiben unberührt. Ein Zeuge hat ferner das Recht,

---

54   § 22 Abs. 2 PUAG; krit. dazu *Wolf*, ZParl 2005, 876 (880).
55   § 22 Abs. 3, 4 PUAG.
56   § 27 PUAG.
57   § 17 Abs. 1 u. 2 UAG BadWürtt.; § 17 Abs. 1 u. 2 UAG Sachs.
58   § 17 Abs. 2 UAG BadWürtt.; § 17 Abs. 3 UAG Sachs.
59   Art. 14 Abs. 2 UAG Bay.
60   Art. 14 Abs. 3 UAG Bay.

die Auskunft zu verweigern, wenn die Beantwortung der Frage einem seiner Angehörigen zur **Unehre** gereichen oder **schwerwiegende Nachteile** bringen würde. Der Zeuge ist über sein Recht zur Verweigerung des Zeugnisses zu belehren. In den Fällen, in denen nach diesem Gesetz ein Zeugnisverweigerungsrecht besteht, findet § 56 StPO entsprechende Anwendung.[61]

Brandenburg: Ein Zeuge kann die Auskunft auf solche Fragen verweigern, deren Beantwortung ihm selbst oder einem der in § 52 Abs. 1 StPO bezeichneten Angehörigen die Gefahr zuziehen würde, wegen einer **Straftat oder einer Ordnungswidrigkeit** verfolgt zu werden. Die §§ 52 bis 56 StPO finden Anwendung. Ein Zeuge kann ferner die Auskunft auf solche Fragen verweigern, bei deren wahrheitsgemäßer Beantwortung er sich der Gefahr einer **Ministeranklage** aussetzen würde.[62] Zeugen sind über die vorbeschriebenen Rechte zu belehren.[63]

30

Hamburg: Zeugen dürfen die Antwort auf solche Fragen verweigern, deren Beantwortung sie selbst oder einen der in § 52 Abs. 1 StPO bezeichneten Angehörigen der Gefahr aussetzen würde, wegen einer **Straftat oder einer Ordnungswidrigkeit** verfolgt zu werden. Die Vorschriften des § 52 Abs. 2 und 3 sowie der §§ 53 und 53 a StPO sowie des § 23 Abs. 4 iVm § 12 Abs. 3 des Bundesdatenschutzgesetzes gelten sinngemäß. Entsprechend § 53 Abs. 1 StPO sind Beistände der Zeugen gemäß § 20 Abs. 2 UAG Hbg. berechtigt, das Zeugnis zu verweigern über das, was ihnen **in dieser Eigenschaft** anvertraut worden oder bekannt geworden ist.[64] Zeugen sind über ihre Rechte zu belehren. Im Fall des § 52 Abs. 2 S. 1 StPO gilt dies auch für die hierzu befugten Vertreter.[65]

31

Mecklenburg-Vorpommern: Die Vorschriften der §§ 52, 53 und 53a StPO gelten entsprechend. Jeder Zeuge kann die Auskunft auf Fragen verweigern, deren Beantwortung ihm oder einer Person, die im Sinne des § 52 Abs. 1 StPO sein Angehöriger ist, die Gefahr zuziehen würde, wegen einer **Straftat oder einer Ordnungswidrigkeit** verfolgt zu werden.[66] Über diese Rechte ist der Zeuge bei Beginn der ersten Vernehmung zur Sache, im Fall des § 24 Abs. 3 S. 2 UAG MV bereits mit der Ladung zu belehren. Die Tatsache, auf die der Zeuge die Verweigerung des Zeugnisses stützt, ist auf Verlangen **glaubhaft** zu machen. Das Recht der Zeugnisverweigerung erstreckt sich nur auf diese Tatsache.[67]

32

---

61 § 12 Abs. 2 UAG Berl.
62 § 19 Abs. 1 u. 2 UAG Brandb.
63 § 20 Abs. 1 UAG Brandb.
64 § 21 UAG Hbg.
65 § 22 UAG Hbg.
66 § 26 Abs. 1 u. 2 UAG MV.
67 § 26 Abs. 3 u. 4 UAG MV.

Teil 4 Beweiserhebung

33 **Nordrhein-Westfalen:** Ein Zeuge kann die Auskunft auf solche Fragen verweigern, deren Beantwortung ihm selbst oder einem der in § 52 Abs. 1 StPO bezeichneten Angehörigen die Gefahr zuziehen würde, wegen einer **Straftat oder einer Ordnungswidrigkeit** verfolgt zu werden. Die Vorschriften der §§ 52, 53, 53 a StPO finden Anwendung. Ein Zeuge kann ferner die Auskunft auf solche Fragen verweigern, bei deren wahrheitsgemäßer Beantwortung er sich der Gefahr einer **Ministeranklage** aussetzen würde. In den Fällen, in denen nach dem Untersuchungsausschussgesetz ein Zeugnisverweigerungsrecht besteht, findet § 56 StPO entsprechende Anwendung.[68] Zeugen sind über ihre Zeugnisverweigerungsrechte zu belehren.[69]

34 **Rheinland-Pfalz und Thüringen:** In beiden Ländern finden sich **identische** Regelungen zum Auskunfts- und Zeugnisverweigerungsrecht. Ein Zeuge hat danach das Recht, das Zeugnis nach den §§ 52, 53 und 53 a StPO zu verweigern; § 52 Abs. 1 StPO gilt mit der Maßgabe, dass der **Betroffene an die Stelle des Beschuldigten tritt**. Er kann ferner die Auskunft auf solche Fragen verweigern, deren Beantwortung ihn der Gefahr aussetzen würde, dass er wegen einer **Straftat oder Ordnungswidrigkeit** verfolgt oder eine **Abgeordneten-, Minister- oder Richteranklage** gegen ihn erhoben wird. Dass gleiche gilt, wenn die Beantwortung der Frage einem seiner in § 52 Abs. 1 StPO bezeichneten **Angehörigen** einer solchen Gefahr aussetzen oder diesem sonstige **schwerwiegende Nachteile** bringen würde. Für die **Glaubhaftmachung** des Verweigerungsgrundes gilt § 56 StPO entsprechend.[70]

35 **Saarland:** Im Gesetz über den Landtag des Saarlandes heißt es knapp, die Vorschriften der Strafprozessordnung über das Recht des Zeugen zur Verweigerung der Aussage finden Anwendung.[71]

36 **Sachsen-Anhalt:** Ein Zeuge kann die Auskunft auf solche Fragen verweigern, deren Beantwortung ihn selbst oder einen der im § 52 Abs. 1 StPO bezeichneten Angehörigen in die Gefahr bringen würde, wegen einer **Straftat** verfolgt zu werden. Die Vorschriften der §§ 53, 53 a und 76 Abs. 1 StPO finden Anwendung. Der Zeuge kann das Zeugnis ferner verweigern über Fragen, deren Beantwortung ihn oder einen seiner in § 52 StPO bezeichneten Angehörigen **bloßstellen** oder seinen oder ihren **höchstpersönlichen Lebensbereich** betreffen oder die ihm oder ihnen **schwerwiegende Nachteile** bringen würde. Die Pflicht der Mitglieder der Landesregierung sowie ihrer Beauftragten, im Untersuchungsausschuss Rede und Antwort zu stehen, bleibt unberührt. Angehörige des öffentlichen Dienstes dürfen sich auf das

---

[68] § 17 Abs. 1 bis 3 UAG NRW.
[69] § 18 Abs. 1 UAG NRW.
[70] § 16 Abs. 3 UAG RhPf.; s. dazu *Brocker*, in: Grimm/Caesar, Art. 91 Rn. 50; § 16 Abs. 3 UAG Thür.
[71] § 52 Abs. 3 LTG Saarl.

Glauben

vorgenannte Zeugnisverweigerungsrecht insoweit nicht berufen, als von ihnen Auskunft über amtliche und dienstliche Vorgänge einschließlich ihrer eigenen Amtsführung verlangt wird. § 56 StPO findet entsprechende Anwendung.[72]

Zeugen und Sachverständige sind vor der Vernehmung über ihr Recht zur Zeugnis- und Auskunftsverweigerung zu **belehren**. Sie sind zur Wahrheit zu **ermahnen** und darauf hinzuweisen, dass der Untersuchungsausschuss berechtigt ist, sie zu vereidigen. Sie sind über die **Bedeutung des Eides**, die Möglichkeit der Wahl zwischen dem Eid mit religiöser oder ohne religiöse Beteuerung sowie über die strafrechtlichen Folgen einer unrichtigen oder unvollständigen Aussage zu belehren.[73]   37

Schleswig-Holstein: Auskunftspersonen sind zur Wahrheit verpflichtet; sie können die Auskunft auf solche Fragen verweigern, deren Beantwortung sie selbst oder einen der in § 52 Abs. 1 StPO bezeichneten Angehörigen der Gefahr aussetzen würde, wegen einer **Straftat oder einer Ordnungswidrigkeit** verfolgt zu werden. Die §§ 52, 53, 53 a und 76 StPO finden entsprechende Anwendung.[74] Auskunftspersonen sind vor ihrer Vernehmung über ihre Rechte und Pflichten zu belehren. Für die **Glaubhaftmachung** von Verweigerungsgründen gilt § 56 StPO entsprechend.[75]   38

---

72 § 18 UAG SachsA.
73 § 19 Abs. 2 UAG SachsA.
74 § 14 Abs. 2 UAG SchlH.
75 § 14 Abs. 3 UAG SchlH.

§ 22 Verfahrensrechte der Auskunftspersonen

ÜBERSICHT   Rdn.
I. Grundsatz des fairen Verfahrens 1
II. Nemo-tenetur-Prinzip 3
III. Rechtliches Gehör 6
IV. Zulassung anwaltlichen Beistands 10
V. Schutz vor bloßstellenden Fragen und Zurückhaltungsgebot 17

Literatur: *Beckedorf*, Die Rechtsstellung des Betroffenen im parlamentarischen Untersuchungsverfahren, ZParl 20 (1989), 35; *Brocker*, Parlamentarisches Untersuchungsverfahren und Zurückhaltungsgebot, ZParl 30 (1999), 739; *ders.*, Recht des Betroffenen auf Rechtsbeistand im Untersuchungsausschuss (Anm.), DVBl. 2003, 667; *Di Fabio*, Rechtsschutz im parlamentarischen Untersuchungsverfahren, 1988; *Glauben*, Kommentar: Parlamentarische Untersuchungsausschüsse – Ein Spagat zwischen Recht und Politik, DRiZ 2000, 122; *Gollwitzer*, Der Betroffene im Verfahren der parlamentarischen Untersuchungsausschüsse des Bayerischen Landtags, BayVBl. 1982, 417; *Jung*, Parlamentarische Untersuchungsausschüsse im Lichte strafjustizieller Grundanforderungen, in: Fs. Eser (2005), S. 335; *ders.*, Zum Status Betroffener im Recht parlamentarischer Untersuchungsausschüsse, in: Fs. Richter II (2006), S. 267; *Kerbein*, Individuelle Belastungsfreiheit versus parlamentarisches Aufklärungsinteresse, 2004; *Kölbel/Morlok*, Geständniszwang in parlamentarischen Untersuchungen?, ZRP 2000, 217; *Kohlmann*, Zur Rechtsstellung der Aussageperson vor parlamentarischen Untersuchungsausschüssen, JA 1984, 670; *Lucke*, Strafprozessuale Schutzrechte und parlamentarische Aufklärung in Untersuchungsausschüssen mit strafrechtlich relevantem Verfahrensgegenstand, 2009; *Plöd*, Die Stellung des Zeugen in einem parlamentarischen Untersuchungsausschuss des Deutschen Bundestages, 2003; *Ch. Richter*, Der Vorsitzende des parlamentarischen Untersuchungsausschusses, in: Fs. Lüderssen (2002), S. 739; *W. Richter*, Privatpersonen im parlamentarischen Untersuchungsausschuss, 1991; *Schleich*, Das parlamentarische Untersuchungsrecht des Bundestages, 1985; *Weisgerber*, Das Beweiserhebungsverfahren parlamentarischer Untersuchungsausschüsse des Deutschen Bundestages, 2003; *G.A. Wolf*, Parlamentarischer Untersuchungsausschuss und Strafjustiz, 2005; *ders.*, Die Optimierung von Auskunftspflichten im parlamentarischen Untersuchungsverfahren, ZParl 36 (2005), 876.

I. Grundsatz des fairen Verfahrens

1 Neben dem zentralen Bereich der Auskunftsverweigerungsrechte[1] gibt es weitere geschützte Rechtspositionen, die Auskunftspersonen im Untersuchungsverfahren zustehen. Mit der Auskunfts- und Zeugenpflicht korrespondiert die Pflicht des Untersuchungsausschusses, schutzwürdige **Privat-**

---
1 S.o. § 21 Rdn. 1 ff.

interessen des Zeugen zu wahren[2] und eine **faire rechtsstaatliche Verfahrensführung** zu gewährleisten.[3] Dieser im Rechtsstaatsprinzip verankerte Grundsatz des »fair trial« ist ein wesentlicher Pfeiler für die Gewährleistung eines rechtsstaatlichen Verfahrens.[4] Daraus leitet sich unmittelbar ein **Mindeststandard** von Rechten des Zeugen ab. Ein Zeuge nämlich, der nur mit Pflichten, nicht aber auch mit korrespondierenden Rechten ausgestattet wäre, liefe auch und ganz besonders im parlamentarischen Untersuchungsverfahren zwangsläufig Gefahr, zum bloßen Objekt des Verfahrens zu werden.[5]

Dem trotz seiner wesentlichen Bedeutung »notorisch vagen«[6] Grundsatz 2 des fairen Verfahrens kommt allerdings lediglich eine »Auffangfunktion für ärgste Verstöße«[7] zu, weshalb unmittelbar aus der Verfassung, wie bereits angedeutet, auch im parlamentarischen Untersuchungsverfahren nur ein **Minimum an rechtsstaatlichen Verfahrensgarantien** hergeleitet werden kann.[8] Hierzu gehören das Nemo-tenetur-Prinzip,[9] das Recht auf rechtliches Gehör,[10] das Recht auf Zulassung anwaltlichen Beistands[11] sowie – im Zusammenspiel mit § 68a StPO – der Schutz vor bloßstellenden Fragen.[12]

II. Nemo-tenetur-Prinzip

Das **Nemo-tenetur-Prinzip**, der Grundsatz also, dass niemand dem Zwang 3 unterworfen werden darf, sich durch die eigene Aussage selbst zu belasten, um so als Beweismittel gegen sich selbst benutzt werden zu können (»nemo

---

2 *Achterberg/Schulte*, in: v. Mangoldt/Klein/Starck II, Art. 44 Rn. 140.
3 SaarlVerfGH, NVwZ-RR 2003, 393 (394); DVBl. 2003, 664 (666) m. Anm. *Brocker*; VG Hamburg, NJW 1987, 1568; *Brocker*, ZParl 30 (1999), 739 (744); *Buchholz*, Der Betroffene im parlamentarischen Untersuchungsausschuss, 1990, S. 133 f.; *Jekewitz*, Fs. Partsch (1989), S. 421; *Weisgerber*, Das Beweiserhebungsverfahren parlamentarischer Untersuchungsausschüsse des Deutschen Bundestages, 2003, S. 239; *Wiefelspütz*, NWVBl. 2003, 409 (412); *Lucke*, Strafprozessuale Schutzrechte und parlamentarische Aufklärung in Untersuchungsausschüssen mit strafrechtlich relevantem Verfahrensgegenstand, 2009, S. 97.
4 BVerfGE 46, 202 (210).
5 *Brocker*, DVBl. 2003, 667 (668); *Glauben*, DRiZ 1992, 395 (396).
6 So *Weigend*, Verh. d. 62. DJT (1998), S. C 20; vgl. auch *Tettinger*, Fairness und Waffengleichheit, 1984, S. 51.
7 *Stern*, Das Staatsrecht der Bundesrepublik Deutschland, Bd. III/1, 1988, § 74 II 4.
8 OVG NRW, NVwZ 1987, 606 (607); OVG Saarl., NVwZ-RR 2003, 253 (254); *Brocker*, ZParl 30 (1999), 739 (744); *ders.*, DVBl. 2003, 667 (668).
9 S.u. Rdn. 3 ff.
10 S.u. Rdn. 6 ff.
11 S.u. Rdn. 10 ff.
12 S.u. Rdn. 16 ff.

tenetur se ipsum accusare«),[13] beansprucht als Ausfluss des Rechtsstaatsprinzips, namentlich des Fair-trial-Grundsatzes, grundsätzlich auch im parlamentarischen Untersuchungsverfahren Geltung.[14]

4   Durch die entsprechende Anwendung der **Auskunftsverweigerungsrechte** nach der StPO im parlamentarischen Untersuchungsverfahren bzw. Kraft spezialgesetzlicher Regelung in den Untersuchungsausschussgesetzen ist dem Nemo-tenetur-Prinzip hinreichend Rechnung getragen. Für den Deutschen Bundestag wird das Nemo-tenetur-Prinzip durch die Einräumung von Auskunftsverweigerungsrechten in §§ 20 ff. PUAG, insbesondere § 22 Abs. 2 PUAG geschützt.[15] Entgegen einer verbreiteten Auffassung kann aus diesem, insbesondere nicht von Verfassungs wegen, **kein umfassendes Schweigerecht** – auch nicht für einen Betroffenen – abgeleitet werden.[16] Zwar darf Niemand gezwungen werden, durch eigene Aussage die Voraussetzungen für eine *strafgerichtliche* Verurteilung liefern zu müssen.[17] Diese Gefahr besteht aber im parlamentarischen Untersuchungsverfahren keineswegs durchgängig oder auch nur regelmäßig. Politische Verantwortlichkeiten und Verfehlungen sind nur in den seltensten Fällen auch strafrechtlich relevant. Eine Ausdehnung des Nemo-tenetur-Prinzips auf außerstrafrechtliche Vorwürfe würde diesen Grundsatz vielmehr nicht nur überdehnen, sie würde die Effektivität der parlamentarischen Untersuchung vor allem auch maßgeblich schwächen, wenn nicht sogar ihrer Grundlage berauben.[18] Insoweit kann (und muss allerdings auch) lediglich auf die sog. **Mosaik-Theorie** zurückgegriffen werden, d.h. ein Auskunftsverweigerungsrecht kann sich auch (aber auch nur dann) im parlamentarischen Untersuchungsverfahren

---

13 Vgl. dazu grundlegend *Rogall*, Der Beschuldigte als Beweismittel gegen sich selbst, 1977, passim.
14 BVerfG, NVwZ 2002, 1499 (1500); VG Hamburg, NJW 1987, 1568 (1569 f.); *Beckedorf*, ZParl 20 (1989) 35 (49); *Brocker*, ZParl 30 (1999), 739 (744); ders., DVBl. 2003, 667 (668); *Kölbel/Morlok*, ZRP 2000, 218 ff.; *Löwer*, Jura 1985, 358 (367); *Kerbein*, Individuelle Selbstbelastungsfreiheit versus parlamentarisches Aufklärungsinteresse, 2004, S. 47 ff.; *G.A. Wolf*, Parlamentarischer Untersuchungsausschuss und Strafjustiz, 2005, S. 117 f.; *Jung*, Fs. Richter II (2006), S. 274 f.
15 *G.A. Wolf*, Parlamentarischer Untersuchungsausschuss und Strafjustiz, 2005, S. 128.
16 *Beckedorf*, ZParl 20 (1989), 35 (50); *Dankert*, ZRP 2000, 476 (478); *Masing*, ZRP 2001, 36 (38); *Pabel*, NJW 2000, 788 (790); *Schleich*, Das parlamentarische Untersuchungsrecht des Bundestages, 1985, S. 53; a.A. *Kohlmann*, JA 1984, 670 (671 ff.); *Jung*, Fs. Eser (2005), S. 344; *Weisgerber*, Das Beweiserhebungsverfahren parlamentarischer Untersuchungsausschüsse des Deutschen Bundestages, 2003, S. 253 ff. m.w.N.
17 BVerfGE 56, 22 (36 f.).
18 *Dankert*, ZRP 2000, 476 (478); *Jekewitz*, Fs. Partsch (1989), S. 420; *Masing*, ZRP 2001, 36 (38); *Pabel*, NJW 2000, 788 (790); *G.A. Wolf*, ZParl 36 (2005), 876 (879).

(bei Gefahr einer strafrechtlichen Verfolgung) im Einzelfall zu einem umfassenden Schweigerecht verdichten.[19] Dies ist aber die Ausnahme, nicht die Regel.

Auch wenn ein umfassendes Schweigerecht nicht unmittelbar aus dem Nemo-tenetur-Prinzip abgeleitet werden kann, ist der Gesetzgeber nicht gehindert, dieses auf einfachgesetzlicher Grundlage – auch auf die Gefahr hin, dass die Effizienz der Untersuchung leidet – einzuräumen. In den **Untersuchungsausschussgesetzen** von Baden-Württemberg (§ 19 Abs. 5 UAG BadWürtt.), Hessen und Niedersachsen (§ 18 Abs. 3 S. 2 IPA-Regeln), Rheinland-Pfalz (§ 15 Abs. 2 S. 2 UAG RhPf.)[20], dem Saarland (§ 54 Abs. 3 S. 2 LTG Saarl.) Sachsen (§ 19 Abs. 5 UAG) und Thüringen (§ 15 Abs. 2 UAG Thür.) ist dies – allerdings nur für Betroffene – der Fall. Selbst in diesen Fällen wird das Schweigerecht aber mitunter in persönlicher und sachlicher Hinsicht ausdrücklich eingeschränkt (§ 15 Abs. 2 S. 2 Halbs. 2 UAG RhPf.; § 15 Abs. 2 S. 2 Halbs. 2 UAG Thür.). In der Praxis führt das weitgehende Auskunftsverweigerungsrecht allerdings aus naheliegenden Gründen ohnehin nicht selten dazu, dass der Betroffenenstatus idR nicht zuerkannt wird.[21]

III. Rechtliches Gehör

Besondere Bedeutung kommt auch im parlamentarischen Untersuchungsverfahren dem aus dem Rechtsstaatsprinzip abgeleiteten **Recht auf rechtliches Gehör** zu.[22] Dieser Grundsatz gilt unabhängig davon, ob die Auskunftsperson als Betroffener oder als (bloßer) Zeuge vernommen wird.[23] Der »Grad« der Inanspruchnahme kann allerdings grundsätzlich unterschiedlich stark ausgeprägte Verfahrensrechte auslösen. Zu messen ist dies stets an der »Intensität der Verfahrensverstrickung«[24] der Person. Auch insoweit gilt allerdings, dass der Anspruch auf rechtliches Gehör in jedem Fall nur ein **Mindestmaß** an Verfahrensrechten zu vermitteln vermag.[25]

---

19 S.o. § 21 Rdn. 13.
20 Bis 18.05.2011 (GVBl 2010, 297).
21 *Brocker*, in: Grimm/Caesar, Art. 91 Rn. 50.
22 OVG NRW, NVwZ 1987, 606 (607); *Beckedorf*, ZParl 20 (1989), 35 (43); *Brocker*, DVBl. 2003, 667 (668); *Di Fabio*, Rechtsschutz im parlamentarischen Untersuchungsverfahren, 1988, S. 63; *Gollwitzer*, BayVBl. 1982, 417 (423); *W. Richter*, Privatpersonen im parlamentarischen Untersuchungsausschuss, 1991, S. 98; *Weisgerber*, Das Beweiserhebungsverfahren parlamentarischer Untersuchungsausschüsse des Deutschen Bundestages, 2003, S. 238 f.
23 *Brocker*, DVBl. 2003, 667 (668); enger wohl *Weisgerber*, Das Beweiserhebungsverfahren parlamentarischer Untersuchungsausschüsse des Deutschen Bundestages, 2003, S. 248 ff.
24 *Gollwitzer*, BayVBl. 1982, 417 (423).
25 *Gollwitzer*, BayVBl. 1982, 417 (423); *Wohlers*, NVwZ 1994, 40 (41).

7 Zu diesen Verfahrenrechten gehört das Recht des Zeugen darauf, zu Beginn seiner Vernehmung eine **zusammenhängende Darstellung** geben zu dürfen.[26] Das Recht auf rechtliches Gehör bedeutet insofern vor allem das Recht auf Äußerung.[27] Dieses Recht hat auch explizit Eingang gefunden in das PUAG des Bundes (§ 24 Abs. 4 S. 2 PUAG) und in die Verfahrensregelungen von Mecklenburg-Vorpommern (§ 28 Abs. 4 S. 2 UAG MV) und Sachsen-Anhalt (§ 20 Abs. 2 UAG SachsA).

8 Ein (weitergehendes) Recht, als Betroffener **zeitlich** vor anderen Zeugen vernommen zu werden, existiert demgegenüber nicht.[28] Ebenso wenig hat ein Betroffener gar das Recht, jederzeit gehört zu werden;[29] der Anspruch besteht vielmehr nur **grundsätzlich**.[30] Selbst ein Betroffener muss daher nicht etwa bei Vorliegen neuer Beweisergebnisse erneut gehört werden.[31]

9 Das Recht auf rechtliches Gehör vermag auch **keine** über die durch den Öffentlichkeitsgrundsatz hinausgehenden **Anwesenheitsrechte**,[32] geschweige denn besondere **Antrags- und Zustimmungsrechte** im Verfahren zu vermitteln.[33] Es gibt daher erst recht von Verfassungs wegen auch nicht etwa ein **Beanstandungsrecht**, was Fragen der Ausschussmitglieder an andere Auskunftspersonen anbelangt,[34] geschweige denn ein direktes **Fragerecht**.[35] Auch ein Anspruch, als *Zeuge* vernommen zu werden, lässt sich aus dem Recht auf rechtliches Gehör nicht ableiten.[36]

26 *Gollwitzer*, BayVBl. 1982, 417 (423).
27 *Beckedorf*, ZParl 20 (1989), 35 (44).
28 *Gollwitzer*, BayVBl. 1982, 417 (423 f.); a.A. *Partsch*, Verh. d. 45. DJT (1964), Bd. I, S. 209.
29 A.A. *Schleich*, Das parlamentarische Untersuchungsrecht des Bundestages, 1985, S. 51.
30 OVG NRW, NVwZ 1987, 606 (608); *Beckedorf*, ZParl 20 (1989) 35 (46).
31 A.A. *Beckedorf*, ZParl 20 (1989), 35 (46); *Gollwitzer*, BayVBl. 1982, 417 (423 f.).
32 OVG NRW, NVwZ 1987, 606 (608); *Beckedorf*, ZParl 20 (1989), 35 (45); a.A. *Weisgerber*, Das Beweiserhebungsverfahren parlamentarischer Untersuchungsausschüsse des Deutschen Bundestages, 2003, S. 240 f.
33 OVG NRW, NVwZ 1987, 606 (608); VGH Hess., NVwZ-RR 1996, 683 (684); *Brocker*, DVBl. 2003, 667 (669); *Gollwitzer*, BayVBl. 1982, 417 (423); *Schleich*, Das parlamentarische Untersuchungsrecht des Bundestages, 1985, S. 48; *Weisgerber*, Das Beweiserhebungsverfahren parlamentarischer Untersuchungsausschüsse des Deutschen Bundestages, 2003, S. 244 ff.; a.A. *Buchholz*, Der Betroffene im parlamentarischen Untersuchungsausschuss, 1990, S. 126 ff.; *Müller-Boysen*, Die Rechtsstellung des Betroffenen vor dem parlamentarischen Untersuchungsausschuss, 1980, S. 85 f.
34 A.A. *Wohlers*, NVwZ 1994, 40 (42).
35 *Beckedorf*, ZParl 20 (1989), 35 (46); *Brocker*, DVBl. 2003, 667 (669); *Weisgerber*, Das Beweiserhebungsverfahren parlamentarischer Untersuchungsausschüsse des Deutschen Bundestages, 2003, S. 244 ff.; a.A. *Heydebreck*, Verh. d. 45. DJT (1964), S. E 73.
36 OVG Hbg., NVwZ 1987, 610 (611).

IV. Zulassung anwaltlichen Beistands

Die effektive Wahrnehmung ihrer Rechte und der Schutz ihrer Rechtsposition (Fair trial und rechtliches Gehör) ist für die Auskunftsperson nur dann hinreichend gewährleistet, wenn sie grundsätzlich die Möglichkeit hat, **anwaltlichen Beistand** in Anspruch zu nehmen.[37] Dies gilt für ein parlamentarisches Untersuchungsverfahren in besonderem Maße, da dort nicht zuletzt die »Möglichkeit der Verstrickung eines Zeugen in Falschaussagen«[38] in der politischen Kampfsituation, die das Verfahren wesentlich prägt und bestimmt, noch ungleich größer sein kann als etwa vor Gericht.[39] Auch die Beurteilung der Zulässigkeit von Fragen an den Zeugen und des Umfangs seiner Verpflichtung zur Beantwortung einzelner Fragen gestaltet sich in der Praxis nicht selten schwierig[40] und wird mithilfe eines anwaltlichen Beistands in aller Regel ungleich besser beurteilt werden können.[41] Die Möglichkeit zur anwaltlichen Beratung in der konkreten Vernehmungssituation muss daher in jedem Fall gewährleistet sein.[42] Schon von Verfassungs wegen darf mithin die Zulassung eines Rechtsbeistands im parlamentarischen Untersuchungsverfahren grundsätzlich nicht verweigert werden.[43] Das schließt im Übrigen ein, dass dem Rechtsbeistand die Befugnis zuerkannt werden muss, im Einzelfall die **Unterbrechung der Vernehmung** zu verlangen, um seinen Mandanten über die Zulässigkeit gestellter Fragen und über das Bestehen eines Zeugnis- oder Auskunftsverweigerungsrecht aufklären zu können.[44]

---

37 BVerfGE 38, 105 (112 ff.); VG Hamburg, 1987, 1568 (1569 f.); *Klengel/Müller*, NJW 2011, 23 ff.
38 *Ch. Richter*, Fs. Lüderssen (2002), S. 748; s.u. § 25 Rdn. 1 ff.
39 OVG Berl., DVBl. 2001, 1766 (1769); *Lucke*, Strafprozessuale Schutzrechte und parlamentarische Aufklärung in Untersuchungsausschüssen mit strafrechtlich relevantem Verfahrensgegenstand, 2009, S. 190.
40 *Brocker*, in: Grimm/Caesar, Art. 91 Rn. 55 m.w.N.
41 OVG Berl., DVBl. 2001, 1766 (1769); *Brocker*, DVBl. 2003, 667 (668).
42 VG Hamburg, 1987, 1568 (1569); *Brocker*, DVBl. 2003, 667 (668).
43 SaarlVerfGH, Beschl. v. 2.4.2003, Az.: Lv 6/02, S. 12 f. d. Umdrucks; DVBl. 2003, 664 (665 f.) m. zust. Anm. *Brocker*; VG Hamburg, 1987, 1568 (1569 f.); *Beckedorf*, ZParl 20 (1989), 35 (47); *Gollwitzer*, BayVBl. 1982, 417 (424); *Jekewitz*, Fs. Partsch (1989), S. 421; *Plöd*, Die Stellung des Zeugen in einem parlamentarischen Untersuchungsausschuss des Deutschen Bundestages, 2003, S. 101 f.; *Weisgerber*, Das Beweiserhebungsverfahren parlamentarischer Untersuchungsausschüsse des Deutschen Bundestages, 2003, S. 247 f.; *Lucke*, Strafprozessuale Schutzrechte und parlamentarische Aufklärung in Untersuchungsausschüssen mit strafrechtlich relevantem Verfahrensgegenstand, 2009, S. 190; *Jung*, Fs. Eser (2005), S. 338; *ders.*, Fs. Richter II (2006), S. 274; a.A. OVG Saarl., NVwZ-RR 2003, 253 (254).
44 *Plöd*, Die Stellung des Zeugen in einem parlamentarischen Untersuchungsausschuss des Deutschen Bundestages, 2003, S. 103.

11 Gewährleistet mithin das Untersuchungsausschussgesetz eines Landes die Zulassung anwaltlichen Beistands nicht, ist dieses Recht **unmittelbar aus der Verfassung** (Rechtsstaatsprinzip) abzuleiten.[45] Ist die Zulassung anwaltlichen Beistands einfachgesetzlich explizit nur für einen Betroffenen zugelassen wie in § 19 Abs. 6 UAG BadWürtt., § 18 Abs. 3 IPA-Regeln (Hess. u. Nds.) § 15 Abs. 4 UAG RhPf., § 19 Abs. 6 UAG Sachs., § 18 Abs. 5 S. 2 UAG SchlH, § 54 Abs. 3 S. 5 LTG Saarl. Und § 15 Abs. 4 UAG Thür., so ist diese **Bestimmung analog** auch auf den Zeugen anzuwenden.[46]

12 Das schließt allerdings nicht aus, dass im Einzelfall ein bestimmter Rechtsbeistand **ausnahmsweise** – ganz oder teilweise – **nicht zugelassen** wird. Dies betrifft etwa den Fall, dass der Rechtsbeistand selbst als Zeuge vernommen werden soll. Diese Einschränkung folgt aber bereits aus den allgemeinen Verfahrensregeln und stellt keine Besonderheit des parlamentarischen Untersuchungsverfahrens dar. Auch hier ist im Übrigen größte Zurückhaltung geboten, da das Rechtsstaatsprinzip nicht lediglich die Beiziehung irgendeines Rechtsbeistands garantiert, sondern auch die Auswahlentscheidung der Auskunftsperson zu respektieren ist; garantiert ist der Auskunftsperson die Beiziehung eines Rechtsbeistands »ihres Vertrauens«. Die Verweisung auf einen anderen Rechtsbeistand – auch zeitweise – ist daher nur ganz ausnahmsweise möglich.[47]

13 Über das Beratungsrecht hinaus steht dem Rechtsbeistand allerdings nur äußerst **begrenzt** das Recht zu, **selbst Ausführungen** zu machen. Soweit eine Äußerung Teil der **Beweisaufnahme** ist, also die zusammenhängende Sachdarstellung sowie die Vernehmung zur Person und zur Sache, besteht ein Recht des Rechtsbeistands, selbst Ausführungen zu machen, **nicht**.[48] Es gibt **kein Recht zur Abgabe aussageersetzender Erklärungen**. Insoweit gilt im Ergebnis der allgemeine Grundsatz, dass der Rechtsbeistand anders als der Verteidiger im Strafverfahren im Hinblick auf die vom Strafverfahren abweichende Natur des parlamentarischen Untersuchungsverfahrens **keine eigenen Antrags-, Frage- und Erklärungsrechte** besitzt.[49] Das bedeutet

---

45 *Brocker*, DVBl. 2003, 667 (668); *Plöd*, Die Stellung des Zeugen in einem parlamentarischen Untersuchungsausschuss des Deutschen Bundestages, 2003, S. 102.
46 *Brocker*, in: Grimm/Caesar, Art. 91 Rn. 51; *ders.*, DVBl. 2003, 667 (668).
47 VG Hamburg, 1987, 1568 (1569 f.); *Brocker*, DVBl. 2003, 667 (668).
48 SaarlVerfGH, Beschl. v. 2.4.2003, Az.: Lv 6/02, S. 19 d. Umdrucks; DVBl. 2003, 664 (667) m. zust. Anm. *Brocker*; *Beckedorf*, ZParl 20 (1989), 35 (47); *Gollwitzer*, Fs. Dünnebier (1982), S. 339; *ders.*, BayVBl. 1982, 417 (424); *Partsch*, Verh. d. 45. DJT (1964), Bd. I, S. 114 ff.; *Weisgerber*, Das Beweiserhebungsverfahren parlamentarischer Untersuchungsausschüsse des Deutschen Bundestages, 2003, S. 248.
49 *Gollwitzer*, Fs. Dünnebier (1982), S. 339; *ders.*, BayVBl. 1982, 417 (424); *Plöd*, Die Stellung des Zeugen in einem parlamentarischen Untersuchungsausschuss des Deutschen Bundestages, 2003, S. 102.

auch, dass er selbst nicht den von ihm begleiteten Zeugen befragen darf, selbst wenn es zu dessen »Entlastung« dienen könnte.[50]

Anders verhält es sich allerdings dann, wenn es nicht um eine Aussage in der Sache geht, sondern um die **rechtliche Äußerung zu Verfahrensfragen**. Zwar hat ein Zeuge grundsätzlich keinen Anspruch auf ein Rechtsgespräch mit dem Ausschuss oder seinem Vorsitzenden.[51] Soweit allerdings der Anspruch auf rechtliches Gehör und Fair-trial Verfahrensrechte vermittelt, wird man es einer Auskunftsperson konsequent nicht verwehren dürfen, rechtliche Ausführungen ihrem Rechtsbeistand zu überlassen.[52] Dieser Anspruch verdichtet sich dann noch zusätzlich, wenn nach den speziellen Verfahrensregeln des jeweiligen Untersuchungsausschussgesetzes der Auskunftsperson besondere Verfahrensrechte, insbesondere eigene Antragsrechte, zustehen. Es wäre wenig sinnvoll, wenn nicht sogar schikanös, wenn die Auskunftsperson sich von ihrem Rechtsbeistand soufflieren lassen müsste, um ihre Anträge selbst rechtlich begründen zu können.[53]

In der **Praxis** des Deutschen Bundestages wird eine verfahrensmäßige Erörterung z.B. behaupteter Auskunfts- oder Zeugnisverweigerungsrechte grundsätzlich zugelassen, jedoch idR ausdrücklich ohne Anerkennung einer entsprechenden Rechtspflicht.[54] Mitunter wird auch – wie etwa in NRW geschehen – eine Erörterung von Verfahrensfragen durch den Rechtsbeistand vom Ausschuss bzw. vom Ausschussvorsitzenden kategorisch abgelehnt.[55] Dies ist mit den Anforderungen, wie sie das Rechtsstaatsprinzip nach dem Vorgesagten an die Behandlung einer Auskunftsperson auch vor einem parlamentarischen Untersuchungsausschuss stellt, letztlich schwerlich vereinbar.

Im Übrigen ist darauf hinzuweisen, dass die **Kosten des Rechtsbeistands** allerdings in Ermangelung einer gesetzlichen Kostentragungsregelung in keinem Fall erstattungsfähig und daher von dem Zeugen selbst zu tragen sind.[56]

---

50 A.A. SaarlVerfGH, Beschl. v. 2.4.2003, Az.: Lv 6/02, S. 19 d. Umdrucks.
51 *Beckedorf*, ZParl 20 (1989), 35 (45).
52 *Brocker*, DVBl. 2003, 667 (669); vgl. anschaulich *Ch. Richter*, Fs. Lüderssen (2002), S. 743 f. für den Fall der Ablehnung des Vorsitzenden wegen Befangenheit; a.A. *Plöd*, Die Stellung des Zeugen in einem parlamentarischen Untersuchungsausschuss des Deutschen Bundestages, 2003, S. 102 f.
53 *Brocker*, DVBl. 2003, 667 (669); *Plöd*, Die Stellung des Zeugen in einem parlamentarischen Untersuchungsausschuss des Deutschen Bundestages, 2003, S. 102 f.
54 Vgl. UA-Bericht, BT-Drucks. 14/9300, S. 86.
55 Vgl. dazu die Schilderung von *Ch. Richter*, Fs. Lüderssen (2002), S. 743 f.
56 Vgl. Bericht, BT-Drucks. 14/9300, S. 86; *Plöd*, Die Stellung des Zeugen in einem parlamentarischen Untersuchungsausschuss des Deutschen Bundestages, 2003, S. 177.

V. Schutz vor bloßstellenden Fragen und Zurückhaltungsgebot

17 Weitergehende als die o.g. Verfahrensrechte können der Verfassung nur im Zusammenspiel mit bestehenden **einfachgesetzlichen Verfahrensvorschriften** entnommen werden.[57] Zu nennen ist hier vor allem § 68a StPO, der **bloßstellende Fragen** an den Zeugen verbietet.[58] Diese Bestimmung ist trotz eines Fehlens der Bezugnahme im PUAG angesichts der allgemeinen Verweisung in Art. 44 Abs. 2 GG auch von Untersuchungsausschüssen des Deutschen Bundestags nach wie vor zu beachten.[59] Wann das Verbot aus § 68a StPO greift, bestimmt sich nach den allgemeinen Regeln und den besonderen Umständen des Einzelfalls. Dabei muss die Auskunftsperson – und auch ihr Rechtsbeistand – konsequent auch das Recht haben, den Vorsitzenden zu bitten, unzulässige Fragen zurückzuweisen. Auch ein Zeuge muss daher letztlich den politischen Kampf im Ausschuss nur bis zu einem gewissen Grad ertragen.

18 Ein **Ablehnungsrecht wegen Befangenheit** – und zwar weder gegenüber einem Ausschussmitglied im Allgemeinen noch gegenüber dem Vorsitzenden im Besonderen – gibt es demgegenüber allerdings ebenso wenig, wie das **Prinzip der Unschuldsvermutung** im parlamentarischen Untersuchungsverfahren Anwendung findet.[60] Eine entsprechende Anwendung der §§ 22 ff. StPO im parlamentarischen Untersuchungsverfahren verbietet sich damit.[61] Dem entspricht auch die, soweit ersichtlich, ständige Praxis der Untersuchungsausschüsse in Bund und Ländern, wonach ein Ablehnungsgesuch gegenüber Ausschussmitgliedern im parlamentarischen Untersuchungsverfahren grundsätzlich als unzulässig behandelt wird.[62] Einige Untersuchungsausschussgesetze schreiben diese Unanwendbarkeit der Vorschriften der

---

57 *Di Fabio*, Rechtsschutz im parlamentarischen Untersuchungsverfahren, 1988, S. 64 f.
58 BVerfGE 76, 363 (387); *Achterberg/Schulte*, in: v. Mangoldt/Klein/Starck II, Art. 44 Rn. 140; *Jekewitz*, Fs. Partsch (1989), S. 421; *Quaas/Zuck*, NJW 1988, 1873 (1878).
59 *Plöd*, Die Stellung des Zeugen in einem parlamentarischen Untersuchungsausschuss des Deutschen Bundestages, 2003, S. 133 f.
60 *Brocker*, ZParl 30 (1999), 739 (742 f. u. 746); *Halstenberg*, Das Verfahren der parlamentarischen Untersuchung nach Art. 44 GG unter besonderer Berücksichtigung des Verhältnisses zur Gerichtsbarkeit, Diss. iur. Köln 1957, S. 72; W. *Wagner*, NJW 1960, 1936 (1937); a.A. *Ch. Richter*, Fs. Lüderssen (2002), S. 743 f.; *Schaefer*, NJW 1998, 434 (435); s.a. o. § 9 Rdn. 5.
61 *Brocker*, ZParl 30 (1999), 739 (746); *W. Wagner*, NJW 1960, 1936 (1937); *Wiefelspütz*, Das Untersuchungsausschussgesetz, 2003, S. 197.
62 *Brocker*, ZParl 30 (1999), 739 (746); *Partsch*, Verh. d. 45. DJT (1964), Bd. I, S. 51 ff.

StPO über die Ausschließung und Ablehnung von Richtern auf Mitglieder des Untersuchungsausschusses auch ausdrücklich (deklaratorisch) fest.[63]

Auch dem **Gebot der Zurückhaltung** im Hinblick auf eine vorweggenommene **öffentliche Beweiswürdigung** durch Ausschussmitglieder wie es in einigen Untersuchungsausschussgesetzen normiert ist,[64] kann letztlich nichts anderes entnommen werden. Diese Vorschriften enthalten vielmehr (lediglich) einen Appell an die Ausschussmitglieder, Zurückhaltung zu üben, angesichts des Statusrechts des Abgeordneten aus Art. 38 Abs. 1 S. 2 GG aber keine verfassungsrechtliche Verpflichtung hierzu.[65] Dies gilt nicht zuletzt auch im Hinblick auf das nicht selten anzutreffende Geben von Interviews vor dem Sitzungssaal sogar unmittelbar während der Vernehmung von Zeugen,[66] oder neuerdings das Verschicken von SMS an Pressevertreter aus der Sitzung heraus. Dieser Appell, Zurückhaltung zu üben, was die Bewertung der im Untersuchungsausschuss gewonnenen Erkenntnisse anbelangt, sollte im übrigen auch auf die Behandlung des Untersuchungsgegenstands in anderen Gremien des Parlaments[67] und damit auch auf andere Abgeordnete erstreckt werden.[68] Eine derartige Selbstbeschränkung ist »Ausdruck des parlamentarischen Ethos«, wonach im Einzelfall »die Regeln des politischen Anstands das rechtlich Mögliche diskriminieren«[69] können. Sie können damit zwar »stilbildende Wirkungen« entfalten,[70] nicht aber subjektive Verfahrensrechte begründen.[71]

19

---

63 Bay. (Art. 5 Abs. 2 UAG Bay.); Berl. (§ 4 Abs. 3 UAG Berl.); Brem. (§ 5 Abs. 3 UAG Brem.); Hess. u. Nds. (§ 5 Abs. 3 IPA-Regeln); Saarl. (§ 42 Abs. 3 LTG Saarl.).
64 BadWürtt. (§ 9 Abs. 5 UAG BadWürtt.); Brandb. (§ 12 Abs. 3 UAG Brandb.); NRW (§ 9 Abs. 3 UAG NRW); RhPf. (§ 25 Abs. 2 UAG RhPf.); Sachs. (§ 9 Abs. 5 UAG Sachs.); Thür. (§ 25 Abs. 2 UAG Thür.); das PUAG des Bundes enthält eine entspr. Regelung nicht, vgl. dazu *Wiefelspütz*, Das Untersuchungsausschussgesetz, 2003, S. 197 f.
65 *Brocker*, ZParl 30 (1999), 739 (745 ff.); a.A. *Lucke*, Strafprozessuale Schutzrechte und parlamentarische Aufklärung in Untersuchungsausschüssen mit strafrechtlich relevantem Verfahrensgegenstand, 2009, S. 134 f.
66 *Glauben*, DRiZ 2000, 122 (123); *Quaas/Zuck*, NJW 1988, 1873 (1879); *Schaefer*, NJW 1998, 434 (435).
67 S.o. § 1 Rdn. 5.
68 *Günther*, in: Heusch/Schönenbroicher, Art. 41 Rn. 15.
69 *Schulze-Fielitz*, in: Schneider/Zeh, § 11 Rn. 65; *Hilf*, NVwZ 1987, 537 (545).
70 *Wiefelspütz*, NWVBl. 2003, 409 (412).
71 *Brocker*, ZParl 30 (1999), 739 (745 ff.).

§ 23 Betroffenenstatus

ÜBERSICHT   Rdn.

I. Rechtliche Grundlagen 1
   1. Verfassungsrechtliche Ausgangslage 1
   2. Einfachgesetzliche Festlegung. 14
II. Rechtliche Stellung. 22
   1. Verfassungsrechtliche Vorgaben 22
   2. Regelungen in den Untersuchungsausschussgesetzen 34

Literatur: *Beckedorf*, Die Rechtsstellung des Betroffenen im Parlamentarischen Untersuchungsverfahren, ZParl 20 (1989) 35; *Brocker*, Das parlamentarische Untersuchungsrecht in Rheinland-Pfalz, LKRZ 2007, 372; *Buchholz*, Der Betroffene im parlamentarischen Untersuchungsausschuss, 1990; *Damkowski*, Der aktuelle Regelungsbedarf im Recht der parlamentarischen Untersuchungsausschüsse, in: Thaysen/Schüttemeyer (Hrsg.), Bedarf das Recht der parlamentarischen Untersuchungsausschüsse einer Reform? 1988, S. 138; *Danckert*, Aussagezwang im parlamentarischen Untersuchungsausschuss, ZRP 2000, 476; *Di Fabio*, Rechtsschutz im parlamentarischen Untersuchungsverfahren, 1988; *Friedrich*, Der parlamentarische Untersuchungsausschuss – Entwicklung, Stellung, Kompetenzen, 1990; *Glauben*, Parlamentarische Untersuchungsausschüsse – Ein Spagat zwischen Recht und Politik, DRiZ 2000, 122; *Gollwitzer*, Der Betroffene im Verfahren der Untersuchungsausschüsse des Bayerischen Landtags, BayVBl. 1982, 417; *Jekewitz*, Der Schutz Dritter im parlamentarischen Untersuchungsverfahren, in: Fs. Partsch (1989) S. 403; *Jung*, Zum Status Betroffener im Recht parlamentarischer Untersuchungsausschüsse, in: Fs. Richter II (2006) S. 267; *ders.*, Parlamentarische Untersuchungsausschüsse im Lichte strafjustizieller Grundanforderungen, in: Fs. Eser (2005) S. 335; *Kerbein*, Individuelle Selbstbelastungsfreiheit versus parlamentarisches Aufklärungsinteresse, 2004; *Kipke*, Die Untersuchungsausschüsse des Deutschen Bundestages, 1985; *Köhler*, Umfang und Grenzen des parlamentarischen Untersuchungsrechts gegenüber Privaten im nichtöffentlichen Bereich, 1996; *Kölbel/Morlok*, Geständniszwang in parlamentarischen Untersuchungen? ZRP 2000, 217; *Kohl*, Die Rechtsstellung des Betroffenen nach Art. 44 Abs. 2, S. 1 GG und den entsprechenden Regelungen in den Länderverfassungen, 2001; *Kramer*, Geständniszwang in parlamentarischen Untersuchungen? ZRP 2001, 386; *Masing*, Parlamentarische Untersuchung privater Sachverhalte, 1998; *Lucke*, Strafprozessuale Schutzrechte und parlamentarische Aufklärung in Untersuchungsausschüssen mit strafrechtlich relevantem Verfahrensgegenstand, 2009; *Müller-Boysen*, Die Rechtsstellung des Betroffenen vor dem parlamentarischen Untersuchungsausschuss, 1980; *Peters*, Aussage- und Wahrheitspflicht der Betroffenen vor parlamentarischen Untersuchungsausschüssen, StraFo 2009, 96; *Plöd*, Die Stellung des Zeugen in einem parlamentarischen Untersuchungsausschuss des Deutschen Bundestages, 2003; *Quaas/Zuck*, Ausgewählte Probleme zum Recht des parlamentarischen Untersuchungsausschusses, NJW 1988, 1873; *W. Richter*, Privatpersonen im parlamentarischen Untersuchungsausschuss, 1991; *Rinck*, Verfassungsrechtliche Grenzen der Beeidigungsbefugnis parlamentarischer Untersuchungsausschüsse, DVBl. 1964, 706; *Rixen*, Die Eidesleistung vor Untersuchungsausschüssen des Deutschen Bundestages, JZ 2002, 435; *Schleich*, Das parlamentarische Untersuchungsrecht des Bundestages, 1985; *Steffani*, Betroffener als »Verfahrensobjekt«? Der »Fall Orgaß« in Hamburg, ZParl 20 (1989), 54; *Wiefelspütz*, Das Untersuchungsausschussgesetz, 2003; *Wohlers*, Mitwirkungsbefugnisse des Betroffenen im Beweisverfahren parlamentarischer Untersuchungsausschüsse, NVwZ 1994, 40; *Wolf*, Parlamentarischer Untersuchungsausschuss und Strafjustiz, 2005; *Zeh*, Regelungsbedarf und Regelungschancen für das Verfahren parlamentarischer Untersuchungsausschüsse, DÖV 1988, 701.

I. Rechtliche Grundlagen

1. Verfassungsrechtliche Ausgangslage

Zu der Frage, ob es im Rahmen eines parlamentarischen Untersuchungs- 1
verfahrens Personen gibt, die nicht nur als Auskunftspersonen, sondern
darüber hinaus als **Betroffene** der Untersuchung zu qualifizieren sind, finden
sich weder im Wortlaut des Art. 44 GG noch in den entsprechenden landesverfassungsgesetzlichen Bestimmungen Hinweise.[1] Auch die **Entstehungsgeschichte** des Art. 44 GG sowie seines Vorläufers Art. 34 WRV geben dazu
keinerlei Aufschluss.[2] Allerdings lassen sich **rechtsgeschichtlich** bezüglich
der Betroffenenstellung in der Rechtslehre **zwei Ansatzpunkte** erkennen:
Die Zuerkennung einer Sonderstellung des in einem Parallelverfahren **strafrechtlich Beschuldigten** und **des Reichspräsidenten** sowie **der Reichs-
minister** in einem Untersuchungsverfahren, das unmittelbar auf die Entscheidung über die **Anklageerhebung** gerichtet ist.[3] Dennoch wird aus dem
Wortlaut des Art. 44 Abs. 2 S. 1 GG, wonach auf die Beweiserhebungen die
Vorschriften über den Strafprozess **entsprechend** Anwendung finden, geschlossen, dass die Rechte, die einem Beschuldigten im Strafverfahren eingeräumt werden, gerade nicht für Personen in einem Untersuchungsausschuss
zur Anwendung kommen sollten – auch nicht sinngemäß.[4] Die Frage ist
allerdings **umstritten**.[5]

---

1 *Wohlers*, NVwZ 1994, 40 (41); *Kohl*, Die Rechtsstellung des Betroffenen nach Art. 44 Abs. 2 S. 1 GG und den entsprechenden Regelungen in den Länderverfassungen, 2001, S. 80 ff.
2 *Kohl*, Die Rechtsstellung des Betroffenen nach Art. 44 Abs. 2 S. 1 GG und den entsprechenden Regelungen in den Länderverfassungen, 2001, S. 75 ff.
3 *Kohl*, Die Rechtsstellung des Betroffenen nach Art. 44 Abs. 2 S. 1 GG und den entsprechenden Regelungen in den Länderverfassungen, 2001, S. 83 m.w.N.
4 So etwa OVG NRW, NVwZ 1987, 606 (607); *Kramer*, ZRP 2001, 386 ff.; *Versteyl* in: v. Münch/Kunig II, Art. 44 Rn. 29; *Rechenberg*, BK, Art. 44 Rn. 25.
5 S. dazu *Kohl*, Die Rechtsstellung des Betroffenen nach Art. 44 Abs. 2 S. 1 GG und den entsprechenden Regelungen in den Länderverfassungen, 2001, S. 114 f.; *Jung*, Fs. Eser (2005) S. 339 ff., der zumindest bei personalisierten Enqueten eine strukturelle Ähnlichkeit mit dem Strafprozess sieht.

2 Gegen einen Betroffenenstatus wird eingewandt, das parlamentarische Untersuchungsverfahren diene gerade nicht der Feststellung der **persönlichen Schuld** Einzelner, sondern der **Aufklärung eines Sachverhalts** unter politischen Gesichtspunkten.[6] Es handele sich um ein **sanktionsloses Aufklärungsverfahren**.[7] Da keiner der Beteiligten mit einer Bestrafung rechnen müsse, sei niemand **Gegner** in dem Sinne, dass eine **Verteidigung** notwendig wäre.[8] Mit der Einführung eines Betroffenenstatus werde das Untersuchungsverfahren in die Nähe des Strafrechts gerückt,[9] werde eine Art Angeklagtenstatus geradezu bestätigt mit der Folge, dass die Qualifizierung als Betroffener für diesen **diskriminierend** wirke.[10] Außerdem werde der Untersuchungsausschuss zu einem **Tribunal**.[11] Ferner wird befürchtet, das Untersuchungsverfahren werde erschwert und verzögert, da einem Betroffenen auch **Frage- und Beweisantragsrechte** zugebilligt werden müssten.[12] Schließlich sei zu bedenken, dass häufig das Verhalten von **Amtsträgern** Gegenstand einer Untersuchung sei und diese daher durch die Einräumung eines Betroffenenstatus wegen des daraus folgenden **Schweigerechts** nicht mehr zur **Aufklärung** beitragen müssten. Die Aufklärung werde dann allenfalls noch durch **Randfiguren** erfolgen.[13]

3 **Zugunsten** eines Betroffenenstatus wird vorgebracht, dass zwar **formal** ein Strafverfahren und ein Untersuchungsverfahren **unterschiedliche Ziele** verfolgten, in ihren **faktischen Auswirkungen** aber für den Betroffenen häufig gleich seien. Denn Untersuchungsverfahren würden häufig mit dem Ziel eingeleitet und geführt, das **persönliche Fehlverhalten** bestimmter

---

6 *Köhler*, Umfang und Grenzen des parlamentarischen Untersuchungsrechts gegenüber Privaten im nichtöffentlichen Bereich, 1996, S. 209.
7 Schlussbericht Enquete-Kommission Verfassungsreform, BT-Drucks. 7/5924, S. 54 f.; *Schneider*, Verh. d. 57. DJT (1988), S. M 84 f.; *Morlok*, in Dreier II, Art. 44 Rn. 47.
8 *Schneider*, Verh. d. 57. DJT (1988), S. M 85.
9 *Köhler*, Umfang und Grenzen des parlamentarischen Untersuchungsrechts gegenüber Privaten im nichtöffentlichen Bereich, 1996, S. 114 m.w.N.; *Wiefelspütz*, Das Untersuchungsausschussgesetz, 2003, S. 240.
10 *Jekewitz*, in: Fs. Partsch (1989) S. 419; a.A. *Zeyer/Grethel*, in: Wendt/Rixecker, Art. 79 Rn. 8.
11 *Köhler*, Umfang und Grenzen des parlamentarischen Untersuchungsrechts gegenüber Privaten im nichtöffentlichen Bereich, 1996, S. 115 m.w.N.; *Schneider*, Verh. d. 57. DJT (1988), S. M 85;. *Kipke*, Die Untersuchungsausschüsse des Deutschen Bundestages, 1985, S. 62 m. Fn. 146; a.A. *Schröder*, Verh. d. 57. DJT (1988), S. E 56; s.a. *Weisgerber*, Das Beweiserhebungsverfahren parlamentarischer Untersuchungsausschüsse des Deutschen Bundestages, 2003, S. 222 f.
12 *Schröder*, Verh. d. 57. DJT (1988), S. E 48.
13 *Zeh*, DÖV 1988, 701 (706); s. zum Ganzen a. *Kohl*, Die Rechtsstellung des Betroffenen nach Art. 44 Abs. 2 S. 1 GG und den entsprechenden Regelungen in den Länderverfassungen, 2001, S. 85 f.

Personen aufzudecken.¹⁴ Daher könne eine Auskunftsperson je nach ihrer Verstrickung in den Untersuchungsgegenstand durchaus in eine **Zwangslage** kommen, die der eines Beschuldigten im Strafverfahren vergleichbar sei.¹⁵ Durch das Fokussieren auf diese Person werde ihm eine Art Schuldvorwurf gemacht, der sich nur in seiner Qualität von dem im Strafverfahren unterscheide.¹⁶ Schließlich dürfe auch die Bedeutung des **Abschlussberichtes** mit seinen Wertungen nicht unterschätzt werden. Die Folgen könnten angesichts der **Publizitätswirkung** faktisch durchaus mit denen einer Verurteilung im Strafverfahren vergleichbar sein,¹⁷ mit dem Unterschied, dass es gegen den Abschlussbericht grundsätzlich **kein Rechtsmittel** gebe. Daher müsse der Schutz in das Verfahren vorverlagert sein.¹⁸

Angesichts dieses Meinungsstreits gibt es zwangsläufig differenzierende Empfehlungen zur Schaffung des Betroffenenstatus. Die Konferenz der Präsidenten der deutschen Landesparlamente hat 1961 empfohlen, einer Person eine Sonderstellung zuzubilligen, wenn aus dem Untersuchungsauftrag eindeutig hervorgeht, dass sich die Untersuchung ausschließlich oder ganz überwiegend gegen sie richtet.¹⁹ Ebenso haben sowohl der **45. Deutsche Juristentag**²⁰ als auch **der 57. Deutsche Juristentag**²¹ jeweils empfohlen, zwischen einem bloßen Zeugen und einem Betroffenen zu differenzie-

4

---

14 *Gollwitzer*, BayVBl. 1982, 417 (418).
15 *Gollwitzer*, BayVBl. 1982, 417 (418); *Damkowski*, ZRP 1988, 340 (343); *Kohl*, Die Rechtsstellung des Betroffenen nach Art. 44 Abs. 2 S. 1 GG und den entsprechenden Regelungen in den Länderverfassungen, 2001, S. 105; s.a. die Bspe. bei *Partsch*, Verh. d. 45. DJT (1964), Bd. I, Teil 3, S. 115 ff. sowie bei *Jekewitz*, Fs. Partsch, (1989) S. 405 ff.
16 *Müller-Boysen*, Die Rechtsstellung des Betroffenen vor dem parlamentarischen Untersuchungsausschuss, 1980, S. 154; *Weisgerber*, Das Beweiserhebungsverfahren parlamentarischer Untersuchungsausschüsse des Deutschen Bundestages, 2003, S. 224 f.
17 *Gollwitzer*, BayVBl. 1982, 417 (423); *Wohlers*, NVwZ 1994, 40 (41); *Morlok*, in: Dreier II, Art. 44 Rn. 47; *Beckedorf*, ZParl 20 (1989) 35 (42 f.).
18 *Buchholz*, Der Betroffene im parlamentarischen Untersuchungsausschuss, 1990, S. 144; *W. Richter*, Privatpersonen im parlamentarischen Untersuchungsausschuss, 1991, S. 96; *Wohlers*, NVwZ 1994, 40 (42); *Schröder*, Verh. d. 57. DJT (1988), S. E 55; s.a. *Köhler*, Umfang und Grenzen des parlamentarischen Untersuchungsrechts gegenüber Privaten im nichtöffentlichen Bereich, 1996, S. 117 ff.; *Kohl*, Die Rechtsstellung des Betroffenen nach Art. 44 Abs. 2 S. 1 GG und den entsprechenden Regelungen in den Länderverfassungen, 2001, S. 87 f.; *Steffani*, ZParl 20 (1989), 54 ff.
19 Veröffentlicht in: ZParl 3 (1972) 433, Nr. VII 3 a.
20 Verh. d. 45. DJT (1964), S. E 173.
21 Verh. d. 57. DJT (1988), Beschl. 18 bis 21, S. M 248 f.; s. dazu a. *Köhler*, Umfang und Grenzen des parlamentarischen Untersuchungsrechts gegenüber Privaten im nichtöffentlichen Bereich, 1996, S. 28.

ren. Die so genannten **IPA-Regeln** stellen ebenfalls darauf ab, dass Betroffene Personen sind, »bei denen sich aus dem Untersuchungsauftrag oder im Verlauf des Untersuchungsverfahrens ergibt, dass die Untersuchung sich ausschließlich oder ganz überwiegend gegen sie richtet.«[22] Der **Mustergesetzentwurf** der Präsidenten der deutschen Landesparlamente aus dem Jahre 1972 hat diese Begriffsbestimmung übernommen.[23] Allerdings hat die Konferenz der Landtagspräsidenten 1989 schlussendlich empfohlen, eine solche Differenzierung nicht vorzunehmen.[24]

5   Die **verfassungsgerichtliche** Rechtsprechung in Bund und Ländern hat bisher zu der Frage, ob die Schaffung eines Betroffenenstatus verfassungsrechtlich geboten ist, nicht Stellung genommen. **Instanzgerichte** haben insoweit auf der Grundlage einfachgesetzlicher Regelungen entschieden, dass ein Betroffenenstatuts nur bei einer **personenbezogenen** Enquete, nicht aber bei einer **sachbezogenen** Enquete in Frage kommt, und die Abgrenzung aus dem Untersuchungsauftrag abgeleitet.[25] Eine **Ausnahme** soll allerdings gelten, wenn der Untersuchungsauftrag bewusst sachbezogen formuliert ist, um personenbezogene Ermittlungen zu kaschieren.[26]

6   In jedem Fall muss ein Untersuchungsausschuss – unabhängig davon, ob das jeweilige Untersuchungsausschussgesetz einen **formellen Betroffenenstatus** kennt – einer **materiellen Betroffenheit** Rechnung tragen.[27] Orientierungspunkt muss dabei sein, dass der Einzelne nicht zum **bloßen Objekt** eines Verfahrens werden darf.[28] Vielmehr muss er die Möglichkeit der Reaktion haben.[29]

---

22 § 18 Abs. 1 Nr. 4 IPA-Regeln; s.a. *Köhler*, Umfang und Grenzen des parlamentarischen Untersuchungsrechts gegenüber Privaten im nichtöffentlichen Bereich, 1996, S. 28 ff.
23 *Thaysen/Schüttemeyer*, Bedarf das Recht der parlamentarischen Untersuchungsausschüsse einer Reform? 1988, S. 300 ff., 305; s.a. *Köhler*, Umfang und Grenzen des parlamentarischen Untersuchungsrechts gegenüber Privaten im nichtöffentlichen Bereich, 1996, S. 26 f.
24 Abgedr. in ZParl 22 (1991) 406 (410).
25 BGHSt 17, 128 (129 f.); OLG Köln, NJW 1988, 2485 (2487).
26 OLG Köln, NJW 1988, 2485 (2487); OVG Berl., DVBl. 1970, 293 (293 f.).
27 Ähnl. *Schröder*, Verh. d. 57. DJT. (1988), S. E 53; s.a. Abschlussbericht des »Flick-Untersuchungsausschusses«, BT-Drucks. 10/5079, S. 7; Abschlussbericht »Transnuklear-Untersuchungsausschuss«, BT-Drucks. 11/7800, S. 31; Abschlussbericht »U-Boot-Untersuchungsausschuss«, BT-Drucks. 11/8109, S. 19, wo jeweils umfassende Aussageverweigerungsrechte zugebilligt wurden, ohne dass den Auskunftspersonen der Status eines Betroffenen formell eingeräumt worden wäre; s.a. *Versteyl*, in: v. Münch/Kunig II, Art. 44 Rn. 47.
28 *Schleich*, Das parlamentarische Untersuchungsrecht des Bundestages, 1985, S. 49; *Beckedorf*, ZParl 20 (1989) 35 (36).
29 Zu Mitwirkungsmöglichkeiten *Linck*, ZRP 1987, 11 (19).

Daraus folgt: Ist eine Auskunftsperson mehr als nur **Wissensvermittler**, so muss sich dies in den Verfahrensrechten niederschlagen.[30] Daher kann es letztlich auch nicht maßgebend auf eine abstrakte Definition im Vorfeld ankommen, sondern ist die **materielle Betroffenheit** anhand verfassungsrechtlicher Einzelrechte zu untersuchen.[31] Denn stehen einem materiell Betroffenen bereits aus der Verfassung bestimmte Rechte zu, die nicht jeder Zeuge für sich beanspruchen kann, dann dürfen ihm diese **weitergehenden Rechte** nicht verweigert werden.[32] Auch wenn dadurch zwangsläufig der Gestaltungsspielraum des Untersuchungsausschusses eingeengt wird,[33] so ist dies der Preis, den die öffentliche Gewalt mit Blick auf ihre Grundrechtsbindung nach Art. 1 Abs. 3 GG[34] den Grundrechten schuldet.[35]

7

Auf parlamentarische Untersuchungsausschüsse bezogen heißt dies, bei der Ausgestaltung der Rechte von Auskunftspersonen muss berücksichtigt werden, dass Untersuchungsausschüsse **politische Kampfinstrumente** sind und insbesondere bei einer Skandal-Enquete auch den Zweck verfolgen, dem politischen Gegner zu schaden – notfalls auf Kosten der Auskunftsperson.[36] Daher überzeugt auch das Argument nicht, mit der Anerkennung eines Betroffenenstatus sei **eine Diskriminierung** des Zeugen verbunden.[37] Da die möglicherweise gegen eine Person bestehenden Verdachtsmomente während des Untersuchungsverfahrens ohnehin an die Öffentlichkeit gelangen, dürfte es für den Betroffenen wichtiger sein, durch Verfahrensrechte eine **angemessene Beteiligungsmöglichkeit** zu haben, um sich verteidigen zu

8

---

30 *Bickel*, Verh. d. 57. DJT (1988), S. M 30 f.
31 *Schleich*, Das parlamentarische Untersuchungsrecht des Bundestages, 1985, S. 53; *Buchholz*, Der Betroffene im parlamentarischen Untersuchungsausschuss, 1990, S. 92 ff.; *Kohl*, Die Rechtsstellung des Betroffenen nach Art. 44 Abs. 2 S. 1 GG und den entsprechenden Regelungen in den Länderverfassungen, 2001, S. 89 m.w.N.; *Müller-Boysen*, Die Rechtsstellung des Betroffenen vor dem parlamentarischen Untersuchungsausschuss, 1980, S. 170; *Di Fabio*, Rechtsschutz im parlamentarischen Untersuchungsverfahren, 1988, S. 48 f.
32 *Kohl*, Die Rechtsstellung des Betroffenen nach Art. 44 Abs. 2 S. 1 GG und den entsprechenden Regelungen in den Länderverfassungen, 2001, S. 106.
33 SaarlVerfGH, Beschl. v. 2.4.2003, Az.: Lv 6/02, S. 18 d. Umdrucks n.v.; *Achterberg/Schulte*, in: v. Mangoldt/Klein/Starck II, Art. 44 Rn. 125; *Bickel*, Verh. d. 57. DJT (1988), S. M 32.
34 Zur Grundrechtsbindung speziell für Untersuchungsausschüsse s. BVerfGE 124, 78 (125 f. m.w.N.).
35 So zutr. *Bickel*, Verh. d. 57. DJT (1988), S. M 32.
36 *Weisgerber*, Das Beweiserhebungsverfahren parlamentarischer Untersuchungsausschüsse des Deutschen Bundestages, 2003, S. 232; *Glauben*, DRiZ 1992, 395 (396); *Jekewitz*, Fs. Partsch (1989) S. 414 f.
37 S.o. Rdn. 2.

können.[38] Dabei ist allerdings zu berücksichtigen, dass die Publizitätswirkung parlamentarische Untersuchungen nicht zwangsläufig dasselbe Gewicht besitzen, wie eine strafrechtliche Verurteilung.[39]

9 **Materielle Betroffenheit** dürfte, in Anlehnung an die gesetzlichen Definitionen in einigen Untersuchungsausschussgesetzen, regelmäßig gegeben sein, wenn sich schon nach dem **Untersuchungsauftrag** die Untersuchung gegen eine oder mehrere bestimmte Personen richtet.[40] Doch darauf allein kann es nicht ankommen, da es sonst dem **Formulierungsgeschick** der Antragsteller oder der Einsetzungsmehrheit überlassen wäre, wer als materiell Betroffener in Frage kommt.[41] Außerdem kann sich auch erst im Laufe der Untersuchung ergeben, dass eine Auskunftsperson materiell von der Untersuchung betroffen ist.[42]

10 Daher ist eine materielle Betroffenheit, die nach verfassungsrechtlichen Gesichtspunkten **besondere Schutzansprüche** begründet, in jedem Fall dann gegeben, wenn im Rahmen eines Untersuchungsverfahrens das rechtswidrige Verhalten einer Auskunftsperson untersucht wird und dieses Verhalten gleichzeitig Gegenstand eines rechtlich geordneten Verfahrens ist oder werden kann. Darunter fallen **Strafverfahren**, die **Richteranklage** nach Art. 98 Abs. 2 GG und den entsprechenden landesverfassungsrechtlichen Regelungen,[43] die **Präsidentenanklage** nach Art. 61 GG oder, soweit es in den Landesverfassungen

---

38 *Buchholz*, Der Betroffene im parlamentarischen Untersuchungsausschuss, 1990, S. 177; *Weisgerber*, Das Beweiserhebungsverfahren parlamentarischer Untersuchungsausschüsse des Deutschen Bundestages, 2003, S. 233 f.

39 *Lucke*, Strafprozessuale Schutzrechte und parlamentarische Aufklärung in Untersuchungsausschüssen mit strafrechtlich relevantem Verfahrensgegenstand, 2009, S. 67.

40 HessVGH, NVwZ-RR 1996, 683 (684); BayVerfGH, NVwZ 1996, 1206; *Umbach*, in: ders/Clemens, GG, Art. 44 Rn. 77.

41 So zutr. *Buchholz*, Der Betroffene im parlamentarischen Untersuchungsausschuss, 1990, S. 178; *Weisgerber*, Das Beweiserhebungsverfahren parlamentarischer Untersuchungsausschüsse des Deutschen Bundestages, 2003, S. 260; *Kohl*, Die Rechtsstellung des Betroffenen nach Art. 44 Abs. 2 S. 1 GG und den entsprechenden Regelungen in den Länderverfassungen, 2001, S. 236 f.; *Lucke*, Strafprozessuale Schutzrechte und parlamentarische Aufklärung in Untersuchungsausschüssen mit strafrechtlich relevantem Verfahrensgegenstand, 2009, S. 172 f.; *Beckedorf*, ZParl 20 (1989) 35 (41).

42 *Achterberg/Schulte*, in: v. Mangoldt/Klein/Starck II, Art. 44 Rn. 123; s. zur Betroffenenbezeichnung auch die Zusammenstellung bei *Thaysen*, ZParl 20 (1989) 24 ff.; krit. *Köhler*, Umfang und Grenzen des parlamentarischen Untersuchungsrechts gegenüber Privaten im nichtöffentlichen Bereich, 1996, S. 209 f.

43 Art. 66 Abs. 2 BadWürttVerf.; Art. 111 BrandbVerf.; Art. 138 BremVerf.; Art. 63 Abs. 3 HbgVerf.; Art. 127 Abs. 4 HessVerf.; Art. 77 MVVerf.; Art. 52 NdsVerf.; Art. 73 NRWVerf; Art. 132 RhPfVerf.; Art. 80 SächsVerf.; Art. 84 SachsAVerf; Art. 43 Abs. 4 SchlHVerf; Art. 89 Abs. 3 ThürVerf.

vorgesehen ist, die **Ministeranklage**[44] sowie die **Abgeordnetenanklage**,[45] bzw. in Bremen und Hamburg **Ausschluss aus der Bürgerschaft**,[46] aber auch **ordnungsrechtliche Verfahren** und **Disziplinarverfahren**.[47] Daher kommt es auch nicht allein auf die Untersuchungsrichtung an, denn dieses Kriterium würde zur Bestimmung des materiellen Betroffenseins nur passen, wenn das Ziel eines Untersuchungsausschusses in den Feststellungen zur persönlichen Verantwortlichkeit besteht, was nicht zwangsläufig der Fall sein muss.[48] Maßgeblich ist mithin das durch die Zeugenrechte nicht abgedeckte besondere Schutzbedürfnis des Betroffenen.[49]

Dagegen reicht ein lediglich **politisches Fehlverhalten**, das auch lediglich politische und keine rechtlichen Konsequenzen auslöst, nicht aus. Denn Aufgabe von Untersuchungsausschüssen ist es gerade, politisches Fehlverhalten aufzuklären. Daher zählt das politische Fehlverhalten von Mandatsträgern und Regierungsmitgliedern zu den typischen Untersuchungsgegenständen.[50] Ebenso wenig reicht ein bloß unehrenhaftes Verhalten aus oder genügen zivilrechtliche Nachteile, um eine für das Untersuchungsverfahren bedeutsame materielle Betroffenheit auszulösen.[51] Diese Nachteile sind in

---

44 Art. 57 BadWürttVerf.; Art. 59 BayVerf.; Art. 111 BremVerf.; Art. 115 HessVerf.; Art. 40 NdsVerf.; Art. 63 NRWVerf.; Art. 131 RhPfVerf.; Art. 94 SaarlVerf.; Art. 118 SächsVerf.
45 Art. 42 BadWürttVerf.; Art. 61 BayVerf.; Art. 61 BrandbVerf.; Art. 17 NdsVerf.; Art. 85 SaarlVerf.; Art. 118 SächsVerf.
46 Art. 85 BremVerf.; Art. 7 HbgVerf.
47 Wie hier *Weisgerber*, Das Beweiserhebungsverfahren parlamentarischer Untersuchungsausschüsse des Deutschen Bundestages, 2003, S. 263; *Kohl*, Die Rechtsstellung des Betroffenen nach Art. 44 Abs. 2 S. 1 GG und den entsprechenden Regelungen in den Länderverfassungen, 2001, S. 191, 200; *Damkowski*, ZRP 1988, 340 (343); *Plöd*, Die Stellung des Zeugen in einem parlamentarischen Untersuchungsausschuss des Deutschen Bundestages, 2003, S. 115 f.; ähnl. *Schröder*, Verh. d. 57. DJT (1988), S. E 46 für Präsidenten-, Minister- und Abgeordnetenanklage; s.a. § 18 Abs. 1 Nr. 1 bis 3 IPA-Regeln.
48 So zutr. *Schröder*, Verh. d. 57. DJT (1988), S. E 52; *Weisgerber*, Das Beweiserhebungsverfahren parlamentarischer Untersuchungsausschüsse des Deutschen Bundestages, 2003, S. 260 f.
49 *Schröder*, Verh. d. 57. DJT (1988), S. E 52 f.
50 *Weisgerber*, Das Beweiserhebungsverfahren parlamentarischer Untersuchungsausschüsse des Deutschen Bundestages, 2003, S. 261; s. auch *Zeh*, DÖV 1988, 701 (706); *Köhler*, Umfang und Grenzen des parlamentarischen Untersuchungsrechts gegenüber Privaten im nichtöffentlichen Bereich, 1996, S. 211; *Kohl*, Die Rechtsstellung des Betroffenen nach Art. 44 Abs. 2 S. 1 GG und den entsprechenden Regelungen in den Länderverfassungen, 2001, S. 196 f.; *Masing*, Parlamentarische Untersuchungen privater Sachverhalte, 1998, S. 266; *Kölbel/Morlok*, ZRP 2000, 217 (218).
51 A.A. *Bickel*, Verh. d. 57. DJT (1988), S. M. 30 f.; *Buchholz*, Der Betroffene im parlamentarischen Untersuchungsausschuss, 1990, S. 120 ff.; wie hier dagegen

Anbetracht des verfassungsrechtlich begründeten Untersuchungsrechts des Parlaments grundsätzlich hinzunehmen.

12 Sofern einer materiell betroffenen Auskunftsperson der Status als Betroffener zuerkannt ist, gilt dies zur Vermeidung von Rechtsunsicherheiten für das **gesamte Verfahren**.[52]

13 Die **Feststellung**, dass eine Auskunftsperson materiell Betroffener ist, hat der **Untersuchungsausschuss** zu treffen. Dabei mag es verfassungspolitisch angezeigt sein, um zu verhindern, dass die Ausschussmehrheit »ihre« Auskunftspersonen schützt, für die Feststellung eine **qualifizierte Mehrheit**, wie dies in den Untersuchungsausschussgesetzen der Länder Schleswig-Holstein und Thüringen[53] der Fall ist. Verfassungsrechtlich zwingend ist dies indes nicht. Ebenso wenig dürfte der Betroffene ohne gesetzliche Anspruchsgrundlage einen Rechtsanspruch auf Mitteilung der Gründe haben, auf die sich die Feststellung der Betroffeneneigenschaft stützt.[54] Eine solche **Mitteilungspflicht** sehen die Untersuchungsausschussgesetze der Länder Baden-Württemberg,[55] Hamburg[56] und Sachsen[57] vor. Anders dürfte die Rechtslage dagegen unter dem Gesichtspunkt des **effektiven Rechtsschutzes** sein, wenn ein Untersuchungsausschussgesetz dem Betroffenen ein **Antragsrecht** auf Zubilligung des Betroffenenstatus einräumt[58] und der Antrag **abgelehnt** wird.

2. Einfachgesetzliche Festlegung

14 Während der Bund[59] und die Länder Berlin, Brandenburg, Bremen, Mecklenburg-Vorpommern, Nordrhein-Westfalen und Sachsen-Anhalt und ab der 16. Wahlperiode auch Rheinland-Pfalz in ihren Untersuchungsausschussgesetzen auf eine gesetzliche Festlegung des Betroffenenstatus **verzichtet** haben und daher »nur« Auskunftspersonen kennen,[60] finden sich in den übrigen Ländern entsprechende **Legaldefintionen**.[61] Diese weichen aber zum Teil voneinander ab.

Kohl, Die Rechtsstellung des Betroffenen nach Art. 44 Abs. 2 S. 1 GG und den entsprechenden Regelungen in den Länderverfassungen, 2001, S. 198 f.
52 *Beckedorf*, ZParl 20 (1989) 35 (42); *Gollwitzer*, BayVBl. 1982, 417 (420).
53 § 15 Abs. 1 S. 2 Halbs. 1 UAG Thür.; § 18 Abs. 1 S. 2 Halbs. 1 UAG SchlH.
54 SaarlVerfGH, Beschl. v. 2. 4. 2003, Az.: Lv 3/03, S. 8 ff. d. Umdrucks n.v.
55 § 19 Abs. 2 S. 2 UAG BadWürtt.
56 § 19 Abs. 2 S. 3 UAG Hbg.
57 § 19 Abs. 2 S. 2 UAG Sachs.
58 § 18 Abs. 1 S. 2 Halbs. 2 UAG SchlH.; § 15 Abs. 1 S. 2 Halbs. 2 UAG Thür.
59 Zu den Motiven s. *Wiefelspütz*, Das Untersuchungsausschussgesetz, 2003, S. 240 f.; krit. *Jung*, Fs Richter II (2006) S. 274 f.
60 Krit. dazu *Plöd*, Die Stellung des Zeugen in einem parlamentarischen Untersuchungsausschuss des Deutschen Bundestages, 2003, S. 114 f.
61 S.a. § 18 Abs. 1 IPA-Regeln.

So sind in **Baden-Württemberg**⁶² und **Sachsen**⁶³ Betroffene die Mitglieder der Regierung im Fall der Untersuchung zur Vorbereitung einer **Ministeranklage**, die Mitglieder des Landtags, wenn die Untersuchung ihre **Belastung oder Entlastung** zum Ziele hat,⁶⁴ die Richter, falls die Untersuchung der Vorbereitung einer **Richteranklage** dient und schließlich alle weiteren **Personen**, über die der Untersuchungsausschuss im **Bericht** eine **Äußerung** abgeben will, ob eine **persönliche Verfehlung** vorliegt.⁶⁵ Die Feststellung, wer Betroffener ist, trifft der Untersuchungsausschuss. Er hat den Betroffenen sofort über seine Entscheidung und deren Gründe zu unterrichten.⁶⁶

In **Bayern** findet sich eine differenzierte Regelung. Danach ist auch ein Betroffener grundsätzlich als Zeuge zu vernehmen.⁶⁷ Geht aber aus dem Untersuchungsauftrag eindeutig hervor, dass sich die Untersuchung ausschließlich oder ganz überwiegend gegen eine bestimmte Person richtet, so darf diese Person nicht als Zeuge vernommen werden, sondern ist nach Art eines **Beschuldigten** anzuhören.⁶⁸ Diese Voraussetzung sieht das Gesetz insbesondere gegeben, wenn die Untersuchung mit dem Ziel eingeleitet ist, die Beschlussfassung über eine **Anklage gegen Mitglieder der Staatsregierung oder gegen Abgeordnete** vorzubereiten.⁶⁹ Diese Feststellung trifft auch hier der Untersuchungsausschuss.⁷⁰

Nach dem Gesetz über die Untersuchungsausschüsse der **Hamburger Bürgerschaft** sind Betroffene natürliche Personen, über die der Untersuchungsausschuss in seinem Bericht **wertende Äußerungen** abgeben will.⁷¹ Die Feststellung trifft auf Antrag eines Mitglieds der Untersuchungsaus-

---

62 S. dazu Gutachten der Landtagsverwaltung Baden-Württemberg, Anlage zum Bericht des FlowTex-Untersuchungsausschusses, LT-Drucks. 13/4850, S. 1150 f.
63 Vgl. zur Verurteilung eines nicht förmlich anerkannten Betroffenen, LG Dresden, StraFo 2009, 117.
64 Krit. hierzu, weil politisches Fehlverhalten nicht ausreiche, *Weisgerber*, Das Beweiserhebungsverfahren parlamentarischer Untersuchungsausschüsse des Deutschen Bundestages, 2003, S. 261; krit. zur Regelung in Sachsen auch *Peters*, StraFo 2009, 96 (98 f.).
65 § 19 Abs. 1 Nr. 1 bis 4 UAG BadWürtt.; § 19 Abs. 1 Nr. 1 bis 4 UAG Sachs.; krit. hierzu, da zu weit gefasst, *Weisgerber*, Das Beweiserhebungsverfahren parlamentarischer Untersuchungsausschüsse des Deutschen Bundestages, 2003, S. 262.
66 § 19 Abs. 2 UAG BadWürtt.; § 19 Abs. 2 UAG Sachs.; s.a. *Jekewitz*, Fs. Partsch (1989) S. 418.
67 Art. 13 Abs. 1 S. 1 UAG Bay.
68 Art. 13 Abs. 1 S. 2, Abs. 2 UAG Bay.; s. dazu *Gollwitzer*, BayVBl. 1982, 417 (419 f.); krit. *Weisgerber*, Das Beweiserhebungsverfahren parlamentarischer Untersuchungsausschüsse des Deutschen Bundestages, 2003, S. 261.
69 Art. 13 Abs. 1 S. 3 Halbs. 2 UAG Bay.
70 Art. 13 Abs. 1 S. 3 Halbs. 1 UAG Bay.
71 § 19 Abs. 1 UAG Hbg.

schuss.[72] **Antragsberechtigt** ist auch eine Person, die geltend macht, die Voraussetzungen der materiellen Betroffenheit lägen in ihrer Person vor.[73] Der Untersuchungsausschuss hat die Person über seine Entscheidung unter Mitteilung der Gründe zu unterrichten.[74]

18 In **Rheinland-Pfalz** ist mit Beginn der 16. Wahlperiode ab 18. Mai 2011 der Status des Betroffenen abgeschafft. Begründet wurde dies mit einem Beitrag zu mehr Rechtssicherheit und Rechtsklarheit sowie mit einer Vereinfachung des Untersuchungsausschussrechts.[75]

19 Im **Saarland** sind Betroffene eines parlamentarischen Untersuchungsverfahrens zum einen **Abgeordnete und Regierungsmitglieder**, wenn die Untersuchungen ihre Belastung oder Entlastung zum Ziel haben.[76] Ferner erhalten den Betroffenenstatus Personen, bei denen sich aus dem **Untersuchungsauftrag** oder aus dem **Verlauf der Untersuchung** ergibt, dass die Untersuchung sich ausschließlich oder ganz überwiegend auf sie bezieht.[77] Die Feststellung, wer Betroffener ist, trifft der Untersuchungsausschuss.[78]

20 In **Schleswig-Holstein** sind Betroffene natürliche und juristische Personen, gegen die sich nach dem Sinn des Untersuchungsgegenstandes die Untersuchung richtet.[79] Die Feststellung trifft der Untersuchungsausschuss auf Antrag eines Mitglieds mit einer Mehrheit von **zwei Dritteln** seiner Mitglieder.[80] **Antragsberechtigt** sind auch natürliche und juristische Personen, die geltend machen, dass bei ihnen die Voraussetzungen der Betroffenheit im Sinne der gesetzlichen Regelung vorliegen.[81]

21 In **Thüringen** sind Betroffene natürliche und juristische Personen, gegen die sich nach dem Sinn des Untersuchungsauftrages **die Untersuchung richtet**.[82] Die Feststellung trifft der Untersuchungsausschuss auf Antrag eines Mitglieds oder der Landesregierung mit einer Mehrheit von **zwei Dritteln** seiner Mitglieder.[83] **Antragsberechtigt** sind auch natürliche und juristische Personen, die geltend machen, dass bei ihnen die Voraussetzungen der Betroffenheit im Sinne der gesetzlichen Regelung vorliegen.[84]

---

72 § 19 Abs. 2 S. 1 UAG Hbg.
73 § 19 Abs. 2 S. 2 UAG Hbg.
74 § 19 Abs. 2 S. 3 UAG Hbg.
75 Vgl. Begründung des Gesetzentwurf, LT-Drucks. 15/4673, S. 4.
76 § 54 Abs. 1 Nr. 1 LTG Saarl.
77 § 54 Abs. 1 Nr. 2 LTG Saarl.
78 § 54 Abs. 2 LTG Saarl.
79 § 18 Abs. 1 S. 1 UAG SchlH.
80 § 18 Abs. 1 S. 2, Halbs. 1 UAG SchlH.
81 § 18 Abs. 1 S. 2, Halbs. 2 UAG SchlH.; s.a. *Wuttke*, in: v. Mutius/Wuttke/Hübner, Art. 18 Rn. 27.
82 § 15 Abs. 1 S. 1 UAG Thür.
83 § 15 Abs. 1 S. 2, Halbs. 1 UAG Thür.
84 § 15 Abs. 1 S. 2, Halbs. 2 UAG Thür.

II. Rechtliche Stellung

1. Verfassungsrechtliche Vorgaben

Soweit der Gesetzgeber im Bund und in einigen Ländern[85] keine **ausdrücklichen** Regelungen zum Status und zu den Rechten eines materiell Betroffenen geschaffen hat, ist diesem nur ein Minimum an rechtsstaatlichen Garantien verbürgt.[86] Zu diesem Mindeststandard zählen sowohl der Grundsatz des **rechtlichen Gehörs** als auch das Gebot des **fairen Verfahrens**.[87] Der Gesetzgeber kann selbstredend über diese Mindestgarantien **hinausgehen** und hat dies in einigen Untersuchungsausschussgesetzen auch getan.[88] Ihm sind dann allerdings insoweit wieder Grenzen gesetzt, als die Funktionsfähigkeit des ebenfalls verfassungskräftig garantierten parlamentarischen Untersuchungsrechts nicht **gefährdet** werden darf.

22

Dem Betroffenen dürfte von Verfassungs wegen, anders als dem bloßen Zeugen,[89] ein Recht auf **Anwesenheit** während der **öffentlichen Beweisaufnahme** zuzubilligen sein. Denn nur so kann er sich ein Bild von der Beweisaufnahme machen.[90] Dies dürfte grundsätzlich auch für die **nicht öffentliche Beweisaufnahme** gelten.[91] Zwar sollte der Kreis der beteiligten Personen möglichst klein gehalten,[92] aber gleichwohl der Möglichkeit des Betroffenen, sich einen unmittelbaren Eindruck von der Beweisaufnahme zu verschaffen,

23

---

85 S.o. Rdn. 14 ff.
86 OVG NRW, NVwZ 1987, 606 (607 f.); *W. Richter*, Privatpersonen im parlamentarischen Untersuchungsausschuss, 1991, S. 98; *Wohlers*, NVwZ 1994, 40 (41), *Weisgerber*, Das Beweiserhebungsverfahren parlamentarischer Untersuchungsausschüsse des Deutschen Bundestages, 2003, S. 266; *Di Fabio*, Rechtsschutz im parlamentarischen Untersuchungsverfahren, 1988, S. 63 f.
87 *Weisgerber*, Das Beweiserhebungsverfahren parlamentarischer Untersuchungsausschüsse des Deutschen Bundestages, 2003, S. 240; *Beckedorf*, ZParl 20 (1989) 35 (44); *W. Richter*, Privatpersonen im parlamentarischen Untersuchungsausschuss, 1991, S. 98; *Damkowski*, ZRP 1988, 340 (343); ähnl. *Morlok*, in: Dreier II, Art. 44 Rn. 47; s. i.E. o. § 22 Rdn. 1 ff.; *Wiegand-Hoffmeister*, in: Litten/Wallerath, Art. 34 Rn. 23.
88 S. dazu i.E. u. Rdn. 34 ff.
89 S.o. § 22 Rdn. 9.
90 *Schleich*, Das parlamentarische Untersuchungsrecht des Bundestages, 1985, S. 51; *Müller-Boysen*, Die Rechtsstellung des Betroffenen vor dem parlamentarischen Untersuchungsausschuss, 1980, S. 82 f.; *Weisgerber*, Das Beweiserhebungsverfahren parlamentarischer Untersuchungsausschüsse des Deutschen Bundestages, 2003, S. 240; *Kohl*, Die Rechtsstellung des Betroffenen nach Art. 44 Abs. 2 S. 1 GG und den entsprechenden Regelungen in den Länderverfassungen, 2001, S. 214.
91 A.A. OVG Hbg, Beschl. V. 3. 2. 2010 – 5 Bs 16/10, Entscheidungsumdruck S. 6 f.; OVG NRW, NVwZ 1987, 606 (608).
92 So a. die Begr. d. OVG NRW, NVwZ 1987, 606 (608).

idR der Vorrang eingeräumt werden. Denn die **nachträgliche Information** durch den Vorsitzenden, die zwangsläufig subjektiv geprägt ist, dürfte den unmittelbaren Eindruck nicht hinreichend ersetzen, zumal der Betroffene dann nur noch verspätet reagieren kann.[93] Eine **Ausnahme** ist gleichwohl jedenfalls dann zu machen, wenn die **Abwesenheit** des Betroffenen zur Erlangung der wahrheitsgemäßen Aussage eines Zeugen zwingend erscheint.[94]

24 Dagegen dürfte der Betroffene **kein Anwesenheitsrecht** bei den nicht öffentlichen **Beratungssitzungen** haben. Denn dieses Recht steht ihm auch im gerichtlichen Verfahren nicht zu. Es gehört folglich nicht zum Mindeststandard verfahrensrechtlicher Garantien.

25 Eine **Anwesenheitspflicht** besteht von Verfassungs wegen nicht.[95] Denn in der Konsequenz müsste dann auch das Recht der Vorführung bestehen, damit sich der Untersuchungsausschuss einen persönlichen Eindruck von dem Betroffenen machen kann. Das ist für die **Wahrheitserforschung** aber regelmäßig nicht erforderlich, da der Untersuchungsausschuss nicht über den Betroffenen urteilen, sondern einen Sachverhalt unter politischen Gesichtspunkten bewerten soll.[96]

26 Ebenso wenig hat der Betroffene Anspruch auf ein **Frage- und Beweisantragsrecht**. Denn auch diese Rechte zählen nicht zu den verfahrensrechtlichen Mindeststandards, die sich unmittelbar aus verfassungsrechtlichen Grundsätzen des rechtlichen Gehörs oder des Rechts auf ein faires Verfahren ableiten lassen.[97]

27 Der Betroffene hat keinen Anspruch auf **Akteneinsicht**.[98] Zwar ziehen parlamentarische Untersuchungsausschüsse regelmäßig eine Vielzahl von

---

93 *Weisgerber*, Das Beweiserhebungsverfahren parlamentarischer Untersuchungsausschüsse des Deutschen Bundestages, 2003, S. 241; *Beckedorf*, ZParl 20 (1989) 35 (45); a.A. OVG NRW, NVwZ 1987, 606 (608).
94 *Weisgerber*, Das Beweiserhebungsverfahren parlamentarischer Untersuchungsausschüsse des Deutschen Bundestages, 2003, S. 241.
95 *Kohl*, Die Rechtsstellung des Betroffenen nach Art. 44 Abs. 2 S. 1 GG und den entsprechenden Regelungen in den Länderverfassungen, 2001, S. 214 f.
96 *Kohl*, Die Rechtsstellung des Betroffenen nach Art. 44 Abs. 2 S. 1 GG und den entsprechenden Regelungen in den Länderverfassungen, 2001, S. 215 f.; a.A. *Gollwitzer*, BayVBl. 1982, 417 (421).
97 A.A. *Buchholz*, Der Betroffene im parlamentarischen Untersuchungsausschuss, 1990, S. 126 f.; *Müller-Boysen*, Die Rechtsstellung des Betroffenen vor dem parlamentarischen Untersuchungsausschuss, 1980, S. 85; wie hier dagegen *Schleich*, Das parlamentarische Untersuchungsrecht des Bundestages, 1985, S. 51; *Weisgerber*, Das Beweiserhebungsverfahren parlamentarischer Untersuchungsausschüsse des Deutschen Bundestages, 2003, S. 244; *Beckedorf*, ZParl 20 (1989) 35 (44); *Gollwitzer*, BayVBl. 1982, 417 (423); s.a. OVG NRW, NVwZ 1987, 606 (607 f.).
98 *Kohl*, Die Rechtsstellung des Betroffenen nach Art. 44 Abs. 2 S. 1 GG und den entsprechenden Regelungen in den Länderverfassungen, 2001, S. 218 f.

Akten bei,[99] die für das Verfahren wesentliche Tatsachen enthalten können. Die wesentlichen Ermittlungen erfolgen im Untersuchungsverfahren jedoch **während** der Beweiserhebung in den Sitzungen des Untersuchungsausschusses. In diesen Sitzungen, in denen die Akten grundsätzlich **durch Verlesung** einzuführen sind,[100] ist der Betroffene anwesend.[101] Nur so weit auf eine Verlesung verzichtet wird, weil die Mitglieder des Untersuchungsausschusses den jeweiligen Inhalt kennen, muss auch der Betroffene die Möglichkeit der Kenntnisnahme erhalten.

Aus dem Anspruch auf ein faires Verfahren – und nicht aus dem Anspruch auf rechtliches Gehör[102] – folgt, dass es dem Betroffenen freisteht, sich in jedem Stadium des Verfahrens eines **Rechtsbeistandes** zu bedienen.[103] Dies ist allerdings keine Besonderheit, die sich mit dem Betroffenenstatus verbindet.[104]   28

Die Anwendbarkeit des **Auskunftsverweigerungsrechtes** nach § 55 StPO über Art. 44 Abs. 2 S. 1 GG und die entsprechenden landesverfassungsrechtlichen Bestimmungen ist **allgemein anerkannt**. Jede Auskunftsperson darf im parlamentarischen Untersuchungsverfahren die Antwort auf solche Fragen verweigern, deren Beantwortung sie der Gefahr aussetzt, wegen einer Straftat oder Ordnungswidrigkeit verfolgt zu werden. Selbstredend steht dieses Auskunftsverweigerungsrecht dann auch dem **Betroffenen** zu.[105] So wenig der Betroffenenstatus mit moralischem oder politischem Fehlverhalten begründet werden kann,[106] so berechtigt ein solches Fehlverhalten auch nicht zur Aussageverweigerung.[107]   29

---

99 S.o. § 17 zu Umfang u. Grenzen.
100 S. i.E. o. § 17 Rdn. 43 ff.; *Kohl*, Die Rechtsstellung des Betroffenen nach Art. 44 Abs. 2 S. 1 GG und den entsprechenden Regelungen in den Länderverfassungen, 2001, S. 164 f.
101 Wie hier *Weisgerber*, Das Beweiserhebungsverfahren parlamentarischer Untersuchungsausschüsse des Deutschen Bundestages, 2003, S. 246 f.; a.A. *Müller-Boysen*, Die Rechtsstellung des Betroffenen vor dem parlamentarischen Untersuchungsausschuss, 1980, S. 83 f.; *Beckedorf*, ZParl 20 (1989) 35 (45).
102 BVerfGE 38, 105 (118).
103 SaarlVerfGH, DVBl. 2003, 664 (665) m. zust. Anm. *Brocker*; VG Hamburg, NVwZ 1987, 1568 ff.; *Buchholz*, Der Betroffene im parlamentarischen Untersuchungsausschuss, 1990, S. 147; *Weisgerber*, Das Beweiserhebungsverfahren parlamentarischer Untersuchungsausschüsse des Deutschen Bundestages, 2003, S. 247; *Kohl*, Die Rechtsstellung des Betroffenen nach Art. 44 Abs. 2 S. 1 GG und den entsprechenden Regelungen in den Landesverfassungen, 2001, S. 222 f.; *Beckedorf*, ZParl 20 (1989) 35 (47); *Müller-Boysen*, Die Rechtsstellung des Betroffenen vor dem parlamentarischen Untersuchungsausschuss, 1980, S. 86 f.
104 S.o. § 22 Rdn. 10 ff.
105 *Di Fabio*, Rechtsschutz im parlamentarischen Untersuchungsverfahren, 1988, S. 48 f.; s.a. o. § 22 Rdn. 4 f.
106 S.o. Rdn. 11.
107 *Peters*, StraFo 2009, 96 (100).

Teil 4 Beweiserhebung

30 Zweifelhaft ist aber, ob dies der **besonderen Situation** des Betroffenen gerecht wird. Zwar kann sich auch nach der sog. **Mosaiktheorie** das Auskunftsverweigerungsrecht eines Zeugen zu einem **umfassenden Schweigerecht** ausweiten, wenn »nichts übrig bleibt, was er ohne Gefahr strafrechtlicher Verfolgung bezeugen könnte.«[108] Die Rechtsprechung betont jedoch zugleich den **Ausnahmecharakter** eines solchen aus § 55 StPO abgeleiteten umfassenden Schweigerechts.[109] Hinzu kommt, dass das Auskunftsverweigerungsrecht **ausdrücklich** geltend gemacht werden muss, während es einem Beschuldigten erlaubt ist, belastende Tatsachen einfach **schweigend zu übergehen**.[110] Im Grunde käme es daher einem **erzwungenen Geständnis** gleich, wenn der Betroffene die Aussage unter Berufung auf sein Auskunftsverweigerungsrecht verweigerte.[111]

31 Aus dem **Nemo-tenetur-Prinzip** unmittelbar[112] und nicht aus einer entsprechenden Anwendung des § 136 Abs. 1 S. 2 StPO, folgt daher ein umfassendes Schweigerecht des Betroffenen, wenn sich dem parlamentarischen Untersuchungsverfahren ein **Strafverfahren** oder anderes **rechtlich geordnetes Verfahren** anschließt[113] oder parallel zum Untersuchungsverfahren bereits stattfindet.[114] Denn in diesem Verfahren hätte er das Recht zu schwei-

---

108 BGHSt 10, 104 (105)
109 BGH, NJW 1989, 2703; BGH, MDR 1994, 929 f.; s.a. *Friedrich*, Der parlamentarische Untersuchungsausschuss – Entwicklung, Stellung und Kompetenzen, 1990, S. 169 f.
110 *Buchholz*, Der Betroffene im parlamentarischen Untersuchungsausschuss, 1990, S. 104; *Weisgerber*, Das Beweiserhebungsverfahren parlamentarischer Untersuchungsausschüsse des Deutschen Bundestages, 2003, S. 255; *Kohl*, Die Rechtsstellung des Betroffenen nach Art. 44 Abs. 2 S. 1 GG und den entsprechenden Regelungen in den Landesverfassungen, 2001, S. 181.
111 *Friedrich*, Der parlamentarische Untersuchungsausschuss – Entwicklung, Stellung und Kompetenzen, 1990, S. 169; *Kohl*, Die Rechtsstellung des Betroffenen nach Art. 44 Abs. 2 S. 1 GG und den entsprechenden Regelungen in den Landesverfassungen, 2001, S. 189 f.; *Wagner*, GA 1976, 257 (269 f.); *Rinck*, DVBl. 1964, 706 (707).
112 Zu den verfassungsrechtlichen Grundlagen der Selbstbelastungsfreiheit s. *Kerbein*, Individuelle Selbstbelastungsfreiheit versus parlamentarisches Aufklärungsinteresse, 2004, S. 29 ff.
113 S. zur Verurteilung eines nicht förmlich anerkannten »Betroffenen« wegen falscher uneidlicher Aussage vor einem Untersuchungsausschuss, LG Dresden, SraFo 2009, 117.
114 *Buchholz*, Der Betroffene im parlamentarischen Untersuchungsausschuss, 1990, S. 106 f.; *Friedrich*, Der parlamentarische Untersuchungsausschuss – Entwicklung, Stellung und Kompetenzen, 1990, S. 169 f.; *Weisgerber*, Das Beweiserhebungsverfahren parlamentarischer Untersuchungsausschüsse des Deutschen Bundestages, 2003, S. 256 f.; *Beckedorf*, ZParl 20 (1989) 35 (48 f.); a.A. *Di Fabio*, Rechtsschutz im parlamentarischen Untersuchungsverfahren, 1988, S. 48 f.; *W. Richter*, Privatpersonen im parlamentarischen Untersuchungsausschuss, 1991,

gen, weil die Wahrheitssuche nicht um jeden Preis erfolgen darf.[115] Dieses Schweigerecht wäre jedoch praktisch bedeutungslos, wenn er im Untersuchungsverfahren dem **Zeugniszwang** ausgesetzt wäre oder durch sein **partielles Schweigen** Anhaltspunkte etwa für straf- oder disziplinarrechtliche Ermittlungen geben würde.[116] So hielt es auch der Flick-Untersuchungsausschuss aus rechtsstaatlichen Gründen für erforderlich, denjenigen Zeugen, gegen die zum Zeitpunkt der Vernehmung vor dem Untersuchungsausschuss ein Strafverfahren anhängig war, ein **Schweigerecht**, wenn auch gestützt auf § 136 Abs. 1 S. 2 StPO, zu gewähren.[117] Andere Untersuchungsausschüsse billigten ebenfalls ohne förmliche Feststellung eines Betroffenenstatus bei materieller Betroffenheit der Auskunftsperson ein umfassendes Schweigerecht zu.[118] Dieses umfassende Schweigerecht muss dem Betroffenen in Anlehnung an die sogenannte Mosaik-Theorie des Bundesgerichtshofs[119] selbstredend »vorverlagert« auch dann zustehen, wenn noch kein Strafverfahren gegen ihn läuft, aber auf Grund wahrheitsgemäßer Aussagen im Untersuchungsausschuss zumindest der **Anfangsverdacht** für die Einleitung eines Ermittlungsverfahrens gegeben würde. Eine Ausdehnung des Nemo-Tenetur-Prinzips auf außerstrafrechtliche und vergleichbare Vorwürfe würde den Grundsatz allerdings überdehnen und die Effektivität des parlamentarischen Untersuchungsverfahrens deutlich schwächen.[120]

Alternativ zu einem Aussageverweigerungsrecht ließe sich mit Blick auf die Funktionsfähigkeit des Untersuchungsausschusses auch an ein **Verwertungsverbot** der vor dem Untersuchungsausschuss gemachten Aussage denken. Das Bundesverfassungsgericht hat dies in seinem so genannten **Gemein-** 32

S. 98; *Lucke*, Strafprozessuale Schutzrechte und parlamentarische Aufklärung in Untersuchungsausschüssen mit strafrechtlich relevantem Verfahrensgegenstand, 2009, S. 174 ff., 197.

115 *Jung*, Fs Richter II (2006) S. 270.
116 *Weisgerber*, Das Beweiserhebungsverfahren parlamentarischer Untersuchungsausschüsse des Deutschen Bundestages, 2003, S. 256 f.; *Buchholz*, Der Betroffene im parlamentarischen Untersuchungsausschuss, 1990, S. 106 f.; *Friedrich*, Der parlamentarische Untersuchungsausschuss – Entwicklung, Stellung und Kompetenzen, 1990, S. 169 f.; *Peters*, StraFo 2009, 96 (97); *Beckedorf*, ZParl 20 (1989) 35 (48 ff.); *Gollwitzer*, BayVBl. 1982, 417 (420); *Quaas/Zuck*, NJW 1988, 1873 (1877).
117 S. Abschlussbericht des »Flick-Untersuchungsausschusses«, BT-Drucks. 10/5079, S. 7; ebenso *Peters*, StraFo 2009, 96 (101).
118 Abschlussbericht »Transnuklear-Untersuchungsausschuss«, BT-Drucks. 11/7800, S. 31; Abschlussbericht »U-Boot-Untersuchungsausschuss«, BT-Drucks. 11/8109, S. 19.
119 Vgl. o. § 21 Rdn. 13.
120 *Lucke*, Strafprozessuale Schutzrechte und parlamentarische Aufklärung in Untersuchungsausschüssen mit strafrechtlich relevantem Verfahrensgegenstand, 2009, S. 175 ff.

schuldner-Beschluss für das Insolvenzverfahren damit begründet, dass in den Fällen der gesetzlich zulässig auferlegten Selbstbezichtigungspflicht, in denen das einfache Recht nicht schon von sich aus ein Beweisverwertungsverbot vorsehe, ein aus dem allgemeinen Persönlichkeitsrecht (Art. 2 Abs. 1 GG) abzuleitendes Beweisverwertungsverbot bezüglich anderer Verfahren bestehe.[121] Dem hat der Gesetzgeber für **das Insolvenzrecht** in § 97 Abs. 1 S. 3 InsO inzwischen ausdrücklich Rechnung getragen.[122] Ob aber ohne ausdrücklich einfachgesetzliche Regelungen[123] dies auch für das Untersuchungsverfahren angenommen werden kann,[124] ist fraglich. Jedenfalls bleibt de lege lata der materiell Betroffene der Gefahr der Strafverfolgung oder sonstigen rechtlichen Verfolgung bei wahrheitsgemäßer Beantwortung ausgesetzt. De lege ferenda könnte ein solches Verwertungs- oder besser noch Verwendungsverbot[125] durchaus zur Sicherung eines **funktionsfähigen Untersuchungsverfahrens** und zugleich zum **Schutz des Betroffenen** beitragen.[126] Dagegen werden allerdings, ebenso wie gegen eine Immunitäts- oder Kronzeugenlösung verfassungsrechtliche Bedenken geäußert.[127]

33 Aus den vorstehenden Überlegungen folgt, dass nach sinngemäßer Anwendung des § 60 Nr. 2 StPO auch eine **Vereidigung des Betroffenen**, soweit das jeweilige Untersuchungsausschussgesetz sie überhaupt für Auskunftspersonen vorsieht,[128] nicht zulässig ist.[129] Ferner ist fraglich, ob sich der Betroffene der Verletzung der Wahrheitspflicht gemäß §§ 153 ff. StGB strafbar machen kann.[130]

---

121 BVerfGE 56, 37 ff.; s.a. *Kerbein*, Individuelle Selbstbelastungsfreiheit versus parlamentarisches Aufklärungsinteresse, 2004, S. 57 ff.; *Danckert*, ZRP 2000, 476 (477 f.).
122 S. a. o. § 21 Rdn. 22.
123 Zu möglichen Regelung betr. Beweisverwertungsverbote, s. *Kölbel/Morlok*, ZRP 2000, 217 (220); *Danckert*, ZRP 2000, 476 (479).
124 So *Kramer*, ZRP 2001, 386 (387); a.A. *Wolf*, Parlamentarischer Untersuchungsausschuss und Strafjustiz, 2005 S. 179 f.
125 Dies hätte zur Konsequenz, dass die Aussage auch nicht zum Anlass weiterer Ermittlungen genommen werden dürfte; s.a. *Kerbein*, Individuelle Selbstbelastungsfreiheit versus parlamentarisches Aufklärungsinteresse, 2004, S. 62 f.; *Wolf*, Parlamentarischer Untersuchungsausschuss und Strafjustiz, 2005 S. 167.
126 Krit. dagegen *Wiefelspütz*, ZG 2003, 35 (54 f.); Wolf, ZParl 2005, 876 (884 f.), der eine Übertragung der Grundsätze der Gemeinschuldnerentscheidung allenfalls für politisch Verantwortliche sieht.
127 *Kerbein*, Individuelle Selbstbelastungsfreiheit versus parlamentarisches Aufklärungsinteresse, 2004, S. 164 ff.
128 S. zur Vereidigung u. § 24 Rdn. 1 ff. sowie zur Strafbarkeit des Meineids § 24 Rdn. 9 ff.
129 So a. BGHSt 17, 128 (132 ff.); *Beckedorf*, ZParl 20 (1989) 35 (51 f.); *Rixen*, JZ 2002, 435 (439 f.).
130 Zweifelnd OLG Köln, NJW 1988, 2486 (2487); eindeutig verneinend OLG Schleswig, Beschl. V. 17. 12. 1990,- 2 Ws 305/90; ebenso *Peters*, StraFo 2009, 96 (101 f.) und *Beckedorf*, ZParl 20 (1989) 35 (41).

2. Regelungen in den Untersuchungsausschussgesetzen[131]

So weit die Länder in ihren Untersuchungsausschussgesetzen den Status eines Betroffenen **formell** anerkannt haben,[132] sind die Rechte allerdings **unterschiedlich** ausgestaltet. 34

Baden-Württemberg und Sachsen: Nach den gesetzlichen Regelungen in Baden-Württemberg und Sachsen ist dem Betroffenen zeitlich vor den Zeugen Gelegenheit für eine zusammenhängende Sachdarstellung zu geben. Er hat das **Recht der Anwesenheit** bei der Beweisaufnahme. Der Betroffene ist verpflichtet, auf Ladung des Ausschusses **zu erscheinen** und grundsätzlich zur **Aussage** verpflichtet. Der Betroffene hat zunächst die Aussageverweigerungsrechte wie Zeugen, kann aber darüber hinaus die **Auskunft** auch auf solche Fragen verweigern, deren wahrheitsgemäße Beantwortung ihn oder einen seiner Angehörigen dem Vorwurf einer strafrechtlichen, dienstrechtlichen, berufsrechtlichen oder standesrechtlichen Verfehlung aussetzen würde. Über dieses Aussageverweigerungsrecht ist der Betroffene zu belehren. Der Betroffene hat die sein Aussageverweigerungsrecht rechtfertigenden Tatsachen **glaubhaft** zu machen. Er kann sich ferner eines **Beistandes** bedienen. Sowohl er als auch sein Beistand können von den nicht öffentlichen Beweiserhebungen ausgeschlossen werden, wenn Gründe der Sicherheit des Staates ihrer Anwesenheit entgegenstehen oder wenn es zur Erlangung einer wahrheitsgemäßen Aussage erforderlich erscheint. Der Vorsitzende hat den Betroffenen, sobald er wieder vorgelassen ist, über den **wesentlichen Inhalt** dessen zu unterrichten, was während seiner Abwesenheit ausgesagt oder sonst verhandelt worden ist, soweit nicht Gründe der Sicherheit des Staates entgegenstehen. Erhält jemand erst im Verlauf der Untersuchung die Rechtsstellung eines Betroffenen, bleiben alle vor dieser Feststellung durchgeführten Untersuchungshandlungen wirksam. Der Betroffene ist allerdings grundsätzlich über deren **Ergebnisse** zu unterrichten.[133] 35

Bayern: In Bayern ist die gesetzliche Regelung knapp gefasst, denn es heißt darin lapidar, stelle der Untersuchungsausschuss fest, dass eine Person **nicht** als Zeuge vernommen werden dürfe, so sei sie nach der **Art eines Beschuldigten** anzuhören.[134] Diese Regelung dürfte so zu verstehen sein, dass dem materiell Betroffenen die Rechte eines Beschuldigten im Strafverfahren zukommen, ihm insbesondere also auch ein umfassendes Schweigerecht 36

---

131 S.a. § 18 Abs. 3 IPA-Regeln.
132 S. i.E. o. Rdn. 14 ff.; fragl. *Neumann*, Art. 105 Rn. 31: Dem Untersuchungsausschuss bleibt es (auch ohne gesetzliche Grundlage) unbenommen, einer Person einen Betroffenenstatus einzuräumen.
133 S. dazu i.E. § 19 Abs. 3 bis 8 UAG BadWürtt.; § 19 Abs. 3 bis 8 UAG Sachs.; ebenso § 18 Abs. 3 IPA-Regeln.
134 Art. 13 Abs. 2 UAG Bay.

zusteht.[135] Außerdem treffen den Betroffenen nicht die Pflichten eines Zeugen, wie beispielsweise die Wahrheitspflicht.[136]

37   **Hamburg:** Nach dem Untersuchungsausschussgesetz in Hamburg ist einem Betroffenen zeitlich vor Zeugen und Sachverständigen Gelegenheit zu einer **zusammenhängende Darstellung** zu geben. Der Untersuchungsausschuss kann die Betroffenen befragen. Wie Zeugen hat der Betroffene das Recht, einen **Beistand** hinzuzuziehen. Ein Beistand, der für mehrere Betroffene auftritt, kann zurückgewiesen werden, wenn der Untersuchungszweck oder schutzwürdige Interessen einer oder eines Beteiligten es erfordern.[137] Besondere weiter gehende Rechte sind mit dieser Rechtsstellung daher nicht verbunden.[138] Insbesondere hat der Betroffene nach Auffassung des Hamburgischen Oberverwaltungsgerichts keinen Anspruch auf Teilnahme an einer Beweisaufnahme in nichtöffentlicher Sitzung.[139] Ebenso wird ein (zeitweiser) Ausschluss des Betroffenen von der Beweisaufnahme in öffentlicher Sitzung als zulässig angesehen, sofern Zeugen zu demselben Beweisthema befragt werden sollen wie der Betroffene und seine Befragung noch nicht abgeschlossen wurde.[140] Erhält jemand erst im **Verlauf der Untersuchung** die Stellung als betroffene Person, bleiben alle vor der Feststellung durchgeführten Untersuchungshandlungen wirksam. Der Betroffene ist über die wesentlichen Untersuchungshandlungen und deren Ergebnisse zusammengefasst zu unterrichten, soweit sie sich auf sie beziehen und überragende Interessen der Allgemeinheit oder überwiegende Interessen Einzelner nicht entgegenstehen.[141] Schließlich erhält der Betroffene auf Verlangen **Einsicht in die Niederschrift** seiner eigenen Ausführungen.[142]

38   In Rheinland-Pfalz ist der Status des Betroffenen nur noch bis zum 18. Mai 2011, dem Ende der 15. Wahlperiode des Landtags, vorgesehen. Inhaltlich entsprechen die Regelungen bis zu diesem Zeitpunkt den Bestimmungen in Thüringen.[143]

39   **Saarland:**[144] Nach dem saarländischen Landtagsgesetz soll dem Betroffenen zeitlich vor den Zeugen Gelegenheit zu einer **zusammenhängenden Sachdar-**

---

135 *Jung*, Fs. Richter II (2006), S. 268 f.; *Gollwitzer*, BayVBl. 1982, 417 (421); *Schweiger*, in: ders./Knöpfle, Art. 25 Rn. 10.
136 BayVerfGH, DÖV 2007, 338 (340); zurückhaltender *Möstl*, in: Lindner/Möstl/Wolf, Art. 25 Rn. 18.
137 S. i. E § 19 Abs. 3 bis 6 UAG Hbg.; s.a. *Thieme*, Art. 25 Anm. 7 d.
138 *Thieme*, Art. 25 Anm. 7 d hält ein Frage- und Antragsrecht trotz des Schweigens des Gesetzgebers nicht für ausgeschlossen.
139 OVGHbg., Beschl. V. 3. 2. 2010 – 5 Bs 16/10, Entscheidungsumdruck S. 7 f.
140 OVGHbg., Beschl. V. 3. 2. 2010 – 5 Bs 16/10, Entscheidungsumdruck S. 10 f.
141 § 19 Abs. 5 UAG Hbg.
142 § 30 Abs. 3 S. 1 UAG Hbg.
143 Vgl. LT-Drucks. 15/4673; GVBl. 2010, 297.
144 S. dazu *Jung*, Fs. Richter II (2006), S. 269, 273 f.

stellung gegeben werden. Seine Aussagepflicht und sein Aussageverweigerungsrecht entsprechen denen des Zeugen im Strafverfahren. Er hat ein **Beweisantrags- und Fragerecht** und das Recht der **Anwesenheit** bei der Beweisaufnahme. Er wird **nicht vereidigt**. Anders als die gesetzliche Regelung lautete, hat der Betroffene nach Auffassung des saarländischen Verfassungsgerichtshofs einen **Anspruch** auf Hinzuziehung eines Rechtsbeistands. Der Verfassungsgerichtshof hat daher die entgegenstehende gesetzliche Regelung, die dem Untersuchungsausschuss ein Ermessen einräumte, für nichtig erklärt.[145] Der Beistand hat allerdings **kein Rederecht**. Der Betroffene und der Beistand sind von der nicht öffentlichen Beweisaufnahme auszuschließen, wenn **Gründe der Staatssicherheit** ihrer Anwesenheit entgegenstehen oder wenn dies zur Erlangung einer wahrheitsgemäßen Aussage erforderlich erscheint. Der Vorsitzende hat den Betroffenen jedoch, sobald er wieder vorgelassen ist, von dem wesentlichen Inhalt dessen zu **unterrichten**, was während seiner Abwesenheit ausgesagt oder sonst verhandelt worden ist, soweit nicht Gründe der Staatssicherheit dem entgegenstehen. Ergibt sich erst im Verlauf der Untersuchung, dass jemand Betroffener ist, so sind vor der Beschlussfassung liegende Untersuchungshandlungen ebenso **wirksam** wie die Vernehmung des Betroffenen als Zeugen. Er ist allerdings entsprechend zu unterrichten und ihm ist Gelegenheit zur Stellungnahme zu geben.[146]

Schleswig-Holstein: Nach den gesetzlichen Regelungen in Schleswig-Holstein ist den Betroffenen zeitlich vor den Auskunftspersonen Gelegenheit zu einer **zusammenhängenden Sachdarstellung** zu geben. Sie haben das Recht auf **Anwesenheit** bei der Beweisaufnahme. Hält der Untersuchungsausschuss mit den Stimmen eines Fünftels seiner Mitglieder zur Aufklärung des Sachverhalts die Vernehmung der oder des Betroffenen als Auskunftsperson für erforderlich, so finden die Regelungen der Beweisaufnahme Anwendung. Der Betroffene hat ein **Beweisanregungs- und Fragerecht** und kann sich außerdem eines **Rechtsbeistandes** bedienen sowie Auskunftspersonen benennen. Der Betroffene und der Beistand sind von der nicht öffentlichen Beweisaufnahme auszuschließen, wenn Gründe der **Staatssicherheit** ihrer Anwesenheit entgegenstehen oder wenn dies zur Erlangung einer wahrheitsgemäßen Aussage erforderlich erscheint. Der Vorsitzende hat den Betroffenen jedoch, sobald er wieder vorgelassen ist, von der Beweisaufnahme zu **unterrichten** und ihm die ihn betreffenden Beschlüsse mitzuteilen, soweit nicht überragende Interessen der Allgemeinheit oder überwiegende Interessen Einzelner dem entgegenstehen. Ergibt sich erst im Verlauf der Untersuchung, dass jemand Betroffener ist, so sind

40

---

145 SaarlVerfGH, Beschl. v. 2. 4. 2003, Az.: Lv 6/02 n.v.; s.a. Verfahren zur einstweiligen Anordnung in dieser Sache, SaarlVerfGH, DVBl. 2003, 664 ff. mit zust. Anm. *Brocker*.
146 § 54 Abs. 3 und 4 LTG Saarl.

vor der Beschlussfassung liegende Untersuchungshandlungen **wirksam**. Er ist allerdings grundsätzlich entsprechend zu **unterrichten** und ihm ist Gelegenheit **zur Stellungnahme** zu geben.[147] Schließlich können Betroffene die Protokolle öffentlicher Sitzungen **einsehen** und kann der Untersuchungsausschuss im Übrigen dem Rechtsbeistand Akteneinsicht gewähren, wenn dies zur Wahrnehmung der Rechte des Betroffenen erforderlich ist und weder der Untersuchungszweck gefährdet erscheint noch überragende Belange des öffentlichen Wohls oder überwiegende Interessen Einzelner dem entgegenstehen.[148]

41 Thüringen: In Thüringen dürfen Betroffene als Zeugen vernommen werden. Sie haben allerdings das Recht, das **Zeugnis zu verweigern**, was als Aussageverweigerungsrecht zu verstehen ist.[149] Dies gilt nicht für Mitglieder der Landesregierung oder andere Amtsträger, soweit sich die Untersuchung auf ihre **Amtsführung** bezieht, für Angehörige des öffentlichen Dienstes, soweit von ihnen Auskunft über **dienstliche Vorgänge** einschließlich ihrer **eigenen Amtsführung** verlangt wird. Diese Einschränkung gilt auch für ehemalige Mitglieder der Landesregierung, ehemalige Amtsträger und ehemalige Angehörige des öffentlichen Dienstes entsprechend. Im Übrigen stehen den Betroffenen dieselben Zeugnis- und Auskunftsverweigerungsrechte wie einem Zeugen zu. Betroffene können, soweit dies zur Wahrnehmung ihrer Rechte erforderlich ist, auch an der nicht öffentlichen oder vertraulichen Beweisaufnahme teilnehmen sowie Fragen an die Zeugen und Sachverständigen stellen. Der Untersuchungsausschuss kann Betroffene von der Beweisaufnahme **ausschließen**, wenn zu befürchten ist, ein Zeuge werde in Gegenwart des Betroffenen nicht die Wahrheit sagen. Von nicht öffentlichen und vertraulichen Beweisaufnahmen können Betroffene außerdem ausgeschlossen werden, soweit Gründe der **Geheimhaltung** dies gebieten, Nach der Wiederzulassung zur Beweisaufnahme sind die Betroffenen über die in ihrer Abwesenheit erfolgte Beweisaufnahme und ergangenen Beschlüsse des Untersuchungsausschusses **zu unterrichten**, sofern nicht Geheimhaltungsgründe entgegenstehen. Der Ausschuss kann Betroffenen gestatten, sich zur Wahrnehmung ihrer Rechte eines **Rechtsbeistandes** zu bedienen. Des Weiteren ist dem Betroffenen auf dessen Verlangen zu gestatten, vor Beendigung der Beweisaufnahme zu ihn belastenden Tatbeständen **mündlich oder schriftlich** Stellung zu nehmen.[150] Schließlich kann der Betroffene die Protokolle öffentlicher Sitzungen **einsehen** und kann der Untersuchungsausschuss dem Rechtsbeistand Akteneinsicht gewähren, soweit dies zur Wahrnehmung der Rechte des Betroffenen erforder-

---

147 § 18 Abs. 2 bis 7 UAG SchlH.
148 § 26 Abs. 3 UAG SchlH.
149 *Kohl*, Die Rechtsstellung des Betroffenen nach Art. 44 Abs. 2 S. 1 GG und den entsprechenden Regelungen in den Landesverfassungen, 2001, S. 183 f.
150 S. i.E. § 15 Abs. 2 bis 5 UAG Thür.

lich. Ferner darf der Untersuchungszweck nicht gefährdet erscheinen und dürfen der Einsichtnahme nicht überwiegende schutzwürdige Interessen der Allgemeinheit oder anderer Personen entgegenstehen.[151]

Soweit in den Ländern Schleswig-Holstein[152] und Thüringen[153] als potenzielle Betroffene nicht nur natürliche, sondern auch **juristische Personen** genannt werden, stellt sich die Frage, wie der Begriff der juristischen Person zu verstehen ist. Sollte der Begriff im untechnischen Sinne zu verstehen sein, so würden neben vollrechtsfähigen Organisationen auch **teilrechtsfähige Organisationen** des Privatrechts erfasst, wie etwa die Gesellschaft bürgerlichen Rechts, die offene Handelsgesellschaft, die Kommanditgesellschaft oder die Partnerschaftsgesellschaft.[154] Dieser untechnische Begriff der juristischen Person liegt nach herrschender Lesart Art. 19 Abs. 3 GG zugrunde.[155] 42

Ein solch **weites Verständnis** ist im Rahmen des parlamentarischen Untersuchungsrechts allerdings nur dann gerechtfertigt, wenn der Rechtsgrund für die Zuerkennung des Betroffenenstatus, mithin die Frage nach der **materiellen Betroffenheit**, bei teilrechtsfähigen Personen(handels)gesellschaften ebenso vorliegen könnte wie bei juristischen Personen.[156] Da die materielle Betroffenheit nur dann vorliegt, wenn die Untersuchung schwerpunktmäßig die Aufklärung bezweckt, ob ein Fehlverhalten des eventuell Betroffenen vorliegt, das geeignet ist, gegen ihn **strafrechtliche oder andere staatliche Sanktionen** auszulösen, ist die großzügigere Lesart nur dann zu rechtfertigen, wenn hinsichtlich der sanktionsbewehrten Anschlussverfahren **kein Unterschied** zwischen den verschiedenen Organisationen besteht. Das ist – zumindest mit Blick auf die Regelung in **§ 30 Abs. 1 OWiG** – der Fall. Denn nach dieser Vorschrift kann eine Geldbuße nicht nur gegen juristische Personen (Absatz 1 Nr. 1), sondern auch gegen rechtsfähige Personengesellschaften (Absatz 1 Nr. 3) festgesetzt werden. Teilrechtsfähige Personengesellschaften sind mithin insoweit den juristischen Personen gleichgestellt. 43

---

151 § 24 Abs. 4 UAG Thür.
152 § 18 Abs. 1 Satz 1 UAG SchlH.
153 § 15 Abs. 1 Satz 1 UAG Thür.
154 Allgemein zum Begriff der juristischen Person s. *Remmert*, in MD, Art. 19 Rn. 37; *Krebs*, in: Isensee/Kirchhof V, § 108 Rn. 31 sowie oben § 5 Rdn. 160
155 *Enders*, in: Epping/Hillgruber, Art. 19 Rn. 35 m.w.N.; *Jarass*, in: ders./Pieroth, Art. 19 Rn. 20.
156 Für die großzügigere Lesart generell wohl *Kohl*, Die Rechtsstellung des Betroffenen nach Art. 44 Abs. 2 S. 1 GG und den entsprechenden Regelungen in den Länderverfassungen, 2001, S. 240.

§ 24 Vereidigung

ÜBERSICHT Rdn.

I. Vereidigungsrecht der Untersuchungsausschüsse. 1
   1. Grundsatz. 1
   2. Vereidigungsrecht im Deutschen Bundestag 3
   3. Vereidigungsrecht in den Landesparlamenten 8
II. Grenzen der Vereidigung. 11

Literatur: *K.-H. Groß*, Vereidigung im parlamentarischen Untersuchungsausschuss?, ZRP 2002, 91; *Günther/Seiler*, Vereidigung von Zeugen durch parlamentarische Untersuchungsausschüsse des Deutschen Bundestages?, NStZ 1993, 305; *Hamm*, Kein Vereidigungsrecht von Untersuchungsausschüssen, ZRP 2002, 11; *Müller-Boysen*, Die Rechtsstellung des Betroffenen vor dem parlamentarischen Untersuchungsausschuss, 1980; *Plöd*, Die Stellung des Zeugen in einem parlamentarischen Untersuchungsausschuss des Deutschen Bundestages, 2003; *Quaas/Zuck*, Ausgewählte Probleme zum Recht des parlamentarischen Untersuchungsausschusses, NJW 1988, 1873; *Rinck*, Verfassungsrechtliche Grenzen der Beeidigungsbefugnis parlamentarischer Untersuchungsausschüsse, DVBl. 1964, 706; *Rixen*, Die Eidesleistung vor Untersuchungsausschüssen des Deutschen Bundestages, JZ 2002, 435; *Schaefer*, Vereidigung im parlamentarischen Untersuchungsausschuss, NJW 2002, 490; *Schleich*, Das parlamentarische Untersuchungsrecht des Bundestages, 1985; *Vetter*, Zur Abnahme des Zeugeneides im parlamentarischen Untersuchungsverfahren, ZParl 19 (1988), 70; *Vormbaum*, Falsche uneidliche Aussage vor parlamentarischen Untersuchungsausschüssen, JZ 2002, 166; *W. Wagner*, Vernehmungs- und Vereidigungsrecht parlamentarischer Untersuchungsausschüsse, NJW 1960, 1936; *Weisgerber*, Das Beweiserhebungsverfahren parlamentarischer Untersuchungsausschüsse des Deutschen Bundestages, 2003; *Wiefelspütz*, Der Eid im Untersuchungsausschuss, ZRP 2002, 14; *ders.*, Der Ministerpräsident und der Eid vor dem Untersuchungsausschuss, KritV 2003, 376.

I. Vereidigungsrecht der Untersuchungsausschüsse

1. Grundsatz

1 Die Beantwortung der Frage, ob parlamentarischen Untersuchungsausschüssen **grundsätzlich** ein Vereidigungsrecht zusteht, hängt maßgeblich davon ab, ob man die Vereidigungsvorschriften der §§ 59 ff. StPO gem. Art. 44 Abs. 2 S. 1 GG für auf das Untersuchungsverfahren sinngemäß anwendbar erachtet. Die Rechtsprechung[1] und die ganz h.M. in der Litera-

---

1 BVerfGE 7, 183 (189); 67, 100 (131); HessStGH, DVBl. 1999, 711 (713); OVG Nds., DVBl. 1986, 476 (477); VG Berl., NVwZ-RR 2003, 708 (709); BGHSt 17, 128 ff.; OLG Koblenz, StV 1988, 531; OLG Köln, NJW 1988, 2485.

tur² tun dies aus überzeugenden Gründen, nicht zuletzt unter Hinweis darauf, dass das Verfassungsgebot der Effektivität parlamentarischer Untersuchungsverfahren verlangt, dass Untersuchungsausschüssen die Vereidigung von Zeugen und Sachverständigen als Mittel der Wahrheitsfindung grundsätzlich zustehen muss,³ da die Vereidigung den legitimen und anerkannten Zweck verfolgt, die Glaubhaftigkeit einer Aussage zu steigern.⁴

Ein **Vereidigungsrecht** ist insbesondere **nicht** etwa deshalb bereits im Grundsatz **abzulehnen**, weil nicht alle Mitglieder eines Untersuchungsausschusses die Befähigung zum Richteramt haben⁵ oder die Eidesabnahme grundsätzlich Organen der Judikative vorbehalten wäre.⁶ Auch nicht dann, wenn eine Vereidigung »aus politischen Motiven« vorgenommen wird⁷ oder weil es im parlamentarischen Untersuchungsverfahren anders als im Gerichtsverfahren nicht darum gehe, die Überzeugung von der Richtigkeit einer Zeugenaussage zu gewinnen, sondern diese lediglich politisch zu bewerten.⁸ Eine solche Sichtweise verkennt nicht nur grundlegend den politischen Charakter des parlamentarischen Untersuchungsverfahrens, sondern übersieht darüber hinaus die Notwendigkeit, auch eine politische Bewertung auf gesicherte Tatsachen zu stützen.⁹ Der Umstand allein, dass wegen der politischen Kampfsituation von der Vereidigung eines Zeugen vernünftigerweise nur äußerst zurückhaltend Gebrauch gemacht werden sollte¹⁰ und eine Kriminalisierung, wie zu Recht betont wird, »weder der Politik noch der Justiz zuträglich ist«,¹¹ vermag an der grundsätzlichen Befugnis parlamentarischer Untersuchungsausschüsse, den Eid abzunehmen, daher nichts zu ändern.

2

---

2 *Beckedorf*, ZParl 17 (1989), 35 (50); *Glauben*, DRiZ 1992, 395; *Hilf*, NVwZ 1987, 537 (541); *H. H. Klein*, MD, Art. 44 Rn. 210; *Rinck*, DVBl. 1964, 706; *Rixen*, JZ 2002, 435 (438 f.); *Schleich*, Das parlamentarische Untersuchungsrecht des Bundestages, 1985, S. 23 f.; *Versteyl*, in: v. Münch/Kunig II, Art. 44 Rn. 32; *Vetter*, ZParl 19 (1988) 70 (75); *W. Wagner*, NJW 1960, 1936; *Wiefelspütz*, ZRP 2002, 14 (15) m.w.N.
3 BVerfGE 67, 100 (131); HessStGH, DVBl. 1999, 711 (713); VG Berl., NVwZ-RR 2003, 708 (709); *Wiefelspütz*, ZRP 2002, 14 (16).
4 *Beckedorf*, ZParl 17 (1989), 35 (50); *Schleich*, Das parlamentarische Untersuchungsrecht des Bundestages, 1985, S. 24.
5 So aber *Günther/Seiler*, NStZ 1993, 305 ff.
6 So aber *Hamm*, ZRP 2002, 11 (12); *Vormbaum*, JZ 2002, 166 (168 f.).
7 So aber *Schaefer*, NJW 2002, 490 (491).
8 So aber *Günther/Seiler*, NStZ 1993, 305 (311); *Groß*, ZRP 2002, 91 f.; *Weisgerber*, Das Beweiserhebungsverfahren parlamentarischer Untersuchungsausschüsse des Deutschen Bundestages, 2003, S. 184 f.
9 S. ausf. *Wiefelspütz*, Das Untersuchungsausschussgesetz, 2003, S. 264 f.; *ders.*, ZRP 2002, 14 (15 f.).
10 *Rechenberg*, BK, Art. 44 Rn. 25; *Versteyl*, in: v. Münch/Kunig II, Art. 44 Rn. 32: »Meineidsfalle«; vgl. auch VG Berl., NVwZ-RR 2003, 708 (711).
11 *Vormbaum*, JZ 2002, 166 (169).

2. Vereidigungsrecht im Deutschen Bundestag

3   Das **Recht zur Eidesabnahme** steht auch den **Untersuchungsausschüssen des Deutschen Bundestags** nach wie vor zu. Hieran haben weder der Umstand, dass die Untersuchungsausschüsse des Deutschen Bundestags über einen Zeitraum von mehr als 30 Jahren keine Vereidigungen mehr durchgeführt haben,[12] noch der Umstand, dass das PUAG eine Vereidigung nicht ausdrücklich vorsieht, etwas geändert.

4   Daraus, dass es über einen Zeitraum von mehr als 30 Jahren – bis zum Beschluss vom 13. September 2001 zur Vereidigung des Zeugen *Koch* im 1. Untersuchungsausschuss der 14. Wahlperiode »Parteispenden«[13] – keine Vereidigung mehr in einem Untersuchungsausschuss des Deutschen Bundestags beschlossen wurde, kann **nicht** geschlossen werden, dass die Eidesabnahme dadurch **gewohnheitsrechtlich unzulässig** geworden wäre.[14] Es fehlt insoweit sowohl objektiv an einer lang dauernden und allgemeinen Übung als auch subjektiv an dem Wollen der Beteiligten, dieses Recht aufzugeben,[15] was Voraussetzung für die Entstehung von Gewohnheitsrecht wäre.[16] Die Zeugen wurden vielmehr in der Praxis regelmäßig über die Vereidigungsmöglichkeit belehrt und es wurden auch in mehreren Fällen Anträge auf Vereidigung gestellt, die lediglich keine Mehrheit im Ausschuss gefunden haben.[17] Im Übrigen ist es unabhängig davon mehr als zweifelhaft, ob das einem Untersuchungsausschuss zustehende Recht der Vereidigung durch das Handeln früherer Untersuchungsausschüsse im Hinblick auf die verfassungsrechtliche Verbürgung dieses Rechts überhaupt »gewohnheitsrechtlich« derogiert werden könnte.[18]

5   Gewichtiger ist da schon der Einwand, der Gesetzgeber habe mit der **Nichtaufnahme einer Regelung** über die Vereidigung **in das PUAG** im Umkehrschluss ein gesetzliches »Verbot«[19] der Vereidigung im Untersuchungsausschuss ausgesprochen, weshalb diese unter der Geltung des

---

12   *Wiefelspütz*, ZRP 2002, 14 f.
13   Vgl. dazu BT-Drucks. 14/9300, S. 82 ff.
14   VG Berl., NVwZ-RR 2003, 708 (710); *Wiefelspütz*, ZRP 2002, 11 (15 f.); *ders.* KritV 2003, 376 (381 f.); a.A. *Günther/Seiler*, NStZ 1993, 305 (309 f.); *Groß*, ZRP 2002, 91; *Plöd*, Die Stellung des Zeugen in einem parlamentarischen Untersuchungsausschuss des Deutschen Bundestages, 2003, S. 158 f.
15   VG Berl., NVwZ-RR 2003, 708 (710).
16   Vgl. zu Letzterem *Larenz/Canaris*, Methodenlehre der Rechtswissenschaft, 3. Aufl. (1995), S. 176 f.
17   *Wiefelspütz*, ZRP 2002, 11 (16) m.w.N.
18   So zu Recht VG Berl., NVwZ-RR 2003, 708 (710); *Wiefelspütz*, KritV 2003, 376 (382).
19   So *Rixen*, JZ 2002, 435 (436).

PUAG nicht mehr zulässig sei.[20] Dies entspricht zwar dem erklärten Willen des Gesetzgebers; in der amtlichen Begründung heißt es hierzu: »Auf eine mögliche Vereidigung von Zeugen durch einen Untersuchungsausschuss soll ausdrücklich verzichtet werden.«[21] Da Art. 44 GG allerdings keinen Gesetzesvorbehalt enthält und das PUAG sich daher in den Grenzen der sinngemäßen Anwendung der Vorschriften über den Strafprozess halten muss und diese nicht zu derogieren vermag,[22] kann der Verzicht auf die Vereidigung nach dem PUAG verfassungskonform allenfalls als »Selbstbindung« des Parlaments betrachtet werden, in Untersuchungsausschüssen auf die Vereidigung von Zeugen zu verzichten.[23] Auf diesem Wege kann aber nicht das Plenum den Untersuchungsausschüssen ihr Instrumentarium beschneiden, und zwar schon deshalb nicht, weil diese besonderen Befugnisse allein ihnen, nicht aber dem Plenum von Verfassungs wegen zustehen.[24] Der »Arm des Plenums« reicht nicht so weit, dem Ausschuss als Herrn im Verfahren diese verfassungsmäßige Kompetenz zu entziehen, auch nicht im Wege der Gesetzgebung, da die Grenzen der verfahrensmäßigen Ausgestaltung des Untersuchungsverfahrens überschritten werden, wenn eine derart zentrale Kompetenz der Untersuchungsausschüsse »gestrichen« wird.[25] Anträge auf Vereidigung und die **Abnahme des Eides** sind daher auch unter der Geltung des PUAG **nach wie vor** zulässig.[26] Dies dürfte im Übrigen umso mehr gelten, wenn man mit dem HessStGH[27] die Vereidigung eines Zeugen als ein

---

20 *Hamm*, ZRP 2002, 11 (12 f.); *Rogall*, Gs. Meurer (2002), S. 479 f. m. Fn. 217; *Vormbaum*, JZ 2002, 166 (168 f.); *Geis*, in: Isensee/Kirchhof III, § 55 Rn. 56; *Kretschmer*, in: Schmidt-Bleibtreu/Hofmann/Hopfauf, Art. 44 Rn. 36; *Morlok*, in: Dreier II, Art. 44 Rn. 48; *Lucke*, Strafprozessuale Schutzrechte und parlamentarische Aufklärung in Untersuchungsausschüssen mit strafrechtlich relevantem Verfahrensgegenstand, 2009, S. 186 f.; *Wiefelspütz*, ZParl 36 (2005), 901 (903).
21 BT-Drucks. 14/5790, S. 19.
22 Vgl. dazu o. § 3 Rdn. 23 ff.
23 *Wiefelspütz*, ZRP 2002, 11 (17); *ders.*, KritV 2003, 376 (386).
24 S.o. § 1 Rdn. 1.
25 *H. H. Klein*, MD, Art. 44 Rn. 210.
26 So auch VG Berl., NVwZ-RR 2003, 708 (710 ff.); *H. H. Klein*, MD, Art. 44 Rn. 210; a.A. *Wiefelspütz*, KritV 2003, 376 (386); *ders.*, ZParl 36 (2005), 901 (903); *Plöd*, Die Stellung des Zeugen in einem parlamentarischen Untersuchungsausschuss des Deutschen Bundestages, 2003, S. 155; *Vormbaum*, JZ 2002, 166 (168 f.); *Kretschmer*, in: Schmidt-Bleibtreu/Hofmann/Hopfauf, Art. 44 Rn. 36; *Morlok*, in: Dreier II, Art. 44 Rn. 48; *Lucke*, Strafprozessuale Schutzrechte und parlamentarische Aufklärung in Untersuchungsausschüssen mit strafrechtlich relevantem Verfahrensgegenstand, 2009, S. 186 f.
27 DVBl. 1999, 711 (713 f.); zust. *Seidel*, BayVBl. 2002, 97 (106); *Versteyl*, in: v. Münch/Kunig II, Art. 44 Rn. 32; dagegen *Brocker*, in: Grimm/Caesar, Art. 91 Rn. 60; zweifelnd auch *Wiefelspütz*, KritV 2003, 376 (382 m. Fn. 40).

– verfassungsfestes! – Recht der **parlamentarischen Minderheit** ansieht.[28] Der einfache Gesetzgeber kann nicht substantiell in die Austarierung des in Art. 44 Abs. 1 S. 1 GG verankerten besonderen Verhältnisses zwischen parlamentarischer Mehrheit und parlamentarischer Minderheit eingreifen und dort die Schwerpunkte (zum Nachteil der Minderheit) verschieben. Durch die Parlamentsautonomie ist eine derartig grundlegende Verschiebung nicht mehr gedeckt.[29] Daher konnte auch weder aus § 153 Abs. 2 StGB a.F., wonach Untersuchungsausschüsse den zur eidlichen Vernehmung zuständigen Stellen gleichgestellt wurden, gefolgert werden, diese seien folgerichtig nicht mehr zur eidlichen Vernehmung befugt,[30] noch aus § 162 Abs. 2 StGB, der im Jahr 2008 die Regelung des § 153 Abs. 2 StGB a.F. abgelöst hat, mit dieser aber insoweit »sachlich identisch« ist.[31] Das Gegenteil ist vielmehr der Fall.

6   Für die Vereidigung bedarf es eines **Mehrheitsbeschlusses** des Untersuchungsausschusses.[32] Es handelt sich nicht um eine Entscheidung, die wie im Strafverfahren als verfahrensleitende Maßnahme dem Vorsitzenden übertragen wäre. Diesem kommt vielmehr im Wesentlichen – trotz seiner nach Außen gerade in der öffentlichen Wahrnehmung hervorgehobenen Stellung[33] – letztlich lediglich die Stellung eines »primus inter pares« zu.[34] Dies kommt auch klar durch die Regelung in § 6 Abs. 2 PUAG zum Ausdruck, die den Vorsitzenden sogar in der Sitzungsleitung ausdrücklich und umfassend an die Beschlüsse des Ausschusses bindet. Aus dieser deutlichen Abweichung gegenüber der Rolle des Vorsitzenden im gerichtlichen Verfahren ergibt sich, dass es abschließend und allein dem Ausschuss als Ganzem zukommt, durch Beschluss über die Vereidigung einer Auskunftsperson zu befinden.[35]

7   Der Antrag auf Vereidigung ist allerdings **kein Beweisantrag** ieS. Wie im Gerichtsverfahren auch, handelt es sich vielmehr um einen **verfahrensleitenden Antrag** über den der Ausschuss als Ganzes zu befinden hat.[36] Die Vereidigung findet nämlich erst dann statt, wenn die Aussage bereits ge-

---

28 Vgl. dazu § 27 Rdn. 13.
29 A.A. offenbar *Kretschmer*, in: Schmidt-Bleibtreu/Hofmann/Hopfauf, Art. 44 Rn. 29.
30 So aber *Wiefelspütz*, KritV 2003, 376 (384); *Lucke*, Strafprozessuale Schutzrechte und parlamentarische Aufklärung in Untersuchungsausschüssen mit strafrechtlich relevantem Verfahrensgegenstand, 2009, S. 185 ff.; wie hier VG Berl., NVwZ-RR 2003, 708 (710 f.); *H. H. Klein*, MD, Art. 44 Rn. 210; s.a. § 25 Rdn. 10.
31 S.u. Rdn. 9 u. § 25 Rdn. 11.
32 Zu parlamentarischen Minderheitenrechten im Verfahren vgl. insoweit § 27 Rdn. 13.
33 So zu Recht *Quaas/Zuck*, NJW 1988, 1873 (1879).
34 So treffend *Krieg*, NWVBl. 1989, 429 (430); vgl. näher o. § 13 Rdn. 2.
35 *H. Wagner*, GA 1976, 257 (276 f.).
36 *Vetter*, ZParl 19 (1988), 70 (76).

macht und der Beweis damit bereits erhoben ist, um den Wahrheitsgehalt der Aussage zu bekräftigen.³⁷ Sie ist damit selbst kein Beweismittel.

3. Vereidigungsrecht in den Landesparlamenten

Auch den Untersuchungsausschüssen der Landesparlamente steht bereits **von Verfassungs wegen** das Recht zur Vereidigung von Auskunftspersonen zu.³⁸ Es hat seinen ausdrücklichen Niederschlag und nähere prozederale Ausgestaltung in fast allen **Untersuchungsausschussgesetzen**, nämlich bis auf Mecklenburg-Vorpommern und Nordrhein-Westfalen,³⁹ bzw. – in Hessen und Niedersachsen – in den der Arbeit der Untersuchungsausschüsse zugrunde gelegten **Verfahrensregeln**⁴⁰ gefunden:

- Baden-Württemberg: § 16 Abs. 2 BadWürttUAG
- Bayern: Art. 16 UAG Bay.
- Berlin: § 12 Abs. 3, 4 UAG Berl.
- Brandenburg: § 18 Abs. 1 UAG Brandb.
- Bremen: § 11 Abs. 2 UAG Brem.
- Hamburg: § 24 UAG Hbg.
- Hessen: § 16 IPA-Regeln
- Niedersachsen: § 16 IPA-Regeln
- Rheinland-Pfalz: § 20 UAG RhPf.
- Saarland: § 51 Abs. 2 LTG Saarl.
- Sachsen: § 16 Abs. 2 UAG Sachs.
- Sachsen-Anhalt: § 17 Abs. 2 UAG SachsA
- Schleswig-Holstein: § 15 UAG SchlH
- Thüringen: § 20 UAG Thür.

Das **Recht zur Eidesabnahme** der Untersuchungsausschüsse der Landesparlamente im Übrigen ist auch **nicht**, wie vereinzelt angenommen wird,⁴¹ durch den Verzicht des Bundesgesetzgebers auf die Aufnahme des Eides in das PUAG und die Änderung von § 153 StGB in diesem Zuge **entfallen**.⁴² Dadurch, dass § 153 Abs. 2 StGB a.F. in Zusammenhang mit dem Erlass des PUAG im Jahr 2001 den Untersuchungsausschuss eines Gesetzgebungsorgans »des Bundes oder eines Landes« den in § 153 Abs. 1 StGB genannten, für die Abnahme eines Eides zuständigen Stellen gleichgestellt hatte, sollte lediglich sichergestellt werden, dass die uneidliche Falschaussage nach § 153 StGB auch dann strafbar bleibt, wenn der jeweilige Untersuchungsausschuss nicht (mehr) zur Abnahme eines Eids befugt ist i.S. eines »befugt sein sollte«.

---

37 *Vetter*, ZParl 19 (1988), 70 (75 f.).
38 S.o. Rdn. 1 f.
39 S.u. Rdn. 10.
40 S.o. § 3 Rdn. 6 ff.
41 *Groß*, ZRP 2002, 91; *Vormbaum*, JZ 2002, 166 (168 f.).
42 VG Berl., NVwZ-RR 2003, 708 (710 f.); *Wiefelspütz*, KritV 2003, 376 (384).

Nichts anderes regelt die im Jahr 2008 an die Stelle des § 153 Abs. 2 StGB a.F. getretene Regelung in § 162 Abs. 2 StGB,[43] der bereits ausweislich der amtlichen Begründung den bisherigen § 153 Abs. 2 StGB übernimmt und lediglich im Wortlaut »ohne sachliche Änderung« dem § 162 Abs. 1 StGB anpasst.[44] Daraus lässt sich daher – schon aus kompetenzrechtlichen Gründen – keinesfalls schließen, dass den Untersuchungsausschüssen der Landesparlamente die Befugnis zur Vereidigung genommen werden sollte, geschweige denn konnte, obschon ihnen die Vereidigungsbefugnis originär durch Landesverfassungsrecht und ergänzende gesetzliche Bestimmungen eingeräumt ist.[45] Dies wäre ein unzulässiger Übergriff in den eigenständigen Verfassungsraum der Länder. Gerade die maßgeblichen Strukturentscheidungen und Bestellungsakte des Parlamentsrechts fallen innerhalb des durch Art. 28 Abs. 1 S. 1 GG vorgegebenen weiten Rahmens in die Verfassungsautonomie der Länder.[46] Der einfache Gesetzgeber darf daher für die Länderparlamente und die Struktur und Kompetenzen ihrer Untersuchungsausschüsse keine substantiellen Verschiebungen vornehmen.

10   Eine **Ausnahme** bilden allein **Mecklenburg-Vorpommern** und **Nordrhein-Westfalen**, wo der Gesetzgeber auf eine Aufnahme des Zeugeneids in das UAG ausdrücklich verzichtet hat.[47] Anders als im Bund steht damit dort den Untersuchungsausschüssen des Landtags ein Vereidigungsrecht nicht zu, da der Gesetzgeber gem. Art. 34 Abs. 7 MVVerf. bzw. Art. 41 Abs. 1 S. 6 NRWVerf. zur Normierung einer solchen Abweichung von der allgemeinen Verweisung auf die Vorschriften über den Strafprozess ermächtigt ist.[48]

II. Grenzen der Vereidigung

11   Die Befugnis zur Vereidigung ist allerdings nicht grenzenlos. Da die Verweisung in Art. 44 Abs. 2 S. 1 GG auf die sinngemäße Anwendung der Vorschriften über den Strafprozess diese nicht nur auf befugnisbegründende, sondern gleichzeitig auch auf befugnisbegrenzende Vorschriften erstreckt,[49] sind insbesondere die **Vereidigungsverbote** nach § 60 StPO zu beachten.[50]

---

43 S.u. § 25 Rdn. 9 ff.
44 BT-Drucks. 16/3439, S. 8; ebenso *Lenckner/Bosch*, in: Schönke/Schröder, StGB, 28. Aufl. (2010), § 162 Rn. 1 u. 4.
45 VG Berl., NVwZ-RR 2003, 708 (710 f.).
46 BVerfGE 102, 224 (236 f.); *Brocker*, BK, Art. 40 Rn. 294 ff.
47 *Wiefelspütz*, ZG 2003, 35 (56); *ders.*, NWVBl. 2003, 409 (412 f.).
48 Vgl. § 3 Rdn. 27.
49 Vgl. § 3 Rdn. 2.
50 BGHSt 17, 128 (129 ff.); HessStGH, DVBl. 1999, 711 (713); VG Berl., NVwZ-RR 2003, 708 (711); *W. Wagner*, NJW 1960, 1936 (1937); *Wiefelspütz*, ZRP 2002, 11 (16).

Die Untersuchungsausschussgesetze der Länder bzw. § 16 IPA-Regeln nehmen diese Bestimmungen konsequent auch ausdrücklich in Bezug.

Praktisch bedeutsam ist dabei vor allem § 60 Nr. 2 StPO, der im Verfahren parlamentarischer Untersuchungsausschüsse die Vereidigung solcher Personen untersagt, die verdächtig sind, eine **strafbare Handlung**, die (zumindest auch) Gegenstand der Untersuchung ist, begangen zu haben oder an dieser beteiligt gewesen zu sein.[51] Diese Folge tritt nicht nur ein, wenn dem Zeugen ein Strafverfahren droht, sondern auch in dem Fall, dass der Verdacht besteht, dass der Zeuge sich eines Verhaltens schuldig gemacht hat, das eine **Abgeordneten- oder Ministeranklage** rechtfertigen könnte.[52]

Was den »**Verdachtsgrad**« anbelangt, so muss es im Zeitpunkt der beabsichtigten Vereidigung auf der Grundlage des bekannten Tatsachenstandes nach kriminalistischer Erfahrung möglich sein, dass der Zeuge die strafbaren Handlungen begangen hat oder an ihnen beteiligt war, um das Vereidigungsverbot auszulösen. Bloße Mutmaßungen allein sind demgegenüber nicht ausreichend.[53] Bleiben Zweifel, ob ein Vereidigungsverbot vorliegt oder nicht, kann daher vereidigt werden.[54]

Verweigert ein Zeuge unter Berufung auf das Vereidigungsverbot des § 60 StPO den Eid, so hat der Ausschuss, folgt er dem nicht, in sinngemäßer Anwendung der strafprozessualen Regeln seine ablehnende Entscheidung zu **begründen**,[55] da er sich in diesem Fall inhaltlich mit dem Vorbringen des Zeugen befassen und dies auch dokumentieren muss. Eine darüber hinausgehende Begründungspflicht gibt es allerdings nicht.[56]

Ein über die im Strafverfahren abschließenden Vereidigungsverbote des § 60 StPO[57] hinausgehendes Vereidigungsverbot ergibt sich aus dem besonderen Charakter des parlamentarischen Untersuchungsverfahrens, der insoweit eine Abweichung von den strengen Regeln des Strafprozesses gebietet. Dadurch, dass die Vereidigung im parlamentarischen Untersuchungsverfahren ohnehin zur Ausnahme geworden ist[58] und das Verfahren aufgrund der

---

51 BGHSt 17, 128 (131 ff.); *Lucke*, Strafprozessuale Schutzrechte und parlamentarische Aufklärung in Untersuchungsausschüssen mit strafrechtlich relevantem Verfahrensgegenstand, 2009, S. 187.
52 BGHSt 17, 128 (135 f.); *W. Wagner*, NJW 1960, 1936 (1938).
53 *Rixen*, JZ 2002, 435 (441); vgl. für den Strafprozess auch *Meyer-Goßner*, StPO, 53. Aufl. (2010), § 60 Rn. 1; *Gercke*, in: Julius/Gercke/Lemke u.a., StPO, 4. Aufl. (2009), § 60 Rn. 2 m.w.N.
54 VG Berl., NVwZ-RR 2003, 708 (711); a.A. offenbar *Wiefelspütz*, ZRP 2002, 11 (16).
55 *Wiefelspütz*, ZRP 2002, 11 (16).
56 Zur Erzwingung des Eides vgl. § 26 Rdn. 2.
57 *Kühne*, Strafprozessrecht, 6. Aufl. (2003), Rn. 833; *Pfeiffer*, StPO, 5. Aufl. (2005), § 60 Rn. 1
58 *Scheffler*, in: Heghmanns/Scheffler, Hdb. zum Strafverfahren, 2008, Kap. VII Rn. 621 m.w.N.

politischen Kampfsituation eine ungleich größere Gefahr der Verstrickung in eine falsche Aussage in sich birgt[59] ist es geboten, ein **Vereidigungsverbot** auch dann anzunehmen, wenn der Ausschuss in seiner Mehrheit **von der Unwahrheit der Aussage überzeugt** ist. Andernfalls würde der Ausschuss sehenden Auges einen Meineid herbeiführen. Das Vereidigungsverbot zielt aber gerade darauf, drohende Meineide zu verhindern.[60] Insoweit gilt, dass »kein Eid besser als ein Meineid« ist,[61] weshalb den Vorsitzenden eines parlamentarischen Untersuchungsausschusses in einer Situation, in der ein Zeuge sehenden Auges in den Meineid getrieben werden soll, eine besondere Verantwortung trifft, die nahezu sichere Begehung eines Meineids zu verhindern.[62]

16 Ein darüber hinaus geltendes generelles Vereidigungsverbot im Hinblick auf die Person eines **Betroffenen**, also desjenigen, »gegen den sich die Untersuchung richtet«,[63] gibt es demgegenüber nicht.[64] Der Nemo-tenetur-Grundsatz gebietet von Verfassungs wegen keine andere Sichtweise.[65] Dies folgt bereits daraus, dass schon die Normierung des Status als Betroffener selbst nicht verfassungsrechtlich geboten ist.[66] Es bedarf daher jeweils einer gesonderten Prüfung im Einzelfall ohne Rücksicht darauf, in welcher Beziehung der Zeuge im Übrigen zum Untersuchungsgegenstand steht. Anders ist dies nur in denjenigen Bundesländern, die einen Betroffenenstatus in ihren Untersuchungsausschussgesetzen bzw. in Anwendung von § 18 Abs. 1 IPA-Regeln[67] vorsehen und für diesen Betroffenen ausdrücklich ein Vereidigungsverbot statuieren.[68]

17 Nicht zuletzt aus diesem Grund findet auch § 63 StPO, der für die in § 52 Abs. 1 StPO bezeichneten **Angehörigen** eines »Beschuldigten« ein Eidesverweigerungsrecht statuiert, im parlamentarischen Untersuchungsverfahren **keine Anwendung**.[69]

---

59 S.o. Rdn. 2.
60 *Pfeiffer*, StPO, 5. Aufl. (2005), § 60 Rn. 1 m. w. N.
61 *Kühne*, Strafprozessrecht, 6. Aufl. (2003), Rn. 833; s.a. VG Berl., NVwZ-RR 2003, 708 (711).
62 Vgl. für den Strafprozess *Scheffler*, in: Heghmanns/Scheffler, Hdb. zum Strafverfahren, 2008, Kap. VII Rn. 623; *Schorn*, Der Strafrichter – Ein Hdb. für das Strafverfahren, 1960, S. 218; s.u. § 25 Rdn. 9 ff.
63 Vgl. o. § 23 Rdn. 1 ff.
64 VG Berl., NVwZ-RR 2003, 708 (711); *Müller-Boysen*, Die Rechtsstellung des Betroffenen vor dem parlamentarischen Untersuchungsausschuss, 1980, S. 116; a.A. *Beckedorf*, ZParl 20 (1989), 35 (51); *Rinck*, DVBl. 1964, 706 (710).
65 VG Berl., NVwZ-RR 2003, 708 (711); *Masing*, ZRP 2001, 36 (38).
66 S.o. § 23 Rdn. 1 ff.
67 Hess. u. Nds.; dazu *Rixen*, JZ 2002, 435 (439 f.) m.w.N.
68 § 20 Abs. 4 Nr. 4 UAG RhPf. (bis 18.05.2011, vgl. LT-Drucks. 15/4673, GVBl 2010, 297); § 54 Abs. 3 S. 4 LTG Saarl.; § 20 Abs. 4 Nr. 4 UAG Thür.
69 So i.Erg. auch *Beckedorf*, ZParl 20 (1989), 35 (51).

§ 25 Strafbarkeit einer Falschaussage

ÜBERSICHT   Rdn.
  I. Rechtsgut... 1
 II. Uneidliche Falschaussage (§ 153 StGB)......................... 2
III. Meineid (§ 154 StGB).. 9

Literatur: *Peters*, Aussage- und Wahrheitspflicht des Betroffenen vor parlamentarischen Untersuchungsausschüssen, StraFo 2009, 96; *Plöd*, Die Stellung des Zeugen in einem parlamentarischen Untersuchungsausschuss des Deutschen Bundestages, 2003; *Vormbaum*, Falsche uneidliche Aussage vor parlamentarischen Untersuchungsausschüssen, JZ 2002, 166; *H. Wagner*, Uneidliche Falschaussage vor parlamentarischen Untersuchungsausschüssen, GA 1976, 257; *Wiefelspütz*, Der Ministerpräsident und der Eid vor dem Untersuchungsausschuss, KritV 2003, 376.

I. Rechtsgut

Die Falschaussage vor einem parlamentarischen Untersuchungsausschuss ist 1 strafbar nach § 153 StGB. Geschütztes **Rechtsgut** des § 153 StGB im Hinblick auf die Falschaussage vor einem parlamentarischen Untersuchungsausschuss ist die Wahrheitsfindung durch dieses Organ des Parlaments und damit die Sicherung seiner Arbeitsfähigkeit und der Erreichung des Untersuchungszwecks.[1]

II. Uneidliche Falschaussage (§ 153 StGB)

Ob der Untersuchungsausschuss als solcher eine »zur eidlichen Vernehmung 2 von Zeugen und Sachverständigen **zuständige Stelle**« i.S. des § 153 Abs. 1 StGB ist, kann mittlerweile dahinstehen, da nach dem mit Gesetz vom 19.6.2001[2] angefügten Absatz 2 dieser Bestimmung »ein Untersuchungsausschuss eines Gesetzgebungsorgans des Bundes oder eines Landes« diesen Stellen ausdrücklich **gleichgestellt** wurde.[3] Die Bestimmung ist durch Gesetz vom 31.10.2008[4] gestrichen und nunmehr sprachlich angepasst in § 162 **Abs. 2 StGB** übernommen worden, ohne dass damit, ausweislich der amtlichen Begründung, eine sachliche Änderung des bisherigen § 153 Abs. 2 StGB

---

1 *H. Wagner*, GA 1976, 257 (272); *Wiefelspütz*, KritV 2003, 376 (384).
2 BGBl. I, S. 1142.
3 *Fischer*, StGB, 58. Aufl. (2011), § 162 Rn. 4; *Vormbaum*, JZ 2002, 166 (168 ff.).
4 BGBl. I, S. 2149.

verbunden gewesen wäre.[5] Danach sind die §§ 153 und 157 bis 160 StGB, soweit sie sich auf falsche uneidliche Aussagen beziehen, auch auf falsche Angaben vor einem Untersuchungsausschuss eines Gesetzgebungsorgans des Bundes oder eines Landes anzuwenden, womit auch ausweislich der amtlichen Überschrift des § 162 StGB ausdrücklich nur **nationale Untersuchungsausschüsse** gemeint sind. Eine falsche uneidliche Aussage vor einem Untersuchungsausschuss des Bundestages oder eines deutschen Landesparlaments ist damit **grundsätzlich strafbar nach § 153 StGB**.

3 »Zuständige Stelle« i.S. des § 153 StGB ist der Untersuchungsausschuss aber nur dann, wenn und soweit er sich bei der Beweiserhebung **innerhalb der Grenzen des Untersuchungsauftrags** (Einsetzungsbeschluss) hält, der seinerseits die allgemeinen Grenzen der Untersuchungskompetenz des Parlaments beachten muss.[6] Geht der Ausschuss im Rahmen der Zeugenvernehmung über den zulässigen Untersuchungsauftrag hinaus, so bleibt auch eine wahrheitswidrige Aussage damit mangels Tatbestandsmäßigkeit straflos.[7] Dies gilt natürlich erst recht, wenn bereits der **Einsetzungsbeschluss selbst verfassungswidrig** ist, und zwar selbst dann, wenn er vom Parlamentsplenum nachträglich korrigiert wurde.[8]

4 Maßgeblich ist im Übrigen insoweit nicht nur, sondern auch allein der zulässige Untersuchungsauftrag und **nicht** etwa auch der jeweilige **Beweisbeschluss**.[9] Auch Fragen jenseits des konkreten Beweisbeschlusses sind daher – soweit sie sich innerhalb des Untersuchungsauftrags bewegen –, wenn sie beantwortet werden, bei Strafbewehrung wahrheitsgemäß zu beantworten.[10] Dies gilt auch für die **schriftliche Aussage** eines Zeugen, die die mündliche Aussage vor dem Ausschuss ersetzt[11] oder ergänzt.

5 Voraussetzung für die Strafbarkeit ist ferner, dass der Täter **als Zeuge oder Sachverständiger** vernommen wurde. Eine allgemeine Regel, dass Angaben von Auskunftspersonen »in beschuldigtenähnlicher Stellung« vor einem

---

5 BT-Drucks. 16/3439, S. 8; ebenso *Lenckner/Bosch*, in: Schönke/Schröder, StGB, 28. Aufl. (2010), § 162 Rn. 1 u. 4.
6 BGHSt 17, 128 (130 ff.); OLG Koblenz, StV 1988, 531 f.; OLG Köln, NJW 1988, 2485; *H. Wagner*, GA 1976, 257 (258 ff.); *Plöd*, Die Stellung des Zeugen in einem parlamentarischen Untersuchungsausschuss des Deutschen Bundestages, 2003, S. 156.
7 OLG Koblenz, StV 1988, 531 f.; *H. Wagner*, GA 1976, 257 (273).
8 *Caspar*, DVBl. 2004, 845 (853); vgl. auch § 15 Rdn. 10.
9 OLG Koblenz, StV 1988, 531 f.; *H. Wagner*, GA 1976, 257 (273).
10 OLG Koblenz, StV 1988, 531 f.; *H. Wagner*, GA 1976, 257 (273); a.A. *Plöd*, Die Stellung des Zeugen in einem parlamentarischen Untersuchungsausschuss des Deutschen Bundestages, 2003, S. 156.
11 *H. Wagner*, GA 1976, 257 (272 f.).

parlamentarischen Untersuchungsausschuss schon tatbestandlich nicht als Aussagen i.S. des § 153 StGB zu qualifizieren seien, gibt es nicht.[12]

Eine tatbestandliche Handlung liegt allerdings nach den allgemeinen prozessualen Regeln dann nicht vor, wenn der Zeuge unzulässigerweise nicht nach **Tatsachen**, sondern nach **Wertungen oder Meinungsäußerungen** oder auch Rechtsauskünften gefragt worden war.[13] Gerade dies jedoch geschieht vor parlamentarischen Untersuchungsausschüssen nicht selten.[14] Es ist aber nicht Aufgabe eines Zeugen, Schlussfolgerungen aus bekundeten Tatsachen zu ziehen oder Deutungsversuche zu unternehmen. Eine Aussage i.S. des § 153 StGB kann sich daher nur auf eine Tatsache beziehen.[15]

Voraussetzung für die strafrechtliche Verfolgbarkeit nach § 153 StGB ist schließlich, dass die Aussage selbst **abgeschlossen** ist.[16] Bis dahin nämlich kann die Aussage **berichtigt** werden mit der Folge, dass insgesamt nur eine, und zwar dann zutreffende Aussage vorliegt.[17] Diese Berichtigung kann grundsätzlich auch schriftlich erfolgen.[18] Der zeitliche Spielraum ist dabei in der Praxis idR nicht unerheblich weit. Abgeschlossen ist eine Aussage im parlamentarischen Untersuchungsverfahren nämlich, anders als im gerichtlichen Verfahren, nicht schon nach der bloßen Entlassung des Zeugen durch den Vorsitzenden.[19] Es bedarf vielmehr eines Beschlusses des Ausschusses über das Ende der Vernehmung, der in praxi regelmäßig (und dann automatisch) nur dann gefasst wird, wenn über die Vereidigung beschlossen wird.[20] Dies allerdings ist (zu Recht) die überaus seltene Ausnahme.[21] In der Praxis ist daher eine Vernehmung idR erst **mit dem Abschluss der Beweiserhebung** insgesamt, also mit der Beschlussfassung des Ausschusses über den Abschlussbericht,[22] spätestens aber mit dem Ende des Untersuchungsverfahrens[23] abgeschlossen. Der Ausschuss ist allerdings nicht gehindert, im Einzelfall auch in Bezug auf einzelne Zeugen durch Beschluss, ohne dass weitere Voraussetzungen vorliegen müssten, das Ende der Vernehmung festzustellen. Dies kann für einen Zeugen, der seine Aussage korrigieren will,

---

12 A.A. *Rinck*, DVBl. 1964, 706; *H. Wagner*, GA 1976, 257 (265); krit. auch *Fischer*, StGB, 58. Aufl. (2011), § 162 Rn. 5; *Peters*, StraFo 2009, 96 (99 ff.).
13 OLG Koblenz, StV 1988, 531 (532); *Glauben*, DRiZ 1992, 395.
14 Vgl. exemplarisch *Plöd*, Die Stellung des Zeugen in einem parlamentarischen Untersuchungsausschuss des Deutschen Bundestages, 2003, S. 179 f.
15 OLG Koblenz, StV 1988, 531 (532).
16 BGHSt 8, 306 (312); *Fischer*, StGB, 58. Aufl. (2011), § 153 Rn. 10 f. m.w.N.
17 *Fischer*, StGB, 58. Aufl. (2011), § 153 Rn. 11.
18 *H. Wagner*, GA 1976, 257 (277).
19 *H. Wagner*, GA 1976, 257 (277).
20 *H. Wagner*, GA 1976, 257 (276 f.).
21 S.o. § 24 Rdn. 2.
22 S.u. § 29 Rdn. 5.
23 S.u. § 29 Rdn. 16.

nicht ungefährlich sein, da er ab diesem Zeitpunkt allenfalls ein Absehen von Strafe oder gar lediglich eine Strafmilderung nach § 158 StGB erreichen kann. Er tut daher gut daran, sich entsprechend zu erkundigen.

8   Diesen Gedanken nimmt nunmehr für den **Deutschen Bundestag** dankenswerter Weise **§ 26 PUAG** ausdrücklich auf.[24] Nach § 26 Abs. 2 S. 1 PUAG nämlich stellt der Ausschuss durch Beschluss fest, dass die Vernehmung des jeweiligen Zeugen abgeschlossen ist, wobei nach § 26 Abs. 2 S. 2 PUAG diese Entscheidung erst zwei Wochen nach Zustellung des Protokolls über die Vernehmung erfolgen darf, es sei denn, der Zeuge hat auf die Einhaltung dieser Frist verzichtet. Hierüber ist der Zeuge zu belehren (§ 26 Abs. 3 PUAG). Der Zeuge hat so insbesondere die Möglichkeit, seine Aussage zu korrigieren.[25] Diese Fristbestimmung entfaltet allerdings im Übrigen keine Sperrwirkung im Hinblick auf die Vereidigung eines Zeugen[26] unmittelbar im Anschluss an seine Vernehmung. Dieser allgemeine Verfahrensgrundsatz im Hinblick auf die Vereidigung im Anschluss an die Vernehmung in der Sitzung (§ 59 StPO) geht der Regelung in § 26 Abs. 2 S. 2 PUAG vor.

III. Meineid (§ 154 StGB)

9   Der **Meineid**, also die beeidete Falschaussage, war als das schwerste Aussagedelikt[27] auch vor parlamentarischen Untersuchungsausschüssen bis zum Jahr 2008 nach § 154 StGB mit einer gegenüber § 153 StGB erhöhten **Strafbarkeit** bedroht. Ein parlamentarischer Untersuchungsausschuss ist, soweit er zur Abnahme des Eides befugt ist,[28] zwar nach wie vor eine »zuständige Stelle« i.S. des § 154 StGB[29]. Die »Umsiedlung« der Bestimmung des § 153 Abs. 2 StGB a.F. in **§ 162 Abs. 2 StGB** entfaltet jedoch trotz des insoweit allerdings unzutreffenden Hinweises des Gesetzgebers, mit der Übernahme des bisherigen § 153 Abs. 2 StGB in § 162 Abs. 2 StGB sei nur eine sprachliche, nicht jedoch eine sachliche Änderung verbunden,[30] im Hinblick auf den nunmehr deutlichen Wortlaut der Norm und das strafechtliche Be-

---

24 *Plöd*, Die Stellung des Zeugen in einem parlamentarischen Untersuchungsausschuss des Deutschen Bundestages, 2003, S. 146 f.; *Rogall*, Gs. Meurer (2002), S. 479.
25 *Plöd*, Die Stellung des Zeugen in einem parlamentarischen Untersuchungsausschuss des Deutschen Bundestages, 2003, S. 147; s.o. Rdn. 7.
26 S.o. § 24 Rdn. 3 ff.
27 *Fischer*, StGB, 58. Aufl. (2011), § 154 Rn. 2; *Maurach/Schroeder/Maiwald*, Strafrecht Besonderer Teil, Teilbd. 2, 9. Aufl. (2005), § 75 Rn. 40.
28 S.o. § 24 Rdn. 1 u. 9.
29 S.a. o. Rdn. 1 f.
30 BT-Drucks. 16/3439, S. 8; ebenso *Lenckner/Bosch*, in: Schönke/Schröder, StGB, 28. Aufl. (2010), § 162 Rn. 1 u. 4.

stimmtheits- und Analogieverbot eine **Sperrwirkung für eine Bestrafung des Meineids nach § 154 StGB**.

Die Anfügung des Absatz 2 an § 153 StGB durch Art. 2 PUAG vom 19. Juni 2001 hatte an der Strafbarkeit des Meineids vor parlamentarischen Untersuchungsausschüssen noch nichts geändert. Die Regelung in **§ 153 Abs. 2 StGB a.F.** entfaltete nicht etwa eine Sperrwirkung, was eine Strafbarkeit des Meineids nach § 154 StGB anbelangt.[31] Zwar hatte der Gesetzgeber selbst ausweislich der Gesetzesbegründung diese Bestimmung für notwendig erachtet, um überhaupt eine Strafbarkeit nach § 153 StGB zu begründen.[32] Dies erwies sich jedoch bei näherer Betrachtung als Trugschluss. Nicht nur, dass auch Untersuchungsausschüsse des Deutschen Bundestages weiterhin zur Abnahme des Eides befugt sind;[33] es dürfte auch kaum anzunehmen sein, dass der Bundesgesetzgeber derart weitreichende Regelungen im Hinblick auf die Untersuchungsausschüsse der Landesparlamente treffen wollte oder auch nur konnte. Es sprach daher alles dafür, dass die gewählte Fassung des § 153 Abs. 2 StGB auf einem Redaktionsversehen beruhte und im Ergebnis so zu verstehen war, dass ein Untersuchungsausschuss des Deutschen Bundestags oder eines Landesparlaments den in § 153 Abs. 1 StGB genannten Stellen *auch dann* gleichstehen sollte, wenn es sich nicht bei ihm ohnehin bereits um eine zur eidlichen Vernehmung zuständigen Stelle handelt.[34] **§ 153 Abs. 2 StGB a.F. ließ damit § 154 StGB unberührt**.[35] Eine Strafbarkeit nach § 154 StGB wegen Meineids schied im Übrigen auch nicht etwa deshalb aus, weil auf Grund des Redaktionsversehens die Strafbarkeit nicht mehr hinreichend bestimmt gewesen wäre (Art. 103 Abs. 2 GG).[36]

Die »Umsiedlung« dieser Bestimmung von § 153 Abs. 2 StGB in **§ 162 Abs. 2 StGB** durch **Gesetz vom 31.10.2008**[37] ändert diese Situation allerdings vor dem Hintergrund der »sprachlichen Anpassung«[38] der Regelung an

---

31 A.A. *Hamm*, ZRP 2002, 11 (13).
32 Vgl. BT-Drucks. 14/5790, S. 21: »Da auf eine Bestimmung über die mögliche Vereidigung eines Zeugen durch den Untersuchungsausschuss verzichtet worden ist, *musste* die Strafvorschrift über die falsche uneidliche Aussage (§ 153 StGB) angepasst werden.«; ebenso *Wiefelspütz*, KritV 2003, 376 (384).
33 S.o. § 24 Rdn. 3 ff.
34 A.A. offenbar *Kühl*, in: Lackner/Kühl, StGB, 24. Aufl (2001), § 153 Rn. 3; *Plöd*, Die Stellung des Zeugen in einem parlamentarischen Untersuchungsausschuss des Deutschen Bundestages, 2003, S. 158 f.; insoweit i. Erg. auch zutr. aber *Wiefelspütz*, KritV 2003, 376 (384).
35 VG Berl., NVwZ-RR 2003, 708 (710 f.).
36 Offen gelassen von VG Berl., NVwZ-RR 2003, 708 (711); a.A. *Lucke*, Strafprozessuale Schutzrechte und parlamentarische Aufklärung in Untersuchungsausschüssen mit strafrechtlich relevantem Verfahrensgegenstand, 2009, S. 187.
37 BGBl. I, S. 2149; vgl. BT-Drucks. 16/3439 u. BT-Drucks. 16/9646.
38 So BT-Drucks. 16/3439, S. 8.

§ 162 Abs. 1 StGB. § 162 Abs. 2 StGB erklärt ausdrücklich die »§§ 153 und 157 bis 160, soweit sie sich auf falsche uneidliche Aussagen beziehen« auch auf falsche Angaben vor einem Untersuchungsausschuss des Bundestages oder eines Landesparlamentes[39] für anwendbar. § 154 StGB und damit die Strafbarkeit wegen Meineids wird damit dem eindeutigen Wortlaut nach im Umkehrschluss ausgenommen. Das ändert zwar nichts daran, dass der Kern der Bestimmung die Erklärung der Untersuchungsausschüsse zu »zuständigen Stellen« bleibt.[40] § 162 Abs. 2 StGB wirkt daher keineswegs strafbegründend, sondern lediglich deklaratorisch.[41] Die »Aussparung« von § 154 StGB innerhalb der Aufzählung in § 162 Abs. 2 StPO als solche entzieht der Kompetenz eines parlamentarischen Untersuchungsausschuss zur Abnahme des Eides keinesfalls die materielle Grundlage.[42] Angesichts der erhöhten Anforderungen, die das **Bestimmtheits- und Analogieverbot** im Hinblick auf die notwendige Vorhersehbarkeit der staatliche Sanktion »Strafe« stellt (Art. 103 Abs. 2 GG)[43] wird man diese »Aussparung« von § 154 StGB im Normtext des § 162 Abs. 2 StGB allerdings nicht für unbeachtlich erklären können. Der Gesetzgeber hat im Kontext des § 162 Abs. 2 StGB sowohl im Wortlaut als auch im systematischen Kontext zu der Regelung in Absatz 1 dieser Bestimmung vielmehr deutlich zu verstehen gegeben, dass er der Norm entgegen ihres objektiven Charakters[44] strafbegründenden Charakter beimisst. Hierauf muss sich der Rechtsunterworfene im Lichte des Art. 103 Abs. 2 GG verlassen können, weshalb aus § 162 Abs. 2 StGB im Ergebnis eine **Sperrwirkung für eine Bestrafung des Meineids nach § 154 StGB** resultiert. Dass eine derart weit reichende Veränderung in einem völlig anderen Regelungskontext getroffen wurde,[45] dazu begleitet von dem unzutreffenden Hinweis in der amtlichen Begründung, eine sachliche Änderung sei damit nicht verbunden,[46] ist nicht nur bemerkenswert, sondern in hohem Maße ärgerlich, nicht zuletzt deshalb, weil der Bundesgesetzgeber hiermit eine Regelung getroffen hat, die maßgeblich die Effektivität des Instruments des Eides vor den Untersuchungsausschüssen der Landesparlamente schmä-

---

39 *Ruß*, in: Leipziger Kommentar StGB, Bd. 6, 12. Aufl. (2010), § 162 Rn. 2.
40 *Fischer*, StGB, 58. Aufl. (2011), § 162 Rn. 4.
41 *Ruß*, in: Leipziger Kommentar StGB, Bd. 6, 12. Aufl. (2010), § 162 Rn. 2.
42 S.o. § 24 Rdn. 1 ff.
43 Grundlegend BVerfGE 73, 206 (234 f.); *Degenhardt*, in: Sachs, Art. 103 Rn. 67 ff. m.w.N.
44 So auch *Ruß*, in: Leipziger Kommentar StGB, Bd. 6, 12. Aufl. (2010), § 162 Rn. 2.
45 Nämlich dem Entwurf eines Gesetzes zur Umsetzung des Rahmenbeschlusses des Rates der Europäischen Union zur Bekämpfung der sexuellen Ausbeutung von Kindern und der Kinderpornographie (BT-Drucks. 16/3439).
46 BT-Drucks. 16/3439, S. 8.

lert.⁴⁷ Eine derartige Bestimmung sollte aus verfassungspolitischer Sicht nicht »durch die Hintertür« getroffen werden.

Als Ergebnis ist somit festzuhalten, dass es einen **Meinied** vor parlamentarischen Untersuchungsausschüssen des Deutschen Bundestages und der deutschen Landesparlamente de lege lata nur noch **im untechnischen Sinne** gibt. **Der Eid kann zwar abgenommen werden,⁴⁸ führt aber nicht mehr zu einer erhöhten Strafandrohung nach § 154 StGB.** Hieraus allerdings zu folgen, angesichts des Fehlens der erhöhten Strafandrohung nach § 154 StGB könne die Vereidigung vor dem Umtersuchungsausschuss die Wahrheitsfindung nicht fördern und sei daher schon deshalb unzulässig,⁴⁹ stellt einen unzulässigen Zirkelschluss dar und verkürzt die Wirkung des Eides in bedenklicher Weise. Der Appell des Eides geht weiter als dies in der bloßen erhöhten Strafandrohung zum Ausdruck kommt. Die erhöhte Strafandrohung des § 154 StGB ist systematisch (normalerweise) Folge, keinesfalls aber Voraussetzung der Eidesleistung. Richtig ist allerdings, dass der Anspruch der beeideten Aussage auf erhöhte Glaubhaftigkeit letztlich im wesentlichen durch die höhere Strafdrohung bedingt ist.⁵⁰ Es ist daher keinesfalls übertrieben vor diesem Hintergrund zu konstatieren, dass die Neuregelung in § 162 Abs. 2 StGB dem Eid vor Untersuchungsausschüssen der Landesparlamente **faktisch den Boden entzieht.** Der Gesetzgeber sollte diese inhaltlich wie systematisch verunglückte Bestimmung daher nicht zuletzt angesichts der maßgeblichen Ausstrahlungswirkung in den Verfassungsraum der Länder einer baldigen Überprüfung unterziehen. Andernfalls würden die Landesparlamente zu erwägen haben, auf der Grundlage des Art. 74 Abs. 1 Nr. 1 GG eigene Strafbestimmungen über den Meineid in ihre Untersuchungsausschussgesetze aufzunehmen. Praktikabler erscheint demgegenüber § 162 Abs. 2 StGB wie folgt neu zu fassen: »Untersuchungsausschüsse eines Gesetzgebungsorgans des Bundes oder eines Landes stehen den zur eidlichen Vernehmung von Zeugen oder Sachverständigen zuständigen Stellen (§§ 153, 154) auch dann gleich, wenn ihnen nicht die Befugnis zur Abnahme von Eiden zusteht.«

---

47 Dass der Bundesrat diese Bestimmung im Rahmen seiner Stellungnahme (BT-Drucks. 16/3439, S. 11) in Wahrnehmung der Interessen des Landesparlamente nicht angegriffen oder zumindest doch problematisiert hat, braucht demgegenüber nicht verwundern, sondern ist eine nicht unbekannte Erscheinungsform des Exekutivföderalismus.
48 S.o. § 24 Rdn. 1 ff.
49 So *Lucke*, Strafprozessuale Schutzrechte und parlamentarische Aufklärung in Untersuchungsausschüssen mit strafrechtlich relevantem Verfahrensgegenstand, 2009, S. 187.
50 *Lenckner/Bosch*, in: Schönke/Schröder, StGB, 28. Aufl. (2010), Vorbem. §§ 153 ff. Rn. 2.

§ 26 Zwangsmittel gegenüber Auskunftspersonen

ÜBERSICHT   Rdn.
I. Grundsatz.. 1
II. Die einzelnen Zwangsmittel................................ 3
   1. Ordnungsgeld 3
   2. Zwangsweise Vorführung 10
   3. Beugehaft 12
III. Verhältnismäßigkeitsgrundsatz............................ 16

Literatur: *Pabel*, Verhängung von Beugehaft durch einen Untersuchungsausschuss, NJW 2000, 788; *Plöd*, Die Stellung des Zeugen in einem parlamentarischen Untersuchungsausschuss des Deutschen Bundestages, 2003; *Schleich*, Das parlamentarische Untersuchungsrecht des Bundestages, 1985; *Weisgerber*, Das Beweiserhebungsverfahren parlamentarischer Untersuchungsausschüsse des Deutschen Bundestages, 2003.

I. Grundsatz

1   Zur Erzwingung des Zeugnisses bzw. der Vorlage der erforderlichen Unterlagen stehen dem Untersuchungsausschuss zur Umsetzung von Beweisbeschlüssen **Zwangsmittel** zur Verfügung. Dies ist **unerlässlich**, um eine effektive Untersuchungstätigkeit sicherzustellen.[1]

2   Gegen **Zeugen** können daher erforderlichenfalls **Ordnungsgelder** wegen **unentschuldigten Ausbleibens** oder **grundloser Zeugnisverweigerung** festgesetzt werden.[2] Das gilt auch für einen **Sachverständigen**.[3] Ihnen können ferner die **Kosten** eines nicht genügend entschuldigten Ausbleibens auferlegt werden.[4] All dies gilt auch für den Fall einer unberechtigten **Eidesverweigerung**.[5] In Betracht kommen bei einem Zeugen auch ggf. seine **zwangsweise Vorführung**[6] oder die Anordnung von **Beugehaft**.[7]

---

[1] BVerfGE 76, 363 (383 f.); 77, 1 (48); LG Bonn, NJW 1987, 790 (791); *Achterberg/Schulte*, in: v. Mangoldt/Klein/Starck II, Art. 44 Rn. 147; *Morlok*, in: Dreier II, Art. 44 Rn. 51; *Pabel*, NJW 2000, 788 (789); *Quaas/Zuck*, NJW 1988, 1873 (1878); *Schleich*, Das parlamentarische Untersuchungsrecht des Bundestages, 1985, S. 24.
[2] BVerfGE 76, 363 (383 f.); VG Berlin, BT-Drucks. 14/9300 (Anlagebd.), S. 475 ff.
[3] *H. H. Klein*, MD, Art. 44 Rn. 213.
[4] VG Berl., NVwZ-RR 2003, 708 (709); BT-Drucks. 14/9300 (Anlagebd.), S. 475 ff.; LG Mainz, Beschl. v. 12.1.1999, Az.: 1 Qs 317/98, S. 2 d. Umdrucks (n.v.).
[5] VG Berl., NVwZ-RR 2003, 708 (709).
[6] OVG Nds., DÖV 1986, 210 ff.; *Umbach*, in: ders./Clemens, GG, Art. 44 Rn. 82.
[7] BVerfGE 76, 363 (384); LG Bonn, NJW 1987, 790 (791); LG Berlin, BT-Drucks. 14/9300 (Anlagebd.), S. 448 (452); AG Bonn, JR 1994, 171 m. Anm. *Derksen*;

II. Die einzelnen Zwangsmittel

1. Ordnungsgeld

Das PUAG des Bundes und die in den Ländern bestehenden gesetzlichen 3
Regelungen sehen die **Verhängung von Ordnungsgeldern** sowohl wegen **unentschuldigten Ausbleibens** eines Zeugen ausdrücklich vor (§ 21 Abs. 1 PUAG) als auch im Falle **grundloser Zeugnisverweigerung** (§ 27 Abs. 1 PUAG). Entsprechendes gilt für einen **Sachverständigen** (§ 28 Abs. 6 PUAG). Die Verhängung des Ordnungsgeldes wird idR verbunden mit der Auferlegung der durch das nicht genügend entschuldigte Ausbleiben verursachten **Kosten** (§ 21 Abs. 1 PUAG):

- Baden-Württemberg: § 16 Abs. 2 UAG BadWürtt.
- Berlin: § 12 Abs. 4 UAG Berl.
- Brandenburg: § 18 Abs. 1 UAG Brandb.
- Bremen: § 11 Abs. 2 UAG Brem.
- Hamburg: § 25 Abs. 1 UAG Hbg.
- Hessen: § 13 Abs. 2 IPA-Regeln
- Mecklenburg-Vorpommern: § 25 Abs. 1 UAG MV
- Niedersachsen: § 13 Abs. 2 IPA-Regeln
- Nordrhein-Westfalen: § 16 Abs. 1 UAG NRW
- Rheinland-Pfalz: § 16 Abs. 2 UAG RhPf.
- Sachsen: § 16 Abs. 2 UAG Sachs.
- Sachsen-Anhalt: § 17 Abs. 2 UAG SachsA
- Schleswig-Holstein: § 16 Abs. 1 UAG SchlH
- Thüringen: § 16 Abs. 2 UAG Thür.

In Bayern und im Saarland sind die Vorschriften der StPO mit dem im wesentlichen gleichen Ergebnis entsprechend anzuwenden.

Der **Ordnungsgeldbeschluss** kann etwa lauten: 4

> »Dem ordnungsgemäß mit Schreiben vom X, das zugestellt worden ist am X, zum Vernehmungstermin am X geladenen Zeugen Y werden die durch sein Ausbleiben verursachten Kosten auferlegt.
> Gegen den Zeugen wird ein Ordnungsgeld von 500 € festgesetzt. Für den Fall, dass dieses nicht beigetrieben werden kann, wird die Festsetzung von Ordnungshaft beim (zuständigen Gericht) beantragt.«

Ist das Ausbleiben eines Zeugen rechtzeitig und genügend **entschuldigt** 5 (§ 21 Abs. 2 S. 1 PUAG), so hat der Ausschuss auch in diesem Fall eine Entscheidung zu treffen. Der **Beschluss** lautet dann etwa:

Achterberg/Schulte, in: v. Mangoldt/Klein/Starck II, Art. 44 Rn. 147; a.A. *Rechenberg*, BK, Art. 44 Rn. 29; krit. auch *M. Schröder*, Verh. d. 57. DJT (1988), Bd. I, S. M 32 f.

»Der ordnungsgemäß mit Schreiben vom X, das zugestellt worden ist am X, zum Vernehmungstermin am X geladene Zeuge Y ist nicht erschienen. Der Ausschuss befindet die vorgelegte Entschuldigung als rechtzeitig und genügend, um von der Auferlegung der Kosten und der Festsetzung eines Ordnungsmittels abzusehen.«

6   Was die **Höhe des Ordnungsgeldes** anbelangt, so kommen – solange und soweit eine Spezialregelung nichts anderes bestimmt – nach Art. 6 Abs. 1 S. 1 EGStGB 5,– bis 1 000,– € in Betracht.[8] Abweichend davon bestimmen §§ 21 Abs. 1 S. 1, 27 Abs. 1, 28 Abs. 6, 29 Abs. 2 PUAG für die Untersuchungsausschüsse des Bundes, dass ein Ordnungsgeld in Höhe von bis zu 10 000,– € festgesetzt werden kann. Diese zugegebenermaßen exorbitant höhere Obergrenze für die Festsetzung eines Ordnungsgeldes ist durch die Besonderheiten des parlamentarischen Untersuchungsverfahrens gegenüber dem Strafverfahren gerechtfertigt und verfassungsrechtlich unbedenklich.[9] Die genaue Festlegung der Höhe des Ordnungsgeldes trifft der Untersuchungsausschuss durch Beschluss.[10] Dabei sind für die Bemessung der Höhe des Ordnungsgeldes der Grund des Ungehorsams und die wirtschaftlichen Verhältnisse des Zeugen maßgeblich.[11] Für den Fall aber, dass der Zeuge nicht nur zur Sache, sondern auch zu seinen wirtschaftlichen Verhältnissen schweigt, zu folgern, der Untersuchungsausschuss müsse sich »sicherheitshalber« in diesen Fällen im unteren Bereich des vorgegebenen Rahmens für ein Ordnungsgeld bewegen[12] hieße, dieses Verhalten auch noch zu honorieren und die Verhältnisse auf den Kopf zu stellen. Kommt der Zeuge seiner **Mitwirkungspflicht** nicht nach – und die Auskunft über die wirtschaftlichen Verhältnisse gehört zu den **Aussagen zur Person** und nicht zur Sache, weshalb sie idR nicht verweigert werden darf[13] – so darf der Untersuchungsausschuss etwa davon ausgehen, dass das Einkommen des Zeugen – das er bei Ministern, Abgeordneten oder Beamten problemlos den entsprechenden Tabellen entnehmen kann – nicht

---

8   VG Berl., NVwZ-RR 2003, 708 (711); *Weisgerber*, Das Beweiserhebungsverfahren parlamentarischer Untersuchungsausschüsse des Deutschen Bundestages, 2003, S. 190.
9   Vgl. dazu BT-Drucks. 14/5790, S. 22; *Lucke*, Strafprozessuale Schutzrechte und parlamentarische Aufklärung in Untersuchungsausschüssen mit strafrechtlich relevantem Verfahrensgegenstand, 2009, S. 184 f.; a.A. *Weisgerber*, Das Beweiserhebungsverfahren parlamentarischer Untersuchungsausschüsse des Deutschen Bundestages, 2003, S. 191 f.; krit. auch *Rogall*, Gs. Meurer (2002), S. 468 f.
10 Zum Gebot der Verhältnismäßigkeit s.u. Rdn. 16 ff.
11 LG Mainz, NJW 1988, 1744; *Plöd*, Die Stellung des Zeugen in einem parlamentarischen Untersuchungsausschuss des Deutschen Bundestages, 2003, S. 135.
12 So *Plöd*, Die Stellung des Zeugen in einem parlamentarischen Untersuchungsausschuss des Deutschen Bundestages, 2003, S. 135 f.
13 BGH, MDR 1975, 368 (bei *Dallinger*); a.A. BGH, StV 1984, 190 (192); *Meyer-Goßner*, StPO, 53. Aufl. (2010), § 243 Rn. 12.

durch besondere laufende Verbindlichkeiten in relevantem Umfang geschmälert wird.[14]

Das Ordnungsgeld kann im Falle **wiederholten Ausbleibens** noch einmal festgesetzt werden (§ 21 Abs. 1 S. 2 PUAG). Dies ist – fehlt es an einer entsprechenden spezialgesetzlichen Regelung – auch nach den allgemeinen Regeln der Fall (§ 51 StPO). Mehrere Ordnungsgeldbeschlüsse können in einem einheitlichen **Ordnungsgeldbescheid** zusammengefasst werden.[15] Damit klar ist, welche Summe zu vollstrecken ist, muss diese in dem Ordnungsgeldbescheid angegeben werden, d.h. der Bescheid muss neben der Wiedergabe des Beschlusses und dem Hinweis, wann der Beschluss gefasst wurde, einen entsprechenden Zusatz sowie eine Rechtsmittelbelehrung enthalten. Der Bescheid lautet etwa: 7

»Der Untersuchungsausschuss X des Deutschen Bundestags hat nach Art. 44 GG, § 21 Abs. 1 PUAG in seiner Xten Sitzung am X den folgenden Beschluss gefasst: »Dem ordnungsgemäß mit Schreiben vom X, das zugestellt worden ist am X, zum Vernehmungstermin am X geladenen Zeugen Y werden die durch sein Ausbleiben verursachten Kosten auferlegt. Gegen den Zeugen wird ein Ordnungsgeld von 500,- € festgesetzt. Für den Fall, dass dieses nicht beigetrieben werden kann, wird die Festsetzung von Ordnungshaft beim (zuständigen Gericht) beantragt.«
(Name des Ausschussvorsitzenden)
Neben dem festgesetzten Ordnungsgeld in Höhe von 500,- € werden dem Zeugen X die durch sein nicht genügend entschuldigtes Ausbleiben entstandenen Kosten in Höhe von 15,- € auferlegt. Für den Fall, dass das Ordnungsgeld nicht beigetrieben werden kann, wird der Ermittlungsrichter des Bundesgerichtshofs eine Ordnungshaft festsetzen.«

Im Falle **grundloser Zeugnisverweigerung** (§ 27 PUAG) kann das Ordnungsgeld demgegenüber, anders als die Anordnung der Beugehaft,[16] **nur einmal** festgesetzt werden, da dieses Ordnungsmittel mit seiner einmaligen Anwendung auf diesen Fall bereits erschöpft ist (§ 27 Abs. 3 PUAG i.V.m. § 70 Abs. 4 StPO).[17] Auch gegen einen Zeugen, der wiederholt unberechtigt die Aussage verweigert, kann damit nur einmal Ordnungsgeld festgesetzt werden; die wiederholte Festsetzung von Ordnungsgeld ist in diesem Fall unzulässig.[18] Dieses Verbot wiederholter Festsetzung gilt freilich nur für das jeweils selbe Untersuchungsausschussverfahren.[19] 8

---

14 A.A. *Plöd*, Die Stellung des Zeugen in einem parlamentarischen Untersuchungsausschuss des Deutschen Bundestages, 2003, S. 135 f.
15 Vgl. LG Mainz, Beschl. v. 12.1.1999, Az.: 1 Qs 317/98, S. 2 d. Umdrucks (n.v.).
16 S.u. Rdn. 12 ff.
17 *Plöd*, Die Stellung des Zeugen in einem parlamentarischen Untersuchungsausschuss des Deutschen Bundestages, 2003, S. 136.
18 Vgl. für das Strafverfahren (§ 70 StPO) OLG Köln, NStZ-RR 2007, 242.
19 *Plöd*, Die Stellung des Zeugen in einem parlamentarischen Untersuchungsausschuss des Deutschen Bundestages, 2003, S. 136.

9   Der **Vollzug des Ordnungsgeldbescheids** richtet sich nach den allgemeinen Regeln. Danach ist gem. § 36 Abs. 2 S. 1 StPO für die Vollstreckung des Ordnungsgeldbeschlusses die Zuständigkeit der (örtlich zuständigen) Staatsanwaltschaft begründet.[20] Diese wird im Wege der Amtshilfe tätig und besorgt auf Antrag bereits die Zustellung des Ordnungsgeldbescheids des Untersuchungsausschusses.[21]

2. Zwangsweise Vorführung

10 Für die Anordnung der **Vorführung** eines ausgebliebenen Zeugen gilt – zumindest von Verfassungs wegen[22] – **kein Richtervorbehalt**.[23] Es ist allerdings zu beachten, dass die zwangsweise Vorführung **nicht länger als bis zum Ablauf des darauf folgenden Tages** andauern darf, da dann die bloße Freiheitsbeschränkung qualitativ in eine (dem Richtervorbehalt unterliegende) Freiheitsentziehung umschlägt. § 21 Abs. 1 S. 3 PUAG nimmt diesen auch in § 153 S. 2 StPO verankerten Grundsatz ausdrücklich in Bezug.

11 Die Möglichkeit zur **zwangsweisen Vorführung** ist die notwendige Folge der Erscheinens- und Aussagepflicht vor einem parlamentarischen Untersuchungsausschuss und als solche im PUAG des Bundes und in den gesetzlichen Bestimmungen der meisten Ländern ausdrücklich vorgesehen:
– Bund: § 21 PUAG
– Baden-Württemberg: § 16 Abs. 3 UAG BadWürtt.
– Berlin: § 12 Abs. 4 S. 2 UAG Berl.
– Brandenburg: § 18 Abs. 1 S. 2 UAG Brandb.
– Bremen: § 11 Abs. 3 UAG Brem.
– Hamburg: § 25 Abs. 2 UAG Hbg.
– Hessen: § 13 Abs. 3 IPA-Regeln
– Mecklenburg-Vorpommern: § 25 Abs. 1 UAG MV
– Niedersachsen: § 13 Abs. 3 IPA-Regeln
– Nordrhein-Westfalen: § 16 Abs. 1 S. 2 UAG NRW
– Rheinland-Pfalz: § 16 Abs. 2 S. 3 UAG RhPf.
– Saarland: § 51 Abs. 3 LTG Saarl.

---

20 *Brocker*, in: Grimm/Caesar, Art. 91 Rn. 53; *ders.*, LKRZ 2007, 414 (418).
21 Allg. OLG Düsseldorf, NStZ 1988, 150; *Brocker*, in: Grimm/Caesar, Art. 91 Rn. 53.
22 Einfachgesetzlich besteht der Richtervorbehalt in diesen Fällen gleichwohl in BadWürtt. (§ 16 Abs. 3 UAG), Berl. (§ 12 Abs. 4 UAG), Brem. (§ 11 Abs. 3 UAG), NRW (§ 16 Abs. 1 UAG) und dem Saarl. (§ 51 Abs. 3 LTG).
23 OVG Nds., DÖV 1986, 210 (211 f.); *Gollwitzer*, BayVBl. 1982, 417 (421); *H. H. Klein*, MD, Art. 44 Rn. 209 m. Fn. 3; *Schleich*, Das parlamentarische Untersuchungsrecht des Bundestages, 1985, S. 24 f.; a.A. *Weisgerber*, Das Beweiserhebungsverfahren parlamentarischer Untersuchungsausschüsse des Deutschen Bundestages, 2003, S. 195 f.

- Sachsen: § 16 Abs. 3 UAG Sachs.
- Sachsen-Anhalt: § 17 Abs. 3 UAG SachsA
- Schleswig-Holstein: § 16 Abs. 2 UAG SchlH
- Thüringen: § 16 Abs. 2 S. 3 UAG Thür.

3. Beugehaft

Verhaftungen unterliegen im Hinblick auf Art. 104 GG dem **Richtervorbehalt**, d.h. ihre Anordnung muss vom Untersuchungsausschuss auf der Grundlage eines Beschlusses beim zuständigen Gericht beantragt werden.[24] Dies gilt auch dann, wenn Gefahr im Verzug ist; eine Kompetenz der Untersuchungsausschüsse, insoweit vorläufige Maßnahmen zu treffen, besteht nicht.[25]   12

Das PUAG des Bundes und die gesetzlichen Bestimmungen in den meisten Ländern sehen die Verhängung von Beugehaft für den Fall, dass das Zeugnis ohne gesetzlichen Grund verweigert wird, **ausdrücklich** vor: 13
- Bund: § 27 Abs. 2 PUAG
- Baden-Württemberg: § 16 Abs. 2 UAG BadWürtt.
- Berlin: § 12 Abs. 4 UAG Berl.
- Brandenburg: § 18 Abs. 1 UAG Brandb.
- Bremen: § 11 Abs. 2 UAG Brem.
- Hamburg: § 25 Abs. 2 UAG Hbg.
- Hessen: § 13 Abs. 2 IPA-Regeln
- Mecklenburg-Vorpommern: § 31 Abs. 2 UAG MV
- Niedersachsen: § 13 Abs. 2 IPA-Regeln
- Nordrhein-Westfalen: § 16 Abs. 1 UAG NRW
- Rheinland-Pfalz: § 16 Abs. 4 UAG RhPf.
- Saarland: § 51 Abs. 2 LTG Saarl.
- Sachsen: § 16 Abs. 2 UAG Sachs.
- Sachsen-Anhalt: § 17 Abs. 2 UAG SachsA
- Schleswig-Holstein: § 16 Abs. 1 UAG SchlH
- Thüringen: § 16 Abs. 4 UAG Thür.

Einer **vorherigen Androhung** der Beantragung von Beugehaft bedarf es von Rechts wegen nicht.[26] Erfolgt eine solche Androhung allerdings gleichwohl,[27] kann es aus anwaltlicher Sicht durchaus geboten sein, bei Gericht eine entsprechende **Schutzschrift** zu hinterlegen.[28]   14

---

24 BVerfGE 76, 363 (383); 77, 1 (51 f.); LG Berlin, Anlagebd. zu BT-Drucks. 14/9300, S. 448 (451); *Geis*, in: Isensee/Kirchhof III, § 55 Rn. 59.
25 A.A. *Magiera*, in: Sachs, Art. 44 Rn. 24; offen gelassen von BVerfGE 77, 1 (52 f.).
26 VG Berlin, BT-Drucks. 14/9300 (Anlagebd.), S. 475 (490).
27 Vgl. dazu VG Berlin, BT-Drucks. 14/9300 (Anlagebd.), S. 475 ff.
28 Vgl. etwa AG Tiergarten, BT-Drucks. 14/9300 (Anlagebd.), S. 426 ff.

15 Im Falle **grundloser Zeugnisverweigerung** (§ 27 PUAG) kann Beugehaft **auch mehrfach** bis zu der in § 27 Abs. 2 PUAG vorgesehenen Höchstgrenze, also nicht über die Zeit der Beendigung des Untersuchungsverfahrens und auch nicht über die Zeit von sechs Monaten hinaus, festgesetzt werden.[29] Fehlt eine dem § 27 PUAG entsprechende spezialgesetzliche Regelung, so gilt die in § 70 Abs. 2 StPO vorgesehene Höchstgrenze von ebenfalls sechs Monaten entsprechend.

III. Verhältnismäßigkeitsgrundsatz

16 Die Verhängung und Durchsetzung der Zwangsmaßnahmen stehen unter dem Vorbehalt der **Verhältnismäßigkeit** im Einzelfall.[30] Diese stellt umso höhere Anforderungen an die Zulässigkeit der Zwangsmaßnahme, je stärker der Eingriff wiegt.[31] Die jeweilige Zwangsmaßnahme muss in jedem Fall im durch den Untersuchungsauftrag umrissenen öffentlichen Interesse geeignet und erforderlich sein, zu der erstrebten Aufklärung beizutragen.[32] In die Abwägung einzustellen ist aber stets vor allem auch die Relation zwischen der Intensität des Grundrechtseingriffs und dem Gewicht des Untersuchungszwecks und des Beweisthemas.[33] Auch insoweit wird dem Untersuchungsausschuss allerdings eine weite Einschätzungsprärogative einzuräumen sein.

17 Dieser Grundsatz wird idR im Einzelfall etwa dazu führen, dass der Anordnung von Beugehaft die Verhängung eines Ordnungsgeldes vorausgehen muss.[34] Die Anordnung von **Beugehaft** ist auch im Verfahren parlamentarischer Untersuchungsausschüsse **ultima ratio** der Beweiserzwingung.[35] Erscheint allerdings – etwa wegen der besonderen wirtschaftlichen Leistungsfähigkeit des Zeugen – die Verhängung eines Ordnungsgeldes als von vornherein wirkungslos, so ist durchaus auch die sofortige Anordnung der Beugehaft denkbar.[36] Auch die Beitreibung des Ordnungsgeldes muss

---

29 *Plöd*, Die Stellung des Zeugen in einem parlamentarischen Untersuchungsausschuss des Deutschen Bundestages, 2003, S. 136; vgl. für das Strafverfahren (§ 70 StPO) OLG Köln, NStZ-RR 2007, 242.
30 BVerfGE 76, 363 (389); BVerfG, NVwZ 2002, 1499 (1450 f.); *Pabel*, NJW 2000, 788 (789); *Plöd*, Die Stellung des Zeugen in einem parlamentarischen Untersuchungsausschuss des Deutschen Bundestages, 2003, S. 43; *Schulte*, Jura 2003, 505 (511).
31 *Achterberg/Schulte*, in: v. Mangoldt/Klein/Starck II, Art. 44 Rn. 143 ff. m.w.N.
32 BVerfG, DÖV 1984, 759 (760) m. Anm. *Badura*; *Lucke*, Strafprozessuale Schutzrechte und parlamentarische Aufklärung in Untersuchungsausschüssen mit strafrechtlich relevantem Verfahrensgegenstand, 2009, S. 99 f.
33 BVerfGE 67, 100 (143); 77, 1 (44).
34 *Pabel*, NJW 2000, 788 (789).
35 *Achterberg/Schulte*, in: v. Mangoldt/Klein/Starck II, Art. 44 Rn. 147.
36 AG Bonn, JR 1994, 171 m. Anm. *Derksen*; *Pabel*, NJW 2000, 788 (789).

nicht in jedem Fall abgewartet werden.³⁷ Es sind mithin im Ergebnis alle **Umstände des Einzelfalls** in die Abwägung mit einzubeziehen.
  Dies gilt auch dann, wenn das Beweiserhebungsrecht qua Gesetzes als **Minderheitenrecht** ausgestaltet ist, da dies den Untersuchungsausschuss nicht von der Beachtung verfassungsrechtlicher Grundprinzipien, insbesondere auch der Grundrechte, entbindet.³⁸ Einer Prüfung der Verhältnismäßigkeit bedarf es daher in jedem Fall.

18

---

37 BVerfGE 76, 363 (391 f.); *Schulte*, Jura 2003, 505 (511).
38 BVerfG, NVwZ 2002, 1499 (1500); s.a. u. § 27 Rdn. 12.

§ 27 Parlamentarische Minderheitenrechte

ÜBERSICHT   Rdn.
I. Verfassungsrechtliche Grundlagen   1
   1. Grundsatz...   1
   2. Begrenztes Beweiserzwingungsrecht   8
   3. Begrenztes Beweisdurchsetzungsrecht 16
II. Gesetzliche Ausgestaltung................................... 27
   1. Bund 27
   2. Länder 30

Literatur: *Badura*, Das Recht der Minderheit auf Einsetzung eines parlamentarischen Untersuchungsausschusses, in: Fs. Helmrich (1994), S. 191; *Brocker*, Minderheitenschutz; Untersuchungsausschuss; Gegenüberstellung im Untersuchungsausschuss (Anm.), BayVBl. 2007, 173; *Gärditz*, Mehrheitenrechte bei Zeugenvernehmungen durch einen parlamentarischen Untersuchungsausschuss (Anm.), DVBl. 2010, 1314; *Hermes*, Das Minderheitsrecht auf eine parlamentarische Untersuchung, in: Fs. Mahrenholz (1994), S. 349; *Knippel*, Der Minderheitenschutz im Untersuchungsrecht des Landtages Brandenburg, in: P. Macke (Hrsg.), Verfassung und Verfassungsgerichtsbarkeit auf Landesebene, 1998, S. 51; *Laage/Strube*, Das Untersuchungsrecht der Minderheit, in: Bachmann/Schneider (Hrsg.), Zwischen Aufklärung und politischem Kampf, 1988, S. 9; *Mohr*, Dogmatik und passende Geltendmachung des verfassungsrechtlichen Minderheitrechts bei parlamentarischen Untersuchungen des Bundestages: zum Urteil des BVerfG vom 08.04.2002, ZParl 35 (2004), 468; *Plöd*, Die Stellung des Zeugen in einem parlamentarischen Untersuchungsausschuss des Deutschen Bundestages, 2003; *Schmidt-Hartmann*, Schutz der Minderheit im parlamentarischen Untersuchungsverfahren, 1994; *H.-P. Schneider*, Das Parlamentsrecht im Spannungsfeld von Mehrheitsentscheidung und Minderheitsschutz, in: Fs. 50 Jahre BVerfG, Bd. II (2001), S. 627; *M. Schröder*, Minderheitenschutz im parlamentarischen Untersuchungsverfahren: Neue Gerichtsentscheidungen, ZParl 17 (1986), 367; *Seidel*, Die Opposition im parlamentarischen Untersuchungsverfahren nach Art. 44 GG – materieller und verfassungsprozessualer Minderheitenschutz, BayVBl. 2002, 97; *Wiefelspütz*, Die qualifizierte Minderheit im Untersuchungsausschuss, NJ 2002, 398.

I. Verfassungsrechtliche Grundlagen

1. Grundsatz

1   Das parlamentarische Untersuchungsausschussverfahren in Deutschland ist maßgeblich von **besonderen Rechten der parlamentarischen Minderheit** geprägt, und zwar nicht nur was die Einsetzung eines Untersuchungsausschusses,[1] sondern auch was das **Verfahren der Untersuchung** selbst, und

---

1 S.o. § 6 Rdn. 18 ff.

dabei insbesondere die Beweisaufnahme, anbelangt. Die besondere Bedeutung der Minderheitenrechte wird auch dadurch deutlich, dass parlamentsgeschichtlich die Entstehung und Herausbildung parlamentarischer Minderheitenrechte insgesamt ihre Wurzel ganz maßgeblich im parlamentarischen Untersuchungsausschussrecht hat.[2] Dadurch entsteht ein Spannungsverhältnis zwischen dem **Mehrheitsprinzip** (Art. 42 Abs. 2 S. 1 GG) als der Regel in der parlamentarischen Demokratie auf der einen und dem Minderheitenschutz auf der anderen Seite, das im Einzelfall zum Ausgleich zu bringen ist.

Ausgangspunkt der Betrachtung ist der Umstand, dass weder Art. 44 Abs. 1 S. 1 GG noch die Verfassungsbestimmungen in der Mehrzahl der Länder[3] ihrem eindeutigen Wortlaut nach ein Minderheitenrecht im Verfahren, also über die Einsetzung des Ausschusses hinaus, begründen. Grundsätzlich ist damit von Verfassungs wegen der Ausschuss als ganzer Inhaber der **Verfahrenshoheit** und damit die Mehrheit in ihm.[4] Das in der parlamentarischen Demokratie geltende **Mehrheitsprinzip** stellt im Verfahren **die gesetzliche Regel** dar.[5] Ein allgemeines Prinzip, dass der Minderheit auch im Verfahren eines Untersuchungsausschusses »die *maßgebliche* Gestaltungsmacht zuzuerkennen« wäre,[6] gibt es schon deshalb nicht, ebenso wenig wie eine »maßgebliche Geltungsmacht«[7] der Minderheit.[8] Eine überproportionale oder auch nur paritätische Berücksichtigung der parlamentarischen Minderheit im Untersuchungsausschuss würde vielmehr mit der demokratischen Mehrheitsregel der Verfassung in Konflikt geraten.[9] Minderheitenrechte kommen daher auch im parlamentarischen Untersuchungsverfahren wegen ihres Ausnahmecharakters nur dann und nur

---

2 *Achterberg*, Parlamentsrecht, 1984, S. 301 m.w.N.; s.o. § 2 Rdn. 16.
3 Anders ist dies (und auch dort nur partiell bzw. im Ansatz) in Art. 35 Abs. 2 S. 2 BadWürttVerf.; Art. 25 Abs. 4 BayVerf.; Art. 48 Abs. 2 BerlVerf.; Art. 34 Abs. 3 MVVerf.; Art. 11 Abs. 2 S. 1 NdsVerf.; Art. 54 Abs. 3 SächsVerf.; Art. 54 Abs. 2 SachsAVerf.; Art. 64 Abs. 3 ThürVerf.
4 BVerfGE 105, 197 (222); BadWürttStGH, DÖV 2003, 201 (202); BayVerfGH, BayVBl. 2007, 171 (172); SächsVerfGH, LKV 2009, 219 (220); *Badura*, Fs. Helmrich (1994), S. 205; *Brocker*, BayVBl. 2007, 173 (174); *Hermes*, Fs. Mahrenholz (1994), S. 362 ff.; *Hilf*, NVwZ 1987, 537 (540); *H.-P. Schneider*, Fs. 50 Jahre BVerfG, Bd. II (2002), S. 654; *Schröder*, Verh. d. 57. DJT (1988), Bd. II, S. M 54 ff.
5 BadWürttStGH, DÖV 2003, 201 (202); BGH, DVBl. 2010, 1311 (1312).
6 So aber *Morlok*, in: Dreier II, Art. 44 Rn. 11.
7 So die Begrifflichkeit bei BGH, DVBl. 2010, 1311 (1313 f.).
8 NdsStGH, NVwZ 1986, 827 f.; BGH, DVBl. 2010, 1311 (1313 f.); *Brocker*, BayVBl. 2007, 173 (175).
9 *Achterberg/Schulte*, in: v. Mangoldt/Klein/Starck II, Art. 44 Rn. 157.

insoweit zur Anwendung, wie sich dies zwingend aus der Verfassung (oder den *konkretisierenden* einfachgesetzlichen Regelungen)[10] ergibt.[11]

3 Einigkeit besteht insoweit in Rechtsprechung und Literatur gleichermaßen darüber, dass eine **grundsätzliche Fortwirkung** des Einsetzungsrechts aus Art. 44 Abs. 1 S. 1 GG bzw. den entsprechenden Bestimmungen der Landesverfassungen im Verfahren besteht, da andernfalls der Minderheitenschutz, der für die Einsetzung des Ausschusses gewährt wird, de facto leer liefe,[12] denn es kommt theoretisch grundsätzlich sowohl eine Blockade der Aufklärungsbemühungen durch eine die Minderheit überstimmende Mehrheit als auch eine Blockade durch die Regierung in Betracht, der sich die Mehrheit aus taktischen Gründen unter Preisgabe der parlamentarischen Kontrollrechte nicht widersetzt[13]. Ältere Auffassungen, die im Hinblick auf den reinen Wortlaut von Art. 44 Abs. 1 S. 1 GG und unter Hinweis auf dessen Abweichung vom Vorbild des Art. 34 WRV eine Fortsetzung der Rechte der Einsetzungsminderheit im Verfahren abgelehnt hatten[14] können heute getrost als überholt bezeichnet werden. **Wurzel des Minderheitenrechts im Verfahren** ist letztlich der Anspruch der parlamentarischen Minderheit sowie des Parlaments in toto auf eine »kompetenzgerechte Aufgabenwahrnehmung« durch den Untersuchungsausschuss[15] bzw. »auf Aufrechterhaltung eines funktionstüchtigen Untersuchungsausschusses«.[16] Die qualifizierte Minderheit soll daher verfahrensmäßig in die Lage versetzt werden, eine möglichst umfassende Aufklärung des zu untersuchenden Sachverhalts durchsetzen zu können.[17]

4 Die (potenzielle) Einsetzungsminderheit muss daher »im Rahmen des Untersuchungsauftrags und innerhalb des Mehrheitsprinzips **mitbestimmen**

---

10 BayVerfGH, BayVBl. 2007, 171 (172); BGH, DVBl. 2010, 1311 (1313 f.).
11 BayVerfGH, BayVBl. 2007, 171 (172); BGH, DVBl. 2010, 1311 (1314); *Ehmke*, Verh. d. 45. DJT (1964), S. E 45; *Schleich*, Das parlamentarische Untersuchungsrecht des Bundestages, 1985, S. 84 f.; *Scholz*, AöR 105 (1980), 564 (603 f.); *Brocker*, BayVBl. 2007, 173 (174).
12 BVerfGE 49, 70 (86); 67, 100 (127); 105, 197 (221 ff.); 113, 113 (126 ff.); BadWürttStGH, DÖV 2003, 201 (202 f.); HessStGH, DVBl. 1999, 711 (713); BayVerfGH, BayVBl. 2007, 171 (172); *Achterberg/Schulte*, in: v. Mangoldt/Klein/Starck II, Art. 44 Rn. 157 f.; *Hermes*, Fs. Mahrenholz (1994), S. 365 f.; *H. H. Klein*, MD, Art. 44 Rn. 197; *Wiefelspütz*, NJ 2002, 398 (399 f.) m.w.N.
13 VerfGH Sachs., LKV 2009, 219 (220); *H.-P. Schneider*, Fs. 50 Jahre BVerfG, Bd. II (2002), S. 654.
14 So *Cordes*, Das Recht der Untersuchungsausschüsse des Bundestags, 1958, S. 86; *Kipke*, Die Untersuchungsausschüsse des Bundestags, 1985, S. 54 f.
15 *Löwer*, Jura 1985, 358 (362).
16 *Achterberg/Schulte*, in: v. Mangoldt/Klein/Starck II, Art. 44 Rn. 162; *Hermes*, Fs. Mahrenholz (1994), S. 362 ff.
17 BayVerfGH, BayVBl. 2007, 171; BGH, DVBl. 2010, 1311 (1313).

können«.[18] Dieser »**Mitgestaltungsanspruch**«[19] besteht **unabhängig davon, ob eine Mehrheits- oder eine Minderheitsenquete beschlossen wurde**.[20] Hierfür sprechen vor allem praktische Gründe: Zum einen wäre es wenig sinnvoll, die Einsetzungsminderheit auf die Einsetzung eines (konkurrierenden) Untersuchungsausschusses zum gleichen Thema zu verweisen.[21] Zum anderen wäre der Weg zu – in der parlamentarischen Praxis nicht seltenen – Einigungen im Parlament über die Fraktionsgrenzen hinweg, was die Einsetzung eines Untersuchungsausschusses anbelangt verbaut, wenn die Einsetzungsminderheit für diesen Fall mit dem Verlust ihrer Minderheitenrechte im Verfahren rechnen müsste.[22] Neben diesen praktischen Erwägungen spricht für eine Gleichbehandlung von Minderheits- und Mehrheitsenquete ferner der Umstand, dass sich das Übergewicht der Mehrheit gegenüber der Minderheit dann noch erhöht, wenn skandalträchtige Vorgänge im Verantwortungsbereich der Minderheit Gegenstand der Untersuchung sind[23]. Gerade in diesen Fällen wird die parlamentarische Untersuchung zu einem »überaus scharfen Instrument«.[24]

Der Mitgestaltungsanspruch ist **dem Gestaltungsanspruch der Mehrheit** 5 »**grundsätzlich vom Gewicht her gleich zu erachten**«.[25] Der Ausgleich von *grundsätzlich* gleich zu erachtenden Mitgestaltungsansprüchen ist im Einzelfall nicht immer leicht. Es bedarf vor allem einer differenzierten Betrachtung danach, ob es um Beweiserzwingungs- oder Beweisdurchsetzungsrechte oder gar bloße Verfahrensmodalitäten geht; ferner bedarf es nicht zuletzt stets einer konkreten Beurteilung des jeweiligen Einzelfalls.[26] Innerhalb dieses Rahmens müssen sich Mehrheit und Minderheit miteinander »arrangieren«,[27] um eine **Balance** von Minderheits- und Mehrheitsrechten im Verfahren herzustellen.[28] Vor allem (bloße) Konflikte über die Vernehmungsmodalitäten sollten nach

---

18 BVerfGE 105, 197 (223).
19 BVerfGE 105, 197 (223); BayVerfGH, BayVBl. 2007, 171 (172); BadWürttStGH, DÖV 2003, 201 (202) spricht gar (terminologisch etwas verunglückt) von einem »Gebot zur Loyalität der Mehrheit gegenüber der Minderheit«; *Mohr*, ZParl 35 (2004), 468 (472).
20 BVerfGE 105, 197 (224 f.); *Brocker*, in: Grimm/Caesar, Art. 91 Rn. 59; *Hermes*, Fs. Mahrenholz (1994), S. 357 f.; *Wiefelspütz*, NJ 2002, 398 (399 f.).
21 BVerfGE 105, 197 (224 f.); s.o. § 1 Rdn. 6.
22 *Hermes*, Fs. Mahrenholz (1994), S. 357 f.; *Seidel*, BayVBl. 2002, 97 (101 f.); s.a. BVerfGE 96, 223 ff.
23 *Wiefelspütz*, NJ 2002, 398 (399).
24 *Wiefelspütz*, NJ 2002, 398; s.o. § 1 Rdn. 27 ff.
25 BVerfGE 105, 197 (223).
26 S.u. Rdn. 8 ff.
27 *H. H. Klein*, MD, Art. 44 Rn. 203; *Wiefelspütz*, NWVBl. 2003, 409 (413).
28 *Cancik*, Der Staat 49 (2010), 251 (269).

Möglichkeit geschäftsordnungsmäßig innerhalb des Untersuchungsausschusses beigelegt werden.[29]

6   Da der Anspruch auf kompetenzgerechte Aufgabenwahrnehmung durch den Untersuchungsausschuss aber auf beiden Seiten, der Minderheit ebenso wie der Mehrheit, besteht, muss auch seine Durchsetzbarkeit im Wege der **Mitgestaltung** für beide Seiten möglich sein. Auch und gerade Minderheitenrechte können ebenso zum Zwecke der Verzögerung des Verfahrens[30] oder aus anderen Gründen unsachgerecht und zum Nachteil einer effizienten Verfahrensgestaltung eingesetzt werden. Auch eine Obstruktion durch die Minderheit muss also nicht hingenommen werden.

7   **Keine Erstreckung** von Minderheitenrechten auf das Verfahren wird man allerdings im Falle einer (praktisch kaum relevanten) **Splitterenquete**[31] anzunehmen haben. Hier gibt es – auch potenziell – kein Recht aus dem Einsetzungsverfahren, das sich im Untersuchungsverfahren fortsetzen könnte. Zwar besteht der Anspruch des Plenums auf eine »kompetenzgerechte Aufgabenwahrnehmung« durch den Untersuchungsausschuss[32] bzw. »auf Aufrechterhaltung eines funktionstüchtigen Untersuchungsausschusses«[33] grundsätzlich auch in diesen Verfahren, da das Plenum mit dem Beschluss über die Einsetzung die Untersuchung »zu seiner Sache gemacht hat«.[34] Dies allein begründet jedoch keine (abgeleiteten) Ansprüche der Ausschussminderheit gegen die -mehrheit. Die besonderen Gründe, die für die Erstreckung der Regeln für die Minderheitsenquete auf die Mehrheitsenquete gelten,[35] passen auch im Übrigen für den Fall der Splitterenquete nicht.

2. Begrenztes Beweiserzwingungsrecht

8   Aus dem Mitgestaltungsanspruch der qualifizierten Minderheit im Verfahren folgt von Verfassungs wegen ein **begrenztes Beweiserzwingungsrecht** der Minderheit im Verfahren, d.h. dass zulässigen Beweisanträgen der Minderheit grundsätzlich Folge zu leisten ist, es sei denn, das Antragsrecht wird

---

29 *Gärditz*, DVBl. 2010, 1314 (1318).
30 *Achterberg/Schulte*, in: v. Mangoldt/Klein/Starck II, Art. 44 Rn. 158.
31 S.o. § 1 Rdn. 32.
32 *Löwer*, Jura 1985, 358 (362).
33 *Achterberg/Schulte*, in: v. Mangoldt/Klein/Starck II, Art. 44 Rn. 162; *Hermes*, Fs. Mahrenholz, (1994), S. 362 ff.
34 *H.-P. Schneider*, Fs. 50 Jahre BVerfG, Bd. II (2002), S. 655; *ders.*, AK-GG, Art. 44 Rn. 8; s.a. BVerfGE 83, 175 (179 f.).
35 S.o. Rdn. 3 f.

nicht sachgerecht oder sogar missbräuchlich ausgeübt.[36] Danach besteht ein
effektives **Beweisantragsrecht** der Minderheit.[37]

Eine **Einschätzungs- und Beurteilungsprärogative** der Minderheit, was die rechtliche Zulässigkeit ihres Beweisantrags anbelangt, gibt es dabei nicht.[38] Der Untersuchungsausschuss ist vielmehr umgekehrt lediglich verpflichtet, eine **willkürfreie Rechtsentscheidung** zu treffen.[39]

Allerdings kommt eine **Zurückweisung** von Beweisanträgen der qualifizierten Minderheit durch die Ausschussmehrheit letztlich nur in Betracht, »**wenn sie nachvollziehbar darlegt, dass die Minderheit die ihr zustehenden Rechte sachwidrig ausübt**«.[40] Dies kann nach der Rechtsprechung des Bundesverfassungsgerichts »etwa dann der Fall sein, wenn die beantragte Beweiserhebung **außerhalb des Untersuchungsauftrags** liegt oder **rechtswidrig** ist, ferner wenn und soweit sie **lediglich der Verzögerung dient** oder **offensichtlich missbräuchlich** ist«.[41] Dieser Gedanke hat auch konsequent Niederschlag in § 17 PUAG gefunden. Damit ist der Mehrheit insbesondere die (ablehnende) Entscheidung über die (politische) Erforderlichkeit eines von der Minderheit beantragten Beweises umfassend entzogen.[42] Die Formulierung des Bundesverfassungsgerichts ist allerdings in zweifacher Hinsicht zumindest unglücklich: Zum einen ist ein Beweisantrag, der außerhalb des Untersuchungsauftrags liegt, eo ipso rechtswidrig,[43] und zum anderen »kann« der Ausschuss rechtswidrige Anträge nicht nur zurückweisen, sondern muss dies tun, da er andernfalls seine Kompetenzen überschreiten würde. Selbst die ausdrückliche gesetzliche Ausgestaltung des Beweiserhebungsrechts als Minderheitenrecht (§ 17 PUAG) entbindet nämlich nicht

---

36 BVerfGE 49, 70 (86); 67, 100 (127); 105, 197 (225 f.); 113, 113 (127 f.); Bad-WürttStGH, DÖV 2003, 201 (202 f.); BrandbVerfG, LKV 2004, 177 (178 f.); HessStGH, DVBl. 1999, 711 (713); NdsStGH, NVwZ 1986, 827 (828); *Achterberg/Schulte*, in: v. Mangoldt/Klein/Starck II, Art. 44 Rn. 158; *Gärditz*, DVBl. 2010, 1314 (1316); *Hermes*, Fs. Mahrenholz (1994), S. 365 f.; *Laage/Strube*, in: Bachmann/Schneider (Hrsg.), Zwischen Aufklärung und politischem Kampf, 1988, S. 24; *Schleich*, Das parlamentarische Untersuchungsrecht des Bundestages, 1985, S. 85 f.; *M. Schröder*, Verh. d. 57. DJT (1988), Bd. I, S. E 109; *Vogel*, ZParl 5 (1974), 503 (509); s.a. o. § 16 Rdn. 9 ff.
37 *Mohr*, ZParl 35 (2004), 468 (472 f.).
38 NdsStGH, NVwZ 1986, 827 f.; a.A. *Morlok*, in: Dreier II, Art. 44 Rn. 11; s.a. o. Rdn. 2.
39 NdsStGH, NVwZ 1986, 827 (828); BGH, NStZ-RR 2009, 355 (356); s.o. § 16 Rn. 10.
40 BVerfGE 105, 197 (225).
41 BVerfGE 105, 197 (225).
42 BVerfGE 113, 113 (127); *Achterberg/Schulte*, in: v. Mangoldt/Klein/Starck II, Art. 44 Rn. 159; *Wiefelspütz*, NJ 2002, 398 (400).
43 S.o. § 15 Rdn. 6 u. § 16 Rdn. 6.

von der Beachtung verfassungsrechtlicher Grundprinzipien, insbesondere der Grundrechte.[44] Die Voraussetzungen für eine ablehnende Entscheidung des Ausschusses sind gleichwohl vom Bundesverfassungsgericht unter dem Strich zutreffend beschrieben.

11 Ob ein Beweisantrag unsachgerecht oder missbräuchlich ist, ist letztlich nach den allgemeinen Regeln zu beurteilen. Dabei ist dem Ausschuss als Folge der Verfahrensautonomie der Mehrheit ein entsprechender **Wertungsrahmen** eröffnet.[45] Diesen muss die Mehrheit allerdings auch ausfüllen, d.h. insbesondere eine angenommene Sachwidrigkeit belegen und nachvollziehbar **begründen**. Gerichtlich ist die Überprüfung der Entscheidung der Mehrheit gleichzeitig konsequent nur beschränkt auf die **Vertretbarkeit der Ablehnung** des Beweisantrags möglich.[46]

12 Die gleichen Grundsätze dürften auch für Anträge auf Anordnung von **Zwangsmaßnahmen** gegenüber einem nicht aussagebereiten Zeugen oder zur zwangsweisen Beibringung sächlicher Beweismittel Anwendung finden (§ 17 Abs. 4 PUAG).[47] Andernfalls liefen die Minderheitenrechte im Verfahren leer oder könnten zumindest im Einzelfall (im schlimmsten Fall sogar in Absprache mit einer Auskunftsperson bzw. dem Inhaber der Sachgewalt über ein Beweismittel) ausgehebelt werden. Dies dispensiert freilich nicht von der strikten Beachtung des Verhältnismäßigkeitsprinzips durch den Ausschuss bei der Verhängung von Zwangsmitteln.[48]

13 **Kein** Beweiserzwingungsrecht der Minderheit gibt es hingegen im Hinblick auf die **Vereidigung** eines Zeugen.[49] Im Zeitpunkt der Vereidigung nämlich ist der Beweis selbst bereits erhoben. Die Vereidigung dient lediglich der Bekräftigung der bereits gemachten Aussage.[50] Es geht bei ihr daher nicht um einen Beweis ieS, sondern um eine bloße Modalität der Beweisaufnahme. Im Übrigen ist wegen der politischen Kampfsituation von der Vereidigung eines Zeugen im Untersuchungsausschuss vernünftigerweise ohnehin nur äußerst zurückhaltend Gebrauch zu machen.[51]

---

44 BVerfG, NVwZ 2002, 1499 (1500).
45 BVerfGE 105, 197 (226); *Mohr*, ZParl 35 (2004), 468 (473).
46 BVerfGE 105, 197 (222).
47 NdsStGH, NVwZ 1986, 827 (828); BayVerfGH, BayVBl. 2010, 171 (172); *H. H. Klein*, MD, Art. 44 Rn. 202.
48 BVerfG, NVwZ 2002, 1499 (1500); s.a. o. § 26 Rdn. 18.
49 *Brocker*, in: Grimm/Caesar, Art. 91 Rn. 60; *Gärditz*, DVBl. 2010, 1314 (1317 m. Fn. 19); zweifelnd auch *Wiefelspütz*, KritV 2003, 376 (382 m. Fn. 40); a.A. HessStGH, DVBl. 1999, 711 (713 f.); *Seidel*, BayVBl. 2002, 97 (106); *Versteyl*, in: v. Münch/Kunig II, Art. 44 Rn. 32; *Vetter*, ZParl 19 (1988), 70 (77 f.).
50 So auch *Vetter*, ZParl 19 (1988), 70 (76) m.w.N.
51 *Rechenberg*, BK, Art. 44 Rn. 25; *Versteyl*, in: v. Münch/Kunig II, Art. 44 Rn. 32: »Meineidsfalle«; s.a. o. § 24 Rdn. 2.

Gleiches gilt für die **Gegenüberstellung von Zeugen** mit anderen Zeugen **14**
(§ 24 Abs. 2 PUAG). Auch hierbei handelt es sich nicht um einen Beweisantrag ieS, sondern der Antrag zielt als Verfahrensantrag[52] lediglich darauf ab, eine bereits durchgeführte Beweisaufnahme auf eine bestimmte Art und Weise zu wiederholen.[53] Die Gegenüberstellung ist eine bloße Modifikation der Einvernahme[54] und als eher technische Regelung des Verfahrensablaufs[55] daher nicht vom Beweiserzwingungsrecht der Minderheit umfasst.[56]

Die qualifizierte Minderheit muss im übrigen erst einmal **in das Verfahren** **15**
gelangen, um das Beweiserzwingungsrecht effektiv geltend machen zu können. Nicht selten ist es im parlamentarischen Untersuchungsverfahren der **Zeitfaktor**, der eine entscheidende Rolle spielt. Ein Untersuchungsausschuss darf nicht **untätig** sein[57] und muss seine Arbeit nach seiner Einsetzung bereits zügig aufnehmen. Je enger dabei das Zeitfenster für die Arbeit eines Untersuchungsausschusses ist, d.h. vor allem dann, wenn das Ende der Wahlperiode naht, umso stärker ist das Spannungsverhältnis.[58] Dem Sinn und Zweck eines parlamentarischen Untersuchungsvefahrens nach soll die Aufklärung möglichst **zeitnah und zügig** erfolgen.[59] D.h. der Ausschuss ist auch **zügig zu konstituieren**, damit zeitnah die durch § 33 Abs. 3 PUAG konkretisierte Pflicht des Untersuchungsausschusses ausgelöst wird, die erforderlichen Beweise zu erheben und zur Information des Plenums einen entsprechenden Bericht vorzulegen. Die Konstituierung darf nicht über Gebühr Zeit beanspruchen oder gar verschleppt werden, da dies nicht nur den Untersuchungsauftrag des Plenums ignorieren, sondern auch die Minderheitenrechte im Verfahren aushebeln würde.[60]

3. Begrenztes Beweisdurchsetzungsrecht

Konsequent ist aus dem begrenzten Beweiserzwingungsrecht auch ein **be-** **16**
grenztes Beweisdurchsetzungsrecht abzuleiten. Das Recht auf Erhebung bestimmter Beweise liefe leer, wenn der Anspruch der Minderheit bereits mit der – positiven – Beschlussfassung über einen zulässigen Beweisantrag erschöpft wäre. Das Beweiserzwingungsrecht ist deshalb notwendig mit

---

52 BGH, DVBl. 2010, 1311 (1313).
53 BayVerfGH, BayVBl. 2007, 171 (173).
54 *Brocker*, BayVBl. 2007, 173 (174).
55 *Gärditz*, DVBl. 2010, 1314 (1316).
56 BayVerfGH, BayVBl. 2007, 171 (173); BGH, DVBl. 2010, 1311 (1313 f.); *Brocker*, BayVBl. 2007, 173 (174 f.); *Gärditz*, DVBl. 2010, 1314 (1316).
57 VerfGH Sachs., LKV 2009, 219 (220).
58 VerfGH Sachs., LKV 2009, 219 (220).
59 BGH, DVBl. 2010, 1311 (1314).
60 *Brocker*, in: Epping/Hillgruber, Art. 44 Rn. 32.1.

einem Beweisdurchsetzungsrecht verbunden.[61] Einmal gefasste **Beweisbeschlüsse** sind danach, auch wenn sie auf Antrag einer qualifizierten Minderheit ergangen sind, grundsätzlich **zu vollziehen**.[62]

17   Allerdings ist das Beweisdurchsetzungsrecht deutlich beschränkt. Die »**Verfahrensherrschaft** über die **Reihenfolge** der Beweiserhebung und über die Zweckmäßigkeit einer **Terminierung**« liegt »**grundsätzlich in den Händen der jeweiligen Ausschussmehrheit**«.[63] Diese bestimmt daher idR über die Reihenfolge der Behandlung der Beweisfragen.[64]

18   Die Verfahrensherrschaft der Mehrheit ist lediglich »durch das Recht der qualifizierten Minderheit auf **angemessene** (Anm.: nicht gleiche!) **Beteiligung**« begrenzt.[65] Gefordert ist nicht eine gleiche Beteiligung, sondern eine »**annährende Gleichgewichtigkeit**«.[66] Weder eine überproportionale, noch auch nur eine paritätische Berücksichtigung der parlamentarischen Minderheit im Untersuchungsausschuss wäre mit der demokratischen Mehrheitsregel der Verfassung vereinbar.[67] Ein Beweisdurchsetzungsrecht kommt daher nur dann und nur insoweit in Betracht, wenn andernfalls das Beweiserzwingungsrecht ausgehöhlt oder der Untersuchungszweck durch eine unbeschränkte Geltung des Mehrheitsprinzips gefährdet würde.[68] Die Arbeit des Untersuchungsausschusses darf nicht ungerechtfertigt verzögert und das Ziel und Ergebnis der Untersuchung nicht verschleiert werden.[69] Der Untersuchungsausschuss darf insbesondere auch nicht insgesamt **untätig** sein.[70]

---

61 BadWürttStGH, DÖV 2003, 201 (202); NdsStGH, NVwZ 1986, 827 (828); *Laage/Strube*, in: Bachmann/Schneider (Hrsg.), Zwischen Aufklärung und politischem Kampf, 1988, S. 25 f.; *M. Schröder*, Verh. d. 57. DJT (1988), Bd. I, S. E 114; *ders.*, ZParl 17 (1986), 367 (375 f.); *Kretschmer*, in: Schmidt-Bleibtreu/Hofmann/Hopfauf, Art. 44 Rn. 17 u. 22.
62 BVerfGE 105, 197 (226); BadWürttStGH, DÖV 2003, 201 (202).
63 BVerfGE 105, 197 (226); HbgVerfG, NVwZ-RR 2007, 289 (292); VerfGH Sachs.,LKV 2009, 219 (220); *Brocker*, BayVBl. 2007, 173 (174 f.); *Gärditz*, DVBl. 2010, 1314 (1316 f.); *Kretschmer*, in: Schmidt-Bleibtreu/Hofmann/Hopfauf, Art. 44 Rn. 17 u. 22.
64 *Badura*, Fs. Helmrich, (1994), S. 205; *Hermes*, Fs. Mahrenholz (1994), S. 362 ff.; *Hilf*, NVwZ 1987, 537 (540).
65 BVerfGE 105, 197 (226).
66 *Cancik*, Der Staat 49 (2010), 251 (268); a.A. wohl *Mohr*, ZParl 35 (2004), 468 (473); »gleichrangiges Beweiserhebungsrecht«.
67 *Achterberg/Schulte*, in: v. Mangoldt/Klein/Starck, Art. 44 Rn. 158.
68 BadWürttStGH, DÖV 2003, 201 (202); HbgVerfG, NVwZ-RR 2007, 289 (292); VerfGH Sachs., LKV 2009, 219 (220); *Schleich*, Das parlamentarische Untersuchungsrecht des Bundestages, 1985, S. 85; *M. Schröder*, 57. DJT (1988), Bd. I, S. E 114 f.
69 BVerfGE 49, 70 (87).
70 VerfGH Sachs., LKV 2009, 219 (220).

Der – zumindest auch und vornehmlich – politische Charakter des parlamentarischen Untersuchungsverfahrens und die Vielzahl der im Zusammenhang mit der Beweiserhebung anzustellenden Bewertungen bedingen es, dem Ausschuss und damit der Mehrheit insoweit einen weiten **Beurteilungsspielraum** bei der Entscheidung über **Verfahrensfragen** einzuräumen.[71] Das gilt nicht zuletzt für die politische Bewertung von Zeugenaussagen, die auch dann, wenn sie Voraussetzung für verfahrensmäßige Entscheidungen des Untersuchungsausschusses ist, nicht den Gerichten, sondern allein dem Ausschuss und damit der Mehrheit obliegt.[72] Insbesondere die politische Dimension des Verfahrens legt es daher nahe, dass die gerichtliche Überprüfung sich auf die Feststellung eindeutiger Verletzungen des Minderheitenrechts und damit auf eine **Willkürkontrolle** beschränken dürfte.[73] Das nur theoretische Risiko etwa einer missbräuchlichen Verzögerungstaktik reicht nicht aus; es bedarf stets hinreichender tatsächlicher Anhaltspunkte dafür, um eine Verletzung von Minderheitenrechten konstatieren zu können.[74] Das Beweisdurchsetzungsrecht der qualifizierten Minderheit ist damit erst und nur dann verletzt, »wenn die Begründung für die Ablehnung einer von der Ausschussminderheit gewünschten Beweiserhebung durch die Ausschussmehrheit nicht zumindest vertretbar und nachvollziehbar ist, sondern auf **sachwidrigen Erwägungen** beruht«.[75] Das ist – positiv gewendet – dann nicht der Fall, »wenn die Entscheidung das Ergebnis einer eingehenden Auseinandersetzung mit der Rechtslage ist und die ihr zugrunde liegende Auffassung nicht jedes sachlichen Grundes entbehrt«.[76] Dies gilt für Beweiserzwingung und -durchsetzung gleichermaßen. 19

Ein Beweisdurchsetzungsrecht besteht danach im Ergebnis zumindest idR dann, wenn die Weigerung der Ausschussmehrheit, einen Beweis zeitnah zu erheben, die **Aufklärung** der Untersuchungsthemen **vereiteln oder entscheidend gefährden** würde; dies kann vor allem bei drohendem **Ablauf der Wahlperiode** und damit dem Eintritt der **Diskontinuität** der Fall sein.[77] 20

---

71 *Brocker*, in: Grimm/Caesar, Art. 91 Rn. 61.
72 BGH, DVBl. 2010, 1311 (1314).
73 BadWürttStGH, DÖV 2003, 201 (202); BayVerfGH, BayVBl. 1982, 561; NdsStGH, NVwZ 1986, 827 (828); *Hilf*, NVwZ 1987, 537 (540); *Laage/Strube*, in: Bachmann/Schneider (Hrsg.), Zwischen Aufklärung und politischem Kampf, 1988, S. 26; *M. Schröder*, 57. DJT (1988), Bd. I, S. E 108 f.; ders., ZParl 17 (1986), 367 (376).
74 HbgVerfG, NVwZ-RR 2007, 289 (292).
75 BadWürttStGH, DÖV 2003, 201 (202).
76 BadWürttStGH, DÖV 2003, 201 (204); s.a. BVerfGE 96, 189 (203).
77 BVerfGE 49, 70 (86 f.); 96, 223 (230); 105, 197 (234); 113, 113 (126); BadWürttStGH, DÖV 2003, 201 (202); BayVerfGH, BayVBl. 1982, 561; HbgVerfG, NVwZ-RR 2007, 289 (292); VerfGH Sachs., LKV 2009, 219 (220); BVerwG, DÖV 1999, 1046.

21 Verbleibt im Einzelfall gar insgesamt **nicht mehr genügend Zeit**, um alle erforderlichen und ggf. sogar bereits beschlossenen Beweise erheben zu können, so hat der Ausschuss »Vorkehrungen dafür zu treffen, dass Mehrheit und qualifizierte Minderheit mit ihren Beweisbegehren jeweils in angemessenem Umfang und nach ihren jeweiligen Vorstellungen am noch zur Verfügung stehenden Zeitbudget beteiligt werden«,[78] selbst wenn beide Seite dann ggf. auf den Vollzug eines Teils noch ausstehender Beweisbeschlüsse verzichten müssen.[79] Jedenfalls ist dem grundsätzlichen Interesse der qualifizierten Minderheit, dass die Untersuchung so lange fortgeführt wird, bis der Untersuchungsauftrag abgearbeitet ist, soweit dies bis zum (ggf. drohenden) Ende der Wahlperiode möglich ist, weitmöglichst Rechnung zu tragen.[80] Das Untersuchungsrecht des Parlaments wird nicht, nur weil das Ende der Wahlperiode droht, insgesamt »auf Null gesetzt«.[81] Je enger aber das Zeitfenster für die Arbeit eines Untersuchungsausschusses ist, d.h. vor allem dann, wenn das Ende der Wahlperiode naht, umso stärker ist das Spannungsverhältnis, in dem die Mehrheit gehalten ist, eine **Verfahrensgestaltung** zu wählen, die auch die Interessen der qualifizierten Minderheit angemessen zur Geltung bringt.[82] Die Beweisbeschlüsse sind innerhalb einer **fairen Frist** zu vollziehen.[83] Beide Seiten müssen also zu und ab geben.

22 Dabei darf allerdings die in § 33 Abs. 3 PUAG lediglich konkretisierte verfassungsmäßige Pflicht des Untersuchungsausschusses, dem Plenum rechtzeitig vor Ablauf der Legislaturperiode einen **Bericht** über den Stand der Untersuchungsergebnisse vorzulegen, nicht aus dem Auge verloren werden.[84] Der Untersuchungsausschuss hat gegenüber dem Parlament **Rechenschaft** über seine Arbeit abzulegen; dies geschieht durch die Vorlage des schriftlichen Abschlussberichts.[85] Der Untersuchungsausschuss **schuldet** damit dem Plenum **den Bericht**. Ausreichend sein kann zwar auch die Vorlage eines Teilergebnisses[86] also auch lediglich eines **Sachstandsberichts**.[87] Der Untersuchungsausschuss hat die tatsächlichen Grundlagen zu ermitteln und aufzubereiten und muss nicht auch bereits die Bewertung vornehmen; dies ist ohnehin abschließend Sache des Plenums. Mehrheit und Minderheit sind

---

78 BVerfGE 105, 197 (234).
79 BVerfGE 105, 197 (234 f.).
80 BVerfGE 113, 113 (126); *Lenz*, NJW 2005, 2495 (2497).
81 *Lenz*, NJW 2005, 2495 (2497).
82 VerfGH Sachs., LKV 2009, 219 (220).
83 *Kretschmer*, in: Schmidt-Bleibtreu/Hofmann/Hopfauf, Art. 44 Rn. 22.
84 BVerfGE 113, 113 (126).
85 *Achterberg/Schulte*, in: v. Mangolt/Klein/Starck II, Art. 44 Rn. 101; *Brocker*, in: Epping/Hillgruber, Art. 44 Rn. 66.
86 *Lenz*, NJW 2005, 2495 (2497).
87 BVerfGE 113, 113 (126); *Brocker*, LKRZ 2007, 414 (419).

aber gehalten, die Vorlage des Berichts zu ermöglichen und nicht etwa durch eine übermäßige Verfahrensdauer zu vereiteln.

Dabei muss die Vorlage des Berichts so rechtzeitig erfolgen, dass der 23 »parlamentarische Akt der **Kenntnisnahme**« von dem Bericht im Plenum[88] noch möglich ist. Dort ist der Ort der Debatte und der Schlussfolgerungen aus dem Bericht. Die durchaus gebräuchlichen separaten Pressegespräche der Fraktionen zur Bewertung des Abschlussberichts vermögen nicht den Schlagabtausch im zentralen Ort der politischen Auseinandersetzung, dem Plenum, zu ersetzen. Diesen formalen Akt für den Abschluss der Untersuchungsverfahrens[89], also die Befassung des Plenums, herbeiführen zu können, ist daher **Teil des Rechts der qualifizierten Minderheit im Verfahren**. Das muss aber nicht in einer regulären Sitzung des Plenums geschehen. Der parlamentarischen Minderheit ist es durchaus zuzumuten, im Falle eines engen Zeitfensters kurz vor Ende der Wahlperiode auch eine Plenarsitzung außerhalb des Zeitplans des Parlaments zu beantragen (Art. 39 Abs. 3 S. 3 GG), um den Bericht besprechen zu können.

Demgegenüber ist es idR etwa nicht zu beanstanden, wenn der Ausschuss 24 von der Reihenfolge der beschlossenen Beweisanträge dergestalt abweicht, dass zunächst die sachnäheren Zeugen und erst anschließend die **»politischen« Zeugen** vernommen werden.[90] Auch der Umstand, dass die Vernehmung eines von der qualifizierten Minderheit benannten Zeugen im Untersuchungsausschuss eines Bundeslandes erst für die Zeit nach dem **Termin für die Bundestagswahl** vorgesehen wird, ist unbeachtlich, da der Termin »für die Erfüllung der Aufklärungsaufgabe eines Landtags-Untersuchungsausschusses für sich genommen irrelevant« ist.[91] Diese Betrachtung dürfte auch für jeden beliebigen anderen Wahltermin gelten. Insgesamt ist das zeitliche Dispositionsrecht des Parlaments und damit auch des Untersuchungsausschusses als seines Unterorgans und damit der parlamentarischen Mehrheit in diesem im Hinblick auf Tagungsende, Ferien oder **Wahlkampf** zu respektieren.[92]

Ein Beweisdurchsetzungsrecht kann es ferner dann und soweit nicht 25 geben, wie ein Beweismittel auch bei Anwendung der zur Verfügung stehenden Zwangsmittel **nicht erreichbar** ist. Diesen Grundsatz nimmt § 17 Abs. 2 PUAG zu Recht ausdrücklich auf. Unerreichbar ist z.B. ein Zeuge etwa dann, wenn der Untersuchungsausschuss nicht weiß und auch nicht ermitteln kann, wo der Zeuge sich aufhält.[93]

---

88 S.u. § 29 Rdn. 16.
89 *Brocker*, in: Epping/Hillgruber, Art. 44 Rn. 68.
90 BadWürttStGH, DÖV 2003, 201 (203).
91 BadWürttStGH, DÖV 2003, 201 (203).
92 HbgVerfG, NVwZ-RR 2007, 289 (291).
93 *Plöd*, Die Stellung des Zeugen in einem parlamentarischen Untersuchungsausschuss des Deutschen Bundestages, 2003, S. 92.

26 Der Beweisdurchsetzungsanspruch der Minderheit kann sich im Übrigen nicht nur gegen den Untersuchungsausschuss richten, sondern auch speziell gegen den **Vorsitzenden**, wenn und soweit er zum Vollzug von Beweisbeschlüssen berufen und verpflichtet ist.[94] Dies gilt etwa für die **Terminierung von Sondersitzungen**, wobei dem idR einfachgesetzlich bzw. geschäftsordnungsrechtlich normierten **Sitzungserzwingungsrecht**[95] allenfalls äußerst bedingt der Rang eines verfassungsrechtlich geschützten Minderheitenrechts zukommt,[96] nämlich allenfalls dann und insoweit, wenn offensichtlich im Rahmen der Entscheidung »die gebotene Sorgfalt oder Rücksicht auf die Belange von Minderheiten außer Acht gelassen worden ist«.[97] Auch insoweit gilt allerdings allein der o.g. (weite) Willkürmaßstab.[98]

II. Gesetzliche Ausgestaltung

1. Bund

27 Was den **Bund** anbelangt, so haben die Minderheitenrechte im Verfahren im **PUAG** umfänglich Niederschlag gefunden. Zu nennen ist insbesondere das **Sitzungserzwingungsrecht** (§ 8 PUAG),[99] das Recht auf die unterstützende Untersuchung durch einen **Ermittlungsbeauftragten** (§ 10 Abs. 1 S. 1 PUAG)[100] und das **begrenzte Beweiserzwingungs- und -durchsetzungsrecht**, das in vielerlei Hinsicht im Einzelnen ausgestaltet ist (§ 17 Abs. 2 u. 4, § 18 Abs. 3 u. 4, § 19, § 23 Abs. 2, § 28 iVm § 17 Abs. 2 sowie §§ 23 Abs. 2 und 18 Abs. 3, § 29 Abs. 2 S. 2 PUAG).[101] In den meisten dieser Fälle genügt der Antrag eines **Viertels der Ausschussmitglieder**, die die qualifizierte Einsetzungsminderheit im Untersuchungsausschuss repräsentieren, um einen entsprechenden Anspruch der Minderheit auszulösen.

28 Soweit diese Regelungen teilweise **über das verfassungsrechtlich Gebotene hinausgehen**, was etwa für das sog. **Reißverschlussverfahren** (§ 17 Abs. 3 PUAG) im Hinblick auf die Reihenfolge der Zeugen und Sachverständigen gilt,[102] vermitteln sie der Minderheit grundsätzlich **keine entsprechende eigenständige verfassungsrechtlich durchsetzbaren Rechtspositi-

---

94 BadWürttStGH, DÖV 2003, 201 (202 f.); s.a. o. § 13 Rdn. 1.
95 S.o. § 9 Rdn. 27.
96 BadWürttStGH, DÖV 2003, 201 (203).
97 *H.-P. Schneider*, Fs. 50 Jahre BVerfG, Bd. II (2002), S. 637.
98 BadWürttStGH, DÖV 2003, 201 (203).
99 S.a. o. Rdn. 26 u. § 9 Rdn. 27.
100 S.o. § 9 Rdn. 34 f.
101 Vgl. den Überblick bei *Wiefelspütz*, NJ 2002, 398 (401); *ders.*, Das Untersuchungsausschussgesetz, 2003, S. 87 ff.
102 Dazu *Wiefelspütz*, NJ 2002, 398 (402); vgl. auch BVerfGE 105, 197 (234).

on.[103] Die Grenze ist erst dann und nur dann erreicht, wenn die Mehrheit im Rahmen der Entscheidung offensichtlich »die gebotene Sorgfalt oder Rücksicht auf die Belange von Minderheiten außer Acht gelassen« hat.[104] In diesem Grad wird nach allgemeinen parlamentsrechtlichen Grundsätzen durch die einfachgesetzliche Normierung indirekt eine verfassungsrechtliche Position vermittelt.[105] Ein lediglich einfachgesetzlich normiertes parlamentarisches Minderheitenrecht ist als solches aber allein grundsätzlich nicht gerichtlich durchsetzbar.[106] Auch das PUAG enthält insoweit lediglich **materielles Geschäftsordnungsrecht**.[107] Die Rechtsschutzoption der §§ 17 Abs. 4, 36 Abs. 1 PUAG vor dem BGH mit seiner »einem **Organstreit** ähnlichen Konstellation«[108] ist ein gesetzessystematischer und auch verfassungsrechtlich bedenklicher Systembruch.[109]

Dies gilt allerdings auch umgekehrt. Bleiben die Regelungen **hinter dem verfassungsrechtlich Gebotenen** allerdings ausnahmsweise **zurück**, ist im Wege der verfassungskonformen Auslegung eine Lösung herbeizuführen. Dies kann im Einzelfall etwa für **§ 17 Abs. 2 PUAG** gelten, wenn im Hinblick auf die gewählte Größe des Untersuchungsausschusses eine antragsberechtigte Minderheit i.S. des Art. 44 Abs. 1 S. 1 GG im Ausschuss weniger als ein Viertel der Mitglieder stellt. Dann ist auch diesen ein entsprechendes Beweisantrags und -erzwingungsrecht einzuräumen.[110] 29

2. Länder

Die – einfachgesetzliche – Ausgestaltung der Minderheitenrechte im Verfahren in den Untersuchungsausschussgesetzen der **Länder** sind derjenigen im PUAG **vergleichbar**, bleiben aber im Einzelnen idR deutlich dahinter zurück. Dies ist allerdings (zumindest verfassungsrechtlich) unschädlich, da derart extensive Minderheitenrechte, wie sie im PUAG ausgestaltet sind, nur z. T. verfassungsrechtlich geboten sind und im Übrigen das Verfahren sogar oftmals unnötig verkomplizieren, was z.B. für das sog. »Reißverschlussverfahren« in besonderem Maße gilt[111]. 30

---

103 *H. H. Klein*, MD, Art. 44 Rn. 201.
104 *H.-P. Schneider*, Fs. 50 Jahre BVerfG, Bd. II (2002), S. 637.
105 *H.-P. Schneider*, Fs. 50 Jahre BVerfG, Bd. II (2002), S. 637.
106 A.A. wohl *Lenz*, NJW 2005, 2495 (2497).
107 *Brocker*, BK, Art. 40 Rn. 92; *Gärditz*, DVBl. 2010, 1314 (1317); s.o. § 3 Rdn. 28.
108 So zutr. BGH, NJW 2010, 3251 (3254) (insoweit in DVBl. 2010, 1311 ff. nicht abgedr.).
109 Krit. auch *Gärditz*, DVBl. 2010, 1314 (1315 u. 1317); *Kretschmer*, in: Schmidt-Bleibtreu/Hofmann/Hopfauf, Art. 44 Rn. 22a; a.A. *Wiefelspütz*, NJ 2002, 398 (399); *Achterberg/Schulte*, in: v. Mangoldt/Klein/Starck II, Art. 44 Rn. 166 ff.
110 Ähnl. *H. H. Klein*, MD, Art. 44 Rn. 201.
111 S.o. Rdn. 28.

31 Dafür findet sich in einigen Untersuchungsausschussgesetzen der Länder umgekehrt ein verfassungsrechtlich nicht gebotenes **Beweiserzwingungsrecht** sogar **für jedes Mitglied** des Untersuchungsausschusses, also ohne entsprechende Beschränkung auf ein Quorum, das der Einsetzungsminderheit entspricht[112]. Insoweit gilt das oben zum PUAG gesagte entsprechend[113].

---

112 Vgl. dazu *Brocker*, in: Grimm/Caesar, Art. 91 Rn. 44; *ders.*, LKRZ 2007, 414 (415); s.o. § 16 Rdn. 10.
113 S.o. Rdn. 27 f.

§ 28 Rechtsschutz im Verfahren

ÜBERSICHT   Rdn.
I. Einführung... 1
II. Rechtsschutzmöglichkeiten des Untersuchungsausschusses........... 5
   1. Verweigerung der Herausgabe von Akten durch die Regierung....... 6
   2. Weigerung eines Gerichts vom Untersuchungsausschuss beantragte
      Zwangsmittel zu beschließen............................ 32
III. Rechtsschutz der qualifizierten Einsetzungsminderheit............... 34
IV. Rechtsschutz Privater..................................... 44
   1. Rechtsschutz gegen Entscheidungen des Untersuchungsausschusses... 45
   2. Rechtsschutz gegen gerichtlich angeordnete Maßnahmen........... 58
V. Besonderheiten des Rechtsschutzes im Bund und in den Ländern........ 60
   1. Bund... 60
   2. Länder.. 72

Literatur: *Bickenbach*, Das »in camera«-Verfahren, BayVBl. 2003, 295 ff.; *Bogs*, Steueraktenvorlage für parlamentarische Untersuchung, JZ 1985, 112; *Gärditz,* Das Rechtsschutzsystem des Untersuchungsausschussgesetzes des Bundes, ZParl 2005, 854; *Glauben,* Rechtsschutz Privater im parlamentarischen Untersuchungsverfahren, DVBl. 2006, 1263; *Grote,* Der Verfassungsorganstreit, 2010; *Hermanns/Hülsmann,* Parlamentarische Untersuchungsausschüsse – PUAG, JA 2003, 573; *Hermes,* Das Minderheitsrecht auf eine parlamentarische Untersuchung, in: Fs. Mahrenholz (1994) S. 349; *Hilf,* Untersuchungsausschüsse vor den Gerichten, NVwZ 1987, 537; *Jekewitz,* Parlamentarische Akteneinsicht mit Hilfe des Bundesverfassungsgerichts, DÖV 1984, 187 (194); *Kästner,* Rechtsschutz gegenüber parlamentarischen Untersuchungsmaßnahmen, JuS 1993, 109; *ders.,* Parlamentarisches Untersuchungsrecht und richterliche Kontrolle, NJW 1990, 2649; *Klenke,* Zum Konflikt zwischen parlamentarischem Enqueterecht und dem Recht auf informationelle Selbstbestimmung des Betroffenen, NVwZ 1995, 644; *Knippel,* Der Minderheitenschutz im Untersuchungsrecht des Landtages Brandenburg, in: Fs. f. das Verfassungsgericht des Landes Brandenburg (1998) S. 51; *Meyer-Bohl,* Die Vorlagepflicht von Untersuchungsaufträgen im Wege des konkreten Normenkontrollverfahrens nach Art. 100 Abs. 1 GG, DVBl. 1990, 511; *Ossenbühl,* Rechtsschutz im parlamentarischen Untersuchungsverfahren, in: Gs. Martens (1987) S.177; *Platter,* Das parlamentarische Untersuchungsverfahren vor dem Verfassungsgericht, 2004; *W. Richter,* Privatpersonen im parlamentarischen Untersuchungsausschuss, 1991; *Risch,* Prozessuale Aspekte des Untersuchungsausschussgesetzes, DVBl. 2003, 1418; *Schenke,* Empfiehlt sich eine gesetzliche Neuordnung der Rechte und Pflichten parlamentarischer Untersuchungsausschüsse? JZ 1988, 805; *H.-P. Schneider,* Spielregeln für den investigativen Parlamentarismus, NJW 2001, 2604; *M. Schröder,* Minderheitenschutz im parlamentarischen Untersuchungsverfahren: Neue Gerichtsentscheidungen, ZParl 17 (1986), 367; *Seidel,* Die Opposition im parlamentarischen Untersuchungsverfahren nach Art. 44 GG – materieller und verfassungsprozessualer Minderheitenschutz, BayVBl. 2002, 97; *Wiefelspütz,* Das Untersuchungsausschussgesetz, 2003; *ders.* Parlamentarisches Untersuchungsrecht, ZG 2003, 35; *ders.,* Die Änderung des

Teil 4 Beweiserhebung

Gesetzes über die Einsetzung und das Verfahren von Untersuchungsausschüssen des Landtags Nordrhein-Westfalen, NWVBl. 2003, 409.

I. Einführung

1   Im Rahmen eines parlamentarischen Untersuchungsverfahrens stellt sich die Frage des Rechtsschutzes in verschiedenen Konstellationen. So kann der **Untersuchungsausschuss** um Rechtsschutz **gegen die Regierung** nachsuchen, weil diese die Herausgabe von Akten oder die Erteilung einer Aussagegenehmigung verweigert. Daneben kann die **parlamentarische Einsetzungsminderheit** um Rechtsschutz gegen Entscheidungen **des Untersuchungsausschusses** nachsuchen. Ebenso ist an den Rechtsschutz **privater Personen** zu denken, die etwa als Auskunftspersonen oder Betroffene in die Untersuchungen einbezogen werden bzw. sich mit dem **Herausgabeverlangen** von in ihrem Besitz befindlichen Unterlagen konfrontiert sehen. Notfalls greift der Ausschuss zu **Zwangsmitteln** bzw. beschließen Gerichte auf dessen Antrag entsprechende Zwangsmaßnahmen.[1]

2   Die mit alledem zwangsläufig verbundene **Aufspaltung** der Rechtsschutzmöglichkeiten, namentlich des Rechtsweges,[2] der geradezu multipliziert wird,[3] haben für Rechtsunsicherheit gesorgt. Eine Rechtsunsicherheit, die in Teilen fast schon auf eine **Verweigerung** des effektiven Rechtsschutzes hinausläuft.[4]

3   Vor diesem Hintergrund haben zunächst der **Bund**[5] und inzwischen auch **Nordrhein-Westfalen**[6] den Rechtsweg zumindest weit gehend vereinheitlicht und im Kern die Zuständigkeit beim Ermittlungsrichter und Senat des Bundesgerichtshofs bzw. beim Oberlandesgericht am Sitz des nordrhein-westfälischen Landtags (OLG Düsseldorf) konzentriert. Unberührt davon bleibt die verfassungsgerichtliche Zuständigkeit im Rahmen von **Organstreitverfahren**,[7] was allerdings auch nicht ganz von Problemen frei ist.[8]

---

1   S. zum Ganzen die instruktive Aufstellung bei *Schneider*, Verh. d. 57. DJT (1988) S. M 56 ff.; *Kästner*, NJW 1990, 2649 (2650); *Glauben*, DVBl. 2006, 1263 (1263 f.).
2   S. dazu *Schröder*, Verh. d. 57. DJT (1988) S. E. 89 f.; *Bickel*, ebd., S. M 16 f. sowie M 42 ff., der de lege ferenda für eine Konzentration des Rechtswegs bei den Verwaltungsgerichten plädiert; *Di Fabio*, Rechtsschutz im parlamentarischen Untersuchungsverfahren, 1988, S. 98 ff.; *Gärditz*, ZParl 2005, 855 (855 f.).
3   So zutr. *Morlok*, in: Dreier II, Art. 44 Rn. 58.
4   So zutr. *Di Fabio*, Rechtsschutz im parlamentarischen Untersuchungsverfahren, 1988, S. 132.
5   S. i.E. u. Rdn. 60 ff. sowie *Morlok*, in: Dreier II, Art. 44 Rn. 58; *Gärditz*, ZParl 2005, 854 ((55 ff.).
6   S. i.E. u. Rdn. 86 ff.
7   BVerfGE 113, 113 (123); 124, 78 (104).
8   S. dazu *Risch*, DVBl. 2003, 1418 (1419 ff.).

In den meisten Ländern fehlt es aber nach wie vor an einer **Rechtsweg-** 4
konzentration. Daher sollen zunächst die verschiedenen Rechtsschutzmöglichkeiten – unterschieden nach den Beteiligten und dem Gegenstand des Verfahrens – dargestellt und dann auf Abweichungen im Bund und in den Ländern eingegangen werden.

II. Rechtsschutzmöglichkeiten des Untersuchungsausschusses

Für den parlamentarischen Untersuchungsausschuss selbst kann sich ein 5
Rechtsschutzbedürfnis ergeben, wenn die Regierung die Herausgabe von Akten (1) oder die Erteilung einer Aussagegenehmigung verweigert (2) oder ein Gericht es ablehnt, ein vom Untersuchungsausschuss beantragtes Zwangsmittel zu beschließen (3).

1. Verweigerung der Herausgabe von Akten durch die Regierung

Unmittelbar aus der Untersuchungskompetenz nach Art. 44 Abs. 1 S. 1 GG 6
sowie den entsprechenden landesverfassungsgesetzlichen Bestimmungen folgt die grundsätzliche Pflicht der Regierung, vom Untersuchungsausschuss angeforderte Akten herauszugeben.[9] Weigert sich die Regierung, dem nachzukommen, so steht dem **Untersuchungsausschuss** beziehungsweise der »**Fraktion im Ausschuss**«,[10] wenn sie die parlamentarische **Einsetzungsminderheit** repräsentiert, die Befugnis zu, im **Organstreitverfahren**[11] vor dem Bundes- bzw. einem Landesverfassungsgericht die Feststellung zu erreichen, dass die Regierung zur Vorlage der Akten verpflichtet ist. Denn es handelt sich um typische verfassungsrechtliche Streitfälle zwischen Bundesverfassungsorganen oder Organteilen beziehungsweise zwischen Landesverfassungsorganen oder Organteilen.[12] Keinesfalls kommt im Verhältnis zur Regierung etwa die Einschaltung der **ordentlichen Gerichte** durch den Antrag auf Beschlagnahme der fraglichen Akten in Frage.[13] Selbst wenn ein solcher Antrag in Verkennung der Rechtslage gestellt und dem entsprochen würde, ist nicht etwa im Sinne des § 17a GVG verbindlich der Rechtsweg

---

9 S. dazu i.E. o. § 17 Rdn. 1 ff.
10 BVerfG 124, 78 (107); BVerfGE 105, 197 (220 f.); krit. *Gärditz*, ZParl 2005, 854 (859 f.); s. dazu a. u. Rdn. 34.
11 S. dazu *Löwer*, in: Isensee/Kirchhof III, § 70 Rn. 8 ff.; *Caspar*, in: ders./Ewer/Nolte/Waack, Art. 18 Rn. 86; Lieber/Iwers/Ernst, Art. 72 Anm. 11.
12 *Seidel*, BayVBl. 2002, 97 (98); *Glauben*, DRiZ 2000, 121 (124); *Umbach*, in: ders./Clemens, GG, Art. 44 Rn. 76 m. Fn. 94, Rn. 104.
13 HbgVerfG., NVwZ 1996, 1201; *Thieme*, Art. 25 Anm. 6 b; *Gärditz*, ZParl 2005, 854 (855 f.).

festgelegt. Denn Verfassungsgerichte sind insoweit nicht an die Entscheidungen der Instanzgerichte gebunden.[14]

7 Der Untersuchungsausschuss ist in diesem Fall als mit **eigenen Rechten** ausgestatteter Teil des Verfassungsorgans Parlament am Organstreit gemäß § 63 BVerfGG und den entsprechenden landesgesetzlichen Regelungen **beteiligtenfähig**. Ebenso bestehen gegen die **Antragsbefugnis** keine Bedenken, da der Untersuchungsausschuss geltend machen kann, durch die Weigerung der Aktenvorlage in seinem **Untersuchungsrecht** nach Art. 44 Abs. 1 S. 1 GG sowie den entsprechenden landesverfassungsrechtlichen Bestimmungen verletzt zu sein.[15] Die Abhängigkeit des Organstreitverfahrens von der plausiblen Behauptung der Beeinträchtigung der einem Verfassungsorgan oder -teilorgan zugewiesenen Kompetenzen ermöglicht es dem Bundesverfassungsgericht funktional als Gericht, also **streitentscheidend** in Bezug auf einen bestimmten Sachverhalt tätig zu werden. Aus Anlass von Streitigkeiten und nicht mit Blick auf die interessante, aber akademische Streitfrage, soll das Gericht entscheiden.[16] Dies gilt ebenso für die Landesverfassungsgerichte beziehungsweise Staatsgerichtshöfe. Daher wird auch nicht abstrakt über die Auslegung des Grundgesetzes oder der jeweiligen Landesverfassung entschieden, sondern die Streitigkeit selbst soll Gegenstand des Antrags und der Entscheidung sein.[17]

8 Das Bundesverfassungsgericht entscheidet nach Maßgabe des § 25 Abs. 2 BVerfGG durch Urteil oder Beschluss, je nachdem ob eine **mündliche Verhandlung** stattgefunden hat. Unzulässige Anträge werden auch so bezeichnet[18] und **verworfen**.[19] Unbegründete Anträge werden **zurückgewiesen**.[20] Sofern der Antrag begründet ist, trifft das Bundesverfassungsgericht lediglich eine **feststellende**, aber keine Entscheidung mit kassatorischem Charakter.[21] Die Wirkung der gerichtlichen Intervention soll so gering wie möglich gehalten werden und der Konflikt jenseits der Feststellung wieder in den politischen Raum zurückgegeben werden.[22] Dies bedeutet indes nicht, dass aus dem Feststellungstenor keine Pflichten für die Parteien des Prozessrechtsverhältnisses erwachsen. Vielmehr ist der Antragsgegner kraft der **Bindungswirkung** des Urteils nach § 31 Abs. 1 BVerfGG i.V.m. Art. 20

---

14 HbgVerfG, NVwZ 1996, 1201 (1202).
15 S. dazu i.E. o. § 8 Rdn. 10. sowie BVerfGE 67, 100 (126); 105, 197 (220); *H. H. Klein*, MD, Art. 44 Rn. 249.
16 So zutr. *Löwer*, in: Isensee/Kirchhof III, § 70 Rn. 11.
17 *Löwer*, in: Isensee/Kirchhof III, § 70 Rn. 13.
18 Vgl. BVerfGE 62, 194 (199).
19 BVerfGE 124, 78 (84); 67, 100 (103); 62, 194 (195).
20 BVerfGE 62, 1 (4) – Bundestagsauflösung.
21 BVerfGE 67, 100 (103) – Flick-Verfahren.
22 *Löwer*, in: Isensee/Kirchhof III, § 70 Rn. 15.

Abs. 3 GG zur Korrektur der gerügten Verfassungswidrigkeit verpflichtet, wenn auch der Feststellungsentscheidung **nicht die gesteigerte Bindung der Gesetzeskraft** zukommt.[23] So beschränkte sich beispielsweise im Flick-Urteil des Bundesverfassungsgerichts die gerichtliche Feststellung darauf, dass die Verweigerung zur Aktenherausgabe mit der bis dahin regierungsseitig gegebenen Begründung verfassungswidrig gewesen war.[24] Ob die Akten nunmehr herausgegeben werden mussten, war unter der Beachtung der Rechtsauffassung des Gerichts durch die Bundesregierung zu entscheiden.[25] Auch in der so genannten BND-Entscheidung stellte das Bundesverfassungsgericht die Verletzung der Rechte der Antragsteller aus Art. 44 GG fest.[26]

Das Organstreitverfahren ist auch dann die zulässige Verfahrensart, wenn es sich um Akten der Regierung **nachgeordneter Behörden** handelt. Denn das Verlangen des Untersuchungsausschusses richtet sich in diesen Fällen nicht an diese, sondern letztlich an die Regierung. 9

Dies gilt auch im Bezug auf die **mittelbare Landesverwaltung**, insbesondere hinsichtlich der kommunalen Gebietskörperschaften und der übrigen mit Selbstverwaltungsrechten ausgestatteten Einrichtungen. Sofern die Regierung geltend macht, die vom Untersuchungsausschuss verlangte Herausgabe der Akten sei unzulässig, da es um Fragen der Zweckmäßigkeit gehe, kann der Untersuchungsausschuss zur Herausgabe der Akten den Weg des **Organstreitverfahrens** wählen. Das Verfassungsgericht prüft dann, ob die Untersuchung sich insoweit auf einen zulässigen Gegenstand erstreckt. Ein Verfahren zwischen dem Untersuchungsausschuss und der **Kommune** oder sonstigen **Selbstverwaltungseinrichtungen** findet nicht statt. Ist dagegen die Regierung zur Vorlage der Akten bereit, so muss sich die mit Selbstverwaltungsrechten ausgestattete Stelle gegen die Vorlage wenden. Es handelt sich dann aber nicht um einen verfassungsrechtlichen, sondern **verwaltungsrechtlichen Streit**, da nur die Regierung, nicht aber die Selbstverwaltungseinrichtung ein Verfassungsorgan ist. Dass es letztlich auch um die Vorlagepflicht der Regierung gegenüber dem parlamentarischen Untersuchungsausschuss geht, ist insoweit unerheblich.[27] 10

---

23 *Löwer*, in: Isensee/Kirchhof III, § 70 Rn. 16.
24 BVerfGE 67, 100 (127) – Flick-Verfahren: Die Weigerung, die Akten vorzulegen verstoße »nach Maßgabe der folgenden Ausführungen« gegen Art. 44 GG.
25 Vgl. *Spanner*, DVBl. 1984, 1002 Urteilsanmerkung zu BVerGE 67, 100; *Löwer*, Jura 1985, 358 (362 f.); *Jekewitz*, DÖV 1984, 187 (196 f.).
26 BVerfGE 124, 78 (84).
27 A.A. bezgl. des Streits um Berichte des Rechnungshofs *Haverkate*, Der Schutz subjektiv-öffentlicher Rechte in der Rechnungsprüfung, AöR 107 (1982) 539 (556 ff.), der eine verfassungsrechtliche Streitigkeit annimmt, wenn sich das Klagebegehren auf Beziehungen zwischen Verfassungsorganen bezieht; ebenso VG Düsseldorf, NJW 1981, 1396 (1397).

11 Soweit es dagegen die **Mehrheit** ablehnt, gegen die Weigerung der Regierung zur Aktenvorlage vorzugehen, kann die **qualifizierte Einsetzungsminderheit** dies im Wege des Organstreitverfahrens und in **Prozessstandschaft** für das Parlament tun,[28] wenn also die Einsetzungsminderheit im Plenum oder die entsprechende Minderheit im Untersuchungsausschuss ihre Rechte im Beweiserhebungsverfahren geltend machen möchte.[29]

12 Das Organstreitverfahren scheidet dagegen aus, wenn rechtliche Grundlage der Aktenanforderung nicht das parlamentarische Untersuchungsrecht, sondern die **Amtshilfe** ist.[30]

13 Dient das Gebot der Amtshilfe nach Art. 44 Abs. 3 GG für einen Untersuchungsausschuss des Bundes als Grundlage für die Aktenanforderung und fehlt es an einer spezialgesetzlichen Zuweisung, so handelt es sich um einen **verwaltungsrechtlichen Bund-Länder-Streit**, für den nach § 50 Abs. 1 Nr. 1 VwGO das Bundesverwaltungsgericht in erster Instanz zuständig ist.[31] Zwar existiert seit dem Erlass des Untersuchungsausschussgesetzes des Bundes eine **spezialgesetzliche Zuweisung**, wonach gemäß § 18 Abs. 4 PUAG der Ermittlungsrichter beim Bundesgerichtshof zuständig. Allerdings hat § 50 Abs. 1 Nr. 1 VwGO seine Bedeutung in diesem Zusammenhang nicht verloren, denn die Zuweisung des Rechtsstreits an das Bundesverwaltungsgericht spielt nach wie vor im **umgekehrten** Fall, wenn also ein Untersuchungsausschuss eines Landesparlaments von Bundesbehörden Unterlagen erbittet, eine Rolle.[32] Denn in diesen Fällen handelt es sich um eine öffentlich-rechtliche Streitigkeit nicht verfassungsrechtlicher Art.

14 Maßgeblich ist in Abgrenzung des Bund-Länder-Streits vor dem Bundesverfassungsgericht nach Art. 93 Abs. 1 Nr. 3 GG, § 13 Nr. 7 BVerfGG welche **Ebene des Rechtssystems** das dem Streit zu Grunde liegende Rechtsverhältnis prägt.[33] Es kommt darauf an, ob und inwieweit dieser Streit entscheidend vom Verfassungsrecht oder einfachen Recht geprägt wird.[34] Die Prägung ist nur dann verfassungsrechtlich, wenn die Verletzung oder unmittelbare Gefährdung des Rechts aus einem Bund und Land umschließenden **materiellen Verfassungsrechtsverhältnis** geltend gemacht wird. Dies ist der Fall, wenn um **föderale Ansprüche, Verbindlichkeiten oder**

---

28 BVerfGE 124, 78 (106 ff.); 67, 100 (125 f.); *Seidel*, BayVBl. 2002, 97 (99); *Achterberg/Schulte*, in: v. Mangoldt/Klein/Starck II, Art. 44 Rn. 169.
29 *Geis*, in: Isnsee/Kirchhof III, § 55 Rn. 63; *Grote*, Der Verfassungsorganstreit, 2010, S. 220 f.
30 S. dazu i.E. o. § 17 Rdn. 11 ff.
31 *Günther*, in: Heusch/Schönenbroicher, Art. 41 Rn. 34.
32 BVerwGE 109, 258 (259 ff.).
33 BVerwGE 109, 258 (259 f.); *Kraft*, in: Eyermann (Hrsg.), VwGO, 13. Aufl. (2010), § 50 Rn. 5; *Ziekow*, in: Sodan/Ziekow (Hrsg.), Verwaltungsgerichtsordnung, Großkommentar, 3. Aufl. (2010), § 50 Rn. 6.
34 BVerwGE 116, 234 (237); 107, 275 (278).

Zuständigkeiten gestritten wird, die auf Normen des Grundgesetzes gestützt werden, die gerade das **verfassungsrechtlich geordnete Verhältnis** zwischen Bund und Ländern treffen.[35] Es genügt nicht, dass Bund und Land über die Auslegung und Tragweite einer Vorschrift des Grundgesetzes unterschiedlicher Auffassung sind.[36] Dabei muss es sich um solche Streitigkeiten handeln, bei denen sich Bund und Land sowie die Länder untereinander als **gleichberechtigte Partner** gegenüberstehen.[37]

Bei **Zweifeln** wird das Bundesverwaltungsgericht die Sache gemäß § 50 Abs. 3 VwGO dem Bundesverfassungsgericht vorlegen, um einen **negativen Kompetenzkonflikt** zu vermeiden.[38] Falls dieses den verfassungsrechtlichen Charakter der Streitigkeit feststellt, ist die nach §§ 69, 64 Abs. 3 BVerfGG geltende Antragsfrist nur dann gewahrt, wenn bereits die Klage zum Bundesverwaltungsgericht binnen sechs Monaten nach Bekanntwerden der beanstandeten Maßnahme oder Unterlassung erhoben worden ist.[39]

15

Das Bundesverwaltungsgericht hat das Begehren über die Vorlage der Akten von Bundesbehörden an einen parlamentarischen Untersuchungsausschuss eines Landes als **nicht verfassungsrechtliche** Streitigkeit eingestuft, ohne dies allerdings näher zu begründen. Dies hat es lediglich für die Erteilung der Aussagegenehmigung an Bundesbeamte getan.[40]

16

Gleichwohl ist dem Bundesverwaltungsgericht im Ergebnis zuzustimmen. Das **Beweiserhebungsrecht** des Untersuchungsausschusses wurzelt zwar in den Normen der Verfassung ebenso wie das Begehren um Amtshilfe. Dennoch ist die Beweiserhebung als solche, wozu auch die Beiziehung von Akten als urkundliche Beweismittel zählt, als verwaltungsrechtliche Streitigkeit einzustufen, da es sich um **materielle Verwaltungstätigkeit** handelt[41] und den Untersuchungsausschüssen insoweit eine **behördenähnliche** Stellung zukommt.[42] Fehlt eine spezialgesetzliche Zuweisung, so ist der Verwaltungsrechtsweg gemäß § 40 Abs. 1 VwGO eröffnet und wegen der Zuweisung in § 50 Abs. 1 Nr. 1 VwGO das Bundesverwaltungsgericht zuständig.

17

---

35 BVerfGE 81, 310 (319); BVerwG, NVwZ 2009, 599 (599 f.)
36 BVerwGE 109, 258 (260); 81, 310 (329 f.); *Redeker/v. Oertzen*, VwGO, 14. Aufl. (2004), § 50 Rn. 2.
37 *Redeker/v. Oertzen*, VwGO, 14. Aufl. (2004), § 50 Rn. 2.
38 *Kraft*, in: Eyermann (Hrsg.), VwGO, 13. Aufl. (2010), § 50 Rn. 21; Ziekow, in: Sodan/Ziekow (Hrsg.), Verwaltungsgerichtsordnung, Großkommentar, 3. Aufl. (2010), § 50 Rn. 10; s. dazu auch *Sachs*, DÖV 1981, 707 (708).
39 BVerfG, Beschl. v. 7. Oktober 2003, Az.: 2 BvG 1/02; 2 BvG 1/02 (LS) – n. v.
40 BVerwGE 109, 258 (260).
41 BVerwG DÖV 1981, 300; OVG NRW, NJW 1987, 608; HessVGH, NVwZ-RR 1996, 683 (684); *Klenke*, NVwZ 1995, 644 (647); a.A. *Schencke*, JZ 1988, 805 (818 f.); *Kästner*, JuS 1993, 109 (112); *Di Fabio*, Rechtsschutz im parlamentarischen Untersuchungsverfahren, 1988, S. 78 ff.
42 OVG Berl., DVBl. 2001, 1224; OLG Köln, NJW 1985, 336.

Teil 4 Beweiserhebung

18 Dies gilt ebenso, wenn es sich um einen Streit zwischen dem Untersuchungsausschuss eines Landesparlaments und den Behörden anderer Länder handelt. Nach den vorstehenden Grundsätzen handelt es sich dann um einen **Länder-Länder-Streit** nach § 50 Abs. 1 Nr. 1 VwGO.

19 Das sog. **In-camera-Verfahren**[43] findet hier ebenso wenig wie in dem Fall Anwendung, in dem eine Privatperson die Vorlage von Akten an den Untersuchungsausschuss verhindern möchte. Denn das In-camera-Verfahren betrifft einen **anderen Sachverhalt**: Die Behörde verweigerte dem Betroffenen Einsicht in die ihn beziehungsweise das konkrete Verwaltungsverfahren betreffende Akten.[44] Darum geht es hier jedoch nicht, denn der jeweilige bundes- oder landesparlamentarische Untersuchungsausschuss ist **kein Betroffener** in diesem Sinne.

20 Darüber hinaus ist das Bundesverwaltungsgericht in allen Fällen des § 50 Abs. 1 VwGO auch für den **vorläufigen Rechtsschutz** nach §§ 80 ff., 123 VwGO zuständig.[45]

21 Die Eröffnung des Verwaltungsrechtswegs erfordert allerdings, dass es an einer **spezialgesetzlichen Zuweisung** im Sinne des § 40 Abs. 1 S. 1 VwGO fehlt. Dies ist bezüglich der Anforderung von Akten durch parlamentarische Untersuchungsausschüsse umstritten. So wird die Auffassung vertreten, dass der Anspruch zum Beispiel auf Vorlagen von Akten der **Finanzverwaltung** nur mit Hilfe der **Finanzgerichte** durchzusetzen sei[46] oder, wenn die Akten sich bei der **Staatsanwaltschaft** befinden, es sich um einen **Justizverwaltungsakt** im Sinne des § 23 EGGVG handele, so dass die **Oberlandesgerichte** zuständig seien.[47] Unter Angelegenheiten auf dem Gebiet der Strafrechtspflege seien nicht nur Tätigkeiten zu verstehen, die sich als Strafverfolgung im engeren Sinne darstellten. Vielmehr würden auch die Tätigkeiten erfasst, die den Justizbehörden eine geordnete Strafverfolgung und Strafvollstreckung ermöglichten.[48] Zudem seien nur die Strafverfolgungsbehörden in der Lage, eine sachgemäße Entscheidung über Akteneinsicht oder Aktenüberlassung zu treffen, da nur sie auf Grund ihrer Befassung mit dem Verfahren eine Abwägung der entscheidungserheblichen Gesichtspunkte vornehmen könnten.[49] Zu

---

43 S. dazu § 99 Abs. 2 VwGO; sowie BVerwG, NVwZ 2004, 105 ff. und *Bickenbach*, BayVBl. 2003, 295 ff.
44 BVerfGE 101, 106 (125 f.).
45 *Berstermann*, in: Posser/Wolff (Hrsg.), VwGO, Kommentar (2008), § 50 Rn. 4; *Redeker/v.Oertzen*, VwGO, 14. Aufl. (2004), § 50 Rn. 2.
46 BFH, BStBl. 1972, 284; FG Hamburg, NVwZ 1986, 598; *Schröder*, Verh. d. 57. DJT (1988), S.E 89; a.A. ausdr. FG München, NVwZ 1994, 100 (100 f.); OVG RhPf., NVwZ 1986, 575; OVG Saarl., Beschl. v. 3. 8. 2010 – 3 B 205/10 n.v.
47 So etwa BGH NJW 2001, 1077; a.A. ausdr. OVG RhPf., NVwZ 1986, 575.
48 BGH, NJW 2001, 1077.
49 BGH, NJW 2001, 1077 (1078).

beachten ist allerdings, dass es sich bei einem Justizverwaltungsakt nicht um einen Verwaltungsakt im technischen Sinne des § 35 VwVfG handeln muss.⁵⁰
Folgt man dieser Auffassung, ist die **weitere Aufspaltung** des Rechtswegs offenkundig. Denn in der Konsequenz der Argumentation des BGH müsste dies dann auch für die **Sozialgerichte** gelten und damit beim Bund-Länder-Streit nach § 39 Abs. 2 S. 1 SGG das **Bundessozialgericht** zuständig sein. Auch hier besteht insoweit nach § 39 Abs. 2 S. 2 und 3 SGG die Vorlagemöglichkeit an das Bundesverfassungsgericht.⁵¹ Da die entsprechende Regelung in der Finanzgerichtsordnung inzwischen **aufgehoben ist**,⁵² wäre hier zunächst das jeweilige **Finanzgericht** zuständig.⁵³ 22

Im Rahmen des verwaltungsgerichtlichen Verfahrens kommt als statthafte Klageart regelmäßig die **allgemeine Leistungsklage** in Frage, da es sich bei der Herausgabe von Akten nicht um den Erlass eines Verwaltungsaktes handelt, sondern um eine **schlicht hoheitliche** Verwaltungstätigkeit.⁵⁴ Es fehlt der für einen Verwaltungsakt maßgebliche **Regelungscharakter**.⁵⁵ Denn der Betroffene ist nicht genötigt, sich zur Vermeidung von Rechtsnachteilen gegen das Herausgabeverlangen zur Wehr zu setzen. Ein Ordnungs- und Zwangsmittel darf nur dann festgesetzt werden, wenn der Adressat des Herausgabeverlangens die Herausgabe unberechtigt verweigert. Dies hat aber der für die Anordnung der Zwangsmittel zuständige Richter zu prüfen, eine **Vorwirkung** kommt dem Herausgabeverlangen dabei nicht zu. Diese Gesetzeslage ist mit dem Wesen eines Verwaltungsaktes als eines einseitig verbindlichen Regelungsinstruments nicht vereinbar.⁵⁶ 23

Das Organstreitverfahren ebenso wie der Verwaltungsrechtsweg scheiden jedoch aus, wenn sich die Aktenanforderung an ein **Gericht** im Zusammenhang mit einem **noch laufenden** Verfahren richtet. Denn in diesem Fall ist die Regierung weder unmittelbar noch mittelbar Adressat und ihr fehlt auch die **Einflussmöglichkeit** dahin gehend, ob die Akten herausgegeben oder eingesehen werden. Vielmehr erfolgt hier die Prüfung und Entscheidung in **richterlicher Unabhängigkeit** des jeweiligen Spruchkörpers. Dieser entscheidet, ob die Aktenherausgabe das weitere Verfahren beeinträchtigt und 24

---

50 *Schoreit*, in: Hannich (Hrsg.), Karlsruher Kommentar zur Strafprozessordnung, 6. Aufl. (2008), § 23 EGGVG, Rn. 20.
51 *Platter*, Das parlamentarische Untersuchungsverfahren vor dem Verfassungsgericht, 2004, S. 172.
52 s. § 37 FGO a. F.
53 Zur Abgrenzung des Justizverwaltungsaktes im Zusammenhang mit steuerstrafrechtlichen Ermittlungen s. *Schoreit*, in: Hannich (Hrsg.), Karlsruher Kommentar zur Strafprozessordnung, 6. Aufl. (2008), § 23 EGGVG, Rn. 19.
54 OVG NRW, NVwZ 1987, 608 (609).
55 BVerwG, BayVBl. 1981, 214; OVG NRW, NVwZ 1990, 1083 (1084); OVG Berlin, DVBl. 2001, 1224; DVBl. 2001, 1767; VG Berlin, NVwZ-RR 2003, 708.
56 Zutr. OVG NRW, NVwZ 1987, 608 (609).

auf welche Weise ggf. Abhilfe geschaffen werden kann. Lehnt das Gericht die Herausgabe der angeforderten Akten ab oder bietet es Kopien bzw. Aktenauszüge an, mit denen sich der Untersuchungsausschuss nicht zufrieden geben will, so bleibt nur die Möglichkeit der **Beschwerde**.[57]

25 Dies bedeutet, dass, soweit es sich um **Strafgerichte** handelt, die Beschwerde nach § 304 Abs. 1 StPO einzulegen ist, bei **Verwaltungsgerichten nach** § 146 VwGO, bei **Zivilgerichten** nach § 567 Abs. 1 Nr. 2 ZPO, soweit es um die Weigerung von **Amts- und Landgerichten** geht.[58] Dagegen ist **Rechtsbeschwerde** nach § 574 ZPO einzulegen, wenn sich das Ersuchen an die **Oberlandesgerichte** richtet;[59] zuständig wäre dann der **Bundesgerichtshof**.[60] Bei **Finanzgerichten** kommt die Beschwerde nach § 128 Abs. 1 FGO und bei **Sozialgerichten** nach § 172 Abs. 1 SGG in Frage.

26 Im Interesse der **richterlichen Unabhängigkeit** ist hier die mit der unterschiedlichen fachgerichtlichen Zuständigkeit verbundene **Rechtswegaufteilung** hinzunehmen. Die Anforderung ist auch an den Vorsitzenden der Kammer bzw. des Senats oder an den zuständigen Einzelrichter und nicht an den Gerichtspräsidenten zu richten. Denn es handelt sich nicht um eine **Angelegenheit der Gerichtsverwaltung**. Die Zuständigkeit des Spruchkörpers entfällt jedoch mit dem **rechtskräftigen Abschluss** des Verfahrens.

27 Weigert sich die Behörde einem Beamten die **Aussagegenehmigung** zu erteilen, so gelten im Wesentlichen in prozessrechtlicher Hinsicht die vorbeschriebenen Grundsätze zur verweigerten Aktenherausgabe.

28 Soweit es sich um die der Kontrollbefugnis des jeweiligen Parlaments unmittelbar unterliegende Regierung handelt, ist der Rechtsschutz seitens des Untersuchungsausschusses über das **Organstreitverfahren** zu suchen.[61]

29 Verweigert dagegen eine **Bundesbehörde** im Rahmen der **Amtshilfe** die Erteilung der Genehmigung für die Aussage vor einem Untersuchungsausschuss eines Landes,[62] so handelt es sich um einen Bund-Länder-Streit nach § 50 Abs. 1 Nr. 1 VwGO, für den das Bundesverwaltungsgericht zuständig

---

57 OLG Köln, NJW 1985, 336; OLG Stuttgart, NJW 1996, 1908; *Schoreit*, in: Hannich (Hrsg.), Karlsruher Kommentar zur Strafprozessordnung, 6. Aufl. (2008), § 23 EGGVG, Rn. 50.

58 S. dazu i.E. nach der ZPO-Reform: *Lipp*, in: Rausch/Wax/Wenzel (Hrsg.), MüKO-ZPO, Band 2, 3. Aufl., (2007), vor § 567 Rn. 4.

59 S. zur Rechtsbeschwerde, *Lipp*, in: Rausch/Wax/Wenzel (Hrsg.), MüKo-ZPO, Band 2, 3. Aufl. (2007), vor § 574 Rn. 1.

60 *Lipp*, in: Rausch/Wax/Wenzel (Hrsg.), MüKo-ZPO, Band 2, 3. Aufl., (2007), § 574 Rn. 2.

61 BVerfGE 124, 78 (105); *Stern*, AöR 109 (1984) 199 (297 f.); *Bogs*, JZ 1985, 112 (117).

62 Der umgekehrte Fall dürfte von § 18 Abs. 4 PUAG erfasst werden, da die Erteilung der Aussagegenehmigung eine Form der Amtshilfe ist.

ist.⁶³ Das Bundesverwaltungsgericht begründet den Verwaltungsrechtsweg mit dem Hinweis, die geltend gemachten Ansprüche auf Erteilung einer Aussagegenehmigung seien nicht verfassungsrechtlicher Art, denn sie fänden ihre Grundlage im einfachen öffentlichen Gesetzesrecht.⁶⁴ Dies gilt auch im Bezug auf die Aussagegenehmigung von Justizbediensteten, denn deren Erteilung stellt keinen Justizverwaltungsakt dar.⁶⁵

Ein **Länder-Länder-Streit**, der nach den vorstehenden Grundsätzen zu behandeln ist, liegt vor, wenn sich eine **Landesbehörde** weigert, einem Beamten die Aussagegenehmigung für den parlamentarischen Untersuchungsausschuss eines **anderen** Landes zu erteilen. Dies gilt ebenso, wenn einem Richter nach Abschluss des Verfahrens eine Aussagegenehmigung erteilt werden soll und diese vom Gerichtspräsidenten verweigert wird. Denn hier wird nicht mehr per se die richterliche Unabhängigkeit tangiert, wenn lediglich Auskünfte zu **tatsächlichen Verfahrensabläufen** gegeben werden sollen und das **Beratungsgeheimnis** nicht berührt wird.

Als Klageart kommt regelmäßig die **Verpflichtungsklage** in Frage, denn die Erteilung einer **Aussagegenehmigung** stellt einen **Verwaltungsakt** dar.⁶⁶

2. Weigerung eines Gerichts vom Untersuchungsausschuss beantragte Zwangsmittel zu beschließen

Nach den Untersuchungsausschussgesetzen sind die Untersuchungsausschüsse zwar befugt, **Zwangsmaßnahmen** zu ergreifen. Soweit es sich jedoch um Ordnungs- und Erzwingungshaft sowie um Beschlagnahme- und Durchsuchungsanordnungen handelt, bedarf es insoweit gerichtlicher Beschlüsse. Damit soll dem besonderen Schutz der durch diese Maßnahmen tangierten Grundrechte Rechnung getragen werden. Dem Untersuchungsausschuss bleibt insoweit nur ein **Antragsrecht**. Lehnt ein Gericht, in der Regel sind hier die Strafgerichte zuständig,⁶⁷ eine solche Zwangsmaßnahme ab, steht dem Untersuchungsausschuss grundsätzlich ein **Beschwerderecht** zu.⁶⁸ Davon muss der Ausschuss auch dann Gebrauch machen, wenn es die Minderheit, die den Beweisantrag gestellt oder die Zwangsmaßnahme beantragt hat, verlangt.⁶⁹

---

63 BVerwGE 109, 258 (259 f.).
64 BVerwGE 109, 258 (260).
65 *Schoreit*, in: Hannich (Hrsg.), Karlsruher Kommentar zur Strafprozessordnung, 6. Aufl. (2008), § 23 EGGVG, Rn. 57.
66 BVerwGE 109, 258 (260); 66, 39 (41).
67 S. dazu i.E. u. Rdn. 72 ff.
68 *W. Richter*, Privatpersonen im parlamentarischen Untersuchungsausschuss, 1991, S. 148 f.; *Umbach* in: ders./Clemens, GG, Art. 44 Rn. 103.
69 *Menzel*, in: Löwer/Tettinger, Art. 41 Rn. 42.

33 Dagegen überzeugt die Auffassung, der Untersuchungsausschuss, dessen Antrag auf Anordnung einer Zwangsmaßnahme abgelehnt werde, habe gemäß § 159 Abs. 1 GVG das Oberlandesgericht anzurufen, weil es sich um **verweigerte Rechtshilfe** handele,[70] nicht. Denn die Vorschriften der §§ 156 ff. GVG sind nur auf das Verhältnis **zwischen Gerichten** anwendbar. Dies erhellt insbesondere § 158 Abs. 1 GVG, wonach das Ersuchen nicht abgelehnt werden darf, da der ersuchte Richter letztlich nur der »verlängerte Arm« des ersuchenden Richters ist.[71] Dagegen prüft das Gericht im Untersuchungsverfahren **die Voraussetzungen** für die Anordnung der Zwangsmittel, ohne an die Beurteilung im Antrag des Untersuchungsausschusses gebunden zu sein.[72]

III. Rechtsschutz der qualifizierten Einsetzungsminderheit

34 Ein effektives Untersuchungsverfahren erfordert, dass die Ausschussminderheit mit ihren Beweisanträgen und Beweismitteln auch Berücksichtigung finden muss.[73] Notfalls muss dies auch mit gerichtlicher Hilfe durchsetzbar sein. Rechtsschutz erfolgt in allen diesen Fällen über das **Organstreitverfahren**.[74] Antragsteller kann auch die **parlamentarische Einsetzungsminderheit** sein, da sie im Grundgesetz bzw. in den Landesverfassungen mit **eigenen Rechten** ausgestattet ist.[75] Daneben kommt aber als Antragsteller die Minderheit im Untersuchungsausschuss als so genannte **Fraktion im Ausschuss** in Frage.[76] Voraussetzung ist allerdings, dass sie im Ausschuss die parlamentarische Einsetzungsminderheit **repräsentiert** und **kein Dissens**

---

70 So *Di Fabio*, Rechtsschutz im parlamentarischen Untersuchungsverfahren, 1988, S. 129.
71 *Meyer-Goßner*, StPO, 53. Aufl. (2010), § 158 GVG Rn. 2; *W. Richter*, Privatpersonen im parlamentarischen Untersuchungsausschuss, 1991, S. 148.
72 *W. Richter*, Privatpersonen im parlamentarischen Untersuchungsausschuss, 1991, S. 148 f.
73 S. i.E. o. § 27 Rdn. 4 ff.
74 BVerfGE 124, 78 (104 f.); BVerwGE 79, 339 (340); *Hilf*, NVwZ 1987, 537 (543 f.); *Seidel*, BayVBl. 2002, 97 (98); *Achterberg/Schulte*, in: v. Mangoldt/Klein/Starck II, Art. 44 Rn. 169; *Schmidt-Hartmann*, Schutz der Minderheit im parlamentarischen Untersuchungsverfahren, 1994, S. 146 f.; 151 f.; *Menzel*, in: Löwer/Tettinger, Art. 41 Rn. 44; *Albrecht-Baba*, Das Beweiserhebungsrecht parlamentarischer Untersuchungsausschüsse, 2005, S. 122 ff.
75 BVerfGE 124, 78 (106 f.); BVerfGE 113, 11 (120); BVerfGE 67, 100 (124); SächsVerfGH, SächsVBl. 2002, 185 (196); HessStGH, DVBl. 1999, 711 (712 f.); *Seidel*, BayVBl. 2002, 97 (98 f.); *Caspar*, in: ders./Ewer/Nolte/Waack, Art. 18 Rn. 89.
76 BVerfGE 124, 78 (106 f.); BVerfGE 113, 113 (120 f.).

zwischen der Fraktion und ihren Vertretern im Ausschuss erkennbar wird.[77] Dagegen sind einzelne Mitglieder des Untersuchungsausschusses ebenso wenig antragsbefugt wie eine **ad hoc** entstehende Abstimmungsminderheit,[78] da es den Abgeordneten im Untersuchungsausschuss verwehrt ist, in **Prozessstandschaft** um Rechte des Parlaments gegen den Ausschuss zu streiten.[79] Dagegen ist eine Fraktion im Organstreitverfahren antragsbefugt, soweit sie prozessstandschaftlich die Rechte des Gesamtparlaments im eigenen Namen geltend zu machen beabsichtigt.[80]

Im Übrigen gelten die gleichen Zulässigkeitsvoraussetzungen und prozessualen Modalitäten wie bei dem von der Minderheit im Zusammenhang mit der Einsetzung des Untersuchungsausschusses angestrengten Organstreitverfahren.[81] Ebenso ist der Rechtsweg zum Bundesverfassungsgericht gemäß Art. 93 Abs. 1 Nr. 4 GG gegeben, wenn ein **anderer Rechtsweg** innerhalb des Landes **nicht eröffnet** ist.[82]

Umstritten ist, ob die parlamentarische Minderheit sich **sofort** um den verfassungsgerichtlichen Schutz bemühen kann oder ob sie sich **zunächst an das Parlament** wenden muss.[83] Soweit ein solches »Vorverfahren« in den Untersuchungsausschussgesetzen des Bundes und der Länder **nicht ausdrücklich** vorgesehen ist,[84] bedarf es seiner nicht. Denn aus allgemeinen verfassungsprozessualen Grundsätzen lässt es sich nicht herleiten. Dies gilt ebenso für die Nichtnutzung eventueller vorprozessualer Verständigungsmöglichkeiten. Sie lässt jedenfalls das **Rechtsschutzbedürfnis** für ein Organstreitverfahren nicht entfallen.[85]

---

77 BVerfGE 124, 78 (107); BVerfGE 113, 113 (121); BVerfGE 105, 197 (220); s.a. BVerfGE 67, 100, (124); a.A. zumindest für die Rechtslage in Brandenburg, *Knippel*, Fs. BrandbVerfG (1998) S. 62; offen gelassen BrandbVerfG, LKV 2004, 177 (178).
78 *Schmidt-Hartmann*, Schutz der Minderheit im parlamentarischen Untersuchungsverfahren, 1994, S. 153 f.; *Albrecht-Baba*, Das Beweiserhebungsrecht parlamentarischer Untersuchungsausschüsse, 2005, S. 125 f. zur Rechtslage in NRW.
79 BVerfGE 105, 197 (221); *Geis*, in: Isensee/Kirchhof III, § 55 Rn. 63; *Grote*, Der Verfassungsorganstreit, 2010, S. 219 ff.; krit. zur Prozessstandschaft der Ausschussminderheit *Platter*, Das parlamentarische Untersuchungsverfahren vor dem Verfassungsgericht, 2004, S. 123 f.
80 BVerfGE 124, 78 (107); BVerfGE 113, 113 (121 f.); 105, 197 (220); 45, 1 (28); zum Umfang der Prozessstandschaft der Fraktionen für das Parlament s. *Grote*, Der Verfassungsorganstreit, 2010, S. 212 ff.
81 S. dazu i.E. o. § 8 Rdn. 7 ff.
82 S. dazu i.E. o. § 8 Rn. 14 f.; BVerfGE 93, 195 (202 f.).
83 S. NdsStGH, NVwZ 1996, 827 einerseits u. BayVerfGH, BayVBl. 1998, 365 (366) andererseits.
84 S. dazu i.E. u. Rdn. 60 ff.
85 So ausdrücklich BVerfGE 124, 78 (113).

37 Damit hängt auch die Frage zusammen, wer **Antragsgegner** ist: der Untersuchungsausschuss unmittelbar oder das Parlament. Der Antrag ist unmittelbar gegen den **Untersuchungsausschuss** zu richten, wenn er die beanstandete Maßnahme innerhalb des von ihm selbstständig wahrzunehmenden Untersuchungsauftrags zu verantworten hat.[86] Diese Voraussetzung ist regelmäßig erfüllt, da der Untersuchungsausschuss mit seiner **Einsetzung** prinzipiell eigenverantwortlich über die Beweiserhebung und die Beweismittel entscheidet. Daher richtet sich das Beweiserhebungsrecht der Minderheit ausschließlich gegen den Untersuchungsausschuss.[87] Sofern sich dagegen die **parlamentarische Minderheit** an das **Parlament** wenden muss[88] und dieses im Sinn der Minderheit **Einfluss** nehmen könnte, es aber nicht tut, ist es sachgerecht, dass dann das Parlament als Ganzes der richtige Antragsgegner ist.[89] Ebenso dürfte auch der **Vorsitzende des Untersuchungsausschusses** möglicher Antragsgegner in einem Ogranstreitverfahren sein, soweit er jedenfalls in der Geschäftsordnung bzw. im Untersuchungsausschussgesetz als materiellem Geschäftsordnungsrecht,[90] mit eigenen Rechten ausgestattet ist.[91]

38 Die vorgenannten Grundsätze gelten weit gehend auch, wenn sich die parlamentarische Minderheit dagegen wehrt, dass der Untersuchungsausschuss es etwa **abgelehnt** hat, Zwangsmaßnahmen gegen Zeugen zu beschließen oder beschließt, – soweit noch zulässig – auf dessen Vereidigung zu verzichten.[92] Die Einsetzungsminderheit oder deren Repräsentant im Untersuchungsausschuss können in diesem Fall im Wege des **Organstreitverfahrens** die Feststellung erreichen, dass die Weigerung der Mehrheit sie unzulässig in ihrem **Beweiserhebungsrecht** einschränkt. Darüber hinaus kann das Organstreitverfahren auch Anwendung finden, wenn die Minderheit geltend macht, der Beschluss, Dritten Akteneinsicht zu gewähren, verletze sie in ihrem Minderheitenrecht.[93] Dagegen können **allein einfachgesetzlich** verbürgte Rechte oder Rechte, die über das verfassungsrechtlich

---

[86] BVerfGE 105, 197 (220); SächsVerfGH, SächsVBl. 2002, 185 (186); *Albrecht-Baba*, Das Beweiserhebungsrecht parlamentarischer Untersuchungsausschüsse, 2005, S. 127.
[87] NdsStGH, NVwZ 1996, 827 = DVBl. 1986, 237; *Seidel,* BayVBl. 2002, 97 (100); a.A. HessStGH, DVBl. 1999, 711 (713); BVerfGE 93, 195 (203) allerdings ohne nähere Begründung; *Hermes*, Fs. Mahrenholz (1994) S. 360 f.; *Knipppel*, Fs. BrandbVerfG (1998) S. 60 f.; krit. auch *Korte*, S. 224 f.
[88] S. beispielsweise Art. 25 Abs. 4 Satz 2 BayVerf.
[89] BayVerfGH, BayVBl. 2007, 171 (171); BayVerfGH, BayVBl. 1998, 365 (366).
[90] S. dazu oben § 5 Rdn. 126
[91] *Albrecht-Baba*, Das Beweiserhebungsrecht parlamentarischer Untersuchungsausschüsse, 2005, S. 128.
[92] S. etwa HessStGH, DVBl. 1999, 711.
[93] SächsVerfGH, Beschl. v. 29. Januar 2004, Vf. 87-I-03 (e.A.), Entscheidungsumdruck S. 4 f. n.v.

Gebotene hinausgehen, nicht Gegenstand der Überprüfung in einem Organstreitverfahren sein, da sie keine **verfassungsrechtlich durchsetzbaren Rechtspositionen** vermitteln.[94]

Höchstrichterlich nicht geklärt ist bisher die Frage, ob auch das Parlament 39 selbst eine Rechtsverletzung etwa durch eine **schleppende Beweisaufnahme** geltend machen oder auf Wunsch der Minderheit anordnen kann, bislang unterbliebene Untersuchungshandlungen unverzüglich vorzunehmen.[95] Ohne verfassungsgesetzliche Ermächtigung – wie etwa in Bayern –[96] dürfte dies nicht zulässig sein, da Art und Umfang der Beweisaufnahme in die Kompetenz des Untersuchungsausschusses gegeben sind. Jedenfalls spricht gegen eine solche Befugnis, dass neben der Einsetzung und Auflösung des Untersuchungsausschusses sowie der Ergänzung des Untersuchungsgegenstandes, das Plenum als solches kein echtes formelles Beweisantrags- und Beweisbestimmungsrecht hat.[97]

Bei all diesen Maßnahmen hat die parlamentarische Minderheit allerdings 40 zu beachten, dass die Frist nach § 64 Abs. 3 BVerfGG bzw. nach den einschlägigen landesgesetzlichen[98] Regelungen[99] als **gesetzliche Ausschlussfrist** mit dem jeweiligen Ausschussbeschluss beginnt.[100] Sofern sich die Minderheit zunächst an das Parlament wenden muss, beginnt der Lauf der Frist mit der ablehnenden Entscheidung des Parlaments.

Unerheblich ist dagegen, wenn **nach Antragstellung** das Parlament den 41 Abschlussbericht des Untersuchungsausschusses angenommen hat und der Untersuchungsausschuss damit aufgelöst ist.[101]

Zulässig ist schließlich auch das Verfahren der **einstweiligen Anordnung** 42 nach § 32 BVerfGG beziehungsweise nach den entsprechenden landesgesetz-

---

94 BayVerfGH, BayVBl. 2007, 171 (171 f.).
95 S. dazu *Seidel*, BayVBl. 2002, 97 (99) m. Fn. 26.
96 S. dazu BayVerfGH, BayVBl. 1982, 559 (561); BayVBl. 1998, 365 (366); BayVBl. 2007, 171 (171).
97 *Schröder*, ZParl 17 (1986) 367 (374); zurückh. *Hermes*, in Fs. Mahrenholz (1994) S. 358 f.
98 Zum Organstreitverfahren in der Verfassungsgerichtsbarkeit der Länder s. *Starck*, in: Isensee/Kirchhof VI, § 130 Rn. 48 f.
99 § 45 Abs. 1 StGHG BadWürtt.; § 37 Abs. 1 VerfGHG Berl.; § 36 Abs. 1 VerfGG Brandb.; § 25 Abs. 2 StGHG Brem.; § 39 b VerfGG Hbg.; § 42 Abs. 3 StGHG Hess.; § 37 LVerfGG MV; § 30 StGHG Nds. iVm § 64 Abs. 3 BVerfGG; § 44 VGHG NRW; § 40 VerfGHG Saarl.; § 18 Abs. 1 VerfGHG Sachs.; § 36 LVerfGG SachsA.; § 36 Abs. 3 LVerfGG SchlH.; § 39 Abs. 3 VerfGHG Thür.
100 BVerfGE 124, 78 (113); BVerfGE 71, 299 (303 f.).
101 HessStGH, DVBl. 1999, 711 (713).

lichen[102] Bestimmungen.[103] Denn § 32 BVerfGG findet als allgemeine Verfahrensnorm auf alle im Bundesverfassungsgerichtsgesetz vorgesehenen Verfahrensarten Anwendung.[104] Dabei besteht die Möglichkeit, einen Zustand durch einstweilige Anordnung vorläufig zu regeln, nicht nur, wenn in der Hauptsache ein Gestaltungs- oder Leistungsausspruch ergehen kann. Vielmehr sind auch Streitigkeiten wie bei dem hier in Rede stehenden Organstreitverfahren, in denen lediglich ein **Feststellungstenor** ergehen kann, einer vorläufigen Regelung zugänglich.[105] Eben so wenig muss zum Zeitpunkt der Antragstellung bereits ein Antrag zur Hauptsache gestellt sein.[106]

43 Allerdings ist in einem Organstreitverfahren, in dem es um einen verfassungsgerichtlichen Eingriff in die **Autonomie eines anderen Verfassungsorgans** geht, nach einem besonders strengen Maßstab zu entscheiden, ob die Voraussetzungen für den Erlass einer einstweiligen Anordnung vorliegen.[107] Eine **Vorwegnahme der Hauptsache** führt dann nicht zur Unzulässigkeit des Antrags, wenn eine Entscheidung in der Hauptsache zu spät kommen würde und dem Antragsteller in anderer Weise ausreichender Rechtsschutz nicht mehr gewährt werden kann.[108]

IV. Rechtsschutz Privater

44 Im Rahmen des parlamentarischen Untersuchungsverfahrens finden sich nur wenige Akte, deren Relevanz sich im **Rechtskreis des Parlaments** erschöpft. Daher können auch **private Personen** in vielfältiger Weise von Untersuchungshandlungen im Zusammenhang mit der Beweisaufnahme betroffen

---

102 S. dazu i.E. *Starck*, in: Isenee/Kirchof VI, § 130 Rn. 77 ff.
103 § 25 StGHG BadWürtt.; § 26 VerfGHG Bay.; § 31 berl. VerfGHG; § 30 VerfGG Brandb.; § 18 StGHG Brem.; § 35 VerfGG Hbg.; § 26 StGHG Hess.; § 30 LVerfGG MV; § 20 StGHG Nds.; § 27 nrw.VerfGHG; § 19a VerfGHG RhPf.; § 23 VerfGHG Saarl.; § 15 VerfGHG Sachs.; § 31 LVerfGG SachsA.; § 30 LVerfGG SchlH.; § 26 VerfGHG Thür. s. dazu a. o. § 8 Rn. 29 ff. sowie *Schmidt-Hartmann*, Schutz der Minderheit im parlamentarischen Untersuchungsverfahren, 1994, S. 157 ff.
104 BVerfGE 1, 74 (75 f.); 1, 85 (86); 82,353 (363); *Grote*, Der Verfassungsorganstreit, 2010, S. 440 f.
105 SaarlVerfGH, LKRZ 2009, 391; *Löwer*, in: Isenee/Kirchhof III, § 70 Rn. 212.
106 BVerfGE 113, 113 (119 f.).
107 BVerfGE 113, 113 (124); BVerfG, NVwZ 2007, 687 (688) m.w.N.; SaarlVerfGH, Beschl. v. 4. September 2007, Entscheidungsumdruck S. 3 n.v.; *Grote*, Der Verfassungsorganstreit, 2010, S. 441.
108 BVerfGE 113, 113 (122); 67, 149 (151); 34, 160 (162 f.); *Grote*, Der Verfassungsorganstreit, 2010, S. 442.

sein.[109] Da es nach Art. 101 Abs. 1 S. 1 GG keine **Ausnahmegerichte** geben darf und die Mitglieder eines parlamentarischen Untersuchungsausschusses auch nicht zu Richtern berufen sind, ist es ihnen untersagt, Entscheidungen im Sinne der Prozessordnungen zu fällen.[110] Eine **Ausnahme** gilt nur für die Vornahme von **Vereidigungen,** die ihnen (einfachgesetzlich) zugebilligt wurde.[111] Vor diesem verfahrensrechtlichen Hintergrund kann daher in die Rechtsposition privater Personen sowohl durch Entscheidungen des Untersuchungsausschusses selbst als auch durch gerichtliche Maßnahmen, die auf Grund von Anträgen des Untersuchungsausschusses ergehen, eingegriffen werden.[112] Entsprechend **unterschiedlich** sind auch die Rechtsschutzmöglichkeiten.[113]

1. Rechtsschutz gegen Entscheidungen des Untersuchungsausschusses

Als **mögliche Entscheidungen** eines parlamentarischen Untersuchungsausschusses, durch die private Personen betroffen sein können, sind **insbesondere** denkbar:[114]

– das Verlangen, Beweismittel herauszugeben,
– die Ladung als Auskunftsperson,
– der Beschluss, bei Gericht Zwangsmittel zu beantragen,
– die zwangsweise Vorführung,
– der Beschluss über die Vereidigung,
– die Festsetzung von Ordnungs- und Erzwingungsgeld sowie
– der Antrag auf Ordnungs- und Erzwingungshaft,
– der Ausschluss von der Sitzungsteilnahme,
– die Ablehnung der Anerkennung als Betroffener einerseits sowie,
– die Verweigerung einer Begründung für die Anerkennung als Betroffener andererseits und schließlich
– die Verweigerung eines Rechtsbeistandes.

---

109 S. etwa *Kästner*, NJW 1990, 2649 (2652); *Di Fabio*, Rechtsschutz im parlamentarischen Untersuchungsverfahren, 1988, S. 85; *Plöd*, Die Stellung des Zeugen in einem parlamentarischen Untersuchungsausschuss des Deutschen Bundestages, 2003, S. 159 f.
110 BVerfGE 77, 1, (42, 51 f.); *Versteyl*, in: v. Münch/Kunig II, Art. 44 Rn. 21; *Umbach*, in: ders./Clemens, GG, Art. 44 Rn. 76.
111 S. dazu o. § 24 sowie BVerfGE 77, 1 (50); *Glauben*, DRiZ 2000, 121 (125).
112 *Achterberg/Schulte*, in: v. Mangoldt/Klein/Starck II, Art. 44 Rn. 168; *Versteyl*, in: v. Münch/Kunig II, Art. 44 Rn. 36; *Di Fabio*, Rechtsschutz im parlamentarischen Untersuchungsverfahren, 1988, S. 100 ff.
113 S. nur als Bsp. die Aufstellung bei *Hilf*, NVwZ 1987, 537 (544 f.).
114 S. *Platter*, Das parlamentarische Untersuchungsverfahren vor dem Verfassungsgericht, 2004, S. 132; *Glauben*, DVBl. 2006, 1263 (1265 f.).

46 In all diesen Fällen wird seitens des parlamentarischen Untersuchungsausschusses in **subjektive Rechtspositionen** eingegriffen und handelt es sich daher um Akte der öffentlichen Gewalt im Sinne des Art. 19 Abs. 4 GG.[115] Mithin folgt aus der verfassungskräftigen Rechtsweggarantie in diesen Fällen auch das Gebot des **effektiven Rechtsschutzes**.

47 In der Sache handelt es sich nach der hier vertretenen Auffassung um **verwaltungsrechtliche Streitigkeiten** im Sinne des § 40 Abs. 1 S. 1 VwGO.[116] Denn die vorbezeichneten Eingriffsbefugnisse des Untersuchungsausschusses haben keinen **spezifischen verfassungsrechtlichen Inhalt**, sondern können bei entsprechender gesetzlicher Ermächtigung auch von **Verwaltungsbehörden** oder den **Instanzgerichten** getroffen werden. Nicht jedes Handeln eines in der Verfassung vorgesehenen Organs besitzt auch **materiell** verfassungsrechtlichen Charakter.[117] Daher sind die so begründeten Rechtsbeziehungen zu den betroffenen Privatpersonen nicht verfassungsrechtlicher, sondern **verwaltungsrechtlicher Natur**.[118] Das Argument, bei derartigen Maßnahmen gehe es im Kern um die Auslegung der Kompetenznorm eines Verfassungsorgans und daher handele es sich um eine verfassungsrechtliche Streitigkeit,[119] überzeugt vor diesem Hintergrund nicht. Diese Auffassung berücksichtigt nicht, dass zwischen der **Kompetenz** des Untersuchungsausschusses und seinen **einzelnen Befugnissen** zu unterscheiden ist.[120]

---

[115] BVerfGE 67, 100 (142); *Di Fabio*, Rechtsschutz im parlamentarischen Untersuchungsverfahren, 1988, S. 90 f.; *Glauben*, DVBl. 2006, 1263 (1265).

[116] BVerfGE 77, 1 (51 f.); OVG Saarl., Beschl. 3. 8. 2010 – 3 B 205/10 n.v.; s.a. *Achterberg/Schulte* in: v. Mangoldt/Klein/Starck II, Art. 44 Rn. 168; a.A. *Di Fabio*, Rechtsschutz im parlamentarischen Untersuchungsverfahren, 1988, S. 108 ff.; *Thieme*, Art. 25 Anm. 6 b; *Braun*, Art. 35 Rn. 36; a.A. VG Saarlouis, LKRZ 2010, 314 (315), wonach eine verfassungsrechtliche Streitigkeit dann gegeben ist, wenn im konkreten Streitfall der Untersuchungsauschuss – auch durch den Bürger – spezifisch in seiner sich aus der Verfassung ergebenden Funktion in Anspruch genommen wird.

[117] *David*, Art. 25 Rn. 143.

[118] OVG NRW, NVwZ 1987, 608 (609); *Korbmacher*, in: Driehaus, Art. 48 Rn. 3; *David*, Art. 25 Rn. 144; zurückhaltender *Caspar*, in: ders./Ewer/Nolte/Waack, Art. 18 Rn. 8; s.a. BVerwG, NJW 1976, 637 (638) zum Petitionsrecht.

[119] *Ossenbühl*, in: Gs. Martens, (1987) 177 (191); *Di Fabio*, Rechtsschutz im parlamentarischen Untersuchungsverfahren, 1988, S. 111; s.a. mit dieser Argumentation *Haverkate*, Der Schutz subjektiv-öffentlicher Rechte in der Rechnungsprüfung, AöR 107 (1982) 539 (556 ff.), der eine verfassungsrechtliche Streitigkeit annimmt, wenn sich das Klagebegehren auf Beziehungen zwischen Verfassungsorganen bezieht; ebenso VG Düsseldorf, NJW 1981, 1396 (1397).

[120] Zutr. *W. Richter*, Privatpersonen im parlamentarischen Untersuchungsausschuss, 1991, S. 127; *Umbach*, in: ders./Clemens, GG, Art. 44 Rn. 105; krit. *Ossenbühl*, Gs. Martens, (1987) S. 195 f.

Dies hat zur Folge, dass die von den Beschlüssen betroffenen Personen gerichtlichen Schutz vor den **Verwaltungsgerichten** begehren müssen.[121] Soweit man von der Aufspaltung des Rechtswegs ausgeht, müssen die Betroffenen hinsichtlich der **strafrechtlichen Ermittlungsakten** bzw. der **steuer- und sozialrechtlichen Akten** um Rechtsschutz beim **Oberlandesgericht** bzw. dem jeweiligen **Finanz- und Sozialgericht** nachsuchen, wenn sie die Herausgabe »ihrer« sich dort befindenden Akten verhindern möchten.[122] 48

Zu differenzieren ist allerdings bezüglich der **Klageart**.[123] Denn die Anfechtungsklage kommt nur in Frage, soweit es sich bei dem Beschluss um einen Verwaltungsakt handelt. Dies setzt unter anderem voraus, dass diesem Regelungscharakter zukommt, er also der unmittelbaren Herbeiführung einer Rechtsfolge dient.[124] 49

Dies dürfte beim **Beschluss** über die zwangsweise Vorführung und die Vereidigung, die **Festsetzung** eines Ordnungsgeldes,[125] wegen ungebührlichen Verhaltens oder Aussageverweigerung,[126] den **Ausschluss von der Sitzungsteilnahme**, die **verweigerte Anerkennung** als Betroffener und die **Verweigerung** eines Rechtsbeistandes jeweils der Fall sein. Der Untersuchungsausschuss hat im Rahmen des Untersuchungsverfahrens eine **behördenähnliche Stellung**[127] und ist damit zum Erlass von Verwaltungsakten fähig.[128] 50

---

121 BVerwG, BayVBl. 1981, 214; OVG NRW, NVwZ 1990, 1083 (1084); OVG Berl., DVBl. 2001, 1224; DVBl. 2001, 1767; VG Berlin, NVwZ-RR 2003, 708; *Umbach*, in: ders./Clemens, GG, Art. 44 Rn. 106; a.A. BGH, NJW 2001, 1077.
122 IdS etwa, allerdings ohne nähere Begr., *Hilf*, NVwZ 1987, 537 (544 f.); a.A. OVG Saarl., Beschl. vom 3. 8. 2010 – 3 B 205/10 n.v., das von einer Zuständigkeit der Verwaltungsgerichte ausgeht.
123 A.A. *Di Fabio*, Rechtsschutz im parlamentarischen Untersuchungsverfahren, 1988, S. 117: Da es sich um ein Verfahren sui generis handelt, ist ausschließlich die allgemeine Leistungsklage statthaft.
124 *Glauben*, DVBl. 2006, 1263 (1265 f.).
125 VG Berlin, NVwZ-RR 2003, 708; OVG Berl., DVBl. 1970, 293 (294); *W. Richter*, Privatpersonen im parlamentarischen Untersuchungsausschuss, 1991, S. 139.
126 OLG Köln, Beschl. v. 25. Februar 1998, Az.: 2 Ws 88/98, BT-Drucks.: 13/10900, Dokument 21.
127 BVerwG, BayVBl. 1981, 214 (214 f.); OVG Berl., DVBl. 2001, 1224; OVG Berl., DVBl. 201, 1767; VG Berlin, NVwZ-RR 203, 708; OVG NRW, NVwZ 1987, 608 (609); OLG Köln, NJW 1985, 336; a.A. *W. Richter*, Privatpersonen im parlamentarischen Untersuchungsausschuss, 1991, S. 142, der die allg. Leistungsklage für statthaft hält.
128 *Glauben*, DVBl. 2006, 1263 (1266).

51 Soweit es dagegen um ein **Beweismittelherausgabeverlangen** geht,[129] um die **Ladung** als Auskunftsperson[130] oder den Beschluss über **Zwangsmittel** fehlt dem jeweiligen Beschluss der Regelungscharakter. Vielmehr handelt es sich um schlicht öffentlich-rechtliche Willenserklärungen.[131] Denn die Ladung begründet keine Rechtsfolgen, sondern ist Ausdruck, der schon durch Gesetz bestehenden Erscheinungspflicht der Auskunftsperson.[132] Mit dem Herausgabeverlangen ist ebenso wenig wie mit dem Beschluss, Zwangsmittel zu beantragen, für den Betroffenen eine **unmittelbare Rechtswirkung** verbunden. Dies erfolgt erst, wenn die Herausgabe verweigert oder der Antrag beim Gericht auf Erlass von Zwangsmaßnahmen gestellt wird.[133] Denn der Regelungscharakter des Verlangens scheitert schon daran, dass dem Verlangen **keine Titelfunktion** zukommt. Die Frage der Herausgabepflicht wird weder nach den Untersuchungsausschussgesetzen noch nach der Strafprozessordnung **vorab verbindlich** beantwortet.[134] Folglich stellen auch die Festsetzung von Ordnungs- oder Erzwingungsmaßnahmen nach § 95 Abs. 2 iVm § 70 StPO sowie die Beschlagnahme nach § 98 StPO gerade keine »Vollstreckung« eines Herausgabeverlangens dar.[135] Es ist dann Sache des Betroffenen, sich auf dem dafür vorgesehenen gerichtlichen Weg gegen diese Maßnahmen zur Wehr zu setzen.[136]

52 Vor dem Verwaltungsgericht kommt in all diesen Fällen die **allgemeine Leistungsklage** in Form der **Unterlassungsklage** als statthafte Klageart in Frage. Hinsichtlich der Ablehnung einer Begründung für die Einräumung des Betroffenenstatus ist allerdings die allgemeine Leistungsklage die statthafte Klageart.[137]

53 Richtiger **Klagegegner** dürfte in all diesen Fällen als Ausfluss des **Rechtsträgerprinzips** die **Bundesrepublik Deutschland** beziehungsweise, soweit

---

129 OVG NRW, NVwZ 1990, 1083 (1084); OVG NRW, NVwZ 1987, 608 (609); *W. Richter*, Privatpersonen im parlamentarischen Untersuchungsausschuss, 1991, S. 143 f.; *Ossenbühl*, Gs. Martens, 1987, S. 182.
130 OVG NRW, NJW 1989, 1103 (1104); *W. Richter*, Privatpersonen im parlamentarischen Untersuchungsausschuss, 1991, S. 136 f.
131 OVG NRW, NVwZ 1987, 608 (610).
132 OVG NRW, NJW 1989, 1103 (1104); VG Berlin, NVwZ-RR 2003, 708 (709); *W. Richter*, Privatpersonen im parlamentarischen Untersuchungsausschuss, 1991, S. 137 ff.; *Glauben*, DVBl. 2006, 1263 (1266); krit. *Schröder*, Verh. d. 57. DJT (1988), S. E 65.
133 OVG Berl., DVBl. 2001, 1224 (1225).
134 OVG NRW, NVwZ 1990, 1083 (1084).
135 OVG NRW, NVwZ 1990, 1083 (1084).
136 *Gärditz*, ZParl 2005, 854 (867 f.).
137 S.a. *David*, Art. 25 Rn. 147 nur allg. Leistungsklage, da der Untersuchungsausschuss mangels Behördeneigenschaft keinen Verwaltungsakt erlassen kann.

es in den Ländern gilt, das **jeweilige Land** sein,[138] vertreten durch den Vorsitzenden des parlamentarischen Untersuchungsausschusses. Nicht überzeugend ist es dagegen, auf das **Parlament** abzustellen, weil es »Herr der Untersuchungen« ist und sich des Untersuchungsausschusses nur hilfsweise bedient.[139] Denn das Plenum hat jedenfalls dann keine unmittelbaren Beweiserzwingungs- und Beweisantragsrechte, wenn sie ihm nicht ausdrücklich zugewiesen sind. Da der Untersuchungsausschuss **aus eigener Kompetenz** über die Art und den Umfang der Beweiserhebung entscheidet, ist es sachgerecht, ihn beziehungsweise seinen Vorsitzenden als Vertreter der Gebietskörperschaft Bund oder Land anzusehen.

Die vorgenannten Grundsätze haben selbstredend auch Einfluss auf das Verfahren des **vorläufigen Rechtsschutzes**. Nur soweit die Maßnahme des Untersuchungsausschusses einen Verwaltungsakt darstellt, erfolgt der vorläufige Rechtsschutz nach §§ 80 ff. VwGO. Dies bedeutet, dass die Anfechtungsklage – eines Widerspruchsverfahrens bedarf es nicht, da der Untersuchungsausschuss die einer obersten Bundes- oder Landesbehörde vergleichbare Stellung hat[140] – grundsätzlich die aufschiebende Wirkung nach § 80 Abs. 1 VwGO hat. Sofern der Untersuchungsausschuss die **sofortige Vollziehung** nach § 80 Abs. 1 Nr. 4 VwGO angeordnet hat, besteht die Möglichkeit, beim Verwaltungsgericht die **Wiederherstellung der aufschiebenden Wirkung** nach § 80 Abs. 5 VwGO zu beantragen. 54

Für Verfahren vor den **Sozialgerichten** gelten im Wesentlichen die gleichen Grundsätze nach Maßgabe des §§ 86a, 86b Abs. 1 SGG sowie für die **Finanzgerichte** nach §§ 69, 114 FGO. 55

Kommt dagegen in der Hauptsache die **allgemeine Leistungsklage** in Frage, so ist der vorläufige Rechtsschutz im Wege der **einstweiligen Anordnung** nach § 123 VwGO sowie nach § 86b Abs. 2 SGG beziehungsweise nach § 114 FGO zu suchen. Dies gilt für die verwaltungs- und sozialgerichtlichen Verfahren auch im Bund-Länder-Streit,[141] etwa wenn es um die Erteilung einer Aussagegenehmigung oder um die Vorlage von Akten von Bundesbehörden für Landesuntersuchungsausschüsse geht. Sofern man mit dem BGH im Rahmen von Maßnahmen, die sich als Akte der Rechtspflege darstellen, nach § 25 EGGVG die Zuständigkeit der Oberlandesgerichte für gegeben ansieht, kommt der vorläufige Rechtsschutz nach diesen Bestim- 56

---

138 *Schweiger*, in: ders./Knöpfle, Art. 25 Rn. 12, der allerd. die Vertretung durch den LT und dessen Präsidenten annimmt.
139 So *Umbach* in: ders./Clemens, GG, Art. 44 Rn. 106.
140 VG Berlin, NVwZ-RR 2003, 708 (709).
141 BVerwGE 109, 258 (261).

mungen in Frage, auch wenn §§ 23 ff. EGGVG den Erlass einer einstweiligen Anordnung **nicht ausdrücklich** vorsehen.[142]

57 Allerdings ist auch das **Rechtsschutzbedürfnis** zu beachten. Soweit es um Beschlüsse des Untersuchungsausschusses geht, denen noch eine richterliche Prüfung folgt, wie etwa der Beschlagnahme bei verweigerter Aktenherausgabe, bedarf es eines einstweiligen Rechtsschutzes durch die Verwaltungsgerichte nicht.[143]

2. Rechtsschutz gegen gerichtlich angeordnete Maßnahmen

58 Als gerichtlich angeordnete Maßnahmen kommt im Rahmen der Beweiserhebung im Untersuchungsverfahren die Anordnung der Beschlagnahme und Durchsuchung sowie der Ordnungs- und Erzwingungshaft in Frage.[144] Soweit in den Untersuchungsausschussgesetzen keine besonderen gerichtlichen Zuständigkeits- und damit Rechtswegregelungen getroffen sind, bleiben die in der Strafprozessordnung vorgesehenen Rechtsmittel maßgebend. Dies bedeutet, dass in diesen Fällen die **Beschwerde** nach § 304 Abs. 1 StPO statthaft ist.[145]

59 Letztendlich bleibt den Betroffenen nach Erschöpfung des Rechtswegs in all den vorgenannten Fällen auch die Möglichkeit der **Verfassungsbeschwerde** nach Art. 93 Abs. 1 Nr. 4 a GG[146].

V. Besonderheiten des Rechtsschutzes im Bund und in den Ländern

1. Bund

60 Der Bundesgesetzgeber hat im PUAG der Zersplitterung des Rechtsweges zumindest weit gehend ein Ende gesetzt.[147] Er hat den Ermittlungsrichter beim Bundesgerichtshof im Wesentlichen zum zuständigen Gericht für

---

142 *Schoreit*, in: Hannich (Hrsg.), Karlsruher Kommentar zur Strafprozessordnung, 6. Aufl. (2008), § 23 EGGVG Rn. 47, § 28 EGGVG Rn. 24.
143 S. dazu OVG NRW, NVwZ 1987, 608 (610); *Ossenbühl*, Gs. Martens (1987) S. 182.
144 *Glauben*, DVBl. 2006, 1263 (1266 f.).
145 S. etwa LG Frankfurt, NJW 1987, 787; LG Bonn, NJW 1987, 790; *W. Richter*, Privatpersonen im parlamentarischen Untersuchungsausschuss, 1991, S. 147; *Wiefelspütz*, Das Untersuchungsausschussgesetz, 2003, S. 278 f.; *Umbach*, in: ders./Clemens, GG, Art. 44 Rn. 106; *Meyer-Bohl*, DVBl. 1990, 511 (513); *Di Fabio*, Rechtsschutz im parlamentarischen Untersuchungsverfahren, 1988, S. 118.
146 BVerfG, NVwZ 2002, 1499 (1500); SaarlVerfGH, DVBl. 2003, 664 (664 f.); *Platter*, Das parlamentarische Untersuchungsverfahren vor dem Verfassungsgericht, 2004, S. 130 ff.; *Schenke*, JZ 1988, 808 (819); *Di Fabio*, Rechtsschutz im parlamentarischen Untersuchungsverfahren, 1988, S. 118.
147 S.a. *H. H. Klein*, MD, Art. 44 Rn. 245; *Achterberg/Schulte*, in: v. Mangoldt/Klein/Starck II, Art. 44 Rn. 168; *Platter*, Das parlamentarische Untersuchungsverfahren vor dem Verfassungsgericht, 2004, S. 107 ff.; *Gärditz*, ZParl 2005, 854 (854 f.)

Streitigkeiten nach dem PUAG erklärt. Dies gilt mithin auch, wenn sich **Private** gegen Maßnahmen des Untersuchungsausschusses gerichtlich wehren wollen.[148] Insoweit handelt es sich um eine abdrängende Sonderzuweisung, die den Verwaltungsrechtsweg nach § 40 Abs. 1 S. 1 VwGO ausschließt.[149] Voraussetzung ist allerdings, dass nicht das PUAG selbst etwas anderes bestimmt. Ferner bleiben die Zuständigkeiten des **Bundesverfassungsgerichts** nach Art. 93 GG sowie § 13 BVerfGG unberührt.[150] Dies gilt namentlich für das **Organstreitverfahren**,[151] für die **Verfassungsbeschwerde** und für den **verfassungsrechtlichen Bund-Länder-Streit**.

Von diesen Grundsätzen finden sich im PUAG verschiedene **Abweichungen**, die aber in der Regel dem Vorrang des Bundesverfassungsgerichts oder der Eröffnung eines »Beschwerdeweges« Rechnung tragen sollen.[152]

Lehnt der Untersuchungsausschuss die Erhebung bestimmter Beweise oder die Festsetzung eines Ordnungsgeldes gegen Auskunftspersonen ab, entscheidet auf Antrag eines Viertels der Ausschussmitglieder der Ermittlungsrichter beim Bundesgerichtshof über die Erhebung der Beweise oder über die Anordnung des Zwangsmittels.[153]

Hinsichtlich der Vorlage von Beweismitteln ist der Rechtsweg gespalten: Soweit die **Bundesregierung** und die ihr **nachgeordneten Stellen** sich weigern, Beweismittel vorzulegen, entscheidet auf Antrag des Untersuchungsausschusses oder eines Viertels seiner Mitglieder das **Bundesverfassungsgericht**.[154] Verfahrensgrundlagen sind Art. 93 Abs. 2 GG iVm § 13 Nr. 15, §§ 17–35c BVerfGG.[155] Ebenso ist das Bundesverfassungsgericht zur Entscheidung berufen, wenn über die Rechtmäßigkeit einer verweigerten Aussagegenehmigung gestritten wird.[156] Ist dagegen Streitgegenstand die Rechtmäßigkeit des **Geheimhaltungsgrades**, ist der **Ermittlungsrichter** beim Bundesgerichtshof zuständig.[157]

---

148 *H. H. Klein*, MD, Art. 44 Rn. 237.
149 *Hermanns/Hülsmann*, JA 2003, 573 (575); *Glauben*, DVBl. 2006, 1263 (1267).
150 § 36 Abs. 1 PUAG.
151 Missverständlich insoweit BGH, Beschl. v. 17. August 2010 – Az.: 3 ARs 23/10, der im Verfahren nach § 36 Abs. 2 PUAG vom »vorliegenden Organstreitverfahren« spricht (Entscheidungsumdruck S. 8); richtig dagegen Entscheidungsumdruck S. 19: »in dieser einem Organstreit ähnlichen Konstellation«.
152 S. § 36 Abs. 3 PUAG.
153 § 17 Abs. 4 PUAG.
154 § 18 Abs. 3 Halbs. 1 PUAG; krit. wg. des Antragsrecht der Ausschussminderheit *Platter*, Das parlamentarische Untersuchungsverfahren vor dem Verfassungsgericht, 2004, S. 156 ff.: Die Regelung ist verfassungswidrig.
155 *Geis*, in: Isensee/Kirchof III, § 55 Rn. 51.
156 § 23 Abs. 2 iVm § 18 Abs. 3 Halbs. 1 PUAG.
157 § 18 Abs. 3 Halbs. 2 PUAG; *Platter*, Das parlamentarische Untersuchungsverfahren vor dem Verfassungsgericht, 2004, S. 161 geht wegen des Vorrangs des

Teil 4 Beweiserhebung

64 **Antragsgegner** des Untersuchungsausschusses im Organstreitverfahren kann in beiden vorgenannten Fällen auch für die nachgeordneten Behörden nur die **Bundesregierung** sein, denn sowohl für die verweigerte Aktenvorlage als auch die Aussagegenehmigung ist sie rechtlich verantwortlich und auch nur sie ist im Organstreitverfahren insoweit beteiligtenfähig.

65 Verweigern dagegen **Bundes- oder Landesgerichte** oder **Verwaltungsbehörden** der Länder im Wege der Rechts- und Amtshilfe die Vorlage von Beweismitteln und die Erteilung von Aussagegenehmigungen, entscheidet auf Antrag des Untersuchungsausschusses oder eines Viertels seiner Mitglieder der **Ermittlungsrichter** beim Bundesgerichtshof,[158] gegen dessen Entscheidung wiederum die Beschwerde zum **Bundesgerichtshof** zulässig ist.[159] Ein Bund-Länder-Streit nach § 50 Abs. 1 Nr. 1 VwGO kommt wegen dieser spezialgesetzlichen Zuweisung nicht mehr in Frage.[160]

66 Im Zusammenhang mit der Vorlage von Beweismitteln insbesondere durch **Privatpersonen** kann es geboten sein, zum Schutz etwa **persönlicher Daten** oder von **Firmendaten** die Beweismittel mit einem bestimmten Geheimhaltungsgrad zu versehen. Kommt der Untersuchungsausschuss nach Durchsicht der Unterlagen zu dem Ergebnis, der Geheimhaltungsgrad GEHEIM sei aufzuheben, so kann die Person, die über das Beweismittel **verfügungsberechtigt** ist, der Aufhebung **widersprechen**. Der Untersuchungsausschuss oder ein Viertel seiner Mitglieder kann dann eine Entscheidung des Ermittlungsrichters beim Bundesgerichtshof beantragen,[161] gegen dessen Entscheidung wiederum die Beschwerde zum Bundesgerichtshof statthaft ist.[162]

67 Bei allen ihren Entscheidungen haben sowohl der Ermittlungsrichter beim Bundesgerichtshof als auch der Bundesgerichtshof selbst hinsichtlich der Verfassungsgemäßheit des Einsetzungsbeschlusses zwar eine Prüfungs-, aber keine Verwerfungskompetenz. Kommt es für ihre Entscheidung auf die Gültigkeit des Einsetzungsbeschlusses an, so haben sie das Verfahren **auszusetzen** und die Entscheidung des **Bundesverfassungsgerichts** einzuholen.[163]

Organstreitverfahrens davon aus, dass die Regelung in der Praxis keine Anwendung findet; s.a. *Geis* in: Isensee/Kirchhof III, § 55 Rn. 51.
158 § 18 Abs. 4 S. 2 PUAG; *H. H. Klein*, MD, Art. 44 Rn. 241.
159 § 36 Abs. 3 PUAG.
160 S.o. Rdn. 13.
161 § 30 Abs. 4 S. 2 PUAG.
162 § 36 Abs. 3 PUAG.
163 § 36 Abs. 2 PUAG; § 13 Abs. 1 Nr. 11 a BVerfGG, eingefügt durch 6. G. zur Änd. d. BVerfGG v. 22. August 2002 (BGBl. I S. 3386) ebenso wie §§ 66a und 82a BVerfGG; s. auch BT-Drucks. 14/9220 sowie *H. H. Klein*, MD, Art. 44 Rn. 250 u. *Schulte*, Jura 2003, 505 (512); *Gärditz*, ZParl 2005, 854 (860 ff.).

Unbeschadet des vorstehend beschriebenen Rechtsschutzsystems bleiben **68** rechtliche **Unklarheiten** im Bezug auf den Rechtsschutz vor dem Bundesverfassungsgericht. Dies verdeutlicht exemplarisch die Regelung in § 17 Abs. 4 PUAG. Danach entscheidet bei der Ablehnung eines Beweisantrages der Ermittlungsrichter beim Bundesgerichtshof und als Beschwerdeinstanz der Bundesgerichtshof selbst. Gleichwohl streiten, etwa bei der Ablehnung eines Beweisantrages der Minderheit, **Verfassungsorgane** beziehungsweise **Teile** von Verfassungsorganen miteinander. Für diesen Fall ist aber – zumindest auch – das Bundesverfassungsgericht im Rahmen des **Organstreitverfahrens** zur Entscheidung berufen. Da nach § 36 Abs. 1 PUAG die Zuständigkeit des Bundesverfassungsgericht nach Art. 93 GG und § 13 BVerfGG unberührt bleibt, ist es der parlamentarischen Einsetzungsminderheit weiterhin **unbenommen**, an Stelle des Ermittlungsrichters beim Bundesgerichtshof das Bundesverfassungsgericht anzurufen.[164] Ein verpflichtendes **Vorverfahren** ließe sich nur auf **verfassungsgesetzlicher** Ebene festschreiben.[165] Dies gilt jedenfalls, soweit es um die Vereinbarkeit einer Maßnahme mit dem Verfassungsrecht und nicht bloß um einfachgesetzliche Auslegung geht.[166]

Selbstverständlich ist es der Minderheit im Ausschuss unbenommen, zu- **69** nächst den Weg des § 17 Abs. 4 PUAG einschließlich der Beschwerde zum Bundesgerichtshof einzuschlagen und bei einem **Misserfolg** das Bundesverfassungsgericht im Wege des Organstreitverfahrens anzurufen, falls die Minderheit im Ausschuss die parlamentarische Einsetzungsminderheit repräsentiert.[167] **Antragsgegner** bleibt in diesem Fall der **Untersuchungsausschuss**.

Entscheidet der Ermittlungsrichter oder der Bundesgerichtshof zu Guns- **70** ten der Minderheit, darf mit Blick auf die verfassungsunmittelbaren Rechte aus Art. 93 Abs. 1 Nr. 1 GG die Mehrheit nicht an diese Entscheidung in dem Sinne gebunden sein, dass ihr der Weg des **Organstreitverfahrens** zum Bundesverfassungsgericht **verschlossen** wäre. Denn die Mehrheit im Untersuchungsausschuss kann nicht weniger Rechte haben als die Minderheit.[168] **Antragsgegner** der Mehrheit, die eine Verletzung des Untersuchungsrechts

---

164 BVerfGE 124, 78 (104 f.); BVerfGE 113, 113 (122 f.); *Risch*, DVBl. 2003, 1418 (1422); *H. H. Klein*, MD, Art. 44 Rn. 238, 240; *Brocker*, in: Epping/Hillgruber, Art. 44 Rn. 64.1.
165 Weitergehender *Platter*, Das parlamentarische Untersuchungsverfahren vor dem Verfassungsgericht, 2004, S. 166 f.: Die Zuständigkeiten des Ermittlungsrichters sind verfassungswidrig; der Gesetzgeber hätte allenfalls ein »freiwilliges Schlichtungsverfahren« schaffen können.
166 BVerfGE 124, 78 (104); BVerfGE 113, 113 (123 f.); in diesem Sinne wohl auch Ermittlungsrichter beim BGH, Beschl. v. 20. 2. 2009 – I ARs 3/2008, Rn. 19 juris für den Fall des § 17 Abs. 4 PUAG.
167 S. zur Problembeschribung *Risch*, DVBl. 2003, 1418 (1420 f.).
168 Zutr. *Risch*, DVBl. 2003, 1418 (1423 f.).

Glauben

geltend machen müsste, wäre auch in diesem Fall der **Untersuchungsausschuss**.[169]

71 Fraglich ist, ob § 18 Abs. 4 S. 2 PUAG beziehungsweise § 36 Abs. 1 PUAG gegen Maßnahmen der ersuchten Gerichte und Behörden auch für **Private** den Rechtsweg zum Bundesgerichtshof eröffnen[170] oder, ob es hier bei den oben beschriebenen (gespaltenen) gerichtlichen Zuständigkeiten[171] bleibt.[172] Der Wortlaut des § 18 Abs. 4 S. 2 PUAG legt nahe, dass die Streitigkeit nur auf Antrag des Untersuchungsausschusses oder eines Viertels seiner Mitglieder vor den Ermittlungsrichter beim Bundesgerichtshof getragen werden kann.[173] Wegen des **eindeutigen Wortlauts** dürfte sich daher auch über § 36 Abs. 1 PUAG keine Zuständigkeit des Bundesgerichtshofs begründen lassen, denn § 18 Abs. 4 S. 2 PUAG bestimmt insoweit etwas anderes. Mithin wäre ein Privater, der etwa einer beabsichtigten Aktenvorlage widerspricht, darauf angewiesen, dass sich der Untersuchungsausschuss beziehungsweise dessen antragsberechtigte Minderheit sein Anliegen zu Eigen macht. Dies erscheint wenig praxisgerecht, so dass der Auffassung, dass es insoweit bei den gerichtlichen Zuständigkeiten wie vor dem Inkrafttreten des PUAG bleibt, der **Vorzug** einzuräumen ist.[174]

2. Länder

72 Die gesetzlichen Regelungen in den Ländern zum Rechtsschutz während des Untersuchungsverfahrens sind sehr **unterschiedlich** ausgestaltet.[175] Teilweise beschränken sich die Untersuchungsausschussgesetze auf Regelungen zum Rechtsschutz gegen die **Anordnung von Zwangsmitteln** oder bezüglich der **Entschädigung für Auskunftspersonen**, teilweise finden sich detailliertere Bestimmungen etwa zum Verfahren bei **verweigerten Aktenherausgabe** oder **Aussagegenehmigung** sowie zur **Prüfungskompetenz** der Instanzgerichte bezüglich der Zulässigkeit des Untersuchungsgegenstandes. Soweit es an entsprechenden gesetzlichen Regelungen fehlt, gelten die unter II. bis IV. entwickelten Grundsätze. Im Einzelnen finden sich in den Ländern insoweit folgende Regelungen:

---

169 So a. *Risch*, DVBl. 2003, 1418 (1424).
170 So *Plattner*, Das parlamentarische Untersuchungsverfahren vor dem Verfassungsgericht, 2004, S. 163 f.
171 S.o. Rdn. 1 ff.
172 *H. H. Klein*, MD, Art. 44 Rn. 246; *Schneider*, NJW 2001, 2604 (2607).
173 Unklar insoweit *Pieper/Viethen*, in: Kölble, Das deutsche Bundesrecht, I A 34, Erläuterungen zum PUAG (2002), § 18 PUAG (S. 31).
174 *Glauben*, DVBl. 2006, 1263 (1267).
175 Vgl. zur verfassungsgerichtlichen Prüfung des Untersuchungsauftrags *Starck*, in: Isensee/Kirchhof VI, § 130 Rn. 70 m.w.N.

Baden-Württemberg: Im Zusammenhang mit der **Anordnung von** 73
Zwangsmitteln gegenüber Auskunftspersonen ist der Strafrichter beim
Amtsgericht Stuttgart zuständig. Dabei sind die für den Strafprozess geltenden Vorschriften über die Beschwerde mit der Maßgabe entsprechend anwendbar, dass der Vorsitzende des Untersuchungsausschusses an die Stelle der Staatsanwaltschaft tritt.[176] Ferner kann eine Auskunftsperson gegen die von der Verwaltung des Landtags festgesetzte **Entschädigung** beim Amtsgericht Stuttgart die gerichtliche Festsetzung beantragen.[177]

Bayern: Beweisanträgen von einem Fünftel der Ausschussmitglieder hat der 74
Untersuchungsausschuss stattzugeben. Hält die Mehrheit der Mitglieder den
Antrag für unzulässig, so entscheidet darüber **zunächst** der Landtag. Erst gegen dessen Entscheidung kann der Bayerische Verfassungsgerichtshof angerufen werden.[178] Im Übrigen ist wegen Maßnahmen des Untersuchungsausschusses gegen (private) Dritte regelmäßig der **Verwaltungsrechtsweg** gegeben.[179]

Berlin: Soweit der Untersuchungsausschuss nach dem Untersuchungsausschussgesetz bestimmte Maßnahmen bei Gericht beantragen kann, ist für 75
diese Entscheidungen das **Amtsgericht Tiergarten** zuständig.[180] Gegen
dessen Entscheidungen können der Untersuchungsausschuss, nach Beendigung des Verfahrens der Präsident des Abgeordnetenhauses von Berlin, und die Personen, die betroffen sind, **Beschwerde** erheben. Dabei sind die Vorschriften der Strafprozessordnung mit der Maßgabe entsprechend anwendbar, dass eine Anhörung der Staatsanwaltschaft entfällt.[181] Damit ist nur die Zuständigkeit für Maßnahmen geregelt, die der Untersuchungsausschuss beantragt hat. Im Übrigen können daher auch **weitere Gerichte**, wie namentlich die Verwaltungsgerichte, zuständig sein.[182] Ferner kann eine **Auskunftsperson** gegen die vom Untersuchungsausschuss oder dem Präsidenten des Abgeordnetenhauses festgesetzte **Entschädigung** beim Amtsgericht Tiergarten Antrag auf **gerichtliche Entscheidung** stellen.[183]

Brandenburg: Verweigert die Regierung dem Untersuchungsausschuss zu 76
den ihr unterstehenden öffentlichen Einrichtungen den Zutritt, die **Herausgabe von Akten** oder die **Erteilung einer Aussagegenehmigung**, so kann der

---

176 § 16 Abs. 6 UAG BadWürtt.
177 § 24 Abs. 1 S. 3 UAG BadWürtt.
178 Art. 25 Abs. 4 Satz 3 BayVerf; Art. 12 Abs. 2 u. 3 UAG Bay.; s.a. BayVerfGH, BayVBl. 1998, 365 (366); *Schweiger*, in: ders./Knöpfle, Art. 25 Rn. 6b; *Möstl*, in: Lindner/Möstl/Wolf, Art. 25 Rn. 17; *Meder*, Art. 25 Rn. 4 f.
179 *Schweiger*, in: ders./Knöpfle, Art. 25 Rn. 12; *Möstl*, in: Lindner/Möstl/Wolf, Art. 25 Rn. 16.
180 *Lemmer*, in: Pfennig/Neumann, Art. 48 Rn. 7.
181 § 17 UAG Berl.
182 *Härth*, Kommentar zum Gesetz über die Untersuchungsausschüsse des Abgeordnetenhauses von Berlin, 3. Aufl., (1989), § 17 Erl. 1.
183 § 20 Abs. 2 S. 3 u. 4 UAG Berl.

Untersuchungsausschuss beschließen, ein Verfahren vor dem **Verfassungsgerichtshof** zu beantragen.[184] Ferner kann die Ausschussminderheit gegen die Ablehnung eines Beweisantrags durch die Ausschussmehrheit gegen den Untersuchungsausschuss im Wege des Organstreitverfahrens vorgehen.[185]

77 Wird gegen Personen, die sich in einer Sitzung des Untersuchungsausschusses ungebührlich verhalten haben, ein **Ordnungsgeld** verhängt, so haben diese die Möglichkeit, innerhalb einer Frist von 14 Tagen **beim Brandenburgischen Oberlandesgericht einen Antrag auf gerichtliche Entscheidung** zu stellen. Der Antrag hat aufschiebende Wirkung.[186]

78 Im Übrigen ist zuständiges Gericht im Sinne des Untersuchungsausschussgesetzes das Landgericht am Sitz des Landtages (Landgericht Potsdam).[187] Gegen dessen Entscheidungen können der Untersuchungsausschuss, nach Beendigung des Untersuchungsverfahrens der Präsident des Landtags, und die Personen, die betroffen sind, **Beschwerde** sowie betroffene Private letztendlich auch Verfassungsbeschwerde erheben.[188] Die entsprechenden Vorschriften der Strafprozessordnung sind mit der Maßgabe anwendbar, dass an die Stelle der Staatsanwaltschaft der Vorsitzende des Untersuchungsausschusses und nach Beendigung des Untersuchungsverfahrens der Präsident des Landtags tritt.[189] Auskunftspersonen können beim zuständigen Gericht die **gerichtliche Festsetzung** ihrer Entschädigung beantragen.[190]

79 **Bremen:** Verweigert der Senat die Aktenvorlage, so entscheidet über die Zulässigkeit der Verweigerung zunächst die **Parlamentarische Kontrollkommission**,[191] sodann besteht die Möglichkeit des **Organstreitverfahrens**. Über im Rahmen des Verfahrens gestellte Anträge des Untersuchungsausschusses entscheidet das **Amtsgericht Bremen**.[192] Dabei sind die Vorschriften der Strafprozessordnung über die Beschwerde entsprechend anzuwenden. Die Beschwerde gegen eine Ordnungsstrafe ist binnen einer Frist von einer Woche nach ihrer Bekanntgabe einzulegen. In diesem Verfahren hat der Unter-

---

184 § 16 Abs. 2 S. 3 UAG Brandb.; *Knippel*, Fs. BrandbVerfG (1998) S. 60 f.
185 BrandbVerfG, LKV 2004, 177 (178).
186 § 13 Abs. 2 UAG Brandb.
187 § 30 Abs. 1 UAG Brandb.
188 Krit. *Knippel*, Fs. BrandbVerfG (1998) S. 59, dass nur der Bürger Verfassungsbeschwerde erheben kann, dem Untersuchungsausschuss aber der Weg zum Verfassungsgericht versperrt bleibt; s.a. *Bickel*, Verh. d. 57. DJT (1988), S. M. 45 f.
189 § 30 Abs. 2 UAG Brandb.; s.a. *Knippel*, Fs. BrandbVerfG (1998) S. 59, wonach der Untersuchungsausschuss verpflichtet sein soll, zum Schutz der Minderheit nicht offensichtlich aussichtslose Rechtsmittel einzulegen.
190 § 29 S. 4 UAG Brandb.
191 § 13 UAG Brem.; s.a. *Neumann*, Art. 105 Rn. 32.
192 § 17 Abs. 1 UAG Brem.

suchungsausschuss die Rechte der Staatsanwaltschaft.[193] Die Festsetzung der **Entschädigung** von Auskunftspersonen durch die Verwaltung der Bürgerschaft kann vor dem **Amtsgericht Bremen** angefochten werden.[194]

Hamburg: Bei Streitigkeiten über die Erhebung beantragter **Beweise** kann sich die antragsberechtigte Minderheit von einem Viertel der Ausschussmitglieder an das **Hamburgische Verfassungsgericht** wenden.[195] Beim Streit über die **Vorlage von Akten**[196] kann der Untersuchungsausschuss ebenfalls das Verfassungsgericht anrufen und dort auch die Beschlagnahme von Unterlagen beantragen.[197] Dies gilt auch, wenn der Untersuchungsausschuss im Rahmen der Amtshilfe vergeblich die Herausgabe von Unterlagen verlangt.[198] Die Zuständigkeit des Landesverfassungsgerichts kann aber nur insoweit gegeben sein, als um eine »landesinterne« **Amtshilfe** geht. Denn das Gericht kann keine über die Landesgrenzen hinaus verbindliche Hilfeleistung für die Behörden des Bundes oder anderer Länder festlegen.

Soweit gegen **gerichtliche Entscheidungen** nach Maßgabe der Strafprozessordnung die **Beschwerde** gegeben ist, kann auch der Untersuchungsausschuss, nach Abschluss des Verfahrens der Präsident der Bürgerschaft, Beschwerde einlegen. Die Vorschriften der Strafprozessordnung über die Beschwerde sind mit der Maßgabe anzuwenden, dass an die Stelle der Staatsanwaltschaft der Untersuchungsausschuss, nach Auflösung des Untersuchungsausschusses der Präsident der Bürgerschaft tritt.[199] Gegen die Festsetzung der Entschädigung durch die Bürgerschaftskanzlei ist der Antrag auf **gerichtliche Festsetzung** der Entschädigung beim Amtsgericht Hamburg zulässig.[200] Das Untersuchungsausschussgesetz stellt ausdrücklich klar, dass die Zuständigkeit des **Verfassungsgerichts** in den vorbeschriebenen Fällen **unberührt** bleibt.[201]

Mecklenburg-Vorpommern: Lehnt die Mehrheit im Untersuchungsausschuss im Rahmen der Beweisaufnahme die **Anwendung** beantragter Zwangsmittel ab, so entscheidet auf Antrag eines Viertels der Mitglieder des Untersuchungsausschusses das Amtsgericht am Sitz des Landtags (Amtsgericht Schwerin) über deren Anordnung.[202] Dieses Gericht ist auch zustän-

---

193 § 17 Abs. 2 u. 3 UAG Brem.
194 § 18 S. 2 UAG Brem.
195 § 17 Abs. 2 S. 1 u. 2 UAG Hbg.
196 Der Anspruch stützt sich verfassungsrechtlich auf Art. 30 HbgVerf. (vormals Art. 32); s. dazu HbgVerfG, NVwZ 1996, 1201 (1202); a.A. *David*, Art. 25 Rn. 74: Art. 26 (vormals Art. 25) und Art. 30 stehen beide nebeneinander.
197 § 18 Abs. 6 UAG Hbg.
198 § 27 Abs. 3 UAG Hbg.; s.a. *David*, Art. 25 Rn. 123.
199 § 33 Abs. 1 UAG Hbg.
200 § 32 Abs. 2 S. 5 UAG Hbg.
201 § 33 Abs. 2 UAG Hbg.
202 § 21 Abs. 7 iVm § 42 Abs. 1 UAG MV; krit. zur Zuständigkeit des AG, *Wiefelspütz*, ZG 2003, 35 (56).

dig für **Zwangsmittel** gegen Auskunftspersonen,²⁰³ bei Zwangsmitteln wegen der **Weigerung**, Beweismittel herauszugeben²⁰⁴ und beim Streit um die **Aufhebung** des Geheimhaltungsgrades GEHEIM.²⁰⁵

83 Gegen die Entscheidungen des Amtsgerichts Schwerin können der Untersuchungsausschuss, nach Beendigung des Untersuchungsverfahrens der Präsident des Landtags, und die Personen, die betroffen sind, **Beschwerde** erheben. Die Vorschriften der Strafprozessordnung über die Beschwerde sind mit der Maßgaben anwendbar, dass an die Stelle der Staatsanwaltschaft der Vorsitzende des Untersuchungsausschusses, nach Beendigung des Untersuchungsverfahrens der Präsident des Landtags tritt.²⁰⁶

84 Gegen Beschlüsse in den vorgenannten Beschwerdeverfahren kann der Untersuchungsausschuss das **Landesverfassungsgericht** mit der Behauptung anrufen, die Entscheidung verstoße gegen das parlamentarische Untersuchungsrecht nach Art. 34 der Landesverfassung.²⁰⁷ Damit soll der häufig beklagten **Asymmetrie des Rechtsschutzes** begegnet werden, die dadurch entsteht, dass zwar eine betroffene Privatperson gegen gerichtliche Entscheidungen Verfassungsbeschwerde einlegen kann, dem Untersuchungsausschuss der Weg zum Verfassungsgericht aber prozessual versperrt ist.²⁰⁸ Hält ein **Gericht** den **Untersuchungsauftrag** für verfassungswidrig, so hat es das Verfahren auszusetzen und die Sache dem **Landesverfassungsgericht** vorzulegen.²⁰⁹

85 **Niedersachsen:** Hält ein **Gericht** die einem Ausschuss aufgegebene Untersuchung für verfassungswidrig und ist dies für seine Entscheidung erheblich, so hat es das Verfahren auszusetzen und die Entscheidung des **Staatsgerichtshofs** einzuholen.²¹⁰ Damit ist den **Instanzgerichten** insoweit die **Inzidentprüfung** entzogen. In der Konzentration solcher Entscheidungen auf den Staatsgerichtshof liegt eine wesentliche Stärkung des Rechts der Untersuchungsausschüsse.²¹¹ Gerichte im Sinne dieser Regelung sind allerdings nur Gerichte des Landes.²¹²

86 **Nordrhein-Westfalen:** Wie der Bund hat sich auch Nordrhein-Westfalen für eine **Konzentration** des Rechtsweges entschieden.²¹³ Danach trifft ge-

---

203 § 31 Abs. 2, § 32 Abs. 6 UAG MV.
204 § 33 Abs. 2 UAG MV.
205 § 34 Abs. 4 S. 2 UAG MV.
206 § 42 Abs. 2 UAG MV.
207 § 42 Abs. 3 UAG MV.
208 S. etwa *Bickel*, Verh. d. 57. DJT (1988), S. M 45 f.; *David*, Art. 25 Rn. 151.
209 Art. 53 Nr. 4 MVVerf.
210 Art. 27 Abs. 7 NdsVerf.; § 8 Nr. 5, §§ 27 bis 29 StGHG Nds.
211 *Berlitt*, NVwZ 1994, 11 (16); *Hagebölling*, Art. 27 Rn. 8.
212 *Neumann*, Art. 27 Rn. 23.
213 S. dazu *Wiefelspütz*, NWVBl. 2003, 409 (413); *Günther*, in: Heusch/Schönenbroicher, Art. 41 Rn. 34.

richtliche Entscheidungen nach dem Untersuchungsausschussgesetz der **Ermittlungsrichter beim Oberlandesgericht** am Sitz des Landtags (OLG Düsseldorf).[214] Gegen die Entscheidung können der Untersuchungsausschuss, nach Beendigung des Verfahrens der Präsident des Landtags, und betroffene Personen Beschwerde zum **OLG Düsseldorf** erheben.[215] Die Vorschriften der Strafprozessordnung sind mit der Maßgabe anwendbar, dass an die Stelle der Staatsanwaltschaft der Vorsitzende des Untersuchungsausschusses und nach Beendigung des Untersuchungsverfahrens der Präsident des Landtags tritt.[216]

Bei Verhängung eines **Ordnungsgeldes** durch den Untersuchungsausschuss wegen ungebührlichen Verhaltens einer Person, kann diese innerhalb von 14 Tagen Antrag auf **gerichtliche Entscheidung** beim Ermittlungsrichter des OLG Düsseldorf stellen.[217] Der Antrag auf gerichtliche Entscheidung hat aufschiebende Wirkung.[218]

Die vorgenannte gerichtliche Zuständigkeit gilt ebenso im Zusammenhang mit **Zwangsmitteln** gegen Auskunftspersonen[219] als auch hinsichtlich der gerichtlichen Festsetzung ihrer **Entschädigung**.[220]

Die vorstehend beschriebenen Zuständigkeitsregelungen vermögen jedoch ebenso wenig wie die entsprechenden Bestimmungen im Untersuchungsausschussgesetz des Bundestages die **verfassungsgerichtlichen Zuständigkeiten**, namentlich im Zusammenhang mit dem **Organstreitverfahren**, außer Kraft zu setzen. Das Untersuchungsausschussgesetz trägt dem Rechnung, indem es klarstellt,[221] dass der Untersuchungsausschuss ein **Verfahren nach Art. 75 Nr. 2 NRWVerf.** beim Verfassungsgerichtshof beantragen kann, falls die Landesregierung dem Untersuchungsausschuss den Zutritt zu öffentlichen Einrichtungen innerhalb ihres Verantwortungsbereichs oder die Herausgabe von Akten oder die Erteilung einer Aussagegenehmigung verweigert.[222]

Rheinland-Pfalz: Verweigert die Landesregierung die Vorlage von Akten oder die Erteilung einer Aussagegenehmigung, kann der Untersuchungsausschuss mit der Mehrheit seiner Mitglieder beschließen, den **Verfassungsgerichtshof** anzurufen.[223] Dieses Recht steht darüber hinaus auch der

87

88

89

90

---

214 § 26 Abs. 1 UAG NRW.
215 § 26 Abs. 2 S. 1 UAG NRW.
216 § 26 Abs. 2 S. 2 UAG NRW.
217 § 11 Abs. 3 S. 2 iVm § 26 Abs. 1 UAG NRW.
218 § 11 Abs. 3 S. 3 UAG NRW.
219 § 16 Abs. 1 UAG NRW.
220 § 25 S. 4 UAG NRW.
221 Eine andere Funktion kommt der Regelung nicht zu.
222 § 14 Abs. 2 S. 3 UAG NRW.
223 § 14 Abs. 4 S. 2 UAG RhPf.

Minderheit im Ausschuss zu, sofern sie die parlamentarischen Einsetzungsminderheit repräsentiert.[224] Erklärt der Verfassungsgerichtshof die Weigerung für unbegründet, so darf sie **nicht aufrechterhalten** werden.[225]

91 Lehnt der Untersuchungsausschuss mehrheitlich den Beweisantrag eines Ausschussmitgliedes ab, so kann **ein Fünftel der Mitglieder** innerhalb einer Woche **eine Kommission** anrufen, die aus den beiden dienstältesten Vorsitzenden Richtern der Strafsenate bei den Oberlandesgerichten und dem dienstältesten Vorsitzenden Richter des Oberverwaltungsgerichts besteht. Den Vorsitz führt der dienstälteste Vorsitzende Richter. Allerdings können Mitglieder des Verfassungsgerichtshofs der Kommission nicht angehören. Diese äußert sich **gutachtlich**, hat also **keine Entscheidungsbefugnisse**. Vielmehr hat nach der Stellungnahme der Kommission der Untersuchungsausschuss **erneut** über den Beweisantrag zu entscheiden.[226] Dies bedeutet, dass die parlamentarische Einsetzungsminderheit in jedem Fall den Weg des **Organstreitverfahrens** beschreiten kann, wenn die Mehrheit im Untersuchungsausschuss an ihrer ablehnenden Haltung festhält. Unbeschadet dessen dürfte es der Minderheit im Ausschuss unbenommen sein, sofort den Verfassungsgerichtshof anzurufen, da die Landesverfassung in Art. 130 insoweit keine Einschränkungsmöglichkeit für den einfachen Gesetzgeber vorsieht.[227]

92 Gegen die Festsetzung eines **Ordnungsgeldes** können die betroffenen Personen binnen einer Frist von einer Woche nach der Bekanntgabe die Entscheidung des **OLG Koblenz** beantragen.[228] Der Antrag hat aufschiebende Wirkung; die Entscheidung des OLG ist nicht anfechtbar.[229]

93 Bei **Zwangsmittel gegen Auskunftspersonen** kann gegen die Festsetzung des **Ordnungsgeldes** und die **Anordnung der Vorführung** durch den Untersuchungsausschuss die Entscheidung des **Landgericht Mainz** beantragt werden.[230] Der Antrag hat aufschiebende Wirkung.[231] Vor der Entscheidung des Landgericht Mainz hat der Untersuchungsausschuss eine **Abhilfeentscheidung** zu treffen.[232] Nach Abschluss des Verfahrens ist hierfür der Präsident des Landtags zuständig.[233]

---

224 BVerfGE 12, 78 (107); 105, 197 (220 f.).
225 § 14 Abs. 4 S. 3 UAG RhPf.
226 § 13 Abs. 3 UAG RhPf.
227 S.a. *Platter*, Das parlamentarische Untersuchungsverfahren vor dem Verfassungsgericht, 2004, S. 231 f. für die gleichlautende Regelung in Thüringen.
228 § 11 Abs. 3 S. 2 UAG RhPf.
229 § 11 Abs. 3 S. 3 UAG RhPf. iVm § 161 a Abs. 3 S. 3 u. 4 StPO.
230 § 16 Abs. 5 S. 1, § 17 Abs. 3 UAG RhPf.
231 § 16 Abs. 5 S. 2 Halbs. 1, § 17 Abs. 3 UAG RhPf.; s. LG Mainz, Beschl. v. 12. Januar 1999, Az.: 1 Qs 317/98 (n.v.).
232 § 16 Abs. 5 UAG RhPf. iVm § 161a Abs. 3 S. 3, § 306 Abs. 2 StPO.
233 S. zum Ganzen a. *Brocker*, in: Grimm/Caesar, Art. 91 Rn. 53.

Auskunftspersonen können gegen die **Festsetzung der Entschädigung** 94
durch die Verwaltung des Landtags beim **Amtsgericht Mainz** die gerichtliche Festsetzung der Entschädigung beantragen.[234]

Über die **Auslagenerstattung** von Betroffenen entscheidet der Untersuchungsausschuss nach pflichtgemäßem Ermessen sowie nach Abschluss des Untersuchungsverfahrens der Präsident des Landtags. Gegen die Entscheidung kann binnen einer Woche nach deren Bekanntgabe die Entscheidung des **Landgerichts Mainz** beantragt werden.[235] 95

Generell sieht das Untersuchungsausschussgesetz vor, soweit gegen **gerichtliche Entscheidungen** nach Maßgabe der Strafprozessordnung die **Beschwerde** gegeben ist, diese auch der Untersuchungsausschuss und nach dem Abschluss des Untersuchungsverfahrens der Präsident des Landtags erheben kann. Die Vorschriften der Strafprozessordnung finden mit der Maßgabe entsprechende Anwendung, dass an die Stelle der Staatsanwaltschaft der Untersuchungsausschuss und nach Abschluss des Verfahrens der Präsident des Landtags tritt.[236] 96

Um der Asymmetrie des Rechtsschutzes entgegenzuwirken,[237] können gegen Entscheidungen der **ordentlichen Gerichte** im Untersuchungsverfahren die **Beteiligten** des gerichtlichen Verfahrens Beschwerde zum **Verfassungsgerichtshof** erheben.[238] Dies gilt nach dem eindeutigen Wortlaut allerdings **nicht** hinsichtlich der Entscheidungen der **Verwaltungsgerichte**.[239] 97

Saarland: Über **Anträge** des Untersuchungsausschusses entscheidet das **Amtsgericht Saarbrücken**.[240] Dies bedeutet, dass sowohl die **Zwangsmittel** gegen Auskunftspersonen[241] als auch **Ordnungsgeld und Ordnungshaft**[242] vom Amtsgericht festgesetzt werden. Des weiteren sind für alle Beteiligten die Vorschriften der Strafprozessordnung über die **Beschwerde** entsprechend anwendbar.[243] Gegen die **Vollstreckung** eines Ordnungsmittels ist die **Beschwerde** binnen einer Frist von einer Woche nach Bekanntgabe einzulegen.[244] 98

---

234 § 29 Abs. 2 S. 3 UAG RhPf.
235 § 29 Abs. 3 iVm Abs. 4. UAG RhPf.
236 § 30 Abs. 1 UAG RhPf.
237 S. dazu *Ossenbühl*, Gs. Martens (1987) S. 195 f. sowie *Bickel*, Verh. d. 57. DJT (1988), S. M 45 f.
238 § 30 Abs. 2 UAG RhPf.
239 S. dazu *Platter*, Das parlamentarische Untersuchungsverfahren vor dem Verfassungsgericht, 2004, S. 211 f., die für die gleichlautende Regelung in Thüringen davon ausgeht, die Beschränkung auf die ordentlichen Gerichte sei ein Redaktionsversehen des Gesetzgebers.
240 § 56 Abs. 1 LTG Saarl.
241 § 51 Abs. 2 LTG Saarl.
242 § 55 Abs. 3 LTG Saarl.
243 § 56 Abs. 2 Halbs. 1 LTG Saarl.
244 § 56 Abs. 2 Halbs. 2 LTG Saarl.

Teil 4 Beweiserhebung

Auskunftspersonen und Betroffene können ferner vor dem Amtsgericht die Entscheidung des Untersuchungsausschusses über die **Entschädigung** bzw. über die **Erstattung der notwendigen Auslagen** anfechten.[245]

99 **Sachsen:** Über **Anträge** des Untersuchungsausschusses zur **Anwendung von Zwangsmitteln** gegen Auskunftspersonen entscheidet das Amtsgericht.[246] Im Übrigen sind die für den Strafprozess geltenden Vorschriften über die **Beschwerde** mit der Maßgabe entsprechend anzuwenden, dass der Vorsitzende des Untersuchungsausschusses an die Stelle der Staatsanwaltschaft tritt.[247] Gegen die von der Verwaltung des Landtags festgesetzte **Entschädigung** können Auskunftspersonen und Betroffene beim Amtsgericht die **gerichtliche Festsetzung** beantragen.[248]

100 **Sachsen-Anhalt:** Wenn im Verlaufe des Untersuchungsverfahrens die **Verfassungswidrigkeit** des **Untersuchungsauftrages** geltend gemacht wird, so entscheidet darüber ausschließlich das **Landesverfassungsgericht**. Bis zu dessen Entscheidung kann sich niemand auf die Verfassungswidrigkeit berufen oder daraus tatsächlich oder rechtliche Folgen ableiten. Der Untersuchungsausschuss bleibt damit handlungsfähig.[249] Hält ein **Gericht** den Untersuchungsauftrag für **verfassungswidrig**, so hat es das Verfahren **auszusetzen** und die Entscheidung des **Landesverfassungsgerichts** einzuholen.[250]

101 Hat der Untersuchungsausschuss zur Aufrechterhaltung der Ordnung Personen aus dem Sitzungssaal entfernen lassen oder ein Ordnungsgeld verhängt, so können die Betroffenen innerhalb einer Woche **Beschwerde** beim Amtsgericht Magdeburg einlegen.[251] Die Beschwerde hat **keine** aufschiebende Wirkung.[252] Die Vorschriften der Strafprozessordnung über die Beschwerde sind mit der Maßgabe entsprechend anzuwenden, dass der Vorsitzende des Untersuchungsausschusses an die Stelle der Staatsanwaltschaft tritt.[253]

102 Hinsichtlich der **Festsetzung** der Entschädigung von Auskunftspersonen sowie der Festsetzung der Höhe der erstattungsfähigen Auslagen durch die Landtagsverwaltung kann die **gerichtliche** Festsetzung beantragt werden.[254]

103 **Schleswig-Holstein: Verweigert** die Landesregierung oder ihr nachgeordnete Stellen die **Auskunft** oder die Erteilung einer **Aussagegenehmigung**,

---

245 § 57 Abs. 2 S. 2 LTG Saarl.
246 § 16 Abs. 6 S. 1 UAG Sachs.
247 § 16 Abs. 6 S. 2 UAG Sachs.
248 § 24 Abs. 1 S. 4, Abs. 2 S. 4 UAG Sachs.
249 § 32 Abs. 1 UAG SachsA
250 Art. 75 Nr. 4 SachsAVerf. iVm § 32 Abs. 2 UAG SachsA.
251 § 13 Abs. 4 S. 1 UAG SachsA.
252 § 13 Abs. 4 S. 2 UAG SachsA.
253 § 31 Abs. 3 UAG SachsA.
254 § 33 Abs. 1 S. 4, Abs. 2 S. 5 UAG SachsA.

muss der **Untersuchungsausschuss**, wenn er die Voraussetzungen der Verweigerung nicht für gegeben ansieht, das »**zuständige Gericht**« anrufen, wenn es ein Fünftel der Mitglieder verlangt.[255] Zuständiges Gericht in diesem Sinne ist das **Landesverfassungsgericht**, da es sich in der Sache um ein Organstreitverfahren nach Art. 44 Abs. 1 Nr. 1 SchlHVerf handelt. **Unklar** ist allerdings das Verhältnis dieser einfachgesetzlichen Regelung zu Art. 23 Abs. 3 SchlHVerf. Jedenfalls findet über Art. 18 Abs. 4 S. 2 SchlHVerf soweit es um die Weigerung der Herausgabe von Akten und der Erteilung von Aussagegenehmigungen geht, auch im Untersuchungsverfahren Art. 23 Abs. 3 S. 4 SchlHVerf Anwendung. Danach muss die **Landesregierung** eine **einstweilige Anordnung** beim Landesverfassungsgericht erwirken, wenn sie ihre ablehnende Haltung durchsetzen möchte.[256]

Thüringen: Über die behauptete Verfassungswidrigkeit des Untersuchungsauftrages entscheidet der **Verfassungsgerichtshof** auf Antrag von einem Fünftel der Mitglieder des Landtags.[257] 104

Verweigert die Landesregierung die Vorlage von Akten oder die Erteilung einer Aussagegenehmigung, kann der Untersuchungsausschuss mit der Mehrheit seiner Mitglieder beschließen, den **Verfassungsgerichtshof** anzurufen.[258] Das Verfahren ist allerdings nicht i.S. einer kontradiktorischen Auseinandersetzung durchgeformt.[259] Erklärt der Verfassungsgerichtshof die Weigerung für unbegründet, so darf sie **nicht aufrechterhalten** werden.[260] 105

Da nach dem Wortlaut des § 51 ThürVerfGHG nur der **Untersuchungsausschuss** als Antragsteller genannt ist, dürfte dieses spezielle Recht nur ihm[261] und **nicht** auch der Minderheit im Ausschuss zustehen, auch dann nicht, wenn sie die parlamentarischen Einsetzungsminderheit repräsentiert.[262] Allerdings dürfte daneben für die **Ausschussminderheit** unter der 106

---

255 § 13 Abs. 4 S. 2 UAG SchlH.
256 S. auch BVerfGE 110, 199 (219 f.); BVerfGE 106, 51 (56); *Caspar*, in: ders./Ewer/Nolte/Waack, Art. 18 Rn. 60 ff.
257 Art. 64 Abs. 1 S. 2 iVm Art. 80 Abs. 1 Nr. 7 ThürVerf.; § 3a UAG Thür., dazu i.E. auch *Platter*, Das parlamentarische Untersuchungsverfahren vor dem Verfassungsgericht, 2004, S. 191 ff. sowie o. § 8 Rdn. 2.
258 § 14 Abs. 4 S. 2 UAG Thür.; 51 VerfGHG Thür.
259 S. dazu *Platter*, Das parlamentarische Untersuchungsverfahren vor dem Verfassungsgericht, 2004, S. 202.
260 § 14 Abs. 4 S. 3 UAG Thür.
261 *Platter*, Das parlamentarische Untersuchungsverfahren vor dem Verfassungsgericht, 2004, S. 201 f. unter Hinweis auf § 14 Abs. 4 S. 1 UAG Thür.
262 BVerfGE 105, 197 (220 f.).

Voraussetzung, dass sie die parlamentarische Einsetzungsminderheit repräsentiert, das Organstreitverfahren zulässig sein.²⁶³

107 Lehnt der Untersuchungsausschuss mehrheitlich den **Beweisantrag** eines Ausschussmitgliedes ab, so kann ein **Fünftel der Mitglieder** innerhalb einer Woche eine **Kommission** anrufen, die aus den beiden dienstältesten Vorsitzenden Richtern der Strafsenate bei den Oberlandesgerichten und dem dienstältesten Vorsitzenden Richter des Oberverwaltungsgerichts besteht. Den Vorsitz führt der dienstälteste Vorsitzende Richter. Allerdings können Mitglieder des Verfassungsgerichtshofs der Kommission nicht angehören. Diese äußert sich **gutachtlich**, hat also **keine Entscheidungsbefugnisse**. Vielmehr hat nach der Stellungnahme der Kommission der Untersuchungsausschuss **erneut** über den Beweisantrag zu entscheiden.²⁶⁴ Dies bedeutet, dass die parlamentarische Einsetzungsminderheit in jedem Fall den Weg des **Organstreitverfahrens** beschreiten kann, wenn die Mehrheit im Untersuchungsausschuss an ihrer ablehnenden Haltung festhält. Unbeschadet dessen ist die Einschaltung der Kommission **kein** obligatorisches Vorverfahren für das Organstreitverfahren.²⁶⁵

108 Gegen die Festsetzung eines Ordnungsgeldes können die betroffenen Personen binnen einer Frist von einer Woche nach der Bekanntgabe die Entscheidung des **Landgericht Erfurt** beantragen.²⁶⁶ Der Antrag hat aufschiebende Wirkung.²⁶⁷ Bei Zwangsmittel gegen Auskunftspersonen kann gegen die Festsetzung des Ordnungsgeldes und gegen die Anordnung der Vorführung durch den Untersuchungsausschuss die Entscheidung des Amtsgericht Erfurt beantragt werden.²⁶⁸ Der Antrag hat aufschiebende Wirkung.²⁶⁹

109 Auskunftspersonen können gegen die Festsetzung der **Entschädigung** durch die Verwaltung des Landtags beim Amtsgericht Erfurt die **gerichtliche** Festsetzung der Entschädigung beantragen.²⁷⁰ Über die **Auslagenerstattung** von Betroffenen entscheidet der **Untersuchungsausschuss** nach pflichtgemäßem Ermessen sowie nach Abschluss des Untersuchungsverfahrens der Präsident des Landtags. Gegen die Entscheidung kann binnen einer

---

263 Zweifelnd *Platter*, Das parlamentarische Untersuchungsverfahren vor dem Verfassungsgericht, 2004, S. 224 f.
264 § 13 Abs. 3 UAG Thür.; krit. zu dieser Regelung wegen des Beweiserzwingungsrechts nach Art. 64 Abs. 3 S. 1 ThürVerf., *Linck*, in: ders./Jutzi/Hopfe, Art. 64 Rn. 17.
265 So a. *Platter*, Das parlamentarische Untersuchungsverfahren vor dem Verfassungsgericht, 2004, S. 231 f.
266 § 11 Abs. 3 S. 2 UAG Thür.
267 § 11 Abs. 3 S. 3 UAG Thür. iVm § 161a Abs. 3 S. 3 u. 4 StPO
268 § 16 Abs. 5 S. 1, § 17 Abs. 3 UAG Thür.
269 § 16 Abs. 5 S. 2 Halbs. 1, § 17 Abs. 3 UAG Thür.
270 § 29 Abs. 2 S. 3 UAG Thür.

Woche nach deren Bekanntgabe die Entscheidung des Amtsgericht Erfurt beantragt werden.[271]

Generell sieht das Untersuchungsausschussgesetz vor, soweit gegen gerichtliche Entscheidungen nach Maßgabe der Strafprozessordnung die **Beschwerde** gegeben ist, diese auch der Untersuchungsausschuss und nach dem Abschluss des Untersuchungsverfahrens der Präsident des Landtags erheben kann. Die Vorschriften der Strafprozessordnung finden mit der Maßgabe entsprechende Anwendung, dass an die Stelle der Staatsanwaltschaft der Untersuchungsausschuss und nach Abschluss des Verfahrens der Präsident des Landtags tritt.[272]

110

Um der Asymmetrie des Rechtsschutzes entgegenzuwirken,[273] können gegen Entscheidungen der **ordentlichen Gerichte** im Untersuchungsverfahren die Beteiligten des gerichtlichen Verfahrens **Beschwerde** zum Verfassungsgerichtshof erheben.[274] Dies gilt allerdings angesichts des eindeutigen Wortlauts **nicht** für Entscheidungen der **Verwaltungsgerichte**.[275]

111

---

271 § 29 Abs. 3 iVm Abs. 4 UAG Thür.
272 § 30 Abs. 1 UAG Thür.
273 S. dazu *Ossenbühl*, Gs. Martens (1987) S. 195 f. sowie *Bickel*, Verh. d. 57. DJT (1988), S. M. 45 f. und *Platter*, Das parlamentarische Untersuchungsverfahren vor dem Verfassungsgericht, 2004, S. 131.
274 § 30 Abs. 2 UAG Thür. § 52 VerfGHG Thür.; s.a. *Platter*, Das parlamentarische Untersuchungsverfahren vor dem Verfassungsgericht, 2004, S. 210 ff.
275 S. dazu *Platter*, Das parlamentarische Untersuchungsverfahren vor dem Verfassungsgericht, 2004, S. 211 f., die hinsichtl. der Beschränkung auf die ordentlichen Gerichte von einem Redaktionsversehen ausgeht.

Teil 5 Beendigung des Verfahrens

§ 29 Der Abschlussbericht eines parlamentarischen Untersuchungsausschusses

ÜBERSICHT   Rdn.
I. Inhalt und Beschlussfassung 1
II. Behandlung im Plenum 16
III. Rechtsschutz 19
  1. Rechtsschutz der qualifizierten Minderheit 20
  2. Rechtsschutz Privater.................................... 24
IV. Regelungen in den Untersuchungsausschussgesetzen. 37

Literatur: *Bräcklein,* Investigativer Parlamentarismus, 2006; *Di Fabio,* Rechtsschutz im parlamentarischen Untersuchungsausschussverfahren, 1988; *Friedrich*; Der parlamentarische Untersuchungsausschuss – Entwicklung, Stellung, Kompetenzen, 1990; *Glauben,* Rechtsschutz Privater im parlamentarischen Untersuchungsverfahren, DVBl. 2006, 1263; *Hermanns/Hülsmann,* Parlamentarische Untersuchungsausschüsse – PUAG, JA 2003, 573; *Hermes,* Das Minderheitsrecht auf eine parlamentarische Untersuchung, in: Fs. Mahrenholz, (1994) S. 349; *Kästner,* Parlamentarisches Untersuchungsrecht und richterliche Kontrolle, NJW 1990, 2649; *Kipke,* Die Untersuchungsausschüsse des Deutschen Bundestages, 1985; *Kortekamp/Steffens,* Rechtsschutz gegen Abschlussberichte von Untersuchungsausschüssen, in: Bachmann/Schneider (Hrsg.), Zwischen Aufklärung und politischem Kampf, 1988, S. 107; *Masing,* Parlamentarische Untersuchung privater Sachverhalte, 1998; *Platter,* Das parlamentarische Untersuchungsverfahren vor dem Verfassungsgericht, 2004; *W. Richter,* Privatpersonen im parlamentarischen Untersuchungsausschuss, 1991; *Schenke,* Empfiehlt sich eine gesetzliche Neuordnung der Rechte und Pflichten parlamentarischer Untersuchungsausschüsse? JZ 1988, 805; *Schleich,* Das parlamentarische Untersuchungsrecht des Bundestages, 1985; *Schmidt-Hartmann,* Schutz der Minderheit im parlamentarischen Untersuchungsverfahren, 1994, *Seidel,* Die Opposition im parlamentarischen Untersuchungsverfahren nach Art. 44 GG – materieller und verfassungsprozessualer Minderheitenschutz, BayVBl. 2002, 97; *Studenroth,* Die parlamentarische Untersuchung privater Bereiche, 1992.

I. Inhalt und Beschlussfassung

Der Untersuchungsausschuss wird **im Auftrag des Parlaments** tätig. Dies 1
gilt unabhängig davon, ob es sich um eine Mehrheitsenquete oder um eine

Minderheitsenquete handelt.[1] Der Ausschuss untersucht **stellvertretend** für das Plenum die im Einsetzungsbeschluss näher bestimmte Thematik. Das Parlament kann diesen Auftrag auch während der schon **laufenden Untersuchungen** ändern, ihn insbesondere ergänzen, namentlich erweitern.[2] In der Konsequenz ist der Untersuchungsausschuss daher dem Parlament gegenüber verpflichtet, die Untersuchung auch zielgerichtet durchzuführen. Er muss bestrebt sein, den Untersuchungsauftrag zu erfüllen.[3] Damit korrespondiert eine **Rechenschaftspflicht** des Untersuchungsausschusses gegenüber dem Parlament.[4] Er hat seine Untersuchungsergebnisse dem Parlament mitzuteilen. Denn allein diesem obliegt die Kompetenz, politische Konsequenzen oder gesetzgeberische Maßnahmen zu beschließen. Der Untersuchungsausschuss ist folglich in der Rolle des **Ermittlers**, das Parlament aber in der Rolle des **Entscheiders**. Ungeachtet dessen befinden sich beide darüber hinaus in der Rolle des **Bewerters**.

2   Das Mittel zur Information des Parlaments ist der **Abschlussbericht** des Untersuchungsausschusses. In den Untersuchungsausschussgesetzen[5] ebenso wie in den Einsetzungsbeschlüssen ist daher regelmäßig die **Aufforderung** an den Untersuchungsausschuss enthalten, dem Parlament einen Abschlussbericht oder zu einem Untersuchungskomplex einen **Zwischenbericht** vorzulegen.[6]

3   Die grundsätzliche Pflicht, dem **Parlament als Auftraggeber** einen Abschlussbericht vorzulegen und die Möglichkeit, darüber im Plenum zu debattieren, dürfte auch vom **Minderheitenschutz** umfasst und entsprechend schutzwürdig sein.[7] Zwar kann die qualifizierte Einsetzungsminderheit im Untersuchungsausschuss die Mehrheit nicht zur Vorlage eines **Mehrheitsberichts** zwingen. Ihr muss es aber möglich sein, zumindest **ihr eigenes Votum** dem Parlament zu präsentieren und darüber zu debattieren.[8] Insoweit ist das Schutzbedürfnis der Minderheit nicht geringer als das der Mehrheit. So kann beispielsweise auch ein Sachstandsbericht schon **vorbereitet** und können die noch ausstehenden Ergebnisse weiterer Beweisaufnahmen nach deren Abschluss **eingearbeitet** werden.[9]

---

1 Zu den Unterschieden s. o. § 1 Rdn. 29 ff.
2 S.o. § 6 Rdn. 34 ff.
3 *Scholz*, AöR 105 (1980) 565 (603); *Seidel*, BayVBl. 2002, 97 (100).
4 *Magiera*, in: Sachs, Art. 44 Rn. 26; *Brocker*, in: Epping/Hillgruber, Art. 44 Rn. 66; *Caspar*, in: ders./Ewer/Nolte/Waack, Art. 18 Rn. 70 f.
5 S. dazu u. Rdn. 37 ff.
6 S. a. *Versteyl*, in: v. Münch/Kunig II, Art. 44 Rn. 23; Lieber/Iwers/Ernst, Art. 72 Anm. 8.
7 S. a. BVerfGE 113, 113 (126).
8 S. dazu u. Rdn. 16 ff. sowie oben § 27 Rdn. 22 f.
9 BVerfGE 113, 113 (127).

§ 29 Der Abschlussbericht eines parlamentarischen Untersuchungsausschusses

Inhaltlich unterscheiden sich die Berichte zumeist nicht. In dem Abschlussbericht legt der Ausschuss den Gang der Verhandlungen dar, stellt die gewonnenen Erkenntnisse und Tatsachen zusammen, bewertet diese und unterbreitet dem Parlament einen Vorschlag zur Sache.[10] Dem Abschlussbericht kommt somit durchaus eine wesentliche Bedeutung zu.

Dies erhellt, dass um den Inhalt sowie die Empfehlungen des Untersuchungsausschusses nicht selten ein heftiger politischer Streit ausbricht. Dies gilt insbesondere für die **Bewertung** der festgestellten Tatsachen. Der Streit kann aber durchaus auch die Frage betreffen, **was** denn überhaupt festgestellt wurde. Der Bericht ist durch **Beschluss** des Untersuchungsausschusses festzustellen.[11]

Anders als bei der Einsetzung des Untersuchungsausschusses und der Festlegung des Untersuchungsgegenstandes wird der Inhalt des Abschlussberichtes zunächst von der **Ausschussmehrheit** festgelegt.[12] Zwar umfasst das Untersuchungsrecht auch die Befugnis der **Ausschussminderheit**, ihre Beurteilung des Untersuchungsgegenstandes dem Plenum zugänglich zu machen.[13] Dies kann aber ausschließlich nur in Form eines abweichenden **Sondervotums** erfolgen. Denn die uneingeschränkte Geltung des Mehrheitsprinzips in dem Sinne, dass nur die Feststellungen und Wertungen der Mehrheit Gegenstand des als Drucksache zu veröffentlichen und damit allgemein zugänglichen Abschlussberichtes sind, hätte letztlich zur Konsequenz, dass auch bei einer Minderheitenquete die **Sachherrschaft** der Minderheit über den Untersuchungsgegenstand leer laufen würde.[14] Könnte nämlich allein die Ausschussmehrheit über die inhaltliche Ausgestaltung und Formulierung des Abschlussberichtes entscheiden, so hätte sie die Möglichkeit, durch Auslassungen ein eventuell unzutreffendes Bild von den durch die Untersuchung aufgedeckten Missständen zu zeichnen. Dies aber stünde im Widerspruch zum **Zweck des Enqueteverfahrens**, insbesondere mit

---

10 *Friedrich*, Der parlamentarische Untersuchungsausschuss – Entwicklung, Stellung und Kompetenzen, 1990, S. 175 f.; *Platter*, Das parlamentarische Untersuchungsverfahren vor dem Verfassungsgericht, 2004, S. 83; s.a. z.B. § 33 Abs. 1 PUAG, der den traditionellen Berichtsaufbau nunmehr für den Bundestag gesetzlich festlegt.
11 *Pieper/Viethen*, in: Kölble, Das deutsche Bundesrecht, Erläuterungen zum PUAG, § 33 (S. 37); *Versteyl*, in: v. Münch/Kunig II, Art. 44. Rn. 23; *Brocker*, in: Grimm/Caesar, Art. 91 Rn. 62.
12 *Brocker*, in: Epping/Hillgruber, Art. 44 Rn. 67.
13 *Schleich*, Das parlamentarische Untersuchungsrecht des Bundestages, 1985, S. 86; *Partsch*, Verh. d. 45. DJT (1964), Bd. I S. 174; *Ehmke*, Verh. d. 45. DJT (1964), Bd. II S. E 46; *Schmidt-Hartmann*, Schutz der Minderheit im parlamentarischen Untersuchungsverfahren, 1994, S. 138 f. m.w.N.; Lieber/Iwers/Ernst, Art. 72 Anm. 8.
14 *Schmidt-Hartmann*, Schutz der Minderheit im parlamentarischen Untersuchungsverfahren, 1994, S. 139.

Hilfe auch der oppositionellen Kräfte im Parlament, möglichen Missständen nachzugehen.[15]

7   Mithin folgt aus dem Sinn und Zweck einer parlamentarischen Enquete – bei einer Minderheitsenquete darüber hinaus aus ihrer Sachherrschaft über den Untersuchungsgegenstand –, dass der Minderheit das Recht zuzubilligen ist, ihre abweichenden Ansichten in einem **eigenen** Abschlussbericht dem Plenum und somit auch der Öffentlichkeit mitzuteilen.[16] Dies hat auch in **allen** Untersuchungsausschussgesetzen seinen Niederschlag gefunden.[17]

8   Wie dies inhaltlich im Einzelnen geschieht, liegt im **Gestaltungsermessen** des Untersuchungsausschusses. Eine zwingende verfassungsrechtliche Vorgabe gibt es dazu nicht. Den vorbeschriebenen Anforderungen des Minderheitenschutzes ist verfassungsrechtlich dann in jedem Fall Rechnung getragen, wenn die **Minderheitenposition** auch jeweils deutlich wird.[18] Aus den Formulierungen der Untersuchungsausschussgesetze der meisten Länder ergibt sich, dass Mehrheits- und Minderheitenbericht **jeweils getrennt** abzufassen sind.[19]

9   In der **parlamentarischen Praxis** wurden bisher zwei Wege gewählt: Im Abschlussbericht des Untersuchungsausschusses »Schützenpanzer HS 30« war die Ansicht der Minderheit zwar im Mehrheitsbericht enthalten, aber **drucktechnisch** besonders hervorgehoben.[20] Praktische Probleme dürften sich hier insbesondere stellen, wenn die Oppositionsfraktionen die Ergebnisse auch noch jeweils unterschiedlich bewerten. Der zweite Weg, wonach dem Bericht der Mehrheit ein allein von der jeweiligen Minderheit getragener so genannter Minderheitenbericht **beigefügt** wird, ist die in der Praxis am häufigsten gewählte Darstellungsform. Insbesondere spricht dafür, dass auch die Nuancen innerhalb der Oppositionsfraktionen deutlich dargestellt werden können.[21]

---

15 Ähnl. *Schmidt-Hartmann*, Schutz der Minderheit im parlamentarischen Untersuchungsverfahren, 1994, S. 139 f.

16 *Schmidt-Hartmann*, Schutz der Minderheit im parlamentarischen Untersuchungsverfahren, 1994, S. 140; *Pieper/Viethen*, in: Kölble, Erläuterung zum PUAG, § 33 S. 37; Lieber/Iwers/Ernst, Art. 72 Anm. 8.

17 S. i.E. u. Rdn. 37 ff.

18 Vgl. etwa § 33 Abs. 2 PUAG.

19 S. a. § 23 Abs. 2 S. 2 UAG BadWürtt.; § 19 Abs. 2 UAG Berl.; § 28 Abs. 3 UAG Brandb.; § 20 Abs. 3 S. 2 UAG Brem.; § 31 Abs. 3 S. 1 UAG Hbg.; § 24 Abs. 3 UAG NRW; § 28 Abs. 4 S. 1 UAG RhPf.; § 59 LTG Saarl.; § 23 Abs. 2 S. 2 UAG Sachs.; § 29 Abs. 4 UAG SachsA.; § 24 Abs. 5 UAG SchlH.; § 28 Abs. 4 S. 1 UAG Thür.; § 23 IPA-Regeln.

20 Vgl. BT-Drucks. V/4527, S. 12.

21 S. zum Ganzen a. *Schmidt-Hartmann*, Schutz der Minderheit im parlamentarischen Untersuchungsverfahren, 1994, S. 140 f.; krit. zu diesem Verfahren, *Menzel*, in: Löwer/Tettinger, Art. 41 Rn. 52.

Der Mehrheits- wie auch der Minderheitsbericht unterliegen **inhaltlichen** 10
Schranken, die zum einen mit der Zulässigkeit des **Untersuchungsgegenstandes**[22] korrespondieren und die sich zum andern aus den **Grundrechten** sowie aus dem **Geheimnisschutz**[23] ergeben können.

So dürfen weder der Minderheiten- noch der Abschlussbericht Feststellungen bewerten, die **außerhalb** der bundes- bzw. landesrechtlichen Kompetenz liegen oder die, soweit anerkannt, den Kernbereich exekutiver Eigenverantwortung betreffen.[24] Dabei mögen etwa Feststellungen zum Verhalten von Stellen außerhalb des Kompetenzbereichs des Untersuchungsausschusses erforderlich sein, um den Gesamtzusammenhang zu verstehen. Eine **Bewertung** dieser Feststellungen steht dem Untersuchungsausschuss dann jedoch nicht zu.[25]

Da parlamentarische Untersuchungsausschüsse **öffentliche Gewalt** ausüben, haben sie die aus Art. 1 Abs. 3 GG folgenden **Grundrechtsbindung**[26] auch bei der Formulierung des Ausschussberichtes zu beachten. Dies gilt auch für den Bericht der Minderheit. Vom Einsetzungsbeschluss über die Beweiserhebung bis hin zum Abschlussbericht werden sich, namentlich wenn **Private** beteiligt sind, nur wenige Akte finden lassen, deren Relevanz sich im Rechtskreis des Parlaments erschöpft.[27]

Das heißt allerdings nicht, dass es von vornherein unzulässig ist, mit Formulierungen in dem Bericht in die Grundrechte betroffener Privatpersonen einzugreifen. Maßgebend ist vielmehr allein die **verfassungsrechtliche** Rechtfertigung. Erweist sich der Eingriff in den Schutzbereich eines Grundrechts, etwa in das allgemeine Persönlichkeitsrecht, das Recht der informationellen Selbstbestimmung oder das Recht des Schutzes von Geschäfts- und Betriebsgeheimnissen, als **verhältnismäßig**, so stellt der Eingriff, weil verfassungsrechtlich gerechtfertigt, **keine** Verletzung des jeweiligen Grundrechts dar. Mithin sind in der Berichterstattung solche Inhalte zu vermeiden, welche einer natürlichen oder juristischen Privatperson derart schwere Nachteile bringen würden, dass sie zu dem Zweck der Untersuchung im **krassen Missverhältnis** stehen.[28]

---

22 S. dazu o. § 5.
23 S. dazu o. § 11.
24 *Schmidt-Hartmann*, Schutz der Minderheiten im parlamentarischen Untersuchungsverfahren, 1994, S. 142.
25 So etwa die Verfahrensweise des 1. UA/13. WP, Abschlussbericht BT-Drucks. 13/10800, S. 48; dazu a. *Platter*, Das parlamentarische Untersuchungsverfahren vor dem Verfassungsgericht, 2004, S. 43.
26 BVerfGE 124, 78 (125).
27 *Kästner*, NJW 1990, 2649 (2652).
28 *Schmidt-Hartmann*, Schutz der Minderheit im parlamentarischen Untersuchungsverfahren, 1994, S. 142; *Bräcklein*, Investigativer Parlamentarismus, 2006, S. 98.

14 Im Zusammenhang mit dem Grundrechtsschutz spielt unter dem Gesichtspunkt der Angemessenheit und Zumutbarkeit auch der **Geheimnisschutz** eine Rolle. Entsprechende Schutzvorkehrungen, indem etwa Feststellungen und Wertungen in einem nicht öffentlichen Teil enthalten sind, können die Verwertbarkeit auch besonders schützenswerter persönlicher Daten erlauben. Gleiches gilt auch hinsichtlich des Schutzes staatlicher Geheimnisse. Auch hier kann es geboten sein, den prinzipiell öffentlichen Abschlussbericht in einen **geheimen** und einen **öffentlichen** Teil aufzuspalten.[29] Denn die Vernehmung etwa eines Zeugen unter Ausschluss der Öffentlichkeit oder besondere Schutzmaßnahmen für einzelne Akteile, würden **unterlaufen**, wenn die Ergebnisse **uneingeschränkt** öffentlich gemacht und bewertet werden dürften. Dem haben die Länder Hamburg, Mecklenburg-Vorpommern, Rheinland-Pfalz, Sachsen-Anhalt, Schleswig-Holstein und Thüringen in ihrem Untersuchungsausschussgesetz Rechnung getragen.[30]

15 Im Übrigen empfiehlt es sich, dass der Abschlussbericht – und ggf. der Minderheitenbericht – sich auf die Tatsachen beschränkt, die zur Erhellung des Untersuchungsthemas unbedingt geeignet und erforderlich sind. Denn so ist am ehesten gewährleistet, dass dem Parlament **präzise** die Sachinformationen geliefert werden, die es für seine Debatte benötigt. Mithin sollten nur solche Tatsachenfeststellungen und Wertungen in den Abschlussbericht aufgenommen werden, die für die **Aufklärung** des Untersuchungsgegenstandes und die **Aufdeckung** von Verfahrensfehlern **objektiv erforderlich** sind. Dies dürfte dann der Fall sein, wenn die Tatsache, Wertung oder Kritik den Untersuchungsauftrag **unmittelbar** betrifft und ihr Fehlen den Anschein begründen kann, der Untersuchungsauftrag sei nur unvollkommen oder unkritisch erfüllt worden.[31]

II. Behandlung im Plenum

16 Durch die Berichterstattung im Plenum werden diesem die für eine **abschließende Sachdebatte** notwendigen Informationen vermittelt. In der Praxis zeigt sich hier häufig, dass auch eventuell **unterschiedliche** Feststellungen und Bewertungen zwischen Ausschussmehrheit und Ausschussminderheit in der parlamentarischen Debatte ihre Fortsetzung finden. Zunächst erschöpft

---

29 Wie hier *Schmidt-Hartmann*, Schutz der Minderheit im parlamentarischen Untersuchungsverfahren, 1994, S. 143; krit. *Gansel*, Verh. d. 57. DJT (1988), S. M 108 ff. (Diskussionsbeitrag).
30 § 31 Abs. 2 UAG Hbg.; § 39 Abs. 1 S. 3 UAG MV; § 28 Abs. 2 UAG RhPf.; § 30 Abs. 2 u. 3 UAG SachsA.; § 24 Abs. 2 UAG SchlH.; § 28 Abs. 2 UAG Thür.
31 *Schmidt-Hartmann*, Schutz der Minderheit im parlamentarischen Untersuchungsverfahren, 1994, S. 144; *Partsch*, Verh. d. 45. DJT (1964), Bd. I, S. 174 mit Bsp.

sich daher der parlamentarische Akt des Plenums in der **Kenntnisnahme**.³² Dabei handelt es sich nicht nur um einen symbolischen Akt. Vielmehr wurzelt diese Verfahrensweise in dem derivativen Charakter des Untersuchungsausschusses. Daher sind an die Kenntnisnahme auch keine Rechtsfolgen geknüpft, sondern es bleibt allein dem Parlament überlassen, welche Konsequenzen es aus dem Abschlussbericht zieht.³³ Eine **Abstimmung** etwa über den Bericht oder dessen Empfehlungen findet nicht statt. Mit der Besprechung und Kenntnisnahme durch das Plenum sowie den Verzicht, den Untersuchungsausschuss mit einer **Fortsetzung der Untersuchungen** zu beauftragen, hört dieser auf zu existieren. Das Verfahren hat dann auch **formal** seinen Abschluss gefunden.³⁴

Die Rolle des Parlaments als Auftraggeber führt allerdings zu einer wesentlichen rechtlichen Konsequenz: Nicht der Untersuchungsausschuss, sondern das **Parlament** entscheidet verbindlich, ob der Ausschuss das Untersuchungsthema **erschöpfend** behandelt hat. Sollte das Parlament nach Vorlage des Abschlussberichtes den Eindruck gewinnen, dass dies nicht der Fall sei, so ist es auf Grund seiner **Sachherrschaft** berechtigt, den Abschlussbericht an den Untersuchungsausschuss zurück zu verweisen und diesen mit dem **Fortgang** der Untersuchungen zu beauftragen.³⁵ Insoweit unterliegt der Abschlussbericht einer **abschließenden Kontrolle** durch das Parlament. Da der Untersuchungsausschuss die ihm zustehenden Befugnisse selbstständig gegenüber dem Parlament ausübt, ist dieses jedoch nicht befugt, die Abfassung des Berichts zu steuern.³⁶

17

Denkbar ist darüber hinaus, dass die Ausschussmehrheit und Ausschussminderheit zu **unterschiedlichen** Auffassungen darüber kommen, ob der Untersuchungsauftrag ausreichend erfüllt ist. Von besonderer rechtlicher Bedeutung ist dies, wenn es sich um eine Minderheitenenquete handelt und damit die Sachherrschaft der Minderheit über den Untersuchungsgegenstand unterlaufen werden könnte. Vor dem Hintergrund des vorstehend beschriebenen Zurückweisungsrechts des Parlaments ist es **konsequent**, dass diese Streitfrage **zunächst** an das Parlament herangetragen wird³⁷ und allenfalls erst dann von der Minderheit verfassungsgerichtlicher Schutz in Anspruch

18

---

32 *Brocker*, in: Grimm/Caesar, Art. 91 Rn. 62; *ders.*, in: Epping/Hillgruber, Art. 44 Rn. 68; *Kretschmer*, in: Schmidt-Bleibtreu/Klein/Hofmann/Hopfauf, Art. 44 Rn. 3.
33 *Hermanns/Hülsmann*, JA 2003, 573 (579).
34 *Brocker*, in: Grimm/Caesar, Art. 91 Rn. 63.
35 *Partsch*, Verh. d. 45. DJT (1964), Bd. I S. 186 m.w.N.; *Heinemann*, Verh. d. 45. DJT (1964), Bd. II, S. E 127 (Diskussionsbeitrag); *Schmidt-Hartmann*, Schutz der Minderheit im parlamentarischen Untersuchungsverfahren, 1994, S. 141.
36 *Neumann*, Art. 105 Rn. 23.
37 BayVerfGH, BayVBl. 1982, 559 (561); in Bayern ergibt sich dies ausdr. aus Art. 25 Abs. 4 Satz 2 BayVerf.

genommen wird.[38] Verfassungsrechtlich **zwingend** ist dies allerdings **ohne verfassungsgesetzliche** Vorgabe nicht.

III. Rechtsschutz

19 In Art. 44 Abs. 4 S. 1 GG und nach den Verfassungen der Länder Hamburg,[39] Nordrhein-Westfalen,[40] und Sachsen,[41] sind die Beschlüsse der Untersuchungsausschüsse der **richterlichen Erörterung** entzogen. In den Verfassungen der Länder Berlin,[42] Brandenburg,[43] Mecklenburg-Vorpommern,[44] Niedersachsen,[45] Sachsen-Anhalt,[46] Schleswig-Holstein[47] und Thüringen[48] wird insoweit präziser formuliert, dass sich die Regelung ausdrücklich auf die **(Abschluss-) Berichte** des Untersuchungsausschusses bezieht.[49] Vergleichbare Formulierungen finden sich darüber hinaus in den **Untersuchungsausschussgesetzen** der Länder Mecklenburg-Vorpommern,[50] Sachsen-Anhalt,[51] Schleswig-Holstein[52] und Thüringen.[53] Während auch ohne präzise Formulierung weithin **Einigkeit** darüber besteht, dass sich der Ausschluss des Rechtsweges allein auf den **Abschluss- oder ggf. einen Zwischenbericht** bezieht,[54] ist die

---

38 S. dazu u. Rdn. 43
39 Art. 26 Abs. 5 S. 1 HbgVerf.; *David*, Art. 25 Rn. 134 ff.
40 Art. 41 Abs. 4 S. 1 NRWVerf. s. *Menzel*, in: Löwer/Tettinger, Art. 41 Rn. 54.
41 Art. 54 Abs. 7 S. 1 SächsVerf., wo sowohl von Beschlüssen als auch Ergebnissen die Rede ist; s. dazu *Müller*, Art. 54 Anm. 5 (S. 323).
42 Art. 48 Abs. 4 BerlVerf.
43 Art. 72 Abs. 4 S. 1 BrandbVerf.; s. dazu Lieber/Iwers/Ernst, Art. 72 Anm. 9.
44 Art. 34 Abs. 6 S. 1 MVVerf.; *Wiegand-Hoffmeister*, in: Litten/Wallerath, Art. 34 Rn. 24.
45 Art. 27 Abs. 8 NdsVerf.
46 Art. 54 Abs. 6 S. 1 SachsAVerf.
47 Art. 18 Abs. 5 S. 1 SchlHVerf.
48 Art. 64 Abs. 6 ThürVerf.; s. *Linck*, in: ders./Jutzi/Hopfe, Art. 64 Rn. 31.
49 *Platter*, Das parlamentarische Untersuchungsverfahren vor dem Verfassungsgericht, 2004, S. 242.
50 § 40 UAG MV.
51 § 29 Abs. 5 S. 1 UAG SachsA.
52 § 24 Abs. 6 S. 1 UAG SchlH.
53 § 28 Abs. 6 S. 1 UAG Thür.
54 *Kortekamp/Steffens*, in: Bachmann/Schneiders (Hrsg.), Zwischen Aufklärung und politischem Kampf, 1988, S. 111; *Bickel*, Verh. d. 57. DJT (1988), S. M 39; *Friedrich*, Der parlamentarische Untersuchungsausschuss – Entwicklung, Stellung und Kompetenzen, 1990, S. 180; *Kipke*, Die Untersuchungsausschüsse des Deutschen Bundestages, 1985, S. 46; *H. H. Klein*, MD, Art. 44 Rn. 231; *Achterberg/Schulte*, in: v. Mangoldt/Klein/Starck II, Art. 44 Rn. 185; krit. dazu *Kästner*, NJW 1990, 2649 (2653); *Schenke*, JZ 1988, 805 (816 ff.).

Reichweite im Übrigen umstritten.[55] Unbeschadet dessen ist aber in jedem Fall zu **differenzieren** zwischen dem Rechtsschutz der Ausschuss- oder Parlamentsminderheit und anderen von den Feststellungen und Wertungen im Abschluss- oder Zwischenbericht betroffenen natürlichen und juristischen Personen.

1. Rechtsschutz der qualifizierten Minderheit

Innerhalb des Untersuchungsausschusses können **Meinungsverschiedenheiten** insbesondere über den **Umfang und die Dauer** der Beweisaufnahme durch den Untersuchungsausschuss entstehen. Mit anderen Worten: Die Minderheit greift den Abschlussbericht der Mehrheit nicht allein oder überhaupt nicht mit einem Minderheitenvotum, sondern mit dem rechtlichen Argument an, der Untersuchungsauftrag sei **nicht erschöpfend behandelt**. In der Konsequenz der rechtlichen Argumentation wird sie sich dann auch nicht mit der politischen Auseinandersetzung im Parlament zufrieden geben, sondern darüber hinaus auch um **gerichtlichen Schutz** nachsuchen.[56] In der Sache handelt es sich um eine **verfassungsrechtliche Streitigkeit (Organstreitverfahren)**,[57] bei der zwar nicht die Ausschussminderheit, wohl aber die Einsetzungsminderheit als Antragsteller und das Parlament als Antragsgegner beteiligtenfähig sind.[58]

Die **Einsetzungsminderheit** hat nicht nur den **Anspruch auf Einsetzung** des Untersuchungsausschusses, sondern auch auf **Klärung der Untersuchungsthemen** und **Erhebung der erforderlichen Beweise**. Dies schließt das Recht ein, die Fortsetzung der Untersuchung zu verlangen, wenn nach Auffassung der Minderheit der Untersuchungsauftrag noch nicht erschöpft ist. Folglich steht es nicht in freiem Belieben der Mehrheit des Parlaments oder des Untersuchungsausschusses, **Inhalt und Umfang** der Untersuchungstätigkeit eines von der Minderheit erzwungenen Untersuchungsausschusses **allein zu bestimmen**.[59] Denn das Minderheitenrecht könnte auf diese Weise **unterlaufen** werden.[60]

Allerdings bleibt auch bei einer Minderheitenenquete das Parlament »Herr des Verfahrens«. Daher empfiehlt es sich wie folgt zu differenzieren: Dem **Parlament** dürfte ohne weiteres das Recht zustehen, einen **Zwischenbericht**

---

55 S. dazu i.E. u. Rdn. 20 ff.
56 BVerfGE 113, 113 (117); NRWVerfGH, NWVBl. 1995, 248 (250); s.a. BVerfGE 105, 197 (234).
57 BerfGE 113, 113 (120); in Hbg. spricht man insoweit von einer »Auslegungsstreitigkeit«, s. dazu *David*, Art. 25 Rn. 140.
58 BayVerfGH, BayVBl. 1982, 559 (560); NRWVerfGH, NRWVBl. 1995, 248 (249 f.); *Hermes*, Fs. Mahrenholz (1994) S. 363.
59 BayVerfGH, BayVBl. 1982, 559 (561).
60 Ähnl. BVerfGE 113, 113 (126); NRWVerfGH, NWVBl. 1995, 248 (250).

zu verlangen.⁶¹ Denn damit ist der Untersuchungsauftrag nicht abgeschlossen und haben von der Minderheit kritisierte Mängel ausschließlich in einem abweichenden Votum ihren Niederschlag zu finden. Für eine rechtliche Auseinandersetzung ist kein Raum. Bei einem **Abschlussbericht** ist indes der Minderheit der Weg für weitere Untersuchungshandlungen versperrt. Da darin eine **Verkürzung** ihrer verfassungsrechtlich garantierten Untersuchungsrechte liegen kann, muss der Weg der **verfassungsgerichtlichen Kontrolle** eröffnet sein.⁶² Zwar mag es auch in diesem Zusammenhang nicht selten auch um **politische Wertungen** gehen⁶³ und daher nur eine **eingeschränkte** verfassungsgerichtliche Überprüfung möglich sei. Völlig ausgeschlossen ist sie dagegen nicht. Denn jedenfalls in Fällen des offensichtlich vorschnellen Abbruches weiterer Untersuchungen dürfte dies auch bei einer verfassungsgerichtlichen Kontrolle durchaus feststellbar sein.⁶⁴

23 Im Interesse eines effektiven Rechtsschutzes ist ferner der Erlass **einer einstweiligen Anordnung** nach den verfassungsprozessualen Vorschriften des Bundes⁶⁵ und der Länder⁶⁶ zulässig.⁶⁷

2. Rechtsschutz Privater

24 Art. 44 Abs. 4 S. 1 GG und – soweit vorhanden⁶⁸ – die verfassungs- oder einfachgesetzlichen Bestimmungen in den Ländern verfolgen den Zweck, die **politische Diskussion**, die zwangsläufig mit dem Inhalt eines solchen Abschlussberichtes verbunden ist, nicht **im Gerichtssaal** fortzusetzen. Durch die fehlende Justiziabilität des Abschlussberichts soll dem Parlament die Möglichkeit gegeben werden, unabhängig von Regierung, Behörden und Gerichten Sachverhalte zu prüfen.⁶⁹ Das Parlament soll nicht mit herabsetzenden oder kritisierenden Urteilen konfrontiert werden,⁷⁰ sondern das

---

61 Zu dieser Fallkonstellation s. BayVerfGH, BayVBl. 1982, 559 (561 f.).
62 S. a. BVerfGE 113, 113 (125 ff.).
63 So zutr. BayVerfGH, BayBl. 1982, 559 (561); s.a. *Wiegand-Hoffmeister*, in: Litten/Wallerath, Art. 34 Rn. 24.
64 NRWVerfGH, NWVBl. 1995, 248 (249 ff.).
65 § 32 BVerfGG.
66 § 25 StGHG BadWürtt.; § 26 VerfGHG Bay; § 31 VerfGHG Berl.; § 30 VerfGG Brandb.; § 18 StGHG Brem.; § 35 VerfGG Hbg.; § 26 StGHG Hess.; § 30 LVerfGG MV; § 20 StGHG Nds.; § 27 VerfGHG NRW; § 19a VerfGHG RhPf.; § 23 VerfGGG Saarl.; § 15 VerfGG Sachs.; § 31 LVerfGG SachsA; § 30 LVerfGG SchlH.; § 26 VerfGHG Thür.
67 BVerfGE 113, 113 (119 ff.); NRWVerfGH, NWVBl. 1995, 248 (249 f.).
68 S. dazu o. Rdn. 19.
69 BVerfGE 49, 70 (85); *Kortekamp/Steffens*, in: Bachmann/Schneider (Hrsg.), Zwischen Aufklärung und politischem Kampf, 1988, S. 111 f.
70 *Schneider*, AK-GG, Art. 44 Rn. 10; *Friedrich*, Der parlamentarische Untersuchungsausschuss – Entwicklung, Stellung und Kompetenzen, 1990, S. 178 f.

Untersuchungsrecht soll als Mittel der politischen Auseinandersetzung von **gerichtlicher Beurteilung** frei bleiben.[71] Hinzu kommt, dass **Adressaten** des Berichts **nicht Privatpersonen** sind, sondern Adressat ist allein das **Parlament**. Mithin kann eine zielgerichtete Rechtsverletzung mit dem Bericht grundsätzlich nicht verbunden sein.[72]

Der Abschlussbericht entfaltet daher auch lediglich **Tatbestandswirkung**.[73] Das heißt die Gerichte haben seine Existenz zur Kenntnis zu nehmen, sind aber an die **Feststellungen** und an die **Wertungen** im Bericht **nicht gebunden**, sondern können diese durch **eigene** Feststellungen und Wertungen ersetzen.[74]

25

Dies bedeutet zugleich, dass der Sachverhalt, der dem Untersuchungsgegenstand zu Grunde gelegen hat, selbstverständlich Gegenstand einer gerichtlichen Untersuchung sein kann, sofern die betroffene Person einen verfahrensmäßig zulässigen Weg findet. Im Ergebnis kann so – unbeschadet unmittelbarer Rechte Dritter gegen den Abschlussbericht – je nach Ausgang des Verfahrens ein Stück **Rehabilitation** erreicht werden.[75]

26

Die **Weimarer Reichsverfassung** enthielt keine Art. 44 Abs. 4 GG entsprechende Vorschrift. Gleichwohl war eine Klage **unmittelbar gegen den Abschlussbericht** auch in der Weimarer Republik nicht möglich. Denn einen effektiven Rechtsschutz gegen Maßnahmen der öffentlichen Gewalt, wie er heute durch Art. 19 Abs. 4 GG gewährleistet ist, gab es damals nicht.[76] In den Beratungen zum Grundgesetz war zunächst **umstritten**, ob nicht eine Art **Klagemöglichkeit** geschaffen werden sollte. Jedenfalls enthielt **Art. 57**

27

---

71 *Masing*, Parlamentarische Untersuchung privater Sachverhalte, 1998, S. 301; *W. Richter*, Privatpersonen im parlamentarischen Untersuchungsausschuss, 1991, S. 152; *Di Fabio*, Rechtsschutz im parlamentarischen Untersuchungsverfahren, 1988, S. 93; *Rathje*, Der Ermittlungsbeauftragte des parlamentarischen Untersuchungsausschusses, 2004, S. 149 f.
72 *Kipke*, Die Untersuchungsausschüsse des Deutschen Bundestages, 1985, S. 46 f.; *Glauben*, DVBl. 2006, 1263 (1267).
73 *Kretschmer*, in: Schmidt-Bleibtreu/Klein/Hofmann/Hopfauf, Art. 44 Rn. 31 m.w.N.; *Wiegand-Hoffmeister*, in: Litten/Wallerath, Art. 34 Rn. 24; Lieber/Iwers/Ernst, Art. 72 Anm. 9; *Glauben*, DVBl. 2006, 1263 (1267 f.).
74 *Schneider*, AK-GG, Art. 44 Rn. 10; *Kortekamp/Steffens*, in: Bachmann/Schneider (Hrsg.), Zwischen Aufklärung und politischem Kampf, 1988, S. 112 f.; *Bickel*, Verh. d. 57. DJT (1988), S. M. 39; *H. H. Klein*, MD, Art. 44 Rn. 229; *Achterberg/Schulte*, in: v. Mangoldt/Klein/Starck II, Art. 44 Rn. 185; *Magiera*, in: Sachs, Art. 44 Rn. 29; *Wuttke*, in: v. Mutius/Wuttke/Hübner, Art. 18 Rn. 32; OLG München, BayVBl. 1975, 54 (56).
75 Krit. zu diesem Effekt, weil nicht ausr., *Versteyl*, in: v. Münch/Kunig II, Art. 44 Rn. 37.
76 *Kortekamp/Steffens*, in: Bachmann/Schneider (Hrsg.), Zwischen Aufklärung und politischem Kampf, 1988, S. 108 f.

Abs. 5 des **Herrenchiemsee-Entwurfs** die Regelung, wer durch Feststellung des Untersuchungsausschusses in seiner **Ehre** betroffen sei, könne das Bundesverfassungsgericht anrufen, wenn er Mindestgrundsätze eines geordneten Verfahrens, namentlich sein Recht auf Gehör, verletzt glaube. Der Organisationsausschuss des Parlamentarischen Rates strich diesen Passus jedoch wieder, weil die Verfassung nicht mit etwas belastet werden sollte, »was Anlass zu Komplikationen und politischen Streitigkeiten geben könnte«.[77]

28 Angesichts des eindeutigen Wortlauts von Art. 44 Abs. 4 S. 1 GG und den entsprechenden landesrechtlichen Bestimmungen verbieten sich auch **Umgehungsversuche** dergestalt, dass eine Aufspaltung des Inhalts des Abschlussberichts in rechtliche Aspekte, die gerichtlicher Kontrolle unterliegen sollen, und in politische Schlussfolgerungen und Wertungen erfolgt, die auch weiterhin gerichtlich nicht überprüfbar sein sollen[78]. Erst recht überzeugt die Auffassung nicht, dass eine unterschiedliche justizbezogene Behandlung der verschiedenen, im Verlaufe eines Untersuchungsverfahrens ergehenden Beschlüsse nicht gerechtfertigt sei.[79] Denn sie bedeutet in der Konsequenz, dass entweder entsprechend dem Wortlaut des Art. 44 Abs. 4 S. 1 GG und den entsprechenden landesrechtlichen Bestimmungen **kein Beschluss** eines Untersuchungsausschusses der gerichtlichen Kontrolle unterliegt oder entgegen dem Wortlaut **alle Beschlüsse** einschließlich des Abschlussberichtes. Dies widerspricht der **parlamentarischen Praxis** im Bund und in den betroffenen Ländern und wäre hinsichtlich der ersten Alternative auch rechtsstaatlich bedenklich.

29 Hinsichtlich der Regelungen in den Ländern stellt sich die Problematik mit jeweils **umgekehrten Vorzeichen**. Bei den Ländern, die eine Art. 44 Abs. 4 S. 1 GG entsprechende landesrechtliche Regelung vorweisen, ist die Frage aufzuwerfen, ob die **Landeskompetenz** überhaupt dazu legitimiert, die **Rechtsweggarantie** des Art. 19 Abs. 4 GG **zu verkürzen**. Für die Länder, die auf eine solche Regelung verzichtet haben, ließe sich **umgekehrt** fragen, ob sie nicht verpflichtet sind, im Sinne einer **homogenen Verfassungsordnung**, den Rechtsschutz für Abschlussberichte parlamentarischer Untersuchungsausschüsse **ausdrücklich** auszuschließen.[80]

---

77 S. zum Ganzen *Kortekamp/Steffens*, in: Bachmann/Schneider (Hrsg.), Zwischen Aufklärung und politischem Kampf, 1988, S. 109 f.; *Friedrich*, Der parlamentarische Untersuchungsausschuss – Entwicklung, Stellung und Kompetenzen, 1990, S. 178 ff.; *Masing*, Parlamentarische Untersuchungen privater Sachverhalte, 1998, S. 301 f.
78 Vgl. dazu *Friedrich*, Der parlamentarische Untersuchungsausschuss – Entwicklung, Stellung und Kompetenzen, 1990, S. 183; *Glauben*, DVBl. 2006, 1263 (1268).
79 So *Kästner*, NJW 1990, 2649 (2653).
80 Noch weitergehend OLG München, BayVBl. 1975, 54 (56), der Ausschluss des Rechtsweges ergebe sich schon aus dem Grundsatz der Gewaltenteilung.

In dem einen wie in dem anderen Fall lautet die Antwort dagegen gleich: 30
Es obliegt dem **Staatsorganisationsrecht** der Länder, ob überhaupt und inwieweit sie Rechtsschutz gegen Abschlussberichte parlamentarischer Untersuchungsausschüsse gewähren wollen. Das Untersuchungsrecht ist Bestandteil des autonomen Parlamentsrechts und insoweit durch Art. 28 Abs. 1 GG den Ländern kompetenziell zugewiesen.[81] Die **Verfassungsräume** von Bund und Ländern stehen nebeneinander. In den staatsorganisationsrechtlichen Fragen folgt daraus, dass wegen der Eigenstaatlichkeit von Bund und Ländern diese jeweils in **eigener Verantwortung** staatsorganisationsrechtliche Fragen entscheiden dürfen, solange ein gewisses Maß an Homogenität gewahrt bleibt und die Strukturprinzipien der Art. 1 und 20 GG nicht berührt werden.[82]

In die **verfassungsrechtliche Bewertung** ist außerdem einzubeziehen, 31
dass die Grundrechte nach heute allgemein anerkannter Auffassung nicht nur vor **gezielten Rechtsakten** der öffentlichen Hand, sondern auch vor den von ihr ausgehenden **faktischen Beeinträchtigungen** schützen.[83] Denn aus Sicht des Betroffenen ist es regelmäßig unerheblich, mit welchen Intensionen und in welcher Form der Staat in **grundrechtsrelevante** Bereiche eingreift. Mag die Zielrichtung des Abschlussberichts auch in der Unterrichtung des Parlaments zum Zweck der politischen Kontrolle liegen, so kann mit Blick auf Einzelne natürliche und juristische Personen Feststellungen und Wertungen durchaus **Eingriffsqualität** zukommen.[84] Das gilt allerdings nicht für den nicht zur Veröffentlichung vorgesehenen Bericht des **Ermittlungsbeauftragten** des Untersuchungsausschusses.[85] Vielmehr hat er im Verkehr nach außen Zurückhaltung zu wahren und keine öffentlichen Erklärungen abzugeben.[86]

---

81 *Menzel*, Landesverfassungsrecht, 2002, S. 441 f.; *Brocker*, in: Grimm/Caesar, Art. 91 Rn. 2.
82 Ähnl. *Kortekamp/Steffens*, in: Bachmann/Schneider (Hrsg.), Zwischen Aufklärung und politischem Kampf, 1988, S. 114; *Friedrich*, Der parlamentarische Untersuchungsausschuss – Entwicklung, Stellung und Kompetenzen, 1990, S. 184 f.; a.A. *Bickel*, Verh. d. 57. DJT (1988), S. M 39 f.
83 *H. H. Klein*, MD, Art. 44 Rn. 232; *Bethge*, in: Merten/Papier III, § 58 Rn. 16 m.w.N.
84 *Friedrich*, Der parlamentarische Untersuchungsausschuss – Entwicklung, Stellung und Kompetenzen, 1990, S. 177; *Kipke*, Die Untersuchungsausschüsse des Deutschen Bundestages, 1985, S. 47; *Di Fabio*, Rechtsschutz im parlamentarischen Untersuchungsverfahren, 1988, S. 89; *Studenroth*, Die parlamentarische Untersuchung privater Bereiche, 1992, S. 34; *H. H. Klein*, MD, Art. 44 Rn. 235.
85 *Rathje*, Der Ermittlungsbeauftragte des parlamentarischen Untersuchungsausschusses, 2004, S. 152.
86 *Bräcklein*, Investigativer Parlamentarismus, 2006, S. 103.

32 Gleichwohl kann auch der faktische Grundrechtseingriff nicht zwangsläufig zu einer Rechtsschutzmöglichkeit gegen Abschlussberichte der Untersuchungsausschüsse führen. Insbesondere haben Betroffene keinen Anspruch auf **Nichtveröffentlichung** des Berichts oder von Teilen des Berichts.[87] Denn gerade angesichts der Entwicklung, dass immer häufiger privates Verhalten in die Untersuchung mit einbezogen wird und in diesem Zusammenhang getroffene Feststellungen und Wertungen oft zwangsläufig über den politischen Bereich hinaus gehen,[88] bestünde die Gefahr, dass regelmäßig doch eine **rechtliche Kontrolle** der Abschlussberichte erfolgen würde. Ob diese rechtspolitisch wünschenswert ist, kann angesichts des klaren Wortlauts des Art. 44 Abs. 4 GG und der landesverfassungsgesetzlichen Regelungen dahin stehen. Denn eine **allgemeine Klagemöglichkeit** betroffener Privater ließe sich nur **de lege ferenda** schaffen.[89]

33 Erst Recht steht einem **Amtsträger** kein Rechtsschutz gegen den Abschlussbericht eines parlamentarischen Untersuchungsausschusses zu. Denn einen gerichtlichen Schutz der »**Amtsehre**« gegenüber einem Tadel und der Kritik **seitens der Volksvertretung** kann es inhaltlich nicht geben. Art. 44 Abs. 4 S. 1 GG sowie die entsprechenden landesrechtlichen Bestimmungen bezwecken auch Verhinderung der **Verrechtlichung** politischer Verantwortlichkeit. Dies schließt deshalb gezielt die gerichtliche Geltendmachung von Grundrechten in jedem Fall insoweit aus, wie solche als Annex auf Seiten der untersuchten Amtsträger selbst mitbetroffen werden.[90]

34 In der Rechtsprechung und Rechtslehre ist allerdings die Frage noch nicht geklärt, ob der Rechtswegausschluss darüber hinaus auch bei willkürlichen und jeder Grundlage entbehrenden Feststellungen des Untersuchungsausschusses oder bei **gravierender Beeinträchtigung** privater Personen gilt. Zwar finden sich mit dem Argument der Herstellung praktischer Konkordanz zwischen dem vorbeschriebenen Schutz des parlamentarischen Untersuchungsrechts und wegen des Prinzips der »Einheit der Verfassung« sowohl

---

87 *Thieme*, Art. 25 Anm. 7 d.
88 Zutr. *Friedrich*, Der parlamentarische Untersuchungsausschuss – Entwicklung, Stellung und Kompetenzen, 1990, S. 181.
89 Wie hier: *Schneider*, Verh. d. 57. DJT (1988), S. M 85; *H. H. Klein*, MD, Art. 44 Rn. 234; *Achterberg/Schulte*, in: v. Mangoldt/Klein/Starck II, Art. 44 Rn. 187; a.A. mit Blick auf zu Zulässigkeit der Verfassungsbeschwerde, *Platter*, Das parlamentarische Untersuchungsverfahren vor dem Verfassungsgericht, 2004, S. 137; zu den weiteren Möglichkeiten wie etwa einer Gegendarstellung oder Verfahrensrüge s. *Bickel*, Verh. d. 57. DJT (1988), S. M. 40 sowie Beschl. Nr. 30, ebd., S. M 252 f.; *Linck*, in: ders./Jutzi/Hopfe, Art. 64 Rn. 31; krit. zur Rechtslage *Wuttke*, in: v. Mutius/Wuttke/Hübner, Art. 18 Rn. 30.
90 *Masing*, Parlamentarische Untersuchungen privater Sachverhalte, 1998, S. 304 f.

in der Rechtsprechung[91] als auch in der Rechtslehre[92] entsprechende Ansätze. Doch überzeugen sie nicht. Denn was willkürlich oder offensichtlich ist, dürfte aus Sicht betroffener Privater häufig anders wirken, als dies etwa ein **objektiver Betrachter** beurteilt. Eine Öffnung des strikten Rechtswegausschlusses hätte mithin zur Konsequenz, dass sich die Gerichte dann doch vermehrt mit Klagen befassen müssten, auch wenn diese zumeist dann bereits als unzulässig abgewiesen würden.[93]

Auch eine Verletzung »**wesentlicher Verfahrensvorschriften**« im Zusammenhang mit dem Abschlussbericht kann unbeschadet der vorstehend vertretenen Auffassung keinen Anspruch auf gerichtliche Kontrolle auslösen.[94] Denn solche Verfahrensvorschriften lassen sich weder den **verfassungsgesetzlichen** noch den **einfachgesetzlichen** Bestimmungen entnehmen. Die Grundsätze, wie etwa die Gewährung rechtlichen Gehörs, spielen zwar im Verlauf des Untersuchungsverfahrens eine Rolle und sind insoweit auch gerichtlich durchsetzbar.[95] Im Zusammenhang mit dem Abschlussbericht gibt es entsprechende Rechtsansprüche nicht.[96]

Hält man dagegen eine gerichtliche Klage unter den vorbezeichneten engen Voraussetzungen für zulässig oder fehlt eine Regelung zum Ausschluss des Rechtsweges,[97] so dürften, falls keine **besondere Rechtswegzuweisung** erfolgt ist, die **Verwaltungsgerichte** zuständig sein. Denn es handelt sich stets um eine nicht-verfassungsrechtliche Streitigkeit. Eine Aufspaltung dahin gehend, dass zu differenzieren ist, ob der Private den Abschlussbericht **als solchen** angreift, dann verfassungsrechtliche Streitigkeit, oder **nur einzelne, seine Person betreffende Feststellungen**, dann nicht verfassungsrechtliche Streitigkeit, führt zu einer kaum praktikablen **Differenzierung**. Denn so stellt sich die Frage, welcher Rechtsweg greift, wenn sich der Betroffene gegen wesentliche Teile des Berichts, aber nicht gegen den gesamten Bericht wendet. Vor diesem Hintergrund empfiehlt es sich an der klassischen Abgrenzung der **doppelten Verfassungsunmittelbarkeit**

---

91 OVG Hbg., NVwZ 1987, 610 (611); VG Hamburg, DVBl. 1986, 1017 (1018).
92 *Kortekamp/Steffens*, in: Bachmann/Schneider (Hrsg.), Zwischen Aufklärung und politischem Kampf, 1988, S. 116 f.; *Friedrich*, Der parlamentarische Untersuchungsausschuss – Entwicklung, Stellung und Kompetenzen, 1990, S. 178 sowie S. 181 f.; *W. Richter*, Privatpersonen im parlamentarischen Untersuchungsausschuss, 1991, S. 153; *Versteyl*, in: v. Münch/Kunig II, Art. 44 Rn. 37; *Achterberg/Schulte*, in: v. Mangoldt/Klein/Starck II, Art. 44 Rn. 186; *Menzel*, in: Löwer/Tettinger, Art. 41 Rn. 54.
93 *Glauben*, DVBl. 2006, 1263 (1268).
94 A.A. offenbar *Kortekamp/Steffens*, in: Bachmann/Schneider (Hrsg.), Zwischen Aufklärung und politischem Kampf, 1988, S. 117 f.
95 S. dazu i.E. o. § 28 Rdn. 45 ff.
96 *Glauben*, DVBl. 2006, 1263 (1269).
97 So in den Ländern BadWürtt., Bay., Brem., Hess., RhPf. u. Saarl.

festzuhalten, um den Weg zu den Verfassungsgerichten zu eröffnen. Im Übrigen bliebe es dann bei der verwaltungsgerichtlichen Zuständigkeit.

IV. Regelungen in den Untersuchungsausschussgesetzen

37 Die vorstehend beschriebenen Grundsätze haben **teilweise** Eingang in die **Untersuchungsausschussgesetze** gefunden. Im Einzelnen stellt sich die Gesetzeslage wie folgt dar:

38 **Bund:** Nach Abschluss der Untersuchungen erstattet der Untersuchungsausschuss dem Bundestag einen **schriftlichen Bericht**. Dieser hat den Gang des Verfahrens, die ermittelten Tatsachen und das Untersuchungsergebnis einschließlich eventueller Sondervoten wiederzugeben.[98] Der Ausschuss ist zu Vorlage eines **Zwischenberichtes** zunächst verpflichtet, wenn abzusehen ist, dass die Untersuchungen nicht vor **Ablauf der Wahlperiode** abgeschlossen sein werden. Darüber hinaus trifft ihn diese Verpflichtung zu jeder Zeit, wenn der Bundestag es verlangt.[99]

39 Ferner ist Personen, die durch die Veröffentlichung des Abschlussberichtes in ihren Rechten **erheblich** beeinträchtigt werden können, **vor Abschluss** des Untersuchungsverfahrens Gelegenheit zu geben, zu den betreffenden Ausführungen in dem Entwurf Stellung nehmen zu können. Voraussetzung ist allerdings, dass diese Ausführungen nicht mit ihnen in einer Sitzung zur Beweisaufnahme **erörtert** worden sind. Der wesentliche Inhalt der Stellungnahme ist in dem Bericht wiederzugeben.[100]

40 Zeichnet sich ab, dass der Untersuchungsausschuss dem nicht nachkommt, so kann der Betroffene **gerichtlichen Schutz**, in diesem Fall gemäß § 36 Abs. 1 PUAG beim Bundesgerichtshof, in Anspruch nehmen. Dies gilt indes auch, wenn man davon ausgeht, dem Betroffene stehe in jedem Fall gegen den Abschlussbericht der Weg der **Verfassungsbeschwerde** offen.[101] Denn in diesem Fall wäre wegen des Grundsatzes der Subsidiarität zunächst der Weg gemäß § 36 Abs. 1 PUAG zu wählen.

41 **Baden-Württemberg:** Nach Abschluss der Untersuchung erstattet der Untersuchungsausschuss dem Landtag einen **schriftlichen** Bericht. **Jedes**

---

98 § 33 Abs. 1 Satz 2 u. 2 PUAG.
99 § 33 Abs. 3 u. 4 PUAG.
100 S. i.E. § 32 PUAG; *Kretschmer*, in: Schmidt-Bleibtreu/Klein/Hofmann/Hopfauf, Art. 44 Rn. 32; *Plöd*, Die Stellung des Zeugen in einem parlamentarischen Untersuchungsausschuss des Deutschen Bundestages, 2003, S. 162; *Rathje*, Der Ermittlungsbeauftragte des parlamentarischen Untersuchungsausschusses, 2004, S. 150 f.; *Glauben*, DVBl. 2006, 1263 (1269); krit. *Platter*, Das parlamentarische Untersuchungsverfahren vor dem Verfassungsgericht, 2004, S. 168.
101 So *Platter*, Das parlamentarische Untersuchungsverfahren vor dem Verfassungsgericht, 2004, S. 168.

Mitglied des Untersuchungsausschusses hat das Recht, einen **abweichenden Bericht** vorzulegen. Dieser Bericht ist dem Bericht des Untersuchungsausschusses anzuschließen. Der Landtag kann während der Untersuchung von dem Untersuchungsausschuss **jederzeit** einen Zwischenbericht über den Stand des Verfahrens verlangen.[102]

Bayern: Der Landtag kann während der Untersuchung **jederzeit** vom Untersuchungsausschuss einen Bericht über den Stand des Verfahrens verlangen. Nach **Abschluss** der Untersuchung erstattet der Ausschuss dem Landtag einen Bericht in **schriftlicher Form**. Der Bericht darf **keine** Anträge enthalten. Die **Anfertigung** eines Entwurfs für den Schlussbericht obliegt dem **Vorsitzenden**. Über die **endgültige** Abfassung entscheidet der Untersuchungsausschuss mit Mehrheit der anwesenden Mitglieder. **Jedes** Mitglied des Untersuchungsausschusses hat das Recht, seine **abweichende** Meinung in gedrängter Form in dem Bericht des Untersuchungsausschusses zu vermerken. Einzelheiten dieser abweichenden Meinung sowie ihre Begründung müssen aus dem Minderheitenbericht klar erkennbar sein.[103] 42

Hinsichtlich des **rechtlichen Schutzes** der Minderheit enthält die Verfassung insoweit eine Besonderheit,[104] dass die Meinungsverschiedenheit über **weitere** Beweiserhebungen an das **Plenum** heranzutragen ist.[105] Allerdings ist dies lediglich ein »Vorverfahren«, da der Minderheit danach der Weg zum **Verfassungsgerichtshof** offen steht.[106] 43

Berlin: Der Untersuchungsausschuss erstattet dem Abgeordnetenhaus über seine Feststellungen einen **schriftlichen Bericht**. Jedes Ausschussmitglied hat das Recht, dem Abgeordnetenhaus einen **abweichenden Bericht** vorzulegen. Das Abgeordnetenhaus kann vor Abschluss der Untersuchung einen **Zwischenbericht** verlangen.[107] 44

Brandenburg: Nach Abschluss der Untersuchung erstattet der Untersuchungsausschuss dem Landtag einen **schriftlichen Bericht**. Die **Anfertigung** des Berichtsentwurfs obliegt dem **Vorsitzenden**. Über die **Endfassung** entscheidet der **Untersuchungsausschuss**. Jedes Mitglied des Untersuchungsausschusses hat das Recht, seine in der Beratung vertretene **abweichende Meinung** in gedrängter Form darzulegen; dieser Bericht ist dem Bericht des Untersuchungsausschusses anzuschließen.[108] Über **abtrenn**- 45

---

102 § 23 Abs. 3 UAG BadWürtt.
103 Art. 21 UAG Bay; s.a. *Möstl*, in: Lindner/Möstl/Wolf, Art. 25 Rn. 20.
104 Art. 25 Abs. 4 S. 2 BayVerf.
105 BayVerfGH, BayVBl. 1982, 559 (561); krit. *Seidel*, BayVBl. 2002, 97 (99 mit Fn. 26); s.a. NdsStGH, DVBl. 1986, 237 (238).
106 Art. 25 Abs. 4 S. 3 BayVerf.
107 § 19 UAG Berl.; s.a. *Korbmacher*, in: Driehaus, Art. 48 Rn. 10; *Lemmer*, in: Pfennig/Neumann, Art. 48 Rn. 12.
108 § 28 Abs. 1 bis 3 UAG Brandb.

bare Teile des Einsetzungsauftrages hat der Untersuchungsausschuss auf Verlangen des Landtages oder der Antragsteller einen **Teilbericht** zu erstatten, wenn die Beweisaufnahme zu diesem Teil abgeschlossen und der Bericht ohne Vorgriff auf die Beweiswürdigung der übrigen Untersuchungsaufträge möglich ist. Der Landtag kann vom Untersuchungsausschuss **jederzeit** bei Vorliegen eines allgemeinen **öffentlichen Interesses** oder wenn ein **Schlussbericht** vor Ablauf der Wahlperiode nicht erstellt werden kann, einen **Zwischenbericht** über den Stand der Untersuchungen verlangen. Dieser darf eine Beweiswürdigung nur über solche Gegenstände der Verhandlungen enthalten, die der Untersuchungsausschuss mit **zwei Dritteln** seiner Mitglieder beschlossen hat.[109]

46 **Bremen:** Nach Abschluss der Untersuchung erstattet der Untersuchungsausschuss der Bürgerschaft einen **schriftlichen Bericht**. Die Anfertigung des **Berichtsentwurfs** obliegt dem **Vorsitzenden**. Über die **endgültige Abfassung** entscheidet der **Untersuchungsausschuss** mit Mehrheit der anwesenden Mitglieder. Jedes Mitglied des Untersuchungsausschusses hat das Recht, einen **abweichenden Bericht** vorzulegen. Dieser Bericht ist dem Bericht des Untersuchungsausschusses anzuschließen.[110]

47 **Hamburg:** Nach Abschluss der Untersuchungen erstattet der Ausschuss der Bürgerschaft einen **schriftlichen Bericht** über den Verlauf des Verfahrens, die **ermittelten Tatsachen** und das mit einer Begründung versehene **Ergebnis der Untersuchung**. Der Bericht kann **Empfehlungen**, darf aber keine geheimhaltungsbedürftigen Tatsachen enthalten. Jedes Mitglied hat das Recht, seine von der Mehrheitsmeinung abweichende Auffassung in einem **eigenen Bericht** niederzulegen (Minderheitsbericht), der dem Ausschussbericht angefügt wird. Soweit ein Mitglied als **Zeuge oder Sachverständiger** vernommen worden ist, hat es sich einer Würdigung des mit seiner Aussage oder seinem Gutachten zusammenhängenden Beweisergebnisses zu enthalten; dies gilt entsprechend für ein Mitglied, das seine Rechte als **Betroffener** wahrgenommen hat. Die Minderheitsberichte können **binnen einer Woche** nach Beschlussfassung des Untersuchungsausschusses über den Bericht **nachgereicht** worden. Die Bürgerschaft kann während der Untersuchung nach Ablauf von sechs Monaten einen **Zwischenbericht** über den Stand des Verfahrens verlangen. Über die Fassung entscheidet der Untersuchungsausschuss.[111] Nach Auffassung des Hamburgischen Oberverwaltungsgerichts ist einem Betroffenen, über den im Abschlussbericht eine »wertende Äußerung« abgegeben werden soll, die Möglichkeit zu geben, zu dem Entwurf des Abschlussberichts, soweit er seine Person betrifft, Stellung zu nehmen.[112]

109 § 28 Abs. 4 u. 5 UAG Brandb.
110 § 20 UAG Brem.
111 § 31 UAG Hbg.
112 OVGHbg., Beschl. V. 3. 2. 2010 – 5 Bs 16/10, LS. 3 n.v.

§ 29 Der Abschlussbericht eines parlamentarischen Untersuchungsausschusses

Mecklenburg-Vorpommern: Nach Abschluss der Untersuchung erstattet 48
der Untersuchungsausschuss dem Landtag einen **schriftlichen Bericht**,[113]
der den **Gang des Verfahrens**, die **ermittelten Tatsachen** und das **Ergebnis
der Untersuchung** wiederzugeben hat. Für die Verwendung von Tatsachen
aus Beweismitteln, die mit einem **Geheimhaltungsgrad** versehen sind, ist
das Verfahren wie bei der Vorlage der Beweismittel einzuhalten.[114] Die
Anfertigung des **Berichtsentwurfes** obliegt dem **Vorsitzenden**. Über die
Endfassung entscheidet der **Untersuchungsausschuss**. Kommt dieser nicht
zu einem einstimmigen Bericht, hat der Bericht auch die **abweichenden
Auffassungen** der ordentlichen Mitglieder zu enthalten. Die eine von der
Mehrheit des Untersuchungsausschusses abweichende Auffassung teilenden
ordentlichen Mitglieder haben diese in einem **Sondervotum** zu formulieren
und mit der Erstattung des Berichts an den Landtag vorzulegen. Ist abzusehen, dass der Untersuchungsausschuss seinen Untersuchungsauftrag nicht
vor Ende der Wahlperiode erledigen kann, hat er dem Landtag rechtzeitig
einen **Sachstandsbericht** über den bisherigen Gang des Verfahrens sowie
über das **bisherige Ergebnis** der Untersuchungen vorzulegen. Auf **Beschluss
des Landtages** hat der Untersuchungsausschuss dem Landtag einen **Zwischenbericht** vorzulegen. Wenn es der Einsetzungsantrag ausdrücklich vorsieht oder die Einsetzungsminderheit zustimmt, kann auch der Untersuchungsausschuss beschließen, einen Zwischenbericht vorzulegen.[115]

Ferner ist **Personen**, die durch die Veröffentlichung des Abschlussberich- 49
tes in ihren Rechten **erheblich** beeinträchtigt werden können, **vor Abschluss**
des Untersuchungsverfahrens Gelegenheit zu geben, zu den betreffenden
Ausführungen in dem Entwurf Stellung nehmen zu können. Voraussetzung
ist allerdings, dass diese Ausführungen nicht mit ihnen in einer Sitzung zur
Beweisaufnahme erörtert worden sind. Der wesentliche Inhalt der Stellungnahme ist in dem Bericht wiederzugeben.[116] Sollte der Untersuchungsausschuss die Möglichkeit des rechtlichen Gehörs einer Person verweigern
wollen, so kann diese **verwaltungsgerichtlichen Schutz** in Anspruch nehmen. Statthafte Klageart ist die **allgemeine Leistungsklage**, da es sich bei der
Möglichkeit der Stellungnahme nicht um einen Verwaltungsakt handelt,
dessen Erlass die betroffene Person begehrt, sondern allein um **schlichtes
Verwaltungshandeln**.

Nordrhein-Westfalen: Nach Abschluss der Untersuchung erstattet der 50
Untersuchungsausschuss dem Landtag einen **schriftlichen Bericht**. Die
Anfertigung des **Berichtsentwurfs** obliegt dem **Vorsitzenden**. Über die
Endfassung entscheidet der **Untersuchungsausschuss**. Jedes Mitglied des

---

113 S. a. *Wiegand-Hoffmeister*, in: Litten/Wallerath, Art. 34 Rn. 24.
114 S. dazu § 34 Abs. 3 u. 4 UAG MV
115 § 39 UAG MV.
116 S. i.E. § 36 UAG MV.

Untersuchungsausschusses hat das Recht, seine in der Beratung vertretene **abweichende Meinung** in gedrängter Form darzulegen; dieser Bericht ist dem Bericht des Untersuchungsausschusses anzuschließen. Über **abtrennbare Teile** des Einsetzungsauftrages hat der Untersuchungsausschuss **auf Verlangen des Landtags** oder **der Antragsteller** einen **Teilbericht** zu erstatten, wenn die Beweisaufnahme zu diesem Teil abgeschlossen und der Bericht ohne Vorgriff auf die Beweiswürdigung der übrigen Untersuchungsaufträge möglich ist. Der Landtag kann vom Untersuchungsausschuss **jederzeit** bei Vorliegen eines **allgemeinen öffentlichen Interesses** oder wenn ein Schlussbericht **vor Ablauf** der Wahlperiode nicht erstellt werden kann, einen **Zwischenbericht** über den Stand der Untersuchungen verlangen. Dieser darf eine Beweiswürdigung nur solcher Gegenstände der Verhandlungen enthalten, die der Untersuchungsausschuss mit **zwei Dritteln** seiner Mitglieder beschlossen hat.[117]

51 **Rheinland-Pfalz:** Nach Abschluss der Untersuchung erstattet der Untersuchungsausschuss dem Landtag einen **schriftlichen Bericht** über den Verlauf des Verfahrens, die ermittelten Tatsachen und das Ergebnis der Untersuchung. Das Ergebnis der Untersuchung ist zu begründen. Der Bericht kann **Empfehlungen** enthalten. Bericht und Empfehlungen dürfen keine **geheimhaltungsbedürftigen** Tatsachen enthalten, es sei denn, dass sie ohne Bezug auf solche Tatsachen nicht verständlich wären. In einem solchen Fall sind die geheimhaltungsbedürftigen Tatsachen **gesondert** darzustellen; diese Darstellung ist vertraulich. Die Erstellung des **Berichtsentwurfs** obliegt dem **Vorsitzenden**. Über die **endgültige Abfassung** des Berichts entscheidet der **Untersuchungsausschuss** mit der Mehrheit der anwesenden Mitglieder. Jedes Mitglied des Untersuchungsausschusses hat das Recht, seine **abweichende Meinung** in einer eigenen schriftlichen Stellungnahme darzulegen, die dem Bericht des Untersuchungsausschusses anzuschließen ist. Soweit ein Mitglied als Zeuge vernommen worden ist, hat es sich einer Würdigung des mit seiner Aussage zusammenhängenden Beweisergebnisses zu enthalten. Der Landtag kann während der Untersuchung **jederzeit** einen Bericht über den Stand des Verfahrens verlangen.[118]

52 **Saarland:** Über den **Verlauf des Verfahrens**, die **ermittelten Tatsachen**, das mit einer Begründung versehene **Ergebnis der Untersuchung** und eine **abweichende Auffassung** der Minderheit legt der Untersuchungsausschuss dem Landtag einen **schriftlichen Bericht** vor, dessen Fassung vom Untersuchungsausschuss festgestellt wird. Jedes Ausschussmitglied hat das Recht, dem Landtag einen **abweichenden** Bericht vorzulegen.[119]

---

117 § 24 UAG NRW.
118 § 28 UAG RhPf.
119 § 59 LTG Saarl.

§ 29 Der Abschlussbericht eines parlamentarischen Untersuchungsausschusses

Sachsen: Nach Abschluss der Untersuchung erstattet der Untersuchungsausschuss dem Landtag einen **schriftlichen Bericht**. Jedes Mitglied des Untersuchungsausschusses hat das Recht, **abweichende Berichte** vorzulegen, die dem Bericht des Untersuchungsausschusses anzuschließen sind. Der Landtag kann während der Untersuchung von dem Untersuchungsausschuss **jederzeit** einen **Zwischenbericht** über den Verlauf des Verfahrens verlangen.[120] 53

Sachsen-Anhalt: Nach Abschluss der Untersuchung erstattet der Untersuchungsausschuss dem Landtag einen **schriftlichen Bericht**. Die Anfertigung des **Berichtsentwurfs** obliegt dem **Vorsitzenden**. Über die **endgültige Abfassung** entscheidet der **Untersuchungsausschuss**. Dieser bestimmt einen oder mehrere Berichterstatter für die Berichterstattung im Plenum des Landtags. Wird im Bericht ein Sachverhalt offenbart, der geeignet ist, **Personen** in ihrem **Ansehen herabzusetzen**, und ist dieser Sachverhalt **nicht Gegenstand der öffentlichen Untersuchung** des Ausschusses gewesen, so ist den betroffenen Personen **vor Veröffentlichung** des Berichts Gelegenheit zur **Stellungnahme** zu geben; die Stellungnahme ist ihrem **wesentlichen Inhalt** nach im Bericht wiederzugeben. Das gilt nicht, wenn der Sachverhalt bereits in einem anderen **gerichtlichen oder behördlichen Verfahren** öffentlich erörtert worden ist. 54

Sollte der Untersuchungsausschuss die Möglichkeit des rechtlichen Gehörs einer Person verweigern wollen, so kann diese **verwaltungsgerichtlichen Schutz** in Anspruch nehmen. Statthafte Klageart ist die **allgemeine Leistungsklage**, da es sich bei der Möglichkeit der Stellungnahme nicht um einen Verwaltungsakt handelt, dessen Erlass die betroffene Person begehrt, sondern allein um **schlichtes Verwaltungshandeln**. 55

Jedes stimmberechtigte Mitglied des Untersuchungsausschusses kann seine **abweichende** Meinung in einem **Sondervotum** darlegen, das dem Bericht des Ausschusses anzuschließen ist. Der Landtag kann auch während der Untersuchung verlangen, dass ihm über den **Stand des Verfahrens** berichtet wird.[121] 56

Schleswig-Holstein: Der Untersuchungsausschuss erstattet dem Landtag nach Abschluss der Untersuchung einen **schriftlichen Bericht** über die ermittelten Tatsachen sowie über Verlauf und Ergebnis der Untersuchung; das Ergebnis ist zu begründen. Der Bericht darf keine geheimhaltungsbedürftigen Tatsachen enthalten, es sei denn, dass er ohne Bezug auf solche Tatsachen nicht verständlich wäre. In diesem Fall sind die geheimhaltungsbedürftigen Tatsachen gesondert darzustellen. Die Vorschriften der **Geheimschutzordnung** des Landtages bleiben unberührt. Der Landtag kann während der Untersuchung **Zwischenberichte** über den Stand des Verfah- 57

---
120 § 23 UAG Sachs.
121 § 29 UAG SachsA.; s.a. *Mahncke*, Art. 54 Rn. 10 f.

rens verlangen. Die Anfertigung der **Entwürfe für die Berichte** obliegt dem **Vorsitzenden und dessen Stellvertreter.** Über den **Wortlaut** der dem Landtag **zuzuleitenden Berichte** entscheidet der **Untersuchungsausschuss.** Jedes Mitglied des Untersuchungsausschusses hat das Recht, seine von der Mehrheitsmeinung **abweichende Auffassung** in einem **eigenen Bericht** niederzulegen, der dem Ausschussbericht angefügt wird.[122]

58 **Personen,** die durch die **Veröffentlichung** des **Abschlussberichtes** in ihren Rechten **erheblich beeinträchtigt** werden können, ist **vor Abschluss** des Untersuchungsverfahrens Gelegenheit zu geben, zu den betreffenden Ausführungen in dem Entwurf **Stellung nehmen zu können.** Voraussetzung ist allerdings, dass diese Ausführungen nicht mit ihnen in einer Sitzung zur Beweisaufnahme erörtert worden sind. Der **wesentliche Inhalt** der Stellungnahme ist in dem Bericht wiederzugeben.[123] Sollte der Untersuchungsausschuss die Möglichkeit des rechtlichen Gehörs einer Person verweigern wollen, so kann diese **verwaltungsgerichtlichen Schutz** in Anspruch nehmen. Statthafte Klageart ist die **allgemeine Leistungsklage,** da es sich bei der Möglichkeit der Stellungnahme nicht um einen Verwaltungsakt handelt, dessen Erlass die betroffene Person begehrt, sondern allein um **schlichtes Verwaltungshandeln.**

59 **Thüringen:** Nach Abschluss der Untersuchung erstattet der Untersuchungsausschuss dem Landtag einen **schriftlichen Bericht** über den Verlauf des Verfahrens, die ermittelten Tatsachen und das Ergebnis der Untersuchung. Das Ergebnis der Untersuchung ist zu begründen. Der Bericht **kann Empfehlungen** enthalten. Bericht und Empfehlungen dürfen keine geheimhaltungsbedürftigen Tatsachen enthalten, es sei denn, dass sie ohne Bezug auf solche Tatsachen nicht verständlich wären. In einem solchen Fall sind die geheimhaltungsbedürftigen Tatsachen gesondert darzustellen; diese Darstellung ist vertraulich. Die Erstellung des **Berichtsentwurfs** obliegt dem **Vorsitzenden.** Über die **endgültige Abfassung** des Berichts entscheidet der **Untersuchungsausschuss** mit der Mehrheit der anwesenden Mitglieder. Jedes Mitglied des Untersuchungsausschusses hat das Recht, seine **abweichende Meinung** in einer **eigenen schriftlichen Stellungnahme** darzulegen; diese Stellungnahme ist dem Bericht des Untersuchungsausschusses anzuschließen. Soweit ein Mitglied als Zeuge vernommen worden ist, hat es sich einer Würdigung des mit seiner Aussage zusammenhängenden Beweisergebnisses zu enthalten. Der Landtag kann während der Untersuchung **jeder Zeit** vom Untersuchungsausschuss einen **Bericht** über den Stand des Verfahrens **verlangen.**[124]

---

122 § 24 UAG SchlH; s.a. *Caspar,* in: ders./Ewer/Nolte/Waack, Art. 18 Rn. 70 f.
123 § 25 UAG SchlH.; s. *Wuttke,* in: v. Mutius/Wuttke/Hübner, Art. 18 Rn. 28.
124 § 28 UAG Thür.

§ 30 Auflösung des Untersuchungsausschusses

ÜBERSICHT	Rdn.
I. Rechtliche Grundlagen	1
II. Regelungen in den Untersuchungsausschussgesetzen	11

Literatur: *Arloth*, Grundlagen und Grenzen des Untersuchungsrechts parlamentarischer Untersuchungsausschüsse, NJW 1987, 808 ff.; *Hermes*, Das Minderheitsrecht auf eine parlamentarische Untersuchung, in: Fs. Mahrenholz (1994) S. 349; *Schleich*, Das parlamentarische Untersuchungsrecht des Bundestages, 1985.

I. Rechtliche Grundlagen

Das **Grundgesetz**, die **Landesverfassungen** und das **Untersuchungsausschussgesetz des Bundes** enthalten **keine Regelungen** über die **Auflösung** eines parlamentarischen Untersuchungsausschusses, d.h. über sein »vorzeitiges Ende«. Vielmehr finden sich in den vorgenannten Gesetzeswerken lediglich Bestimmungen über dessen **Einsetzung**. Gleichwohl lassen sich aus diesen Regelungen auch Anhaltspunkte und rechtliche Anforderungen ableiten, ob und unter welchen Voraussetzungen die Auflösung eines Untersuchungsausschusses verfassungsrechtlich zulässig. Dagegen haben die **meisten Länder** in ihren **Untersuchungsausschussgesetzen** die Möglichkeiten und Voraussetzungen der Auflösung eines parlamentarischen Untersuchungsausschusses geregelt.[1] 1

Ausgangspunkt der rechtlichen Überlegungen ist die prinzipielle **Sachherrschaft** des Parlaments auch im parlamentarischen Untersuchungsverfahren. Der Untersuchungsausschuss wird nicht auf eigenen Entschluss hin tätig, sondern es bedarf dessen Einsetzung durch das Parlament.[2] Da dem Parlament mithin das Recht zur **Einsetzung** zusteht, ist ihm auch die Berechtigung zu dem actus contrarius, also zur **Auflösung** des Ausschusses zuzubilligen.[3] 2

Daraus folgt zugleich, dass dem Untersuchungsausschuss **nicht** das Recht zur **Selbstauflösung** zusteht.[4] Nicht die Mitglieder des Ausschusses, sondern 3

---

1 S. dazu i.E. u. Rdn. 11 ff. sowie § 12 Abs. 3 IPA-Regeln.
2 S. dazu i.E. o. § 6 Rdn. 1.
3 *Schleich*, Das parlamentarische Untersuchungsrecht des Bundestages, 1985, S. 87; *Versteyl*, in: v. Münch/Kunig II, Art. 44 Rn. 24; *Brocker*, in: Grimm/Caesar, Art. 91 Rn. 63; *ders.*, in: Epping/Hillgruber, Art. 44 Rn. 71; *Caspar*, in: ders./Ewer/Nolte/Waack, Art. 18 Rn. 74 f.
4 *Müller*, Art. 54 Anm. 2 (S. 319).

allein das Parlament entscheidet, ob der Untersuchungsauftrag erfüllt ist. Ebenso wenig kann sich der Untersuchungsausschuss umgekehrt gegen seine Auflösung durch das Parlament **rechtlich** zur Wehr setzen. Seine Auffassung, der Untersuchungsauftrag sei noch nicht erfüllt, mag von politischem Gewicht sein, rechtlich aber ist sie prinzipiell **ohne Relevanz**.

4   Die vorgenannte Verfahrensweise ist aber nur **unproblematisch**, soweit es sich um eine **Mehrheitsenquete** handelt. Dann ist es auch der **Einsetzungsmehrheit** unbenommen, die Untersuchungen vorzeitig zu beenden beziehungsweise den Zeitpunkt des Endes der Untersuchungshandlungen zu bestimmen. Sofern die **parlamentarische Einsetzungsminderheit**[5] mit der Auflösung des Untersuchungsausschusses nicht einverstanden ist, kann sie gleichwohl nicht die **Fortsetzung** der Untersuchungen erreichen. Ihr bleibt dann nur die Möglichkeit, selbst die Einsetzung eines **neuen Untersuchungsausschusses** zu dem betreffenden Gegenstand zu beantragen. Angesichts dessen dürfte der Fall der **vorzeitigen Auflösung** eines Untersuchungsausschusses gegen den Willen einer Einsetzungsminderheit im Parlament auch bei einer Mehrheitsenquete eher **theoretischer Natur** sein, rechtlich zulässig ist sie jedenfalls.

5   **Nicht überzeugend** ist dagegen die Auffassung, bei einer Abstimmung über die Auflösung eines Untersuchungsausschusses müsse im Parlament die Mehrheit stets, also auch bei einer Mehrheitsenquete, so hoch sein, dass keine ausreichende Stimmenzahl für eine **Minderheitsenquete** verblieben.[6] Der Zweck dieser Forderung ist zwar politisch **nachvollziehbar**, ein solches Quorum bei einer Mehrheitsenquete aber **rechtlich nicht geboten**. So wie die Minderheit nicht ohne weiteres den Untersuchungsgegenstand gegen den Willen der Mehrheit abändern kann,[7] ist sie auch nicht berechtigt, die Fortsetzungen der Untersuchungen zu verlangen, die sie nicht initiiert hat. Ihr bleibt daher nur die Möglichkeit der bereits erwähnten **politischen Reaktion**, indem sie die Einsetzung eines neuen Untersuchungsausschusses beantragt. Allerdings ist in einigen Ländern einfachgesetzlich festgelegt, dass die Auflösung des Untersuchungsausschusses **gegen den Willen** eines Einsetzungsquorums generell, also auch bei einer Mehrheitsenquete, nicht zulässig ist.[8]

6   Handelt es sich dagegen bei dem Untersuchungsausschuss um eine **Minderheitenenquete**, so ist bei der Auflösung des Ausschusses auch der Sachherrschaft der Minderheit Rechnung zu tragen. **Gegen den Willen** der Einsetzungsminderheit ist eine Auflösung per Mehrheitsbeschluss im Par-

---

5   Nicht die Minderheit im Ausschuss.
6   So aber *Schleich*, Das parlamentarische Untersuchungsrecht des Bundestages, 1985, S. 87.
7   S. dazu o. § 6 Rdn. 32 ff.
8   S. dazu u. Rdn. 11 ff.

lament **rechtlich nicht zulässig**.[9] Denn andernfalls könnte im Extremfall eine Minderheitenquete zwar zunächst vom Parlament eingesetzt, dann aber ohne weiteres sofort wieder aufgelöst werden.[10] Damit aber wäre dem zwingenden Einsetzungsgebot **nur formal** entsprochen.

Die vorgenannten Grundsätze gelten ebenso bei einer **Aussetzung der Untersuchungen**. Denn auch in diesem Fall ist das Untersuchungsrecht der Einsetzungsminderheit tangiert.[11]

Gegen die Auflösung des Untersuchungsausschusses steht bei einer **Mehrheitsenquete** weder dem **Untersuchungsausschuss** noch einer **parlamentarischen Einsetzungsminderheit** gerichtlicher Schutz zu. Die Auflösung beeinträchtigt diese nicht in **ihren Rechten,** denn der Untersuchungsausschuss hat – abgesehen von den besonderen Befugnissen im Rahmen der Beweisaufnahme – keine **selbstständigen Kompetenzen** zum Tätigwerden. Weder dem Untersuchungsausschuss als solchem noch bei einer Mehrheitsenquete der Einsetzungsminderheit, kommt eine vom Parlament **unabhängige Sachherrschaft** zu.

Dagegen kann sich die **parlamentarische Einsetzungsminderheit** bei einer **Minderheitenquete** gegen die Auflösung des Untersuchungsausschusses auch gerichtlich zur Wehr setzen. Es handelt sich dabei um eine verfassungsrechtliche Streitigkeit, die im Wege des **Organstreitverfahrens** vor den Verfassungsgerichten auszutragen ist. Antragsteller ist in diesem Fall die parlamentarische Einsetzungsminderheit als mit **eigenen Rechten** ausgestatteter **Organteil** des Parlaments. Antragsgegner ist das **Parlament als Ganzes**, da von ihm beziehungsweise seiner Mehrheit die Auflösung des Untersuchungsausschusses ausgeht.

Schließlich führt der **Diskontinuitätsgrundsatz am Ende der Legislaturperiode** des jeweiligen Parlaments zwangsläufig auch zum **Ende des Untersuchungsausschusses**.[12] Folge der Diskontinuität ist allerdings nicht, dass es zwangsläufig **unzulässig** wäre, einen Untersuchungsausschuss noch **kurz vor dem Ende** der Wahlperiode einzusetzen. Denn der Untersuchungsausschuss kann immerhin noch **Teilergebnisse** erbringen.[13] In jedem Fall kann

---

9 *Brocker*, in: Epping/Hillgruber, Art. 44 Rn. 72.
10 *Schleich*, Das parlamentarische Untersuchungsrecht des Bundestages, 1985, S. 87; *Versteyl*, in: v. Münch/Kunig II, Art. 44 Rn. 24; *Magiera*, in: Sachs, Art. 44 Rn. 27; *Achterberg/Schulte*, in: v. Mangoldt/Klein/Starck II, Art. 44 Rn. 101; *Hermes*, Fs. Mahrenholz (1994) S. 362 f.
11 BVerfGE 113, 113 (125 ff.).
12 BVerfGE 49, 70 (86); BVerwGE 109, 258 (263); BayVerfGH, NVwZ 1996, 1206; *Achterberg/Schulte*, in: v. Mangoldt/Klein/Starck II, Art. 44 Rn. 100; *Magiera*, in: Sachs, Art. 44 Rn. 27; *Brocker*, in: Epping/Hillgruber, Art. 44 Rn. 73; *ders.*, in: Grimm/Caesar, Art. 91 Rn. 63; *Zeyer/Grethel*, in: Wendt/Rixecker, Art. 79 Rn. 21; a.A. *Versteyl*, in: v. Münch/Kunig II, Art. 44 Rn. 25.
13 BadWürttStGH, DÖV 1977, 524 (529); *Arloth*, NJW 1987, 808 (810).

ein Untersuchungsausschuss, der zu einem Themenkomplex eingesetzt wird, zu dem das Parlament der vorangegangenen Wahlperiode bereits parlamentarische Untersuchungen veranlasst hat, auf die bereits **ermittelten Tatsachen** zurückgreifen.[14]

II. Regelungen in den Untersuchungsausschussgesetzen

11   In den **Untersuchungsausschussgesetzen** der Länder finden sich teilweise Bestimmungen, die entweder eine **zeitweise Aussetzung** des Untersuchungsverfahrens oder darüber hinaus die **vorzeitige Auflösung** des Untersuchungsausschusses regeln. Dabei wird den vorstehend beschriebenen Anforderungen regelmäßig Rechnung getragen. Doch auch in den Ländern, in denen es an einer **ausdrücklichen Regelung** über die Auflösung des Untersuchungsausschusses fehlt, dürfte dies zulässig sein, allerdings muss der Schutz der parlamentarischen Einsetzungsminderheit gewahrt sein.[15]

12   **Baden-Württemberg:** Das Untersuchungsverfahren kann **ausgesetzt** werden, wenn eine alsbaldige Aufklärung **auf andere Weise** zu erwarten ist oder die Gefahr besteht, dass **gerichtliche Verfahren oder Ermittlungsverfahren** beeinträchtigt werden. Über die Aussetzung entscheidet der **Landtag** auf Antrag des Untersuchungsausschusses; ist der Untersuchungsausschuss auf Grund eines **Minderheitsantrags** eingesetzt worden, so bedarf die Aussetzung der **Zustimmung der Antragsteller**. Ein ausgesetztes Verfahren kann jederzeit durch Beschluss des Landtags wieder aufgenommen werden. Der Beschluss muss gefasst werden, wenn es von einem Viertel der Mitglieder des Landtags, von zwei Fraktionen oder von der qualifizierten Einsetzungsminderheit[16] beantragt wird. Unter den vorstehenden Voraussetzungen kann der Landtag einen Untersuchungsausschuss vor Abschluss der Untersuchung auch **auflösen**.[17]

13   **Berlin:** Wenn eine alsbaldige Aufklärung **auf andere Weise** zu erwarten ist oder die Gefahr besteht, dass **gerichtliche Verfahren oder Ermittlungsverfahren** gestört werden, kann das Untersuchungsverfahren durch Beschluss des Untersuchungsausschusses **mit Zustimmung der Antragsteller** ausgesetzt werden. Ein ausgesetztes Verfahren kann jederzeit, auch durch Beschluss des Abgeordnetenhauses, **wieder aufgenommen** werden. Das Abgeordnetenhaus kann mit Zustimmung der Antragsteller das Verfahren **einstellen** und den **Untersuchungsausschuss auflösen**, es sei denn,

---

14 *Versteyl*, in: v. Münch/Kunig II, Art. 44 Rn. 25; *Achterberg/Schulte*, in: v. Mangoldt/Klein/Starck II, Art. 44 Rn. 100; *Magiera*, in: Sachs, Art. 44 Rn. 27; *Brocker*, in: Eping/Hillgruber, Art. 44 Rn. 73.
15 *Schweiger*, in: ders./Knöpfle, Art. 25 Rn. 7.
16 S. § 22 Abs. 1 Satz 4 i. V. m. § 2 Abs. 3 u. 4 UAG BadWürtt.
17 § 22 UAG BadWürtt.

dass mindestens **ein Viertel der Mitglieder des Abgeordnetenhauses** widerspricht.[18]

Brandenburg: Das Untersuchungsausschussgesetz nennt als **Möglichkeiten der Beendigung** der Arbeit eines Untersuchungsausschusses dessen Auflösung, die Vorlage des Schlussberichtes und den Ablauf der Wahlperiode des Landtags.[19] Zur **Aussetzung und Auflösung** regelt das Gesetz, das Untersuchungsverfahren könne ausgesetzt werden, wenn eine alsbaldige Aufklärung **auf andere Weise** zu erwarten sei oder die Gefahr bestehe, dass **gerichtliche Verfahren oder Ermittlungsverfahren** beeinträchtigt würden. Über die Aussetzung entscheidet der Landtag auf Antrag des Untersuchungsausschusses. Die Aussetzung darf nicht erfolgen, wenn ein Fünftel der Mitglieder des Landtages, die zu den Antragstellern gehört haben, **widerspricht**. Ein ausgesetztes Verfahren kann **jeder Zeit** durch Beschluss des Landtages wieder aufgenommen werden. Der Beschluss **muss** gefasst werden, wenn er von **einem Fünftel der Mitglieder des Landtages**, die zu den Antragstellern gehört haben, beantragt wird. Der **Landtag** kann einen Untersuchungsausschuss darüber hinaus **vor Abschluss der Ermittlungen** auflösen. Das ist allerdings nicht zulässig, wenn **ein Fünftel der Mitglieder des Landtages** widerspricht. Die widersprechenden Abgeordneten müssen jedoch zu den Antragstellern des Untersuchungsausschusses gehört haben.[20]

Bremen: Das Untersuchungsverfahren **kann ausgesetzt** werden, wenn eine alsbaldige Aufklärung auf **andere Weise** zu erwarten ist oder die Gefahr besteht, dass **gerichtliche Verfahren oder Ermittlungsverfahren** beeinträchtigt werden. Der **Untersuchungsausschuss** beschließt die Aussetzung, es sei denn, dass ein **Viertel der Ausschussmitglieder** widerspricht. Ein ausgesetztes Verfahren kann **jederzeit** auch durch Beschluss der Bürgerschaft **wieder aufgenommen** werden. Das **Recht der Bürgerschaft**, das Untersuchungsverfahren auszusetzen oder einen Untersuchungsausschuss vor Abschluss der Ermittlungen aufzulösen, bleibt unberührt.[21]

Hamburg: Die **Bürgerschaft** kann den Untersuchungsausschuss **auflösen,** sein Verfahren **aussetzen** oder **einstellen**.[22] Bei einer **Minderheitenquete** ist dies jedoch nicht gegen den Willen der **parlamentarischen Einsetzungsminderheit** zulässig. Die Bürgerschaft kann jederzeit **die Wiederaufnahme** des Verfahrens beschließen. Auf Verlangen der **parlamentarischen Einsetzungs-**

---

18 § 18 UAG Berl.
19 § 26 UAG Brandb.; s.a. *Lieber/Iwers/Ernst*, Art. 72 Anm. 8 u. 10.
20 § 27 UAG Brandb.
21 § 19 UAG Brem.
22 S.a. *Thieme*, Art. 25 Anm. 10: Mit der Erledigung seines Auftrags ist der Untersuchungsausschuss auch ohne förmlichen Beschluss aufgelöst.

minderheit ist das Verfahren, sofern der Untersuchungsausschuss auf ihren Antrag eingesetzt wurde, **zwingend** wieder aufzunehmen.[23]

17 **Mecklenburg-Vorpommern:** Die Arbeit des Untersuchungsausschusses **endet** nach dem Untersuchungsausschussgesetz durch **Auflösung, Vorlage des abschließenden Berichts und den Ablauf der Wahlperiode** des Landtages.[24] Das Untersuchungsverfahren **kann ausgesetzt werden**, wenn eine alsbaldige Aufklärung auf **andere Weise** zu erwarten ist oder die Gefahr besteht, dass **gerichtliche Verfahren oder Ermittlungsverfahren** beeinträchtigt werden. Über die Aussetzung entscheidet auf Antrag des Untersuchungsausschusses der Landtag. Ist der Untersuchungsausschuss auf Grund des Antrags einer **qualifizierten Minderheit** eingesetzt worden, bedarf die Aussetzung **deren Zustimmung.** Ein ausgesetztes Verfahren kann **jederzeit** durch Beschluss des Landtages wieder aufgenommen werden. Auf Verlangen der Einsetzungsminderheit oder eines Viertels der Mitglieder des Untersuchungsausschusses ist es wieder aufzunehmen. Der Landtag kann einen Untersuchungsausschuss **vor Abschluss** der Untersuchungen auflösen. Er bedarf allerdings bei einer **Minderheitenenquete deren Zustimmung.** Eine Auflösung ist unzulässig, wenn **ein Viertel der Mitglieder des Landtages** widerspricht.[25]

18 **Nordrhein-Westfalen:** Das Untersuchungsverfahren kann ausgesetzt werden, wenn eine alsbaldige Aufklärung auf **andere Weise** zu erwarten ist oder die Gefahr besteht, dass **gerichtliche Verfahren oder Ermittlungsverfahren** beeinträchtigt werden. Über die Aussetzung **entscheidet der Landtag** auf Antrag des Untersuchungsausschusses. Die Aussetzung darf nicht erfolgen, wenn ein Fünftel der Mitglieder des Landtags, die zu den **Antragstellern** gehört haben, der Aussetzung **widerspricht.** Ein ausgesetztes Verfahren kann **jederzeit** durch Beschluss des Landtags wieder aufgenommen werden. Der Beschluss **muss** gefasst werden, wenn er von einem Fünftel der Mitglieder des Landtags, die zu den **Antragstellern** gehört haben, beantragt und dem **Schutz der Einsetzungsminderheit** Rechnung getragen wird. Der Landtag **kann** einen Untersuchungsausschuss vor **Abschluss** der Ermittlungen **auflösen**, es sei denn, dass **ein Fünftel der Mitglieder des Landtags,** die zu den Antragstellern gehört haben, der Auflösung **widerspricht.**[26]

19 **Rheinland-Pfalz:** Das Untersuchungsverfahren **kann** ausgesetzt werden, wenn eine alsbaldige Aufklärung auf **andere Weise** zu erwarten ist oder die Gefahr besteht, dass gerichtliche Verfahren oder Ermittlungsverfahren beeinträchtigt werden. Über die Aussetzung entscheidet auf **Empfehlung** des

---

23 § 4 UAG Hbg.
24 § 37 UAG MV.
25 § 38 UAG MV.
26 § 23 UAG NRW; s.a. *Menzel*, in: Löwer/Tettinger, Art. 41 Rn. 51.

§ 30 Auflösung des Untersuchungsausschusses

Untersuchungsausschusses **der Landtag**; ist der Untersuchungsausschuss auf Grund eines **Minderheitsantrages** eingesetzt worden, bedarf die Aussetzung **der Zustimmung dieser Minderheit**. Ein ausgesetztes Verfahren kann **jederzeit** durch Beschluss des Landtags wieder aufgenommen werden; auf Verlangen der Minderheit **ist es wiederaufzunehmen**. Der Landtag kann einen Untersuchungsausschuss unter Beachtung des Schutzes der Einsetzungsminderheit **vor Abschluss** der Untersuchungen auflösen.[27]

Saarland: Das Untersuchungsverfahren **kann** ausgesetzt werden, wenn eine alsbaldige Aufklärung auf **andere Weise** zu erwarten ist oder die Gefahr besteht, dass gerichtliche Verfahren oder Ermittlungsverfahren beeinträchtigt werden. Der Untersuchungsausschuss beschließt die Aussetzung, es sei denn, dass die **Antragsteller**, ihre **Vertreter im Ausschuss** oder ein **Viertel der Ausschussmitglieder** widersprechen. Ein ausgesetztes Verfahren kann **jederzeit** auch durch Beschluss des Landtages wieder aufgenommen werden. Die Wiederaufnahme **muss** erfolgen, wenn die **qualifizierte Einsetzungsminderheit** dies verlangt. Der Landtag kann einen Untersuchungsausschuss **vor Abschluss** der Ermittlungen auflösen, es sei denn, dass ein Viertel der Mitglieder des Landtages **widerspricht**.[28] 20

Sachsen: Das Untersuchungsverfahren **kann** ausgesetzt werden, wenn eine alsbaldige Aufklärung auf **andere Weise** zu erwarten ist oder die Gefahr besteht, dass gerichtliche Verfahren oder Ermittlungsverfahren beeinträchtigt werden. Über die Aussetzung entscheidet **der Landtag** auf Antrag des Untersuchungsausschusses; ist der Untersuchungsausschuss auf Grund eines **Minderheitsantrages** eingesetzt worden, so bedarf die Aussetzung der **Zustimmung der Antragsteller**. Ein ausgesetztes Verfahren kann **jederzeit** durch Beschluss des Landtages wieder aufgenommen werden. Der Beschluss **muss** gefasst werden, wenn es von **einem Fünftel der Mitglieder des Landtages** beantragt wird. Der Landtag kann einen Untersuchungsausschuss **vor Abschluss** der Untersuchung auflösen, allerdings **nicht gegen den Willen** der qualifizierten Einsetzungsminderheit.[29] 21

Sachsen-Anhalt: Das Untersuchungsverfahren **kann** ausgesetzt werden, wenn eine alsbaldige Aufklärung auf **andere Weise** zu erwarten ist oder die Gefahr besteht, dass gerichtliche Verfahren oder Ermittlungsverfahren beeinträchtigt werden. Über die Aussetzung entscheidet **der Landtag**. Ist der Ausschuss auf Grund eines **Minderheitsantrages** eingesetzt worden, bedarf die Aussetzung der **Zustimmung der Antragsteller**. Ein ausgesetztes Verfahren kann **jederzeit** durch Beschluss des Landtages wieder aufgenommen werden. Der Landtag kann einen Untersuchungsausschuss **vor Abschluss** 22

---

27 § 27 UAG RhPf.; s. *Brocker*, in: Grimm/Caesar, Art. 91 Rn. 63.
28 § 58 LTG Saarl.; s.a. *Zeyer/Grethel*, in: Wendt/Rixecker, Art. 79 Rn. 20.
29 § 22 UAG Sachs.

der Ermittlung auflösen, wenn bei einer **Minderheitsenquete** die qualifizierte Einsetzungsminderheit **zustimmt**.[30]

23 **Schleswig-Holstein:** Das Untersuchungsverfahren **kann** ausgesetzt werden, wenn eine alsbaldige Aufklärung auf **andere Weise** zu erwarten ist oder die Gefahr besteht, dass gerichtliche Verfahren oder Ermittlungsverfahren beeinträchtigt werden. Über die Aussetzung entscheidet **der Landtag** auf Antrag des Untersuchungsausschusses; ist der Untersuchungsausschuss auf Grund eines **Minderheitsantrags** eingesetzt worden, so bedarf die Aussetzung der Zustimmung **der Antragstellenden**. Ein ausgesetztes Verfahren kann **jederzeit** durch Beschluss des Landtages wieder aufgenommen werden. Der Beschluss **muss** gefasst werden, wenn es von **einem Fünftel der Mitglieder des Landtages** beantragt wird. Der Landtag kann – unter Beachtung des Schutzes der **qualifizierten Einsetzungsminderheit** – einen Untersuchungsausschuss **vor Abschluss** der Untersuchung auflösen.[31]

24 **Thüringen:** Das Untersuchungsverfahren **kann** ausgesetzt werden, wenn eine alsbaldige Aufklärung auf **andere Weise** zu erwarten ist oder die Gefahr besteht, dass gerichtliche Verfahren oder Ermittlungsverfahren beeinträchtigt werden. Über die Aussetzung entscheidet auf **Empfehlung** des Untersuchungsausschusses **der Landtag**. Sofern der Untersuchungsausschuss auf Grund eines **Minderheitsantrags** eingesetzt worden ist, bedarf die Aussetzung der **Zustimmung dieser Minderheit**. Ein ausgesetztes Verfahren kann **jederzeit** durch Beschluss **des Landtags** wieder aufgenommen werden; auf Verlangen **der Minderheit** ist es wiederaufzunehmen. Der Landtag kann einen Untersuchungsausschuss unter Beachtung des Schutzes der **qualifizierten Einsetzungsminderheit** vor Abschluss der Untersuchungen auflösen.[32]

30 § 28 UAG SachsA.
31 § 23 UAG SchlH.
32 § 27 UAG Thür.

Sachregister

Die Verweise beziehen sich auf die §§ (Fettdruck) und die dazugehörigen Randnummern.

Abgeordnetenanklage
- Auskunftsverweigerungsrecht **21** 19, 27 f., 34
- Betroffenenstatuts **23** 10
- Vereidigungsverbot **24** 12

Abhörmaßnahmen **15** 8 f.
Abhörprotokolle **15** 9
Abschluss eines Vorgangs **5** 39
- Verantwortungsreife **5** 40; **9** 10

Abschlussbericht **9** 21; **27** 22 f.; **29** 1 ff.
- Behandlung im Plenum **27** 23; **29** 16 ff.
- Geheimnisschutz **29** 14
- Gestaltungsermessen **29** 8 f.
- Grundrechtsbindung **29** 12 f.
- Kernbereich **29** 11
- Minderheitenschutz **27** 22 f.; **29** 3
- Private **29** 12 ff.
- Rechtsschutz **29** 19 ff.
- Sondervotum **29** 3, 6
- Zurückweisung **29** 17 f.

Aktenauskünfte **17** 8
Akteneinsicht **9** 21, 23 ff.
Aktenvorlage **9** 10 f.; **17** 1 ff.
- Akten anderer Länder **17** 11 ff.
- Akten der Regierung **9** 10 f.; **17** 1 ff.
- Akten Dritter **17** 6
- Akten Privater **17** 34 ff.
- Aktenauskünfte **17** 8
- Aktenauswahl **17** 4
- Akteneinführung **15** 5; **17** 43 ff.
- Aktenkopien **17** 9
- Arkanbereich **17** 30 f.
- Außergerichtliches Schlichtungsverfahren **17** 3
- digital gespeicherte Informationen **17** 36
- Gerichtsakten **17** 16 ff.
- Grenzen der Herausgabe **17** 21 ff.
- Kernbereichsschutz **17** 30 ff.
- Originalakten **17** 9
- Rechnungshof **17** 31
- Schutz privater Rechte **17** 28 f.
- Umfang der Vorlagepflicht **17** 4 ff.

Amtshilfe
- Aktenherausgabe **17** 11 ff.
- Grenzen **17** 15
- keine Kompetenzbegründung **5** 75

Amtsverschwiegenheit **20** 2 ff.

Anfangsverdacht
- bei privatgerichteten Untersuchungen **5** 147 ff.
- bei staatsgerichteten Untersuchungen **5** 11 ff.
- gerichtliche Kontrolle **5** 150 f.

Annexkompetenz **9** 17
Antezipationsverbot **16** 3
Arkanbereich **5** 48, 112; **9** 10 ff.; **14** 2; **17** 30 f.
- Parlamentsfraktionen **1** 42; **5** 123
- politischer Parteien **5** 111

Aufgabe des Untersuchungsausschusses **1** 1 ff.

Auflösung des Untersuchungsausschusses **30** 1 ff.
- keine Selbstauflösung **30** 3
- landesgesetzliche Regelungen **30** 11 ff.
- Mehrheitsenquete **30** 4 f.
- Minderheitenschutz **30** 6
- Rechtsschutz **30** 8 f.

Auskunftspersonen **22** 1 ff.
Auskunftsverweigerungsrecht **21** 1 ff., 12 ff.; **22** 4 f.
- Abgeordnetenanklage **21** 19
- bundesgesetzliche Regelungen **21** 25 f.
- Disziplinarverfahren **21** 19 ff.
- Einstellung des Strafverfahrens **21** 15

459

Sachregister

- Glaubhaftmachung **21** 16
- landesgesetzliche Regelungen **21** 27 ff.
- Ministeranklage **21** 19
- Mosaiktheorie **21** 13 f.; **22** 4
- Rechtskräftige Verurteilung **21** 15
- Richteranklage **21** 34

Auslegungsstreitigkeit **8** 6
aussageersetzende Erklärung **22** 13
Aussagegenehmigung **20** 1 ff.
- Amtsverschwiegenheit **20** 2 ff.
- Bundesstaatsprinzip **20** 31 ff.
- Einholung **20** 25
- entscheidende Stelle **20** 26 ff.
- Erteilungspflicht **20** 22 ff.
- Nachprüfung der Versagung **9** 10 ff.; **14** 2; **20** 30
- Rechtsanspruch **20** 17
- Reichweite **20** 16
- Versagungsgründe **20** 17 ff.

Ausschussmitglieder **7** 10 ff.
- Befangenheit **7** 17 f.
- Benennung **7** 15 f.
- fraktionslose Abgeordnete **7** 14
- Interessenkollision **7** 17 ff.
- Rückruf **7** 19 ff.; **13** 15
- Vernehmung als Zeuge **7** 19 ff.

Ausschusssekretär **9** 19
Ausschusssekretariat **9** 18
Außergerichtliches Schlichtungsverfahren **16** 13; **17** 3
Aussetzung der Untersuchungen **9** 14; **30** 7, 11 ff.
Ausstattung des Ausschusses **9** 18 ff.

Bankgeheimnis **11** 21 f.; **17** 41
Befangenheit **7** 17 f.; **9** 5; **13** 7 ff.; **22** 18 f.
Bericht **1** 16; **27** 22 f.; **29** 1 ff.
Beschlagnahme **15** 16, 20; **18** 1 ff.
- bundesgesetzliche Regelungen **18** 12 ff.
- landesgesetzliche Regelungen **18** 16 ff.
- richterliche Vorprüfung **18** 10
- Richtervorbehalt **18** 7

Beschleunigungsgebot **6** 29
Beschlussfähigkeit **6** 13; **9** 28 f.
Bestimmtheit
- Einsetzungsantrag **4** 1

- Einsetzungsbeschluss **6** 3, 10 ff.

Betriebs- und Geschäftsgeheimnisse **11** 7, 14 f.; **18** 5
Betroffener **22** 5; **23** 1 ff.
- Abschlussbericht **29** 49, 54, 58
- Akteneinsicht **23** 27, 38, 39, 40
- Anwesenheitspflicht **23** 25, 35
- Anwesenheitsrecht **23** 23 f., 35, 38 ff.
- Auskunftsverweigerungsrecht **23** 29 f., 35, 38
- Beweisantragsrecht **23** 26, 38 ff.
- einfachgesetzliche Festlegungen **23** 14 ff., 35 ff.
- Feststellung des Betroffenenstatus **23** 13
- Formeller Betroffenenstatus **23** 6
- Fragerecht **23** 26, 38 ff.
- materielle Betroffenheit **23** 7, 9 ff.
- Mosaiktheorie **23** 30 f.
- Nemo-tenetur-Prinzip **23** 31
- politisches Fehlverhalten **23** 11
- Protokolleinsicht **23** 38, 40
- rechtliche Stellung **23** 22 ff.
- rechtliches Gehör **23** 22
- Rechtsbeistand **23** 28, 37 ff.
- umfassendes Schweigerecht **22** 5; **23** 31 f., 38
- Vereidigungsverbot **23** 33; **24** 16
- Verfassungsrechtliche Ausgangslage **23** 1 ff.
- Verwendungsverbot **23** 32
- Verwertungsverbot **23** 32
- Zeugnisverweigerungsrecht **21** 6 f.
- Zwangsmaßnahmen **18** 8

Beugehaft **15** 16, 19; **26** 12 ff., 17
Beweisanträge **16** 1 ff.
- Angabe des Beweismittels **16** 4
- Antezipationsverbot **16** 3
- Antragsberechtigter **16** 2
- Beschlussfassung **16** 9 ff.
- Bestimmtheit **16** 3 f.
- formale Voraussetzungen **16** 2 ff.
- materielle Grenzen **16** 6
- und Vereidigung **24** 7; **27** 13
- Wertungsverbot **16** 3
- Zulässigkeit **15** 10; **16** 1 ff.

Beweisbeschlüsse **16** 7 ff.

Sachregister

Beweiserhebung **15** 1 ff.; **16** 1 ff.
Beweiserhebungsverbote **15** 7 ff.
Beweismittel **15** 3 ff.; **17** 1 f.
– die einzelnen Beweismittel **15** 3 f.
– Einführung ins Verfahren **15** 5, 13
Beweisverwertungsverbote **15** 7 ff.
Bloßstellende Fragen **22** 17
Briefgeheimnis **15** 7 ff.; **18** 2
Bund-Länder-Streit
– Aktenvorlage **28** 13 ff.
– Aussagegenehmigung **28** 29
– negativer Kompetenzkonflikt **28** 15 ff.
– vorläufiger Rechtsschutz **28** 20
Bundesauftragsverwaltung **5** 84 ff.; **20** 33
Bundesfreundliches Verhalten **5** 72 f.
Bundesgerichtshof **28** 65 ff.
Bundesrat **1** 21 f.; **14** 5
Bundesstaatsprinzip **5** 60 ff.
– Aussagegenehmigung **20** 31 ff.
– Gesetzgebungsenquete **5** 64 ff.
Bundestreue **5** 72 f.
– Kompetenzbegrenzung **5** 73
– Kontroll- und Skandalenquete **5** 70 ff.

Direktübertragung **12** 10 ff.
Diskontinuität **27** 20; **30** 10
Disziplinarverfahren **21** 19 ff.; **23** 10
»Drehbücher« **9** 7
Durchsuchung **15** 17, 21; **18** 1 ff.
– bundesgesetzliche Regelungen **18** 12 ff.
– landesgesetzliche Regelungen **18** 16 ff.
– Richtervorbehalt **18** 6
dynamische Verweisung **3** 2

Eigengesellschaften **5** 144 f., 160 ff.; **17** 37
– Grundrechtsfähigkeit **5** 160 ff.
Einsetzungsantrag **4** 1 ff.
– Abänderung **4** 10
– Ablehnungsbefugnis **4** 12; **6** 17 ff.
– Antezipationsverbot **16** 3
– Ausschussverweisung **4** 14; **6** 29
– Bestimmtheit **4** 1
– Erweiterung **4** 9 ff.
– keine Zulässigkeitsvermutung **4** 13
– Korrektur **6** 26 ff.
– Rücknahme **4** 15

– Unterschriften **4** 11
– Untersuchungsgegenstände **4** 5
– Verfassungsgemäßheit **4** 7 f.
– Wertungsverbot **16** 3
Einsetzungsbeschluss
– Beschlussfähigkeit **6** 14
– Bestimmtheit **6** 3, 8 ff.
– Erforderlichkeit **6** 1 ff.
– Ergänzungen **6** 10, 34 ff.
– fehlerhafte Einsetzung **6** 15 f.; **15** 10
– Maßstabsfunktion **15** 10
– personelle Stärke **6** 8; **7** 11
– Stimmenthaltung **6** 13
– Teileinsetzung **6** 21, 26
– vereinfachtes Verfahren **6** 2
– Wertungsverbot **6** 12; **16** 3
Einsetzungsantrag
– Abänderung **6** 26 ff.
Enquete-Kommissionen **1** 5, 34 ff.
Enquetemonopol des Verteidigungsausschusses **1** 14 ff.
Ermittlungsbeauftragter **9** 31, 34 f.
Ermittlungsrichter beim Bundesgerichtshof **28** 60 ff.
Ermittlungsverfahren **9** 13 f.
Erzwingungshaft **19** 27, 32, 49
Europäisches Parlament **1** 26 ff.
Europapolitik **1** 26
Ex-post-Kontrolle **5** 35 ff.; **9** 16

fair trial **22** 1 f.
Falschaussage **25** 1 ff.
– Meineid **25** 9 ff.
– Strafbarkeit **25** 1 ff.
– uneidliche Falschaussage **25** 2 ff.
Fernmeldegeheimnis **18** 2
Flick-Entscheidung **5** 49; **11** 6; **17** 23
Fraktionsmitarbeiter **9** 20 f.; **10** 15 ff., 19, 23

Gegenüberstellung von Zeugen **15** 3; **19** 18, 25, 38, 40, 51; **27** 14
Geheimnisschutz **11** 1 ff.
– Abschlussbericht **29** 14, 47, 48, 51, 57, 59
– Bankgeheimnis **11** 21 f.; **17** 41
– geheime Sitzungen **11** 30

461

Sachregister

- Kernbereich exekutiver Eigenverantwortung 11 10, 13
- modifiziertes Vorsitzenden-Verfahren 11 35 ff.
- nichtöffentliche Sitzungen 11 27
- private Geheimnisse 11 7 ff.; 17 28 f.
- Sicherungsmaßnahmen 11 23 ff.
- staatliche Geheimnisse 11 3 ff.
- Staatswohl 11 4 ff.
- Steuergeheimnis 11 14 ff.
- Verhältnismäßigkeit 11 12
- Verschlusssachen 11 31
- Vertrauliche Sitzungen 11 28 f.
- Vorsitzenden-Verfahren 11 35 ff.; 13 11

Geheimschutzordnung 11 30, 32 f.
- private Geheimnisse 11 39 f.
- strafrechtliche Konsequenzen 11 40

geistige Untersuchung 15 4
gemischt-wirtschaftliche Gesellschaften 5 144 f., 160 ff.; 17 37
Gerichtsverfahren 9 13 f.
geschichtliche Entwicklung 2 1 ff.
- Belgien 2 12
- Deutschland 2 13 ff.
- England 2 1 ff.
- Frankreich 2 10 ff.
- USA 2 6 ff.

Gesetzgebungsenquete 1 34
- Bundesstaatsprinzip 5 64 ff.
- Hochschulfreiheit 5 107 f.
- privatgerichtete Untersuchungen 5 134 ff.
- Rundfunkfreiheit 5 103

Gewaltenteilung 1 43; 5 30 ff.; 9 10
- abgeschlossene Vorgänge 5 34 f.
- Durchbrechungen 5 31
- Verfassungsorgantreuepflicht 5 32

Grundmandat 7 13 f.
Grundrechte 5 154 ff.
- immanente Grundrechtsschranken 5 157 f.

Hochschulfreiheit 5 105 ff.

In-camera-Verfahren 28 19
Informationelle Selbstbestimmung 11 9 f.; 18 5
IPA-Regeln 3 4

Juristische Personen 5 159
Justizverwaltungsakt 28 21, 29

Kernbereich exekutiver Eigenverantwortung 5 48 ff.; 9 10 ff.
- Abschlussbericht 29 11
- Aktenvorlage 9 10 ff.; 17 30 ff.
- Aussagegenehmigung 9 10 ff.; 20 21
- Begründungs- und Darlegungspflicht 9 11 f.; 14 2
- Kabinettsberatungen 5 50 ff.
- vorgelagerte Abläufe 5 54

Kollegialenqueten 1 39 f.; 5 115 ff.
- Rechtsschutz 5 128

Kommunale Selbstverwaltung 5 90 ff.
Kommunale Vertretungen 1 24 f.
Konstituierung 1 19; 27 15
Kontrollenqueten 1 37 f.
- Bundesstaatsprinzip 5 70 f.
- Hochschulfreiheit 5 107 f.
- privatgerichtete Untersuchungen 1 12; 5 141 ff.
- Rundfunkfreiheit 5 104

Korellartheorie 5 2 ff.
körperliche Untersuchung 15 4

Länder-Länder-Streit 28 18
- Aussagegenehmigung 28 30
- vorläufiger Rechtsschutz 28 20

Landesparlamente 1 23
Leichenöffnung 15 4
Leichenschau 15 4

Mehrheitsenquete 1 31; 4 1; 27 4
Mehrheitsprinzip 9 2; 27 1 f., 17 ff.
Meineid 25 9 ff.
Minderheitenrechte 1 8 f.; 27 1 ff.
- bei Enquete-Kommissionen 1 36
- Beweisdurchsetzungsrecht 27 16 ff.
- Beweiserzwingungsrecht 27 8 ff.
- in der Weimarer Republik 2 16
- und Diskontinuität 27 20 ff.

Sachregister

- und Gegenüberstellung **27** 14
- und Konstituierung **27** 15
- und Mehrheitsprinzip **9** 2; **27** 2, 17 ff.
- und »Mitgestaltungsanspruch« **27** 4 ff.
- und Opposition **1** 8 f.
- und »Organstreit« nach dem PUAG **27** 28
- und Reihenfolge der Beweiserhebung **27** 17 ff.
- und Sitzungserzwingungsrecht **9** 27; **27** 26
- und Vereidigung **27** 13
- und Verfahrensfragen **27** 17 ff.
- und Wahltermine **27** 24
- und Zeitpunkt der Beweiserhebung **27** 17 ff.
- und Zwangsmaßnahmen **26** 18; **27** 12

Minderheitsenquete **1** 30, 32; **4** 1; **27** 4

Ministeranklage
- Auskunftsverweigerungsrecht **21** 19, **27** ff.
- Betroffenenstatus **23** 10
- Vereidigungsverbot **24** 12

Missstandsenqueten **1** 38; **5** 70 ff.

Mittelbare Untersuchungen **5** 77 ff., 94 f.

modifiziertes Vorsitzendenverfahren **11** 35 ff.

Mosaiktheorie **21** 13; **22** 4; **23** 30 f.

Mündlichkeitsgrundsatz **15** 14

Nemo-tenetur-Prinzip **22** 3 ff.; **23** 31

Neue-Heimat-Entscheidung **18** 2

Nichtöffentliche Sitzung **10** 9 ff., 21 ff.; **11** 27; **12** 17 ff., 18

Observation **15** 8

öffentliche Beweiswürdigung **22** 19

Öffentliches Interesse **5** 11 ff.
- Beurteilungsspielraum des Parlaments **5** 29, 150
- faktischer Art **5** 18 f.
- Feststellung **5** 25 f.
- gerichtliche Überprüfung **5** 28 f.
- Grenzen **5** 22 f.
- inhaltliche Anforderungen **5** 18 ff.
- maßgeblicher Zeitpunkt **5** 27

- privatgerichtete Untersuchungen **5** 24, 151 f.
- Rechtsstaatsprinzip **5** 17
- Steuergeheimnis **11** 17
- Unbestimmter Rechtsbegriff **5** 20

Öffentlichkeitsgrundsatz **10** 1 ff.
- Ausschluss der Öffentlichkeit **10** 9 ff.
- Bedeutung **10** 1 ff.
- in der Weimarer Republik **2** 16
- und Beratungen **10** 21 f.
- und Beweiserhebung **10** 1 ff.; **15** 13
- und Verteidigungsausschuss **1** 20; **10** 11 f.
- und vertrauliche Akten(teile) **9** 12

Opposition **1** 8 f.

Ordnungsgeld **15** 16 ff.; **19** 24 ff.; **26** 3 ff.
- Höhe **26** 6
- Ordnungsgeldbescheid **26** 7 ff.
- Ordnungsgeldbeschluss **26** 4
- Vollzug des Ordnungsgeldbescheids **26** 9
- wiederholte Festsetzung **26** 7 f., 15

Ordnungshaft **19** 27, 32, 38, 47, 49, 51, 54, 63

Organstreitverfahren **8** 1 ff.; **28** 1 ff.
- Antragsbefugnis **8** 10; **28** 7
- Antragsfrist **8** 11 f.; **28** 40
- Antragsgegner **8** 13; **28** 37, 64, 69 f.
- Beteiligtenfähigkeit **8** 7 f.; **28** 6
- einstweilige Anordnung **28** 42 f.
- Entscheidungstenor **28** 8
- Kollegialenquete **5** 128
- nach dem PUAG **27** 28 f.; **28** 60 ff.
- Prozessstandschaft **28** 11, 34
- Vorverfahren **28** 36, 68, 68 ff.
- Vorwegnahme der Hauptsache **28** 42 f.

parallele Gerichts-bzw. Ermittlungsverfahren **5** 45 f.; **9** 13

parallele Untersuchungsausschüsse **1** 6 f.

parlamentarisches Fragerecht **1** 5

Parlamentarisches Kontrollgremium **1** 5

Parlamentsenqueten **1** 39 ff.; **5** 115 ff.
- verfahrensrechtliche Vorkehrungen **5** 126 f.

Sachregister

Parlamentsfraktionen
- als Untersuchungsgegenstand 1 9, 41 f.; 5 115 ff.
- Arkanbereich 5 123 ff.
- Finanzgebaren 1 41; 5 121 ff.
Parteienprivileg 5 113
Personenvereinigungen 5 159
persönliche Gründe 21 2
- Vertrauensstellung 21 3
politische Parteien 1 41; 5 110 ff.
- Arkanbereich 5 111
- Finanzgebaren 5 112
- Untersuchungsgegenstand 5 110 ff.
politisches Kampfmittel 1 10; 2 17
Post- und Fernmeldegeheimnis 15 7 ff.; 18 2
Präsidentenanklage 23 10
präventive Wirkung 1 11
Presse 12 1 ff.
- allgemeines Persönlichkeitsrecht 12 8 f.
- Bild- und Tonaufnahmen 12 5 ff.
- Direktübertragungen 12 10 ff.
- elektronische Medien 12 4
- Information der Presse 12 16 ff.
- Parlamentsöffentlichkeit 12 10
- Saalöffentlichkeit 10 6; 12 4
- Zeugenschutz 12 7
- Zugang der Presse 10 6; 12 1 ff.
Privatbereich 1 12
privatgerichtete Untersuchungen 5 129 ff.
- Anfangsverdacht 5 147 ff.
- Beliehene 5 133
- Eigengesellschaften 5 144
- Gesetzgebungsenquete 5 134 ff.
- Grundrechte 5 154 ff.
- Kontrollenquete 1 37 f.; 5 141 ff.
- Missstandsenquete 1 37 f.; 5 146 ff.
- Öffentliches Interesse 5 24
- Skandalenquete 1 38
Protokolle 9 22 ff.; 19 40, 46

Rechnungshof 11 19; 17 31
Recht auf Selbstinformation 1 2
rechtliche Grundlagen 3 1 ff.
- Grenzen gesetzlicher Regelung 3 23 ff.

- IPA-Regeln 3 4
- Strafprozessrecht 3 23 ff.
- Untersuchungsausschussgesetze 3 4 ff.
- Verfassungen 3 1 ff.
rechtliches Gehör 22 6 ff.; 23 22
Rechtsbeistand 10 15, 19; 19 7 ff.; 22 10; 23 28, 37 ff.
Rechtshilfe 17 12, 14 ff.
Rechtsschutz bei Einsetzung 8 1 ff.
- Asymmetrie des Rechtsschutzes 8 25
- Einsetzungsminderheit 8 1 ff.
- einstweilige Anordnung 8 29 ff.
- Kollegialenquete 5 128
- Organstreitverfahren 8 1 ff.
- privater Personen 8 18 ff.
- Rechtsschutzbedürfnis 8 4
- Verwaltungsrechtsweg 8 24 f.
Rechtsschutz gegen Abschlussbericht 29 20 ff.
- Amtsträger 29 33
- bundesgesetzliche Regelungen 29 37 ff.
- Einsetzungsminderheit 29 20 ff.
- einstweilige Anordnung 29 23
- faktischer Grundrechtseingriff 29 32
- landesgesetzliche Regelungen 29 41 ff.
- Privater 29 24 ff.
- qualifizierter Minderheit 29 20 ff.
- Tatbestandswirkung 29 25
- Verletzung wesentlicher Verfahrensvorschriften 29 35
Rechtsschutz im Verfahren 28 1 ff.
- Aktenherausgabe 28 6 ff.
- allgemeine Leistungsklage 28 23, 52, 56
- Anfechtungsklage 28 49 ff.
- Beschwerde 28 24 f., 32 f.
- Beweismittelherausgabe 28 51
- Bund-Länder-Streit 28 13 ff., 29
- bundesgesetzliche Regelungen 28 60 ff.
- einstweilige Anordnung 28 56
- Fraktion im Ausschuss 28 34
- gerichtliche angeordnete Maßnahmen 28 58
- In-camera-Verfahren 28 19
- Justizverwaltungsakt 28 21

Sachregister

- Länder-Länder-Streit 28 18, 30
- landesgesetzliche Regelungen 28 72 ff.
- Organstreitverfahren 28 6 ff., 28, 34 ff.
- Private 28 44 ff.
- Prozessstandschaft 28 34
- qualifizierte Minderheit 28 34 ff.
- Rechtsschutzbedürfnis 28 57
- Unterlassungsklage 28 52
- Verpflichtungsklage 28 31
- Verwaltungsrechtsweg 28 21 ff., 47 f.
- vorläufiger Rechtsschutz 28 20, 42 f., 54 f.

Regierung 14 1 ff.
- Beauftragter für das Verfahren 14 1 ff.
- Regierungskontrolle 1 10 ff.
- Zitierrecht 14 17
- Zutrittsrecht 10 11, 15 f.; 14 4 ff.

Reißverschlussverfahren 27 28
Richteranklage 21 34; 23 10
Richtervorbehalt 15 21; 18 6
Rücksichtnahmegebot 9 9 f., 14
- gegenüber den Gerichten 9 13 f.
- gegenüber den Staatsanwaltschaften 9 13 f.
- gegenüber der Regierung 9 9 f.

Rundfunkfreiheit 5 100 ff.

Sachstandsbericht 27 22
Sachstandsenquete 1 34
Schutzschrift 26 14
Schweigerecht 22 2, 4 f.
Sekretariat des Ausschusses 9 18 f.
»Selbstreinigung« des Parlaments 1 39 f.
- Abgeordnete 1 39 f.
- Parlamentsverwaltung 1 39
- Fraktionen 1 9, 41 f.

sinngemäße Anwendung des Strafprozessrechts 3 24 ff.

Sitzungen
- Beratungen 10 21 f.
- Beweiserhebungen 10 1 ff.
- Einberufung 9 26 f.
- Ordnungsgewalt 10 8; 13 9
- Sitzungserzwingungsrecht 9 27
- Sitzungspolizei 10 8; 13 9
- Sondersitzung 9 27; 27 26
- Vorbereitung 9 26

Sitzungserzwingungsrecht 9 27; 27 26
Skandalenqueten 1 38; 5 70 ff., 104, 107 f., 146 ff.
Sondersitzung 9 27; 27 26
Sperrerklärung 14 2; 15 7; 17 27
Splitterenquete 1 32; 27 7
Staatsfundamentalnormen 1 4
Staatswohl 11 4; 20 19 ff.
- Begriff 17 24 ff.
- Grenzen der Aktenherausgabe 17 22 f.

Ständige Untersuchungsausschüsse 5 34 ff.
Steuergeheimnis 11 14 ff.
Strafbarkeit einer Falschaussage 25 1 ff.
»Strategietreffen und -papiere« 9 7

Träger des Untersuchungsrechts 1 1, 13 ff.
Typologie 1 29 ff.

Unmittelbarkeitsgrundsatz 15 14
Unparteilichkeit 9 5 ff.; 13 7 ff.
Unschuldsvermutung 22 18
Untätigkeit 27 15, 18
Unterausschuss 9 30 ff.
Untersuchungsauftrag 1 1; 6 6, 11, 35 ff.; 9 15 ff.
- Umfang 9 15 ff.
- zeitliche Zäsur 9 16

Untersuchungsausschuss
- Gewaltenteilung 5 33 ff.
- Hochschulfreiheit 5 105 ff.
- Justiz 5 42 ff.
- kommunale Selbstverwaltung 5 90 ff.
- mehrere Untersuchungsausschüsse 1 6
- politische Parteien 5 109 ff.
- privatgerichtete Untersuchungen 1 12; 5 129 ff.
- Rundfunkfreiheit 5 100 ff.
- Stellung 1 1 ff.
- Zusammensetzung 7 1 ff.; 15 14

Untersuchungsausschussgesetze 3 4 ff.
- Anwendung 3 28 f.
- Auslegung 3 28 f.
- Ermächtigung 3 24
- Konkretisierung 3 23 ff.
- verfassungsrechtliche Grenzen 3 23 ff.

465

Sachregister

Untersuchungsgegenstand 5 1 ff.
- Abgeordneter 1 9, 39 ff.
- abgeschlossene Vorgänge 5 50
- Bundesstaatsprinzip 5 60 ff.
- Europapolitik 1 26
- Fraktion 1 9, 41 ff.; 5 115 ff.
- Gewaltenteilung 5 33 ff.
- Hochschulfreiheit 5 105 ff.
- Justiz 5 42 ff.
- Kernbereich exekutiver Eigenverantwortung 5 48 ff.
- kommunale Selbstverwaltung 5 90 ff.
- Mittelbare Untersuchung von Landesbehörden 5 77 ff.
- politische Parteien 5 109 ff.
- privatgerichtete Untersuchungen 1 12; 5 129 ff.
- Rundfunkfreiheit 5 100 ff.
Untersuchungsgrundsatz 9 4; 15 12

Vereidigung 24 1 ff.; 27 13
Verfahrensgrundsätze 15 1 ff.
- Untersuchung von Parlamentsfraktionen 5 126 f.
Verfahrenshoheit 1 1; 9 1 ff.; 15 1; 27 2
Verfahrensrechte 22 1 ff.
- Auskunftsverweigerungsrechte 21 1 ff.; 22 4 f.
- Beanstandungsrecht 22 9
- fair trial 22 1 f.
- Fragerecht 22 9
- Nemo-tenetur-Prinzip 22 3 ff.
- rechtliches Gehör 22 6 ff.
- und bloßstellende Fragen 22 17 f.
- Zulassung anwaltlichen Beistands 22 10 ff.
Verfassungsorgantreuepflicht 5 32
Verhaftungen 15 21; 26 12 ff.
Verlesung des Akteninhalts 15 5; 17 45
Verschwiegenheitspflicht 20 2 ff., 6, 7 f., 11
- Befreiung 20 14
Verteidigungsausschuss 1 14 ff.; 5 37
Vertrauliche Sitzungen 11 28 f.; 12 17 ff.
Verwendungsverbot 21 22; 23 32
Verwerfungskompetenz 6 10
Verwertungsverbot 15 8 f.; 21 22; 23 32

Vorführung 15 16, 21; 19 24 ff.; 26 10
- bundesgesetzliche Regelungen 19 24 ff.
- landesgesetzliche Regelungen 19 27 ff.
- und Richtervorbehalt 15 21
Vorhalt aus Akten 15 5
Vorlagepflicht 8 27
Vorsitzender 7 1 ff.; 9 19; 13 1 ff.
- Abwahl 7 6 ff.; 13 12 ff.
- Befähigung zum Richteramt 7 5
- Leitungsgewalt 13 4 ff.
- Ordnungsgewalt 13 9
- Sitzungspolizei 13 9
- Stellung im Verfahren 13 1 ff.
- Stimmrecht 7 3
- und Ausschluss der Öffentlichkeit 10 13
- und besondere Schutzpflichten 13 6
- und Unparteilichkeit 9 8; 13 7 ff.
- Vorsitzendenverfahren 11 35 ff.; 13 11; 17 39
- Wahl 7 1 ff.
Vorwegnahme der Hauptsache 28 42 f.

Zeugenvernehmung
- Abschluss der Vernehmung 19 20 f.; 25 7 f.
- Aussagekorrektur 19 20; 25 7 f.
- Aussagen zur Person 26 6
- Belehrung 19 7, 19
- bundesgesetzliche Regelungen 19 23 ff.
- Ehrenschutz 19 14
- Einzelvernehmung 19 17
- Erscheinungspflicht 19 3
- Folgen des Ausbleibens 19 3
- Fraktionsmitarbeiter 19 19
- Gegenüberstellung 15 3; 19 18; 27 4
- Ladungsfrist 19 3
- landesgesetzliche Regelungen 19 27 ff.
- Rechtsbeistand 19 7 ff.; 22 10 ff.
- schriftliche Aussage 25 4
- verbotene Vernehmungsmethoden 19 13
- Vorhalt 15 5
- Wahrheitspflicht 19 10

Sachregister

- zusammenhängende Darstellung **19** 11; **22** 7
Zeugnispflicht **19** 1 f.
Zeugnisverweigerungsrecht **21** 1 ff.
- Abgeordnete **21** 9
- Abgeordnetenmitarbeiter **21** 10
- Betroffenenstatus **21** 6 f.; **22** 4 f.
- bundesgesetzliche Regelungen **21** 25 f.
- gesellschaftsrechtliche Geheimhaltungsbestimmungen **21** 3
- Glaubhaftmachung **21** 11
- Grenzen **21** 5 ff.
- landesgesetzliche Regelungen **21** 27 ff.
- persönliche Gründe **21** 2
- Vertrauensstellung **21** 3
Zitierrecht **14** 17
Zurückhaltungsgebot **22** 19
Zusammensetzung **7** 1 ff.
- Fraktionslose Abgeordnete **7** 14
- Grundmandat **7** 13
- Interessenkollisionen **7** 17 ff.
- Mitglieder **7** 10 ff.
- Organisationsermessen **7** 12
- Rückruf eines Mitglieds **7** 21 ff.
- Spiegelbildlichkeit **7** 12
- Vorsitzender **7** 1 ff.; **13** 1 ff.
Zutrittsrecht
- der Fraktionsmitarbeiter **10** 15 f., 19, 23
- der Öffentlichkeit **10** 6 f.
- der Presse **10** 6 f.; **12** 1 ff.
- der Regierung **10** 15 f., 19, 23; **14** 4 ff.
- des Rechtsbeistands **10** 15 ff., 19; **22** 10 ff.
Zwangsmittel **15** 15 ff.; **26** 1 ff.
- Beschlagnahme **15** 17, 20; **17** 42
- Beugehaft **15** 16, 18; **26** 12 ff., 17
- Durchsuchung **15** 17, 20; **18** 1 ff.
- Ordnungsgeld **15** 16 ff.; **26** 3 ff.
- und Richtervorbehalt **15** 21; **26** 10
- und Verhältnismäßigkeitsgrundsatz **15** 19; **26** 16 ff.
- Verhaftungen **15** 21
- Vorführung **15** 16, 21; **26** 10 f.
Zwischenbericht **1** 1; **27** 22 f.; **29** 2
- bundesgesetzliche Regelungen **29** 38 ff.
- landesgesetzliche Regelungen **29** 41 ff.